मंजिल से ज्यादा सफर

मंजिल से ज्यादा सफर

विश्वनाथ प्रताप सिंह

सफरनामा

रामबहादुर राय

राजकमल प्रकाशन

ISBN : 978-81-267-1237-3

मूल्य : ₹599

पहला संस्करण : 2006
तीसरा संस्करण : 2026

प्रकाशक : राजकमल प्रकाशन प्रा. लि.
1-बी, नेताजी सुभाष मार्ग, दरियागंज
नई दिल्ली-110 002
शाखाएँ : अशोक राजपथ, साइंस कॉलेज के सामने, पटना-800 006
पहली मंजिल, दरबारी बिल्डिंग, महात्मा गांधी मार्ग, प्रयागराज-211 001
1, अनमोल सोराबजी सन्तुक लेन, धोबी तलाव, मरीन लाइंस, मुम्बई-400 002
वेबसाइट : www.rajkamalprakashan.com
ई-मेल : info@rajkamalprakashan.com

मुद्रक : बी.के. ऑफसेट
नवीन शाहदरा, दिल्ली-110 032

MANJIL SE JYADA SAFAR
Edited by Rambahadur Rai

आभार

इस पुस्तक की प्रेरणा मुझे प्रभाष जोशी जी ने दी। मेरे सामने प्रस्ताव रखा और रामबहादुर राय जी ने उस प्रेरणा पर काम करना शुरू किया। बड़ी मेहनत से, बड़ी लगन से साल भर उन्होंने तपस्या की। और उस तपस्या के बाद, खोजबीन करने के बाद और हमसे भी सब प्रश्न–प्रश्नावली करने के बाद उन्होंने यह पुस्तक हम लोगों को दी है। मैं उनका आभार प्रकट करना चाहता हूँ।

पुस्तक में हम लोगों ने कोशिश की है कि जहाँ तक हो सके तथ्यों के नजदीक रहें। और रही बात किताब में कही गई बातों की तो कौन बेदाग रहता है जिन्दगी में? कवि और कलाकार तो दाग खोजते रहते हैं। अगर जिन्दगी बेदाग रह जाए तो कलाकार के लिए कुछ अनुभव ही नहीं रहा। तो ठीक है। कोई मीटर से नापता है, कोई फुट से नापता है, कोई हाथ से नापता है। अपना–अपना नजरिया है।

इसमें एक प्रकरण है कि यूपीए सरकार में सोनिया गांधी ने प्रधानमंत्री पद क्यों नहीं स्वीकार किया। उसमें जरूर है कि मैंने कहा कि मेरे पास फोतेदार जी आए और उन्होंने कहा कि हम लोगों को सूचना मिली है कि सोनिया गांधी के जीवन को खतरा है। लेकिन मन में मैंने उसे बहुत माना नहीं। मुझे कौतुहल बना रहा तो मैं स्वयं गया सोनिया गांधी के पास और सच्चाई वहाँ मालूम हुई। सोनिया ने अपने सिक्योरिटी के बारे में जरा भी जिक्र नहीं किया। ये केवल एक थर्ड पर्सन की बात थी। उन्होंने दो–तीन बातें कही। उन्होंने कहा कि अगर मैं प्रधानमंत्री पद स्वीकार कर लेती हूँ तो बीजेपी को बड़ा भारी हथियार मिल जाएगा जिससे मेरी पार्टी और मेरी सरकार हमेशा परेशानी में रहेगी। भाजपा विदेशी मूल का मुद्दा उठाती रहेगी। तो मेरा कर्तव्य है कि मैं पार्टी और सरकार को इससे बचाऊँ। और बात उन्होंने कहा कि यह भी हमको सोचना होगा कि ये देश के मिजाज के माफिक होगा कि नहीं। उनके तर्क बहुत वजनी और जेनुइन थे। उनके बच्चे भी इत्तिफाक से कमरे में ही थे। उन्होंने जिस सफाई से बात रखी उससे वे हमको एक बड़ी अच्छी इन्सान लगीं। पूरे परिवार ने मुझ पर विश्वास किया उसकी छाप मेरे दिल पर आज तक है। अंतरंग में उन्होंने मुझसे बात की। ये सब इस किताब में छपा है। मैंने कहा है कि न तो सिक्योरिटी की वजह से कुछ था और मैंने ये भी कहा कि प्रेसिडेन्ट की टीका–टिप्पणी की वजह से वह निर्णय नहीं था। जो उन्होंने किया वह पार्टी के हित के लिए किया और इस मायने में उन्होंने सत्ता के मोह से अपने को दूर रखा।

ज्यादा जगह नहीं लेना चाहता हूँ। संक्षेप में जब जिन्दगी पर निगाह डालता हूँ तो एक जमाना था कि मैं अपने साथ जीता था। आखिर जिन्दगी है क्या? जिन्दगी रिश्ते हैं। रिश्ता

कौन किससे जुड़ता है वैसे ही जिन्दगी गुजरती है। परिवार से, अपने से, देश से, गरीब से, प्रकृति से। कुछ लोग ऊपर वाले से भी रिश्ता जोड़ लेते हैं। हम तो उतना अभी जोड़ नहीं पाए हैं। लेकिन प्रकृति तक जरूर पहुँचे हैं। हमको याद है एक समय हमारा रिश्ता था हमारे गाँव से। वहाँ पढ़ाते थे, सड़क बनाने का काम भी करते थे, हाथ से फावड़ा भी चलाते थे और आनंद से पेड़ों के नीचे तख्त पर सो जाते थे। कल अखबार में क्या निकला इसकी चिंता नहीं होती थी न अखबार देखते थे। हम अपने साथ जीते थे, अपने अंतस के साथ जीते थे, प्रकृति के साथ जीते थे। सोचते थे सबसे बड़ी दौलत यह मिल गई तो आगे हमें क्या जरूरत है। धीरे–धीरे बजाय अपने साथ रहने के अपने नाम के साथ मैंने दोस्ती जोड़ ली और मैं समझता हूँ वही मेरी गड़बड़ी हुई। अपने को छोड़ कर अपने नाम को जोड़ लिए। जब नाम से जोड़ लिए तो पर–स्वीकृति पर चले गए। दूसरे की स्वीकृति चाहिए अगर नाम करना है। अपने साथ जियो तो मस्ती है, किसी की स्वीकृति नहीं चाहिए। मैं जग से जरूर जुड़ा, नाम से जुड़ा और इसमें बहुत कुछ खोया भी। नाम से बहुत कुछ पाया लेकिन खोया भी बहुत कुछ। एक कविता मैंने लिखी है कि हाल वही होता है जो राकेट का होता है। ऊँचाई पर पहुँचते–पहुँचते खोखला हो जाता है। ऊँचाई हासिल करने के लिए जो निजी कीमत देनी पड़ती है, शायद मैंने भी दी है। लेकिन उसमें संतोष कभी–कभी हो जाता है। कभी गरीबों से जुड़कर कुछ हो जाता है तो लगता है शायद मैं वापस अपने से थोड़ा नजदीक आ गया हूँ। पेंटिंग कर ली, कविता लिख दी तो लगता है कि अपने नजदीक फिर से आ गया।

एक शब्द इंडोनेशिया में मोहब्बत और प्यार के लिए बहुत अच्छा है। उनका शब्द चिंता है। हमको प्रेम की इससे बढ़िया परिभाषा नहीं मिली। अगर चिंता ही नहीं तो प्यार क्या? प्यार का पहला लक्षण है चिंता। अगर चिंता हो रही है तभी प्यार है। चिंता नहीं तो प्यार नहीं। हमारी चिंताएँ क्या हैं, ये हमारे जीवन पर निर्भर करता है। हमारी चिंता का दायरा क्या है? संकुचित है या बड़ा? अभी मेरी बीमारी की बात हुई। हमको याद है जब पहली बार न्यूयार्क में डॉक्टर ने कहा कि आपको मल्टीपल मायलोमा है। किडनी हमारी पहले ही प्रभावित हो चुकी थी। उसने घुमा–फिरा कर यही कहा कि कैंसर हो चुका है। पहला विचार किया कि मेरी पत्नी सीता का क्या होगा। उस समय वे मेरे बगल में बैठी हुई थी। फिर उस समय मेरे मन में आया कि मैं घुटने नहीं टेकूँगा। मेरा शरीर टूट सकता है मैं नहीं टूटूँगा। मैं गिड़गिड़ा कर तो नहीं जाऊँगा। जाना है तो सम्मान के साथ जाऊँगा। दिल भारी हुआ। मैं झुरमुटों में जाता था, समुद्र के किनारे जाकर बैठता था और अपने से पूछता था कि कितने दिन और? एक दूरी लगने लगी जीवन में। मैंने बीमारी से संघर्ष पूरा किया लेकिन मैंने उसे स्वीकार भी कर लिया। मैं सोचता था कि बीमारी जो ले गई सो ले गई लेकिन जो आखिरी दिन बचे हैं उन्हें मैं मुँह लटका के क्यों बिताऊँ? इस स्वीकृति ने मुझे यह ताकत दी कि जो दिन बचे हैं उनका तो उपयोग करो। और जब आईने में देखता हूँ तो सोचता हूँ कि आज तो मैं जाने वाला हूँ नहीं, आज तो मैं डटकर काम करूँगा। जब कल होगा तो देखा जाएगा। और अगर किसी चीज का दुख और भय निकल जाए तो उसका दंश निकल जाता है। बीमारी तो नहीं जाएगी। मैंने विनोबा की एक किताब में पढ़ा कि भगवान से यह प्रार्थना मत करो कि मेरे दुख दूर करो, भगवान से यह प्रार्थना करो कि मुझे दुख सहने की शक्ति दो। और मेरे भगवान

तो यहीं बैठे हुए हैं। ऐसी बीमारी में आदमी कमरे में लेटा एकाकी हो जाता है। और यह अहसास हो जाए कि कोई नहीं है फिक्र करने वाला तो बहुत टूट जाता है। लेकिन उन क्षणों में यह अहसास रहता है कि कुछ लोग तो हैं। यह अहसास उन घड़ियों में मेरा बड़ा भारी संबल रहा है। इसलिए आज मैं आप सबका बहुत आभार व्यक्त करता हूँ। आप सबका बहुत–बहुत धन्यवाद।

मैं मानता हूँ कि आज अगर मैं चल रहा हूँ और जिन्दा हूँ और पचहत्तरवाँ साल देख रहा हूँ तो उसमें बहुत कुछ हिस्सा आपके स्नेह का और आपके आशीर्वाद का रहा है। मैं जानता हूँ कि जब दवा काम नहीं करती तब कभी–कभी दुआ काम करती है। आपकी दुआएँ मेरे लिए बड़ी भारी शक्ति है।

25.6.2005 **–विश्वनाथ प्रताप सिंह**

पुनश्च :

श्री रामबहादुर राय द्वारा लिखी गई पुस्तक *मंजिल से ज्यादा सफर* में जो कुछ मैंने कहा है, इतिहास के सामने साक्षी के रूप में कहा है, और उसके हर अक्षर की मैं पुष्टि करता हूँ।

अपने जीवन की घटनाओं का मैंने सत्यपूर्वक जवाब दिया। मेरा किसी के प्रति मलाल नहीं है, विशेष रूप से जिन लोगों ने मेरी मदद की है।

पिछले कुछ दिनों में जो पुस्तक में नहीं भी लिखा गया है, मीडिया में उन बातों का भी जिक्र हुआ है। उसका मैं जिम्मेदार नहीं हूँ।

उदाहरणार्थ कुछ अखबारों ने यह छापा है कि श्री जसवंत सिंह ने मुझे बताया कि श्री अटलबिहारी वाजपेयी पार्टी छोड़ना चाहते हैं। इस तरह के कथ्य का कोई उल्लेख पुस्तक में है ही नहीं। पुस्तक इस बात की स्वयं पुष्टि करती है।

श्री अटलबिहारी जी ने, जिनका मैं बहुत आदर करता हूँ और जो हमारे हमदर्द रहे हैं, यह जरूर मुझे कहा कि कुछ चुनिन्दा लोगों का दल बनाकर मैं आगे बढ़ूँ। ''मैं दल छोड़ना चाहता हूँ'' यह शब्द अटलजी ने कभी नहीं कहे थे। हाँ! मैंने अपने मन में तर्क किया कि कोई व्यक्ति एक दल में रहेगा तो दूसरे दल में कैसे रहेगा?

माखनलाल फोतेदार मेरे पास आए और यह जरूर कहा कि इंटेलिजेन्स रिपोर्ट है कि श्रीमती सोनिया गांधी की जान पर खतरा है पर इसमें प्रेस ने अपने से जोड़ दिया कि श्री फोतेदार ने यह भी कहा कि इसी कारण सोनिया गांधी प्रधानमंत्री बनना नहीं चाहती हैं।

मैंने जब सोनिया गांधी से मुलाकात की तब उन्होंने अपनी सुरक्षा के बारे में कोई भी आशंका प्रकट नहीं की। उन्होंने कहा, अगर मैं प्रधानमंत्री बन जाऊँगी तो बीजेपी को एक बड़ा हथियार मिल जाएगा और पार्टी और सरकार–दोनों परेशानी में पड़ जायेंगी। उन्होंने यह भी कहा, यह भी सोचना पड़ेगा कि जनता के मिजाज के अनुकूल क्या है। मुझे उनके तर्क वजनी और बेबाक लगे।

जहाँ तक फोतेदार का कथन था मैंने अपने उत्तरों में यह स्पष्ट किया है कि हो सकता है, कुछ बीजेपी से सहानुभूति रखनेवाले अफसरों ने ऐसी रिपोर्ट लगा दी हो। जहाँ तक मैं समझ पा रहा हूँ, फोतेदार कुछ अधिक ही बोल गए थे और अब अपने बचाव में मुझे गालियाँ दे रहे हैं।

आज के राजनीतिक संदर्भ में मेरे कथन का खंडन–मंडन स्वाभाविक है और उसे मैं समझ सकता हूँ।

29.6.2006 **–विश्वनाथ प्रताप सिंह**

भूमिका

इस सफरनामे में से जो विश्वनाथ प्रताप सिंह निकल कर आते हैं मैं दावा नहीं कर सकता कि उन्हें जानता था। कोई बीस साल से उन्हें देख–समझ रहा हूँ। उनसे बरत रहा हूँ। उनकी राजनीति, अभियानों और आंदोलनों का साक्षी रहा हूँ। उनके बारे में और उन पर जो लिखा जाता रहा है उसे पढ़ता–परखता रहा हूँ। फिर भी उनके आलोचक, विरोधी और निंदक तैश में आकर सवाल पूछते तो चुप रह जाता था क्योंकि उनके होने और करने के ऐसे कई पहलू हैं जिनके बारे में मेरे मन में भी सवाल थे। इसी तरह जब उनके प्रशंसक और साथी और कार्यकर्ता उनसे अभिभूत उनकी तारीफ में तल्लीन होते तो उनसे मैं अपने को छिटका हुआ पाता क्योंकि कई तरह की हिचक उसमें शामिल नहीं होने देती थी।

जैसे विश्वनाथ प्रताप सिंह एक राजघराने में पैदा हुए और दूसरे की गोद गए। अड़तीस बरस के थे तब उत्तर प्रदेश विधानसभा के विधायक चुने गए। चालीस के हुए तो लोकसभा में आ गए। तीन साल बाद वाणिज्य उपमंत्री फिर राज्यमंत्री, फिर उत्तर प्रदेश के मुख्यमंत्री फिर राज्यसभा से केन्द्र में वाणिज्य मंत्री, वित्त मंत्री, रक्षा मंत्री और आखिर दो दिसंबर 89 को देश के प्रधान मंत्री बने। बीस साल में विधायक से प्रधानमंत्री हुए। एक राजपुत्र के लिए सत्ता प्रतिष्ठान में होने का इतना अनुभव काफी होना चाहिए। लेकिन सारे भूतपूर्व प्रधानमंत्रियों, मुख्यमंत्रियों और केन्द्रीय मंत्रियों की ही नहीं राज्यों के भूतपूर्व मंत्रियों, विधायकों और सांसदों की जीवनशैली से एक, तीनमूर्ति मार्ग की कोठी में रहनेवाले विश्वनाथ प्रताप सिंह के रहन–सहन का मिलान कर लीजिए। आपको एकदम लगेगा कि इस व्यक्ति को सत्ता प्रतिष्ठान की कोई हटूटी नहीं है। बल्कि प्रतिष्ठान से ही इतना कम सरोकार लगता है कि जैसे यह आदमी साधारण गृहस्थ भी न हो।

एक बार लुंगी और खादी की गंजी पहने सात रेसकोर्स रोड पर रहनेवाले प्रधानमंत्री नरसिंह राव ने मुझे कहा था–''यहाँ मैं साधु की तरह रहता हूँ।'' तब वकील जेठमलानी ने हर्षद मेहता को आगे करके उन पर एक करोड़ रुपए नकदी देने का आरोप लगाया था। वही नरसिंह राव अपने आखिरी वर्षों में नौ मोतीलाल नेहरू मार्ग की कोठी में भूतपूर्व हुए रहे और बहुत एकाकी और उपेक्षित रहे। लेकिन वहाँ भी उनका कार्यालय ज्यादा व्यवस्थित साफ–सुथरा और कोठी सूनी पर चमकीली लगती थी। बात करने की बैठक और चाय पिलाने के बरतन उनके पदानुकूल लगते थे। संसद में अल्पमत में और पार्टी में बिराने होते हुए भी नरसिंह राव ने पूरे पाँच साल सरकार चला दी। आंध्र के उस 'गरीब' ब्राह्मण में भी सत्ता प्रतिष्ठान को चलाने और सजाए रखने की इच्छा और क्षमता थी।

लेकिन उत्तर प्रदेश के डैया राजघराने में पैदा हुए मांडा के राजा विश्वनाथ प्रताप सिंह कुल ग्यारह महीने आठ दिन प्रधानमंत्री रहे। और कोई दो साल मुख्यमंत्री। दोनों पदों से इस्तीफा दिया। वाणिज्य, वित्त और रक्षा मंत्रालयों में एक बार भी कार्यकाल पूरा नहीं किया। प्रतिष्ठान में रमने और उसे सँभाले रहने की इतनी कम इच्छा और दक्षता को आप कैसे समझें और समझाएँगे। ऐसा भी नहीं कि पद और सत्ता का कोई स्वीकार ही न हो। बिना इच्छा और महत्त्वाकांक्षा के राजनीति में कोई नहीं आता न कहीं पहुँचता है। राज्यसभा में जाने के लिए आखिर युवा विश्वनाथ कालाकांकर के राजा दिनेश सिंह के पास पहुँचे ही थे और उनने इन्हें विधानसभा का रास्ता दिखा दिया। अपनी बनक बताते हुए विश्वनाथ जी इस पुस्तक में कहते हैं–आदमी ''सामाजिक स्वीकृति की आकांक्षा रखता है। समाज में कीर्तिमान स्थापित करे इसी भाव से वह काम करता है। समाज का मुँह देखकर जिंदगी जीने लगता है...यहीं पर महत्त्वाकांक्षा का तत्त्व व्यक्तित्व में विकसित होता है। उसमें कुछ हिपोक्रेसी (पाखंड) के तत्त्व भी आ जाते हैं। इसे आप हिपोक्रेसी, आत्मछल या आत्म प्रवंचना कह सकते हैं। मैं चाहता था चित्रकारी करना और विज्ञान के अध्ययन में मेरी गहरी रुचि थी और करने लगा राजनीति। राजनीति में जनसेवा का पक्ष जहाँ तक है वहाँ तक तो ठीक है। किन्तु व्यक्तित्व के सम्पूर्ण तत्त्व का स्वीकार उसमें नहीं होता। आदमी की यह सोच बनने लगती है कि वह सफल कैसे हो। फिर आदतें पड़ने लगती हैं और वही बाह्य जो है और अंदर जो स्वाभाविक रूप से पड़ा है उसकी टकराहट ही द्वंद्व है। मैं प्रारंभ से ही अपनी प्रकृति के मुताबिक आगे नहीं बढ़ा। यह अपने साथ धोखा है।''

राजनीति से अपने लगाव और वितृष्णा के अंतर्द्वन्द्व को ईमानदार क्रूरता से उकेरते हुए विश्वनाथ प्रताप सिंह यह भी बताते हैं कि सत्ता प्रतिष्ठान से उनके संबंध को सिर्फ पाँच साल की उम्र में मांडा गोद चले जाने, वहाँ परिवार में माने गए एक अकेले पिता से भी टीबी की बीमारी के कारण दूर और निपट असुरक्षा में रहने ने कैसे प्रभावित किया। कैसे बिल्कुल अकेले और अपने में रहने और कैसे समाज से स्वीकृति पाने की इच्छा जगी। लेकिन प्रतिष्ठान में होते हुए भी कभी प्रतिष्ठान के नहीं हुए। इंदिरा गांधी में अन्तिम निष्ठा थी पर कभी उनके इनर सर्कल में नहीं गए। राजीव गांधी के इतने विश्वास में थे पर उनके भी इनर सर्कल में कभी हुए नहीं। निष्ठा या वफादारी में खोट के कारण नहीं। स्वभाव में ही नहीं है कि प्रतिष्ठान के बिल्कुल विश्वस्त और चुनिंदा गुट में हो जाएँ। हमेशा बाहर होने के लिए अभिशप्त। इसलिए किसी भी प्रतिष्ठान व्यवस्था में सहज और स्थायी रहना संभव नहीं हुआ। यूपी कॉलेज के हेड प्रीफेक्ट के चुनाव में प्रिंसिपल की दखंलदाजी के खिलाफ उन्हीं की मनोनीति प्रीफैक्टी से इस्तीफा देने के प्रसंग में कहते हैं–''सत्ता प्रतिष्ठान का स्वरूप चाहे जैसा हो वह जिस रूप में दिखाई देता है वैसा होता नहीं है। परदे के पीछे की हकीकत भिन्न होती है। उसी से मेरा जो पहला टकराव हुआ वह ताजिंदगी एक या दूसरे रूप में चलता रहा। कहीं न कहीं सत्ता प्रतिष्ठान से पटरी मैं बैठा नहीं पाया।''

और इस कारण वे किसी भी पद और किसी भी व्यवस्था में सत्ता प्रतिष्ठान के होकर नहीं रह सके। यह लपलपाती सत्ताकांक्षा नहीं थी जो उन्हें विधायक से प्रधानमंत्री के पद तक ले गई और जिसने उन्हें किसी का होने नहीं दिया। यह उनका अपना अंतर्द्वन्द्व और स्वभाव

था और है जो उनमें सफलता की लालसा जगाता है और सफल होने भी नहीं देता। तो फिर ऐसे आदमी के राजनीति में होने का क्या मतलब और ऐसे राजनीतिक जीवन से उनका और देश का बनता क्या है? आखिर में विश्वनाथ प्रताप सिंह कहते हैं–''कल मेरी नतिनी पूछ रही थी कि बाबा क्या आप अपने राजनैतिक जीवन से संतुष्ट हैं? मैंने उससे कहा कि पहले तुमको मैं जीवन के बारे में बताता हूँ। मैं अपने राजनैतिक जीवन से संतुष्ट हूँ लेकिन मैं अपने जीवन से असंतुष्ट हूँ। अगर मैं वैज्ञानिक शोध में जाता और पेंटिंग में लगा रहता तो अपने जीवन से ज्यादा संतुष्ट होता। लेकिन मैं अपने राजनैतिक जीवन से इसलिए संतुष्ट हूँ क्योंकि उससे मैं जो चाहता था वह कर सका।''

अपने मध्यवर्ग और ऊँची जातियों के कितने लोग विश्वनाथ प्रताप सिंह को इस संतुष्टि में जीने देंगे कि राजनीति में जो वे करना चाहते थे उनने किया और वे अपने राजनैतिक जीवन से संतोष कर सकते हैं? अभी उस दिन एक सभा से निकल रहा था कि एक नौजवान ने आकर कहा–वीपी सिंह अगर तब इस्तीफा दे देते तो अपना उद्धार कर सकते थे। अब वे जो भी करें...! तब से उसका मतलब जब सन् नब्बे में उनने मंडल लागू किया था और ऊँची जातियों के नौजवान आत्मदाह करके उसका विरोध कर रहे थे। दूसरी पिछड़ी जातियों को सत्ताईस प्रतिशत आरक्षण देने का फैसला करके विश्वनाथ प्रताप सिंह ने सामाजिक न्याय की जो अनउलटनीय प्रक्रिया शुरू की उसके लिए भारत का भद्रलोक उन्हें माफ नहीं करेगा। लेकिन विश्वनाथ प्रताप सिंह का यही एक निर्णय है जिसने गरीबों और पिछड़ों की सत्ता में भागेदारी के दरवाजे खोले। और इस तरह हमारे समाज में सदियों से जो सत्ता असंतुलन और विषमता चली आ रही है उसे ठीक करने की प्रक्रिया शुरू की। मंडल आयोग की रपट बरसों से धूल खा रही थी और हर राजनैतिक पार्टी और राजनेता उसकी दुहाई देता था लेकिन उसे लागू करने की हिम्मत कोई करता नहीं था।

मंडल आयोग की वह रपट यथास्थिति के सत्ता सिंहासन के नीचे रखी डायनामाइट की छड़ी थी। जो भी उसे चिनगारी देता उसका सिंहासन विस्फोट से टुकड़े–टुकड़े हो जाने वाला था। इसीलिए उसे लागू करने की पहल कोई कर नहीं रहा था। जो घर फूँके आपना चले हमारे साथ–ऐसा करने और कहने वाला कबीर भला प्रधानमंत्री कैसे और क्यों हो सकता था। लेकिन राजघराने में पैदा हुए और भारत के राजवंश कहे जाने वाले नेहरू–गांधी परिवार की कृपा से राजनीति और सत्ता में आए और इमर्जेंसी में भी कांग्रेसी रहे विश्वनाथ प्रताप सिंह ने उसे अगस्त नब्बे में लागू कर दिया।

कहते हैं उनने मंडल का उपयोग उनकी सरकार को गिराने और डुबोने वाले देवीलाल की हवा निकालने के लिए ब्रह्मास्त्र की तरह किया और उनका बाहर से समर्थन करनेवाली भाजपा और वामपंथी पार्टियों से पूछा तक नहीं। इसके विरोध में लालकृष्ण आडवाणी रामरथ लेकर निकल आए और उनके पकड़े जाने पर भाजपा ने समर्थन वापस ले लिया और विश्वनाथ प्रताप सिंह की सरकार अल्पमत में आकर आखिर गिर गई। इस तरह मंडल उनका भस्मासुर साबित हुआ। और ऐसा करके विश्वनाथ प्रताप सिंह ने समाज को जाति के आधार पर अगड़ों और पिछड़ों में बाँट दिया और सामाजिक विद्वेष और हिंसा फैलाई।

विश्वनाथ प्रताप सिंह ने इस पुस्तक के 'लुटियन के टीले पर' अध्याय में बताया है कि

न तो उनने मंडल रपट को धूल भरी अलमारी में से निकाल कर अचानक लागू किया न ऐसा करने का उद्देश्य देवीलाल को निशस्त्र करके अपनी सरकार को बचाना था। दिसंबर 89 में सरकार बनी और एक जनवरी 90 को ही मंडल लागू करने की तैयारी की गई। देवीलाल की अध्यक्षता में मंत्रिमंडलीय समिति गठित हुई जिसे तीन महीने में अमल की कार्य योजना देनी थी। समिति ने काम समय सीमा में पूरा नहीं किया। देवीलाल ने अध्यक्षता से इस्तीफा दे दिया। इसलिए बजट सत्र में संसद में घोषणा नहीं हो सकी। मंडल सिफारिशों को लागू करने की समिति का काम रामविलास पासवान को सौंपा गया और उन्हें चार महीने दिए गए। वे चार महीने जुलाई में पूरे हुए और अगस्त में संसद में घोषणा की गई। अगस्त में ही मेहम कांड और चौटाला से लिए गए इस्तीफे के कारण नाराज देवीलाल का गुस्सा फट कर सामने आया। मंडल आयोग की सिफारिशें लागू करने की तैयारी सात महीने से चल रही थी और उसका देवीलाल के सरकार गिराने के खतरे से कोई लेना–देना नहीं था। राजनैतिक कारण तो थे ही नहीं।

विश्वनाथ जी कहते हैं–''सुप्रीम कोर्ट में भी इस पर बहस हुई। जाति व्यवस्था के आधार पर हमारे समाज के बहुतायत (बहुसंख्यक) लोगों को वंचित किया गया। सुप्रीम कोर्ट ने जिसमें सवर्ण न्यायाधीश थे फैसला सुनाया कि अगर सजा जन्म और जाति के आधार पर मिली है तो दवा उसी आधार पर देनी होगी। इस तरह देखें तो मंडल आयोग की सिफारिशों को लागू करना हजारों साल से जो अन्याय हुआ है उसका एक तरह से प्रायश्चित है। अब मंडल के बाद जो राजनैतिक परिवर्तन आया है, उससे पंचायत से संसद तक जो सामाजिक संरचना है वह बदल गई है। मंडल की सिफारिशें लागू करने के पीछे राजनीति की चर्चा की जाती है लेकिन ऐसा कुछ नहीं है। आजादी के बाद यह सबसे बड़ी राजनैतिक क्रान्ति थी। इसका अर्थ होता है कि जहाँ सत्ता है, जिन वर्गों में है उनसे उठकर वहाँ जाए उन वर्गों में जाए जहाँ उनको भागीदारी मिले। मंडल के बाद राजनीति का व्याकरण बदल गया।''

लेकिन न सही देवीलाल के कारण मंडल। मंडल के कारण कमंडल तो चला और लालकृष्ण आडवाणी के रामरथ को पकड़ने के कारण भाजपा ने समर्थन वापस लिया और विश्वनाथ सरकार गिरी। लेकिन उसके लिए तो वे पहले से तैयार थे। ''मैं जब प्रधानमंत्री पद की शपथ ले रहा था उस समय गुणा–भाग कर हिसाब लगाया कि भाजपा से कितने साल निभेगी। इसी गद्दी पर भाजपा बैठना चाहती है। उसे मेरा विरोध करके ही चुनाव में जाना पड़ेगा यह तो निश्चित है। यह हो नहीं सकता कि वह पाँच साल मेरा समर्थन करे और उसके बाद नामांकन के समय विरोध करने लगे। उसे आखिरी दो साल में खुले विरोध में जाना पड़ेगा। एक साल विरोध का बहाना ढूँढ़ना पड़ेगा। मेरा अनुमान था कि इस तरह भाजपा राष्ट्रीय मोर्चे की सरकार का दो साल समर्थन करेगी। मंडल आयोग की सिफारिशों को लागू करने के कारण उसने एक साल पहले बटन दबा दिया।'' विश्वनाथ प्रताप सिंह ने इस पुस्तक में साफ कहा है।

रामबहादुर राय ने उनसे जानना चाहा कि भाजपा के समर्थन वापस लेने और लोकसभा में विश्वास मत पाने के बीच उन्हें पन्द्रह दिन मिले थे। अपनी सरकार बचाने के लिए उनने क्या किया? विश्वनाथ प्रताप सिंह कहते हैं–''मैंने कोई प्रयास नहीं किया क्योंकि मुझे मालूम

था कि सांसद उधर जा रहे हैं और पैसा लेकर जा रहे हैं। मुझे विनोद पाण्डेय (तत्कालीन कैबिनेट सचिव) ने बताया कि पैसा बँट रहा है और किस होटल से बँट रहा है और कहिए तो वहाँ छापा डलवा दें। मैंने उन्हें मना कर दिया। जो सांसद पैसे पर बिक रहे थे उन पर मैं अपनी लड़ाई के लिए कैसे भरोसा करता। उनकी जब कीमत लगेगी तो फिर चले जाएँगे। ऐसे लोग जितनी जल्दी चले जाएँ वही अच्छा है। मुझे जन समर्थन का पूरा विश्वास था। भाजपा के सामने गिड़गिड़ाने का कोई सवाल नहीं था। ऐसा करके अपनी सरकार बचा भी लेते तो मेरी स्थिति एक कठपुतली सरकार की होती। मैं 99.9 फीसदी प्रधानमंत्री बनने को तैयार नहीं था। भले ही थोड़े दिन के लिए रहें लेकिन 100 फीसदी प्रधानमंत्री रहेंगे। दो दिन की सही परन्तु शेर की जिंदगी जिएँगे।''

राष्ट्रीय मोर्चे की वह सरकार गई। बेमुराद थी। खुद विश्वनाथ प्रताप सिंह का मानना है कि इससे ज्यादा चलने लायक वह थी नहीं। फिर 1996 में चुनाव के बाद किसी को बहुमत नहीं मिला और राष्ट्रपति से शपथ लिए अटल बिहारी वाजपेयी की सरकार तेरह दिन चलकर डूब गई तो राष्ट्रीय मोर्चे के नेताओं ने विश्वनाथ प्रताप सिंह से फिर कहा कि वे प्रधानमंत्री बन जाएँ। उनने ज्योति बसु का नाम सुझाया। उनके पोलिट ब्यूरो ने मना कर दिया। सारे नेता फिर विश्वनाथ जी के पीछे पड़ गए। ज्योति बसु, करुणानिधि, देवेगौडा, चन्द्रबाबू नायडू, लालू प्रसाद यादव, मुलायम सिंह आदि सभी घर पर धरना देने लगे। तब वे गाड़ी लेकर चंपत हो गए। कहाँ–कहाँ भटके। सोहना, हवाई अड्डे आदि और तभी घर लौटे जब सबने मिलकर देवेगौडा को चुन लिया। ''मैंने ऐसा क्यों किया''–विश्वनाथ प्रताप सिंह पूछते हैं। खुद ही जवाब देते हैं। ''मेरी एक कविता है–मुफ़लिस से/अब चोर बन रहा हूँ/पर उस भरे बाजार से चुराऊँ क्या/यहाँ वही चीजें सजी हैं/जिन्हें लुटा कर/मैं मुफलिस हो चुका हूँ। और भी–

''जब 1989 में...प्रधानमंत्री बनना मंजूर किया तो अखबारों ने कहा जनादेश मेरे लिए है।...मंडल आयोग लागू किया तो मीडिया का दृष्टिकोण बदल गया। वे कहने लगे कि विश्वनाथ प्रताप सिंह पद–लोलुप हैं।...इस बार मैं नहीं चाहता था कि मेरे बाल–बच्चों को सुनना पड़े कि तुम्हारे पिता पद–लोलुप थे। वे कह सकें कि हमारे पिता ने प्रधानमंत्री का पद ठुकराया भी।''

क्या यह अपनी छवि के प्रति अधिक सचेत रहने का भाव है? बिल्कुल ऐसा ही रामबहादुर राय ने उनसे पूछा भी है। जवाब है–''देखिए, छवि की कमजोरी व्यक्ति की अन्तिम कमजोरी है। मतलब कि अर्थ की कामना हो न हो, यश की कामना तो व्यक्ति में रहती है। यश की कमजोरी (से छुटकारा) साधु बनने पर भी संभव नहीं है। मैं साधुपन के उस स्तर पर नहीं पहुँच पाया हूँ। पूर्वजों का यह संदेश है कि बच्चा, तुम दुनिया में नाम करो। वे यह कहाँ कहते हैं कि अपने मुँह पर कालिख पोत कर चलो।''

तो विश्वनाथ प्रताप सिंह ने नाम तो किया। उनने राजनीति में आने का निश्चय इसलिए किया था कि पढ़–पुढ़ा कर मांडा लौटने के बाद बीस बरस की उमर में वे ग्रामसेवा और विज्ञान की पढ़ाई में लगें। जमीन भूदान में दी। गोपाल विद्यालय बनाया। पूना जाकर विज्ञान पढ़ा। चित्रकारी की। लोगों को साथ लेकर उनकी मेहनत से मांडा को जाने वाली सड़क

बनाई। लेकिन सरकारी अमला उस पर रोड रोलर चलाने को भी तैयार नहीं हुआ। ''उस समय लगा कि यहाँ तो नेता लोग फोन कर देते हैं और काम हो जाता है। सड़क बन जाती है घर तक। यहाँ हम लोग इतने खटे, दरवाजे–दरवाजे घूमे और एक सड़क बनाकर नहीं दी। तो सोचा कि कुछ दखल अब राजनीति में रहनी चाहिए।'' इस दखल के लिए ही वे राज्यसभा जाना चाहते थे ताकि समाज सेवा और पढ़ना–लिखना भी हो सके। लेकिन दिनेश सिंह ने उन्हें वोट की राजनीति से विधानसभा के रास्ते पर डाल दिया।

इस राजनीति में वे आना नहीं चाहते थे क्योंकि यह उनकी सहज प्रवृत्ति के विरुद्ध थी। पर आ गए तो बीस साल बाद प्रधानमंत्री पद पर पहुँचे। सत्ता प्रतिष्ठान की जिस यथास्थितिवादी वोट की राजनीति ने उन्हें परम पद पर पहुँचाया था मंडल से उसी को ध्वस्त करके विश्वनाथ प्रताप सिंह वहीं पहुँच गए जहाँ से आए थे। यानी समाज सेवा, पढ़ना–लिखना और चित्रकारी। राजनीति में अपना दखल उनने यथास्थिति के सामाजिक–राजनैतिक आधार को बदल कर हासिल किया है। प्रधानमंत्री सत्ता में बने रहने के लिए नहीं बने उससे राजनीति को हमेशा के लिए बदल कर उतर गए। वह गणित ही बदल दिया जिससे उनके जैसा आदमी प्रधानमंत्री हो सकता था। महत्त्व इसका नहीं है कि आप कैसे और कितने साल सत्ता में रहे। कसौटी यह है कि उस सत्ता का आपने क्या किया! मंडल के बाद पिछड़ों और गरीबों के बिना कोई राजनीति इस देश में चल नहीं सकती। आप कह सकते हैं कि कालिदास की तरह विश्वनाथ प्रताप सिंह ने यथास्थिति की वह डाल ही काट दी जिस पर बैठे थे। आसमान में अपनी खूँटी गाड़ने वाले कबीर ही जानते थे कि अपना घर फूँके बिना चलना नहीं हो सकता। ऐसे परिवर्तन करने वालों के बारे में दिनकर ने कहा है–दो दिन पर्वत का मूल हिला/फिर उतर सिंधु का ज्वार गया/पर सौंप देश के हाथों में/वह एक नई तलवार गया।

प्रधानमंत्री बनकर और फिर उस पद से इनकार करके विश्वनाथ प्रताप सिंह ने धीरे–धीरे सक्रिय राजनीति यानी वोट की सत्ता राजनीति से संन्यास ले लिया। चित्रकारी पर रामबहादुर राय के सवाल के जवाब में कहा–राजनीति ने मेरी संवेदनाओं को बहुत नुकसान पहुँचाया। राजनीति का पेशा पाखंड से भरा हुआ है। राजनीति में हमें वह सब अभिव्यक्त करने का अवसर नहीं मिलता जो हम भीतर से महसूस करते हैं। राजनीति में आत्मसंतोष नहीं है इसलिए मैंने तय किया कि मैं उन चीजों पर पकड़ कायम करने की कोशिश करूँगा जिनमें राजनीति में आने से पहले निपुण था। मुझे मालूम था, मैं इसे फिर से पूरी तरह नहीं पा सकता फिर भी मैंने राजनीति से संन्यास ले लिया।

लेकिन तब तक विश्वनाथ प्रताप सिंह ऐसी व्याधियों से घिर गए थे जिनका इलाज नहीं हो सकता। अयोध्या में बाबरी मस्जिद के ध्वंस के बाद मुम्बई में दंगे–फसाद हो रहे थे। जनता दल के नेताओं और कार्यकर्ताओं के आग्रह पर वे भूख हड़ताल पर बैठ गए। बैठने की जगह के आसपास कोई पेशाबघर तक नहीं था। भूख हड़ताल पर बैठे विश्वनाथ प्रताप सिंह ने पानी पीना कम कर दिया। पहले जाँच करवाई तो किडनी ठीक थी। पर उपवास में बैठने और पानी कम पीने से खराब होने लगी। मुख्यमंत्री नाईक रात को डाक्टरों को लेकर आए जिनने कहा कि हालत खराब हो सकती है। इन्हें लगा कि सरकार अनशन से उठाना चाहती है। मना कर दिया। दूसरे दिन इन्हीं के डॉक्टरों ने कहा कि किडनी किसी भी क्षण फेल हो

सकती है। ब्रेन डेमेज भी हो सकता है। तब डॉक्टर कुछ भी कर नहीं सकेंगे। दोपहर को पुलिस आई और गिरफ्तार कर ले गई। लेकिन तब तक देर हो चुकी थी। एक बार किडनी खराब हो जाए तो दवा करने और एहतियात बरतने पर भी हालत गिरती जाती है। विश्वनाथ प्रताप सिंह की किडनी ने चार साल लगाए फेल होने में। यानी '97 में जाकर डायलिसिस करवाना अनिवार्य हो गया। हफ्ते में तीन दिन, एक दिन छोड़कर। कोई नौ साल से डायलिसिस लगातार चल रहा है और पानी के प्रदूषण के कारण खून की यह सफाई दिल्ली में ही हो सकती है।

सन् तिरानवे में किडनी खराब हुई। अगले साल आँखों की रोशनी खत्म होने का खतरा पैदा हो गया। लेजर से इलाज के लिए लंदन भेजे गए। वहाँ खून की भी जाँच करवाई गई। इसमें वही कर्व दिखा जो माइलोमा में होता है। माइलोमा बोन मेरो यानी अस्थि मज्जा का कैंसर है। मुम्बई में जब खून की जाँच करवाई थी तब भी यह कर्व दिखाई दिया था। माइलोमा के बारे में विश्वनाथ जी कुछ जानते नहीं थे। तब एक किताब पढ़ी और डॉक्टरों से पूछा तो उनने कहा–छोड़िए, आप निश्चिंत रहिए। यह सब ऐसा ही है। न्यूयॉर्क में डॉक्टरों के सामने वैसा ही कर्व खींचकर बताया तो उनने तत्काल कहा यह माइलोमा है। किमोथेरेपी करवानी पड़ेगी। लंदन के डॉक्टरों ने सलाह दी कि यह आरंभिक दौर है। किमोथेरेपी तीन–चार साल रुक सकती है। किडनी के कारण अस्थि मज्जा रोपी नहीं जा सकती और माइलोमा के कारण किडनी प्रत्यारोपण नहीं हो सकता। उदासी और संसार के असार लगने के दौर के बाद स्वीकार आया कि ये दोनों बीमारियाँ जाएँगी तो नहीं। ''जो चला गया सो चला गया। जो बचा है उसकी हिफाजत करनी है। इस विचार से स्वीकृति आ गई। ऐसा होते ही बीमारी का दुख नहीं रहता। जब उसका दुख नहीं रहता तो बीमारी क्या है। उसकी मानसिक कीमत देकर मैं मुक्त हो गया।''

अपनी किडनियों और खून की बारीक से बारीक जानकारी रखकर हर दूसरे दिन वे अपना खून मशीन से छनवाते हैं यानी डायलिसिस करवाते हैं। एक विशेषज्ञ डॉक्टर की तरह वे अपने शरीर की हर हरकत पर नजर रखते हैं और डॉक्टरों को बताते हैं। किमोथेरेपी हो चुकी है। अस्थि मज्जा और खून की बनावट और चरित्र में होनेवाले हर बदलाव को एक विशेषज्ञ की नज़र से देखते और जानते हैं कि कब क्या करना है। जैसे वह शरीर उनका न हो किसी बीमार का हो। जैसे वे किडनियाँ और उनमें से छनकर न निकलनेवाले तत्त्व भी किसी और के हों और उनकी प्रयोगशाला में जाँच के लिए लाए गए हों। वे खराब किडनियाँ और कैंसर से संक्रमित अस्थि मज्जा जैसे उनके शरीर से अलग न किए जा सकनेवाले भाग न हों और उनकी प्रयोगशाला में परीक्षण और प्रयोग के लिए द्रव में सुरक्षित रखे गए हों। जिस शरीर में यह सब हो रहा है उसमें एक आयुर्विज्ञानी वैज्ञानिक की आत्मा है जो उसमें होते हुए भी उससे निपट असंपृक्त उसकी निगरानी कर रहा है। तेरह साल से किडनी और बारह साल से माइलोमा के लाइलाज रोगों से एक आयुर्विज्ञानी तकनीशियन की तरह निपटते विश्वनाथ प्रताप सिंह स्थितप्रज्ञ की तरह जी रहे हैं।

वे चूँकि उसी प्रस्थान बिन्दु पर पहुँच गए हैं जहाँ से राजनीति में आए थे इसलिए एक भारी कीमत चुकाकर अपने द्वंद्व से भी मुक्त हो गए हैं। वे अणु विज्ञानी बनकर शोध भले न

कर पाए हों पर उससे कहीं विकट वे अपने ही शरीर के आयुर्विज्ञानी हो गए हैं। चित्रकारी में ऐसे लगे हैं कि दिल्ली, मुम्बई में उनकी कई प्रदर्शनियाँ हो चुकीं और चित्रों की एक पुस्तक भी छप गई है। लगभग रोज ही चित्रकारी के लिए समय निकाल लेते हैं। कविता लिखना भी पहले से ज्यादा और अच्छा हो रहा है। एक कविता संग्रह ''एक टुकड़ा धरती, एक टुकड़ा आकाश''–हिंदी में और ''एवरी टाइम आई वेक अप'' अंग्रेजी में आ गए हैं। अपने जीवन पर एक कविता है–कितना लबरेज क्यों न हो चमन/नहीं हरा होगा अब यह तन/पर खड़ा रहूँ मैं अकेला/मेरी सूखी जड़ों में अब भी है दम।

समाजसेवा के लिए जनचेतना मंच है जो उजड़ती झुग्गियों को बचाने और उजड़े हुए लोगों को बसाने में लगा हुआ है। इसलिए विश्वनाथ प्रताप सिंह अस्पताल से घर लौटते हैं तो झुग्गी वाले गरीबों की भीड़ लगी रहती है। कभी वे बुलडोजर के सामने खड़े हो जाते हैं। कभी उन झुग्गियों में जा सोते हैं जिन्हें रात में बुलडोजर का खतरा है। अब उनके पास वह राजनैतिक पव्वा है जिससे वे न्याय के लिए दखल दे सकें। किसान मंच है जो उदारीकरण और भूमंडलीकरण के कारण आत्महत्या के दुश्चक्र में फँसे किसानों और बरबाद होती खेती को बचाने और किसानों का देशव्यापी आंदोलन खड़ा करने में लगा है। इसलिए हफ्ते के जिस दिन डायलिसिस नहीं होता विश्वनाथ प्रताप सिंह दौरे पर निकल जाते हैं। किसानों और मजदूरों की समस्याओं पर राजनैतिक कार्रवाई हो सके इसलिए जनचेतना मंच और किसान मंच से राजनैतिक दल भी निकल रहा है। लड़ने के लिए किसानों, मजदूरों और गरीबों की समस्याओं से लेकर अपनी लाइलाज बीमारियाँ हैं। और जीने के लिए एक टुकड़ा नहीं पूरी धरती और पूरा आकाश है।

इसीलिए इस पुस्तक में विश्वनाथ प्रताप सिंह सत्य के सामने साक्षी देने खड़े हो सके। इसीलिए वे इसमें इतने ईमानदार, निर्भीक और सच्चे हो सके। राजनैतिक रूप से सही होने का न उनके ऊपर दबाव था न उनके मन में लालच। रामबहादुर राय ने उसी सही वक्त और जगह पर पाया और चूँकि बरसों शोध करते रहे इसलिए घंटों बैठाया और पूछते रहे। सारी ही सामग्री के लिए वैसे तो उन्हें तैयारी करनी पड़ी लेकिन मैं चाहूँगा कि आप–व्यापार की राजनीति, दुष्टदलनी वित्तमंत्री, पहला बवंडर, मोर्चा दर मोर्चा और लुटियन के टीले पर अध्याय जरूर थोड़े ध्यान से पढ़ें। आज नवउदारवादी अर्थव्यवस्था और उससे दो–चार होती राजनीति और इस देश के पिछले बीस बरस के आर्थिक–सामाजिक इतिहास को समझने में इन अध्यायों से बहुत प्रेरणा और सहायता मिल सकती है। रामबहादुर राय अपने देश के एक बहुत विश्वसनीय और प्रामाणिक पत्रकार हैं। यह जल्दी में काता–कूता कपास नहीं है। बड़े जतन से बुनी गई चादर है।

विश्वनाथ प्रताप सिंह और रामबहादुर राय दोनों हमारे साधुवाद और हमारी कृतज्ञता के अधिकारी हैं।

–प्रभाष जोशी

पुरोकथन

आरंभ

'रहबरी के सवाल' की भूमिका में प्रभाष जोशी ने लिखा कि यह एक पुस्तक माला की पहली किताब होनी चाहिए। उससे सोच–विचार शुरू हुआ। वह किताब अप्रैल 2005 में छपी थी। संभवतः उन्हीं दिनों 1, तीन मूर्ति मार्ग की कोठी पर कुछ लोग मिले और विश्वनाथ प्रताप सिंह के अमृत महोत्सव का विचार किया, जिसकी सूचना मुझे रहती थी, लेकिन वहाँ जा नहीं सका। जून महीने में विश्वनाथ प्रताप सिंह से भेंट हुई। मालूम हुआ कि नेहरू स्मारक संग्रहालय एवं पुस्तकालय के मौखिक इतिहास विभाग में उनके संस्मरण की रिकार्डिंग हो रही है।

कुछ दिनों बाद डी. राजा, प्रभाष जोशी, विजय प्रताप और जय भगवान जाटव ने एक प्रेस कांफ्रेंस में घोषित किया कि ''आज दिनांक 25 जून, 2005 को विश्वनाथ प्रताप सिंह ने 75वें साल में प्रवेश किया। वे भारतीय राजनीति के उत्सव पुरुष नहीं हैं, इसलिए न खुद अपना जन्म दिवस मनाते रहे न उनके मित्र और प्रशंसक। लेकिन जिन सरोकारों में वे जिए और जी रहे हैं और जिनके लिए संघर्ष करते रहे हैं वे अब देश के खास सरोकारों के हाशिए पर चले गए हैं। यह दुःख और अचरज की बात है क्योंकि बीसवीं सदी की शुरुआत से भारतीय स्वतंत्रता संग्राम और उसके बाद राष्ट्र निर्माण में अंतिम आदमी और मानवीय समानता और भाईचारा ही केन्द्र में रहे हैं। भूमण्डलीकरण और आर्थिक सुधारों के पैरोकार भी मानते हैं कि यह प्रक्रिया अंततः अमीर को और अमीर और ऊँचे को और ऊँचा बनाती है। संसार भर के इस अनुभव और निष्कर्ष की पुष्टि हमारे देश के पिछले 14 साल के फलित से भी होती है। आज भी प्रधानमंत्री और वित्त मंत्री कहते हैं कि हमें भूमण्डलीकरण और आर्थिक सुधारों को गरीब के लिए फलदायी बनाना है लेकिन नव उदार वाशिंगटन सहमति पर चला गया तो यह कैसे होगा? वित्त पूँजी और बाजार के आधार पर नया और एक संसार बनाने की प्रक्रिया पड़ोसी देशों में भी ऐसा तनाव पैदा कर रही है कि जिस मानवीय और लोकतांत्रिक आधार पर मुक्ति की प्रेरणाएँ पनपी हैं वे उग्र राष्ट्रवाद और अलगाववाद के खाते में जमा हो रही हैं। जरूरी है कि ये जन सरोकार अब फिर राष्ट्र के सरोकार बनें और इसलिए इस साल वी.पी. सिंह के निमित्त उनके मित्र और समर्थक इस पर देश का ध्यान खीचेंगे। इस प्रयोजन से बनाई गई राष्ट्रीय समिति की अध्यक्षता श्री ज्योति बसु ने स्वीकार की है। करुणानिधि समिति में हैं। पूर्व प्रधानमंत्री चन्द्रशेखर का आशीर्वाद प्राप्त है।'' इस प्रेस कांफ्रेंस में मैं भी उपस्थित था। प्रभाष जोशी की सोहबत से इस पुस्तक की प्रेरणा मिली।

तैयारी

उसके बाद विश्वनाथ प्रताप सिंह के पत्र से मुझे उनकी रिकार्डिंग देखने और पढ़ने की इजाजत मिल गई। वे मौखिक इतिहास विभाग में अपने संस्मरण को नवम्बर, 2004 से दर्ज करा रहे थे, जो जुलाई 2005 तक चला। पूरा हिसाब करें तो उन्होंने वहाँ 15 इन्टरव्यू दिए। उन्हें पढ़ना और उसमें से अपने काम की चीजें खोजने का सिलसिला मैंने जून, 2005 में शुरू कर दिया। उसके अलावा अक्टूबर, 2005 तक संदर्भ सामग्री के संकलन में लगा रहा। संदर्भ सूची में उसका विवरण है। इसमें मनोज झा और हनुमंत चन्द ने मदद की।

जिन दिनों विश्वनाथ प्रताप सिंह राजीव गाँधी सरकार में ईमान की लड़ाई लड़ रहे थे, तब मैं नवभारत टाइम्स में विशेष संवाददाता था। उस दौर को एक संवाददाता के रूप में नजदीक से देखने के कारण मुझे सामग्री संकलन में अधिक आसानी हुई। नवभारत टाइम्स में तब विशेष संवाददाता की खबरों की अलग–अलग फाइल बनती थी, जिसे साल के अंत में उस संवाददाता को दे दिया जाता था। मेरे जिम्मे नवभारत टाइम्स के लिए लोकदल, जनमोर्चा, जनता दल, राष्ट्रीय मोर्चा और भाजपा की रिपोर्टिंग थी। उस समय की खबरों की कुछ कतरनें इस पुस्तक में काम आई हैं। पुस्तक के परिशिष्ट में ऐसी कुछ खबरें दी गई हैं जिनसे उस समय के घटनाक्रम को समझने में पाठक को सुविधा होगी। इसके अलावा मेरा एक प्रयोजन और है। सभी जानते हैं कि प्रभाष जोशी ने अपने संवाददाताओं को पूरी आजादी दी। कम लोग जानते हैं कि राजेन्द्र माथुर और सुरेन्द्र प्रताप सिंह के संपादकत्व में नवभारत टाइम्स में भी विशेष संवाददाता को लिखने, राजनीतिक मूल्यांकन करने और टिप्पणी करने की पूरी तरह आजादी थी। परिशिष्ट में एक लेख साझे नामों से है। उसे दो कारणों से दिया गया है। पहला कि आज के सम्पादकों के लिए वह मापदण्ड हो सकता है। दूसरा कि उसमें वह दस्तावेज छिपा हुआ है जिसके आधार पर राष्ट्रपति ज्ञानी जैल सिंह ने राजीव गाँधी को प्रधानमंत्री पद से बर्खास्त करने का इरादा बना लिया था, जिसका दूसरा और अनजाना पक्ष विश्वनाथ प्रताप सिंह ने बताया है।

नवभारत टाइम्स की अपनी खबरों के अलावा विश्वनाथ प्रताप सिंह के बारे में जानने के लिए मैंने इण्डिया टुडे अंग्रेजी, हिन्दी और प्रथम प्रवक्ता की मदद ली। इसके अलावा सेमीनार के कुछ अंक देखे। जिन पुस्तकों से संदर्भ, तिथियों और घटनाक्रमों के बारे में मदद ली गई है उनकी सूची दी गई है। विश्वनाथ प्रताप सिंह का संदर्भागार है समृद्ध, पर अव्यवस्थित। उससे काफी सहायता मिली, जिसे देखने और ढूँढ़ने में पुष्पेन्द्र सिंह और दिनेश ने मदद की।

विश्वनाथ प्रताप सिंह के संस्मरण की सामग्री नेहरू स्मारक संग्रहालय एवं पुस्तकालय के उपनिदेशक डॉ. एन. बाला:कृष्णन की अनुमति से उपलब्ध हुई, जिसे मौखिक इतिहास विभाग की उषा प्रसाद और उनके सहयोगियों ने क्रमवार दिया। उस सामग्री का पुस्तक में भरपूर उपयोग हुआ है। इसके लिए नेहरू स्मारक संग्रहालय एवं पुस्तकालय का मैं आभारी हूँ।

पुस्तक के लिए प्रारम्भिक सामग्री जुटाने और उसके आधार पर एक प्रारूप बना लेने के बाद विश्वनाथ प्रताप सिंह से बातचीत के लिए समय माँगा। उन्होंने अपोलो अस्पताल में डायलिसिस के उस कमरे को निर्धारित किया जहाँ वे हर तीसरे दिन जाते हैं। वहाँ पहले भी मैं

उनसे मिल चुका हूँ। कई साल पहले जब मैंने उनसे पूछा कि अपने स्वास्थ्य के बारे में वे जरा भी चिंतित क्यों नहीं दिखते तो उनका जवाब जो था उससे मैंने महसूस किया कि एक नए तरह के विश्वनाथ प्रताप सिंह से मैं मुखातिब हूँ। उस समय उन्होंने जो कुछ कहा था उसका विस्तारपूर्वक वर्णन इस पुस्तक में है। डायलिसिस के दौरान इस पुस्तक के लिए बातचीत के क्रम में मैंने पाया कि वह स्थान उनकी राजनीतिक गतिविधियों का संचालन केन्द्र भी तब तक रहता है जब तक वे वहाँ लेटे हुए अपना खून साफ कराते रहते हैं। सिर्फ एक बार ऐसा हुआ जब मैं गया तो वे गहरी नींद में थे। कभी–कभार उन्होंने सुबह 8 बजे अपने घर बुलाया। उस समय वे अधिक तरोताजा रहते थे।

अपोलो अस्पताल के उसी कमरे से वे डायलिसिस के दौरान जनांदोलनों से जुड़े रहते हैं। चाहे मुम्बई या दिल्ली में झुग्गी–झोपड़ी वालों का मसला हो या नर्मदा बाँध की ऊँचाई पर छिड़े संग्राम का प्रकरण हो, विश्वनाथ प्रताप सिंह सम्पर्क में रहते हैं। इसी दौरान देखा कि कैसे वे दिल्ली पुलिस की घेरेबंदी तोड़कर जहाँ चाहते थे वहाँ पहुँचे, झुग्गीवासियों के लिए, जिससे सौ झुग्गियों को उजड़ने से वे बचा सके। एक दिन उनके घर को रेपिड एक्शन फोर्स ने एहतियातन घेर रखा था ताकि वे झुग्गी–झोपड़ी के उजाड़ने में रुकावट न डाल सकें। उन्हीं दिनों मेधा पाटकर का उपवास चल रहा था। वे पुलिस वालों को छात्र नेतायी अंदाज में चकमा देते हुए जंतर–मंतर पहुँच ही गए।

पुस्तक के बारे में

इन्हीं विश्वनाथ प्रताप सिंह की यादों से निकली यह किताब है। याददाश्त किसी की कम या ज्यादा नहीं होती, उसमें रुचि ही महत्त्वपूर्ण होती है। यह मैंने कई बार पाया, जब उन्होंने कहा कि मुझे यह याद नहीं है। एक दिन मैंने पूछा कि वित्त मंत्री बनने के प्रारम्भिक दिनों में आप कहाँ रहते थे तो उनका ज़वाब यही था कि मुझे याद नहीं है। छानबीन से मुझे जानकारी थी कि वे तब कैलाश अपार्टमेंट में रहा करते थे। यह सवाल बहुत स्वाभाविक था क्योंकि शुरुआती दिनों में वे करीब दस दिनों तक वित्त मंत्रालय के दफ्तर में ही रात–दिन बने रहे। कैलाश अपार्टमेंट से आने–जाने का समय बचे, इसलिए वे ऐसा कर रहे थे। मेरे पूछने पर उन्होंने अपोलो अस्पताल से घर फोन कर पत्नी सीता कुमारी से इसकी पुष्टि की और उसके बाद हँसते हुए बोले कि 'आप मेरे बारे में मुझसे अधिक जानते हैं।' यह उनकी शिष्ट विनम्रता है। वैसे, कई अवसरों पर घटनाओं और तथ्यों की पुष्टि के लिए सीता कुमारी से जानने की जरूरत पड़ी। जो बातें भुला देने योग्य हैं उन्हें उन्होंने अपनी स्मृति से निकाल दिया है। इस तरह के प्रसंगों पर उनका तकिया कलाम होता है–याद नहीं है। उनके लिए कुछ व्यक्ति संदर्भ कोश हैं। लेकिन उनकी याददाश्त को इससे मत जाँचिए। इस पुस्तक की ज्यादातर घटनाएँ उनको चित्रवत याद हैं। तभी उन्हें लिखना संभव हो सका है।

यह पुस्तक राजनीतिक जीवनी का एक प्रकार है जिसे प्रयोग भी कहा जा सकता है। इसकी कुछ सीमाएँ हैं। एक यह कि इसमें मूल्यांकन नहीं है, लेकिन पूरा प्रयास यह रहा है कि तथ्य और जो विश्वनाथ प्रताप सिंह कहना चाहते हैं वह भाव उनके शब्दों में उतर आए। इसमें संदेह नहीं है कि विश्वनाथ प्रताप सिंह पर कहीं भी और कभी भी एक मत नहीं रहा। जो व्यक्ति

लोगों से सीधे जुड़ा हुआ हो उसे भी यह उतना ही मालूम है जितना और लोगों को। ऐसे विश्वनाथ प्रताप सिंह की छवि एक जटिल राजनीतिक व्यक्तित्व की मानी जाती है। 1990 से पहले की बात मैं नहीं करता, इस पुस्तक के लिए बातचीत में मैंने पाया कि अगर उनमें जटिलता रही हो तो वह कमतर होती चली गई है। वे सरल और पक्के इंसान के रूप में आज हैं। इसके लिए मुझे कुछ बातें और कहनी हैं, जो मेरे अनुभव हैं। जब वे भ्रष्टाचार के मुद्दे पर लड़ रहे थे उस समय उनसे सवाल करना जूझने के बराबर होता था। इस समय उनसे सवाल करना आसान है। पहले वे सवालों पर पूछने वाले को तौलते थे और फिर जवाब देते थे। इस पुस्तक के लिए किसी सवाल पर मैंने उनके चेहरे पर चिंता, तनाव या झुँझलाहट का भाव नहीं पाया। दो अवसरों पर संतुलन बिगड़ने का खतरा था। पहला, जब मैंने पूछा कि आपमें अपनी छवि के प्रति अधिक सचेत रहने का भाव है? इस पर उनका जवाब पहले अध्याय में आया है कि 'पूर्वजों का यह संदेश है कि बच्चा, तुम दुनिया में नाम करो। वे यह कहाँ कहते हैं कि अपने मुँह पर कालिख पोत कर चलो।' दूसरा अवसर था जब राजीव गाँधी की हत्या पर उनकी सुरक्षा में ढिलाई के आरोप पर पूछा। इन दोनों अवसरों पर वे आवेशरहित साफगोई से बोले हैं।

उनके जवाब नैतिक मापदण्ड में पगे हुए हैं। उनमें विचारधारा की जमीन है। एक जीवन मूल्य है, जिससे वे संचालित हैं। इस दृष्टिकोण से यह पुस्तक उनके जीवन के पड़ावों को सामने लाने का प्रयास है। इसमें जीवनी लेखकों के लिए तथ्य हैं। इतिहास लेखन के लिए अधिकृत जानकारी मिलती है। घटनाओं पर विश्वनाथ प्रताप सिंह का दृष्टिकोण उपलब्ध है। उनके जीवन की उन घटनाओं पर इसमें रोशनी पड़ती है जो अत्यंत विवादास्पद रही हैं। ऐसी घटनाएँ अनेक हैं जिनके बारे में अपनी–अपनी जानकारी और समझ से लोगों ने धारणाएँ बना ली हैं। उदाहरण के लिए एक घटना का जिक्र किया जा सकता है। विश्वनाथ प्रताप सिंह ने मुख्यमंत्री पद क्यों छोड़ा, इसे उन्होंने इस पुस्तक में विस्तार से बताया है। ऐसी वे तमाम घटनाएँ हैं जो उनके राजनीतिक जीवन में घटीं और उनके बारे में वे इसमें बता रहे हैं। इन घटनाओं के बारे में अधिक अध्ययन के लिए उपलब्ध सामग्री का संकेत भी दिया गया है। इस पुस्तक से उस काल खण्ड की राजनीतिक प्रक्रिया, उसके दाँवपेच और प्रमुख पात्रों को समझने में आसानी होगी, विशेषकर उन लोगों को जो राजनीतिक इतिहास में रुचि रखते हैं। एक पत्रकार यही कर सकता है कि वह तथ्य और संस्मरण की खाई को खोजबीन के पुल से सुगम बना दे। उससे गुजरते हुए जिस विश्वनाथ प्रताप सिंह के दर्शन होते हैं वे ईमानदार योजकबुद्धि के राजा हैं जो फकीराना अंदाज में जीने के अभ्यस्त हो गए हैं। पर उनमें आकर्षण और विकर्षण के तत्व आधे–आधे अनुपात में बने हुए हैं।

राजीव गाँधी की हत्या के षड्यंत्र की जाँच के लिए जब जैन आयोग बना था उन दिनों पूर्व केबिनेट सचिव विनोद पाण्डेय से अक्सर भेंट होती थी। साकेत के उनके फ्लैट में हुई मुलाकातों से मुझे विश्वनाथ प्रताप सिंह के प्रधानमंत्रित्व काल की कई उन घटनाओं की जानकारी मिली थी जिनका उपयोग इस पुस्तक में हुआ है। जैसे यह कि पाकिस्तान से युद्ध का खतरा किस तरह टला और राजीव गाँधी से एस.पी.जी. का कवच क्यों हटाना पड़ा। परमाणु बम के बारे में विश्वनाथ प्रताप सिंह का विचार अपनी संगति के विपरीत लगता है। इस बारे में उनके विचार नए नहीं है, बल्कि 1974 में जो थे उन्हीं का विस्तार है। उनका पोखरण विस्फोट

पर भाषण इसी नाते परिशिष्ट में दिया गया है। जिस मंडल आयोग की सिफारिश को लागू करने के कारण विश्वनाथ प्रताप सिंह ने अपनी सरकार गँवा दी वह विचार भी उनका तब से है जब से वे लोकसभा में हैं। उनसे संबंधित लोकसभा और राज्यसभा की कार्यवाही का समस्त रिकॉर्ड उपलब्ध कराने में महामहिम उपराष्ट्रपति भैरों सिंह शेखावत और लोकसभा अध्यक्ष सोमनाथ चटर्जी ने तत्परता दिखाई, इसी कारण आसानी से वह उपलब्ध हो सका।

वित्त मंत्री रहते हुए विश्वनाथ प्रताप सिंह उस उरुग्वे दौर की गैट वार्ता के गवाह हैं जिसे डब्ल्यू.टी.ओ. के रास्ते में मील का पत्थर माना जाता है। उस वार्ता के हर पक्ष को समझने का अवसर एस.पी. शुक्ल ने दिया। उन्होंने अपनी पुरानी डायरियों से सारे घटनाक्रम को समझाया। विश्वनाथ प्रताप सिंह ने बातचीत में उनके (एस.पी. शुक्ल) योगदान का उल्लेख किया है। सोमपाल उन राजनीतिक घटनाओं के गवाह हैं जो 1987 से 1990 तक होती रही हैं। विश्वनाथ प्रताप सिंह ने स्वयं इस पुस्तक में एक जगह कहा है कि उनकी अपनी टीम में कौन–कौन थे। उस टीम के दो व्यक्तियों सोमपाल और संतोष भारतीय से मिली महत्त्वपूर्ण जानकारी का उपयोग इस पुस्तक में हुआ है। संघ लोक सेवा आयोग के सदस्य भूरेलाल ने फेयरफैक्स प्रकरण की टूटी कड़ियों को वैसे ही आसानी से जोड़ दिया जैसे कल की बात हो। वसीम अहमद ने पूरा दिन लगाकर आखिरकार लोकसभा के रिकॉर्ड से खोज ही लिया कि विश्वनाथ प्रताप सिंह ने सदस्यता कब छोड़ी थी।

विश्वनाथ प्रताप सिंह से पूछते समय अपने लिए मैंने कुछ नियम बनाए। जैसे–सवाल व्यक्ति केन्द्रित न हो। ऐसा हो जिससे घटनाओं की जानकारी मिल सके। उस समय की परिस्थितियों को समझने में मदद मिले। उस घटना विशेष पर विश्वनाथ प्रताप सिंह का दृष्टिकोण सामने आए। इस प्रक्रिया पर विवाद हो सकता है। जो इसे दोषपूर्ण मानेंगे, उन्हें इसका पूरा अधिकार है। मैं यहाँ अपना पक्ष रखना चाहता हूँ। जिस विश्वनाथ प्रताप सिंह से सवाल पूछकर यह किताब बनी है वे 12 साल से खराब गुर्दे और कैंसर के बावजूद साधारण नागरिक के सवाल उठा रहे हैं। ऐसे व्यक्ति से बातचीत की जो प्रक्रिया इसमें अपनाई गई है उसे मैं निर्मल मानता हूँ।

सहयोग

कई गैरजरूरी ब्यौरों का जिक्र न कर यह बता दूँ कि जहाँ मुझे कठिनाई हुई वहाँ देवदत्त की मदद से वह दूर होती गई। हर अध्याय को बारीकी से पढ़कर उन्होंने सुझाव दिए। संजय तिवारी, मनोज झा, रमाशंकर और डॉ. उमेश राय के पूरे सहयोग से यह पुस्तक बन सकी। पुस्तक की पाण्डुलिपि चन्द्रमोहन शर्मा ने बनाई और हेमेन्द्र नेगी ने सहयोग किया। पुस्तक की आंतरिक सज्जा नरेश कुमार शर्मा और तापस सरकार ने की।

जिन संस्थाओं–प्रज्ञा, युगवार्ता, मेवाड़ संस्थान और दशमेश एजुकेशनल चेरिटेबल ट्रस्ट से जुड़ा हुआ हूँ उनके कर्ताधर्ता–सी.के. जैन, जवाहरलाल कौल, प्रबाल मैत्र, मनोज सिन्हा, अशोक गदिया, अशोक सिंहल और मनमोहन सिंह ने मुझे मेरी मर्जी के मुताबिक काम करने का सालभर अवसर दिया। अशोक महेश्वरी की तत्परता से यह पुस्तक छपकर इस रूप में आ सकी।

–रामबहादुर राय

विश्वनाथ प्रताप सिंह : सफर का ब्यौरा

पिता का नाम	:	राजा बहादुर राम गोपाल सिंह
माता का नाम	:	वृजराज कुँवर
जन्मतिथि	:	25 जून 1931
जन्म स्थान	:	इलाहाबाद (उत्तर प्रदेश)
विवाह	:	25 जून 1955
धर्मपत्नी	:	श्रीमती सीता कुमारी
पुत्र	:	दो, अजेय सिंह और अभय सिंह
शिक्षा	:	बी.ए., बी.एससी, एलएल.बी. इलाहाबाद विश्वविद्यालय, पूना विश्वविद्यालय
व्यवसाय	:	समाज सेवक
स्थाई पता	:	4, अशोक रोड, इलाहाबाद (उ.प्र.)
अस्थाई पता	:	1, तीन मूर्ति मार्ग, नई दिल्ली
पद –		
1969–71	:	सदस्य, उत्तर प्रदेश विधानसभा
1970–71	:	सचेतक, विधान मंडल दल, उ.प्र.
1971	:	सदस्य, पाँचवीं लोकसभा
अक्टू. 1974–दिस. 1976	:	वाणिज्य उप मंत्री
दिस. 1976–मार्च 1977	:	वाणिज्य राज्य मंत्री
जन. 1980–जुलाई 1980	:	सदस्य, सातवीं लोकसभा
नव. 1980–जून 1981	:	सदस्य, उ.प्र. विधानसभा
जून 1981–जुलाई 1983	:	सदस्य, उ.प्र. विधानसभा
जून 1980–जून 1982	:	मुख्यमंत्री, उत्तर प्रदेश
जुलाई 1983–अप्रैल 1988	:	सदस्य, राज्यसभा

जन. 1983–सित.1984	:	वाणिज्य मंत्री (अतिरिक्त प्रभार)
सित. 1984	:	अध्यक्ष पीसीसी उत्तर प्रदेश
दिस. 1984–जन.1987	:	वित्त मंत्री, भारत सरकार
जन.1985–मार्च 1985	:	वित्त मंत्री व वाणिज्य (अतिरिक्त प्रभार)
मार्च.1985–सित. 1985	:	वित्त मंत्री व वाणिज्य (अतिरिक्त प्रभार)
जन. 1987–अप्रैल 1987	:	रक्षा मंत्री, भारत सरकार
22 जनवरी 1987	:	राजीव गाँधी ने वी.पी. सिंह को सात रेसकोर्स पर बुलाया, रक्षा मंत्री बनाने पर बात की।
24 जनवरी 1987	:	रक्षा मंत्री बनाए गए
17 फरवरी 1987		हिन्दुस्तान टाइम्स ने इस कदम को जल्दबाजी भरा कहा जबकि दूसरे अखबारों ने इसके लिए राजीव गाँधी की तीखी आलोचना की। उसी दिन अरुण नेहरू वी.पी. सिंह से मिलने रक्षा मंत्रालय गए। दोपहर में दो घंटे वहाँ रहे।
25 मार्च 1987	:	राष्ट्रपति ज्ञानी जैल सिंह से बातचीत
9 अप्रैल 1987	:	रक्षा मंत्री वी.पी. सिंह ने पनडुब्बी सौदे में 30 करोड़ रुपये की दलाली की जाँच का आदेश किया।
11 अप्रैल 1987	:	रक्षा मंत्री पद से इस्तीफा भेजा और 12.4.1987 को मंजूर
16 अप्रैल 1987	:	स्वीडन रेडियो की खबर : बोफोर्स तोप सौदे में दलाली
3 मई 1987	:	वी.पी. सिंह द्वारा लखनऊ में भ्रष्टाचार के भंडाफोड़ की घोषणा
26 जून 1987	:	आरिफ मोहम्मद खाँ के घर पर वी.पी. सिंह का 56वाँ जन्मदिन
जून 1987	:	गोरखपुर में सभा
15 जुलाई 1987	:	हरिद्वार में सभा
17 जुलाई 1987	:	राज्यसभा से इस्तीफा
19 जुलाई 1987	:	काँग्रेस से निष्कासित
23 जुलाई 1987	:	कमलापति त्रिपाठी ने वी.पी. सिंह के निष्कासन की निंदा की
24 जुलाई 1987	:	तीस हजारी अदालत में वी.पी. सिंह की सभा
25 जुलाई 1987	:	दिल्ली विश्वविद्यालय में वी.पी. सिंह की सभा और

		उन पर हमला
26 जुलाई 1987	:	मुजफ्फरनगर में रैली
27 जुलाई 1987	:	कमलापति त्रिपाठी, सी. सुब्रह्मण्यम, सादिक अली ने वी.पी. सिंह पर हिंसक हमले की निंदा की
31 अगस्त 1987	:	वाराणसी में राजर्षि की पदवी
6 सितम्बर 1987	:	वी.पी. को राज बब्बर का समर्थन
6 सितम्बर 1987	:	धुले में बड़ी रैली
12 सितम्बर 1987	:	सेतकरी कामगार संगठन के मंच पर नागपुर में भाषण
16 सितम्बर 1987	:	सीतापुर में काला झण्डा और लखीमपुर खीरी में पत्थर से वी.पी. घायल
16 सितम्बर 1987	:	अलीगढ़ में वी.पी. विचार मंच बना
16 सितम्बर 1987	:	अरुण नेहरू के निवास पर जनमोर्चा पर मंत्रणा
19 सितम्बर 1987	:	रायपुर में वी.पी. की लहर (नीरजा चौधरी की रिपोर्ट)
23 सितम्बर 1987	:	सूरजकुण्ड में देवी लाल ने विपक्षी एकता के लिए बैठक बुलाई
2 अक्टूबर 1987	:	जनमोर्चा का गठन
अक्टूबर 1987	:	संस्थापक, जनमोर्चा
3 अप्रैल 1988	:	रामकृष्ण हेगड़े की पहल, देवीलाल का समर्थन, नेशनल पीपुल्स पार्टी बनाने का इरादा
जून 1988	:	सदस्य, लोकसभा
अगस्त 1988	:	संयोजक, राष्ट्रीय मोर्चा
11 अक्टूबर 1988	:	जनता दल का गठन
अक्टूबर 1988	:	अध्यक्ष, जनता दल
नवम्बर 1989	:	सदस्य, नौवीं लोकसभा
1 दिसम्बर 1989	:	जनता दल संसदीय नेता का चुनाव, वी.पी. सिंह नेता चुने गए।
2 दिसम्बर 89–10 नव. 90	:	प्रधानमंत्री, रक्षा, विज्ञान एवं तकनीकी, पेंशन
5 दिस.'89–21 अप्रैल 90	:	पर्यावरण मंत्रालय का प्रभार
22 जनवरी 1990	:	बोफोर्स तोप सौदे में एफ.आई.आर. दर्ज
7 अगस्त 1990	:	मंडल आयोग लागू किया
23 अक्टूबर 1990	:	भाजपा ने समर्थन वापस लिया
7 नवम्बर 1990	:	प्रधानमंत्री पद से इस्तीफा

1991	:	सदस्य, दसवीं लोकसभा
जुलाई 1993	:	जनता दल संसदीय नेता पद से इस्तीफा
6 दिसम्बर 1994	:	लोकसभा से इस्तीफा
29 मई 1996	:	वी.पी. सिंह को संयुक्त मोर्चा के नेताओं ने प्रधानमंत्री बनाने का प्रस्ताव रखा, जिसे उन्होंने ठुकरा दिया।
23 अप्रैल 2006	:	जनमोर्चा को पुनर्जीवित करने की घोषणा
30 मई 2006	:	किसान मंच व जनमोर्चा की घेरा डालो–डेरा डालो रैली, लखनउ (उ.प्र.)
जून, 2006	:	संरक्षक : जन दल

क्रम

	आभार *विश्वनाथ प्रताप सिंह*	v
	भूमिका *प्रभाष जोशी*	viii
	पुरोकथन *रामबहादुर राय*	xvi
	विश्वनाथ प्रताप सिंह : सफर का ब्यौरा	xxi
अध्याय एक :	**वी.पी. का बनना** डैया रियासत में जन्म, मांडा के उत्तराधिकारी, परिवार, पढ़ाई, परिवेश, इलाहाबाद की राजनीतिक संस्कृति, विवाह, बेलन नदी की याद में कविता	**27-44**
अध्याय दो :	**उत्तर प्रदेश में काँग्रेसी राजनीति** काँग्रेस में, समाजसेवा, भूदान, विधानसभा का चुनाव, इन्दिरा गाँधी के प्रति निष्ठा की परीक्षा, कौन हैं अमिताभ बच्चन	**45-77**
अध्याय तीन :	**कदम दिल्ली की ओर** लोकसभा (1971) का पहला चुनाव, सदन में पहला भाषण, पोखरण विस्फोट पर भाषण, साइंटिफिक राजा की पहचान, इमरजेंसी पर दृष्टिकोण, जनता शासन में आंदोलन और जेलयात्रा	**78-95**
अध्याय चार :	**राज्य की कमान** इंदिरा गाँधी की सत्ता में वापसी, मुख्यमंत्री बनना और इस्तीफा, मुरादाबाद का दंगा, डाकू समस्या, गढ़वाल उपचुनाव	**96-129**
अध्याय पाँच :	**व्यापार की राजनीति** अफसर रंदा जैसा, वाणिज्यमंत्री, गैट का उरुग्वे दौर,	**130-164**

गैट के अखाड़े में अपने दाँव, चर्बी कांड, आयात–निर्यात नीति, ओपेन हाउस का प्रयोग

अध्याय छह : **दुष्टदलनी वित्तमंत्री** 165-202
राजीव गाँधी सरकार में वित्तमंत्री, कर चोरी के विरुद्ध अभियान, दाल में काला ही काला, भ्रष्टाचार के सवाल पर राजीव गाँधी से टकराव

अध्याय सात : **पहला बवंडर** 203-235
रक्षामंत्री, पनडुब्बी सौदे में बिचौलिए की जाँच का आदेश, रक्षा मंत्रालय से इस्तीफा, बोफोर्स सौदे में दलाली का मामला, राजीव गाँधी ने सुलह–समझौते का प्रस्ताव ठुकराया

अध्याय आठ : **मोर्चा दर मोर्चा** 236-287
जनमोर्चा, आंदोलन की राह, जनता दल के संस्थापक, राष्ट्रीय मोर्चा के संयोजक, राजर्षि की पदवी, विपक्ष की एकजुटता के सूत्रधार

अध्याय नौ : **लुटियन के टीले पर** 288-340
जनता दल संसदीय पार्टी के नेता पद पर चुनाव, प्रधानमंत्री, मेहम कांड पर देवीलाल से टकराव, मंडल आयोग की सिफारिशों को लागू करने की घोषणा, भाजपा द्वारा मंदिर मुद्दे पर समर्थन वापस, सरकार का पतन

अध्याय दस : **फिर मैदान में** 341-378
सृजनशीलता का दौर, स्वास्थ्य की चिंता, दूसरी बार प्रधानमंत्री बनने का दबाव, पेंटिंग, कविता, गरीबों, बेसहारों और वंचितों की लड़ाई, फिर जनमोर्चा गठबंधन

अध्याय ग्यारह : **मुद्दे की बात** 379-406
सामाजिक न्याय, राष्ट्रीयता, महासंघ, धर्म और राजनीति, आतंकवाद और नक्सली समस्या, नागरिकता का सवाल, उत्तर प्रदेश की चिंता, कांग्रेस, भाजपा, तीसरा मोर्चा, जीवन के बारे में दृष्टिकोण

परिशिष्ट 407-511
संदर्भ सामग्री 512-526
अनुक्रमणिका 527-536

अध्याय : एक

वी.पी. का बनना

अध्याय परिचय

जिसके लिए नारे लगे–'राजा नहीं फकीर है', उस विश्वनाथ प्रताप सिंह का फकीराना अंदाज बचपन से ही रहा है। वह कहानी आप इन पन्नों में पढ़ सकेंगे। उन्होंने अपने बनने की यह कहानी अपनी यादों से बताई है। यह प्रश्नोत्तर शैली में है। सवाल–जवाब को पढ़ते वक्त कुछ स्पष्टीकरण की जरूरत महसूस हो सकती है। तथ्यों का संबंध सच्चाई से होता है। तथ्य एक ही होता है। उसके भाष्य अलग–अलग होते हैं। विश्वनाथ प्रताप सिंह आदमकद रूप में जिस पहलू से जाने जाते हैं वह राजनीतिक ही है। हालाँकि वे मात्र राजनीतिक प्राणी नहीं हैं। उनका यह रूप सार्वजनिक है। उनके व्यक्तित्व के अन्य पक्ष अधिक गहरे और अनजान–से हैं। जैसे कवि और कलाकार का। इनके बारे में यहाँ जो तथ्य मिलेंगे, वे सच के रूप हैं। क्योंकि यह विश्वनाथ प्रताप सिंह ने बताया है।

इलाहाबाद जगत विख्यात है। वहीं की एक रियासत – डैया में विश्वनाथ प्रताप सिंह का जन्म 25 जून 1931 को हुआ। उनके पिता राजा बहादुर भगवती प्रसाद सिंह थे। डैया के राजा की तीन पत्नियाँ थीं। तीसरी पत्नी से चन्द्रशेखर प्रसाद सिंह और विश्वनाथ प्रताप सिंह पैदा हुए। पहली पत्नी से तीन बेटे थे। उनमें संतबख्श सिंह एक थे, जिनका विश्वनाथ प्रताप सिंह पर एक कालखण्ड में गहरा असर था।

इलाहाबाद की दो रियासतें माण्डा और डैया कभी एक ही परिवार के अधीन हुआ करती थीं। कई पीढ़ियों पहले उनमें बँटवारा हो गया था। जब माण्डा के राजा को अपने दत्तक पुत्र की जरूरत पड़ी तो उन्होंने पाँच साल के विश्वनाथ प्रताप सिंह को इसलिए चुना कि यह परिवार कभी एक ही गहरवार वंश का था। परिणामस्वरूप राजा बहादुर माण्डा राम गोपाल सिंह ने उन्हें गोद ले लिया। डैया रियासत के पड़ोस

में ही माण्डा है। वह डैया से बड़ी रियासत थी। लेकिन राजा बहादुर माण्डा को टी.बी. के मारक रोग ने ग्रस लिया था। उस समय उसे लाइलाज माना जाता था। वे इस रोग के कारण जिन्दा नहीं रह सके। उनके निधन के बाद विश्वनाथ प्रताप सिंह वारिस तो माण्डा रिसायत के हुए पर वे अपने मूल परिवार में लौट आए।

परिवारों की इस अदला–बदली में उनकी सुरक्षा खतरे में मानी जाती थी। उनके मूल पिता अधिक आशंकाग्रस्त रहते थे। इसलिए उनकी सुरक्षा का प्रबंध किया गया। अपने प्रारंभिक दिनों में वे इसी कारण सुरक्षा के कड़े बंदोबस्त में रखे गए। उनकी पढ़ाई–लिखाई उसी परिवेश में हुई, जिसका उनके मानसिक गठन पर असर रहा। इस अध्याय में सवालों के जवाब में उन्होंने अपनी रियासती पृष्ठभूमि के अलावा उन बातों की जानकारी दी है जिनसे वे बने और विकसित हुए। कह सकते हैं कि उनके बनने में परिवार, पढ़ाई, गाँव, उसका परिवेश और इलाहाबाद की राजनीतिक संस्कृति का बड़ा योगदान है। ये बातें सवाल–दर–सवाल से उभरती हैं।

उनका विवाह राजस्थान में देवगढ़–मदारिया के रावत संग्राम सिंह की पुत्री सीता कुमारी से जून, 1955 में हुआ। इनमें उम्र का फासला करीब छह साल का है। इनके दो बेटे हैं–अजय सिंह और अभय सिंह।

इन दिनों 1, तीन मूर्ति मार्ग की कोठी में विश्वनाथ प्रताप सिंह का निवास है। वे वहाँ एक अरसे से रह रहे हैं। जनता ने उन्हें उसी कोठी से उठाकर अपने कंधे पर बैठाया था। वह याद रखने लायक जनलहर थी जिस पर सवार होकर वे प्रधानमंत्री पद पर पहुँचे थे। तीन मूर्ति मार्ग के इस बँगले के पिछवाड़े जो छोटा–सा कमरा खुलता है वह उनका शयन कक्ष है। बिस्तर से दिख सके, इतनी दूरी पर उन्होंने कुछ छोटे–छोटे पत्थर के टुकड़े बड़े सलीके से सजा रखे हैं। अपने घर की बेलन नदी (अंग्रेजी कविता) से उठाकर वे उन्हें तीन मूर्ति मार्ग के अपने निवास ले आए, जिन्हें देखकर वे उस मनोनुभूति से भर जाते हैं जो उन्हें अपनी जमीन से जोड़े हुए है।

सवाल : आप डैया राजपरिवार में पैदा हुए थे। लेकिन आपको माण्डा राजपरिवार से जोड़ा जाता है। ऐसा क्यों?

जवाब : क्योंकि मुझे माण्डा के राजा बहादुर राम गोपाल सिंह ने गोद लिया था जब मैं पाँच साल का था।

सवाल : गोद लिए जाने और फिर अपने परिवार में वापसी का पूरा किस्सा क्या है?

जवाब : मेरा जन्म डैया राज परिवार में हुआ था। जब मैं पाँच साल का था उस समय माण्डा के राजा बहादुर राम गोपाल सिंह ने मुझे गोद लिया। इसके साथ ही उन्होंने डैया के राज परिवार से करारनामा लिखवा लिया कि मेरा सम्बन्ध मूल परिवार से किसी प्रकार नहीं रहेगा और न ही वे मेरे कभी अभिभावक ही बनेंगे। वे चाहते थे कि लड़का माण्डा का बनकर ही रहे। इस पृष्ठभूमि में ही मेरे अभिभावक बदलते रहे। अमर सिंह माथुर मेरे अभिभावक बनाए गए। वे पी.सी.एस. अधिकारी थे। जब माण्डा के राजा बहादुर राम गोपाल सिंह का निधन हो गया तो मेरे मूल पिता राजा बहादुर भगवती प्रसाद सिंह को चिंता हुई कि माण्डा का एकमात्र वारिस होने के कारण मेरी जान को खतरा हो सकता है। उस परिवार में कोई नहीं था, न महिला, न पुरुष। जो थे वे पट्टीदार थे। राज परिवार की सम्पत्ति पर उनकी नजर थी। उन लोगों ने मेरे गोद लिए जाने को चुनौती दे रखी थी। इसलिए वे मुझे पुनः वापस लेना चाहते थे और अपने संरक्षण में रखना चाहते थे। किन्तु करारनामा रास्ते में आड़े आ रहा था। इसलिए उन्होंने एक दाँव चला। अमर सिंह माथुर को सरकारी ड्यूटी पर वापस बुलवा लिया। उनके सामने दो विकल्प थे–या तो वे अपनी सरकारी सेवा से इस्तीफा दे दें और माण्डा में मैनेजर पद पर बने रहें या फिर अपनी नौकरी में वापस चले जाएँ। वे मैनेजर के नाते ही मेरे अभिभावक थे। स्वभावतः कोई भी व्यक्ति सरकारी नौकरी को त्यागना नहीं चाहेगा। वे जब अपनी नौकरी में वापस गए तो मुझे देखने के लिए कोई नहीं रहा। इसलिए मेरे पिता का काम आसान हो गया।

सवाल : क्या आपके पहले संरक्षक कुक दम्पति थे ?

जवाब : हाँ, थे।

सवाल : उनका कोई संस्मरण?

जवाब : माण्डा में जब मुझे गोद लिया गया तो उस परिवार में कोई महिला सदस्य नहीं थी। पिताजी मद्यपान भी करते थे। उनके मद्यपान का कोई असर मेरे ऊपर न आए इसको लेकर वे सचेत भी थे। वहाँ एक स्कॉटिश दम्पति प्रबंधक थे। मेरे पिता ने उस परिवार के पास सुरक्षा और दायित्व के ख्याल से मुझे छोड़ दिया था। पिता माण्डा के किले में रहते थे। मैं वहीं क्लब हाउस में रहता था। बाद में उनको यक्ष्मा (टी.बी.) हो गया। उस समय यक्ष्मा (टी.बी.) का कोई इलाज नहीं था। इलाहाबाद का घर उन्होंने छोड़ दिया और वे किराए पर रहने लगे। घर छोड़ने के पीछे कारण मैं ही था क्योंकि मैं वहाँ रहता था और उन्हें यक्ष्मा (टी.बी.) की बीमारी थी। कभी–कभी पिताजी पाँच मिनट के लिए बुलाते थे, बैठाते थे, फिर कहते बच्चे को ले जाओ। कुक का एक लड़का था। उसकी उम्र हमसे ज्यादा थी, बाद में वह युद्ध में मारा गया। कुक दम्पति से मेरा कोई लगाव नहीं था। लेकिन उनसे अंग्रेजी सीख ली थी।

सवाल : इसके बाद आपके संरक्षक अमर सिंह माथुर हुए जो सिविल सर्वेन्ट थे। उस समय आप उनके संरक्षण में क्या माण्डा कोठी में रहते थे? वहाँ की कोई याद है?

जवाब : इलाहाबाद स्थित अशोक रोड की जो कोठी है उसी में अमर सिंह जी रहते थे। मैं भी उनके साथ रहता था और वहीं से उनका सारा प्रबंधन होता था। माण्डा में वे नहीं रहते थे। उनका परिवार बड़ा था। यहाँ वे पति–पत्नी और बच्चों के साथ रहते थे। उनके कुछ बच्चे मुझसे बड़े थे और कुछ छोटे थे। मैंने उन्हीं के परिवार को अपना परिवार मान लिया था। मुझे वहाँ परिवार का वातावरण मिला।

सवाल : आपकी पढ़ाई कहाँ–कहाँ हुई है?

जवाब : मेरी प्रारंभिक शिक्षा गाँव के ही प्राथमिक विद्यालय के शिक्षक कालूराम जी से हुई। उन्होंने तख्ती और खड़िया से मुझे पहला अक्षर बोध कराया। तत्पश्चात् मुझे सेंट मेरीज कान्वेंट स्कूल, इलाहाबाद भेजा गया। कुछ दिन मेरी पढ़ाई ट्यूशन के जरिए घर पर हुई। इसके बाद मुझे कर्नल ब्राउन स्कूल, देहरादून में दाखिल कराया गया। उसके बाद इलाहाबाद ब्वायज स्कूल में पढ़ाई की। वहाँ से यू.पी. कॉलेज गया। फिर इलाहाबाद विश्वविद्यालय से विधि स्नातक की डिग्री ली। मेरी विज्ञान में गहरी रुचि थी इसलिए देर से ही सही फर्ग्यूसन कॉलेज, पुणे पढ़ने गया। उस समय मेरी शादी हो गई थी और पहला बच्चा पैदा हो गया था।

सवाल : लॉ की पढ़ाई करने के बाद आपने वकालत नहीं की और विज्ञान की पढ़ाई के लिए फर्ग्यूसन कॉलेज गए। यह कुछ अटपटा लगता है। वहाँ का क्या अनुभव रहा?

जवाब : मेरी प्रबल इच्छा थी कि विज्ञान की पढ़ाई करूँ। इसके लिए मैंने योजना बनाई कि निजी रूप से पढ़ूँ। मेरे बहनोई मेरे पास आए थे, वे फिजिक्स (भौतिक शास्त्र) के छात्र थे। उनकी किताब पढ़कर मुझे विश्वास हुआ कि मैं विज्ञान की पढ़ाई कर सकता हूँ। इसके लिए सबसे पहले मैं के.पी. कॉलेज गया। वहाँ प्रिंसिपल से मिला। वह सितम्बर का महीना था। उनसे मैंने निवेदन किया कि आप मुझे अपने कॉलेज में विज्ञान की कक्षा में दाखिला दे दीजिए। सोचा था कि वहीं पर प्रैक्टिकल भी हो जाएगा। उसमें यह परीक्षा पास करना जरूरी था। इस पर उन्होंने कहा कि क्या तुम्हारा हाई स्कूल में विज्ञान विषय था। मैंने कहा, नहीं। उन्होंने कहा, सितंबर में आए हो मार्च में परीक्षा होगी। क्या इतने कम समय में तैयारी कर लोगे। मैंने कहा, हाँ। वे इस पर यकीन करने को तैयार नहीं हुए। उनका आखिरी जवाब था कि तुम पागल हो परन्तु मैं पागल नहीं हूँ कि तुम्हें दाखिला दे दूँ। इसके बावजूद अपना शहर होने के कारण उन्होंने मुझे पहले जाँचने–परखने के लिए प्रैक्टिकल परीक्षा कराई और उसके बाद जब देखा कि मेरे परिणाम संतोषजनक हैं तो वे खुश हुए और उन्होंने मुझे वहाँ दाखिला

दे दिया। इसके बाद मेरी फिजिक्स, कैमिस्ट्री और मैथ्स की पढ़ाई वहाँ शुरू हुई। उसके बाद मैं फर्ग्यूसन कॉलेज गया। वह बहुत अनुशासित कॉलेज था। बहुत खुशी हुई कि देश के भीतर एक ऐसा संस्थान है जहाँ अच्छी पढ़ाई होती है। वहाँ से मैंने बी. एससी. पूरा किया। मुझे पहला दर्जा मिला। मेरी आकांक्षा पूरी हुई। भाभा इंस्टीट्यूट में जाना चाहता था। वहाँ गया, लेकिन मेरी उम्र दो महीने ज्यादा हो गई थी। इसलिए वहाँ दाखिला नहीं मिला। मैं आणविक विषय या भौतिक विज्ञान पर अनुसंधान करना चाहता था।

सवाल : आपकी पहली पसंद क्या थी?

जवाब : मैं ॲटामिक एनर्जी में रिसर्च करना चाहता था। लेकिन बी. एससी. करते हुए मैं ओवर ऐज हो गया था। जब भाभा इंस्टीट्यूट में शोध के लिए दाखिला लेने गया उस समय मालूम हुआ कि मेरी उम्र दो–तीन महीने ज्यादा है। तब मेरी उम्र 27 साल रही होगी।

सवाल : क्या यह सही है कि इलाहाबाद ब्वायज स्कूल के दिनों में सी.एस.पी. सिंह (चंद्रशेखर प्रसाद सिंह) आपके पास आए और बताया कि वे बड़े भाई हैं।

जवाब : हाँ, हाँ यह सही है। पहले तो यह बताया कि वे मेरे बड़े भाई हैं। फिर कहा कि तुम यह मत उजागर करना कि हम दोनों भाई हैं। हम यहीं पढ़ रहे हैं। जैसे ही उन्हें यह जानकारी हो जाएगी तो तुम्हें इस स्कूल से हटा लेंगे। किसी दूसरे स्कूल में जाना पड़ेगा। यह सोचकर मैंने कहा कि मैं यह बताऊँगा नहीं। वहाँ पर आइसक्रीम बिक रहा था जिसे उन्होंने खरीदकर मुझे दिया। वह मैगनोलिया आइसक्रीम था जिसे उन्होंने मुझे खिलाया। जब भी शुक्रवार होता हमें होम वर्क दिया जाता था। शनिवार और रविवार को होम वर्क पूरा कर सोमवार की सुबह वे मुझे दे जाते थे।

सवाल : 12वीं कक्षा तक आपके संरक्षक बदलते रहे हैं। उनमें सबसे ज्यादा असर किसने डाला?

जवाब : सबसे ज्यादा असर विजय शंकर मिश्र जी का रहा। वास्तव में उन्होंने ही मेरे व्यक्तित्व को गढ़ा है। जब मैं बनारस पढ़ने गया उस समय वे मेरे संरक्षक थे। यू.पी. कॉलेज में प्रिंसिपल का जो बँगला है वह किराए पर लिया गया। वहाँ रहता था। उनका अनुशासन इतना था कि कोई मिल–जुल नहीं सकता था। मैं अंग्रेजी मीडियम से हिन्दी में गया था। उन्होंने मुझे पूरी तरह बदल दिया। प्रारम्भ में हिन्दी में मुझे काफी दिक्कत होती थी। वे जो काम घर पर अभ्यास के लिए देते थे वह मुझे बोझिल लगता था। वे किताब से एक पन्ना उतारने के लिए कहते थे। फिर उसे जाँचते थे। उन्होंने ही मुझे बताया कि हर शब्द में थोड़ा फासला होना चाहिए। ऐसा ही अभ्यास कराया जो

मुझे रुचिकर नहीं था। लेकिन वह करना पड़ता था। मैंने अपना तरीका अपनाया। एक शब्द शुरू में लिखा फिर बीच में लिखा और एक आखिर में लिखा। इस तरह तीन कॉलम बनाकर उन्हें दिखाया। इस तरह एक पन्ने का लेख कई पन्नों में पूरा हुआ। उन्होंने देखा और कहा कि क्या तुम अखबार छाप रहे हो। उसकी तरकीब बताई कि एक अँगुली नापकर दूसरा शब्द लिखा करो। फिर लिखना पड़ा। सातवीं कक्षा में मैं बहुत कमजोर था। वे रात में खाने के बाद मुझे इतिहास पढ़ाते थे। उसकी शुरुआत होती थी मोहनजोदड़ो–हड़प्पा से। किसी भी तरह से सातवीं पास करने के बाद मैं जब आठवीं में गया तो गणित के शिक्षक से डर लगा और मैं पीछे की कतार में बैठ गया। उन्होंने कहा कि आगे बैठा करो। मेरी बगल की सीट पर रणमत सिंह बैठते थे। वे पढ़ने में अच्छे थे। गुरुजी ने उनको मेरे कमरे पर आने की इजाजत दे रखी थी।

आपको दो घटनाएँ बताता हूँ, जिनसे परिवर्तन हुआ। पहली घटना है, मैंने अपने नौकर को एक दिन पीट दिया। गुरुजी ने मुझसे माफी मँगवाई। दूसरी घटना है, उन दिनों मेरे पास एक एयरगन होती थी। गुरुजी को यह पसंद तो नहीं था लेकिन मना नहीं कर सकते थे। एक दिन की घटना है कि मैंने उससे एक चिड़िया मारी। उसी समय गुरुजी दिखाई पड़ गए। एक हाथ में चिड़िया और दूसरे में बंदूक थी। मैं समझ नहीं पाया कि क्या करूँ। उस चिड़िया को पोस्ट बॉक्स में डाल दिया। मैंने सोचा कि चिट्ठियों के साथ वह भी चली जाएगी। अगले दिन डाकिया आया, उसने चिट्ठियाँ निकालीं तो वह सब खून से लथपथ थीं। गुरुजी ने पूछा, क्या यह तुम्हारा काम है? मैं मना नहीं कर सकता था क्योंकि सबूत बहुत तगड़ा था।

वे उस समय कुछ बोले नहीं। बाद में उन्होंने कहा कि देखो, तुम पढ़ाई में बहुत अच्छा कर सकते हो, बशर्ते तुम चाहो। उनका यह एक वाक्य मेरे लिए आत्मविश्वास का संबल बना। उसके बाद मैं गंभीरता से पढ़ने लगा। नतीजा यह हुआ कि हाई स्कूल आते–आते मुझे कई विषयों में डिस्टिंक्शन मिले। इण्टरमिडिएट आते–आते मैं यू.पी. बोर्ड की मैरिट लिस्ट में आ गया। उन्होंने मुझे भाषण देने का भी अभ्यास कराया। पहली बार जब मैं बोलने के लिए खड़ा हुआ तो मेरा पैर काँपने लगा था।

सवाल : बनारस में पढ़ने जाने का कोई खास कारण था?

जवाब : बजाय किसी अंग्रेजी स्कूल में पढ़ाने के मेरे पिताजी उदय प्रताप कॉलेज में पढ़ाना चाहते थे। मैं जो कुछ भी आज हूँ वह उसी कॉलेज की देन है।

सवाल : वहाँ क्या आपने छात्र राजनीति में हिस्सा लिया ?

जवाब : अच्छे छात्रों की गिनती में शामिल हो जाने से प्रिंसिपल ने मुझे भी प्रीफेक्ट बनाया। ऐसे कुछ छात्र प्रीफेक्ट होते थे और उनका एक हेड प्रीफेक्ट होता था। उसकी एक अथॉरिटी होती थी। यह 1947 का साल था। आजादी आ गई थी। उस समय

अपने पिता राजा रामगोपाल सिंह की गोद में बालक विश्वनाथ प्रताप

आज्ञाकारी छात्र विश्वनाथ

गोद में सीताकुमारी (दाएं)

श्रीमती अमर सिंह माथुर की देखरेख में बालक विश्वनाथ (दाए)

युवा विश्वनाथ : भविष्य को तलाशती दृष्टि

युवा विश्वनाथ : एक नए अन्दाज में

विवाह का सेहरा

इलाहाबाद विश्वविद्यालय के वे दिन

बजट पेश करने से पहले (1985)

संयुक्तराष्ट्र की आम सभा में

राज्य सत्ता और धर्मगुरु का संयोग : प्रधानमंत्री विश्वनाथ प्रताप सिंह परम पावन दलाई लामा का अभिवादन करते हुए। (1989)

मिशन एक है : मदर टेरेसा की शुभकामना लेते हुए। गवाही ज्योति बसु (1990)

1, तीन मूर्ति मार्ग के बंगले में वित्तमंत्री विश्वनाथ प्रताप सिंह फाइले निपटाते हुए (1985)

लाल किले की प्राचीर से (15 अगस्त, 1990)

गोर्वाचोव दंपति के साथ प्रधानमंत्री सपत्नीक

सिद्धांत पर समझौता नहीं : पूर्व प्रधानमंत्री मोरारजी देसाई का
तत्कालीन प्रधानमंत्री विश्वनाथ प्रताप सिंह को मंत्रदान

नामीबिया यात्रा : नेल्सन मंडेला के साथ
प्रधानमत्री विश्वनाथ प्रताप सिंह के नेतृत्व में भारतीय प्रतिनिधिमंडल

इंदिरा गांधी के साथ

एक महती जनसभा में

भूदानी विश्वनाथ प्रताप सिंह – संत विनोबा भावे के हाथों
गोपाल विद्यालय के शिलान्यास के अवसर पर

लहरों पर नजर

युगल-जोड़ी : सीता कुमारी एवं विश्वनाथ प्रताप सिंह

सरकारी-फाइल में मशगूल प्रधानमत्री विश्वनाथ प्रताप सिंह

राष्ट्रपति फखरुद्दीन अली अहमद से उपमंत्री की शपथ लेते हुए अक्टूबर, 1974

पाक राष्ट्रपति जिया से बातचीत

महात्मा गांधी की समाधि पर

फिलीस्तीनी मुक्तिमोर्चा के नेता यासर अराफात के स्वागत में प्रधानमंत्री विश्वनाथ प्रताप सिंह अपने सहयोगियों गृहमंत्री, मुफ्ती मोहम्मद सईद और वित्तमंत्री इन्द्र कुमार गुजराल के साथ

पाक प्रधानमंत्री बेनजीर भुट्टो के साथ

सरहदी गांधी खान अब्दुल गफ्फार खान की पीड़ा में शरीक

मांडा राजपरिवार का वर्तमान स्वरूप

संसद के बालयोगी सभागार में : पूर्व प्रधानमंत्रियों की संगत

बालयोगी सभागार में कवितापाठ करते विश्वनाथ प्रताप सिंह

राजा विश्वनाथ प्रताप सिंह - पगड़ी की आन-बान-शान

छात्रों ने छात्र संघ बनाने की माँग रखी। मेरे हेड प्रीफेक्ट थे शिवशंकर सिंह। उन्होंने एक मीटिंग की। उन्होंने कहा कि मैं अध्यक्ष का चुनाव लड़ रहा हूँ आप लोग मदद करिए। हमने कहा, जरूर करेंगे। वे कहते–कहते यह भी बोल पड़े कि प्रिंसिपल साहब भी मदद करेंगे। मुझे यह अजीब लगा, छात्रों के चुनाव में प्रिंसिपल और अध्यापक की दिलचस्पी और हिस्सेदारी क्यों होनी चाहिए? मैंने तत्काल कहा कि शिवशंकर जी, यह तो ठीक नहीं है कि हमारे चुनाव में प्रिंसिपल दखल दें। भले ही वह आपके पक्ष में हों फिर भी यह ठीक नहीं है। इस पर सोचना पड़ेगा।

मैंने कमरे पर आकर गुरुजी (विजय शंकर मिश्र) से बात की। मैंने उनसे कहा कि गुरुजी, मुझे तो यह ठीक नहीं लगता। मैं विरोध करना चाहता हूँ। उन्होंने पूछा कि क्या करना चाहते हो? मैंने कहा कि प्रीफेक्ट से इस्तीफा देना चाहता हूँ क्योंकि प्रिंसिपल चुनाव में शरीक हों और मैं उनकें मनोनीत प्रीफेक्ट बना रहूँ, इसका मतलब होगा कि मैं उनकी लाइन का समर्थन कर रहा हूँ। मैं इतना तो कर ही सकता हूँ। इस पर उन्होंने एक पत्र तैयार करा दिया जिसमें मेरी पूरी बात आ गई। उसमें इस्तीफे की सूचना भी थी और उसके कारण स्पष्ट कर दिए गए थे।

वह मेरा पहला इस्तीफा था। इस प्रकार मेरे जीवन में जो सर्वत्र ऐसी परिघटना दिखती है उसकी वह शुरुआत थी। इसे यूँ कहा जा सकता है कि सत्ता प्रतिष्ठान का स्वरूप चाहे जैसा हो वह जिस रूप में दिखाई देता है वैसा होता नहीं है। परदे के पीछे की हकीकत भिन्न होती है। उसी से मेरा जो पहला टकराव हुआ वह ताजिंदगी एक या दूसरे रूप में चलता रहा। कहीं न कहीं सत्ता प्रतिष्ठान से मैं पटरी बैठा नहीं पाया।

सवाल : उस इस्तीफे के बारे में आज आपका नजरिया क्या है? क्या आपने एक नैतिक रुख अपनाया था या मात्र एतराज दर्ज कराना चाहते थे?

जवाब : मैं इसे चेतना का प्रश्न समझता हूँ। उस पर उस समय के वातावरण की छाप भी रही होगी जिसमें आजादी की लड़ाई के मूल्य सबसे ऊपर थे। गाँधी जी का नैतिक प्रभाव उस समय की पीढ़ी पर था। उसका हम लोगों को एहसास था। मेरे आदर्श महात्मा गाँधी, जवाहरलाल नेहरू, नेताजी सुभाष चन्द्र बोस, जयप्रकाश नारायण आदि थे। उस समय की सर्वसामान्य मानसिकता की बनावट ही ऐसी थी। गाँधी जी की जीवनी–सत्य के साथ प्रयोग हम सबने पढ़ी थी।

सवाल : 'सत्य के साथ प्रयोग' को आपने कब पढ़ा था?

जवाब : जब मैं हाई स्कूल में था।

सवाल : प्रीफेक्ट से इस्तीफा देने पर छात्रों में क्या प्रतिक्रिया हुई?

जवाब : मुझे चुनाव लड़ने के लिए कहा जाने लगा। मेरा इरादा नहीं था। काफी

दबाव पड़ा। यूथ काँग्रेस के लोगों ने चुनाव लड़ने के लिए कहा। लेकिन मैं स्वतंत्र उम्मीदवार बना। मेरा मुकाबला हेड प्रीफेक्ट से हुआ। मैं जीत गया।

सवाल : इसका प्रिंसिपल साहब पर क्या असर पड़ा?

जवाब : उन्हें यह अच्छा नहीं लगा। इस्तीफा देकर चुनाव लड़ा था। उनके ही उम्मीदवार को हराया।

सवाल : जैसा अक्सर होता है, क्या आपने भी जीतने के बाद कोई माँग पेश की?

जवाब : मैंने पहली माँग रखी कि जॉर्ज पंचम की तस्वीर कॉलेज के हॉल से हटाई जाए और वहाँ महाराणा प्रताप की फोटो लगाई जाए। 1942 के आंदोलन में भी वह तस्वीर छात्रों के निशाने पर थी।

सवाल : इस पर प्रिंसिपल ने क्या कहा?

जवाब : उन्होंने टालने के अंदाज में कहा कि इस पर खर्च ज्यादा होगा। हमने पूछा कि कितना खर्च होगा तो उन्होंने कहा 700 रुपए। हर होस्टल से एक–एक रुपए चंदा कर हमने उनको दे दिया। जब देखा कि कई महीने बीत जाने पर भी तस्वीर नहीं लगी तो विरोध का कार्यक्रम बना। प्रिंसिपल साहब जन्माष्टमी मनाते थे, उसका हमने विरोध में बहिष्कार किया। लेकिन विरोध की एक मर्यादा भी रखी। छात्रों ने अपनी जन्माष्टमी अलग मनाई। प्रिंसिपल साहब के समारोह में आठ–दस छात्र ही गए होंगे। हमारा विरोध इस बात पर था कि पैसा जमा कराने के बावजूद तस्वीर वे लगवाने में देर कर रहे थे।

तस्वीर लगाने में देर होते देख हमारे सामने समस्या थी कि विरोध का स्वरूप क्या हो। उस समय कक्षा का बहिष्कार कल्पना से परे था। इसी तरह किसी अध्यापक का निरादर करने की भी हम नहीं सोच सकते थे। हमारे विरोध का सही सन्देश प्रिंसिपल तक पहुँचा, परिणामस्वरूप उन्होंने महाराणा प्रताप की तस्वीर बनवा कर लगवा दी।

सवाल : तस्वीर कितने दिनों के बाद लगी?

जवाब : कुछ महीने तो लग ही गए।

सवाल : उतनी ही बड़ी तस्वीर जितनी जॉर्ज पंचम की थी?

जवाब : हाँ। किन्तु जॉर्ज पंचम की तस्वीर कोई बड़ी नहीं थी।

सवाल : उदय प्रताप कॉलेज के संस्थापक ने व्यवस्था की थी कि कोई अंग्रेज ही प्रिंसिपल होगा। जगदीश प्रसाद सिंह क्या पहले हिन्दुस्तानी प्रिंसिपल थे?

जवाब : हाँ। वे प्रिंसिपल के अलावा हमें अंग्रेजी भी पढ़ाते थे। वे बहुत अच्छे अध्यापक थे। उनकी विद्वता की धाक थी।

सवाल : तब से ही जॉर्ज पंचम की वह तस्वीर आपको खटक रही थी?

जवाब : उसे हटाने की माँग मैंने छात्र यूनियन की ओर से की।

सवाल : उसे हटाकर महाराणा प्रताप की तस्वीर लगाने की माँग क्या किसी खास प्रतीक के रूप में थी?

जवाब : वह क्षत्रिय कॉलेज था। इसलिए महाराणा प्रताप का नाम आना बहुत स्वाभाविक था। एक जाति विशेष का बनाया हुआ कॉलेज होते हुए भी वहाँ जातिवाद नहीं था। हालाँकि ज्यादातर छात्र एक ही जाति के होते थे। उस कॉलेज के इतिहास का एक दौर रहा है। जब वह स्थापित किया गया उस समय जातियों के अपने-अपने स्कूल, कॉलेज होते थे।

सवाल : भारत छोड़ो आन्दोलन की क्या-क्या बातें आपको याद हैं?

जवाब : मुझे यह याद है कि 1942 में छात्रों का एक जुलूस नारे लगाते हुए कॉलेज में आया। किसी छात्र ने जॉर्ज पंचम की तस्वीर पर एक डंडा फेंका था। उससे तस्वीर टूटी नहीं। मैं भी उस जुलूस में शामिल था। तब सातवीं कक्षा का छात्र था। जब मेरे गार्जियन विजय शंकर मिश्र जी को यह मालूम हुआ, उन्होंने मुझे वहाँ से निकाला और शाम की ट्रेन से घर भेज दिया।

सवाल : अनुशासनहीनता के लिए कभी आप दण्डित किए गए?

जवाब : एक बार ऐसा हुआ जब वाद-विवाद की तैयारी में मैं जुटा था, उस कारण अंग्रेजी की कक्षा में गैर-हाजिर हो गया। प्रिंसिपल साहब उसके अध्यापक थे। यह पहला ही अवसर था। प्रिंसिपल ने मुझसे अगले दिन पूछा कि गैर-हाजिर क्यों रहे? इसके लिए माफी माँगो। मैंने उनसे कहा कि कॉलेज के हित में ही गैर-हाजिर रहा। उन्होंने मेरी गैर-हाजिरी पर पंद्रह मिनट का भाषण दिया। कॉलेज का वाद-विवाद था जिसमें कॉलेज की प्रतिष्ठा जुड़ी हुई थी। मैं उसका प्रतिनिधित्व कर रहा था। इसलिए मुझे तैयारी की जरूरत थी। उसे ध्यान में रखकर मैं दो क्लास में गैर-हाजिर रहा। मैंने उनसे कहा कि कॉलेज को एक ट्रॉफी मिली है, उससे कॉलेज की प्रतिष्ठा बढ़ी है। इस पर उन्होंने कहा कि यह तो ठीक है लेकिन तुमने इसके लिए मुझसे मंजूरी नहीं ली। मैं सोचता हूँ कि यह पुराना किस्सा वैसा ही है जैसा फेयरफैक्स का था।

अच्छा काम करें तो भी सवाल यह खड़ा हो जाता है कि उसकी मंजूरी ली या नहीं ली। यह मामला अॅथारिटी का है। इस पर मैंने तब प्रिंसिपल को लिखा कि मैंने पहले स्वीकृति नहीं ली, किन्तु जो कुछ भी किया है वह कॉलेज की मर्यादा को ध्यान में रखकर ही किया है। प्रिंसिपल साहब का वह रुख असल में अधिकार जताने वाला ज्यादा था कि गैर–हाजिर होने से पहले पूछा क्यों नहीं। इसी कारण मैंने उस अधिकार का सम्मान किया। परन्तु मेरे मन में अपराधबोध नहीं था। मैंने सही काम को वरीयता दी थी। यह बात सही है कि मुझे पूछ लेना चाहिए था। बहरहाल यह मेरे लिए अधिकार जताने की पहली घटना थी। फेयरफैक्स की जाँच पर उठे बवाल को दूसरी घटना कह सकते हैं।

सवाल : यू.पी. कॉलेज में आप छह साल रहे। वहाँ छात्रों से आप अलग और एकांत में ही रहते थे। उस दौरान आपकी स्कूल के अलावा दिनचर्या क्या होती थी?

जवाब : आकाश, तारे और प्रकृति मेरे साथी थे। इन्टरमीडियट आते–आते सूत कातना, सवेरे योगासन, शाम को 15–20 मिनट का आत्मचिंतन और डायरी लिखना यह सब चलता था।

सवाल : अपने गाँव में आप बच्चों से हिल–मिल कर खेल सकते थे, लेकिन यू. पी. कॉलेज में आपको अलग रहना पड़ा, उससे आपको कोई कठिनाई महसूस हुई?

जवाब : मानसिक समस्या बनी रही। अलग रहने और सुरक्षा के घेरे में रहने का एक कारण था। मेरे गोद लिए जाने पर माण्डा राज परिवार के पट्टीदार जो दावेदार थे उन्होंने मुकदमा कर रखा था। इस कारण खतरा महसूस कर मेरी सुरक्षा का इंतजाम इलाहाबाद के कलेक्टर की देख–रेख में किया गया था। एक बंदूक वाला मेरे साथ हमेशा रहता था। वह मेरे साथ स्कूल जाता था, वहाँ कक्षा के सामने बैठा रहता, वह हमेशा मेरी छाया बना हुआ था। इससे मैं असहज महसूस करता था। यह सुरक्षा की झंझट मेरे साथ शुरू से ही लग गई। इसके बावजूद मैं प्रसन्न रहता था। जैसे उस समय विश्वविद्यालय में पहुँचने के साथ सुरक्षा से मैंने मुक्ति पा ली थी वैसे ही एस.पी.जी. की सुरक्षा हटाने के लिए मुझे अदालत की शरण लेनी पड़ी।

सवाल : जब आप यू.पी. कॉलेज में थे, उन्हीं दिनों देश आजाद हुआ। उस समय छात्रों में किस मसले पर ज्यादा चर्चा होती थी?

जवाब : मुझसे किसी छात्र को मिलने की इजाजत नहीं थी। क्योंकि किसी को बँगले में आने नहीं देते थे सिवाय रणमत सिंह और अम्बिका सिंह के। मेरा आत्ममंथन चलता रहता था। गुरुजी ने मुझे एकाकी रखकर सोचने का अवसर दिया। सातवीं से बारहवीं कक्षा तक यह सिलसिला चला। उन दिनों की एक घटना मुझे याद है। मेरे

कई साथी बारहवीं में इरविन क्रिश्चियन कॉलेज में पढ़ने के लिए चले गए थे। वहाँ से रणमत सिंह ने मेरे लिए एक गैस पेपर भेजा, उसके साथ पत्र था। मैंने पत्र पढ़ने के बाद गैस पेपर को फाड़ दिया और जवाब में एक सख्त चिट्ठी भेजी कि यह ईमानदारी नहीं है। उन दिनों देश विभाजन और परिणामस्वरूप हो रहे साम्प्रदायिक दंगे तथा कत्ले–आम से मेरा मन बोझिल रहता था। गाँधी जी उन हालात में बंगाल गए और अपनी जान खतरे में डालकर काम करते रहे। इसका मेरे ऊपर बहुत बड़ा प्रभाव रहा। इसका सीधा प्रभाव पड़ा जो मेरे जीवन का हिस्सा हो गया।

सवाल : विश्वविद्यालय में पढ़ाई के दौरान किस विचारधारा और किन व्यक्तियों ने आपको अपनी ओर खींचा?

जवाब : समाजवादी विचारधारा से वहीं परिचित हुआ और महात्मा गाँधी, मार्क्स के चिंतन की ओर मुड़ा। मेरे विचारों के गठन में इन बातों का असर रहा है। प्रेमचन्द की कहानियों को मैंने वहीं चाव से पढ़ा। मेरी चिंतन की आदत ज्यादा थी, पढ़ने की कम। मेरी प्रवृत्ति अध्ययन से अधिक पाठ की रही है। उसे आत्मसात करने का प्रयास करता था। उसी आदत के कारण अपना कोर्स एक बार ही पूरा कर पाता था। मेरी कोशिश विषय को समझने की ज्यादा होती थी।

सवाल : विश्वविद्यालय में छात्र संघ के चुनाव में आपने हिस्सा लिया?

जवाब : मैं विश्वविद्यालय पहुँचा तो मेरे भाईसाहब संत बख्श सिंह चुनाव लड़ रहे थे। वे पहले ऐसे अध्यक्ष हुए जो अण्डर–ग्रेजुएट थे। उन्हीं दिनों की घटना है। विश्वविद्यालय के सीनेट हॉल में सभा थी। मैं वहाँ सुनने के लिए गया। उधर ही जाकर खड़ा हो गया जहाँ छात्र संघ के पदाधिकारी बैठे थे। मुझे एक पदाधिकारी ने कहा कि यहाँ खड़े नहीं हो सकते। उन्होंने हटाया तो मैं चला आया और सोचा कि मुझे चुनाव लड़ना पड़ेगा। तभी यहाँ आकर बैठ सकता हूँ। अगले साल मैंने उपाध्यक्ष का चुनाव लड़ा। उसमें जीता। उस समय अध्यक्ष काशीनाथ मिश्र थे। उनकी अनुपस्थिति में एक–डेढ़ महीने मैं अध्यक्ष की तरह काम करता रहा।

सवाल : अपने मूल परिवार में लौटने के बाद माण्डा से आपका संबंध किस प्रकार बना रहा? क्या वहाँ आपका आना–जाना होता था?

जवाब : 1951 में मैं माण्डा पहली बार गया जब मैं इक्कीस साल का हो गया था। उससे पहले डैया ही जाता था। बालिग हो जाने पर ही कोर्ट एवार्ड का अधिकार है। जहाँ अपना कोई अधिकार नहीं वहाँ मैं क्यों जाऊँ। जब मैं पहली बार माण्डा पहुँचा तो वहाँ की जनता ने मेरा बहुत स्वागत किया। रास्ते में फाटक बनाए गए थे और फूलमालाओं से स्वागत हुआ। मेरी खुली कार फूलों से भर गई थी। दूसरे दिन एक

जनसभा भी हुई। उसके बाद मैं दोनों जगह जाने लगा।

सवाल : हाल–फिलहाल आप माण्डा कब गए थे?
जवाब : दो साल हो गए हैं।

सवाल : अपने शयनकक्ष में आपने कुछ पत्थर के टुकड़े अपने बिस्तर के सामने कोने में रखे हुए हैं। क्या उन्हें आप बेलन नदी से लेकर आए थे?

जवाब : हाँ, वे पत्थर बेलन नदी के हैं। उन्हें शयनकक्ष में रखा है। वे प्रतीकात्मक हैं। उनसे मेरा अपनी जमीन से जुड़ाव बना हुआ है। उन्हें देखकर मैं पुरानी स्मृतियों में लौट जाता हूँ। अक्सर उन्हें देखकर आँख भर जाती है। मुझे लगता है कि वही अपने हैं। बेलन नदी से अपना आत्मीय संबंध अनुभव होता था। उसी में नहाते थे। उन्हीं यादों को अपने पास सँजोकर उन पत्थरों के रूप में रखा है।

सवाल : जब आप पत्थर वहाँ चुन रहे थे तो आपके मन में क्या–क्या विचार उठे?

जवाब : मेरा वहाँ से बहुत लगाव है। वहाँ मैंने अपना बचपन गुजारा है। वह बहुत सुंदर जगह है। उसी नदी के किनारे मेरे चिंतन ने आकार ग्रहण किया। छुट्टी के दिनों में घर से जलपान के बाद बाग से संतरा तोड़कर नदी किनारे निकल पड़ता था। वहाँ संतरा बहुत बढ़िया होता है। नदी के फर्श में पत्थर है। सूरज की किरणें जब उस पत्थर पर पड़ती थीं तो सोने के जाल की तरह वह नाचता रहता था। पाँव पानी में रखकर मैं वहाँ किताब पढ़ता था। उसी नदी के किनारे लंच करके सो जाता था। तकिया वगैरह की कोई जरूरत महसूस नहीं होती थी। फिर उठता और पढ़ने लग जाता था। दिन जब ढल जाता था और सूरज का लाल बिम्ब फिर पानी में जब उतर आता था तो गोधूली के समय मैं घर लौटता था। रास्ते में गायें लौटती हुई मिलती थीं। गाँव के अंदर बच्चे खेलते–कूदते रहते थे और अंदर लालटेन वाली बत्ती जलती रहती थी। मैं अपनी माँ के पास पहुँचता था। सचमुच उस नदी से मेरा आंतरिक सम्बन्ध है। अब तो जाना बहुत कम होता है तो मैंने सोचा कि न जाने फिर कब यहाँ आना हो, इसलिए कुछ लेते चलो। दो–चार पत्थर जो पसंद आए उन्हें ले आया। घर की याद आती है। यही पत्थर तो घर की चीज है बाकी सब तो गैर है। वही अपना है।

सवाल : आप बता रहे थे कि गाँव में उन दिनों पढ़ाई की तैयारी कैसे करते थे। क्या राजनीतिक सोच–विचार का भी कोई अवसर याद है?

जवाब : वहीं पर चिंतन शुरू हुआ। खासकर वामपंथी विचारधारा के बारे में सोचना शुरू किया। वह दौर ऐसा था जिसमें विचारधाराओं की प्रबलता थी। उसमें

आजादी के आंदोलन की धारा, गाँधीजी का प्रभाव और समाजवादी विचारधारा आदि का संगम होता दिख रहा था। उन सबका असर रहा है।

सवाल : उस दौरान आपको किसी ने अपनी संस्था में शामिल होने के लिए प्रेरित किया? क्या किसी ने कोई किताब पढ़ने के लिए सुझाई?

जवाब : मेरे बड़े भाईसाहब संत बख्श सिंह काफी पढ़ते थे। उनसे किताबें लेकर मैं पढ़ता था जैसे डिस्कवरी ऑफ इंडिया।

सवाल : उन दिनों आपकी राजनीतिक गतिविधियाँ क्या होती थीं?

जवाब : कुछ खास नहीं था सिवाय इसके कि बड़े भाईसाहब के चुनाव में काम करने के लिए फतेहपुर चला जाता था।

सवाल : रियासती पृष्ठभूमि के कारण आम लोगों से घुलने–मिलने में आपको कभी कोई कठिनाई महसूस हुई?

जवाब : मुझे गाँव के बच्चों से मिलने में कभी रोक–टोक नहीं थी। उनके साथ ही मैं खेलता था। नौकर भी मेरे परिवार के अंग ही माने जाते थे। उन्हें संबोधित काका, बाबा आदि जो संबंधों के नाम होते हैं, उनसे ही करता था। उनके घर जाने पर भी मेरे परिवारवालों को किसी प्रकार का ऐतराज नहीं था। इस तरह की बातें माण्डा और डैया दोनों परिवारों में थीं। यह मेरे परिवार की परम्परा रही है। उसका ही प्रभाव मेरे उपर पड़ा है। मेरे परिवार का संबंध साधारण लोगों से अच्छा रहा है। मेरे पूर्वजों ने संबंधों का एक सिलसिला शुरू किया। उसमें यह भावना थी कि हम साधारण लोगों से जुड़े हुए हैं और उनका हमारे ऊपर अधिकार है। इससे एक तरह का नया संबंध बना जिसमें अभिन्नता का भाव विकसित हुआ। फिर भी सामंती परम्परा के कारण उसमें संरक्षण का भाव ज्यादा दिखता था।

माण्डा में मेरे पिता दाऊ साहब किसी जरूरतमंद को निराश नहीं करते थे। लोग अपने काम के लिए आते थे। उन्हें मना करने के बजाय मदद करने की परंपरा थी। इससे मेरा सामाजिक संबंध बना।

सवाल : यह परिस्थिति–वश हुआ?

जवाब : हाँ।

सवाल : कोई सामाजिक गतिविधि?

जवाब : दलीय राजनीति में आने से पहले अपने क्षेत्र में मैंने एक स्कूल खोलने का इरादा बनाया। उन दिनों पूरे इलाके में दो ग्रेजुएट थे। डैया में स्कूल खोलने के

लिए जगह ली गई। वह स्कूल मिट्टी की दीवारों से बना और छत की जगह फूस डाले गए। उसे जब पक्का करने का निर्णय हुआ तो ईंटें मैंने भी अपने सिर पर ढोईं। उस स्कूल में मैं पढ़ाता भी था। तब मुझे मास्टर साहब कहा जाता था। इन कामों का अपना ही आनन्द रहता था।

सवाल : क्या शास्त्री सेवा निकेतन के लिए माण्डा कोठी का एक हिस्सा आपने दे दिया था?

जवाब : हाँ।

सवाल : आपने यह पहल की थी या उन लोगों का आग्रह था?

जवाब : ऐसा हुआ कि ललिता जी ने कहा था कि वे गाँव में रहना चाहती हैं। यह मैंने अखबार में पढ़ा कि वे गाँव में रहकर कुछ रचनात्मक कार्य करना चाहती हैं। फिर मैंने उनसे सम्पर्क किया कि आप चलें, माण्डा में रहें।

सवाल : सुना है कि शास्त्री जी के माण्डा आगमन पर आपने उन्हें अपने खून से तिलक किया था?

जवाब : पाकिस्तान युद्ध जीतने के बाद वे आए थे। उन्होंने माण्डा में एक जनसभा को सम्बोधित किया। उस समय वे हमारे दरवाजे पर आए। ठीक दरवाजे के सामने सभास्थल था। वहीं अँगूठे से खून निकाल कर मैंने उन्हें तिलक किया। जेब में मैंने एक ब्लेड रखा हुआ था। जैसे ही शास्त्री जी मेरे दरवाजे पर आए मैंने ब्लेड को अँगूठे पर दबा दिया और खून से तिलक किया। उस समय मेरी पत्नी ने अपना गहना भी उन्हें दिया था जिसका एक–एक सेट अजय और अभय ने शास्त्री जी को सौंपा।

सवाल : इस पर लाल बहादुर शास्त्री ने अपनी पत्नी से क्या यह कहा था कि देखो यह तुम्हारा पाँचवाँ लड़का है?

जवाब : ललिता जी प्रायः कहा करती थीं। शब्दशः तो उनकी बात याद नहीं है। लेकिन तथ्य में यह बात सही है। मेरा ख्याल है कि यह बात उन्होंने बाद में कही होगी।

सवाल : क्या शास्त्री सेवा निकेतन में ललिता जी आती थीं?

जवाब : अक्सर आती थीं। वहाँ काफी दिन रहती थीं।

सवाल : वहाँ काम क्या होता था?

जवाब : वहाँ खादी की कताई–बुनाई और ग्रामोद्योग के कई काम शुरू किये गए थे। जैसे दीयासलाई, मोमबत्ती, साबुन आदि बनाने का काम होता था। शास्त्री सेवा

निकेतन ने ही कुछ जमीन खरीदी, कुछ जमीन मैंने दी और वहाँ एक स्कूल खुल गया, जिसमें रचनात्मक काम भी होता था और स्कूल भी चलता था।

सवाल : जमींदारी उन्मूलन के लिए आपने अभियान चलाया था?

जवाब : हाँ, चलाया था। मैं और मेरे बड़े भाई संत बख्श सिंह दोनों मिलकर सभाएँ करते थे।

सवाल : इसकी शुरुआत कैसे हुई?

जवाब : आजादी के आंदोलन का प्रभाव केवल अंग्रेजों को भगाने तक ही सीमित नहीं था। गाँधी जी के कार्यक्रम और आंदोलन के अनेक हिस्सों में यह भी एक था। इसी सिलसिले में जमींदारी उन्मूलन अभियान की शुरुआत हुई।

सवाल : आपको कितना विरोध सहना पड़ा?

जवाब : गाँव के अंदर कोई विरोध नहीं था। घर के अंदर माता और भाई ने कभी किसी चीज का विरोध नहीं किया। रही बात पिता की तो वे इन सब बातों को हल्के–फुल्के तरीके से लेते थे। उन्होंने कभी डाँट नहीं लगाई। वे प्रायः कहा करते थे, 'लत्ता हिलाए से अंग्रेज न भाग जाये।' हमें परिवार का विरोध नहीं झेलना पड़ा। वे झण्डे को लत्ता कहते थे।

सवाल : वहाँ के दूसरे जमींदारों का रुख क्या था?

जवाब : जमींदारी तो अपनी ही थी, दूसरे वहाँ नहीं थे। बाकी तो काश्तकार थे, जो खुश थे।

सवाल : उन दिनों आपका संबंध किस पार्टी से था?

जवाब : मेरा संबंध कम्युनिस्ट पार्टी से एक मित्र आसिफ अंसारी के जरिये था, लेकिन मैं सदस्य नहीं बना था।

सवाल : उस समय क्या कोई विदेश यात्रा आपने की?

जवाब : पोलैण्ड के यूथ फेस्टिवल में मैं शरीक हुआ था। 150 सदस्यों का प्रतिनिधिमण्डल था। पूरा शहर जगह–जगह दुनियाभर के कार्यक्रमों से पटा पड़ा था। 150 प्रोग्राम एक साथ होते थे। वार्सा से हम रूस गए फिर चीन और हांगकांग होते हुए लौटे। पूरा साइबेरिया का सफर मैंने ट्रेन से किया जिसमें 12 दिन 12 रात लगे। मैं समझता हूँ कि शायद ही कोई व्यक्ति अपने देश में होगा जिसने इतनी लम्बी रेल यात्रा की हो। वहाँ मैंने पं. जवाहर लाल नेहरू के व्यक्तित्व की धाक देखी और उसे महसूस किया।

वहाँ लोग तीन नाम नेहरू, राजकपूर और नर्गिस के इकट्ठे लेते थे। राजकपूर और नर्गिस वहाँ बहुत लोकप्रिय थे। मैं नेहरू जी की छवि से वहाँ प्रभावित हुआ।

सवाल : काँग्रेस में जाने का इरादा क्या उसके बाद आपने बनाया?

जवाब : रूस से लौटने के बाद जवाहर लाल नेहरू को प्रधानमंत्री और काँग्रेस नेता के रूप में मैंने नए ढंग से देखा। उसके बाद काँग्रेस की सदस्यता ली जो उस समय चवन्निया सदस्यता कहलाती थी। यह है 1955 की बात।

सवाल : आपने काँग्रेस को चुना हालाँकि और भी दल थे, तो क्यों?

जवाब : काँग्रेस की ओर मेरा झुकाव वारसा (पोलैण्ड) के युवा महोत्सव से शुरू होता है। वहाँ के बाद हम मास्को गए। वहाँ पाया कि पं. जवाहरलाल नेहरू के व्यक्तित्व की प्रभावी छाप जनजीवन पर है। वहाँ के लोग हिन्दुस्तान की तीन हस्तियों–जवाहरलाल जी, राजकपूर और नरगिस का नाम समवेत स्वर में लेते थे। आश्चर्य से मैंने उनसे पूछा कि इन तीनों नामों का आपस में क्या संबंध है तो उन्होंने कहा कि हम सब कलाकार का स्मरण उतने ही सम्मान के साथ करते हैं जितने कि देश के नेता का। काँग्रेस में प्रवेश का तात्कालिक रूप से कारण यह रहा। दूसरा कारण गाँधी जी के नेतृत्व में आजादी के आंदोलन में काँग्रेस की भूमिका रही।

सवाल : दल के चयन में आपने विचार को महत्त्व दिया या व्यक्तित्व को ?

जवाब : विचार का महत्त्व तो आजादी के आंदोलन ने निर्धारित कर दिया था। मैंने आजादी के आठ साल बाद सन् 55 में काँग्रेस में प्रवेश किया। मेरे निर्णय में विचार और व्यक्तित्व दोनों का समन्वय था।

सवाल : क्या यह भी एक कारण रहा कि इलाहाबाद विश्वविद्यालय में उन दिनों काँग्रेस का छात्रों में प्रभाव नाममात्र का था और आपने सोचा कि नई पीढ़ी में काँग्रेस को आप ही स्थापित कर सकते हैं?

जवाब : भावनात्मक रूप से यह बात सही नहीं है। उन दिनों मैं विश्वविद्यालय में था भी नहीं। काँग्रेस की सदस्यता ग्रहण करने के पीछे विश्वविद्यालय की पृष्ठभूमि नहीं रही।

सवाल : काँग्रेस के चयन में लक्ष्य क्या था? सत्ता में हिस्सेदारी या देश के नव निर्माण का विचार?

जवाब : मूल कारण यह रहा कि काँग्रेस में रहकर मैं अपने क्षेत्र के आम लोगों का काम करवा सकूँगा। उससे पहले मैंने देखा कि साधारण आदमी की कोई सुनवाई नहीं हो रही है।

सवाल : अलग–अलग धारणाएँ हैं कि आपका नजरिया राजनीति के प्रति लगाव का नहीं, वितृष्णा का रहा है। कुछ लोग कहते हैं कि विश्वनाथ प्रताप सिंह शुरू से ही सत्ता की राजनीति में रमे हुए थे, सही क्या है?

जवाब : वास्तव में द्वंद्व की स्थिति है। जैसे–जैसे राजनीतिक चेतना विकसित होती गई वैसे–वैसे द्वंद्व बढ़ता गया। आरम्भ में बुनियादी रूप से मैं सामाजिक कार्यकर्ता था। पढ़ाई–लिखाई और अनुसंधान की ओर जाने की इच्छा प्रबल थी। वैज्ञानिक और सामाजिक कार्य दोनों ध्रुवों की ओर मन रमता था। एक ध्रुव था विज्ञान और चित्रकारी का, दूसरा ध्रुव था समाज में मान्यता प्राप्त करने का। आरम्भ में कोई महत्त्वाकांक्षा नहीं थी। यह तो बाद में विकसित होती है। 25 से 35 की उम्र में व्यक्ति के मन में जो होता है वह करता है। मैं इस उम्र में वास्तविक राजनीति में नहीं आया था। वास्तविक राजनीति में तो मैं 38–39 की आयु में आया। हाँ, विधि की पढ़ाई पूरी कर विज्ञान का विद्यार्थी बनना पसंद किया। इलाहाबाद विश्वविद्यालय का सामाजिक संदर्भ और परिवार के लोगों की यह उम्मीद कि किसी समस्या के समाधान में यह व्यक्ति काम आएगा, जनसेवा के यही दो संदर्भ रहे। वास्तव में पढ़ाई–लिखाई और जनसेवा के द्वंद्व ने मुझे राज्यसभा की ओर जाने के लिए प्रेरित किया था। मैंने सोचा था कि इससे दोनों काम भलीभाँति निभ जाएँगे, पढ़ाई–लिखाई भी हो जाएगी और राजनीति भी। वोट की राजनीति की कल्पना मेरे मन में नहीं थी। इसी दिशा में मैं प्रयत्नशील था। लक्ष्य यह था कि इससे जनसेवा का भी कुछ कार्य हो जाएगा। इसके लिए मैं दिनेश सिंह से मिला। उनसे कहा कि मुझे राज्यसभा का टिकट दिलवा दीजिए। इस पर उन्होंने कहा कि राज्यसभा का टिकट पाना आपको बहुत मुश्किल होगा। आप मेरी सलाह मानिए और कुछ ही महीनों में विधानसभा के चुनाव होने वाले हैं, उसमें टिकट पाना आसान होगा। उन्होंने यह भी कहा कि आपके एक हाथ में लड्डू रहेगा तो जब चाहे आप उसे बदल सकते हैं। इस सलाह ने मुझे वोट की राजनीति की ओर मोड़ा। राजनीति में जाने की प्रेरणा बड़े भाई संत बख्श सिंह से ही मिली। वे स्वयं राजनीति में थे और उनकी धारणा अत्यन्त ही सुस्पष्ट थी। अतएव उनका असर पड़ना भी स्वाभाविक था। यही तीन कारक थे जिनके चलते मैं राजनीति में रमता चला गया। जनसमूह के स्तर पर राजनीति हमें भाती चली गई। सफलता–विफलता के दोनों छोरों पर द्वंद्व तो अपना प्रभाव दिखाता ही रहा।

सवाल : अपने व्यक्तित्व के गठन में आप किन तत्वों की प्रमुखता पाते हैं?
जवाब : बड़ा कठिन सवाल है।

सवाल : जब आप अपने जीवन का पुनरावलोकन करते हैं उस समय क्या महसूस करते हैं कि जिन आधारों पर आपका व्यक्तित्व बना है उनमें कहीं सुधार की जरूरत

आपको लगती है?

जवाब : बुनियादी तौर पर मैं सोचता हूँ कि मेरा व्यक्तित्व अंतर्मुखी रहा है। आशय यह है कि पढ़ना, चित्र उकेरना, तस्वीर खींचना, अपने आप में रहना यह मेरे स्वभाव का एक तत्व रहा है। दूसरा यह है कि पाँच साल से ही मैं अपने परिवार से हटकर दूसरी जगह चला गया। इससे असुरक्षा का तत्व भी मेरे अन्दर विद्यमान हो गया। असुरक्षा के भाव को हम कैसे विजित करें यानी नई जगह में अपने को स्वीकृत कैसे कराएँ। यानी डैया से माण्डा की ओर जाना एक बच्चे को स्वीकार करने जैसा था। स्वीकृति तो मिली किन्तु जो सुरक्षा का भाव माता–पिता के पास स्वाभाविक रूप से मिलता है वह हमें नहीं मिला। इस रूप में यह तत्व भी मेरे अन्दर प्रबल है। तीसरा तत्व प्रकृति और विज्ञान के प्रति बचपन से ही आकर्षण का रहा है। चौथा तत्व सामाजिक कार्यकर्ता का है।

जब आदमी धीरे–धीरे विकास करता है तो उसके व्यक्तित्व का रूपांतरण होता चलता है। वह सामाजिक स्वीकृति की आकांक्षा रखता है। समाज में कीर्तिमान स्थापित करे, इसी भाव से वह काम करता है। इस लक्ष्य की प्राप्ति में वह अपनी जिंदगी नहीं, समाज का मुँह देखकर जिंदगी जीने लगता है। उसी में उसे संतुष्टि मिलने लगती है। सामाजिक स्तर पर उसे लगता है कि किसी व्यक्ति का कल्याण हो जाए। इसी में अपने उतार–चढ़ाव को वह पैमाने से मापता चलता है। यहीं पर महत्त्वाकांक्षा का तत्व व्यक्तित्व में विकसित होता है। उसमें कुछ हिप्पोक्रेसी के तत्व भी आ जाते हैं। इसे आप हिप्पोक्रेसी या आत्मछल या आत्मप्रवंचना (Betrayal of self) कह सकते हैं। मैं चाहता था चित्रकारी करना और विज्ञान के अध्ययन में मेरी गहरी रुचि थी और करने लगा राजनीति। राजनीति में जनसेवा का पक्ष जहाँ तक है वहाँ तक तो ठीक है किन्तु व्यक्तित्व के सम्पूर्ण तत्व का स्वीकार उसमें नहीं होता। आदमी का यह सोच बनने लगता है कि वह सफल कैसे हो। फिर आदतें पड़ने लगती हैं और वही बाह्य जो है और अंदर में जो स्वाभाविक रूप से पड़ा है उसकी टकराहट ही द्वंद्व है। मैं प्रारंभ में ही अपनी प्रवृत्ति के मुताबिक आगे नहीं बढ़ा। यह अपने साथ धोखा है।

सवाल : आपमें निष्ठा और अपनी छवि के प्रति अधिक सचेत रहने का भाव है। इनमें आप तालमेल कैसे बैठा पाते हैं?

जवाब : देखिए, छवि की कमजोरी व्यक्ति की अंतिम कमजोरी है। मतलब यह कि अर्थ की कामना हो न हो, यश की कामना तो व्यक्ति में रहती है। यश की कमजोरी साधु बनने पर भी सम्भव नहीं है। मैं साधुपने के उस स्तर पर नहीं पहुँच पाया हूँ। पूर्वजों का यह संदेश है कि बच्चा, तुम दुनिया में नाम करो। वे यह कहाँ कहते हैं कि अपने मुँह पर कालिख पोतकर चलो।

अध्याय : दो

उत्तर प्रदेश में काँग्रेसी राजनीति

अध्याय परिचय

इसमें आप पढ़ेंगे कि कैसे वी.एन. से वी.पी. में वे (विश्वनाथ प्रताप सिंह) बदलते गए। यह बदलाव सीढ़ी–दर–सीढ़ी हुआ है। उसकी पहली सीढ़ी का यह विवरण है। यहाँ से वह कहानी शुरू होती है जो विश्वनाथ प्रताप सिंह ने अपने राजनीतिक जीवन में देखा और अनुभव किया है। वे विदेश की एक यात्रा में थे जहाँ उन्हें महसूस हुआ कि काँग्रेस ही वह पार्टी है जो देश सेवा का जरिया हो सकती है। तब तक वे किसी पार्टी के सदस्य नहीं थे। उनका झुकाव कम्युनिस्टों की ओर था। विचारों से मार्क्सवाद और गाँधीवाद का रंग उन पर चढ़ा हुआ माना जा सकता है। रूस की यात्रा में उन्होंने पं. जवाहरलाल नेहरू की छवि की एक छटा देखी। वही उनके लिए काँग्रेस का दरवाजा खोलती है। काँग्रेस का सदस्य बनने के बाद अपने स्वभाव के अनुरूप वे जी–जान से संगठन के काम में लग गए। उन्हें इसकी शाबासी मिलती इसके बजाए संदेह के काँटे चुभोए गए। खटका यह था कि जो नौजवान अभी–अभी काँग्रेस में आया है और एक राजपरिवार से जुड़ा हुआ है वह अपनी सामाजिक हैसियत को भुलाकर लोगों से घुल–मिल रहा है। गाँव–गाँव जाकर सदस्यता बनाने में लगे उस नौजवान पर लोगों की तिरछी नजर पड़ी कि कहीं यह मेहनत जिला काँग्रेस पर कब्जा करने की तो नहीं है। उससे आहत होकर वे घर बैठ सकते थे पर ऐसा किया नहीं। अपना ध्यान समाज सेवा में लगाया। उन लोगों की सोहबत करने लगे जो बुनियादी मसलों पर काम कर रहे थे। आजादी के बाद गाँधी के सपनों का समाज बनाने के लिए भूदान आन्दोलन वैसा ही एक प्रयास था। उस आन्दोलन को गति मिले इस इरादे से विश्वनाथ प्रताप सिंह ने अपने पसना गाँव के फार्म को दान कर दिया, जो तकरीबन दो सौ बीघे का था। उसके अलावा भी कुछ जमीन उन्होंने दान में दी।

जो जमीन दी वह बंजर नहीं थी, जैसा कि कुछ बड़े सामंत भूदानियों ने यहाँ–वहाँ दी थी। विश्वनाथ प्रताप सिंह ने अपना उपजाऊ और कमाऊ फार्म भूदान में दे दिया था। ऐसा फार्म जिसे बनाने का हश्र नव धनाढ़्य वर्ग पालता है और उसे तमाम गोरखधंधों से साकार करता है। उनका वह फार्म सड़क के किनारे था। सिंचाई की सुविधाओं से युक्त था। राजनीति में आने से पहले विश्वनाथ प्रताप सिंह का यह काम उनका पीछा करता रहा। विरोधियों ने न जाने कितने किस्से गढ़े। उसके बारे में तो नहीं, पर पहली बार उन्होंने उससे संबंधित सवालों पर मुँह खोला है। गाँव के लोगों की फरमाइश पर जब वे सड़क बनवाने में कामयाब तो हो गए, पर वे सरकार के अंग–उपांगों की मदद नहीं प्राप्त कर सके। इसमें उन्हें कामयाबी नहीं मिली। इससे उन्हें झटका लगा। एक विचार पैदा हुआ कि राजनीति में कुछ दखल जरूरी है। इसलिए चाहते थे कि काँग्रेस उन्हें राज्यसभा में भेजे। वह दौर उस काँग्रेस का था जिसमें फैसले से पहले लोकतांत्रिक रस्साकशी होती थी। उस समय राज्यसभा उन लोगों के लिए थी जो पके–पकाए नेता होते थे। उनको सलाह दी गई कि विधानसभा का चुनाव लड़ना बेहतर होगा। विश्वनाथ प्रताप सिंह के घर माण्डा का विधानसभा क्षेत्र सुरक्षित था लिहाजा उन्हें दूसरे क्षेत्र से चुनाव लड़ने के लिए टिकट माँगना पड़ा। वह क्षेत्र काँग्रेस के लिए पराजय का मैदान था जिसे उन्होंने अपने कौशल और परिश्रम से जीता।

भले ही विधानसभा के टिकट का मामला हो पर वह इलाहाबाद का होने के कारण उसका फैसला प्रधानमंत्री के यहाँ होता था। जिस तरह फैसला हुआ उसने विश्वनाथ प्रताप सिंह के मन पर इन्दिरा गाँधी के प्रति निष्ठा की छाप छोड़ी। वह संबंध आजीवन बना रहा। विश्वनाथ प्रताप सिंह ने तभी अपने मन में बैठाया कि इन्दिरा गाँधी के साथ बने रहकर राजनीति करनी है। इसकी पहली परीक्षा भी जल्दी ही आ गई। वे विधायक थे। चन्द्रभानु गुप्त मुख्यमंत्री थे। राष्ट्रपति के चुनाव में वी.वी. गिरि उम्मीदवार थे जिनका इन्दिरा गाँधी ने पाला बदलकर समर्थन किया। उससे काँग्रेस में जोर–आजमाइश का दौर शुरू हुआ। वी.वी. गिरि की जीत और हार में इन्दिरा गाँधी की तकदीर जुड़ी हुई थी। विश्वनाथ प्रताप सिंह उन लोगों में रहे जो वी.वी. गिरि को जितवाने में जुटे हुए थे। उन्हें अपनी तरफ करने के लिए चन्द्रभानु गुप्त ने बुलाया और बातचीत की। वह इस अध्याय में है। उसे पढ़कर जाना जा सकता है कि राजनीतिक निष्ठा के बारे में किसी तरह का द्वंद पालने का विश्वनाथ प्रताप सिंह का कभी स्वभाव नहीं था।

राष्ट्रीय राजनीति को उत्तर प्रदेश ने गढ़ा है। उस राज्य में काँग्रेस किस तरह सामाजिक–राजनीतिक उठापटक से गुजरती रही और कैसे वह धड़ेबाजी की शिकार

हुई यह सब जानना ताजा इतिहास पर नजर दौड़ाने जैसा है। यह सम्भव नहीं है कि एक व्यक्ति सारी हलचलों को अपने जहन में समेट ले, लेकिन एक झलक तो मिल ही जाती है जब उस दौर पर विश्वनाथ प्रताप सिंह पुनः नजर दौड़ाते हैं। इस मायने में यह उस दौर का पुनरावलोकन भी है, जिसमें आपातकाल, संजय गाँधी और काँग्रेस के नए नेतृत्व के उभरने की घटनाएँ परत–दर–परत खुलती जाती हैं।

सुनने में यह अविश्वसनीय लगता है पर जिस साफगोई और सहजता से विश्वनाथ प्रताप सिंह इसे स्वीकार करते हैं उससे संदेह खुद–ब–खुद मिट जाता है। प्रसंग अमिताभ बच्चन का है। प्रदेश काँग्रेस अध्यक्ष के नाते उन्होंने इलाहाबाद से एक उम्मीदवार तय करवा लिया था, उनका नाम था के.पी. तिवारी। अरुण नेहरू ने एक दिन उनसे कहा कि इलाहाबाद से अमिताभ बच्चन चुनाव लड़ेंगे। विश्वनाथ प्रताप सिंह ने बड़े भोले भाव से पूछा कि यह कौन है और अरुण नेहरू के आश्चर्य का ठिकाना नहीं था जब उन्होंने यह जाना कि सचमुच अमिताभ बच्चन से किसी तरह से विश्वनाथ प्रताप सिंह परिचित नहीं हैं। उस प्रकरण के सवालों पर विश्वनाथ प्रताप सिंह के जवाब बहुत सहज हैं।

सवाल : काँग्रेस पार्टी की ओर आपका झुकाव, वारसा (पोलैण्ड) के युवा महोत्सव से होते हुए जब आप मास्को पहुँचे उस समय हुआ। वहाँ पंडित जवाहर लाल नेहरू के व्यक्तित्व की चमक ने आपको अपनी ओर खींचा। वहीं पर विचार और व्यक्तित्व के संयोग से काँग्रेस को अपनाने का मन बनाया। जैसा आपने पिछले अध्याय में बताया है कि काँग्रेस के जरिए आप अपने क्षेत्र की जनसेवा करना चाहते थे। पार्टी की सदस्यता लेने के बाद आपका पहला अनुभव क्या रहा?

जवाब : मैं तब तक किसी दल का सदस्य नहीं था। इस कारण मुझे दल की आंतरिक कार्य प्रणाली की कोई जानकारी नहीं थी। काँग्रेस का सदस्य बनने के बाद मैंने उसकी गतिविधियों में हिस्सा लेना शुरू किया। पार्टी से लोगों को जोड़ने के लिए मैंने पहला काम किया कि सदस्यता अभियान में जुट गया। वही मेरा पहला राजनीतिक अनुभव था।

सवाल : वह क्या था?

जवाब : मैंने गाँव–गाँव जाकर सदस्य बनाए और बनवाए। सदस्यता शुल्क चार आने होता था। बोरे के बोरे चार–चार आने से भर गए। उन्हें लाद कर ले आए। हमारे अध्यक्ष थे–शिवमूर्ति सिंह। उनको पैसा और सदस्यता की अधकटी बही सौंप दी। वे बहुत खुश हुए। लेकिन काँग्रेस में एक वर्ग कहने लगा कि ये काँग्रेस पर कब्जा करने

आए हैं। जब मुझे यह पता चला तो मैं बहुत दुखी हुआ। मैंने सोचा भी नहीं था कि ऐसा कहा जाएगा। मुझे सदमा इस बात का लगा कि मैं तो ईमानदारी से पार्टी के लिए काम कर रहा था जिसे कुछ लोगों ने अपने लिए खतरा मान लिया। इससे मेरा मन खिन्न हुआ। हालाँकि आरोप निराधार थे।

सवाल : ऐसा क्यों हुआ? क्या आपकी सक्रियता उनको खटक रही थी?

जवाब : उनको अंदेशा था कि जिला काँग्रेस कमेटी पर मैं कब्जा करना चाहता हूँ। सच्चाई यह है कि मैं जानता भी नहीं था कि पार्टी पर कब्जा करना क्या होता है।

सवाल : क्या काँग्रेस के कुछ लोगों के व्यवहार से खिन्न होकर आपने सामाजिक कार्यों में अपना समय लगाया?

जवाब : हाँ, यह कह सकते हैं।

सवाल : आपका सामाजिक कामों से लगाव का सिलसिला कब से शुरू हुआ?

जवाब : बचपन से ही मेरा रुझान उस तरफ रहा है। 1952 में मैंने गोपाल विद्यालय खोला था, जहाँ बच्चों को पढ़ाता था। बीमार लोगों की दवा करता था। जिनको फोड़ा–फुंसी हो जाता था उनके घाव रोज नीम के पानी से धोता था। वही सिलसिला 1957 में भूदान आंदोलन से जुड़ गया। उन दिनों भूदान आन्दोलन चल रहा था। उसके लिए इलाहाबाद में सुरेश राम भाई और इटावा के लालू दादा तथा इलाहाबाद के देवतादीन मिश्र आदि आए। कहा कि हम लोग कठौली गाँव में शिविर कर रहे हैं। दो दिनों का शिविर होगा, आप वहाँ आइए। उन लोगों ने सूचना दी कि आज से वहीं रहना होगा, अपना बर्तन माँजना होगा। मैंने कहा, ठीक है, मैं आऊँगा। मेरे लिए इस तरह रहने में कठिनाई नहीं थी। इसका मुझे अभ्यास था। उदय प्रताप कालेज में तख्त पर सोने और ठंडे पानी से नहाने की आदत थी। उसी शिविर में मेरे मन में आया कि मैं अपनी जमीन और फार्मलैंड दान कर दूँ। वह तकरीबन 200 बीघे का फार्म था। वह उपजाऊ जमीन थी जो एकदम सड़क के किनारे पड़ती थी। नहर के करीब थी। इसलिए सिंचाई की सुविधा प्राप्त थी। उसके अलावा कुछ बिखरे हुए खेत भी थे जिन्हें दान में दिया। इनको दान करने की घोषणा मैंने अगले दिन की।

सवाल : भूदान का निर्णय करने से पहले क्या आपने परिवार और पत्नी से सलाह ली?

जवाब : देखिए, यह सलाह करने से नहीं होता है।

सवाल : क्या और कुछ जमीन आपने दान में दी थी?

जवाब : बामपुर में अपनी रियासत का एक और फार्म था जिसे मैंने भूदान में दान दे दिया था। किन्तु विनोबा जी ने कहा कि मैं आपकी सारी जायदाद नहीं लूँगा क्योंकि आपके भी बाल–बच्चे हैं। मेरे सामने दुविधा यह थी कि दिए हुए दान को मैं वापस कैसे लेता। इसका एक रास्ता निकाला गया। उसे गाँव वालों को काश्तकारी पर दे दिया गया। उससे जो पैसा आया उसे गोपाल विद्यालय को इण्टरमीडिएट कालेज बनाने में लगाया गया। इसका उद्‌घाटन कई साल बाद विनोबा जी ने किया।

सवाल : अक्सर ऐसा कम होता है। आपने उस समय क्या सोचा?

जवाब : मेरे मन में यह भाव था कि यह जायदाद समाज से ली हुई है। अपनी कमाई हुई नहीं है। एक हद तक उस समय के राजनीतिक वातावरण और विचारधारा का असर भी था। भूदान आंदोलन चल ही रहा था। मैंने सोचा कि अपनी ही जमीन क्यों न दे दें।

सवाल : उसका क्या उपयोग हुआ?

जवाब : उस जमीन पर वहाँ की जनजातियों की बस्ती बनी और एक स्कूल बना।

सवाल : जब आप बोफोर्स सौदे में दलाली के खिलाफ भ्रष्टाचार के मुद्‌दे पर राजनीतिक संग्राम लड़ रहे थे, उस समय काँग्रेस ने इसे उछाला कि आपकी पत्नी ने विरोध किया और एक हलफनामा भी दिया। वास्तविकता क्या है?

जवाब : परिवार में किसी ने विरोध नहीं किया। मेरी माँ चिन्तित अवश्य थीं, पर विरोध नहीं किया। पत्नी के बारे में काफी कुछ अफवाहें उड़ाई गई हैं जिनमें कोई सच्चाई नहीं है। एक बार इसे बूटा सिंह ने भी कहा था जब वे गृहमंत्री थे। मैंने उनसे कहा कि अगर कोई हलफनामा है तो उसे कोर्ट से मँगवा लीजिए। आप सत्ता में हैं, आपके लिए यह काम आसान है। उसे आप मँगवा कर पेश क्यों नहीं करते? उसके बाद बूटा सिंह ने अपना आरोप नहीं दोहराया। क्योंकि प्रमाण तो थे नहीं। मेरी पत्नी या भाइयों ने कुछ नहीं कहा। मेरी पत्नी ने एक शब्द भी नहीं कहा। बच्चे उस समय छोटे ही थे। भाई लोग हमारे स्वभाव को जानते थे। परिवार ने इसे स्वीकार कर लिया था। जहाँ तक पत्नी का सवाल है, मैंने जो भी जीवन में किया है उसमें वे एकव्रत होकर मेरे साथ रही हैं।

सवाल : जब अपनी जमीन देने की आपने घोषणा की उस समय क्या विनोबा के सम्पर्क में आए थे?

जवाब : विनोबा जी से बहुत बाद में सम्पर्क हुआ। उस समय मेरा सम्पर्क क्षेत्र के रचनात्मक कार्यकर्ताओं से ही था। एक टीम बन गई थी। खेत में काम करना, तालाब गहरा करने के लिए मिट्‌टी खोदना और सूखा पड़ने पर कुआँ खोदने के लिए लोगों को प्रेरित करना, उन दिनों के मुख्य काम थे। हर बात के लिए सरकार पर आश्रित नहीं रहते थे। प्रचार की परवाह नहीं थी। वह समय मेरे लिए आत्मिक संतोष का था। एक पुस्तक 'हाउ टू बी हैप्पी दो ह्‌यूमन' ने मुझे नैतिक समझ दी। वह शायद इस समय अनुपलब्ध है। उसका सार यह था कि मनुष्य की खुशियाँ मनुष्यता में निहित हैं। मेरे सामने बचपन में दो समस्याएँ थीं–पहचान और स्वीकृति की। उसका सम्बन्ध गोद लिए जाने के बाद दूसरे परिवार में जाकर रहने से था। उन समस्याओं को मैंने जिस तरह हल किया वही मेरे रूपांतरण का प्रस्थान बिन्दु बन गया।

सवाल : एक आक्षेप से खिन्न होकर आप सामाजिक कामों में लग गए थे। वह कौन सी घटना है जिसके कारण आप सक्रिय राजनीति में लौटे?

जवाब : माण्डा में एक घटना हुई। जो सड़क गाँव को जाती थी उसका रखरखाव रियासत की ओर से होता था। जमींदारी खत्म होने के बाद वह काम ग्राम सभा के जिम्मे हो गया। सड़क इतनी खराब हो गई थी कि बस जो गाँव में जाती थी वह बाहर रुकने लगी। लोगों की परेशानी बढ़ गई। गाँव वालों ने उसे ठीक करवाने के लिए मुझसे कहा। एक किलोमीटर सड़क थी। मैंने जिला बोर्ड से बात की। पी.डब्ल्यू.डी. का जवाब था कि वह हमारी सड़क नहीं है, ग्राम सभा की है। इस तरह पी.डब्ल्यू.डी. और जिला बोर्ड दोनों ने एक या दूसरे बहाने से उसे बनाने में कोई मदद नहीं की। ग्राम सभा के पास पैसे नहीं थे। मैंने कहा, हम लोग मिल–जुल कर इसको बनाते हैं। श्रमदान करके 15 दिनों में उसे बनवाया गया। सड़क पर मिट्‌टी पड़ गई। गिट्‌टी भी डाल दी गई। उस पर रोड रोलर चलाने की जरूरत थी। न पी.डब्ल्यू.डी. और न जिला बोर्ड ने उसमें मदद की। मैंने इसके लिए एक पादरी से सम्पर्क किया जो 'फूड फॉर वर्क' कार्यक्रम चलाते थे। उनके सहयोग से सड़क बन गई। उस समय लगा कि यहाँ तो नेता लोग फोन कर देते हैं और काम हो जाता है, सड़क बन जाती है घर तक। यहाँ हम लोग इतने खटे, दरवाजे–दरवाजे घूमे और एक सड़क बनाकर नहीं दी। तो सोचा कि कुछ दखल अब राजनीति में रहनी चाहिए।

मेरा विचार था कि राज्यसभा के जरिए राजनीति और समाजसेवा के साथ पढ़ने–लिखने का काम भी चलता रहेगा। लाल बहादुर शास्त्री माण्डा आए थे। वे प्रधानमंत्री थे। उस समय लोगों ने सलाह दी थी कि राज्यसभा के लिए टिकट माँगो। मैंने उनसे तो नहीं कहा, लेकिन दिनेश सिंह और हेमवती नन्दन बहुगुणा से बात की। उन लोगों की सलाह थी कि राज्यसभा की उम्मीदवारी में कठिनाइयाँ हैं। जल्दी ही विधानसभा के चुनाव होने वाले हैं। उसके लिए कोशिश करनी चाहिए। माण्डा जिस

विधानसभा क्षेत्र में पड़ता है वह सुरक्षित था। वहाँ से लड़ नहीं सकते थे। सवाल था कि नया क्षेत्र कौन सा हो। नए क्षेत्र से लड़ने और जीत जाने का मुझे भरोसा था।

सवाल : आपने राज्यसभा में जाने का इरादा छोड़ विधानसभा के लिए काँग्रेस का टिकट पाने का प्रयास कैसे शुरू किया?

जवाब : मैंने उम्मीदवारी के लिए दरख्वास्त नहीं दी। विचार बनाया कि दरख्वास्त नहीं देनी है। लोगों ने सलाह दी कि सोराँव विधानसभा क्षेत्र से टिकट माँगना चाहिए। वहाँ से स्वाधीनता सेनानी संग्राम सिंह चुनाव हार गए थे। प्रदेश काँग्रेस की मीटिंग जब शुरू हुई उस समय मेरे एक समर्थक ने मेरे नाम का प्रस्ताव वहाँ जाकर दे दिया ताकि कोई यह न कहे कि वह नाम नहीं है। मेरे नाम का प्रस्ताव रऊफ जाफरी और गिलबर्ट ने किया था। वे राज्यसभा में मनोनीत सदस्य थे। उस समय काँग्रेस के बड़े नेताओं में चन्द्रभानु गुप्त थे। वे संग्राम सिंह को चाहते थे। कई स्थानीय नेता मेरे पक्ष में नहीं थे। लेकिन हेमवती नन्दन बहुगुणा, दिनेश सिंह और दद्दा (उमाशंकर दीक्षित) पक्ष में थे। मैंने दद्दा से कहा कि मैं विधानसभा का चुनाव लड़ना चाहता हूँ। इसके लिए और किसी के सामने हाथ नहीं फैलाऊँगा। उन्होंने कहा कि यह गलती मत करना। राजनीति में सब चाहते हैं कि उनके पास जाकर टिकट माँगोगे। उन सबसे जाकर मिलो। मैं उनका आदर करता था। उन्होंने जो कहा वह मेरे लिए गाइड लाइन बन गया। मैंने हर नेता से भेंट की। जीवन में वही पहली बार और आखिरी बार अपने लिए टिकट माँगा।

सवाल : उस समय आप क्या महसूस करते थे?

जवाब : वह अनुभव अच्छा नहीं है। मैं अपमानित महसूस करता था। एक नेता के यहाँ मैं गया। उन्होंने मुझसे कहा कि आपके बड़े भाई लोकसभा में और आप विधानसभा में होंगे। यह उन्होंने व्यंग्य में कहा। मैंने उनसे कहा कि आप यही फैसला करवा दें कि मेरे भाई एम.पी. हो गए हैं इसलिए मैं काँग्रेस में कुछ नहीं हो सकता। उन्हें यह पता था कि माण्डा क्षेत्र में उनको हमारे समर्थन की जरूरत पड़ेगी, नहीं तो काँग्रेस को नुकसान होगा। इसलिए वे तुरंत सावधान हो गए और कहने लगे कि नहीं, नहीं मैं यह नहीं चाहता कि आप काँग्रेस में न रहें।

सवाल : जब आप अपनी उम्मीदवारी के लिए काँग्रेस के प्रदेश नेताओं से मिल रहे थे उस समय का कोई प्रसंग याद है?

जवाब : पंडित कमलापति त्रिपाठी ने एक बात कही थी जिसे मैंने गुरुमंत्र मान लिया। उन्होंने कहा था कि जिस तरह एक पौधा पेड़ बनता है वैसे ही एक कार्यकर्ता को राजनीतिक नेता बनने में समय लगता है। इसकी एक प्रक्रिया है। उन्होंने कहा था

कि उससे गुजरो तभी राजनीतिक व्यक्तित्व बन सकेगा। उनके शब्द थे–अभी कुछ दिन काम करो।

सवाल : भले ही एक विधानसभा के उम्मीदवार का मामला हो पर क्या उसका फैसला प्रदेश के नेता कर लेते थे?

जवाब : इलाहाबाद का फैसला प्रधानमंत्री के यहाँ होता था। प्रदेश कमेटी और ए.आई.सी.सी. अपने सुझाव देकर फैसला उन पर छोड़ देती थीं। पहले जवाहरलाल जी फैसला करते थे। वही परम्परा इन्दिरा जी के कार्यकाल में बनी रही। इन्दिरा जी के यहाँ मीटिंग हुई। और नेताओं के अलावा मंगला प्रसाद भी गए। उन्होंने अपने जीवन का आखिरी चुनाव मानकर टिकट माँगा था। वे अपने लिए नहीं, संग्राम सिंह के लिए टिकट माँग रहे थे। बहरहाल इन्दिरा जी ने मेरे नाम की घोषणा कर दी। मंगला प्रसाद ने मुझसे अंग्रेजी में कहा कि 'आई विल सपोर्ट संग्राम सिंह, इफ यू गेट द टिकट, इंस्पाइट ऑफ मी, बट इफ यू गेट ए टिकट, आई विल सपोर्ट यू'। ऐसा ही उन्होंने किया। उस समय इतनी ईमानदारी थी। उनके प्रति बड़ी श्रद्धा का भाव मेरे मन में आज भी है।

मुझे वस्तुस्थिति का ज्ञान था। यह भी मालूम था कि बड़े–बड़े नेता विरोध में हैं। जो नेता विरोध में थे वे ईमानदारी से महसूस करते थे कि स्वतंत्रता सेनानी संग्राम सिंह का ही चुनाव लड़ने का अधिकार बनता है। उनका मुझसे कोई निजी विरोध नहीं था। उस फैसले ने मुझे भावनात्मक रूप से इन्दिरा गाँधी से जोड़ दिया। मैंने सोचा और मन में गाँठ बाँध ली कि इन्दिरा गाँधी मेरी नेता हैं और रहेंगी।

सवाल : राज्य नेतृत्व का उस समय आपके प्रति रुख क्या था?

जवाब : प्रदेश के नेता जो गुप्ता जी के गुट के थे वे मेरे विरोध में थे।

सवाल : यानी केन्द्रीय नेतृत्व ने आपको उम्मीदवार बनाया?

जवाब : हाँ, यह सही है।

सवाल : उस समय उम्मीदवार के चयन का मुख्य आधार क्या था?

जवाब : इसको एक उदाहरण से समझ सकते हैं। मैं फखरुद्दीन अली अहमद से मिलने गया। उन्होंने जब सुना कि मैं बी.ए., एल.एलबी और बी.एससी हूँ तो कहा कि यही तो तुम्हारा सबसे बड़ा डिस्क्वालिफिकेशन है।

सवाल : अपने टिकट के बारे में इन्दिरा गाँधी से आपकी कोई बात हो सकी या नहीं?

जवाब : मुझे याद है कि उनसे चलते–चलते बात हुई। वे कहीं जा रही थीं। मैंने उनसे कहा कि मैं नया हूँ। अपने कामधाम के आधार पर टिकट माँगने का मेरा वैसा अधिकार नहीं बनता जितना मेरे सामने जो दावेदार हैं उनका बनता है। वे स्वतंत्रता सेनानी हैं। मौजूदा लोगों में सर्वश्रेष्ठ हैं। लेकिन मेरे जैसे नौजवान उन पर ही अपना हक जताएँगे और कहाँ जाएँगे? नई पीढ़ी पुरानी पीढ़ी से ही जगह लेगी। आप फैसला करें, मेरे साथ खतरा जुड़ा हुआ है। 'आई एम ए शिप, यू हैव टू लांच इट, इट मे सिंक ऑर सेल। यू हैव टू टेक द रिस्क एण्ड आल आई केन से इज दैट आई विल नॉट लेट डाउन दी ट्रस्ट यू रिपोज इन मी। आई विल ट्राई टू बी वर्दी आफ योर ट्रस्ट।' इतना कहकर मैं चला आया।

चुनाव अभियान से पहले एक बार इन्दिरा जी जब इलाहाबाद आईं उस समय उन पर दबाव पड़ा कि उम्मीदवार बदल दीजिए। वे सोराँव गईं, वहाँ भी एक खेमा मेरे खिलाफ सक्रिय था। वहीं उन्होंने दोहराया कि टिकट नहीं बदलेगा। विश्वनाथ प्रताप सिंह उम्मीदवार रहेंगे।

सवाल : वह क्षेत्र आपके लिए नया था। उम्मीदवार बन जाने के बाद आपने अपना चुनाव अभियान कैसे चलाया?

जवाब : वह क्षेत्र मेरे लिए नया था। मेरा घर माण्डा यमुनापार में है जबकि यह क्षेत्र गंगा के इस पार था। वह लोकसभा क्षेत्र फूलपुर में पड़ता है। क्षेत्र के लोगों से मेरा परिचय नहीं था। कुछ लोग सम्पर्क में थे। एक समूह मेरे लिए सक्रिय हुआ। जो पुराने विधायक थे वे बहुत नाराज थे। उन्होंने अपना विरोध भी प्रकट किया। वे स्वाधीनता सेनानी थे इसलिए उनके प्रति वरिष्ठ नेता सहानुभूति रखते थे। उन लोगों ने भी अपना असंतोष जाहिर किया। जिला काँग्रेस कमेटी की एक बैठक उम्मीदवारों के लिए हुई। उसमें बहुत छींटाकशी हुई कि अब राजाओं–महाराजाओं को टिकट दिया जाएगा। कार्यकर्ताओं का क्या होगा? जिनका टिकट कटा था वे ही यह सब कर–करा रहे थे। मैं चिंतित था क्योंकि पहला चुनाव था। पहले दिन मुझे मुजफ्फर साहब अपने साथ जीप में बैठा कर ले गए। मुस्लिम इलाकों में मेरा परिचय करवाया। उस समय सवर्ण मतदाता क्षेत्र में दो हजार से ज्यादा नहीं थे। बाकी पिछड़े, दलित और मुसलमान मतदाता थे। मैं उन्हीं दिनों बीमार पड़ गया। इन्दिरा जी आईं। उनका हमारे क्षेत्र में भी आना हुआ जहाँ मैं जा नहीं सका। जिले के दो नेता शीतला बख्श सिंह और मंगला प्रसाद ने टिकट के दौरान मेरा विरोध किया था। लेकिन टिकट मिलने के बाद उन लोगों ने मेरे लिए काम किया। मेरी समस्या थी कि संग्राम सिंह को अपनी ओर कैसे करें। वे त्यागी–तपस्वी नेता थे। उनका समर्थन जीतने के लिए जरूरी था। शीतला बख्श सिंह को मैंने जाकर कहा कि नामांकन वापसी की तारीख अभी निकली नहीं है। अगर वे नहीं मान रहे हैं तो उनको नाराज करके मैं चुनाव नहीं लड़ना चाहता।

एक सादे कागज पर दस्तखत कर भिजवा दिया। इससे वे नरम पड़े। उन्होंने कहा कि हमको कुछ नहीं चाहिए, क्षेत्र में सम्मान बना रहे। उसकी रक्षा मैंने हमेशा की और जिम्मेदारी से उसका निर्वाह किया। उन्होंने अपना नामांकन वापस ले लिया। अपना बोरिया–बिस्तर लेकर मैं क्षेत्र में चला गया। चुनाव के दिनों में घर नहीं रहता था। इसके कई फायदे थे। समय बचता था और क्षेत्र से जुड़ाव महसूस किया जाता था।

सवाल : जवाहरलाल नेहरू के लोकसभा क्षेत्र में पड़ने के कारण वहाँ के चुनाव खर्च का आपका अनुभव कैसा रहा?

जवाब : असल में वहाँ से जवाहरलाल जी लड़ते थे। फिर लड़ीं विजयलक्ष्मी पंडित और उनके बाद केशवदेव मालवीय। उन लोगों को क्या मालूम जो चुनाव प्रबंधक होते थे वे खुले हाथ खर्च करते थे। उस समय चुनाव खर्च सीमित ही होता था। उसका इस्तेमाल वोटर तोड़ने के लिए नहीं होता था। जरूरी संसाधनों पर खर्च होता था। मैंने ऐसी व्यवस्था की कि वही लोग काम करें जो ईमानदारी से दिन–रात मेहनत करते हैं। ऐसे लोग हमको मिले। अपनी टीम में बेहतर अनुशासन था। उस चुनाव में तीन–चार गाड़ियाँ लगी थीं। मेरा जोर व्यक्तिगत सम्पर्क पर था। हर मतदाता के पास अपने फोटो के साथ एक पोस्ट कार्ड भेजा था। इससे निजी सम्पर्क बन गया था। उस क्षेत्र में सबसे ज्यादा वोट पिछड़े वर्ग का था, उसके बाद मुस्लिम। मेरे खिलाफ सोशलिस्ट पार्टी से बैरिस्टर रामाधार पाण्डेय लड़ रहे थे जो हमारे बड़े भाई संत बख्श सिंह के साथी थे। उस समय इलाहाबाद में सोशलिस्ट पार्टी का जोर था।

सवाल : बैरिस्टर रामाधार पाण्डेय का कोई संस्मरण याद है?

जवाब : एक दिन वे हमारे घर आए। हमारे भाईसाहब संत बख्श सिंह ने उनको खाने पर बुलाया था। बातचीत में पाण्डेय जी ने मुझसे कहा–वी.एन. तुम घर पर बैठे रहते हो। तुम्हें राजनीति के लिए निकलना चाहिए। मैंने कहा ठीक है, आप लोग राजनीति में हैं, मुझे अलग से क्या करना है। आप लोग जब हैं तो मैं भी उसमें शामिल हूँ। बात खत्म हो गई। जब मुझे काँग्रेस से टिकट मिल गया और मुकाबला हुआ बैरिस्टर से ही, उस समय उन्होंने मेरे खिलाफ ब़हुत अभियान चलाया। कुल यही कि राजा है। दलितों को सताता है। वे अच्छे वक्ता थे। समाजवादी तरीके से रोज एक पर्चा निकालते थे। बुलेटिनों की शृंखला शुरू कर दी थी।

सवाल : उस चुनाव की कोई और घटना जो आपको याद हो?

जवाब : एक दिन ऐसा हुआ कि अपने दफ्तर के सामने एक चाय की दुकान पर कार्यकर्ताओं के साथ बात कर रहा था। वहाँ मालूम हुआ कि एक दलित नेता ने योजना बनाई हुई है कि चुनाव लड़ने के साधन काँग्रेस से लेंगे और प्रचार अपने उम्मीदवार

का करेंगे। यह बात संयोगवश मालूम हो गई। मुझसे पहले जो चुनाव लड़े थे, उन्होंने आश्वासन दे रखा था कि सोराँव विधानसभा क्षेत्र को वे सुरक्षित घोषित कराएँगे। इससे दलित नेताओं को चुनाव लड़ने का मौका मिलता। उन्हें अवसर मिला नहीं, इसलिए नाराज थे। दलितों ने पंचायत कर एक उम्मीदवार खड़ा कर दिया था। वे इस योजना पर काम कर रहे थे कि काँग्रेस का समर्थक बनकर चुनाव की जीप और पैसा लेंगे, लेकिन उसे अपने दलित उम्मीदवार रामधन के लिए लगाएँगे। यह जैसे ही मालूम पड़ा, मैंने उन नेताओं से सम्पर्क किया।

सवाल : उस समय दलित नेताओं से बातचीत में आपका तर्क क्या होता था?

जवाब : दलितों का काँग्रेस से मोहभंग शुरू हो गया था। वह दौर इस मायने में प्रारम्भिक था। लेकिन शुरुआत हो गई थी। अम्बेडकरवादी सक्रिय होने लगे थे। कुछ लड़के थे जो उस समय ए.जी. ऑफिस में काम करते थे। जहाँ तक मुझे याद है उनका नाम भाई लाल और अर्जुन था। मैंने रात को ग्यारह बजे फैसला किया कि दलित नेताओं के घर पहुँचना है। उनके यहाँ गए। उनसे बात की। वहाँ मालूम हुआ कि बिरादरी की पंचायत ने यह तय किया है। जो उनका उम्मीदवार था उसका नाम था रामधन। उन लोगों ने बताया कि जब तक बिरादरी के लोग न बैठें और फैसला न करें कि उम्मीदवारी वापस लेनी है तब तक उन्हें बैठाया नहीं जा सकता। मैंने उनसे कहा कि पहले आप लोग तैयार हों। अगर इस क्षेत्र को सुरक्षित घोषित करवाना है तो यह फैसला राज्य सरकार ही करेगी। काँग्रेस की सरकार बनने जा रही है। उससे यह फैसला करवाया जा सकता है। लेकिन यह सब होगा चुनाव के बाद। मैंने अपने लिए उनसे कहा कि यह मेरे हाथ में नहीं कि मैं कहाँ पैदा होऊँ। राजा के घर पैदा होने की सजा अगर देनी है तो दीजिए। आप लोगों को अपनी पैदाइश की सजा मिलती है। आप लोग चाहें तो मुझे भी वह सजा दे दें लेकिन यह भी गौर करिए कि मैंने क्या किया है? उसका असर पड़ा। वहाँ यह समझ में आया कि काँग्रेस से दलित काफी दूर जा चुके हैं। काँग्रेस के नेताओं को इसका ठीक–ठीक अनुमान तब नहीं था। वे यह मानकर चलते थे कि यह वोट उनका है। उस समय दलित यह सवाल पूछने लगे थे कि चुनाव के बाद उन पर वही लोग जुल्म करते हैं जो वोट माँगने आते हैं तो यह बताइए हम लोग कब तक काँग्रेस को वोट दें? मैंने समझा कि ये लोग जागरूकता के कारण सोचने–समझने लगे हैं। इनको पहचान और सीधी हिस्सेदारी चाहिए। बिचौलिए का जमाना खत्म हो गया है।

सवाल : पहचान और सीधी हिस्सेदारी वे किस रूप में चाहते थे?

जवाब : उस समय वे इतना ही चाहते थे कि सत्ता के केन्द्र में उनकी पैठ हो। इसका उनके लिए इतना ही मतलब था कि सीधे उम्मीदवार से उनका परिचय हो,

ताकि एम.एल.ए. से वे अपना काम करवा सकें। सत्ता में हिस्सेदारी का मामला बाद का है। जहाँ तक पहचान का सवाल है उसका स्वरूप साफ था कि वे अपनी बात कह सकने का अवसर चाहते थे। मैंने इसकी व्यवस्था की और उनसे कहा कि आप यहाँ से शुरुआत कर सकते हैं कि जो कहना हो मुझे सीधे कहें। सेंवइत के चौधरी सुरजू से मिलने के लिए उनके घर गए और वहीं से रात को मौवयामां गुरुजी के पास मिलने के लिए गए। दलित नेताओं के तैयार हो जाने के बाद हम लोग सुबह उम्मीदवार के पास पहुँचे। वहाँ रामधन दातुन कर रहे थे। दूसरे नेताओं ने उनसे बात की और वह नामांकन वापसी के लिए तैयार हो गए। उनके इस फैसले से मेरी जीत सम्भव हो पाई।

सवाल : आपके क्षेत्र में दलित नेताओं का किस तरह का नेटवर्क था?

जवाब : वहाँ चौधरियों का नेटवर्क था। उनके जरिए ही सारे फैसले होते थे। यह मानना सही नहीं है कि वे पैसे के प्रभाव में काम करते थे। वे अपनी पसंद के मुद्दों पर भी काम करते थे। मैंने उनका सहयोग दूसरे प्रकार से प्राप्त किया अर्थात् मुद्दे पर समर्थन माँगा।

सवाल : क्या उस चुनाव में भी कोई मुद्दा था?

जवाब : सोराँव क्षेत्र में एक स्थानीय और एक हद तक पुराने वायदे से जुड़ा जज्बाती मुद्दा था जो एक वायदे के पूरा न होने से खड़ा हो गया था। पिछले चुनाव में काँग्रेस के उम्मीदवार ने इस क्षेत्र को सुरक्षित घोषित कराने का वायदा किया था।

सवाल : उस समय राजनीतिक कार्यकर्ताओं का नजरिया कैसा होता था? क्या वे जाति, राज्य या क्षेत्रीय समस्याओं के दायरे में ही सोचते थे?

जवाब : उस समय उत्तर प्रदेश का राजनीतिक मिजाज खुला हुआ और व्यापक था। यह समझ थी कि क्षेत्रीय होना मतलब अपने को छोटा कर लेना है। नजरिया राष्ट्रीय ही होता था, फिर भी जाति का प्रभाव रहता था।

सवाल : काँग्रेस का जनाधार क्या था?

जवाब : काँग्रेस से पिछड़ा वर्ग दूर जा चुका था। वह समाजवादी पार्टी के साथ जुड़ गया था। शालिग्राम जायसवाल बड़े नेता थे। वे सोशलिस्ट पार्टी के साथ चले गए थे। उस समय सोशलिस्ट पार्टी में वे जुझारू नेता थे। वे संघर्ष में शामिल रहते थे। वे सब जमीनी समस्याओं के लिए संघर्ष करते थे, कुर्सी वाले नेता नहीं थे।

सवाल : उस चुनाव में क्या कोई मुस्लिम उम्मीदवार भी आपके मुकाबले था?

जवाब : उम्मीदवारों की आधिकारिक घोषणा के बाद पता चला कि एक मुस्लिम मजलिस का भी उम्मीदवार मैदान में है। उसके कारण मेरा काफी वोट उधर चला गया।

सवाल : वह आपका पहला चुनाव था और ऐसा लगता है कि मुकाबला काफी कड़ा था। नतीजा आपकी उम्मीद के अनुरूप हुआ?

जवाब : मैं समझता था कि 5000 वोटों से जीत होगी। लेकिन सिर्फ 1200 वोट से ही मैं जीत पाया। उस क्षेत्र की विधानसभा की बाकी चारों सीटें सोशलिस्ट पार्टी ने जीतीं। काँग्रेस सिर्फ यही सीट जीत सकी। उस चुनाव में यमुनापार से हेमवती नंदन बहुगुणा भी हार गए थे।

सवाल : विधायक के रूप में आपका अनुभव कैसा रहा?

जवाब : पहले दारुलशफा में रहने के लिए एक कमरा मिला। उसके बाद रॉयल होटल में एक फ्लैट मिल गया। मैं संतुष्ट था। रोजमर्रा के काम में लग गया। जो भी व्यक्ति क्षेत्र से काम कराने आता था उसके लिए हर सम्भव प्रयास करता था। मैंने अपना तरीका बनाया कि लाइसेंस, कोटा, ट्रांसफर, मुकदमे में पैरवी और थाने में किसी अपराधी की पैरवी नहीं करूँगा। इसके लिए चुनाव में ही मैंने एक पर्चा छपवाकर बँटवाया था।

सवाल : विधायक के रूप में जनता का काम करवा सकने की कोई घटना जो आपको याद हो?

जवाब : चन्द्रभानु गुप्त जी मुख्यमंत्री थे। उनसे मेरा संबंध धीरे–धीरे बढ़िया हो गया था। वे मुझे मानने लगे थे। मैं सदन में था, विधानसभा चल रही थी। मालूम पड़ा कि इलाहाबाद से बड़ी संख्या में कुर्मी लोग आए हैं। यह भी मालूम पड़ा कि वे रामपूजन पटेल के क्षेत्र के हैं। उन पर नहर काटने के जुर्म में साढ़े तीन लाख रुपये का जुर्माना लग गया है। गिरफ्तारी का वारंट है। वे लोग बिरादरी और क्षेत्र के नाते पहले रामपूजन पटेल के पास गए। उन्होंने टका–सा जवाब दे दिया कि जैसा करोगे वैसा भरोगे। जब मुझे पता चला कि वे लोग निराश बैठे हैं, मैंने पहले उनके लिए लाई और गुड़ का इंतजाम कराया। करीब पाँच सौ लोग थे। उसके बाद मैं उनसे मिलने गया और पूछा कि असलियत क्या है? उन लोगों ने बताया कि पानी कम था और सिंचाई की जरूरत थी, इसलिए खेत सींचने के लिए नहर काट कर पानी ले लिया था। मैंने गुप्त जी से समय माँगा कि हमारे क्षेत्र से कुछ लोग आए हैं उनको मिलवाना है। वे किसी प्रदर्शनी का उद्‌घाटन करने जा रहे थे। उन्होंने कहा कि साथ चलो। मैं उनके साथ हो लिया। गुप्त जी ने मुझे एक एलबम दे दिया जिसमें हमारे क्षेत्र के उनके दौरे की तस्वीरें थीं।

मैंने सोचा कि जब तक पूरा एलबम देखूँगा तब तक प्रदर्शनी में पहुँच जाएँगे और वहाँ बातचीत के लिए समय मिलेगा नहीं। इसलिए जल्दी–जल्दी उसे देखा और गुप्त जी से कहा कि एक काम है। उनसे यह भी कहा कि आप यह काम करके मेरी राजनीतिक मदद कर सकते हैं। उन्होंने पूछा कि क्या है? मैंने कहा कि इलाहाबाद से बड़ी संख्या में कुर्मी लोग आए हैं। हालाँकि उन्होंने मुझे एक वोट भी नहीं दिया। उनका वोट सोशलिस्ट पार्टी को मिला है। अगर उनका काम हो जाता है तो मेरा उनमें स्थान बन जाएगा। यह भी सही है कि उन्होंने जुर्म किया है, लेकिन साढ़े तीन लाख रुपये का जुर्माना वे नहीं दे सकते। उनका खेत सूख रहा था इसलिए मजबूरी में काटा। पानी सामने से बहा जा रहा है तो उनसे नहीं रहा गया, काट दिया। गुप्त जी ने सुना, कहा कि ऐसा करो जब लौटेंगे तो उन लोगों से मिल लेंगे।

वे अपनी गाड़ी में बैठने लगे। वहाँ अनेक मंत्री थे, वरिष्ठ नेता थे। मैंने सोचा कि उनमें से कोई मुख्यमंत्री के साथ बैठेंगे इसलिए मैं पीछे खड़ा रहा। उन्होंने मेरा नाम पुकारा और बुलवाया, कहा कि मैं तुम्हें लेकर आया हूँ इसलिए वापस ले जाना भी मेरा ही काम है। मैंने सोचा कि उनको दफ्तर जाना है इसलिए गेट पर ही लोगों को उनसे मिलवाना सम्भव हो सकेगा। मुख्यमंत्री ने मेरे अनुमान से परे अपना निर्णय सुनाया। उन्होंने कहा कि मैं राज्यपाल के यहाँ जा रहा हूँ। वहीं शाम का भोजन है। तुम उन लोगों को अपने यहाँ बुलाकर रखो, वहीं मैं उनसे मिलूँगा। मैंने सोचा कि गुप्त जी के आने में देर होगी लेकिन वे राजभवन से जल्दी आ गए। मैं उन लोगों को लेकर आ ही रहा था कि मेरी पत्नी ने खबर भिजवाई कि मुख्यमंत्री आ गए हैं। उन लोगों ने अपनी दरख्वास्त मुख्यमंत्री को दी। इस पर मुख्यमंत्री ने दरख्वास्त मेरी ओर बढ़ा दी और कहा कि इस पर अपनी सिफारिश लिखो। मैंने लिखा, उसके बाद उन्होंने यह हिदायत देते हुए जुर्माना माफ किया कि भविष्य में ऐसा नहीं करेंगे। इस घटना से मैंने देखा कि उस दौर में नेता अपने विधायकों को किस प्रकार लोगों में स्थापित करते थे। यह काम अपने दफ्तर में बैठे–बैठे कर सकते थे, इसके बजाय वे मेरे यहाँ आए। यह उस समय के बड़े नेताओं की कार्यशैली थी जिसमें वे अपने विधायकों को लोगों की निगाह में ऊँचा उठाते रहते थे।

सवाल : विधायक के रूप में आपकी सबसे बड़ी समस्या क्या थी?

जवाब : वह राजनीतिक प्रशिक्षण का काल था। उसमें कठिन परीक्षा होती रहती थी। समस्या थी कि तमाम अन्तर–धाराओं के बावजूद राजनीतिक अस्तित्व कैसे बचा रहे?

सवाल : गुप्त जी आप पर क्या पूरा भरोसा करते थे?

जवाब : कुछ विधायकों ने एक चिंतन केन्द्र बना रखा था। उनमें मैं भी था। मुद्दों

पर समय–समय पर बातचीत होती थी। उस पर गुप्त जी को संदेह था कि यह राजनीतिक गतिविधियों का अड्डा है। वे पूछते रहते थे कि चिंतन केन्द्र का क्या मतलब है? मैंने उनसे कहा कि यह सुझाव देने के लिए है।

सवाल : आप विधानसभा में उस समय 1969 से 1971 तक थे। काँग्रेस के लिए वे उथल–पुथल के दिन थे। आजादी के बाद पार्टी में पहली बार विभाजन हुआ था। उसी समय राष्ट्रपति का चुनाव था जिसमें इन्दिरा गाँधी के भविष्य का फैसला हुआ। उसमें आपकी भूमिका क्या थी?

जवाब : राष्ट्रपति के चुनाव से काँग्रेस के विभाजन की जमीन तैयार हुई। हम लोगों को जल्दी ही पता लग गया कि इन्दिरा जी क्या चाहती हैं। वे वी.वी. गिरि के पक्ष में थीं। काँग्रेस के अधिकृत उम्मीदवार नीलम संजीव रेड्डी थे। दिल्ली से नेताओं का लखनऊ आना–जाना शुरू हो गया। हेमवती नन्दन बहुगुणा और दिनेश सिंह आदि के दौरे से साफ हो गया था कि इन्दिरा गाँधी का खेमा वी.वी. गिरि के समर्थन में उतर आया है।

मुख्यमंत्री चन्द्रभानु गुप्त नहीं चाहते थे कि विधायक काँग्रेस के अधिकृत उम्मीदवार के खिलाफ वोट करें। उन्होंने हमें बुलवाया। उनके यहाँ से गाड़ी आई। हम चार लोग चले लेकिन एक–एक कर लोग एक या दूसरे बहाने से वहाँ पहुँचे नहीं। एक सज्जन साथ चले और लालबाग स्टेशन आते ही वहाँ उतर गए। कहा कि भैया हमें कहाँ ले जाओगे? एक एम.एल.ए. थे आजमगढ़ के जंगबहादुर, वे सीढ़ियों पर कदम रखने से पहले ही रुक गए। कहा कि तुम जाओ। मैं उनके सामने नहीं पड़ना चाहता। मैं अकेला रह गया। और एक विधायक शुरू में ही नहीं आए। पंडित कमलापति त्रिपाठी भी पहले पक्ष में नहीं थे।

गुप्त जी ने पूछा : क्या कर रहे हो?

वी.पी. : आपने मुझ पर बहुत कृपा की है। मेरी मदद की है। इसलिए मैं आपको गफलत में नहीं रखना चाहता। इस चुनाव में मैं वी.वी. गिरि के लिए काम करूँगा। क्योंकि यह चुनाव इन्दिरा जी के लिए जीवन–मरण का प्रश्न बन गया है जबकि आपके लिए कोई समस्या नहीं है।

सी.बी. गुप्त : क्यों ऐसा करोगे?

वी.पी. : देखिए, आपने मुझे बुलाने के लिए दो बार गाड़ी भेजी। अगर इन्दिरा जी ने टिकट न दिया होता तो मैं विधायक नहीं होता और आप मुझे बुलाने के लिए गाड़ी नहीं भेजते।

सी.बी. गुप्त : ये क्या बात हुई? टिकट कौन बड़ी बात है। आजादी की लड़ाई में हम अपने माता–पिता के खिलाफ भी लड़े। क्योंकि सवाल सिद्धान्त का था। जिन्होंने जीवन दिया उनके खिलाफ भी जरूरत पड़ने पर सिद्धान्त के लिए लड़ने की परम्परा

काँग्रेस ने बनाई।

वी.पी. : वह ठीक है। पार्टी की खिलाफत करने पर मुझे 6 साल की सजा मिलेगी, लेकिन अगर इस समय इन्दिरा जी का साथ न दें तो जो सजा मुझे मिलेगी वह मेरे मन में चिता तक जाएगी। जितनी बार मैं अपना चेहरा देखूँगा उतनी बार मुझे ग्लानि होगी। यह सजा जीवनभर की हो जाएगी। काँग्रेस की सजा सिर्फ 6 साल की होगी, वह मुझे मंजूर है। जीवनभर की सजा का सामना करने का मुझमें साहस नहीं है।

सी.बी. गुप्त : मैं बूढ़ा हो गया हूँ। नौजवानों को आगे आना है और जिम्मेदारी सँभालनी है। इस प्रान्त को चलाने के लिए तुम्हारे जैसे नौजवानों की जरूरत है।

वी.पी. : जो भी सही होगा, मैं करूँगा। लेकिन इस समय मैं वी.वी. गिरि के लिए काम करूँगा। काँग्रेस के काफी विधायक उनके लिए काम कर रहे हैं। मैं आपको धोखा नहीं दे सकता। इसलिए बताना अपना फर्ज समझता हूँ।

सी.बी. गुप्त : सोचो, सिद्धान्त नहीं छोड़ना चाहिए, पार्टी का सवाल है।

सवाल : वी.वी. गिरि को विजयी बनाने के लिए क्या–क्या तरीके अपनाए गए?

जवाब : कुछ दिनों बाद खुलेआम प्रचार होने लगा। विधायकों के हस्ताक्षर करवाए जाते थे। इन्दिरा गाँधी की सभाएँ कराई जाती थीं। विधायकों से सम्पर्क करने के लिए उनके घर तक जाते थे। जो दस्तखत करने से कतराते थे उनके क्षेत्र में इन्दिरा जी की सभा रखवा दी जाती थी, जिससे लोगों की भारी भीड़ का उन पर असर पड़े और वे दस्तखत कर दें। यह प्रयास दोनों तरफ से चल रहा था। एक थीं बेगम आजार रसूल। वे ए.आई.सी.सी. में शामिल होने के लिए घर से चलीं। लखनऊ पहुँच कर जहाज से उनको दिल्ली जाना था। रास्ते में उनकी गाड़ी खराब हो गई। वे अपने निवास पर लौट आईं। उसी दिन थोड़ी देर बाद गुप्त जी को सूचना मिली कि वे यहीं हैं। उनको कहलवाया गया कि मंत्रिमंडल की शपथ हो रही है, आप आ जाइए। उन्हें मंत्री बना दिया गया। ऐसी खींचतान उन दिनों खूब चली। मुझे गुजराल (इन्द्र कुमार गुजराल) ने उन्हीं दिनों का एक किस्सा बताया कि संख्या में हम कम थे। सेन्ट्रल हाल में काँग्रेस के सांसदों से दस्तखत करवाते समय एक तरीका निकाला गया कि पहले पन्ने पर दस्तखत के बाद दूसरे पन्ने की संख्या को तीस से चालीस तक बढ़ा कर लिख देते थे। दस्तखत करने वाला इससे प्रभावित होता था और जो दुविधा में होते थे वे भी संख्या देखकर दस्तखत करने के लिए तैयार हो जाते थे। वह एक तरह का मनोवैज्ञानिक युद्ध था।

सवाल : राष्ट्रपति चुनाव के बाद काँग्रेस का बँटवारा हो जाने के कारण चन्द्रभानु गुप्त की सरकार पर जब खतरा आया उस समय आपने क्या निर्णय लिया?

जवाब : प्रारंभ से ही मेरा मन साफ था। मैं चन्द्रभानु गुप्त के ग्रुप में नहीं था,

लेकिन मुझे वे मानने लगे थे। इन्दिरा जी ने हमको टिकट दिया था। जब यह सवाल आया तो मुझे एक क्षण के लिए सोचना नहीं पड़ा। मैं इन्दिरा जी के साथ था और रहा।

सवाल : क्या काँग्रेस का बँटवारा रोका जा सकता था?

जवाब : मुझे नहीं लगता है। वह गम्भीर राजनीतिक संकट था। कुछ लोग सोचते थे कि इन्दिरा जी को कठपुतली की तरह उपयोग किया जा सकता है। वे इसे समझ गई थीं। उन्होंने अपने अधिकारों का उपयोग शुरू कर दिया था। इसलिए लड़ाई होनी ही थी। राजनीतिक स्वार्थ का जबरदस्त टकराव था। वास्तव में वह लड़ाई वर्चस्व की थी।

सवाल : उस बँटवारे को आप किस रूप में देखते हैं?

जवाब : उससे काँग्रेस में नई जान आ गई। काँग्रेस उस समय ढलान पर थी। 1967 के चुनाव में हालत बहुत पतली थी। काँग्रेस बेजान होती जा रही थी। बँटवारे का असर, जहाँ तक मुझे दिखता है, ये हुआ कि गरीबों और अल्पसंख्यकों में काँग्रेस के प्रति विश्वास पैदा हुआ। ये दो वर्ग इन्दिरा जी के साथ मजबूती से जुड़े जिसका 1971 के चुनाव में काँग्रेस को फायदा हुआ।

सवाल : जैसा सी.बी. गुप्त ने कहा था कि यह सिद्धान्त की लड़ाई है, क्या आप महसूस करते हैं कि वे सही थे?

जवाब : वे सिद्धांत और अनुशासन को तकनीकी रूप में देख रहे थे और ले रहे थे। ऐसे समय में यह नहीं देखा जाता। दुनिया में कई बार पार्टियों के भीतर इस तरह के प्रश्न खड़े हुए हैं। वह पार्टी के भीतर पैदा हुई एक चुनौती थी जिसने स्थापित नेतृत्व और सत्ता को चुनौती दी। जब भी ऐसा होता है उस समय राजनीतिक निर्णय महत्त्वपूर्ण होता है। पार्टी के कार्यकर्ता और नेता जिसे सही मानते हैं और जनता जिस पर अपनी मोहर लगा देती है वही राजनीतिक निर्णय माना जाता है। उस समय काँग्रेस के ज्यादातर लोगों ने और आम जनता ने इन्दिरा जी के फैसले को सही माना। बँटवारे के बाद हुए चुनाव में जनता ने भी अपना फैसला सुना दिया। इन्दिरा गाँधी किसी तिकड़म से नहीं जीती थीं।

सवाल : विरोधी पाले में चले जाने के बाद गुप्त जी से आपका संबंध कैसा रहा?

जवाब : मैंने उन्हें अपनी बात बता दी थी। दूसरे किसी ने उनसे साफ–साफ कहने की हिम्मत नहीं जुटाई। इसलिए वे मेरी इज्जत करते थे। कहते थे कि कम से कम इसने आकर हमको बताया तो। मिलने पर वे व्यंग्य भी करते थे और पूछते थे

कि क्यों, साड़ी का पल्ला तुमसे कब छूटेगा?

सवाल : वह दौर उथल–पुथल का था। उसके राजनीतिक दुष्परिणाम के रूप में सत्ता की राजनीति–अवसरवादिता को क्या बढ़ावा मिला?

जवाब : अवसरवादियों के लिए इसका मतलब नहीं रहता कि कौन सा दल सत्ता में है। वे सत्तारूढ़ दल, चाहे वो जो भी हो, से हर अवसर का लाभ उठाने में माहिर होते हैं। आजादी के बाद जनता में घुल–मिलकर काम करने का जो माहौल था वह जैसे–जैसे कम होता गया उसी अनुपात में अवसरवादिता बढ़ी है। अवसरवादिता से कोई दल मुक्त नहीं है। ताजा उदाहरण भाजपा का है। वह भी राजरोग से ग्रसित हो गई है। यह रोग तभी लगता है जब कोई पार्टी सत्ता में आती है। इसके लगते ही उसका वह चरित्र नहीं रह जाता जो सत्ता से पहले होता है।

सवाल : उस उथल–पुथल में त्रिभुवन नारायण सिंह मुख्यमंत्री बने थे, जिनसे आपकी घनिष्ठता थी। क्या उन्होंने अपनी सरकार बचाने के लिए आपका सहयोग माँगा था?

जवाब : विश्वास मत के समय उन्होंने हमारी मदद चाही। इसके लिए सम्पर्क किया। वे मेरे घर आए। मेरा उन्हें जवाब था कि निकट का संबंध होने के बावजूद जो चीज आप माँग रहे हैं उस पर मेरा अधिकार नहीं है। लोगों ने मुझे काँग्रेस के उम्मीदवार के नाते जिताया है। मेरा तर्क था कि विधायक के नाते मेरा जो वोट है वह मेरे पास काँग्रेस की धरोहर है। वह काँग्रेस के लिए सुरक्षित रहनी चाहिए।

सवाल : टी.एन. सिंह से आपकी किस तरह की घनिष्ठता थी?

जवाब : वे शास्त्री सेवा निकेतन बनवाने वालों में से एक थे। उसके सदस्य थे। हर साल माण्डा आते थे और मेरे घर भी आते थे।

सवाल : राष्ट्रपति के चुनाव में उत्तर प्रदेश में वी.वी. गिरि को बहुमत कैसे मिला, जबकि दिग्गज नेता दूसरी तरफ थे?

जवाब : उधर ताकतवर नेता थे फिर भी बहुमत मिला। इधर हेमवती नन्दन बहुगुणा, दिनेश सिंह और कमलापति त्रिपाठी आदि ने इन्दिरा जी के उम्मीदवार को जिताने में ताकत लगाई।

सवाल : एक काल्पनिक सवाल है कि अगर वी.वी. गिरि उत्तर प्रदेश में हार जाते तो काँग्रेस की शक्ल क्या होती?

जवाब : मैं नहीं समझता कि वी.वी. गिरि हार जाते। हम लोग सक्रिय थे। विधायकों

को समझाने–बुझाने में लगे थे। गुप्त जी (चन्द्रभानु गुप्त) ने काफी लोगों को अपनी ओर कर लिया था। उनका व्यक्तिगत प्रभाव भी बहुत था। कुछ लोगों को मंत्री बनाने का लालच भी दिया गया था। इसके बावजूद वी.वी. गिरि जीते। उस चुनाव में उनके हारने का सवाल ही नहीं था। इंदिरा गाँधी की छवि पर वह चुनाव हो रहा था।

सवाल : काँग्रेस में उस समय धड़ेबाजी किस तरह की थी और उसका दल के व्यापक हित से तालमेल कैसे हो पाता था?

जवाब : हमारी समझ इस बारे में साफ थी कि हम लोग इन्दिरा गाँधी के साथ हैं। जो नेता उनके साथ होते थे उनसे अपना संबंध निष्ठा का नहीं होता था। हमने कभी इस बारे में भ्रम नहीं पाला। इसकी शिक्षा हमें मंगला प्रसाद से मिली थी। वे इलाहाबाद के पुराने नेताओं में से थे। एक बार हम अमृतसर ए.आई.सी.सी. (काँग्रेस महासमिति) में उनके साथ गए। ट्रेन में उन्होंने कहा कि देखो राजनीति में अपने खेमे में ही रहना चाहिए। अगर वह खेमा ऊपर उठता है या नीचे जाता है, दोनों हालत में उसके साथ ही रहना चाहिए। मंगला प्रसाद जी गुटबाज नेताओं में थे। लेकिन उन्होंने एक दीक्षा दी कि अपना नाता एक जगह से जोड़ लो और उसे बनाए रखो। हमने अपना संबंध इन्दिरा गाँधी से माना और उसे निभाया। हमें निर्णय करने में देर नहीं होती थी। इसके साथ ही यह भी ध्यान रखते थे कि पार्टी का नुकसान न हो। यह तभी संभव होता है जब पार्टी में धड़ेबाजी रहते हुए वैमनस्य भाव नहीं होता। काँग्रेस में यह संतुलन बना रहता था। इसके टूटने पर पार्टी को खतरा पैदा हो जाता था।

सवाल : उत्तर प्रदेश में बड़े नेताओं का पार्टी में जमघट था, उनसे आपके संबंध कैसे थे?

जवाब : बात यह है कि मैंने अपना कोई गुट नहीं बनाया। इसलिए मुझे सबसे संबंध बनाए रखने में कोई कठिनाई नहीं हुई। मैंने कभी पूर्वाग्रह नहीं पाला। इतना जरूर था कि अपनी अंतिम निष्ठा इन्दिरा गाँधी के साथ थी। जो लोग उनके खिलाफ हो गए उनके साथ मैं नहीं जा सकता था।

मेरा प्रयास रहता था कि पार्टी के निर्णय को लागू करा सकूँ। किसी को नुकसान पहुँचाने की राजनीति में नहीं पड़ता था। जिसे पार्टी ने अपना उम्मीदवार बनाया हम उसकी मदद करते थे। मुझे शुरू–शुरू में यह सलाह दी गई कि अपना गुट बनाइए, नहीं तो आपके लिए बोलने वाला कोई नहीं होगा। मेरा उन लोगों से कहना था कि काँग्रेस के 300 से अधिक विधायक हैं। इन्दिरा जी ने मुझे इनका मुख्यमंत्री बनाया है। मैं यह नहीं कर सकता कि इस संख्या को अपने स्वार्थ के लिए कम कर दूँ और अपना गुट बनाऊँ। मैं अपने को छोटा क्यों करूँ? मेरा स्वार्थ इसमें था कि मेरे ऊपर सबका विश्वास बना रहे। अपना गुट बनाने में मेरा नुकसान ही होता।

सवाल : इस तरह की धड़ेबाजी किस आधार पर होती थी?

जवाब : नेताओं के इर्द–गिर्द गुट बने हुए थे। एक गुट गुप्त जी के साथ था तो दूसरा कमलापति त्रिपाठी के साथ था। लेकिन उसका आधार जाति नहीं था। व्यक्तित्व ही केन्द्र में होता था। उस दौर में यही था जो बाद में बदला। आठवें दशक में जातिगत गुट बने। एक गुट के नेता वीरबहादुर सिंह थे तो दूसरे के नेता थे लोकपति त्रिपाठी। इनके गुटों का आधार जाति था। इनमें जो होड़ थी वह मुख्यमंत्री पद के लिए थी।

सवाल : क्या प्रशासन तंत्र भी जातिगत आधार पर उस समय बँटा हुआ था?

जवाब : ऐसा ही था। मैंने शासन की बागडोर सँभालने के बाद योग्यता को आधार बनाया। त्रिभुवन नाथ तिवारी को अपना प्रमुख सचिव बनाया। वे बहुत सक्षम और कार्यकुशल अधिकारी थे। इसका असर यह हुआ कि लोग समझने लगे कि गुट और जाति से मेरे फैसले प्रभावित नहीं होंगे।

सवाल : अरुण नेहरू राजनीति में कैसे आए?

जवाब : रायबरेली की सीट खाली हो गई थी। उपचुनाव के लिए उम्मीदवार की तलाश थी। इन्दिरा जी ने सुझाव माँगा। मैं जानता था कि उस क्षेत्र से उनका निजी और पारिवारिक लगाव रहा है। मैंने उनसे कहा कि यहाँ वही नाम चल सकेगा जो आपके बहुत करीब हो। लोगों को महसूस होना चाहिए कि वह आपका निजी प्रतिनिधि है। उन्होंने बातचीत में अरुण नेहरू का नाम लिया। उनके बारे में बताया कि एक कंपनी में काम करते हैं। मैंने पहली बार तभी उनका नाम सुना था। उस समय मेरे जहन में वह दर्ज नहीं हुआ। चुनाव अभियान में अरुण नेहरू से पहली बार मुलाकात हुई। मेरा उनसे अधिक वास्ता उस वक्त पड़ा जब मैं मुख्यमंत्री हो गया। शुरू में तो इन्दिरा जी ने एकदम फ्री हैण्ड दिया। फिर मेरा ख्याल है कि सात–आठ महीने बाद उत्तर प्रदेश के मामले में राजीव गाँधी और अरुण नेहरू ही ज्यादा फैसले करते थे।

सवाल : क्या उनका अपना गुट भी था?

जवाब : उनके नजदीक वीरबहादुर सिंह और बलराम सिंह यादव ज्यादा थे।

सवाल : क्या यह सही है कि सजय गाँधी के निधन के बाद अरुण नेहरू के हाथ में उत्तर प्रदेश काँग्रेस की कमान आ गई थी?

जवाब : अरुण नेहरू के हाथ में उत्तर प्रदेश काँग्रेस का नियंत्रण आया, लेकिन तुरंत नहीं, इसमें कुछ महीने लग गए।

सवाल : यह माना जाता था कि आप भी संजय गाँधी के बहुत करीब होते थे?

जवाब : मेरा संजय गाँधी से ज्यादा संपर्क नहीं था। वे बुलाते थे तभी उनसे मिलना होता था। उन्होंने मुझे दो–एक बार ही बुलाया। मेरा संबंध इंदिरा जी के साथ था लेकिन उनके पास भी मैं बहुत कम ही जाता था। मैं उनके 'इनर सर्किल' में कभी नहीं रहा। जानबूझकर मैं दूर ही रहता था। सोचता था कि 'इनर सर्किल' में जाने के बाद उसमें से निकलना मुश्किल होगा। उनका मुझे विश्वास प्राप्त था। मैं अपना काम करता था और वे यह जानती भी थीं। मैं बेहतर जहाँ कर सकता था उसकी स्पष्ट कल्पना मुझे थी। मैं जानता था कि पार्टी का काम मैं बेहतर कर सकता हूँ। इसके लिए जहाँ मुझे सलाह और मार्गदर्शन की जरूरत होती थी उस समय उनके पास जाता था। मैं यह भी मानता था कि बेवजह इनका समय क्यों बर्बाद करें। हाँ, इंदिरा जी जब चुनाव हार गईं, वह समय संकट का था। उस समय दिल्ली रहने पर रोज जाता था। उस समय साथ खड़े रहना अपना फर्ज मानता था।

सवाल : संजय गाँधी से मुलाकात का कौन–सा प्रसंग आपको याद है?

जवाब : एक बार जब मैं वाणिज्य मंत्रालय में था, उस समय संजय गाँधी ने मुझे बुलाया था। उन्होंने कहा कि परिवार नियोजन के लिए एक उपकरण आयात करना है। उसको कुछ सहूलियत कर दीजिए। मैंने कहा कि यह हो जाएगा। मैं भी अनावश्यक नियंत्रण के पक्ष में नहीं था। जहाँ तक नियंत्रण हटाने का सवाल था उसकी सिफारिश विभिन्न मंत्रालयों से आई थी। उस समय उनका इतना बोलबाला हो गया था कि मंत्रियों को बुलाने लगे थे। एक प्रसंग और याद आ रहा है। जब मैं उनसे मिला था उससे पहले बुलंदशहर के एक युवक ने आकर कहा कि मेरी आप यूथ काँग्रेस के अध्यक्ष के लिए संजय गाँधी से सिफारिश कर दीजिए। मैंने उसे आश्वासन दिया कि कहूँगा। सोचा कि जरूरी तो नहीं है कि हो ही जाएगा। मैंने कहा पर उसका काम हो जाएगा इसकी मुझे उम्मीद नहीं थी। दो दिन बाद उसे मन–माफिक स्थान संगठन में मिल गया। संजय गाँधी के काम–काज की शैली की वह मेरे लिए पहली झलक थी। जब उत्तर प्रदेश का चुनाव आया तो टिकट के सिलसिले में मुझे संजय गाँधी से बात करनी थी। उनकी अंतरंग मंडली में मेरी पैठ नहीं थी। नौजवान घेरे हुए थे। जब मैं गया तो भारी भीड़ थी। अकबर अहमद डम्पी ने लोगों को परे हटाते हुए भीड़ चीरकर मुझे वहाँ पहुँचाया जहाँ संजय गाँधी थे। चुनाव के समय उन्होंने मुझे उम्मीदवारों के बचे हुए पैसे बाँटने का काम सौंपा। मैं नहीं जानता था कि इसका कारण क्या है। सीताराम केशरी ने मुझे पार्टी फंड के लिए पचास लाख रुपये दिये और मैंने उनको रसीद दे दी। उस समय यह तय हुआ था कि उम्मीदवार से पैसे की पावती लिखवा ली जाएगी। चुनाव के बाद एक मुलाकात और हुई। मुझे सुबह बुलाया गया। आर. के. धवन के कमरे में संजय गाँधी आए। उन्होंने कहा कि आपको मुख्यमंत्री पद ऑफर होगा, आप मना मत कीजिएगा। वे मामले तुरत निपटाते थे, हाँ या ना। उनका

यह गुण प्रभावित करता था।

जब वे किसी क्षेत्र में जाते थे तो वहाँ के मुख्यमंत्री भी उपस्थित रहते थे। पश्चिम उत्तर प्रदेश में एक सभा थी जिसमें मैं भी गया था, जिसके बाद यह प्रचार हो गया कि नारायण दत्त तिवारी ने संजय गाँधी की चप्पल उठाई।

सवाल : क्या घटना सही थी?

जवाब : बात यह थी कि संजय गाँधी अपनी चप्पल खोज नहीं पा रहे थे। तिवारी जी ने पहचान ली और उनको निकालकर दे दी। जैसा प्रचारित किया गया वैसा नहीं था। यह बहुत स्वाभाविक है कि कोई चीज खोजी जा रही है और किसी को पहचान में आ जाए तो वह उसे उठाकर दे ही देगा।

सवाल : राजनीतिक दल के रूप में काँग्रेस में उस समय जो प्रवृत्तियाँ पैदा हो रही थीं जिसके एक उदाहरण अरुण नेहरू थे, उन प्रवृत्तियों को इतने दिनों बाद जब आप थोड़ी दूरी से खड़े होकर देखते हैं तो क्या महसूस करते हैं?

जवाब : देखिए, इन्दिरा जी में दो गुण थे। पहला कि वे जनता से लगातार मिलती रहती थीं। इससे उनको सही बातें मालूम हो जाती थीं। उसके अनुसार वे फैसले करती थीं। दूसरा गुण जो उनका था वह स्वतंत्रता संग्राम में पैदा हुआ था जो उन्हें विरासत में मिला था। वह यह था कि स्वतंत्रता संग्राम के जो जीवन मूल्य थे उनका वे निर्वाह करना जानती थीं, लोकतंत्र, सर्वधर्म समभाव और सामाजिक समानता।

सवाल : अरुण नेहरू ने काँग्रेस पर अपनी कैसी छाप छोड़ी?

जवाब : उन्होंने प्रबंध कौशल की छाप छोड़ी। राजीव गाँधी के चुनाव को बड़े व्यवस्थित तरीके से चलाया। वे समझदार और सूझबूझ वाले हैं।

सवाल : वह कौन–सी विशेष परिस्थिति थी कि आपको वियना से अचानक बुलाया गया कि प्रदेश काँग्रेस अध्यक्ष का जिम्मा सँभालना है?

जवाब : वहाँ युनिडो की मीटिंग थी। एक दिन मुझे कहा गया कि आपको वियना जाना है। वहाँ नारायण दत्त तिवारी गए हुए हैं। उन्हें तुरंत दिल्ली वापस भेजिए। लेकिन किसी को यह पता न चले कि आप वहाँ जा रहे हैं। मैंने कहा कि मेरे स्टाफ को मालूम हो ही जाएगा। वे ही लोग टिकट खरीदेंगे, वहाँ की व्यवस्थाएँ कराएँगे। मुझे कहा गया कि स्टाफ को भी न मालूम हो। मैंने अपने निजी सचिव को बुलाया और उनसे कहा कि मुझे लंदन जाना है, उसकी व्यवस्था करो। रास्ते में जब फ्रेंकफर्ट आया तो मैंने कहा कि मुझे यहीं उतरना है। इस तरह सरकारी कार्यक्रम में लंदन गया। फ्रेंकफर्ट

पर राजदूत आए हुए थे। उन्होंने वियना का टिकट दिलवाया। वियना जब पहुँचे तब तक तिवारी जी चल चुके थे। मैं उनके होटल और उसी कमरे में रुका। वहाँ भाषण देने की तैयारी में जुटा था कि मुझे एक दिन अरुण नेहरू का फोन आया कि इंदिरा जी चाहती हैं कि आप यहाँ आ जाएँ और उत्तर प्रदेश काँग्रेस कमेटी का जिम्मा सँभालें। मैंने उनसे पूछा कि मुझे कल सम्मेलन में बोलना है, क्या उसको छोड़कर चला आऊँ। उन्होंने कहा कि इतनी हड़बड़ी नहीं है। सम्मेलन पूरा कर और दो–तीन दिन लंदन रुककर आइए। तीन–चार दिन बाद फिर फोन आया कि अब आप आ जाइए।

सवाल : इंदिरा गाँधी ने नई जिम्मेदारी के बारे में आपसे सीधे बात क्यों नहीं की?

जवाब : इसके बारे में मैंने नहीं सोचा। मुझे जरा भी अटपटा नहीं लगा। मैंने माना कि इंदिरा जी का मुझ पर इतना भरोसा है।

सवाल : आपको जब प्रदेश अध्यक्ष बनाया गया तब 1984 का सितंबर माह था। क्या तब काँग्रेस की राजनीतिक सेहत उत्तर प्रदेश में बिगड़ रही थी?

जवाब : उत्तर प्रदेश में काँग्रेस की हालत राजनीतिक तौर पर बदहाली की ओर जा रही थी। हमारा आकलन था कि उस समय काँग्रेस को दस–पंद्रह सीटें लोकसभा में मिलेंगी। इसका इंदिरा जी को अनुमान हो गया था। इसलिए उन्होंने नारायण दत्त तिवारी को मुख्यमंत्री बनाया और मुझे काँग्रेस संगठन का जिम्मा सौंपा। मैंने तिवारी जी से पूछा कि कैसे क्या हुआ, कहा, साहब मुझे कुछ नहीं मालूम। जब हवाई जहाज से उतरा तो वहाँ फोतेदार (माखनलाल फोतेदार) मौजूद थे। पूरा प्रेस था। वहीं मुझे बताया गया कि आप मुख्यमंत्री बना दिए गए हैं। हम वहाँ कुछ कह भी नहीं सकते थे। सब कुछ टीवी पर सीधे आ गया।

सवाल : आपको दो–तीन दिन लंदन में रुकने के लिए इसलिए कहा गया कि लखनऊ में निजाम बदलने की तैयारी और आपके स्वागत के लिए वक्त चाहिए था?

जवाब : वहाँ से लौटकर मैं आया, दो दिन दिल्ली रुका। लखनऊ में भारी स्वागत हुआ। खुली जीप में मुझे एक जुलूस के साथ काँग्रेस दफ्तर ले जाया गया। धूप बहुत थी। जगह–जगह स्वागत के लिए फाटक और प्लेटफार्म बने थे। वहाँ उतरकर स्वागत के जवाब में भाषण करना होता था। चलते–चलते एक जगह मैं बेहोश हो गया। एक जगह बोलते–बोलते चक्कर आ गया। इसकी तस्वीर कई अखबारों में छपी कि आँखें उल्टी हो गई हैं और मैं लेटा हुआ हूँ। बहरहाल किसी तरह अपने को सँभालकर मैं काँग्रेस दफ्तर पहुँचा जो दो–मंजिला था। ऊपर गए। वहाँ से लोगों को संबोधित किया।

सवाल : काँग्रेस अध्यक्ष के नाते आपका मुख्यमंत्री से संबंध कैसा रहा ?

जवाब : मैंने एक नई परम्परा बनाई कि मुख्यमंत्री काँग्रेस के दफ्तर आएँगे और मंत्री भी पार्टी कार्यकर्ताओं से मिलने के लिए प्रदेश के दफ्तर एक दिन आएँगे। मुख्यमंत्री नारायण दत्त तिवारी ने इस नई परंपरा का निर्वाह किया। पहले प्रदेश अध्यक्ष को मुख्यमंत्री के दफ्तर जाना पड़ता था। मेरे कार्यकाल में मुख्यमंत्री काँग्रेस के प्रदेश दफ्तर में आने लगे। संगठन में वे लोग पदाधिकारी बनाए गए थे जो मंत्रिमंडल में रह चुके थे। मैंने प्रदेश काँग्रेस के कार्यालय की एक कार्यपद्धति बनाई थी। उसमें संगठन का सरकार पर वर्चस्व बना रहे इसकी व्यवस्था थी। मंत्रियों को हिदायत थी और उनके दिन तय थे जब वे प्रदेश काँग्रेस क़े दफ्तर में आकर लोगों की समस्याओं को सुनते और हल करने की कोशिश करते थे। इसका पार्टी के कार्यकर्ताओं पर बढ़िया असर पड़ा। संगठन में मजबूती आई। उनमें यह भाव पैदा हुआ कि सरकार काँग्रेस की है। पार्टी का विधायक दल पर पहले से अधिक प्रभुत्व बन सका, नहीं तो अक्सर होता यह है कि विधायक दल मजबूत हो जाता है। यह इस पर भी निर्भर करता है कि पार्टी का नेतृत्व कैसा है। जहाँ तक मुख्यमंत्री नारायण दत्त तिवारी से संबंध और सहयोग का सवाल है, वह हर तरह से बेहतर था।

सवाल : काँग्रेस में संगठन के चुनाव की परंपरा रही है। आपके कार्यकाल में क्या वह बहाल हुई?

जवाब : काँग्रेस में उस समय मनोनयन का रिवाज शुरू हो गया था। जो हाईकमान कह दे वही सब मानते थे। यह सबको स्वीकार था। इसलिए काँग्रेस के बड़े नेता भी इस व्यवस्था से संतुष्ट थे।

सवाल : आपके कार्यकाल में क्या इंदिरा गाँधी कभी प्रदेश काँग्रेस के दफ्तर आई थीं?

जवाब– वे अगले महीने 28 अक्टूबर को लखनऊ अपने तूफानी दौरे में रुकी थीं। प्रदेश काँग्रेस समिति में उनका भाषण था। वहीं से वे कलकत्ता और ओड़ीसा गईं। उनका ओड़ीसा में दिया गया वह मशहूर भाषण उसी दौरे में था जिसमें उन्होंने कहा था कि मेरे खून का आखिरी कतरा भी देश के काम आएगा।

सवाल : इंदिरा गाँधी की हत्या की सूचना आपको कहाँ मिली?

जवाब : माण्डा में एक अस्पताल का शिलान्यास था। हम वहाँ गए हुए थे। मेरे साथ लोकपति त्रिपाठी थे। शिलान्यास के लिए पूजा चल रही थी कि सुरक्षा में तैनात एक सिपाही आया और उसने कान में कहा कि इंदिरा जी को चोट लग गई है। मैं तुरंत वहाँ से उठ नहीं सकता था। जो पण्डित पूजा करा रहे थे उनको कहा कि जितना

जल्दी हो सके इसे पूरा करिए। उन्होंने दो–तीन मिनट में वह अनुष्ठान पूरा किया। इलाहाबाद आने पर मालूम हुआ कि गोली लग गई है और इंदिरा जी अस्पताल में हैं। हेलिकॉप्टर सीधे दिल्ली नहीं जा सकता था। इलाहाबाद के हवाई अड्डे पर राजेन्द्र कुमारी वाजपेयी बैठी हुई थीं। उन्होंने बताया कि एक विमान कलकत्ता से आ रहा है। उससे दिल्ली जा सकते हैं। हम पालम हवाई अड्डे से सीधे एम्स (ऑल इण्डिया मेडिकल इंस्टीट्यूट) पहुँचे। वहाँ तब तक उनके निधन की घोषणा हो गई थी। मुझे बहुत सदमा लगा।

सवाल : क्या राजीव गाँधी को संसदीय दल का नेता बनाने का फैसला वहीं हुआ?

जवाब : अरुण नेहरू ने मुझे बताया कि आज ही संसदीय पार्टी की मीटिंग कर नेता चुना जाना है। राजीव गाँधी को नेता चुनना है। इसके लिए लोगों को बुलाया गया।

सवाल : नेता पद पर प्रणव मुखर्जी की भी दावेदारी थी?

जवाब : यह बात थोड़ी–सी आई थी जो उस माहौल में दब–सी गयी। राजीव गाँधी को पूरा समर्थन था।

सवाल : इस निर्णय में मुख्य भूमिका किसकी थी?

जवाब : अरुण नेहरू सक्रिय थे। हम लोग भी इसमें लगे। संसद के केन्द्रीय कक्ष में उसी दिन शाम को काँग्रेस संसदीय पार्टी ने राजीव गाँधी को अपना नेता चुना। इसमें राजीव गाँधी की स्वीकृति जरूर रही होगी।

सवाल : पी.सी. एलेक्जेंडर ने अपने संस्मरण में लिखा है कि जब वे ऑल इंडिया मेडिकल इंस्टीट्यूट के आठवें फ्लोर पर पहुँचे तो अरुण नेहरू ने उन्हें एक ओर ले जाकर कहा कि राष्ट्रपति के आने से पहले ही राजीव गाँधी को प्रधानमंत्री के रूप में उपराष्ट्रपति से शपथ ग्रहण करा देनी चाहिए। उन्होंने यह भी लिखा है कि जब वे कमरे में पहुँचे तो देखा कि राजीव गाँधी दोनों हाथों से सोनिया को आलिंगनबद्ध कर यह समझा रहे हैं कि प्रधानमंत्री की जिम्मेदारी सँभालना उनका कर्तव्य है और सोनिया गाँधी उन्हें इसके लिए मना कर रही हैं। इस बारे में आपकी जानकारी क्या है?

जवाब : यह पी.सी. एलेक्जेंडर का कहना है।

सवाल : राजीव गाँधी क्या इसके लिए तैयार थे?

जवाब : वे ज्यादा बात नहीं कर रहे थे। पूरा वातावरण शोकाकुल था। बातचीत

का माहौल नहीं था। बात करने का तुक भी नहीं था। सब लोग सदमे में थे।

सवाल : इंदिरा गाँधी की हत्या के बाद हुए लोकसभा चुनाव में माहौल बदला हुआ था। यह तो अचानक हो गया था। लेकिन जब आपको प्रदेश काँग्रेस अध्यक्ष का जिम्मा सौंपा गया था, उस समय परिस्थितियाँ पार्टी के अनुकूल नहीं थीं। इस बदले माहौल में भी क्या आपको कोई खतरा दिख रहा था?

जवाब : इंदिरा जी की शहादत और राजीव गाँधी के प्रति उत्साह से चुनाव में कोई कठिनाई नहीं थी। फिर भी प्रदेश अध्यक्ष के नाते मैंने कोशिश की कि उम्मीदवारों के चयन में कोई त्रुटि न रह जाए। हर क्षेत्र के बारे में अध्ययन कर उम्मीदवार तय किये गए थे। उस चुनाव में सिर्फ दो क्षेत्रों में काँग्रेस हारी। एक क्षेत्र में हमने जानबूझकर बहुत कमजोर उम्मीदवार दिया था। वह चौधरी चरण सिंह का क्षेत्र था। हम चाहते थे कि राजनारायण वहाँ से जीतें लेकिन हवा ऐसी थी कि हमारे कमजोर उम्मीदवार को भी एक लाख वोट मिले।

सवाल : उस चुनाव में इलाहाबाद से अमिताभ बच्चन उम्मीदवार बनाए गए। किस्सा क्या है?

जवाब : वहाँ से के.पी. तिवारी का टिकट तय हो गया था। एक दिन अरुण नेहरू ने कहा कि वहाँ से के.पी. तिवारी नहीं, अमिताभ बच्चन उम्मीदवार होंगे। सचमुच मैं अमिताभ बच्चन को नहीं जानता था। वास्तव में नहीं जानता था। क्योंकि सिनेमा देखता नहीं था, टी.वी. देखता नहीं था। मैंने उनसे पूछा, यह कौन है? उन्होंने कहा कि अमिताभ बच्चन को नहीं जानते। मैंने कहा नहीं। अरुण नेहरू ने कहा कि आप बन रहे हो। मैंने कहा बन नहीं रहा हूँ, सही कह रहा हूँ। मैं हरिवंश राय बच्चन को जानता हूँ जिन्होंने हमको पढ़ाया था। मैंने यह जरूर सुना था कि उनका एक बच्चा जब बीमार पड़ा तो इन्दिरा जी उसे देखने के लिए बम्बई (अब मुम्बई) गई हुई थीं। इसके अलावा कुछ नहीं जानता। उस परिवार से उनका लगाव था। मैंने उनसे कहा कि मैं अमिताभ बच्चन की न सूरत जानता हूँ न उनको जानता हूँ। मैंने अरुण नेहरू से कहा कि के.पी. तिवारी बहुत अपमानित महसूस करेंगे।

एक किस्सा और बताता हूँ। जहाँ इन्दिरा जी लोगों से मिलती थीं वहीं हम लोग काम करते थे। मैंने अमिताभ बच्चन को बुलवाया। क्योंकि यह तो नहीं हो सकता था कि इलाहाबाद में काँग्रेस का जो उम्मीदवार हो उसकी सूरत तक न जानते हों। अरुण नेहरू ने कहा कि ऐसा करें कि किसी को मालूम नहीं होना चाहिए। उन्हें रात को बुलाएँगे। अमिताभ बच्चन रात को आए। मुँह पर तौलिया डाले हुए थे। सुना कि मोटर से तौलिया डालकर ही निकले थे। कमरे में आए उस समय भी उनका चेहरा ढका हुआ था। वहाँ हम दो ही थे, मैं और अरुण नेहरू। परिचय हुआ। मैंने कहा कि ठीक

है आप चलिए, लड़िए। के.पी. तिवारी के लिए मैंने कहा कि उन्हें प्रदेश में मंत्री बनाया जाना चाहिए। उनको कैबिनेट मंत्री बनाया गया।

सवाल : परिचय हो जाने के बाद अमिताभ बच्चन के बारे में आपने किसी से पूछा?

जवाब : मैंने अपनी पत्नी से पूछा। उन्होंने कहा, अरे, आप अमिताभ बच्चन को नहीं जानते, बड़ा भारी एक्टर है।

सवाल : राजनीति में उतरने का फैसला क्या अमिताभ बच्चन का था?

जवाब : मैं समझता हूँ, वह फैसला राजीव गाँधी का था। वे उनको बहुगुणा जी के खिलाफ चुनाव लड़ाना चाहते थे। उनको यह लगा होगा कि अमिताभ बच्चन इलाहाबाद के ही हैं, पॉपुलर एक्टर हैं और उन्हें उम्मीदवार बनाने पर जीतना आसान होगा। वैसे तो उस चुनाव में कोई भी जीत जाता, लेकिन राजीव गाँधी हेमवती नन्दन बहुगुणा की हार को पक्की करना चाहते थे।

सवाल : हेमवती नन्दन बहुगुणा से उनकी नाराजगी क्या थी?

जवाब : बहुगुणा जी काँग्रेस छोड़कर चले गए थे। बाद में समझौता करके आए थे। उनको सेक्रेटरी जनरल बनाया गया था। वे पूरी पार्टी के नेता के तौर पर काम करने के बजाए अपने गुट के लिए अधिक चिन्तित रहते थे। उसी समय यह आभास हो गया था कि उनका पत्ता एक दिन कट जाएगा। राज के अन्दर राज नहीं चलता। वे इन्दिरा जी के राज में अपना छोटा-सा राज बना रहे थे। मुझे लग गया था कि इसे इन्दिरा जी सहन नहीं करेंगी।

सवाल : अमिताभ बच्चन का नामांकन बहुत धूमधाम से हुआ और हेमवती नन्दन बहुगुणा को खबर तक नहीं हो पाई कि वे दूसरा क्षेत्र तलाश सकें। इतनी गोपनीयता क्यों और कैसे बरती गई?

जवाब : काँग्रेस ने हेमवती नन्दन बहुगुणा के खिलाफ अमिताभ बच्चन को उतारने का फैसला किया था। हम चाहते थे कि आखिरी समय तक अमिताभ बच्चन की उम्मीदवारी गोपनीय बनी रहे। अमिताभ बच्चन भी यही चाहते थे। इसलिए मैंने उन्हें लखनऊ बुलाया। वहाँ से सड़क मार्ग से हम इलाहाबाद पहुँचे। नामांकन के आखिरी दिन यह सब हुआ। चार बजते-बजते यह काम पूरा हो गया। उस समय अमिताभ बच्चन के लिए मैंने तीन-चार दिन लगाए।

सवाल : राजीव गाँधी के फैसलों से कहीं आपको परेशानी तो नहीं होती थी?

जवाब : एक बार मुझे बताया गया कि राजीव गाँधी चाहते हैं कि राजा साहब प्रतापगढ़ चुनाव लड़ें। वे इसके लिए इच्छुक नहीं थे। मेरे कहने पर तैयार हो गए। उनके नाम की घोषणा हो गई। उन्हें चुनाव चिन्ह और लड़ने के लिए साधन दे दिए गए। उसके बाद मुझे कहा गया कि उनको नहीं लड़ाना है। दिनेश सिंह चुनाव लड़ेंगे। बहरहाल मैंने बात की। राजा प्रतापगढ़ खिन्न थे, लेकिन उसी दिन उन्होंने पैसा, चुनाव चिन्ह, गाड़ी आदि वापस लौटा दिए। सुना है कि दिनेश सिंह ने अरुण नेहरू से कहा कि मेरा टिकट काटा गया है इसलिए मैं अब रायबरेली से लोकदल के टिकट पर लड़ूँगा। इस धमकी के बाद अरुण नेहरू ने उन्हें टिकट दिलवाया।

सवाल : मंत्रालयों के काम के कारण आपने राजीव गाँधी से कहा था कि प्रदेश काँग्रेस का जिम्मा किसी और को सौंपें। उनका क्या कहना था?

जवाब : मेरा विचार था कि लोकसभा चुनाव के बाद प्रदेश काँग्रेस अध्यक्ष के काम पर ही अधिक ध्यान दूँगा। जब मुझे सरकार में वित्त और वाणिज्य आदि मंत्रालयों का जिम्मा प्रधानमंत्री ने दे दिया तो सोचा कि सारी जिम्मेदारियाँ एक साथ निभाई नहीं जा सकतीं। तय करना होगा कि प्राथमिकता क्या है? मेरे जिम्मे वित्त मंत्रालय था। बजट की तैयारी में किसी तरह की कमी नहीं की जा सकती थी। ऐसे ही वाणिज्य मंत्रालय भी था जिसमें आयात–निर्यात नीति का निर्धारण करना था। बचा प्रदेश काँग्रेस अध्यक्ष का जिम्मा तो मैंने जाकर प्रधानमंत्री और काँग्रेस अध्यक्ष राजीव गाँधी से कहा कि यह दायित्व किसी और को सौंप दें। उन्होंने कहा कि नहीं, यह भी सँभालिए। मैंने उनसे कहा कि विधानसभा के चुनाव में मैं आपको सही सलाह नहीं दे सकता। क्योंकि उसके लिए जितना समय लगाना चाहिए वह मेरे पास नहीं है। अधिक से अधिक यही हो सकता है कि उम्मीदवारों से मिल लूँ। इस पर उन्होंने कहा कि 24 का 36 घंटे करिए। मैंने कहा कि ईमानदारी की बात तो यह है कि फिर भी नहीं होगा, आप प्रदेश अध्यक्ष किसी और को बनाइए। वे मान गए। उन्होंने पूछा और मैंने शीला कौल का नाम सुझाया। मैंने मान लिया कि इस दायित्व से मुक्त हो गया। लेकिन बाद में बुलाकर उन्होंने कहा कि आपको प्रदेश अध्यक्ष बने रहना है।

सवाल : विधानसभा के उम्मीदवारों के चयन में प्रदेश अध्यक्ष के नाते आपकी क्या भूमिका थी?

जवाब : मैंने पहले ही स्पष्ट कर दिया था कि मैं इतनी ही जिम्मेदारी ले सकता हूँ कि जहाँ राजीव जी कहें वहाँ दस्तखत कर दूँ। इसे उन्होंने मंजूर किया था। उम्मीदवारों के चयन में प्रदेश अध्यक्ष को जितना ध्यान देना चाहिए वह मेरे लिए संभव नहीं था। जब राजीव गाँधी ने पुराने लोगों का एक ओर से टिकट काटना शुरू कर दिया उस समय मैंने कहा कि यह तरीका ठीक नहीं है।

सवाल : इसका मतलब है कि राजीव गाँधी की मदद कोई और कर रहा था?

जवाब : उम्मीदवारों के चयन में प्रमुख भूमिका अरुण नेहरू की थी। उत्तर प्रदेश के लिए उस समय जो मायने रखते थे, वे अरुण नेहरू, वीरबहादुर सिंह, संजय सिंह और धर्मवीर रहे। उस समय एक एरिया के लिए बलराम सिंह यादव की भी सुनी जाती थी। कुछ काम खुफिया ब्यूरो की मदद से किए जाते थे। राजीव गाँधी की इच्छा थी और वैसी कोशिश भी हुई कि जिनकी छवि खराब है उनको टिकट न दें। इसी नाते बलिया के उम्मीदवारों में फेरबदल हुआ।

सवाल : खराब छवि का पैमाना क्या था?

जवाब : आज वाला जो पैमाना है वह नहीं था। तब अपराधी किस्म के लोग नहीं थे। जो दबंग थे उन्हीं की छवि खराब मानी जाती थी। जिनके बारे में रिपोर्ट थी कि जीत नहीं सकते, उनकी छवि भी खराब मानी गई। एक ओर से जब छटनी होने लगी तब मैंने कहा कि राजीव जी राजनीति ईंट की दीवार नहीं है कि तोड़ कर मजदूरों की मदद से गारा और सीमेन्ट के जरिए रातभर में दीवार खड़ी कर देंगे। यह पेड़ है, यानी पोलीटिकल पर्सनेलिटी जिसे रातों–रात आप नहीं बना सकते। यहाँ मैंने गुरु मंत्र का उपयोग किया। उनसे कहा कि जो सालों से काँग्रेस के लिए काम कर रहे हैं उनको अचानक हटाया नहीं जा सकता और अगर ऐसा किया गया तो उनकी जगह सही आदमी तत्काल खोजना मुश्किल होगा। जिनके बारे में मैं आश्वस्त था कि सही उम्मीदवार हैं उनके लिए जरूर कहा। जिनके टिकट कट गए वे कहने लगे कि इन्होंने कटवा दिए। एक उम्मीदवार ने तो वित्त मंत्रालय के सामने आकर धरना ही दे दिया। मैंने उनसे कहा कि लोकसभा के चुनाव में जरूर उम्मीदवारों के चयन में मेरा रोल था। बलिया में काशीनाथ मिश्र का टिकट कट गया था। वे बहुत दिनों तक नाराज रहे। उनके मुकाबले जिसको टिकट मिला था उसे मैं जानता भी नहीं था।

सवाल : प्रदेश अध्यक्ष के नाते आपने चुनाव अभियान में कितना हिस्सा लिया?

जवाब : मैंने पहले ही बताया था कि कुछ जगहों पर ही जा सकता हूँ। दिल्ली से जहाँ तक कार से जाना आसान था उन–उन क्षेत्रों में मैं गया।

सवाल : चुनाव नतीजा क्या संतोषजनक रहा?

जवाब : हवा के बावजूद काँग्रेस की संख्या विधानसभा में कम हुई।

सवाल : माना जाता है कि राजनीति का अवमूल्यन काँग्रेस से शुरू हुआ जब वह सत्ता में बने रहने के लिए नाजायज तरीकों को अपनाने लगी। आपका क्या अनुभव है?

जवाब : काँग्रेस में गुटबाजी तो रही है। लेकिन बाहुबलियों का उपयोग बाद की घटना है। जो नेता हैं उनकी महत्त्वाकांक्षाएँ हैं। इसके कारण गुटबाजी होती है। उसमें अपराधियों की मदद ली जाती है। पहले उनकी मदद ली जाती थी, बाद में वे मंच पर भी बैठने लगे और नेताओं की तरह भाषण देने लगे। जब यह सिलसिला चल पड़ा तो अपराधियों का बोलबाला बढ़ा। जैसे–जैसे सिद्धांतों और मूल्यों का ह्रास हुआ वैसे–वैसे राजनीति में प्रदूषण बढ़ता गया। किसी भी तरह से चुनाव जीतना ही जैसे एकमात्र लक्ष्य हो गया। उससे अपराधियों के लिए राजनीति में जगह बन गई। पहले काँग्रेस में गुटबाजी के आधार पर सदस्यता होती थी। उसमें हर तरह के जायज–नाजायज तरीके अपनाये जाते थे। अन्त में नेता अपने–अपने हिस्से बाँट लेते थे। जहाँ विवाद रहता था, वहाँ झगड़ा होता था। वह आन्तरिक लोकतंत्र का हिस्सा था। क्योंकि चुनाव से ही संगठन के पदों पर पहुँचने का रास्ता साफ होता था। सातवें दशक तक यह चलता रहा।

सवाल : काँग्रेस में क्या जाति आधारित गुटबाजी का चलन था?

जवाब : पूरी तरह जातिवादी गुट नहीं बने हुए थे। एक हद तक ही उन्हें जातिवादी गुट कहा जा सकता है। कुछ नेता हर जाति में अपना प्रभाव रखते थे। हेमवती नन्दन बहुगुणा उन्हीं नेताओं में थे। कमलापति त्रिपाठी के इर्द–गिर्द ब्राह्मण अधिक होते थे। लेकिन पं. कमलापति त्रिपाठी को जातिवादी नहीं कहा जा सकता। जाति की तरफ उनका झुकाव था लेकिन हेमवती नन्दन बहुगुणा में वह भी नहीं था।

सवाल : जाति से परे जाकर देखें तो काँग्रेस में जो टकराव उस समय थे उनकी जड़ें कहाँ–कहाँ थीं?

जवाब : एक टकराव आर्थिक माना जा सकता है। उत्तर प्रदेश में आजादी की लड़ाई में ब्राह्मणों ने बढ़–चढ़कर हिस्सा लिया। उनके पास जमीन–जायदाद कम थी। वह राजपूतों के पास थी। ज्यादातर जमींदार वे ही थे। रियासतें भी उन्हीं के पास थीं। उत्तर प्रदेश में ब्राह्मण रियासतें सिर्फ दो ही रही हैं। जमींदारों की दिलचस्पी आजादी की लड़ाई में कम थी। उनको अपनी जमींदारी चले जाने का खतरा दिखता था। काँग्रेस में यह तबका बाद में आया। लेकिन साधारण राजपूत तो शुरू से ही काँग्रेस में थे। ऐसे ही आजादी की लड़ाई में दलितों की प्रमुख भूमिका थी। काँग्रेस में जो सामाजिक ध्रुवीकरण बना था उसमें ब्राह्मण और दलित एक साथ थे। दलित और किसान की हिमायत में ब्राह्मण खड़े होते थे। इस कारण काँग्रेस के नेतृत्व समूह में ब्राह्मणों की प्रमुखता थी। उस समय जाति का बोलबाला वैसा नहीं था, वह बाद में आया।

सवाल : वह कैसे शुरू हुआ?

जवाब : सत्ता की होड़ में जो लोग शॉर्टकट चाहते थे उन्होंने विचारधारा, सेवा और आदर्श की पगडंडी छोड़ दी। अगवाह रास्ता अपनाया। इसमें सबसे पहले डॉ. राम मनोहर लोहिया ने 'पिछड़े पावें सौ में साठ' का नारा दिया। चौधरी चरण सिंह ने उसे व्यावहारिक स्वरूप दिया। अपनी पार्टी का आधार ही जाति को बनाया। इससे जातिवादी राजनीति का रास्ता खुला। उसी आधार पर नेता पैदा होने लगे। सब देखने लगे कि हमारी जाति की संख्या कितनी है। जिन जातियों के पास ज्यादा संख्या थी वे सत्ता की दौड़ में अधिक हिस्सेदारी का दावा करने लगे।

सवाल : उत्तर प्रदेश काँग्रेस के जनाधार खिसकने के खास कारण आप क्या देखते हैं?

जवाब : काँग्रेस का स्वाभाविक नेतृत्व ब्राह्मणों के हाथ में था। दूसरे वर्ग दलित, मुस्लिम भी थे। जब स्वाभाविक नेतृत्व स्थापित हो जाता है तो वह चलता रहता है। उनका नए समूहों से कई बार टकराव भी होता है। नेतृत्व यह समझ नहीं पाता कि नए समूहों को किस तरह जगह दे और उनको शामिल करे। यही कठिनाई काँग्रेस की भी थी। जो जनाधार काँग्रेस का था उसे वापस लाने में कामयाब नहीं हो सके।

सवाल : क्या इस कारण उत्तर प्रदेश काँग्रेस से विभिन्न समूहों का निष्क्रमण होता रहा?

जवाब : काँग्रेस ने जहाँ ध्यान देना चाहिए वहाँ नहीं दिया। इसलिए सबसे पहले पिछड़े निकल गए। यह राजनीतिक नुकसान था जो असावधानी के कारण हुआ। उन्हें रोका जा सकता था अगर संगठन और सत्ता में हिस्सेदारी दी जाती। मुसलमानों में भी बेचैनी थी। वे इसके बावजूद काँग्रेस में ही बने रहे। ऐसे ही दलित वर्ग महसूस करता था कि काँग्रेस के नेताओं ने यह सोच रखा है कि हमेशा हम उनका समर्थन करेंगे। इससे उनको परेशानी थी। उनमें जागृति आई तो वे काँग्रेस की दी हुई सुविधाओं की परवाह न कर सत्ता में हिस्सेदारी के लिए बाहर निकल गए। उन दिनों कांशी राम ने डी.एस. फोर बना लिया था। काफी दलित उस तरफ आकृष्ट हुए। मायावती आईं तो सब कुछ बहा ले गईं।

सवाल : यह लोकतांत्रिक जागृति की देन है या राजनीति का जातीयकरण है?

जवाब : अपने देश में सामाजिक ढाँचे पर ही राजनीतिक ढाँचा खड़ा है। एक समय था कि सामाजिक ढाँचे से तय होता था कि किसकी क्या राजनीतिक हैसियत होगी। उसकी आर्थिक हैसियत भी उसी से तय होती थी। यह जन्म से ही तय हो जाता था कि कौन क्या करेगा। आजादी की लड़ाई में महात्मा गाँधी ने दलितों के मुद्दे को

भी प्रमुखता दी। बाबा साहेब अम्बेडकर ने उस समय की परिस्थितियों में इस मुद्दे को उठाया। महात्मा गाँधी के नेतृत्व में काँग्रेस ने दलितों से अपना नाता जोड़ा। उन पर कोई अन्याय होता था तो काँग्रेस के नेता पहले पहुँचते थे और पुलिस बाद में। इसलिए दलितों ने आँख मूँद कर काँग्रेस को वोट दिया। आजादी के बाद दलितों में हिस्सेदारी और पहचान के प्रति जागरूकता बढ़ी। अम्बेडकरवादी सामने आए। उनका धीरे–धीरे प्रभाव बढ़ा। पिछड़े और दलितों में यह भावना पैदा हुई कि हमें सुविधाएँ काँग्रेस ने दिलाईं लेकिन सत्ता में हिस्सेदारी नहीं मिल रही है। यह बात सही है कि उन्हें उतना महत्त्व नहीं मिलता था जितना मिलना चाहिए। दलितों के लिए आरक्षण होने के कारण उनको अपना अधिकार मिल जाता था लेकिन पिछड़ों की उपेक्षा हो जाती थी। वे काँग्रेस से हटने लगे। जो काँग्रेस एक विशाल राजनीतिक मंच था उससे तमाम समूह छिटक कर जाने लगे।

सवाल : काँग्रेस में इस पर चिन्ता कब पैदा हुई?

जवाब : काँग्रेस के नेताओं के दिमाग में सत्ता समीकरण छाया रहता था। वे सामाजिक समीकरण और हो रहे बदलाव की परवाह कम ही करते थे। चुनाव में परिणाम विपरीत आने पर वे इसे समझने का भी प्रयास नहीं करते थे।

सवाल : काँग्रेस के सामाजिक आधार पर मायावती और मुलायम सिंह की राजनीति टिकी है, उसे काँग्रेस वापस अपनी ओर ला सकती है क्या?

जवाब : मुलायम सिंह ने यादव, मुस्लिम और जो भी आ जाए का सामाजिक आधार बना रखा है। उसके बल पर जहाँ जैसी जरूरत होती है वैसा वे लचीला रुख अपनाकर कभी पिछड़ों की तरफ तो कभी सवर्ण की तरफ झुक जाते हैं। मायावती ने अपने सामाजिक आधार को उत्तर प्रदेश में बढ़ाना शुरू किया है। काँग्रेस में यह अनुभूति पैदा हो रही है। उसने एक दशक गँवा दिया है। उसे मण्डल की परिघटना समझ में नहीं आई। उसे गठबन्धन की राजनीति को समझने में बहुत देर लगी। काँग्रेस ने क्षेत्रीय दलों को संदेह की नजर से देखा। उन्हें विघटनकारी प्रवृति माना। 15 साल उसे यह समझने में लगे कि राजनीति का यथार्थ बदल गया है। अभी भी काँग्रेस ने उस यथार्थ के अनुरूप अपने को ढाला नहीं है। वह मजबूरी में गठबन्धन की राजनीति का निर्वाह कर रही है। भाजपा ने काँग्रेस के मुकाबले ज्यादा लचीलापन दिखाया। वह मध्यमार्गी होने के बावजूद गठबन्धन और पिछड़ों की राजनीति की बारीकियों को आसानी से समझ सकी।

सवाल : पहले कल्याण सिंह का प्रकरण हुआ और अब उमा भारती भाजपा से निकल कर जनादेश यात्रा कर रही हैं। क्या यह भाजपा में पैदा हुई सामाजिक चुनौती

है?

जवाब : मैं पहले भी कहता था कि मण्डल को कमण्डल ही तोड़ेगा। वह सामने आ गया है। भाजपा और संघ परिवार में ऊँची जातियों का वर्चस्व रहा है और वह बना हुआ है। सामाजिक चेतना के बढ़ने पर वहाँ भी पिछड़ी जातियों के नेताओं ने अपनी दावेदारी बढ़ा दी जिससे यह समस्या पैदा हुई है। भाजपा में यह विभाजन साफ–साफ दिख रहा है। इसका वे लोग क्या हल निकालते हैं यह देखना है।

अध्याय : तीन

कदम दिल्ली की ओर

अध्याय परिचय

परिस्थिति और प्रयास का समुचित संयोग विश्वनाथ प्रताप सिंह में दिखाई पड़ता है। परिस्थिति ने उन्हें राजनीति का रास्ता दिखाया। वे साधारण लोगों के काम आ सकें और राजनीति में थोड़ा दखल भी रहे, यह सोचकर उन्होंने राज्यसभा को पसंद किया। उनकी पसंद भले ही राज्यसभा रही हो, लेकिन उन्हें मिली विधानसभा। वह भी विधानसभा का ऐसा क्षेत्र जो लड़ाई के लिहाज से विकट था। सोराँव विधानसभा क्षेत्र से मध्यावधि चुनाव में वे जीते जबकि आसपास के क्षेत्रों से सभी काँग्रेसी हार गए। 1969 के उस चुनाव से उनका संसदीय जीवन शुरू हुआ। वह विधानसभा 1974 में अपना कार्यकाल पूरा करती। इससे पहले ही लोकसभा का महानिर्वाचन आ गया। वह चुनाव कई मायने में एक यादगार है। उससे ही तप कर इन्दिरा गाँधी राजनीति में महाकाय साबित हुईं। वह भारतीय राजनीति का पहला चुनाव है जिसमें विपक्ष ने महागठबंधन बनाया था हालाँकि वह सार्थक नहीं हो सका।

उस चुनाव में विश्वनाथ प्रताप सिंह पड़ना नहीं चाहते थे। काँग्रेस के एक दिग्गज हेमवती नन्दन बहुगुणा का प्रस्ताव तो था ही, पर एक चुनौती भी उसी समय आ गई—जिस दिन जनेश्वर मिश्र का बयान आया कि राजा क्या चुनाव लड़ेंगे, उनके दूध के दाँत भी अभी नहीं निकले हैं। इस ललकार ने अपना सचमुच असर दिखाया। राजा ने तत्क्षण मन बना लिया। वे बहुगुणा के यहाँ गए, उनसे कहा कि मैं चुनाव लड़ूँगा। यह फैसला एक परिस्थिति की उपज था। विश्वनाथ प्रताप सिंह को बाद में पता चला कि इन्दिरा गाँधी फूलपुर से जगपत दुबे को वचन दे चुकी थीं। उनके लिए वह क्षण भारी दुविधा का था। राजनीति में ऐसे उदाहरण कम ही मिलेंगे जब एक उम्मीदवार अपने नेता के वचन की रक्षा के लिए प्रतिस्पर्धी को आगे बढ़ाने का

बंदोबस्त करता दिखे। उन्होंने जगपत दुबे के लिए प्रस्तावक और अनुमोदक जुटाए। यह बात अलग है कि जगपत दुबे काँग्रेस के दाँवपेंच में खुद को पिसते देख निराश और खिन्न होकर दिल्ली चले गए थे। इसलिए विश्वनाथ प्रताप सिंह को ही वह चुनाव लड़ना पड़ा। लोकसभा का वह उनके लिए पहला चुनाव था। इस अध्याय में ये बातें उनके जवाबों से निकली हैं जिन्हें आप पढ़ सकेंगे।

ईमानदारी से विश्वनाथ प्रताप सिंह ने माना है कि लोकसभा उनको तब समुद्र जैसी लगी। तय नहीं कर पा रहे थे कि करें क्या। कुछ महीने इसी उहापोह में गुजरे। वे दिल्ली सपत्नीक पहुँचे थे। उनकी पत्नी सीता कुमारी ने एक वायदा ले लिया था कि दिल्ली पहुँचते ही उनके लिए वे टी.वी. खरीदेंगे ताकि उनका खाली वक्त कट सके। जब अपने आसपास की हलचलों को देखकर विश्वनाथ प्रताप सिंह ने नेति–नेति के जरिए अपना कर्मपथ चुना तो उसमें सीता कुमारी उनके लिए संदर्भ–सामग्री की सहायिका साबित हुईं। वे अखबारों की कतरनें विषयवार लगा देती थीं। उससे सवाल बनाने और लोकसभा की कार्यवाही में हिस्सा लेने में विश्वनाथ प्रताप सिंह को भरपूर मदद मिली।

लोकसभा सदस्य के रूप में विश्वनाथ प्रताप सिंह का पहला भाषण 10 जून 1971 का है। वह भाषण अंग्रेजी में है। उसमें दो बातें चिन्हित करने लायक हैं। पहली यह कि बजट के बारे में उन्हें स्पष्ट अवधारणा थी कि वह होता क्या है। सम्भवतः विधानसभा से होकर लोकसभा में पहुँचने के कारण ऐसा हुआ हो। दूसरी बात ज्यादा महत्त्वपूर्ण है। अक्सर आरोप लगाया जाता है कि अपनी कुर्सी खतरे में देख विश्वनाथ प्रताप सिंह को सामाजिक न्याय की सुध आई। उनके पहले भाषण में सामाजिक न्याय की आवश्यकता सूत्र रूप में प्रतिपादित है। वह भाषण अनुलग्नक में है।

राजग शासन में पोखरन विस्फोट हुआ। वह दूसरा पोखरन विस्फोट था। उस समय विश्वनाथ प्रताप सिंह का बयान उनके प्रशंसकों को रास नहीं आया। उन्होंने अपने स्तर पर सातत्यता ही बरती थी। कोई राजनीति नहीं की थी। कुछ लोगों को ऐसा लगा कि वे जो बयान दे रहे हैं उसमें कोई राजनीति है। 8 अगस्त 1974 को फूलपुर के प्रतिनिधि विश्वनाथ प्रताप सिंह ने लोकसभा में जो भाषण दिया, वह इसका प्रमाण है। उनका वह भाषण पोखरन विस्फोट पर था। उसमें उन्होंने कहा था कि हिरोशिमा की विचारधारा समाप्त होनी चाहिए और पोखरन की विचारधारा का प्रसार होना चाहिए। हम मानवता की रक्षा करना चाहते हैं जो पोखरन की विचारधारा से सम्भव है।

इन भाषणों के क्रम में वह भाषण उनके लिए मील का पत्थर बन गया जो

उन्होंने 7 सितम्बर 1974 को दिया। पेट्रोलियम मंत्रालय का एक विधेयक था। उस पर विश्वनाथ प्रताप सिंह बोले। देवकांत बरुआ उस समय मंत्री के अलावा काँग्रेस के अध्यक्ष भी थे। उन्होंने भाषण सुना और उसके तथ्यों तथा विश्लेषणों पर उन्हें गहरा संदेह हुआ। लेकिन अफसरों ने मंत्री को बताया कि सदस्य ने रचनात्मक आलोचना की है, उनके तथ्य सही हैं। भुल्लकड़ देवकांत बरुआ ने विश्वनाथ प्रताप सिंह का नया नामकरण कर दिया–साइंटिफिक राजा। साफ है कि उन्होंने इस सदस्य के बारे में अपने आसपास के परिचितों से पूछा होगा। उस भाषण से प्रभावित देवकांत बरुआ ने प्रधानमंत्री को बताया होगा। उसका नतीजा जल्दी ही निकला। विश्वनाथ प्रताप सिंह उपमंत्री बनाए गए। वहाँ से उनका सरकार में कामकाज का नया सफर शुरू हुआ। उस भाषण के लिए विश्वनाथ प्रताप सिंह अपने छोटे बेटे अभय को श्रेय देते हैं। 'साइंस टूडे' में छपे लेख पर उनका भाषण आधारित था। 'साइंस टूडे' पढ़ने के लिए उनके बेटे ने ही उन्हें प्रेरित किया था।

वही लोकसभा थी जिसने इमरजेंसी पर मुहर लगाई और चुनाव न कराना पड़े इसलिए अपना कार्यकाल एक साल बढ़ा लिया। इन दोनों मसलों पर विश्वनाथ प्रताप सिंह का मत ऐसा है जो उनके बारे में बनी हुई धारणा से भिन्न है। जो लोग यह समझते हैं कि वे लोकसभा का कार्यकाल बढ़ाए जाने और इमरजेंसी लगाई जाने के हिमायती रहे होंगे वे अपना विचार बदल लें। वे इमरजेंसी के पक्षधर नहीं थे। काँग्रेस में उनका स्थान तब ऐसा नहीं बना था कि वे इन्दिरा गाँधी को सलाह दे सकें। वैसे भी, जिन कुछ काँग्रेस के बड़े नेताओं ने इन्दिरा गाँधी को सही सलाह दी थी, उनकी उन्होंने कहाँ सुनी? यह तो रही अगर–मगर की बात। इमरजेंसी लगवाने वालों ने ही जनता शासन में जब इन्दिरा गाँधी को उस दौर के लिए कोसना शुरू किया, तब विश्वनाथ प्रताप सिंह ने अपने लिए मोर्चा दूसरा ही चुना था। पूरी निष्ठा से वे इन्दिरा गाँधी के साथ बने रहे। वे संकट में थीं इसलिए साथ देना अपना फर्ज समझा। वे इन्दिरा गाँधी के लिए जनमत बनाने में जी-जान से जुटे थे। अपने जिले में आन्दोलन की बारात सजाते रहे। कई बार जेल गए। उस जेल जीवन को राजनीतिक प्रशिक्षण में बदला। जेलें राजनीतिक संस्कार की केन्द्र रही हैं। आजादी के आन्दोलन में यह सिलसिला शुरू हुआ था। उसे रस्मी तौर पर ही सही काँग्रेस ने 1977 से 1980 के दौरान अपनाया। जनता पार्टी के लोगों को इमरजेंसी में जेल भुगतने पर गर्व रहा है तो यह भी समझ लेने लायक है कि काँग्रेस के नेता विश्वनाथ प्रताप सिंह जनता शासन के दौरान अपनी जेल यात्राओं को वैसे ही शहादत के भाव से देखते हैं।

सवाल : राष्ट्रपति चुनाव में इन्दिरा गाँधी के बदले उम्मीदवार वारहा वेंकट गिरि (वी.वी. गिरि) जीत गए थे। काँग्रेस पार्टी दो टुकड़ों में बँट गई थी। मीडिया ने उसे इन्दिरा काँग्रेस और संगठन काँग्रेस का नाम दिया था। लोकसभा में इन्दिरा गाँधी की निर्भरता कम्युनिस्ट पार्टी (सी.पी.आई.) पर बढ़ती जा रही थी। ऐसे समय में लोकसभा का मध्यावधि चुनाव जब इन्दिरा गाँधी ने कराने का फैसला किया तो उससे किस तरह का राजनीतिक माहौल पैदा हुआ था?

जवाब : उससे पहले इन्दिरा जी ने राजा–महाराजाओं का प्रिवीपर्स खत्म कर दिया था। बैंकों का राष्ट्रीयकरण हो गया था। काँग्रेस ने गरीबी हटाओ का नारा दिया था। आजादी के बाद पहली बार काँग्रेस बँटी थी। उस समय दो काँग्रेस बन गई थीं, पहली का नेतृत्व इन्दिरा गाँधी कर रही थीं। मीडिया उसे काँग्रेस इन्डिकेट कहती थी। दूसरी काँग्रेस में पुराने नेता थे जिन्हें काँग्रेस सिन्डिकेट के नाम से जाना जाता था। इन्दिरा जी ने बाबू जगजीवन राम और फखरुद्दीन अली अहमद को महत्त्व दिया था। उसका आम जनता में और खासकर गरीबों में बहुत बड़ा प्रभाव पड़ा। काँग्रेस सिन्डिकेट की छवि लोगों में यह थी कि ये अमीरों के पक्षधर हैं। उसी चुनाव में विपक्ष ने महागठबन्धन बनाया था। उसमें काँग्रेस सिन्डिकेट के अलावा जनसंघ, संसोपा और स्वतंत्र पार्टी थी। जब प्रचार में इनकी मोटरें निकलती थीं तो उत्तर प्रदेश में चारों पार्टियों के उन पर झंडे लगे रहते थे। लोग मजाक करते थे और कहते थे कि यह चौसिंगा निकला है अर्थात् चार सींग वाला जानवर। उस महागठबन्धन की कोई साख नहीं थी।

सवाल : विधायक के रूप में आपका कार्यकाल बचा हुआ था, फिर भी आपने 1971 में लोकसभा का चुनाव लड़ा। क्या आप राज्य की राजनीति से केन्द्र में आने के लिए उत्सुक थे और क्या वह आपका फैसला था?

जवाब : इसका एक किस्सा है। हेमवती नन्दन बहुगुणा विधानसभा चुनाव में हार गए थे। वे लोकसभा चुनाव जीतकर अपनी हार की भरपाई करना चाहते थे। वे इलाहाबाद लोकसभा क्षेत्र से उम्मीदवार थे। माण्डा उसी लोकसभा क्षेत्र का हिस्सा है। वह मेजा तहसील में पड़ता है। उस क्षेत्र में मेरा और मेरे परिवार का जो प्रभाव है उसका वे अपने चुनाव के लिए उपयोग जरूरी मानते थे। इसलिए वे चाहते थे कि मैं फूलपुर लोकसभा क्षेत्र से लड़ूँ, ताकि हमारे साथ जो लोग हैं वे बहुगुणा जी का समर्थन करें। फूलपुर से कौन उम्मीदवार होगा इसका फैसला दिल्ली में नहीं हुआ। यह तय हो गया कि वहाँ का फैसला हेमवती नन्दन बहुगुणा करेंगे। यह फैसला उस पार्लियामेंटरी बोर्ड में हुआ जिसमें इन्दिरा गाँधी उपस्थित नहीं थीं।

हेमवती नन्दन बहुगुणा इलाहाबाद आए। उस समय फूलपुर से जगपत दुबे का नाम काँग्रेस उम्मीदवार के रूप में चल रहा था। हेमवती नन्दन बहुगुणा ने मुझ पर

दबाव डाला कि मैं चुनाव लड़ूँ। इससे उनके दो काम बनते थे। वे एक पत्थर से दो निशाने साधना चाहते थे। एक कि जगपत दुबे हट जाएँगे और दो कि मेजा तहसील में उनकी जीत सुनिश्चित हो जाती। मेरी कोई इच्छा नहीं थी कि लोकसभा का चुनाव लड़ूँ। मैंने विधानसभा क्षेत्र के बाहर न कभी काम किया था, न दौरा किया था, न परिचय था। इसलिए समझता था कि लोकसभा का चुनाव लड़ना अभी ठीक नहीं होगा। सोचा कि बेहतर है एम.एल.ए. बना रहूँ। लेकिन बहुगुणा का दबाव लगातार बना रहा और मैं इनकार करता रहा। बाद में मुझे पता चला कि फूलपुर से अपने–अपने उम्मीदवार लड़वाने की जुगत उस समय के बड़े नेता बैठा रहे थे।

यहाँ एक घटना और है जिसे बताता चलूँ। यह 1971 से काफी पहले की बात है। एक दिन मालूम हुआ कि जवाहरलाल जी आनन्द भवन आए हुए हैं। उनके चुनाव में मैंने काफी मेहनत की थी। सम्भवतः उसका प्रभाव था कि उमाशंकर दीक्षित ने मुझे बुलाकर कहा कि जवाहरलाल जी और इन्दिरा जी की इच्छा है कि आप इस क्षेत्र की देखरेख करें। मैं बहुत खुश हुआ और हाँ कर दी। उन्होंने मुझे इन्दिरा जी से मिलवाया। दूसरे दिन जब आनन्द भवन गया तो दीक्षित जी ने एक ऐसी बात कह दी जिससे मुझे अपना फैसला बदलना पड़ा। उन्होंने कहा कि तुम फूलपुर को देखो, हम तुमको राज्यसभा में भेज देंगे। यह बात मुझे खटक गई। मैं उस क्षेत्र में सेवाभाव से काम करना चाहता था। मैंने तत्काल दीक्षित जी से कहा कि मुझे क्षमा करें। इसके बाद ही उस क्षेत्र को देखने का जिम्मा जगपत दुबे पर आया। यही कारण था कि जगपत दुबे का नाम उम्मीदवार के रूप में चल रहा था। कोई फैसला नहीं हुआ था।

एक दिन जनेश्वर मिश्र का बयान अखबारों में छपा। वे संसोपा के उम्मीदवार थे। उनका बयान था कि राजा (विश्वनाथ प्रताप सिंह) मुझसे क्या लड़ेंगे, उनके दूध के दाँत (राजनीतिक अर्थ में) भी नहीं उगे हैं। लड़ना हो मुझसे तो इन्दिरा गाँधी वहाँ चुनाव लड़ें। उन दिनों जनेश्वर मिश्र उस क्षेत्र से सांसद थे। उन्होंने केशवदेव मालवीय को हराया था। इस बयान को मैंने चुनौती माना और महसूस किया कि यह चुनौती तो इन्दिरा गाँधी को है। मुझे बुरा लगा। मुझे याद है कि मेरे एक मित्र राजेन्द्र सिंह थे। हम सिविल लाइन्स चौराहे पर कॉफी पी रहे थे। उसी समय मैंने कहा कि जब जनेश्वर मिश्र इस तरह चुनौती दे रहे हैं तो मुझे चुनाव लड़ना ही चाहिए और बहुगुणा जी कह रहे हैं। मैं सीधे बहुगुणा जी के पास गया, उन्हें बताया, वे बहुत खुश हुए। वे बिना समय गँवाए दिल्ली गए। कहीं कोई गड़बड़ न हो जाए, यह सोचकर वे इलाहाबाद से ट्रेन से दिल्ली जाने और उतना समय सफर में लगाने का खतरा मोल लेना नहीं चाहते थे। उन्होंने अगवाह रास्ता अपनाया। वे गए बनारस जहाँ से जहाज पकड़कर दिल्ली पहुँचे। वहाँ मेरा नाम तय करवा दिया। उसकी घोषणा हो गई।

मैंने चुनाव प्रचार शुरू कर दिया। नामांकन की तारीख आ गई। उससे पहले की रात जब मैं घर पहुँचा तो देखा कि रायबरेली के एक ठाकुर साहब इंतजार कर रहे हैं। मुझे

मालूम था कि वे इन्दिरा जी के निकट हैं। कोई सन्देश लेकर आए होंगे। उनसे पूछा तो उन्होंने कहा कि इन्दिरा जी ने कहलवाया है कि उन्होंने जगपत दुबे को टिकट देने का वचन दिया हुआ था। लेकिन विश्वनाथ प्रताप सिंह का नाम चूँकि घोषित हो गया है इसलिए अब उनकी जैसी इच्छा हो, वैसा करें। यह सूचना मेरे लिए धर्म संकट का विषय बनी। एक ओर हेमवती नन्दन बहुगुणा ने मेरा नाम उम्मीदवार के रूप में घोषित करा दिया था, दूसरी तरफ इन्दिरा गाँधी ने वचन दे रखा था। मैंने सोचा कि इन्दिरा गाँधी की जुबान बनी रहे। यही मैंने मन ही मन फैसला किया। इस पर मैंने अपना नाम वापस लेने और जगपत दुबे के लिए नामांकन करवाने का निर्णय कर लिया और उसकी व्यवस्था की। मैंने उनके लिए प्रस्तावक और अनुमोदक जुटाए। जब जगपत दुबे इलाहाबाद नहीं पहुँचे तो मैंने पता किया, मालूम पड़ा कि वे निराशा में कानपुर से दिल्ली जा चुके हैं। उन्हें लगा कि आखिरी वक्त पर कुछ नहीं हो सकता। इसलिए दिल्ली चले गए। वहाँ से वे किसी भी तरह उस समय इलाहाबाद नहीं पहुँच पाते।

सवाल : इसकी जानकारी हेमवती नन्दन बहुगुणा को थी या नहीं?

जवाब : उनको इसका पता नहीं चला। मैं अपना नाम वापस लेने के लिए तैयार हो गया था। जगपत दुबे नहीं आ सके इसलिए यह चुपचाप निपट गया।

सवाल : क्या चुनाव प्रचार के दौरान आप लोगों को यह आभास हो गया था कि हवा काँग्रेस के पक्ष में बह रही है?

जवाब : यह साफ दिख रहा था।

सवाल : आपको अचानक चुनाव लड़ना पड़ा तो उसकी तैयारी कैसे की?

जवाब : चुनाव लड़ने का मेरा एक तरीका रहा है। उस क्षेत्र के हर बिरादरी के जितने भी महत्त्वपूर्ण लोग हैं उनसे सबसे पहले मिलता था। नामांकन के बाद मैं दो–तीन दिनों के लिए भूमिगत हो जाता था। उसी दौरान चुनाव व्यवस्था की पूरी रूपरेखा तैयार करता था। कौन ऑफिस में रहेगा, कितनी गाड़ियों की जरूरत पड़ेगी, गाड़ियों का इंतजाम कैसे होगा, साधन कैसे खर्च होंगे, कितने साधन की जरूरत होगी, सारी स्ट्रेटेजी बैठकर प्लान करता था। पूरी योजना बन जाने के बाद उसके क्रियान्वयन में मैं लगता था।

पहली जरूरत थी कि दफ्तर में कौन रहे जो 24 घंटे बैठा रहे। कार्यकर्ताओं की नाराजगी को झेल सके। मैंने सोचा और एक अपने पुराने मित्र को खोजा। उनका नाम था त्रिलोचन, जो उदय प्रताप कॉलेज के दिनों में मेरे सहपाठी थे। मैंने उनसे कहा कि चुनाव लड़ रहा हूँ, आपकी मदद चाहिए। उन्होंने कहा कि मैं तो दफ्तर में काम करता हूँ, राजनीति में नहीं हूँ, किसी को जानता भी नहीं हूँ। किस तरह मदद

कर सकता हूँ? मैंने कहा कि जो आप कर सकते हैं, कोई नहीं कर सकता है। उन्होंने पूछा कि वह कैसे? मैंने कहा, आपको दिनभर कार्यकर्ताओं की गाली खानी है और शाम को जब मैं आऊँगा तो मेरा भी गुस्सा झेलना पड़ेगा। इतनी गाली खाने का कलेजा तो किसी घनिष्ठ मित्र का ही हो सकता है। वो तैयार हो गए। राजनीतिक मैनेजमेंट के लिए इलाके के जितने महत्त्वपूर्ण लोग थे चाहे वो ठाकुर हों, ब्राह्मण हों, बैकवर्ड हों, अल्पसंख्यक हों, सबसे हम व्यक्तिगत रूप से घर जाकर मिलते थे। इसके अलावा सभी महत्त्वपूर्ण लोगों को एक पोस्टकार्ड भी भेजा जिसमें हमने उनसे निवेदन किया था कि वे हमारी मदद करें। फूलपुर में कछार का इलाका ब्राह्मणों से भरा पड़ा है। वहाँ पर जनेश्वर मिश्र अच्छा प्रभाव रखते थे। लेकिन ब्राह्मणों ने हमें आशीर्वाद के साथ सहयोग किया। हंडिया विधानसभा में राजेन्द्र त्रिपाठी हमारे सहयोगी थे, उनका वहाँ अच्छा जनाधार था। इसी तरह बहादुरगंज में विद्याधर द्विवेदी काम देख रहे थे। दलित और मुसलमान वर्ग हमारे साथ था।

उस चुनाव में हमने पदयात्रा बहुत की। कछार के इलाके में गाँव एक–दूसरे से सटे हुए हैं और यह पूरा इलाका करीब 25–30 किलोमीटर का होगा। एक तो इतनी घनी बस्ती में हर घर में जाना बड़ी मेहनत का काम होता है, फिर दूरी भी बहुत थी। पाँव में छाले पड़ गए, फिर भी मैंने चलना बंद नहीं किया। एक डाक्टर से छाले का पानी सुई से निकलवाया। उस पर पट्टी करवाई और चलता रहा। मैं यह समझ रहा था कि सम्पर्क का वह तरीका अपनाया जाए जिसमें प्रतिद्वंदी कमजोर पड़े। मैं जानता था जनेश्वर मिश्र इतना नहीं चल सकते, लेकिन वे भाषण बहुत अच्छा दे लेते थे। मेरी पदयात्रा को देखकर जनेश्वर मिश्र के सहयोगियों ने उनकी भी पदयात्रा रख दी। लेकिन जैसा मैंने सुना है कि एक दिन की यात्रा के बाद उन्होंने साफ कह दिया कि मैं चुनाव जीतूँ या हारूँ, पदयात्रा नहीं कर सकता। पूरे चुनाव प्रचार के दौरान हम दोनों के बीच नोंकझोंक चलती रही लेकिन मन में कभी खटास नहीं आई। बाद में मेरा उनसे अच्छा संबंध हो गया था। इस तरह 1971 का चुनाव खत्म हुआ, जिसमें इलाहाबाद की सभी सीटें हम लोगों ने जीत ली थीं।

सवाल : आपकी सीट जो खाली हुई उस पर उम्मीदवार का फैसला कैसे हुआ और कौन उम्मीदवार बना?

जवाब : विधानसभा क्षेत्र सोराँव की सीट खाली होने पर मैं चाहता था कि वहीं के किसी कार्यकर्ता को उम्मीदवार बनाया जाए। वहाँ दो दावेदार थे। उनका हक वापस हो जाए यह मेरी कोशिश थी। इसी बीच यह मालूम पड़ा कि शालिग्राम जायसवाल ने बैरिस्टर राम आधार पाण्डेय को उम्मीदवार बनाने का आश्वासन दे दिया था। यह फैसला कमलापति त्रिपाठी और हेमवती नन्दन बहुगुणा की अनुमति से हुआ था। यह बात बहुगुणा जी ने मुझे बुलाकर कही। उन्होंने मेरा सहयोग माँगा। मैंने उनसे कहा

कि राम आधार पाण्डेय को एम.एल.सी. बना दीजिए। वहाँ सोराँव के ही किसी को लगाना चाहिए। मैं इसके लिए प्रयासरत रहा। एक दिन संसद में मुझे इन्दिरा जी ने बुलवाया। जब मैं वहाँ गया तो देखा कि केशवदेव मालवीय, कमलापति त्रिपाठी और हेमवती नन्दन बहुगुणा बैठे हुए हैं। उनकी बात हो गई थी। मुझसे इन्दिरा जी ने पूछा कि आपकी क्या राय है? मेरे लिए यही बड़ी बात थी कि उन्होंने मुझसे इस नाते पूछा क्योंकि मैं वहाँ का सांसद था। मैंने उनसे कहा कि अगर बैरिस्टर राम आधार पाण्डेय को वायदा किया जा चुका है तो उसे पूरा किया जा सकता है। साथ–साथ उस क्षेत्र के कार्यकर्ताओं की अभिलाषा भी पूरी हो सकती है। बैरिस्टर को एम.एल.सी. बना देंगे और वहाँ के किसी कार्यकर्ता को एम.एल.ए. का उम्मीदवार बना दें। यह बात इन्दिरा जी को जच गई। उन्होंने केशवदेव मालवीय से कहा कि बैरिस्टर से बात करो। वे उठे और धवन के कमरे से बात की। लौटकर आए और बताया कि बैरिस्टर ने कहा कि क्या मैं मुर्दा राजनीतिक हूँ? इसका मतलब यह था कि वे एम.एल.सी. होने के लिए तैयार नहीं थे। इस तरह के तर्क इन्दिरा जी पसंद नहीं करती थीं। निर्णय हो गया कि सोराँव के ही किसी कार्यकर्ता को उम्मीदवार बनाया जाएगा। रमापति तिवारी उम्मीदवार बने। उनको पूरी ताकत लगाकर जितवाया। क्योंकि उस समय के बड़े नेता शालिग्राम जायसवाल, हेमवती नन्दन बहुगुणा और कमलापति त्रिपाठी के विरोध के बावजूद वह उम्मीदवार तय हुआ था। उस उम्मीदवार के खिलाफ भी बहुत दुष्प्रचार हुआ। फिर भी लोगों के समर्थन से हम जीत सके। उसी चुनाव में बांग्लादेश का युद्ध आ गया। इसलिए चुनाव बीच में स्थगित हुआ। दोबारा चुनाव युद्ध के बाद हुआ।

काँग्रेस के कई नेताओं ने इन्दिरा जी से शिकायत की थी कि वहाँ चुनाव दिखता नहीं है। हुआ यह है था कि उपचुनाव होने के कारण काफी मंत्री वहाँ आते थे। उनकी सभाएँ रखने में ही बहुत सारी शक्ति खर्च हो जाती थी। शिकायत की सूचना मिलते ही मैंने दिल्ली जाकर इन्दिरा जी से पूछा कि आप बड़ी–बड़ी सभाएँ चाहती हैं या अपने उम्मीदवार की जीत। उन्होंने कहा कि जीत होनी चाहिए। मैंने कहा कि जीत की मैं गारंटी दे सकता हूँ। एक कागज पर अपना आकलन लिखकर उन्हें दे दिया। करीब–करीब वही नतीजा निकला। पार्टी के कार्यकर्ताओं से जो आत्मीयता पैदा हो गई थी उसके कारण अपना उम्मीदवार जीत सका। इससे नेतृत्व की नजर में मेरी छवि बनी। मुझे भी संतोष हुआ कि कार्यकर्ताओं ने मेरे ऊपर अपना भरोसा कायम रखा।

सवाल : जब आप लोकसभा में पहली बार आए उस समय आपको विधानसभा के सदस्य होने का थोड़ा अनुभव था। क्या वह संसद में काम आया?

जवाब : विधायक अपने क्षेत्र के काम कराने में सक्रिय रहता है। वह दिनभर घूम–घूम कर लोगों की समस्याएँ हल कराने की कोशिश करता है। यही मेरा अनुभव

था। केन्द्र में इस तरह का कोई काम नहीं पड़ता। उस समय सांसद जल्दी सिफारिशी पत्र भी नहीं लिखते थे। उनके पत्र की मंत्री कदर भी करते थे। एक बार मैंने प्रतापगढ़ के एक अफसर के लिए बाबू जगजीवन राम को पत्र लिखा। वे तब कृषि मंत्री थे। उसमें शायद मैंने लिखा कि यह मामला आपके विचाराधीन है। कृपया सहानुभूतिपूर्वक विचार करें। बाबू जगजीवन राम का एक पक्ति का पत्र आया कि यह सूचना आपको कहाँ से मिली कि यह मामला मेरे विचाराधीन है। मेरे ख्याल में आया कि गलती हो गई है। मेरे ऊपर घड़ों पानी पड़ गया।

संसद मुझे समुद्र की तरह लगी। अपना कामकाज समझने में एक साल लगा। उस दौरान अपने क्षेत्र में नियमित जाता था। एक दिन सेंट्रल हॉल में बैठा था कि एक पुराने सांसद ने मुझसे कहा कि बार–बार क्षेत्र क्यों जाते हो, मैं तो नहीं जाता। वे सुन्दर लाल थे। वे पाँचवीं बार जीतकर आए थे। उन्होंने मुझे समझाया–'तुम क्षेत्र में जाओगे, बार–बार जाओगे तो होगा यह कि एक का काम करोगे और सौ नाराज होंगे। इस तरह पाँच साल में नाराज होने वाले ज्यादा होंगे और जिनका काम हुआ रहेगा वे बहुत थोड़े होंगे। यही सोचकर मैं नहीं जाता। मैं चुनाव के वक्त जाता हूँ। लोग बहुत नाराज रहते हैं। मैं हाथ जोड़कर उनसे पूछता हूँ कि बताइए मेरी गलती क्या है? लोग कहते हैं कि आप आते नहीं। मैं उनसे पूछता हूँ कि और कोई गलती? लोग कहते हैं नहीं। मैं सबके पाँव छूकर इसके लिए माफी माँगता हूँ। लोग माफ कर देते हैं और कहते हैं–हाँ, बात तो सही है। इसने किसी का कोई नुकसान नहीं किया। बहरहाल, अपनी–अपनी स्टाइल होती है। मैंने अपना तरीका नहीं बदला। सोचा कि लोकसभा के कामकाज को खूब ठीक से समझूँ और उसमें अपना समय लगाऊँ। उस समय कई तरह की लॉबियाँ थीं। एक प्रोग्रेसिव लॉबी थी। दूसरी यंगेस्टर्स की लॉबी थी। तीसरी लेफ्ट वालों की थी और एक नेहरू फोरम भी था। वह गैर–कम्युनिस्टों का था। उमाशंकर दीक्षित उसके संरक्षक थे। मैं किसी में नहीं था। वातावरण ही दूसरा था। मैंने अपना ध्यान संसदीय कामों में लगाया। मैंने लोकसभा की कार्यवाही में साल बीतते–बीतते हिस्सा लेना शुरू किया। नियमित सवाल डालता था। उसमें से ज्यादातर आ जाते थे। बहस में भी मुझे बोलने का मौका मिलने लगा था, खासकर अल्पकालिक बहस में। अपनी तैयारी के लिए अखबारों की कतरनें निकालकर उसे मंत्रालयवार कर लिया था। अखबार पढ़ते समय उनकी मार्किंग करता था जिन्हें मेरी पत्नी काटकर एक रजिस्टर में चिपका देती थीं। नतीजा यह हुआ कि यह सब करते–करते मुझे मौका मिलने लगा। लोकसभा में मेरी पहचान बनने लगी। मैंने सोचा, इतना काफी है।

पोखरन विस्फोट पर संसद में बहस हुई। लोकसभा देर रात तक बैठी। मैंने भी उसमें हिस्सा लिया और बोला। मेरा खयाल है कि वह भाषण प्रभावी था। जब भाजपा के कार्यकाल में दूसरा पोखरन विस्फोट हुआ तो उसका भी मैंने समर्थन किया।

इन दिनों एक अवसर मुझे मिला, वह एक संयोग ही था। पैट्रोलियम मंत्रालय से

जुड़ी अल्पकालिक बहस थी। उसमें मैंने अपना नाम दे दिया था। ऐसे विषयों पर लोग बोलने के लिए तैयार भी नहीं होते। मेरा नाम आ गया। मैं साइंस टूडे पत्रिका घर पर मँगाता था। उस पत्रिका के दो अंक पड़े थे जिन्हें मैंने पढ़ा नहीं था, व्यस्ततावश। एक दिन मेरे छोटे बेटे ने टोका कि आप साइंस टूडे पढ़ते नहीं हो, इसे पढ़ा करो। उसमें पैट्रोलियम पर एक शोधपरक लेख था। उसके आधार पर मैंने अपना भाषण तैयार किया। नीति स्तर पर जो कमियाँ थीं उन्हें बताया। उस समय देवकांत बरुआ काँग्रेस के अध्यक्ष थे और पैट्रोलियम मंत्री भी थे। उन्होंने मेरा भाषण सुना। सदन में बैठे–बैठे अफसर दीर्घा में सूचना भिजवाई और वहाँ बैठे अफसरों से मेरे भाषण पर टिप्पणी माँगी। अफसरों ने लिख भेजा कि सांसद का कहना सही है। इसका बरुआ जी पर अच्छा असर पड़ा। उन्होंने मेरे बारे में पूछताछ की। नाम के बजाए वे उन लोगों से मेरा जिक्र साइंटिफिक राजा के रूप में करते थे। मुझे पता चला तो मैं उनसे मिलने गया। उनसे मुलाकातों का सिलसिला इस तरह शुरू हुआ। उन्हें जाति व्यवस्था की गहरी समझ थी।

एक दिन सुबह मैं कार चलाते हुए जा रहा था कि देखा कि साउथ ब्लाक के पास उमाशंकर दीक्षित की पत्नी सुबह की सैर पर थीं। मैंने गाड़ी रोक ली, उनसे कहा कि आइए आपको घर छोड़ता हुआ निकल जाऊँगा। वे गाड़ी में बैठ गईं। उन्होंने मुझसे पूछा कि आपको कुछ खबर है, कल रात आपके बारे में फैसला हुआ। मैंने उस दिन इलाहाबाद जाने का विचार बनाया हुआ था। मेरी पत्नी ने अगले दिन का अखबार और दूध के लिए मना कर दिया था। उसी दिन धवन का फोन आया कि दिनभर घर पर ही रहिए। इससे कुछ अंदाज हुआ कि कुछ हो सकता है। दिन में सूचना आई कि शाम को शपथ लेनी है। राष्ट्रपति भवन के एक छोटे से कमरे में शपथ दिलाई गई। राष्ट्रपति के आने से पहले एक कागज आया, उसमें डिप्टी मिनिस्टर कॉमर्स लिखा हुआ था। इससे मालूम हुआ कि मुझे कॉमर्स में डिप्टी मिनिस्टर बनाया गया। जिस लाइन में लगे हुए हैं उसकी पहली उपलब्धि का उस समय जैसा अहसास हुआ और जो खुशी हुई वह किसी दूसरे अवसरों पर नहीं हुई।

सवाल : राजनारायण की चुनाव याचिका पर इन्दिरा गाँधी के निर्वाचन को रद्द करने का फैसला जब आया उस समय आप कहाँ थे?

जवाब : गुजरात में मध्यावधि चुनाव था। जामनगर इलाके में मैं प्रचार में था। वहाँ करीब पन्द्रह दिन रहा। लौटते वक्त अहमदाबाद के आसपास एक होर्डिंग देखा। उस पर लिखा था कि इन्दिरा गाँधी मुकदमा हार गईं। मालूम हुआ कि हाई कोर्ट का फैसला उनके खिलाफ गया है। उनके निर्वाचन को इलाहाबाद हाई कोर्ट ने अमान्य कर दिया है। इससे सदमा लगा। इसके बाद दिल्ली पहुँचे।

सवाल : उस फैसले पर काँग्रेस के नेताओं ने जैसी प्रतिक्रिया जताई, क्या वह उचित थी?

जवाब : ज्यादातर प्रतिक्रियाएँ जल्दबाजी में थीं। इसके अलावा कई अन्य बातें भी काम कर रही थीं। किसी के अनुमान में यह नहीं था कि इन्दिरा गाँधी अ़दालत में इस तरह अपना मुकदमा हार जाएँगी। राजनीतिक परिस्थितियाँ तो विकट थीं ही, उन्हें इस फैसले ने अधिक जटिल बना दिया। ऐसे वक्त में सूझ–बूझ से अधिक लोकतांत्रिक मार्ग चुनना ज्यादा उचित होता।

सवाल : आखिरकार कुछ दिनों बाद इमरजेंसी लागू कर दी गई। अब उसके बारे में काफी कुछ लिखा जा चुका है। उसकी निर्णय प्रक्रिया पर कई संस्मरण आ गए हैं। आपको इमरजेंसी लगने की सूचना कैसी मिली?

जवाब : इमरजेंसी का फैसला राजनीतिक था। इन्दिरा जी ने यह फैसला जिस लेवल पर लिया हो, पर था राजनीतिक। मुझे इसकी जानकारी अखबारों से मिली। जब इमरजेंसी लगाई गई उस समय मैं उपमंत्री था। उस समय इस फैसले में मेरे जैसे लोगों की कोई भूमिका नहीं हो सकती थी।

सवाल : आपकी पहली प्रतिक्रिया क्या थी?

जवाब : मुझे जरा अजीब लगा। मैं सोचता था कि बेहतर तो यह होता कि इन्दिरा जी फिर से चुनाव लड़ लेतीं। उनका चुनाव रद्द हुआ था। उन्हें दोबारा चुनाव लड़ने से नहीं रोका गया था।

सवाल : इमरजेंसी लगाने के बारे में आपकी व्यक्तिगत राय क्या है?

जवाब : इमरजेंसी नहीं लागू करनी चाहिए थी।

सवाल : इन्दिरा गाँधी के उस समय जो सलाहकार माने जाते थे, क्या उनसे इस बारे में आपकी कोई बात हुई?

जवाब : मेरी बात नहीं हुई। मैं अपने काम से मतलब रखता था। जरूरत पड़ने पर इन्दिरा जी से बात करता था। मैं उनका विश्वासपात्र था लेकिन इनर सर्किल में नहीं था। राजनीतिक मामलों में मैं अपनी ओर से उतना ही संबंध रखता था जितना मेरा दायरा था।

सवाल : बड़े नेताओं की गिरफ्तारी पर आप क्या सोचते हैं?

जवाब : जयप्रकाश जी सहित बड़े नेताओं की गिरफ्तारी की बात जची नहीं। मुझे लगा कि यह ठीक नहीं है।

सवाल : इमरजेंसी के पक्ष में कहा जाता है कि इससे शासन में बहुत सुधार आया। आपका अनुभव क्या है?

जवाब : यह सही है कि निचले स्तर पर सरकार के कामकाज में काफी सुधार देखा गया। दफ्तर में कर्मचारी समय पर आने लगे। ट्रेन समय से चलने और पहुँचने लगी। एक जादू जैसा असर हुआ। यह कुछ दिनों तक बना रहा। दिसम्बर आते–आते हम लोगों के पास शिकायतें पहुँचने लगीं कि पुलिस इमरजेंसी का फायदा उठाकर लोगों से पैसा ऐंठ रही है। वह धमकाती है कि तुमको बंद कर देंगे। उसी समय उत्तर भारत में नसबंदी का अभियान चला। यह अभियान वैसे तो दक्षिण में भी चला, वहाँ जिस तरह अभियान चलाया गया उसका बुरा प्रभाव नहीं पड़ा। लेकिन उत्तर में लोग उससे खासे परेशान हुए। उत्तर प्रदेश का किस्सा मुझे मालूम है। एक लक्ष्य रखा गया था जिसे निर्धारित कराने में संजय गाँधी की महत्त्वपूर्ण भूमिका थी। नारायण दत्त तिवारी मुख्यमंत्री थे। जो लोग संजय गाँधी के करीब जाना चाहते थे, उनमें से दो मंत्रियों को मैं जानता हूँ जिन्होंने उनसे जाकर कहा कि उत्तर प्रदेश के लिए जो लक्ष्य रखा गया है वह अपने विभाग से ही पूरा करवा देंगे। नतीजा यह हुआ कि उत्तर प्रदेश का लक्ष्य बढ़ाया गया और उसे तिगुना किया गया। एक प्रतिस्पर्धा कायम हुई। उसमें पटवारी, अध्यापक और अन्य ऐसे ही कर्मचारियों को लगाया गया। अपना लक्ष्य पूरा करने के लिए थाने भी जुट गए। इसका बहुत बुरा असर पड़ा। नम्बर पूरा करने के लिए बूढ़े लोगों की भी नसबंदी की गई। यह जैसे ही जानकारी मिली, हमें यह समझते देर नहीं लगी कि गड़बड़ हो रही है। जो लोकसभा सदस्य लोगों के सीधे सम्पर्क में थे उनको इसका अंदाज हो गया।

सवाल : क्या इसकी जानकारी केवल निचले लेवल पर ही थी?

जवाब : ऐसा नहीं था। मुझे याद है सितम्बर में डी.पी. चट्टोपाध्याय ने बताया कि इन्दिरा जी चुनाव करवाना चाहती हैं।

सवाल : उसी साल या अगले साल?

जवाब : यह बात सितम्बर 1976 की है।

सवाल : क्या इन्दिरा गाँधी इमरजेंसी के दुष्परिणामों को महसूस करने लगी थीं?

जवाब : मेरी उनसे इस बारे में कोई बात नहीं हुई। डी.पी. चट्टोपाध्याय से जो मालूम हुआ वही मुझे जानकारी है। यह मालूम पड़ा कि इन्दिरा जी इमरजेंसी से निकलना चाहती हैं। उन्होंने उस समय अपना मन बनाना शुरू किया था।

सवाल : लेकिन चुनाव की घोषणा 1977 की 18 जनवरी को हुई?

जवाब : उन्हें फैसला करने में वक्त लगा। लेकिन मुझे यह संतोष की बात लगी कि उन्होंने इमरजेंसी के खराब असर को ठीक करने के लिए रास्ता खोजा। वह चुनाव का ही रास्ता हो सकता था।

सवाल : 1977 में आप कहाँ से चुनाव लड़े?

जवाब : कई लोग फूलपुर से टिकट के दावेदार थे। मैंने सोचा कि क्यों न अपने घर वाले क्षेत्र से चुनाव लड़ूँ, इसलिए इलाहाबाद को चुना। उस समय हेमवती नन्दन बहुगुणा काँग्रेस छोड़ चुके थे।

सवाल : क्या आपको पहले ही पता चल गया था कि चुनाव हार रहे हैं?

जवाब : इसका अंदाज हो गया था कि हम इलाहाबाद की तीनों सीटें हार रहे हैं। लोगों की नाराजगी दिखाई पड़ रही थी। उस चुनाव में इन्दिरा जी आई थीं। उनसे कुछ लोगों ने शिकायत की और कहा कि इनसे कह दीजिए कि जरा मजबूती से लड़ें। मैंने इन्दिरा जी से कहा कि उत्तर प्रदेश में मैं सबसे कम वोट से हारूँगा। यह आपको बता रहा हूँ कि हम सारी सीटें हार रहे हैं। उन्होंने पूछा कि कोई चुनाव में पैसे की जरूरत तो नहीं है। मैंने कहा कि पार्टी से जो मिला है वो पड़ा हुआ है। उसके बाद वे अगली सभा में गईं। हेलीकॉप्टर में मैं उनके साथ था। चुनाव अभियान का वह अन्तिम दिन था। जब नतीजा आया तो इन्दिरा जी के हारने का सदमा हम लोगों के लिए बड़ा था। हम अपनी हार भूल गए।

सवाल : चुनाव नतीजे पर आपकी क्या प्रतिक्रिया थी?

जवाब : उस लोकसभा का चुनाव 1976 में होना था। इमरजेंसी के दिनों में लोकसभा का कार्यकाल एक साल बढ़ाया गया। हमारी राय थी कि यह गलत होगा। चुनाव तय समय पर करा देना चाहिए। इमरजेंसी में बंद नेताओं को रिहा करने के बाद कुछ महीने का अंतर देकर चुनाव कराया जाता तो जनता का गुस्सा शांत हो गया होता।

सवाल : कब चुनाव करवाए जाएँ, आपने इसके बारे में कोई सुझाव, यदि दिया तो किसको?

जवाब : मैंने इन्दिरा जी से जाकर यह कहा। यही बात कमलापति त्रिपाठी से भी कही कि लोकसभा का कार्यकाल मत बढ़वाइए। बंद नेताओं को रिहा करने के बाद उन्हें जनता में जाने और फूलमाला पहनने का मौका मिल जाना चाहिए। उसके बाद चुनाव अगर होता तो लोगों की नाराजगी को ठंडा किया जा सकता था। हम लोगों की बात नहीं चली। लोकसभा का कार्यकाल बढ़ा दिया गया। एक और गलती हुई।

विपक्ष के नेताओं को ठीक चुनाव के मौके पर नहीं छोड़ना चाहिए था। वह गलत कदम था। उन्हें पहले ही छोड़ देना चाहिए था। चुनाव के ऐन मौके पर छोड़ने से लोगों का गुस्सा तुरंत फट पड़ा। वैसे ही जैसे प्रेशर कुकर का ढक्कन बिना भाप निकाले खोल दिया जाए तो वह मुँह पर पड़ता है। हम लोग चुनाव में जाते थे तो तरह–तरह की बातें सुननी पड़ती थीं। खासकर गरीब तबके की औरतें नसबंदी की ज्यादतियों की शिकायत करती थीं। उसी समय यह महसूस हुआ कि तुरंत चुनाव कराना महँगा पड़ेगा।

सवाल : लोकसभा के चुनाव हड़बड़ी में कराए गए थे या अति–आत्मविश्वास में?

जवाब : चुनाव की योजना के बारे में जानकारी नहीं है। यह दिखा कि चुनाव को कुछ समय के लिए उस समय रोका नहीं जा सकता था, देर हो चुकी थी। चुनाव की घोषणा पहले की जा चुकी थी। उसकी अधिसूचना भी जारी हो गई थी। उस समय वोट ऑन एकाउंट भी नहीं कराया गया था। यह एक संवैधानिक अड़चन भी थी।

सवाल : चुनाव की घोषणा क्यों की गई?

जवाब : पता नहीं, कोई षड्यंत्र भी हो सकता है। इस तरह उन्हें घेर दिया गया कि लोकसभा भंग हो जाने के कारण एक पैसा भी सरकार समय के बाद खर्च नहीं कर सकती थी। इसलिए चुनाव तो कराना ही था।

सवाल : चुनाव की घोषणा के बाद वह कौन–सी घटना थी जिसने काँग्रेस के मनोबल को गिरा दिया?

जवाब : चुनाव की घोषणा के बाद विपक्ष में हताशा थी। काँग्रेस उसके मुकाबले अधिक सन्नद्ध था, लेकिन जिस दिन बाबू जगजीवन राम के साथ हेमवती नन्दन बहुगुणा, नन्दिनी सत्पथी आदि काँग्रेस से निकले उस समय इन्दिरा जी को होंठ के चारों तरफ हरपीज हुआ था फिर भी उन्होंने एक मीटिंग ली। उसमें लोग शामिल थे। उसमें इन्दिरा जी का भाषण हुआ। उन्होंने हौसला बढ़ाया लेकिन यह महसूस होने लगा था कि परिस्थितियाँ विपरीत मोड़ ले रही हैं। उस समय तक लोगों की नाराजगी का भी आभास होने लगा था।

सवाल : उस चुनाव में उम्मीदवारों के चयन में क्या कोई खास तरीका अपनाया गया था?

जवाब : कहा यह जाता है कि इन्दिरा गाँधी एकाधिकारी प्रवृत्ति की थीं। हर चीज को अपनी मुट्ठी में रखती थीं। लेकिन उस चुनाव में मैंने देखा कि हम लोगों (यानी उत्तर प्रदेश काँग्रेस कमेटी के संसदीय बोर्ड) ने जो उम्मीदवारों की सूची बनाई थी उसे उन्होंने मंजूर कर लिया। हम लोग उन्हें उत्तर प्रदेश के 84 उम्मीदवारों के नाम

दिखाना चाहते थे। वे राज्यवार मिल रही थीं। कर्नाटक के पार्लियामेंटरी बोर्ड की बैठक से वे निकलीं। हमने उत्तर प्रदेश की लिस्ट उनकी तरफ बढ़ाई, उन्होंने पूछा कि आप लोग सब सहमत हैं। हमने कहा कि हाँ। उन्होंने कहा कि इन नामों की घोषणा कर दीजिए। उस सूची को उन्होंने पढ़ा भी नहीं। उनके राज्य का मामला था जहाँ उनका राजनीतिक भविष्य दाँव पर लगा था। किसी नाम को जुड़वाने या कटवाने के लिए उन्होंने नहीं कहा। इससे उनके बारे में मैं यह समझा कि वे अधिकार देना भी जानती हैं। जहाँ उनके नेतृत्व को चुनौती की आशंका होती थी वहाँ वे चीजों को कंट्रोल करने का प्रयास करती थीं।

सवाल : 1977 के चुनाव का निर्णायक तत्व–इमरजेंसी या नसबंदी–क्या था?

जवाब : इमरजेंसी से ज्यादा असर नसबंदी का था। इमरजेंसी पूरे देश में लगी थी। उसका ही असर अगर होता तो काँग्रेस दक्षिण में भी हारती, जहाँ वह जीत गई। असल में परिवार नियोजन को लागू करने में जो ज्यादतियाँ हुईं उनका असर ज्यादा था, वही चुनाव में दिखाई पड़ा।

सवाल : चुनाव हारने के बाद जब आप दिल्ली आए तो पहली समस्या क्या थी जिससे आपको जूझना पड़ा?

जवाब : सत्ता बदलते ही किस तरह लोगों के रुख में फर्क आ जाता है, इसका उस समय मुझे अनुभव हुआ। जो लोग इन्दिरा जी के भक्त बने रहते थे वे अलग हो गए। मैं 19, सफदरजंग रोड पर रहता था। मंत्री के नाते वह मेरा निवास था। जनता पार्टी का शासन आने के बाद मैं आवास बदलने के लिए एक महीने का समय चाहता था, वह मुझे नहीं दिया गया। फिर मैंने तत्काल खाली किया। समय इसलिए चाहता था क्योंकि मेरे छोटे लड़के अभय का इम्तहान होने वाला था जो उन दिनों मेडिकल की पढ़ाई कर रहा था। अपने मित्र कर्नल रणमत सिंह के मकान में उनके साथ रहने चला गया। उस समय मुझे अपने लिए एक फोन का कनेक्शन लेने में भी बड़ी कठिनाई झेलनी पड़ी।

सवाल : जनता शासन के दौरान जब बड़े–बड़े नेता काँग्रेस छोड़कर जा रहे थे उस समय क्या किसी ने आपसे सम्पर्क किया था?

जवाब : एक दिन डॉ. कर्ण सिंह का फोन आया। उस समय काफी नेता काँग्रेस छोड़कर जा चुके थे। देवकांत बरुआ भी अलग हो गए थे जो नारा दिया करते थे– इण्डिया इन्दिरा है और इन्दिरा इण्डिया है। डॉ. कर्ण सिंह ने मुझसे कहा कि इन्दिरा गाँधी के ज्यादातर कैबिनेट मिनिस्टर छोड़कर जा चुके हैं सिवाय कमलापति त्रिपाठी और मीर कासिम के। आप भी सोचिए। मैंने कहा कि डॉ. साहब इमरजेंसी की बात

आप लोगों को उस समय उठानी चाहिए थी जब इन्दिरा जी सत्ता में थीं। वह हार गई हैं। इस समय इमरजेंसी की बात उठाना ठीक नहीं है। जब वे सत्ता में आ जाएँ तब इसे उठाइए। जहाँ तक मेरा सवाल है जब वे सत्ता से बाहर हैं, मैं उनका साथ नहीं छोड़ूँगा, तो उन्होंने कहा कि आप समझदार हैं फिर भी सोचिए।

सवाल : उस समय इन्दिरा गाँधी की मनोस्थिति कैसी थी?

जवाब : वह दुखी थीं और बहुत अधिक अवसादग्रस्त थीं। मेरा मानना था कि लोगों में उनके खिलाफ गुस्सा जरूर था, लेकिन उन्हें मन से नहीं उतारा था। यह मैं कहता भी था कि लोगों ने आपको उसी तरह से हराया जैसे बच्चे को थप्पड़ मारते हैं, लेकिन लोगों का आपसे लगाव बना हुआ है इसलिए उनके बीच आना–जाना शुरू होना चाहिए। उस दौरान एक मीटिंग हुई जिसमें केरल के सांसद और चन्द्रजीत यादव वगैरह भी थे। पूरी सभा का रुख इन्दिरा गाँधी के खिलाफ दिखता था। इससे मुझे काँग्रेस के अंदर के माहौल का पता लगा। मैं सोचता था कि ईमानदारी की बात यह नहीं है कि हारने के बाद इन्दिरा जी की आलोचना की जाए। इस मायने में चन्द्रशेखर ने राजनीतिक ईमानदारी दिखाई। इमरजेंसी से पहले ही उन्होंने अपनी बात साफ–साफ रखी। वे चाहते थे कि इन्दिरा जी और जयप्रकाश जी में समझौता हो जाए। एक उदाहरण यह है और दूसरा उन लोगों का है जो इन्दिरा जी के हारने के बाद उनके आलोचक हो गए।

सवाल : संजय गाँधी का बहुत असर फैसलों में होने लगा था। आरोप था कि वे संविधानेतर शक्ति बन गए थे। आपका अनुभव क्या है?

जवाब : इन्दिरा जी संजय गाँधी को राजनीति में बढ़ा रही थीं। यह तभी सम्भव है जब उनकी बात वे मानें। जब उनकी बात मानेंगी और फैसला करेंगे तभी संजय गाँधी की ताकत बढ़ेगी। संजय गाँधी को प्रोजेक्ट करने का यह एक तरीका था। इसलिए उनकी बातें या सिफारिशें वह मानती थीं।

सवाल : जनता शासन में इमरजेंसी की ज्यादतियों पर जाँच आयोग बैठा और इन्दिरा गाँधी के खिलाफ अनेक आरोपों की छानबीन शुरू हुई। उस समय आप लोगों का नजरिया क्या था? क्या उस छानबीन को बदले की कार्रवाई मानते थे?

जवाब : 1977 से 1980 के बीच इन्दिरा गाँधी की गिरफ्तारी के खिलाफ काँग्रेस ने जेल भरो अभियान चलाया। जब वे दिल्ली की कोर्ट में पेश हुईं उस समय हुए विरोध प्रदर्शन में मैं भी था जहाँ पुलिस ने आँसू गैस के गोले छोड़े। पहली बार उसका अनुभव हुआ। हमने इलाहाबाद में तीन बार जेल भरो अभियान उस दौरान चलाया। नैनी जेल में हम लोग रखे गए। मुझे और लोगों से अलग ए क्लास मिला था। लेकिन

मैंने सबके साथ रहना उचित समझा। हाँ, ए क्लास की जो सुविधाएँ मिलती थीं जैसे मक्खन वगैरह वह सबके काम आता था। जेल में मुझे एक पलंग देने का जेलर ने प्रस्ताव रखा। मैंने मना किया। भाईचारा और अनुशासन बनाए रखने के लिए मैंने घर का खाना लौटाया और जेल का खाना ही खाता था। इसका भी अच्छा प्रभाव पड़ा। नैतिक प्रभाव बना रहे इसके लिए यह जरूरी था। सबके लिए सीमेंट का ओटा होता था, उसी पर मैं भी सोता था। जाड़े का समय था। एक लोई ले गया था। जेल का कंबल बिछा लेते थे और लोई ओढ़ लेते थे।

सवाल : क्या जेल में सत्याग्रही की तरह लोग रहते थे?

जवाब : जब आन्दोलनकारी बंदियों की संख्या बढ़ गई तो छोटी–छोटी बातों पर झगड़े होने लगे। एक दिन जेलर ने टोकरी में पाव रोटी भेजी। उस पर लूट मच गई, किसी को मिली किसी को नहीं मिली। उस समय मैंने बहुत डाँटा और कहा कि ये कोई ढंग है। एक आन्दोलन में आप लोग आए हैं और यहाँ लूट मचा रहे हैं।

सवाल : कुल कितने दिन आप जेल में रहे?

जवाब : पहली बार 10–11 दिन और दूसरी बार 17–18 दिन। दोनों बार जेल में ही कोर्ट बैठी और फिर सजा हुई। पहले के दो आन्दोलनों में हम लोग इलाहाबाद में अधिक सक्रिय थे। शालिग्राम जायसवाल बुजुर्ग नेता थे। वे बाहर का मोर्चा सँभालते थे और नई पीढ़ी जेल जाती थी। दूसरी बार मैंने शुरू में ही व्यवस्था बनाने की सोची। एक कार्यक्रम पूरे दिन का बनाया गया जिसमें प्रभातफेरी, भजन, राजनीतिक चर्चा और सांस्कृतिक कार्यक्रम वगैरह भी था।

सवाल : क्या प्रभातफेरी के लिए लोग उठ जाते थे?

जवाब : कुछ लोग सोते रहते थे। उन्हें उठाने के लिए प्रभातफेरी में गाना गाया जाता था–उठ जाग मुसाफिर...।

सवाल : जेल में अफसरों का रवैया क्या था?

जवाब : वे सहयोग करते थे। उन्हें जब हम लोगों को तंग करना होता था तो कहते थे कि जेल मैनुअल के हिसाब से कंबल दीजिए, वह उनके पास होता नहीं था तो वे हाथ जोड़कर खड़े हो जाते थे। हमें एक बैरक में ही सीमित नहीं कर रखा था, दूसरे बैरक में भी जा सकते थे।

सवाल : आन्दोलनकारियों का मनोबल कैसा था?

जवाब : ज्यादा देर हो जाने पर उनका धैर्य टूटने लगता था। उस समय कोई

जमानत लेकर बाहर न जाए यह प्रयास करना पड़ता था।

सवाल : करीब तीन साल इन्दिरा गाँधी सत्ता से बाहर रहीं। उस दौरान आपका कार्य क्षेत्र क्या रहा?

जवाब : ज्यादातर समय मैंने इलाहाबाद में आन्दोंलन संगठित करने में लगाया। हर साल आन्दोलन एक न एक मुद्दे पर होता था, जब कोई अवसर आ जाता था।

सवाल : जब जनता पार्टी में कलह बढ़ गई उस समय काँग्रेस के कार्यकर्ताओं की आन्दोलन में हिस्सेदारी क्या उसी अनुपात में बढ़ती गई?

जवाब : तीसरी बार हमने लखनऊ में गिरफ्तारी दी जब इन्दिरा जी की लोकसभा सदस्यता खत्म की गई। उस आन्दोलन में सत्याग्रहियों की संख्या बहुत ज्यादा हो गई थी। जेल पूरी तरह से भर गई थी। जेल के अफसरों के लिए सम्भव नहीं था कि वे हर व्यक्ति को रिहाई का प्रमाण पत्र दें। इसके लिए वलदियत, पता आदि फॉर्म और रजिस्टर में भरना होता था, उसके बाद ही मजिस्ट्रेट रिहाई का आदेश देता था। यह काम आसान नहीं था। अफसरों ने हाथ जोड़े और कहा कि साहब इसमें तो दो–दिन लग जाएँगे। मैंने कहा कि तुम ऐसे ही लिख दो कि इतने लोग आए थे। उसने जितने लोग आए थे उससे ज्यादा ही लिखकर दे दिया। वही हम लोगों ने प्रेस में बाँटा। तीसरे साल इन्दिरा जी के पक्ष में वातावरण बन गया था। जनता पार्टी ने उनके खिलाफ जो–जो कदम उठाए जैसे शाह आयोग की जाँच, गिरफ्तारी, लोकसभा की सदस्यता खत्म करना आदि से उनके प्रति सहानुभूति बढ़ती गई।

सवाल : चौधरी चरण सिंह को जब काँग्रेस ने सरकार बनाने के लिए समर्थन दिया तब क्या आपको लग रहा था कि वह सरकार अपना कार्यकाल पूरा करेगी?

जवाब : एक दिन मैं इन्दिरा जी से मिलने गया था कि देखा वे कार में बैठ गई हैं और जा रही हैं। उन्होंने अपनी गाड़ी रुकवाई। उन्होंने अपने साथ मुझे बैठा लिया। यह उसी दिन की बात है जिस दिन चौधरी चरण सिंह की सरकार का काँग्रेस ने समर्थन किया था। मैं जानना चाहता था कि होगा क्या। मेरे सवाल पर उन्होंने कोई जवाब नहीं दिया, सिर्फ मुस्कुरा दिया। और कुछ कहा जो स्पष्ट नहीं था। उनके हाव–भाव से मैंने समझा कि चौधरी चरण सिंह की सरकार जैसे बनी है वैसे ही जाएगी।

अध्याय : चार

राज्य की कमान

अध्याय परिचय

इस अध्याय में आप पढ़ेंगे जनता पार्टी की सरकार के बारे में काँग्रेस के एक नेता विश्वनाथ प्रताप सिंह का नजरिया। जो इमरजेंसी में जेल गए, जिन्होंने यातनाएँ सहीं और जुल्म के प्रतिकार का बीड़ा उठाया, उन्हीं लोगों ने जब समय आया तो एक वोट के अपने अधिकार का वज्र की तरह उपयोग कर उस कलंक को धो दिया जिसे इमरजेंसी कहा जाता है। उसके परिणामस्वरूप लोकतंत्र का सूरज फिर से उगा। लोगों ने उसे दूसरी आजादी का नाम दिया। उन लोगों की इच्छा थी कि दूसरी आजादी के गर्भ से निकली पार्टी और उसकी सरकार टिकाऊ हो। यह आज भी विवाद और बहस का विषय है कि वह सरकार 28–29 महीनों में ही क्यों धराशायी हो गई। क्या मात्र वे ही कारण थे जो नंगी आँखों से नजर आते थे या ऐसे भी कारण थे जो अब तक सार्वजनिक नहीं हुए हैं। इसी बहस का एक ऐसा छोर विश्वनाथ प्रताप सिंह पकड़े हुए हैं जो एक नजरिया है। काँग्रेस के नेता और समर्थक 'दूसरी आजादी' की सरकार के रवैए को किस रूप में देखते हैं यह विश्वनाथ प्रताप सिंह के जवाबों से सामने आया है। वे कोई रहस्योद्घाटन तो नहीं कर रहे हैं, यह अवश्य बता रहे हैं कि लोकतंत्र का सामान्य शिष्टाचार भी उस दौरान इन्दिरा गाँधी को शासन की ओर से उपलब्ध नहीं था। साफ है कि काँग्रेस उस सरकार को बदले की आग में जलने वालों की सरकार मानती थी। इसका जो फायदा काँग्रेस उठा सकती थी उसने उठाया और वह बड़ी ताकतवर होकर वापस आई। विश्वनाथ प्रताप सिंह इस सवाल को अधिक महत्त्वपूर्ण नहीं मानते कि जनता पार्टी अपना कार्यकाल पूरा करती तो काँग्रेस उससे कितना प्रभावित होती? उनका कहना है कि 'काँग्रेस पर कोई असर नहीं पड़ता।'

केन्द्र में काँग्रेस यानी इन्दिरा गाँधी की वापसी का मतलब था कि उन–उन राज्यों में उसकी सरकार बननी ही है जहाँ काँग्रेस को बेदखल कर जनता पार्टी ने कब्जा जमाया था। उन्हीं राज्यों में से एक उत्तर प्रदेश भी था जिसकी बागडोर विश्वनाथ प्रताप सिंह को सँभालनी पड़ी। उनके जवाबों से यह साफ झलकता है कि वे मुख्यमंत्री बनने के लिए लालायित तो दूर, इच्छुक भी नहीं थे। पार्टी ने जरूरी समझा कि उनसे अपने उम्मीदवारों को पैसा बँटवाया जाए। यह काम अपनी छवि के मुताबिक उन्होंने पूरा किया, पर यह नहीं समझते थे कि इसका संबंध मुख्यमंत्री पद से भी जुड़ता है। एक अंतराल के बाद काँग्रेस राज्य में वापस आ रही थी। नेतृत्व का चेहरा बदला हुआ था। बड़े–बड़े लोग साथ छोड़कर चले गए थे। अनजान और अनाम चेहरों से जिस काँग्रेस की वापसी की लड़ाई लड़ी गई, उस झुण्ड के नेता संजय गाँधी थे। विश्वनाथ प्रताप सिंह के विरोधी उन पर कटाक्ष जहाँ कर सकते हैं वहाँ उनका संजय गाँधी का करीबी होना माना जाता है। क्या इसमें सच्चाई है? उनके जवाब से यह जाना जा सकता है कि वे संजय गाँधी के 'इनर सर्किल' में नहीं थे। इन्दिरा गाँधी से उनका सीधा नाता था। यह कैसे हुआ कि सर्वसम्मति से विधायक दल ने संजय गाँधी को नेता चुना और उसे इन्दिरा गाँधी ने बदलवाकर विश्वनाथ प्रताप सिंह के सिर पर उत्तर प्रदेश का काँटों भरा ताज रख दिया। इसका पूरा किस्सा उन्होंने अपने जवाबों में बताया है।

यह माना जाता है कि दिल्ली से मुख्यमंत्री तय होता है और वह कठपुतली की तरह काम करता है। विश्वनाथ प्रताप सिंह का फैसला जरूर दिल्ली में हुआ और दिल्ली से ही हुआ, लेकिन वे अपने मन के मालिक बने रहे। उन्हें मंत्रिमंडल बनाने और सरकार चलाने में कोई अड़चन नहीं आई। वे जिस रूप में मुख्यमंत्री के पद को सार्थक समझते थे वैसा चलाया। उन्होंने बताया है कि उस समय उत्तर प्रदेश के लोग डकैतों से त्रस्त थे। मुख्यमंत्री के नाते उस समस्या का निवारण करना उन्होंने पहला काम माना। उसी प्रयास में जहाँ सफलता मिली वहीं एक दुर्घटना की नैतिक जिम्मेदारी अपने ऊपर खुद लेकर उन्होंने इस्तीफा दे दिया। वह ऐसा उदाहरण है जो 'आत्मदीपोभव' की याद दिलाता है। आजकल के उदाहरणों से भिन्न वह राजनीतिक घटना है जिसका विवरण उन्होंने खुद बताया है। वे चाहते तो इस्तीफा देने का दिखावा कर सकते थे और पद पर बने भी रह सकते थे। लेकिन फिर वे विश्वनाथ प्रताप सिंह नहीं हो सकते थे। तीर–तुक्के जोड़कर राजनीतिक कहानी बनाने वालों को निराशा होगी जब वे यह पढ़ेंगे कि विश्वनाथ प्रताप सिंह के इस्तीफे का संबंध उनके बड़े भाई चन्द्रशेखर प्रसाद सिंह की हत्या से कहीं नहीं जुड़ता है। तथ्य की अनदेखी कर यह फैला दिया गया था कि उन्होंने उस हत्या से मर्माहत होकर इस्तीफा दिया था।

ज्यादा दिन नहीं हुए, फिर भी उत्तर प्रदेश के लोग शायद ही इस पर सहज यकीन करें पर है यह सच कि उस दौर में विश्वनाथ प्रताप सिंह ने तबादले और तैनाती को प्रशासनिक जरूरत की लक्ष्मणरेखा में ही रखा हुआ था। इसका मतलब यह था कि चाहे विधायक हों या मंत्री, अपने क्षेत्र में या कहीं और, मनमाने तबादले नहीं करवा सकते थे। तबादले और तैनाती को जिस राज्य में भ्रष्टाचार उद्योग का दर्जा मिल गया हो वहाँ क्या यह सम्भव था? भले ही इस समय यह विश्वसनीय न लगे पर यह हकीकत थी। विश्वनाथ प्रताप सिंह ने अपने मुख्यमंत्रित्वकाल में इसे साकार किया था। इसे नहीं, दूसरी अनेक उपलब्धियों के बारे में उन्होंने बताया है। जैसे दलित और पिछड़े वर्ग के हित में किए गए फैसले। विकास के मद में आवंटन का जरूरत के हिसाब से निर्धारण। यह ऐसा मसला था जो दिग्गजों के लिए तकलीफदेह था। जिसका जितना राजनीतिक वजन होता था उसी अनुपात में वह सरकार से अपने क्षेत्र के लिए पैसे प्राप्त करने में सफल हो जाता था। इस रीति को विश्वनाथ प्रताप सिंह ने लोकतांत्रिक तरीके से कैसे बदला और मान्यता दिलवाई वह किस्सा एक जवाब में आया है। वह सिलसिला अगर चलता रहता तो सांसद और विधायक निधि के दुरुपयोग के रसातल तक पहुँचने की नौबत नहीं आती। इसीलिए विश्वनाथ प्रताप सिंह इस समय भी यह साफ–साफ कह रहे हैं कि जनांदोलन से ही इस गिरावट को रोका जा सकता है। साफ है कि वे इसे राजनीति और शासन की त्रासदी मानते हैं। यही मत सबका है, लेकिन कहने की हिम्मत कम ही लोग करते हैं।

साम्प्रदायिक दंगे जो विश्वनाथ प्रताप सिंह के शासनकाल में उत्तर प्रदेश के कुछ शहरों में हुए, उन्हें कैसे रोका जा सका, इसका रहस्य सम्भवतः पहली बार उन्होंने बताया है। प्रशासन और पुलिस को पूरी छूट अगर दी जाए तो दंगे फैलेंगे नहीं, उन पर काबू पाया जा सकता है। यही उस समय हुआ। मुख्यमंत्री विश्वनाथ प्रताप सिंह ने तत्कालीन गृहमंत्री ज्ञानी जैल सिंह को इसलिए वहाँ जाने से रोका कि दंगे पर काबू पाना उनकी पहली वरीयता थी।

मुख्यमंत्री विश्वनाथ प्रताप सिंह के ही कार्यकाल में हेमवती नन्दन बहुगुणा को एड़ी–चोटी का जोर लगाकर पूरे छलबल से हरवाने का प्रयास हुआ। उसमें उनकी जो भूमिका थी उसके बारे में पहली बार उन्होंने बताया है।

सवाल : जनता पार्टी की सरकार जब मोरारजी देसाई के नेतृत्व में बनी थी उस समय आपका आकलन क्या था कि वह पाँच साल चलेगी?

जवाब : ऐसा नहीं था। जनता पार्टी की सरकार बनते ही उनके नेताओं के

अलग–अलग बयान आने आरम्भ हो गए थे। उनके बयानों में मत–विभिन्नता भी आने लगी जिससे बिखराव के सकेत मिलने लगे थे। बाद में चलकर चौधरी चरण सिंह को प्रधानमंत्री पद प्रस्तावित किया गया। एक दिन रास्ते में इन्दिरा जी ने मुझे अपनी कार में बिठा लिया। जब हमने उनसे इस विषय में पूछा तो उन्होंने जवाब नहीं दिया, केवल मुस्कराईं। तभी हम सबों को समझते देर नहीं लगी।

सवाल : उस सरकार का कामकाज कैसा रहा?

जवाब : उस समय हम काँग्रेस में थे। काँग्रेस विपक्ष में थी। जनता पार्टी की सरकार का काँग्रेस के प्रति व्यवहार हमारे फोकस में था। इन्दिरा जी के साथ जनता शासन में दुर्व्यवहार हुआ। वह किसी भी पैमाने से उचित नहीं था। आखिरकार वे प्रधानमंत्री रह चुकी थीं। उन लोगों ने उनकी सदस्यता तक खत्म कर दी। उन्हीं दिनों एक उपचुनाव में जब वे आजमगढ़ गईं तो उनको ठहरने के लिए डाकबँगला इस तर्क पर नहीं दिया गया कि खाली नहीं है। जबकि जनता पार्टी के नेताओं ने उस पर कब्जा कर रखा था। हमें उनके लिए अन्यत्र व्यवस्था करनी पड़ी। वे पूर्व प्रधानमंत्री के साथ–साथ एक महिला भी थीं। जनता पार्टी के नेताओं ने इतना ख्याल भी नहीं रखा।

सवाल : जनता पार्टी की सरकार अगर अपना कार्यकाल पूरा करती तो काँग्रेस पर क्या असर पड़ता?

जवाब : काँग्रेस पर कोई असर नहीं पड़ता। काँग्रेस और मजबूत होकर आती। हमने इन्दिरा जी को एक बार कहा था कि जैसे बच्चे को तमाचा मारने के बाद फिर सब कुछ भुला दिया जाता है वैसे ही लोगों का आक्रोश अब निकल चुका है। अब लोग आप में ही आस्था प्रकट करेंगे। वही हुआ भी।

सवाल : क्या इन्दिरा गाँधी की वापसी जल्दी इसलिए सम्भव हो पाई कि जनता पार्टी टूट गई और चौधरी चरण सिंह ने काँग्रेस के समर्थन से सरकार बनाई?

जवाब : यह बात बिल्कुल सही है।

सवाल : काँग्रेस के उस फैसले के राजनीतिक निहितार्थ क्या रहे?

जवाब : इन्दिरा जी जनता पार्टी के नेताओं की कमजोरी जानती थीं। उनकी कमजोरी का उन्होंने फायदा उठाया। चाणक्य नीति यही कहती है। इसका राजनीतिक निहितार्थ यही है।

सवाल : 1980 में हेमवती नन्दन बहुगुणा को इन्दिरा गाँधी काँग्रेस में ले आईं। कहा जाता है कि संजय गाँधी नहीं चाहते थे। क्या इन्दिरा गाँधी को अपनी वापसी

का पूरा भरोसा नहीं था?

जवाब : इन्दिरा जी सबको समेटना चाहती थीं। उनका लक्ष्य सबको एक साथ लाकर आगामी चुनाव जीतना था। इसी क्रम में हेमवती नन्दन बहुगुणा से भी उन्होंने सम्पर्क किया था। लेकिन बहुगुणा ने उस प्रस्ताव की भावना नहीं समझी। वे अपने लोगों के लिए मोल–तोल करने लगे। मैंने उसी समय कहा था कि यह चलेगा नहीं। क्योंकि बहुगुणा काँग्रेस में अपना राज बनाना चाहते थे, इन्दिरा जी के रहते भला ये कैसे सम्भव होता।

सवाल : हेमवती नन्दन बहुगुणा की वापसी पर आपने क्या सोचा? क्या आपको लगता था कि उस चुनाव में कहीं दूसरे क्षेत्र से लड़ना पड़ेगा, क्योंकि इलाहाबाद से बहुगुणा लड़ना चाहेंगे?

जवाब : मेरा चुनाव लड़ने का मन नहीं था। मैं कुछ पेंटिंग करने और लिखने–पढ़ने के लिए वक्त चाहता था। इन्दिरा जी ने कहा कि तुमको चुनाव लड़ना है। पिछले चुनाव में इलाहाबाद से हार गया था इसलिए वहीं से चुनाव लड़ने का सोचा। जब हेमवती नन्दन बहुगुणा पार्टी में आ गए तो मैंने यह माना कि पार्टी को उनकी जरूरत है। इन्दिरा जी उनको ले आई हैं। अपने नेता को कोई परेशानी न हो इसलिए मैंने फतेहपुर का विकल्प सोच रखा था। मुझे वहाँ से चुनाव लड़ने में कोई कठिनाई नहीं थी। वहाँ से भी जीत जाता। मुझे किसी ने बताया कि बहुगुणा ने कहा है कि राजा का तो इलाहाबाद में कुछ है ही नहीं, वे क्या लड़ेंगे। इस आधार पर वे इलाहाबाद का टिकट अपने लिए माँग रहे थे। यह सुनने के बाद मैंने अपना मन बनाया कि इलाहाबाद से ही लड़ना है। मैंने अपनी बात इन्दिरा जी से कही। उनसे यह भी कहा कि बहुगुणा जो कह रहे हैं वह सही नहीं है। वे जल्दी खुलती नहीं थीं। उनकी प्रतिक्रिया मुझे मालूम नहीं हो सकी। मैंने कहा कि मुझे अगर चुनाव लड़ाना है तो इलाहाबाद से लड़ाइए। मेरे तुरंत बाद बहुगुणा जी पहुँचे। वे बहुत बड़ा बुके लेकर आए थे। हम लोग वहीं बरामदे में बैठे हुए थे। मोहसिना किदवई भी थीं। मालूम पड़ा कि इन्दिरा जी ने अपना फैसला सुना दिया है। हेमवती नन्दन बहुगुणा को इलाहाबाद से टिकट देने के लिए मना कर दिया है। उन्हें गढ़वाल से चुनाव लड़ने के लिए कहा गया। इसे मैं बड़ी बात मानता हूँ। यह फैसला इन्दिरा गाँधी ही कर सकती थीं।

सवाल : उस चुनाव में आपका मुकाबला किस से हुआ?

जवाब : फिर मेरा मुकाबला जनेश्वर मिश्र से ही हुआ।

सवाल : जगह–जगह इन्दिरा गाँधी की सभाओं में लोग उनका घण्टों इंतजार करते थे। जैसे बनारस में वे 14 घण्टे देर से पहुँची थीं फिर भी बेनिया बाग में उनकी

सभा जमी रही और कमलापति त्रिपाठी मंच पर डटे रहे। इलाहाबाद में आपका अनुभव क्या रहा?

जवाब : बनारस के बाद उनका कार्यक्रम इलाहाबाद में था। इलाहाबाद वे दो बजे रात में आ सकीं। उनकी सभा तो नहीं हुई लेकिन इलाहाबाद में उनका आ जाना ही काफी था। सभा स्थल से लोग यह समझकर वापस अपने–अपने घरों को लौट गए थे कि अब वे नहीं आएँगी। किन्तु वे आईं। उनका रोड शो हुआ। वहीं से उन्हें कानपुर और हमीरपुर भी जाना था। वहाँ उनका विमान खराब हो गया था। जिस जहाज से उन्हें जाना था उसका पेट्रोल लीक कर रहा था। यह मैंने खुद जाकर देखा और उनसे आग्रह किया कि वे उससे न जाएँ। उन्होंने कार से जाने का फैसला किया। उनकी कार मैं ही चला रहा था।

सवाल : उस चुनाव को आपने कैसे लड़ा?

जवाब : मेरे पास साधन ज्यादा नहीं थे। जितने पोस्टर आए थे वे बँट गए। कार्यकर्ता जब पोस्टर माँगने लगे तो मैंने उनसे कहा कि भगवान का दिया हुआ ओरिजनल पोस्टर आप लोगों के पास है, नकली छपवाकर क्या करेंगे। मैंने उनसे कहा कि अपना हाथ दिखाओ। वह काँग्रेस का चुनाव चिन्ह पंजा होगा। लेकिन वे इससे संतुष्ट नहीं होते थे। प्रतिद्वंदी उम्मीदवार के प्रचार से वे प्रभावित थे। शुरू में मैंने 17–18 गाड़ियाँ लगाई थीं। उन्हें कम करना पड़ा।

सवाल : ऐसा क्यों करना पड़ा?

जवाब : खर्च घटाने के मकसद से ऐसा करना पड़ा। उस चुनाव में मेरे खिलाफ बहुत पैसे वाला एक व्यक्ति उम्मीदवार था, वे लोकदल के लल्ला बाबू थे। हमारे पास पोस्टरों और झंडों की कमी थी। मतदाताओं ने मेरे प्रतिद्वंदी से पैसे लिए और काम मेरा किया।

सवाल : पार्टी से चुनाव लड़ने के लिए जितना पैसा मिलता था क्या उससे खर्च पूरा होता था?

जवाब : पार्टी से पचास हजार रुपया मिला था। मैं किसी उद्योगपति से चुनाव के लिए पैसा नहीं लेना चाहता था। शेरवानी ने पैसा देने के लिए संदेश भिजवाया था। मैंने तय किया हुआ था कि किसी व्यक्ति से पैसा नहीं लेंगे। पार्टी से मिलने वाला पैसा पूरे खर्च के लिए काफी नहीं होता। कुछ लोग पार्टी के कारण पैसे से मदद करते हैं और कुछ यह सोचकर मदद करते हैं कि जीतने वाले पर पैसा लगाओ। कुछ संबंधों के कारण मदद करते हैं, चाहे हारे चाहे जीते।

सवाल : चुनाव खर्च का क्या उम्मीदवार पूरा हिसाब रखता है?

जवाब : कोई हिसाब नहीं रखता। जो पैसा बाँटा जाता है उसका हिसाब रखा जाता है कि किसको कितना दिया।

सवाल : काँग्रेस से जो पैसा उम्मीदवार को पहुँचता है, क्या उसे उतना ही मिलता है जितना भेजा जाता है?

जवाब : पैसा उम्मीदवार को पार्टी जितना भेजती है उतना ही मिलता है। उसमें कमी नहीं आती। उम्मीदवार जरूर जब देखते हैं कि हार रहे हैं तो पैसा बचा लेते हैं। जैसे 1977 में बहुत से उम्मीदवारों ने देखा कि जीतेंगे नहीं तो जो पैसा मिला था उसे रखकर बैठ गए, प्रचार भी नहीं किया, निकले भी नहीं। लहर थी। जीतना तो है नहीं, चाहे खर्चा जितना कर लो–यह उस चुनाव की मानसिकता थी। पार्टी जब पैसा भेजती है तो वह बहुत विश्वासी आदमी के जरिए भेजती है। इक्के–दुक्के मामले में पैसे कम मिलने की शिकायत आती है।

सवाल : चुनाव में खर्च कम करने के लिए जब आपने प्रचार की गाड़ियाँ हटा लीं, उसका कार्यकर्ताओं के उत्साह पर क्या असर पड़ा?

जवाब : मैंने झण्डे, पोस्टर, बिल्ले आदि सब नहीं दिए तो जनता खुद ही अपने खर्च से इस कमी को पूरा करने लगी। लोगों ने अपने झण्डे, पोस्टर बनवाए। मैंने देखा कि लोग खुद–ब–खुद इंतजाम कर रहे हैं। एक सब्जी वाला था उसने छोटा–सा झण्डा लगाया था और उस पर स्याही से पंजे का निशान छापे हुए था। मैंने सोचा कि मैं चुनाव अब हार नहीं सकता। जब सब्जी वाला अपना बनाया झंडा लेकर सड़क के किनारे अपनी दुकान पर बैठा है तो कोई सवाल ही नहीं हारने का। एक जगह मेजा में मेरे खास आदमी थे, उनके घर पर लोकदल का झंडा लगा हुआ था। मैंने बुलाया, पूछा कि यह क्या कर रहे हो? उसने कहा, साहब कुछ नहीं, मुझे फाटक लगाने को तीस हजार रुपया दिया है। उसने कहा कि हम चार–पाँच फाटक लगवा देंगे और बचा हुआ पैसा आपके चुनाव में लगाएँगे। एक जगह मुझे नौजवानों ने नोटों की माला पहनाई। मैंने पूछा, कहाँ से पैसा आया? वहाँ बताया मुझे कि एक उम्मीदवार बाँट रहा है। वही इकट्ठा करके हम लोग आपको दे रहे हैं।

सवाल : चुनाव अभियान में आपको लग गया था कि जीतने जा रहे हैं?

जवाब : हाँ, मुझे जिस तरह समर्थन मिला और लोगों का सहयोग था उससे चुनाव अभियान आसान हो गया था। उसके बहुत सारे संस्मरण हैं। नौजवानों का झुण्ड मेरे लिए काम करता था। वे दूसरे कैम्प में रहकर भी काम करते थे। इस तरह से चुनाव अभियान चला।

सवाल : आपको इन्दिरा गाँधी के मंत्रिमंडल में स्थान मिला?

जवाब : चुनाव जीतकर दिल्ली आए, सरकार बनी। मुझे मंत्रिमंडल में नहीं लिया गया। मेरी समझ में नहीं आया कि मुझसे गलती क्या हो गई। मैं पिछली सरकार में राज्य मंत्री था। काँग्रेस के गाढ़े दिनों में संघर्षरत रहा। समझ नहीं आया कि मुझे क्यों छोड़ दिया गया। मैंने सोचा कुछ होगा। मेरे सामने प्रश्न यह था कि मुझसे क्या कुछ गलत हो गया है। कई महीने बीत गए। कोई किसी तरह का संकेत मुझे नहीं मिला। मुझे इसकी भी भनक नहीं थी कि इन्दिरा जी मुझे उत्तर प्रदेश भेजना चाहती हैं।

सवाल : लोकसभा के कुछ ही महीने बाद उत्तर प्रदेश विधानसभा के चुनाव हुए। उसमें आपकी भूमिका क्या थी?

जवाब : उस चुनाव में मैंने पहली बार पार्टी की ओर से पैसा बाँटा। उससे पहले मैं बचता रहता था। इसकी एक पृष्ठभूमि है। उस चुनाव के प्रबंधन से नेतृत्व संतुष्ट नहीं था। संजय गाँधी को शिकायतें मिल रही थीं कि उम्मीदवारों को पैसे ठीक से पहुँच नहीं पा रहे हैं। ऐसी स्थिति में मुझे जिम्मेदारी दी गई। तब तक काफी पैसा बाँटा जा चुका था। थोड़े ही उम्मीदवारों को पैसा दिया जाना शेष था।

सवाल : इस नए रोल के बारे में आप कुछ और बताना चाहेंगे?

जवाब : सीताराम केसरी पार्टी के कोषाध्यक्ष थे। उन्होंने मुझे बताया कि किस उम्मीदवार को कितना पैसा देना है। यह काम जो लोग पहले कर रहे थे उन लोगों ने एक तरीका बनाया हुआ था। वही मुझे अपनाने की सलाह दी गई कि उम्मीदवार से पावती लिखवा लेना होगा। वह पावती कर्ज की होगी। मुझे सुनकर अजीब लगा। यही उनका तरीका बना हुआ था। बहरहाल, उम्मीदवारों की जो लिस्ट थी उसके अनुसार बुला–बुलाकर सबको पैसा दे दिया। सबसे पावती ले ली। अपना हिसाब–किताब जितना था वो दे दिया, कुछ पैसा बचा था उसे लौटाया।

सवाल : उस विधानसभा के चुनाव में संजय गाँधी की क्या भूमिका थी?

जवाब : उम्मीदवारों के चयन और टिकट बाँटने में उनकी अहम भूमिका थी। उनकी अपनी एक टीम थी। उसमें कई नेता थे। मेरा ख्याल है कि संजय गाँधी के साथ उस समय जितने लोग थे उनमें से ज्यादातर को टिकट मिल गया।

सवाल : संजय गाँधी उत्तर प्रदेश में उस समय किन लोगों के जरिए काम करते थे?

जवाब : उनके करीब सी.पी.एन. सिंह, वीर बहादुर सिंह, संजय सिंह, अकबर अहमद डम्पी और धर्मवीर थे।

सवाल : आपको उत्तर प्रदेश भेजा जा रहा है यह जानकारी कब मिली?

जवाब : मुझे आर. के. धवन ने बुलाया कि आ जाइए। सुबह का समय था। संजय गाँधी आए और इतना ही कहा कि देखिए अगर इन्दिरा जी कहें कि मुख्यमंत्री बनना है तो आप मना मत करिए, इतना कहकर वे चले गए। बातचीत का कोई समय नहीं था। मैं वापस आ गया। अगले दिन सुबह मुझे फिर बुलाया गया। एक छोटा–सा कमरा है, वहीं इन्दिरा जी लोगों से मिलती थीं। वे वहाँ बैठी हुई थीं। उसी कमरे में बैठक चल रही थी, जब मैं गया। वहीं संजय सिंह, वीर बहादुर और धर्मवीर आदि भी थे। इन्दिरा जी ने मुझसे कहा कि आप उत्तर प्रदेश के मुख्यमंत्री हैं और आपको अपना मंत्रिमंडल बनाना है।

सवाल : तब आपने क्या सोचा?

जवाब : कुछ तो संकेत मिल ही गया था। मैं जानता था कि खतरा है। बहरहाल, वह सामने आ गया।

सवाल : क्या वहाँ सिर्फ इन्दिरा गाँधी थीं या कोई और था, जब उन्होंने आपके सामने यह फैसला सुनाया?

जवाब : जहाँ तक मुझे याद है अरुण नेहरू भी थे।

सवाल : आपने अपने विचार इस प्रस्ताव के बारे में इन्दिरा गाँधी के सामने रखे या नहीं?

जवाब : अगले दिन मैं इन्दिरा जी से मिला। मैंने उनसे कहा कि आपने मुझे केन्द्रीय सरकार के कामकाज के लिए बढ़ाया है। मैं राज्य की राजनीति के लिए उपयुक्त नहीं हूँ। उन्होंने मुझसे ऐसी बात कही कि मैं समझ गया कि मेरे बचने की कोई गुंजाइश नहीं है। उन्होंने मुझे सवालिया जवाब दिया था कि 'वाज आई फिट फॉर पॉलिटिक्स?' (क्या मैं राजनीति के लिए उपयुक्त थी?)। उनके इस वाक्य के बाद मैंने उनसे कहा कि आपका हुक्म सिर माथे। मन में मैंने सोचा कि 'हू एल्स वुड वी बेटर फिट फॉर पॉलिटिक्स?' (आपके अलावा दूसरा कौन राजनीति के लिए उपयुक्त होता?)।

सवाल : आप अपने मन से उत्तर प्रदेश नहीं जाना चाहते थे। यही है न?

जवाब : मेरा जरा भी मन नहीं था कि उत्तर प्रदेश का जिम्मा सँभालूँ।

सवाल : इसका कोई कारण होगा। क्या उसे आप बताना चाहेंगे?

जवाब : असल में केन्द्र में नीतिगत मामले देखने का मेरा अनुभव रहा है। वाणिज्य

मन्त्रालय में नीतियों को बनाने में मेरी संलग्नता रही। यह काम बिल्कुल अलग तरह का था। लखनऊ में काम का स्वरूप भिन्न होता है। उसका भी मुझे अनुभव है। वहाँ ज्यादातर समय तबादले और नियुक्तियों की सिफारिश में बीतता है। वहाँ की माँग कुछ और है और दिल्ली के तकाजे कुछ दूसरे हैं। दिल्ली के कामकाज मेरे मन के अनुकूल थे।

सवाल : उत्तर प्रदेश विधायक दल में क्या कोई नाम नहीं था जिस पर सबकी सहमति हो?

जवाब : कई नाम थे। उनमें होड़ थी। जो नाम थे उनमें वीर बहादुर सिंह, धर्मवीर, संजय सिंह, सी.पी.एन. सिंह आदि थे।

सवाल : विधायक दल की बैठक में संजय गाँधी का नाम प्रस्तावित हुआ था। उनका नाम लेकर जब आप इन्दिरा गाँधी के पास गए उस समय क्या बात हुई?

जवाब : विधायक दल की बैठक में संजय गाँधी का नाम आम सहमति से तय हो गया था। उस समय हमारा लखनऊ आना-जाना खूब होता था। मुझे भी उस समूह में शामिल कर लिया गया था। विधायकों ने दस्तख्त कर दिए। इस तरह संजय गाँधी का नाम सर्वसम्मति से स्वीकृत हो गया। सवाल आया कि इसे इन्दिरा जी को कौन पहुँचाए। किसके जरिए उन्हें यह फैसला बताया जाए? उस समय वीर बहादुर सिंह आदि सब लोग वहाँ गए। इन्दिरा जी के कमरे के बाहर सब लोग रुक गए। अन्दर सिर्फ पी. शिवशंकर गए। कहते हैं कि इन्दिरा जी ने उस प्रस्ताव को देखा और बहुत नाराज हुईं। उन्होंने गुस्से में पूछा कि क्या चाहते हो, यह कि मैं यहाँ अकेली रह जाऊँ? उनकी नाराजगी देखकर हम लोग लौट आए। किसी की हिम्मत बहस करने की नहीं पड़ी। मैं विट्ठल भाई पटेल हाउस के फ्लैट में आ गया।

सवाल : इसके बाद आपके नाम पर विचार शुरू हुआ?

जवाब : हाँ, फिर मुझे आर.के. धवन का बुलावा आया।

सवाल : आपको अपना मंत्रिमंडल बनाने में क्या संजय गाँधी की बात ज्यादा सुननी पड़ी?

जवाब : संजय गाँधी के करीबी विधायकों की संख्या काफी थी। मुझे भी लग रहा था कि वे अपने करीबी लोगों के लिए कहेंगे। लेकिन उन्होंने संजय सिंह के लिए भी नहीं कहा जो उनके बहुत नजदीक थे। मैंने उनसे सलाह माँगी थी और मैं चाहता था कि संजय सिंह मंत्री बनें। मुझे उम्मीद थी कि वे अपना काम सँभाल लेंगे, लेकिन उन्होंने अरुण नेहरू के जरिए रुकवा दिया। ऐसे ही कई अपने नजदीकी विधायकों के

बारे में संजय गाँधी ने सिफारिश नहीं की। मैं समझता था कि वे उन लोगों के लिए जरूर कहेंगे। इससे मैं थोड़ा असहज भी महसूस कर रहा था। मंत्रिमंडल बनाने में संजय गाँधी ने कोई दखल नहीं दिया।

तथ्य यही है कि संजय गाँधी ने किसी तरह का हस्तक्षेप नहीं किया। जहाँ तक इम्प्रेशन की बात है, वह दूसरी है। उन्होंने मुझसे सिर्फ इतना ही कहा कि मुख्यमंत्री का प्रस्ताव मिले तो स्वीकार कर लेना। मैंने मंत्रिमंडल अपने विवेक से बनाया। एक दिन मेरी अरुण नेहरू से बात हुई। मैंने उनसे पूछा कि जो–जो संजय गाँधी के करीब थे उनके लिए उन्होंने कोई सिफारिश नहीं की, ऐसा क्यों हुआ। संजय गाँधी ने अरुण नेहरू को बताया हुआ था कि 'जब वे जनता शासन में लड़ रहे थे उस समय जो–जो उनके साथ आया उनको उन्होंने लड़ाई के तकाजे के मुताबिक साथ ले लिया। उस समय कोई भी व्यक्ति उनके साथ खड़े होने के लिए तैयार नहीं था। ऐसे लोगों को विधायक बनवा देना तो ठीक है।' लेकिन वे यह जानते थे कि एम.एल.ए. हो जाने के बावजूद वे लोग मंत्री के लायक नहीं हैं।

सवाल : उत्तर प्रदेश की कमान सँभालते वक्त आपके सामने प्राथमिकताएँ क्या थीं?

जवाब : मैंने अपने आस–पास के राजनीतिक लोगों और अफसरों से पूछा कि इस समय राज्य की सबसे बड़ी समस्या क्या है? मुझे बताया गया कि सबसे बड़ी समस्या डकैती है। वहाँ बड़े–बड़े गिरोह पैदा हो गए हैं। मैंने मन में संकल्प किया कि उससे राज्य को मुक्त कराऊँगा।

शपथ लेने से पहले ही मैंने राज्य की कमान सँभाल ली थी। उस समय बाढ़ आई हुई थी। मैंने मुख्य सचिव को फोन किया कि सभी जिलाधिकारियों को कहिए कि वे अभी इस बाढ़ का इंतजाम करें। नावों की बुकिंग कर लें। बाढ़ की राहत का पैसा जिले में भिजवा दें। मैंने एक मिनट की भी देर नहीं की। मैंने उनसे कहा कि आप यह इंतजाम करिए, मैं बाद में आऊँगा। दिल्ली से ही यह आदेश मैंने दिया।

सवाल : मंत्रिमंडल बनाने में आपको कोई कठिनाई हुई?

जवाब : मुझे कोई दिक्कत नहीं आई। मैंने मंत्रिमंडल अपने मन से बनाया। किसी भी तरह का दबाव नहीं था।

सवाल : उत्तर प्रदेश में आपको भेजा ही सम्भवतः इसलिए गया क्योंकि कई गुट थे, तो उनके अपने–अपने दबाव भी रहे होंगे। उसमें से आपने कैसे रास्ता निकाला?

जवाब : मोटे तौर पर दो गुट थे। एक का नेतृत्व वीर बहादुर सिंह कर रहे थे तो दूसरे का लोकपति त्रिपाठी। मुझे वहाँ सलाह दी गई कि आप अपना गुट बनाइए।

जो लोग सलाह दे रहे थे वे मेरा भला चाहते थे। उनसे मैंने कहा और यही मेरा यकीन भी था कि अपना गुट बनाकर मैं छोटा क्यों बनूँ। मुझे इन्दिरा जी ने सबका मुख्यमंत्री बनाया है तो मैं एक गुट का क्यों बनूँ। यह तो निर्बुद्धि होगी कि पूरे मिले राज को मैं ही छोटा करूँ। इसके जवाब में लोगों का तर्क होता था कि जरूरत पड़ने पर समर्थन कहाँ से आएगा। मेरा सोचना यह था कि समर्थन का सवाल जब आएगा तब देखा जाएगा। गुट न बनाने से मेरा कोई दुश्मन नहीं है। जैसा मामला आएगा वैसा मैं फैसला करूँगा। कोई मुझे अपने गुट में घसीट नहीं सकता। यह विश्वास मैंने पैदा किया। इससे दोनों गुटों से हमारा संबंध ठीक बना रहा। अपने कार्यकाल में मैंने दो बार लोकपति त्रिपाठी को बचाया। उन्हें हटाने का फैसला हो गया था। उन्हें न हटाने के लिए मैंने इन्दिरा जी से बात की।

सवाल : मंत्रिमंडल बनाते वक्त इन्दिरा गाँधी ने क्या कोई सलाह दी?

जवाब : उन्होंने पूरी छूट दी। उन्हें मंत्रियों की सूची दिखाने ले गया था। उन्होंने कहा कि तुम्हें जैसा ठीक लगे, करो। उन्हें अपनी सूची दिखाकर उसके क्षेत्रीय और जातीय आधार पर बनाए संतुलन की जानकारी देना चाहता था तो उन्होंने कहा कि, 'विश्वनाथ, इसे क्यों दिखाते हो इसकी जरूरत नहीं है।' मुझे मंत्रियों को लेने और हटाने की पूरी आजादी थी। जरूरत पड़ने पर मैंने चार मंत्रियों को हटाया था।

काफी दिनों बाद इन्दिरा जी ने एक नाम की सिफारिश की। वे चाहती थीं कि उस विधायक को राज्य मंत्री बना दूँ। उस विधायक की छवि हेकड़ी वाली थी। मैंने उस सलाह की उपेक्षा कर दी और भूल गया। कुछ दिनों बाद आर. के. धवन का फोन आया कि प्रधानमंत्री जानना चाहती हैं कि उस विधायक को आपने मंत्रिमंडल में लिया या नहीं? मैंने तब सोचा और मुझे लगा कि यह व्यावहारिक जरूरत है।

सवाल : जिन्हें हटाया उन पर क्या कोई आरोप थे?

जवाब : कई तरह की शिकायतें थीं। उनमें भ्रष्टाचार भी एक था।

सवाल : आपके समय में ट्रांसफर के लिए विधायक कितना जोर लगाते थे?

जवाब : शुरू में यह झंझट था। विधायक सिफारिश के लिए आते थे। मैंने उनसे साफ–साफ कह दिया था कि सालभर कोई ट्रांसफर नहीं करूँगा। जून के महीने में मुख्य तौर पर ट्रांसफर होंगे। अगर प्रशासनिक जरूरत पड़ेगी तो बीच में दिसम्बर में ट्रांसफर होंगे। उसका आधार प्रशासनिक होगा, सिफारिश नहीं। इससे विधायक नाराज हुए। एक विधायक ने यहाँ तक कहा कि थानेदार और इंजीनियर हम लोगों के दरवाजे पर खड़े रहते थे। अब कोई आता ही नहीं। मैंने उनसे कहा कि मेरा भी कुछ अनुभव है। वोट में इससे फर्क नहीं पड़ता कि कौन अफसर कहाँ है। मुझे तो किसी थानेदार

और तहसीलदार की जरूरत नहीं पड़ी। एक मेरे मित्र थे बलिया के विधायक। वे किसी थानेदार का ट्रांसफर रुकवाना चाहते थे। उन्होंने इसे अपनी इज्जत का सवाल बना लिया। मैंने उनसे कहा कि आपकी इज्जत इतनी छोटी नहीं है। आपकी इज्जत जनता के साथ जुड़ी है। मैंने उनकी सिफारिश नहीं मानी। ऐसे ही एक और विधायक थे, वे वरिष्ठ नेता भी थे। किसी का ट्रांसफर रुकवाने आए थे। उनकी सिफारिश भी मैंने नहीं मानी। ऐसे लोगों से मैं कहता था कि आप चाहें तो मेरा ही ट्रांसफर करवा दीजिए, वह आसान है।

सवाल : इन तबादलों में विधायक क्यों पड़ते हैं?

जवाब : उनके ऊपर कोई संकट आए तो रक्षा कर सकें। यही कारण होता है।

सवाल : सिफारिशी तबादले न मानने पर आप कितने संकट में पड़े?

जवाब : शुरू में कुछ दिक्कतें आईं, फिर धीरे–धीरे सब ठीक हो गया। आगरा के एक विधायक थे कर्दम। संजय गाँधी के करीब थे। मेरे खिलाफ बयान दिया। उन्हें अरुण नेहरू ने बुलाकर डाँटा और कहा कि पार्टी से निकाल दिए जाओगे। इससे एक संदेश चला गया। इन्दिरा जी ने भी साफ बता दिया था कि मजबूती से चलाइए।

सवाल : अपने मुख्यमंत्रित्व काल की किन उपलब्धियों को आप चिन्हित करना चाहेंगे?

जवाब : दलितों के लिए मैंने कई निर्णय कराए थे। उसी दौरान पहली बार इलाहाबाद हाई कोर्ट में एक अच्छे वकील जज बने जो पिछड़े वर्ग से थे। योजनाओं का विकेन्द्रीकरण किया। उनकी निगरानी की समुचित व्यवस्था हुई। राज्य में कंप्यूटराइजेशन की प्रक्रिया आगे बढ़ी।

मैंने देखा कि उत्तर प्रदेश में विकास के लिए पैसे का आवंटन और निर्धारण राजनीतिक प्रभाव से तय होता था। जिसका जितना प्रभाव था वह उसी अनुपात में अपने क्षेत्र के लिए पैसे ले लेता था, यह गलत था। इसे बदलकर जरूरत के आधार पर विकेन्द्रित व्यवस्था की। योजना मद का आधा पैसा इस तरह आवंटित करवाया। पहले यह 30 फीसदी हिस्सा था फिर 50 फीसदी हुआ। बड़ी योजनाओं के लिए केन्द्रित व्यवस्था बनी और सड़क, स्कूल, अस्पताल के लिए विकेन्द्रित व्यवस्था से पैसे लिए गए। उस समय 800 ब्लॉक थे। हर ब्लॉक में पैसे देने के 36 पैरामीटर तय हुए। उसके आधार पर पिछड़ेपन का इन्डैक्स बना। बजट का एक–तिहाई इस तरह से खर्च होने लगा। यह तय हुआ कि जो जिला जितना पिछड़ा है उसी अनुपात में उसे राज्य की ओर से धन मिलेगा। इसमें कोई दलगत भेदभाव नहीं रखा गया। व्यक्ति के बजाए कुछ पैमाने तय हो गए जिसके आधार पर विकास के लिए पैसे का आवंटन

होने लगा। इस पद्धति का कुछ मंत्रियों ने विरोध किया। खासकर वीर बहादुर सिंह ने विरोध को संगठित किया। उनका तर्क था कि हम लोग क्या करेंगे, कहीं जाएँगे तो कोई घोषणा नहीं कर सकते, हम लोग बेकार हो जाएँगे।

सवाल : क्या मंत्रिमंडल में भी विरोध हुआ?

जवाब : मुझे पता था कि मंत्रिमंडल में अगर यह मामला आया तो विरोध होगा। मंत्रिमंडल में अनेक स्वर विरोध में थे। इसलिए मैंने विधायकों के सामने रखा, ताकि पार्टी की राय ली जा सके। मुझे पता था कि विधायक इससे खुश हो जाएँगे। विधायक दल में यह मसला आया। कुछ मंत्रियों ने इस स्कीम का खुला विरोध किया। मैंने उसका जवाब नहीं दिया। मैंने कहा कि विधायकों को बोलने दीजिए। विधायक इससे सहमत थे। पूरी पार्टी सहमत थी। इस कारण मंत्री जो विरोध कर रहे थे वे अलग–थलग पड़ गए। वे यह तो नहीं कह सकते कि विधायक दल के फैसले को दरकिनार कर दो। मैंने एक सिद्धान्त पर फण्ड बाँटने का जो फैसला किया था उसे विधायकों के समर्थन से लागू किया। इसमें विभागों के प्रमुखों से भी बात नहीं की। विकास के काम में दो बातें आती हैं। पहली बात होती है सत्ता के जरिए काम कराना और दूसरी आशंका पैसा खाने की होती है। फॉर्मूले पर पैसे का बँटवारा जब होता है तो उसकी निगरानी ही प्रमुख काम बन जाता है। उस पैसे का कहाँ इस्तेमाल होना है और कैसे होना है यह गाँव वाले तय करते हैं। योजना यही थी लेकिन ग्राम पंचायत के चुनाव उस समय नहीं हुए थे, इसलिए निगरानी एम.एल.ए. और एम.पी. को सौंपी गई।

सवाल : आजकल क्या वही फॉर्मूला चल रहा है?

जवाब : उस फॉर्मूले के उलट सब कुछ हो रहा है। विधायकों और मंत्रियों में पैसा बँट जाता है। ठेकेदार स्कीम बनाते हैं और बताते हैं। वे ही काम का प्रमाण पत्र देते हैं। अब धंधा भ्रष्टाचार का हो गया है।

सवाल : सांसद और विधायक निधि के उपयोग पर आपकी क्या टिप्पणी है?

जवाब : उत्तर प्रदेश और बिहार में इस स्कीम के तहत भारी भ्रष्टाचार है। उसे सरकारी विभाग लागू करते हैं। उसमें ठेकेदार तो बता ही देता है कि इसे कैसे करना है।

सवाल : क्या यह स्कीम चलती रहनी चाहिए?

जवाब : यह बंद हो जानी चाहिए। इसका पैसा किसानों, बुनकरों, बेरोजगारों की बेहतरी के लिए योजना बनाकर खर्च करना चाहिए।

सवाल : सांसद निधि में भी रिश्वतखोरी उजागर हुई है। उस समय लोकसभा अध्यक्ष ने नेताओं की जो बैठक बुलाई उसमें इसे सख्त निगरानी के साथ चलाए जाने पर सहमति हो गई। आपकी प्रतिक्रिया क्या है?

जवाब : ऐसे फैसलों का जवाब जनांदोलन होता है।

सवाल : सांसद निधि योजना की शुरुआत ही प्रलोभन देने के लिए की गई, ऐसा कहा जाता है। क्या आप भी मानते हैं कि शुरुआत गलत थी?

जवाब : सचमुच, इसकी शुरुआत ही गलत थी।

सवाल : विकेन्द्रीकरण की आपकी अवधारणा क्या थी?

जवाब : जिला स्तर पर जिलाधिकारी के हाथों से विकास के काम विभागों में जाएँ। जिलाधिकारी की भूमिका कम हो। वह डी–क्लास हो जाए। जिस विभाग का जो काम है वह वही देखे। जिलाधिकारी योजना बनाने और उसके कार्यान्वयन की निगरानी का काम देखे। उस समय 64 जिले थे। उनकी निगरानी को मंडल स्तर पर मंत्रियों के जिम्मे सौंप दिया।

सवाल : उसे आपने कैसे लागू कराया?

जवाब : जिला स्तर पर सरकारी विभाग रहते हैं किन्तु सरकार नहीं रहती। बिजली विभाग, कृषि विभाग, शिक्षा विभाग आदि ये सभी ऐसी चेन से राजधानी से बँधे हैं कि जिला स्तर पर इन पर कोई कंट्रोल नहीं रह जाता। विकेन्द्रीकरण से हमारा आशय यह था कि कलेक्टर पर कमिश्नर को अंकुश लगाने का अधिकार है। वास्तव में कलेक्टर और कमिश्नर यही दोनों सरकार के प्रतिनिधि हैं। सच्चाई यह है कि विभाग सरकार पर हावी हो गए हैं। एक विभाग दूसरे विभाग को संरक्षण देते रहते हैं और जनता की शिकायतें वैसी की वैसी पड़ी रहती हैं। ऐसे में सामान्य प्रशासन के सामने सुनवाई हो, उनकी बातों को सुना जाए और उस पर कार्रवाई हो, यही मेरा आशय था।

सवाल : क्या उस दौरान आपको कभी यह महसूस हुआ कि उत्तर प्रदेश इतना बड़ा है कि उसका समुचित प्रबंधन नहीं हो सकता। इसलिए राज्य को कई हिस्सों में बाँट देना चाहिए?

जवाब : मैं राज्य के बँटवारे के पक्ष में था। प्रशासन की सुविधा के लिए उसे बाँट देना चाहिए। यह काम मैं तो नहीं कर सकता था। इसलिए प्रशासनिक आधार पर मैंने ऐसी व्यवस्था की जो विकेन्द्रित थी। मंडल स्तर पर स्वायत्तता दी। जिलाधिकारी के बारे में शिकायतें आयुक्त देखे या उसके प्रभारी मंत्री देखें। उसका

निर्णय अंतिम होगा। सुप्रीम कोर्ट की आज्ञा लोग इसलिए मानते हैं क्योंकि वह निर्णायक होता है। उसके बाद कोई सुनवाई नहीं होती। यही अधिकार मैंने प्रभारी मंत्रियों या मंडल आयुक्त को दिए। इसका असर कुछ मामलों में बेहतर रहा। जहाँ–जहाँ राज्य में दंगे आदि की आशंका थी वे स्थान शांत हो गए, चाहे मेरठ हो या जौनपुर। इन मंत्रियों के अलावा मैंने खुद भी विकास सहित दूसरी समस्याओं की निगरानी की। मैंने मुख्यमंत्री दफ्तर को कंप्यूटराइज्ड करवाया।

सवाल : उस समय प्रशासन क्या चुस्त–दुरुस्त था?

जवाब : आज से बेहतर हालत थी। अब उसमें काफी गिरावट आ गई है। विधायक के पत्र पर पन्द्रह दिन के अंदर जिलाधिकारी से प्रारंभिक रिपोर्ट मँगवा लेते थे। विधायक को उसके काम की प्रारंभिक जानकारी पन्द्रह दिन के अन्दर दे दी जाती थी और सारे तथ्य आने के बाद अंतिम जानकारी दी जाती थी। इससे काफी चुस्ती आई। यह भी निगरानी के अंदर आया कि गलत काम कोई लेकर नहीं आता था।

मुख्यमंत्री का ज्यादा समय मिलने–जुलने में जाता है। इसलिए मैं फाइलें रात में देखता था। यह सिलसिला दो–तीन बजे रात तक चलता था। मेरे पास फाइलों के14 बक्से रोज आ जाते थे। मैंने अफसरों को बुलवाया और कहा कि इन्दिरा जी ने मुझे मुख्यमंत्री बनाकर भेजा है। मैं क्लर्की करने नहीं आया हूँ कि आप 14 बक्से रोज भेज दो। मैंने विकेन्द्रीकरण में अधिकारों को सुपुर्द करने की एक सूची बनाई। उससे जो बचे वह मुख्यमंत्री के पास आएगा। अगले दिन सिर्फ दो बक्से आए। मैंने मुख्यमंत्री का काम यह समझा कि उसे लोगों से काम करवाना है। अगर वह खुद ही करने लगे, इसका मतलब अयोग्य है।

सवाल : संजय गाँधी की दुर्घटना में मृत्यु के बाद की कौन–सी बातें आपको याद हैं?

जवाब : हुआ यह कि मैंने मिलने के लिए प्रधानमंत्री से समय माँगा था। मैं वहाँ पहुँचा, उस समय दक्षिण भारत का कोई प्रतिनिधिमंडल मिल रहा था। अचानक मैंने देखा कि आर.के. धवन दौड़ते हुए अन्दर गए और इन्दिरा जी की गाड़ी बाहर निकली। हम उनके पीछे चल पड़े। इन्दिरा जी के साथ हम लोग उस जगह गए। देखा कि संजय गाँधी का हवाई जहाज गिरा हुआ था। पेड़ों की टहनियाँ टूटी हुई थीं। उनका शव एक ट्रक पर रखा हुआ था जब वे वहाँ पहुँचीं। वह शव लाल कम्बल से ढका हुआ था। इन्दिरा जी ट्रक पर चढ़ीं और उन्होंने कम्बल हटाकर संजय गाँधी का चेहरा देखा और फिर ढक दिया। ट्रक के ऊपर लगी छड़ को पकड़कर उन्होंने अपना सिर उस पर टिकाया। मैंने देखा कि उन्हें चक्कर जैसा आया और वे वहीं बैठ गईं। ट्रक चल पड़ा, उनके पीछे–पीछे हम लोग अस्पताल आए। हम लोगों को बाहर रोक दिया

गया। अन्दर शव ले जाया गया और इन्दिरा जी गईं। थोड़े समय बाद जब शवलेपन हो गया तो और लोगों को वहाँ जाने दिया गया। उस भीड़ में से मैं और गुंडूराव सबसे पहले अन्दर गए।

देखिए, माँ के सामने बेटे का शव रखा हुआ है। दुर्घटना हो गई है, फिर भी हिम्मत करके कलेजा कठोर कर रो–धो नहीं रही हैं, बल्कि औरों को काम बता रही थीं, हौसला दे रही थीं। जो सदमा लगा था उसको शब्दों में व्यक्त नहीं किया जा सकता। मुझसे उन्होंने कहा कि आप उत्तर प्रदेश सँभालिए। राज्य सभा के चुनाव होने वाले थे। वे उस समय इस तरह से बर्ताव कर रही थीं कि सब लोग अपने–अपने काम में लग जाएँ। वे नहीं चाहती थीं कि लोग रोना–धोना शुरू करें। खुद ही सब लोगों को ढाढ़स दे रही थीं।

सवाल : क्या वे इस सदमे से हिल गई थीं?

जवाब : वे मानसिक रूप से स्थिर थीं। इसीलिए दूसरों के बारे में सोच रही थीं। वे अकेले में रोई होंगी, लेकिन सार्वजनिक रूप से उन्होंने बड़ी हिम्मत के साथ उसे झेला। उसी दिन राजीव गाँधी रात में आए। माँ–बेटे दोनों गले मिले। उसके बाद हमने देखा कि वे अन्दर चली गईं।

सवाल : क्या इन्दिरा गाँधी उस स्थान पर दोबारा गईं जहाँ दुर्घटना हुई थी?

जवाब : हाँ, दोबारा गई थीं।

सवाल : कहा जाता है कि वे कुछ ढूँढ़ने गई थीं?

जवाब : इसका तो पता नहीं।

सवाल : आपके मुख्यमंत्री बनने के कुछ ही दिनों बाद मुरादाबाद में दंगा हुआ। उसका कारण क्या था?

जवाब : मुझे जो रिपोर्ट आई वह यह थी कि वहाँ नमाज के समय संयोगवश या जानबूझकर नमाजियों में सुअर घुस गया। उसे जगह नहीं मिली तो उसी में वो दौड़ता रहा। मुसलमानों के लिए सुअर बहुत गंदी चीज है। उसके हाँकने के दौरान पुलिस और नमाजियों में कुछ टकराव और पथराव हो गया। पथराव में एस.डी.ओ. को चोट लगी। उसके बाद फायरिंग हुई। वह जगह ऐसी थी कि निकलने का रास्ता बहुत सँकरा था, इसलिए फायरिंग में कई लोग मारे गए। अफसरों को चोट लगी थी और वे चारों ओर से घिर गए थे। उस घटना के बाद दंगा हुआ।

सवाल : क्या वहाँ सफाई मजदूरों और मुसलमानों के बीच पुरानी रंजिश

रही है?

जवाब : उनमें कुछ न कुछ खटपट चलती रहती थी।

सवाल : उस दंगे पर काबू पाने के लिए आपने क्या कदम उठाए?

जवाब : दंगे के सूत्रधारों का पता शुरू में नहीं लगा। दंगा शांत हो जाता, फिर भड़क जाता था। उन्हीं दिनों इन्दिरा जी का आगरे में कार्यक्रम था। मैंने अपना भाषण बड़ी तैयारी से बनाया था। शाम का समय था। शिक्षा मंत्री रिजवी ने वह कार्यक्रम रखा हुआ था। मेरे हर वाक्य पर तालियाँ बज रही थीं। मैंने सोचा कि इन्दिरा जी ने सुना होगा तो खुश हुई होंगी। अगले दिन सुबह उन्होंने पूछा कि कल तुम क्या बोल रहे थे कि तालियाँ बहुत बज रही थीं। मैंने कहा कि आप तो वहाँ थीं। उन्होंने कहा कि हेलीकॉप्टर से उतरने के बाद कान से रूई निकालना मैं भूल गई।

उसी समय खबर आई कि मुरादाबाद में दंगा फिर भड़क गया है। इन्दिरा जी ने कहा कि कुछ करिए। मैंने उनसे कहा कि आपके दिल्ली के लिए रवाना होने के बाद मैं लखनऊ न जाकर सीधे मुरादाबाद जा रहा हूँ। वहाँ सर्किट हाउस में अफसरों को मैंने बुलाया। दोनों समुदाय के नेताओं को बुलवाया और राजनीतिक पार्टियों से जुड़े नेताओं से भी बात की। मैंने यह तय किया कि अकेले और अलग–अलग बात नहीं करेंगे। सबसे आमने–सामने बात करेंगे।

उसके बाद अफसरों से मैंने पूछा कि क्या हो रहा है? वहाँ मुझे बताया गया कि जो लोग दंगा करवाने वाले हैं वे आपकी मीटिंग में आए थे। मैंने उन्हें निर्देश दिया कि जैसे ही मेरा हेलीकॉप्टर जमीन एक इंच छोड़े उसी समय उन लोगों को गिरफ्तार कर लो। यह भी कहा कि नीति बदल दो। जो–जो दंगाई नेता हैं, अपने–अपने मोहल्ले में, 'चाहे वे हिन्दू हैं या मुसलमान' उनको बंद कर दो, जो दंगे में मदद कर रहे हैं। चाहे वे जितनी बड़ी कोठी में रहने वाले हों। उन्हें तब तक बंद करके रखो जब तक कि मोहल्ले में शांति नहीं कायम नहीं हो जाती। जैसे ही मेरा हेलीकॉप्टर उड़ा, जो लोग मुझे छोड़ने आए थे उनमें से कई लोगों को पुलिस ने गिरफ्तार कर लिया।

सवाल : क्या वे पहली बार गिरफ्तार किए गए थे?

जवाब : कोठी वाले पहली बार गिरफ्तार किए गए थे। दूसरा ऑर्डर भी दिल्ली रवाना होने से पहले वहीं किया था कि बाहर से किसी को आने मत दो। कोई न कोई आता ही रहता था। कभी कोई मंत्री आ रहा है तो कभी कोई अफसर आ रहा है। मैंने कहा कि कोई नहीं आएगा वहाँ पर, आप पहले ही मना कर दीजिए, न माने तो गिरफ्तार कर लीजिए। अगर कोई पूछता है तो कहिए कि मुख्यमंत्री का आदेश है।

सवाल : क्या यह आदेश आपका दिल्ली से आने वालों के बारे में भी था?

जवाब : वहाँ से मैं दिल्ली आया और ज्ञानी जैल सिंह से मिला, जो उस समय गृहमंत्री थे। उनसे भी मैंने यही कहा कि वहाँ जो भी जाएगा उसे गिरफ्तार करने का मैंने आदेश दे रखा है। वे अध्ययन दल भेजना चाहते थे। मैंने उनसे कहा कि आप कोई टीम मत भेजिए। कुछ दिनों पहले ज्ञानी जैल सिंह को ये ही बातें मेंने मुरादाबाद में भी कही थीं जहाँ वे मौका–मुआयना के लिए आए थे। दंगा बंद करवाना मेरा लक्ष्य था। उसके लिए जरूरी था कि बाहरी हस्तक्षेप न हो। यही बात मैंने इन्दिरा जी को बताई। बड़े पूँजीपतियों को जब गिरफ्तार करवाया तो वे अपने बचाव में सारी ताकत और पैसा दंगा बंद करवाने में खर्च करने लगे। जिन लोगों ने दंगे को भड़काया था वे ही शांत करवाने लग गए। दस दिन में दंगा बंद हो गया। प्रशासन सतर्क हो गया था। दंगा भड़काने की हरकतों को उसके बाद रोक दिया जाता था। उसके बाद फिर दंगा नहीं हुआ।

सवाल : ज्ञानी जी की क्या प्रतिक्रिया थी?
जवाब : उन्होंने कहा कि तुमने बहुत सख्त कदम उठाया है।

सवाल : आपका अनुभव क्या रहा है कि सम्प्रदायिक दंगे क्यों होते हैं?
जवाब : देखिए, दंगे कभी–कभी कराए जाते हैं। जब हम एक दंगाग्रस्त क्षेत्र में गए तो जगह–जगह मस्जिदों में मांस के लोथड़े मिले, मंदिरों में भी गाय का मांस मिला। यह हर जगह तो अपने आप नहीं हो सकता। इसके पीछे कोई न कोई होगा। यह किसी न किसी की योजना का हिस्सा होता है। दंगे के राजनीतिक कारण भी कई बार होते हैं। इसके अलावा आर्थिक प्रतिस्पर्द्धा भी होती हैं। दोनों समुदायों के लोगों में आर्थिक होड़ होती है। साथ में दोनों समुदायों के बीच असामाजिक तत्व भी कहीं न कहीं शरण पाते हैं। दोनों समुदायों के बीच उनके संरक्षक भी होते हैं, जिनसे उन्हें संरक्षण मिलता है। उनसे झगड़ा हुआ कि संरक्षक सामने आ गए। इससे बड़ी बात यह है कि जहाँ पर झगड़े की जड़ (फ्रिक्शन प्वाइंट) है उसका अंदाज पहले लग जाता है। प्रशासन और राजनीतिक दल उसका समाधान लोगों की बातचीत करके निकाल दें तो मामला आगे बढ़ने से रुक सकता है। किन्तु यह कदम उठाए नहीं जाते। झगड़ा हो जाता है तब जाकर कानून व्यवस्था की बात की जाती है। जबकि पहले से समाधान के लिए मुस्तैद रहना चाहिए। हमें जहाँ पर लगा कि साम्प्रदायिक टकराव की आशंका है वहाँ पर अपने मंत्री को भेजकर और वहाँ के अफसरों को निर्देश देकर झगड़े को खत्म कराने की कोशिश की।

सवाल : डकैत समस्या को आपने किस रूप में देखा? क्या वह मात्र कानून और व्यवस्था की समस्या थी या उसका सामाजिक संदर्भ भी था?

जवाब : मैंने उसके जटिल स्वरूप को समग्रता में देखा। अनेक डकैत समाज से बागी होकर बनते हैं। कुछ–एक परिस्थितियों के मारे हुए होते हैं। मैंने एक बार शरद यादव से जानना चाहा कि डाकुओं को सामाजिक समर्थन क्यों रहता है? उसका एक आधार जाति होती है। उस समय उत्तर प्रदेश में तीन बड़े गिरोह थे। एक गिरोह छविराम का था जिसमें यादव ज्यादा थे। एक मल्लाहों का गिरोह था, तीसरा ठाकुर गैंग था। कुछ और भी थे फुटकर। शरद यादव का कहना था कि जिन्हें डकैत कहा जाता है, उनमें से अगर कोई पिछड़ी जमात का है और दबाया गया है, वह अगर यथास्थिति से लड़ने के लिए तैयार हो जाता है तो वह उस जाति में हीरो माना जाता है। ऐसे लोगों को उस जाति में संरक्षण भी मिलता है। छविराम ने अपनी इमेज रॉबिनहुड की बना रखी थी। जो सबसे अमीर आदमी होता था उसके यहाँ ही वह डाका डालता था। उसके बारे में कहा जाता था कि वह महिलाओं पर हाथ नहीं डालता था। शादी–विवाह में अपनी जाति के लोगों की मदद करता था। उसका इस कारण प्रभाव बढ़ा और उसका सहयोग राजनीतिक लोग भी चुनाव आदि में लेने लगे।

सवाल : क्या उसके कहने से भी लोग वोट डालते थे?
जवाब : अपनी जाति पर उसका असर था।

सवाल : डकैत समस्या आपकी वरीयता पर कैसे आई?
जवाब : जब दिल्ली में तय हो गया कि मुझे मुख्यमंत्री होना है और लखनऊ के लिए जा रहे थे उस समय मैंने संजय सिंह से पूछा कि राज्य में सबसे बड़ी समस्या क्या है? उन्होंने कहा कि डकैती की समस्या से लोग चिंतित हैं। मैंने उसी समय मन बनाया कि इसे हल करने का प्रयास करेंगे। राज्य का जिम्मा सँभालने के बाद मैंने अफसरों से इस बारे में बात की। एक संदेश गया कि डकैतों के खिलाफ कार्रवाई होगी। लेकिन बड़े गिरोहों के खिलाफ कोई कामयाबी नहीं मिल रही थी। मैंने सोचा कि यह जोखिम उठाए बगैर नहीं होगा। जो डकैत हैं वे अपनी जान जोखिम में डालते हैं। मेरे मन में आया कि मुझे अपना पद अर्थात् मुख्यमंत्री की कुर्सी को जरूरत पड़ने पर जोखिम में डालना होगा। तभी मुझे नैतिक अधिकार और बल प्राप्त होगा। इसके बाद मैंने घोषणा की कि डाकुओं की समस्या हल नहीं हुई तो मैं इस्तीफा दे दूँगा।

सवाल : इसका क्या प्रभाव पड़ा?
जवाब : खासकर बड़े पुलिस अफसरों के मन में यह बात आई और वे इसे कहने भी लगे कि मुख्यमंत्री को अगर जाना पड़ता है तो यह हमारी अक्षमता होगी। हमारे ऊपर यह धब्बा होगा। इससे पुलिस सक्रिय हुई। नतीजा यह हुआ कि एक जगह मुठभेड़ में हमारा थानेदार और सिपाही मारे गए। वहाँ मैं गया और उनको खुद कंधा

दिया। एक सिपाही ने उस समय कहा कि मुख्यमंत्री जब कंधा देने के लिए आए हैं तो यह शहादत की इज्जत है। ऐसी इज्जत अगर मिलती रहे तो हम अपनी जान देने को तैयार रहेंगे। उस मारे गए सिपाही के लड़कों की शिक्षा और परिवार के लिए मदद का प्रबंध कराया। पुलिस के सक्रिय हो जाने से उनके मनोबल की जो पहले समस्या थी वह हल हो गई।

सवाल : पुलिस का उन गिरोहों से भी कोई संबंध था?

जवाब : जो सबसे बड़ा गिरोह था वह छविराम का था। उसके गिरोह में दो सौ लोग थे। उसके पास जिस तरह के हथियार थे वैसे पुलिस के पास नहीं थे। उनके अड्डे गाँव में भी थे और बीहड़ों में भी थे। उनका जाल बना हुआ था। कोई डकैत चरवाहे के रूप में गाय चरा रहा है। पुलिस आ रही है, उसे देखकर वह इशारे कर देता था और गिरोह के लोग खिसक लेते थे। हेलीकॉप्टर से उनके अड्डों का सर्वे कराने से ज्यादा फायदा नहीं हुआ क्योंकि जब तक पुलिस जाती थी तब तक वे लोग अपना बचाव कर लेते थे। छविराम कहलवाता था कि जो थानेदार इलाके का है वह पाँच हजार रुपए ले जाए। अगर उसे यह मंजूर नहीं है तो अपनी जान देने के लिए तैयार रहे। ज्यादातर थानेदार उससे पैसा ले लेते थे। वे जिधर जाते थे उसके ठीक विपरीत छविराम गिरोह आराम करता रहता था। असल में पुलिस टीम खुद ही उसके विपरीत दिशा में जाती थी। उसे अपने अड्डे को छोड़कर हटने की जरूरत ही नहीं पड़ती थी। इन समस्याओं से एक–एक कर निपटा गया। पुलिस को बेहतर हथियार दिए गए। दूसरी समस्या कम्युनिकेशन की थी। इसका हल हमने मध्य प्रदेश के मुख्यमंत्री अर्जुन सिंह से बात करके निकाला। वे गिरोह दूसरे राज्य में भाग जाते थे और दोनों राज्यों में कम्युनिकेशन की व्यवस्था नहीं थी।

सवाल : क्या बेहमई काण्ड के बाद निर्णायक कदम आपने उठाया?

जवाब : उसके बाद अभियान तेज हुआ और सफलता भी मिली। एक तो उनमें जो आपसी प्रतिद्वंद्विता थी, उसका पुलिस ने इस्तेमाल किया। पुराने थानेदार जो उस इलाके में रह रहे थे उनके अपने संबंध थे, उसका इस्तेमाल किया। ऐसे तीन–चार लोगों को सादी वर्दी में वहाँ तैनात किया गया। उनका काम था सूचनाएँ एकत्र करना और उस गिरोह में फूट डालना। इससे उस गिरोह की संख्या धीरे–धीरे कम होने लगी। उन्हीं दिनों लखीमपुर खीरी के एक विधायक थे। उन्होंने छविराम से मुलाकात की। छविराम ने आत्मसमर्पण करने का इरादा दिखाया। वह चाहता यही था कि जिस तरह जयप्रकाश नारायण ने समर्पण करवाया था वही तरीका अपनाया जाए। हम पूरी तरह आश्वस्त होना चाहते थे। इसके लिए छविराम ने एक पत्र भिजवाया, जिसमें उसने मेरे प्रति बहुत आदर प्रकट किया। आत्मसमर्पण की तैयारी हो रही थी कि बात

फूट गई। छविराम के अड्डे का पता लग गया था लेकिन उससे आत्मसमर्पण की बात चल रही थी। इसलिए ऑपरेशन करना उचित नहीं था, वह विश्वासघात होता। यह तय हुआ कि पन्द्रह दिनों तक कोई कार्रवाई नहीं होगी। उस दौरान वह निकल जाए। पुलिस ने भी अपना घेरा इस तरह से बनाया कि उसे निकलने का रास्ता मिल जाए।

एक पखवाड़े बाद फिर कार्रवाई शुरू हुई। एक जगह वह घिर गया। वह पुलिस के जाल में इस तरह फँसा कि अपने गिरोह से अलग–थलग पड़ गया। उसकी ताकत पहले ही कम हो गई थी। नदी की तलहटी में वह घिरा हुआ था। अपनी ओर से बचाव में वह गोलियाँ चलाता रहा। आखिरकार मारा गया। यह खबर आई। मैं गया, देखा कि पुलिस ने उसकी लाश को एक खंभे से बाँध रखा है। मैंने पुलिस से कहा कि ठीक है कि वो मारा गया लेकिन हमें उसकी लाश की बेइज्जती करने का कोई अधिकार नहीं है। मैंने उसके घर जाने का कार्यक्रम भी बनाया था और उसके परिवारवालों की मदद भी की।

सवाल : इस अभियान के दौरान पुलिस ज्यादतियों की शिकायतें कितनी रहीं?

जवाब : कई जगह थानेदारों ने मुठभेड़ दिखाकर छोटे–मोटे गिरोहों को भी मारा। इस पर मैंने कुछ कदम उठाए। दो थानेदारों को निलंबित किया। कई जगहों पर लोगों ने थानेदारों से मिलकर अपनी दुश्मनी निकलवाई और छोटी–मोटी मुठभेड़ दिखाकर अपने दुश्मनों को मरवा दिया। इसकी जब शिकायत मिली तो मैंने आदेश दिया कि हर मुठभेड़ का ब्यौरा मुझे दिया जाए। उसमें उस व्यक्ति का आपराधिक इतिहास भी होना चाहिए। इससे ज्यादतियों को रोकने में मदद मिली।

सवाल : ऐसी धारणा बनी हुई है कि डकैतों के खिलाफ अभियान इसलिए आपने शुरू करवाया क्योंकि आपके भाईसाहब उसी दौरान मारे गए थे। वास्तविकता क्या है?

जवाब : यह धारणा गलत है। भाईसाहब की हत्या दुर्घटनावश हुई। जिन लोगों ने उन्हें मारा वे गलतफहमी के शिकार थे। बंदूक पाने के लालच में वह वारदात की गई। डकैतों के खिलाफ अभियान से उसका कोई संबंध नहीं था। मार्च 1982 की यह घटना है जबकि डकैतों के खिलाफ अभियान मैंने 1980 में ही शुरू कर दिया था। सुबह का वक्त था। उसी समय एक फोन आया। मेरी पत्नी ने सुना और उसके बाद वे रोने लगीं। मैंने पूछा क्या हुआ? उन्होंने बताया कि दादा भाई को डाकुओं ने मार दिया है। हमारे लिए बड़ा भारी सदमा था।

भाईसाहब यानी चन्द्रशेखर प्रसाद सिंह बहुत ही मिलनसार व्यक्ति थे। वे मुझसे ढाई साल बड़े थे और जज थे। काफी कम उम्र में जज हो गए थे। अगर जीवित होते

तो वे सुप्रीम कोर्ट के चीफ जस्टिस बनते। हमारे परिवार की धुरी थे। वे निरभिमानी व्यक्ति थे। साधारण लोगों से उनके घुल–मिल जाने की कई घटनाएँ हैं जो मैं बता सकता हूँ। वे ज्योतिष के बहुत जानकार थे। वे अपनी कुण्डली भी देखकर बताते थे कि इस बार अपना जन्मदिन नहीं देख पाएँगे। हम लोग यह नहीं समझ पाते थे।

उनके बच्चों ने शिकार के लिए चलने का आग्रह किया। वे तैयार हो गए। शंकरगढ़ का जंगल नजदीक था और अपना डैया का जंगल दूर था। उन्होंने सोचा कि शाम को जाएँगे और अगले दिन सुबह या शाम तक लौट आएँगे। उस एरिया में एक छोटा–सा डाकू गिरोह था। बिना जाने कि कौन है, उस गिरोह ने पहले ही घात लगा रखा था। डाकुओं ने जंगल के इलाके से पहले के गेट से पहले बड़े–बड़े पत्थर सड़क पर खड़े कर रखे थे। भाईसाहब गाड़ी चला रहे थे। उन्हें गोली लगी और उनके लड़के को भी गोली लगी। वह बचाने के लिए आगे आया था। शंकरगढ़ के राजा महेन्द्र प्रताप सिंह जीप में थे। वे छिप गए, इसलिए बच गए।

सवाल : उन्होंने आपकी कुण्डली देखकर क्या कोई भविष्यवाणी की थी?

जवाब : उन्होंने यह कहा था कि बहुत ऊँचे जाओगे। लेकिन ज्यादा दिन नहीं रह सकोगे। यह बात उस समय की है जब मैं मुख्यमंत्री भी नहीं बना था। उन्होंने कहा था कि तुम्हारी कुण्डली में राजयोग प्रबल है परन्तु खंडित है।

सवाल : डकैत समस्या को किस हद तक आप हल कर सके?

जवाब : डकैतों के बड़े–बड़े गिरोह करीब–करीब खत्म हो गए थे। लेकिन अचानक एक घटना से सारी सफलता पर पानी फिर गया। उस घटना का भाईसाहब की हत्या से कोई संबंध नहीं है।

सवाल : क्या उसके कारण ही आपने मुख्यमंत्री पद से इस्तीफे का मन बनाया?

जवाब : मध्य प्रदेश में समर्पण किए हुए एक गिरोह ने एक गाँव पर धावा बोलकर एक दर्जन से ज्यादा लोगों को मार दिया। वह गाँव कानपुर जिले में है जो यादवों का है। जिन डकैतों ने धावा बोलकर हत्याएँ कीं, वे उस गाँव को मुखबिर मानते थे। उन्हें मध्य प्रदेश की सरकार ने पैरोल पर छोड़ा पर उसकी जानकारी इधर नहीं मिली। इस कारण सुरक्षा का एहतियाती इंतजाम नहीं किया जा सका। उस घटना से मैंने इस्तीफे का फैसला किया। सवाल विश्वसनीयता का था। मैंने सोचा कि लोगों को अपनी सफलता समझाने के लिए आँकड़े दें, इससे बात नहीं बनेगी। दो बड़ी घटनाएँ हो गई हैं इसलिए मुझे इस्तीफा दे देना चाहिए। जब यह सूचना आई, उस समय मैं अपने दफ्तर में था। मैंने घंटाभर सोचा और फिर मन बना लिया। दूसरी घटना इटावा की थी, जहाँ गवाहों को खत्म करने के लिए मार दिया गया, वे दलित थे।

सवाल : इस बारे में किसी से परामर्श करना आपने जरूरी नहीं समझा?

जवाब : ऐसी बातों में सलाह में नहीं पड़ना चाहिए। इस्तीफे की सलाह कोई नहीं देता। मैं जानता हूँ कोई नहीं कहेगा कि इस्तीफा दो। मैंने प्रेस कॉंफ्रेंस बुलाई और उससे पहले अपना इस्तीफा राज्यपाल को भेज दिया।

प्रेस में जाने से पहले मैंने सोचा कि इन्दिरा जी को सूचित कर दूँ। मैंने फोन लगाया। उधर से माखनलाल फोतेदार ने फोन उठाया। फिर मैंने यह सोचकर कि अभी बताना ठीक नहीं है, उन्हें सूचित करने का इरादा बदल दिया। उसी दिन शाम को आर.के. धवन का फोन आया। पूछा कि क्या आपने इस्तीफा दे दिया है? मैंने कहा हाँ। उन्होंने कहा कि क्या बात है, मैडम को एजेंसी की खबर से मालूम हुआ है कि आपने इस्तीफा दे दिया है। खैर, मैं धवन से क्या कहता। शाम को राज्यपाल सी.पी. एन. सिंह ने बुलवाया। कहा कि प्रेस में क्यों दे दिया? मुझे इस्तीफा देते तो मैं उसे फाड़कर फेंक देता और कहता कि इस्तीफा वापस लो। मैंने उनसे कहा कि इरादा बना लिया था इसलिए इस्तीफा दे दिया।

कुछ लोगों ने इन्दिरा जी से शिकायत की कि इसमें गहरी चाल है। विश्वनाथ प्रताप सिंह हेमवती नन्दन बहुगुणा से मिलकर राष्ट्रपति के उम्मीदवार को हरवाना चाहते हैं। राष्ट्रपति का चुनाव होने वाला है। पता नहीं चुनाव में चीफ मिनिस्टर क्या करें। इन्दिरा जी नाराज तो थीं, लेकिन उनका विश्वास मेरे ऊपर बना रहा, वह उठा नहीं था। उन्होंने शिकायत को ज्यादा महत्त्व नहीं दिया। राज्यपाल भी इस बात से चिंतित थे कि राष्ट्रपति चुनाव में क्या होगा। मैंने उन लोगों को आश्वासन दिया कि देश में सबसे ज्यादा विपक्ष के वोट उत्तर प्रदेश से राष्ट्रपति के उम्मीदवार ज्ञानी जैल सिंह को मिलेंगे, काँग्रेस की ताकत से ज्यादा और यही हुआ भी।

सवाल : इसका आपको पहले से अनुमान था, इसका आधार क्या था?

जवाब : विपक्ष के साथ मेरा संबंध बढ़िया था। इस कारण 19 वोट ज्यादा मिले।

सवाल : राष्ट्रपति चुनाव के दौरान आप मुख्यमंत्री बने रहे?

जवाब : मेरी जगह तुरंत कोई दूसरा आ सकता था लेकिन इन्दिरा जी ने राष्ट्रपति चुनाव तक टाला। उसी दौरान वे नैनीताल आईं। हल्द्वानी में मैंने उनकी अगवानी की। वहाँ से सड़क मार्ग से ही जाना था। मुझे संदेह था कि वे नाराजगी में उसी तरह अपमान मेरा कर सकती हैं जैसे एक बार हेमवती नन्दन बहुगुणा के साथ इलाहाबाद में किया। वे कतार में खड़े लोगों से फूलमाला लेती चली गईं, लेकिन जहाँ हेमवती नन्दन बहुगुणा को देखा वहीं से वापस आ गईं, इससे लोगों को यह पता लग गया कि वे उनसे नाराज हैं। यह अंदेशा मेरे मन में अपने लिए था। फिर भी वहाँ जाना तो था ही। जब इन्दिरा जी का हवाई जहाज उतरा और दरवाजा खुला तो वे उतरीं।

उनके पीछे नारायण दत्त तिवारी और मोहिसिना किदवई थे। मैं बुके लिए हुए खड़ा था और यह सोच रहा था कि कहीं आगे न बढ़ जाएँ, ऐसा हुआ नहीं। उन्होंने गुलदस्ता लिया। मैंने सोचा कि उनके साथ राज्यपाल वगैरह जाएँगे और जो दूसरे वरिष्ठ नेता हैं वे जाएँगे। लेकिन इन्दिरा जी ने मुझे पुकारा। उन्होंने अपनी गाड़ी में बैठाया। रास्ते में इस्तीफे की कोई बात नहीं हुई। वे अपने बचपन की बातें याद करती रहीं। लौटते वक्त उनको विदा करते समय भी कोई बात नहीं हुई।

सवाल : हेमवती नन्दन बहुगुणा किन कारणों से काँग्रेस पार्टी से बाहर गए?

जवाब : वे 1980 में काँग्रेस में दोबारा आए थे। उन्हें इन्दिरा गाँधी ले आई थीं। वे पार्टी के महासचिव बनाए गए थे। उन्होंने पूरी पार्टी के बजाए अपने लोगों की चिंता ज्यादा करना शुरू कर दिया। वे अपने समर्थकों के लिए सीटों पर मोल–तोल करने लगे। उसी समय मुझे यह लगा कि वे इन्दिरा गाँधी की पार्टी में अपने लिए जो जगह बना रहे हैं वह उनके लिए घातक साबित होगा। वे ज्यादा दिन काँग्रेस में ठहर नहीं पाएँगे। उनके खिलाफ पार्टी में एक माहौल बनने लगा था।

सवाल : उस समय उन्होंने काँग्रेस से इस्तीफा देने के साथ ही लोकसभा की सदस्यता छोड़ दी। इसकी काँग्रेस में क्या प्रतिक्रिया हुई?

जवाब : इस पर अलग–अलग प्रतिक्रियाएँ थीं। वे काँग्रेस से जब 1977 में निकले उस समय पार्टी के नेता चिंतित थे। 1980 में दोबारा काँग्रेस से निकलने पर बहुतों ने राहत की साँस ली थी, क्योंकि वे जो–जो सीटें माँग रहे थे उससे काँग्रेस के वे नेता जो चुनाव लड़ना चाहते थे, डरे हुए थे। इस रूप में कि बहुगुणा का स्काईलैब पता नहीं कहाँ–कहाँ गिरेगा।

सवाल : क्या इसे काँग्रेस ने चुनौती माना या यह माना कि हेमवती नन्दन बहुगुणा इन्दिरा गाँधी को चुनौती दे रहे हैं?

जवाब : एक ही बात है। मुझे उनकी शर्तों से समझ में आ गया था कि वे अधिक दिनों तक काँग्रेस में टिक नहीं पायेंगे क्योंकि वे इंदिरा गाँधी के समानांतर अपना वर्चस्व पार्टी में बनाए रखना चाहते थे।

सवाल : लोकसभा से उनका इस्तीफा जैसे ही हुआ, यह तय हो गया कि उपचुनाव में काँग्रेस से उनका मुकाबला होगा। इसके लिए क्या किसी स्तर पर जो फैसला हुआ उसमें आप थे?

जवाब : हाँ, मैं शामिल था। यह फैसला हुआ था कि इनको हराना है।

सवाल : आपके मुख्यमंत्रित्व काल में वह उपचुनाव हुआ। उसका संचालन दिल्ली में किनके हाथों में था?

जवाब : जहाँ तक मुझे याद है अरुण नेहरू और माखनलाल फोतेदार सूत्रधार थे।

सवाल : क्या वह एक साधारण–सा उपचुनाव मात्र रह गया था?

जवाब : वह साधारण उपचुनाव नहीं रह गया था।

सवाल : बहुगुणा के उपचुनाव में मुख्यमंत्री के रूप में आप पर क्या जिम्मेवारी आई?

जवाब : बहुगुणा गढ़वाल के उपचुनाव में उम्मीदवार बने। काँग्रेस पार्टी ने इसे प्रतिष्ठा का प्रश्न बना लिया था कि किसी भी कीमत पर बहुगुणा जीतने नहीं पाएँ। किन्तु यह साफ दिख रहा था कि बहुगुणा जीत रहे हैं। चुनाव हुए और एक योजना के तहत चुनाव आयोग के समक्ष तमाम रिपोर्टें भिजवाई गईं। आयोग पर दबाव डाले गए। फलतः चुनाव निरस्त कर दिया गया। मुख्यमंत्री होने के नाते मैंने भी उसमें सक्रिय भूमिका निभाई। उस निर्णय को कार्यरूप देने की जिम्मेवारी मेरी थी। किन्तु मतदान से दो दिन पहले चुनाव अभियान की कमान मुझसे ले ली गई और संजय सिंह, वीर बहादुर सिंह तथा धर्मवीर को सूत्रधार बना दिया गया। तब मैंने समझा कि अब यहाँ बहुगुणा को हराने के लिए सारे हथकंडे अपनाए और आजमाए जाएँगे। यही हुआ भी, हालाँकि उसका नतीजा काँग्रेस के मनोनुकूल नहीं हुआ।

सवाल : बहुगुणा जी को हरवाने का फैसला हो गया था तो यह किसका फैसला था?

जवाब : फैसला पूरी काँग्रेस का था। उसमें हम लोग भी शामिल थे। यह एक सामूहिक निर्णय था, कहीं से कोई दबाव की बात नहीं थी।

सवाल : आपके अलावा दूसरे मुख्यमंत्रियों ने भी 'बहुगुणा हराओ अभियान' में भूमिकाएँ निभाई?

जवाब : हाँ, अगल–बगल के प्रांतों के मुख्यमंत्री भी उस चुनाव में अभियान चलाने आए। हिमाचल प्रदेश और हरियाणा के मुख्यमंत्री हम लोगों के साथ प्रचार कर रहे थे। इनके अलावा सभी मंत्री भी इस कार्य में लगाए गए थे। हरियाणा के मुख्यमंत्री भजनलाल अपने साथ बड़ी संख्या में कार्यकर्ताओं को भी साथ लाए थे। भजनलाल के कहने पर वे कार्यकर्ता बाजार में जाकर लाठियाँ बाँस आदि खरीदने लगे, जिससे क्षेत्र में अफवाह फैल गई कि भजनलाल मतदाताओं को डराने–धमकाने तथा बूथ पर

कब्जा करने के लिए बाजार से लाठियाँ खरीद रहे हैं। तभी मैं वहाँ पहुँचा था तो देखा कि हरियाणा से आए वर्करों के बीच भजनलाल लाइन लगवाकर लाठियाँ बँटवा रहे थे। तभी मैं समझ गया था कि सारा मामला बिगड़ जाएगा। वहाँ के लोगों में इतनी प्रतिक्रिया हुई कि वे लोग किसी बूथ पर कब्जा करने जा नहीं पाए। वहाँ के लोग पत्थर लेकर पहाड़ के ऊपर से मारने लगे और सभी जान बचाकर भागे क्योंकि पहाड़ों में काम करने का अनुभव उन्हें नहीं था।

सवाल : बहुगुणा के उस चुनाव में बड़े पैमाने पर मतदान केन्द्रों पर कब्जे और भारी गड़बड़ी की शिकायतें आई थीं। उस समय आरोप और जवाबी आरोप के शोरशराबे में तय करना कठिन था कि सच्चाई क्या है। वास्तव में क्या बहुगुणा पक्ष के आरोप सही थे?

जवाब : हाँ, आरोपों में सच्चाई थी। दरअसल, गढ़वाल का उपचुनाव उस समय काँग्रेस के लिए प्रतिष्ठा का विषय बन चुका था। चाहे जो हो जाए, काँग्रेस ने तय कर रखा था कि बहुगुणा को हरवाना है। इस ध्येय के लिए सारा काम किया जा रहा था। मेरा इरादा साफ था कि लड़ेंगे तो लोकतांत्रिक तरीके से लड़ेंगे, कोई गलत हथकण्डा नहीं अपनाएँगे। इसीलिए मुझे आखिरी वक्त में चुनाव से अलग कर दिया गया।

सवाल : मतदान के दो दिन पहले चुनाव की जिम्मेवारी आपसे लेकर संजय सिंह और वीर बहादुर को सौंपने का निर्देश किसने दिया?

जवाब : मुझे पूरी तरह से याद तो नहीं है, मेरे ख्याल के मुताबिक ऐसा निर्देश अरुण नेहरू और फोतेदार ने ही दिया होगा।

सवाल : काँग्रेस पार्टी की पूरी ताकत के बावजूद बहुगुणा की जीत के कौन से कारण थे?

जवाब : वे उसी क्षेत्र के थे, हालाँकि उनकी कर्मभूमि इलाहाबाद थी। पहाड़ पर वे व्यवस्था विरोधी नेता के रूप में उस समय लोकप्रिय हो गए थे जिसका उनको लाभ मिला। हमें भी साफ दिख रहा था कि वे जीत रहे हैं। जनता यह पसंद नहीं करती कि कोई बाहरी आदमी आकर हमारे क्षेत्र में लाठी लेकर घूम–घूमकर बूथ पर कब्जा करे। उस इलाके के लोगों में काँग्रेस के चुनाव अभियान के प्रति जबरदस्त प्रतिक्रिया थी, जिसका भी फायदा बहुगुणा को मिला।

सवाल : आपके मुख्यमंत्रित्व काल में माया त्यागी का मामला काफी उछला था। आखिरकार वह किस्सा क्या है?

जवाब : हाँ, माया त्यागी का एक किस्सा हुआ था। यह रिपोर्ट आई कि थानेदार

ने माया त्यागी को निर्वस्त्र करके बाजार में घुमाया है और उसके साथ बदसलूकी की है। इसे ही विपक्ष के लोगों ने बड़ा मुद्‌दा बनाया था, खासकर लोकदल ने।

सवाल : आखिरकार विपक्ष ने इस घटना को बड़े मुद्‌दे में कैसे तब्दील कर दिया?

जवाब : माया त्यागी के मामले को लेकर मैंने वहाँ के विधायक को बुलाया। आरोप और घटना के बारे में पूछा। किन्तु उन्होंने बताया कि ऐसी कोई घटना नहीं हुई है। विधायक की बात पर मैंने पूरा भरोसा तो नहीं किया, लेकिन आरोप की सच्चाई पर मुझे संदेह होने लगा, फिर मैंने उस इलाके के अन्य दो–तीन विधायकों से पूछा। उन लोगों ने भी इसे झूठ बताया। उन्होंने कहा कि विपक्ष व्यर्थ का वितंडा खड़ा करना चाह रहा है। जब जिलाधिकारी से रिपोर्ट माँगी तो उसने भी मना कर दिया। यहाँ तक कि कमिश्नर ने भी अपनी रिपोर्ट में घटना से इंकार कर दिया था। इस पर मुझे विश्वास हो गया कि यह बात झूठी है। उधर विपक्ष ने बड़ा आंदोलन खड़ा किया। उसी के तहत जेल भरो अभियान चलाया। मैंने आंदोलन के प्रति कड़ा रुख अपनाया। आंदोलनकारियों को इस कारण महीनेभर जेल में रहना पड़ा।

सवाल : उन आंदोलनकारियों में कोई राष्ट्रीय स्तर के नेता भी थे?

जवाब : हाँ, राजनारायण भी जेल में बंद थे।

सवाल : वह आंदोलन क्या अपने आप ठंडा हो गया?

जवाब : प्रायः होता यह है कि जेल भरो अभियान में लोग सोचते हैं कि जेल चलो, शाम तक या एक–दो दिनों में छूट कर घर आ जाएँगे। जब ऐसा नहीं होता है और आंदोलनकारियों की तैयारी लंबी लड़ाई की नहीं होती है तब देर तक मनोबल बनाए रखना मुश्किल होता है। यही उस आंदोलन में हुआ। दस–पन्द्रह दिनों के भीतर ही आंदोलनकारियों का मनोबल टूटने लगा। उनकी इस मानसिक बनावट से मैं परिचित था। मेरा तर्क था कि विपक्ष ने स्वयं जेल भरो अभियान आरंभ किया है। ऐसी हालत में उन्हें छोड़ने का कहाँ सवाल उठता है। मेरा कहना था कि लोग जमानत लेकर चाहें तो निकल जाएँ। यह उनका अधिकार है। वे लोग जमानत लेना नहीं चाहते थे। मैंने आदेश दे रखा था कि सरकारी पक्ष जमानत का विरोध नहीं करेगा। उस समय जमानत पर छूटना आंदोलन के लिए हेठी मानी जाती थी। अपनी नाक बचाने के लिए विपक्ष ने मेरे ऊपर दबाव बनाया। उन्हीं दिनों राजनारायण को हैदराबाद की एक सभा में भाषण करने जाने था। वह सभा पहले से तय रही होगी। वे और उनके समर्थक चाहते थे कि राज्य सरकार उन्हें बिना शर्त रिहा कर दे। मैंने भी सोचा कि अब बहुत हो गया। आंदोलनकारियों को छोड़ देना ही चाहिए। उन्हें रिहा करने का आदेश दे दिया। उस घटना के बाद मेरे समय में विपक्ष ने कभी जेल भरो अभियान नहीं चलाया।

सवाल : क्या चर्चित माया त्यागी काण्ड झूठा था?

जवाब : बाद में मैंने इस पर सोचा और छानबीन करवाई कि क्या आंदोलन निराधार था और प्रेस भी बेवजह उसे तूल दे रहा था। इसके लिए मैंने एक ईमानदार अधिकारी भूरेलाल को जाँच में लगाया। वे मुख्यमंत्री सचिवालय में थे। उन्होंने मुझे रिपोर्ट दी कि आरोप सही है।

सवाल : उसके बाद आपने क्या कार्रवाई की?

जवाब : अफसोस हुआ कि मुझे गुमराह किया गया। मैंने तत्काल कार्रवाई के आदेश दिए। दोषी थानेदार को निलंबित किया गया। उस पर मुकदमा कायम किया गया। जहाँ तक मुझे स्मरण है कि वह बाद में नौकरी से निकाला भी गया। माया त्यागी का प्रसंग मेरे लिए नया अनुभव था।

सवाल : आप बता रहे हैं कि वह घटना आपके लिए एक नया अनुभव था। वह किस रूप में था?

जवाब : एक मुख्यमंत्री की दो आँखें होती हैं। उसे अपनी आँखें खुली रखनी चाहिए। राजनीतिक कार्यकर्ता, विधायक, सांसद आदि उसके लिए पहली आँख का काम करते हैं और प्रशासन तंत्र दूसरी आँख होती है। मैं महसूस करता हूँ कि उस घटना में मेरी दोनों आँखों ने काम करना बंद कर दिया। ऐसी दशा में मुझे गड्ढे में गिरने से कौन रोक सकता था? मेरे लिए नया सबक यह था कि सहज रूप से भरोसा नहीं करना चाहिए। तभी गुमराह होने से बचा जा सकता है। मैंने भरोसा किया और यही गलती हो गई। जिलाधिकारी और कमिश्नर ने अगर सही बात बताई होती तो मैं आंदोलनकारियों को जेल नहीं भेजता।

सवाल : क्या उस थानेदार को बचाने के लिए प्रशासन और राजनेता एक हो गए थे?

जवाब : उस थानेदार की मदद में विधायक थे जिनका उससे ताल्लुक था। लेकिन पार्टी का दबाव नहीं था।

सवाल : आपके मुख्यमंत्रित्व काल में राजीव गाँधी अमेठी से पहली बार चुनाव लड़े। उस चुनाव में विपक्ष ने क्या कोई मुद्दा उठाया था?

जवाब : नहीं, उस चुनाव में कोई खास मुद्दा नहीं था। राजीव गाँधी अमेठी से पहली बार चुनाव लड़ रहे थे। उनके नामांकन के समय ही बिल्कुल स्पष्ट था कि वे जीत रहे हैं।

सवाल : उसमें शरद यादव विपक्ष के उम्मीदवार थे। तब यह आरोप लगा था कि काँग्रेस ने विपक्षी उम्मीदवार को हराने के लिए धाँधली करवाई थी। आपकी जानकारी क्या है?

जवाब : गलत है। लोग राजीव गाँधी को जिताने के लिए उत्साहित थे। ऐसे समय में धाँधली का आरोप उचित नहीं है। वहाँ उसकी जरूरत ही नहीं थी।

सवाल : अमेठी के अपने उस चुनाव में राजीव गाँधी ने चुनाव प्रचार किस प्रकार किया?

जवाब : उस चुनाव में राजीव गाँधी ने बहुत मेहनत की थी। वे वहीं रहते थे। उनके साथ सभी लोग वहीं रहकर चुनाव प्रचार करते थे। चुनाव अभियान के दौरान मैं भी तीन बार वहाँ गया था। अमेठी की पूरी जनता उनको जिताने के लिए उतावली थी। प्रदेश के मंत्रियों को चुनाव में नहीं लगाया गया था। एक स्पष्ट निर्देश था कि वे ही वहाँ जाएँ जिन्हें काम सौंपा गया है। मंत्रियों का मेला नहीं लगाना है।

सवाल : राजीव गाँधी के उस चुनाव का कोई रोचक प्रसंग जो आपको याद हो?

जवाब : अमेठी के उसी चुनाव में धरतीपकड़ नामक एक व्यक्ति ने भी नामांकन का पर्चा भरा था। वे स्वतंत्र उम्मीदवार थे। उनका किसी दल से संबंध नहीं था। कुछ दिन चुनाव प्रचार करने के बाद वे गायब हो गए। हमें चिंता हुई कि कहीं उन्हें मार न दिया गया हो। ऐसा होने पर चुनाव की प्रक्रिया रुक जाती और दोबारा चुनाव कराने पड़ते। मैंने गुप्तचर विभाग को खोजबीन में लगाया। मालूम हुआ कि वे मध्य प्रदेश में हैं। वे अपने घर में आराम से खा–पी रहे हैं। उन्हें अमेठी में चुनाव प्रचार के लिए तैयार किया गया। उनकी सुरक्षा का प्रबंध कराया गया ताकि पूरे चुनाव तक उनकी देखभाल हो सके। इस घटना के बाद उस चुनाव में सभी उम्मीदवारों को सुरक्षाकर्मी मुहैया कराए गए।

सवाल : उस क्षेत्र के सभी उम्मीदवारों को सुरक्षाकर्मी दिए गए। इसकी वजह क्या थी?

जवाब : एक उम्मीदवार को जब सुरक्षाकर्मी उपलब्ध करा दिए गए तो अन्य को मना कैसे किया जाता। इसलिए सभी उम्मीदवारों को सुरक्षाकर्मी दिए गए।

सवाल : क्या किसी उम्मीदवार ने सुरक्षा में मिली पुलिस का दुरुपयोग किया जिसकी आपको जानकारी मिली हो?

जवाब : इस घटना का संबंध अमेठी के चुनाव से नहीं है। इलाहाबाद में लोकसभा के चुनाव में एक स्वतंत्र उम्मीदवार था। उसकी सुरक्षा में दो सिपाही लगाए गए। वह

एक बड़ा साहूकार था, जो रुपये ब्याज पर लगाता था। उसने दोनों सिपाहियों को लेकर उधार के पैसे वसूलना शुरू कर दिया। वसूली की रकम का एक हिस्सा वह उन दोनों सिपाहियों में बाँटता था। वह और उसके साथ दोनों सिपाही एक बादामी कागज पर कुछ लिखकर उधार लेने वाले लोगों के यहाँ जाकर कहते थे कि तुम्हारे नाम का वारंट आया हुआ है। इस तरह की तरकीब से पूरे चुनाव के दौरान उसने पैसे की वसूली की।

सवाल : तिंदवारी विधानसभा के उपचुनाव में विपक्ष ने आपके खिलाफ क्या कोई उम्मीदवार खड़ा किया?

जवाब : विपक्ष ने मेरे खिलाफ कोई अधिकृत उम्मीदवार नहीं खड़ा किया था। उस चुनाव में बाँदा के एक तमोली ने स्वतंत्र उम्मीदवार के रूप में पर्चा दाखिल कर दिया था।

सवाल : क्या वह चुनाव प्रचार में सक्रिय था?

जवाब : वह उम्मीदवारी का पर्चा दाखिल करने के बाद अपने घर चला गया था। वहाँ अपनी दुकान पर पान लगा रहा था, उसी समय उसके पास दो सिपाही पहुँचे। पहले तो उन सिपाहियों को देखकर डर गया कि उसे वे बंद करने आए हैं। फिर उसने पूछा कि आप किस काम के वास्ते आए हैं? तब उन सिपाहियों ने कहा कि हमें आपकी सुरक्षा के लिए भेजा गया है, क्योंकि आप तिंदवारी से चुनाव लड़ रहे हैं। इसलिए आपकी हिफाजत के लिए हम आए हैं। इस पर वह खुशी से उछल पड़ा कि इतनी अहमियत तो मिली। मैं अब चुनाव लड़ूँगा। वह चुनाव प्रचार के लिए तिंदवारी आया और अभियान में जुट गया। कुछ दिनों तक उसने जोर–शोर से प्रचार किया। उसके बाद गर्मी में पेड़ के नीचे बैठकर सिपाहियों से चीनी का शर्बत पिलाने को कहता था। सिपाही जब यह कहते थे कि हमारा काम आपकी सुरक्षा है तो वह बोलता था कि मैं गर्मी में लू से मरूँ या गोली से, बात एक ही है। तुम्हारे मुख्यमंत्री का चुनाव टल जाएगा। फिर से चुनाव कराना पड़ेगा। इसलिए मेरी हिफाजत का जिम्मा तुम लोगों पर है। सिपाहियों ने थानेदार से इजाजत लेकर उसको रोज चीनी का शर्बत पूरे चुनाव के दौरान पिलाया। वह शर्बत पीता था और खूब घूमता था।

सवाल : आपने तिंदवारी विधानसभा क्षेत्र को ही क्यों चुना?

जवाब : तिंदवारी बाँदा में है जो फतेहपुर लोकसभा क्षेत्र से जुड़ा हुआ है। उस क्षेत्र से मै काफी पहले से वाकिफ रहा हूँ, क्योंकि वह मेरे भाईसाहब संत बख्श सिंह का चुनाव क्षेत्र रहा है। विश्वविद्यालय के दिनों के मेरे कई मित्र फतेहपुर के थे जिनका संपर्क तिंदवारी से था। इन्हीं सब कारणों से तिंदवारी से चुनाव लड़ना मैंने मुनासिब

समझा।

सवाल : तिंदवारी क्षेत्र के विधायक एस.पी. सिंह का पुनर्वास आपने किस तरह किया?

जवाब : वे विधान परिषद के लिए मनोनीत कर दिए गए।

सवाल : तिंदवारी के चुनाव प्रचार में आपने कौन--सी शैली को अपनाया था?

जवाब : चुनाव अभियान के क्रम में मैं तिंदवारी केवल दो बार गया। मुख्यमंत्री होने के कारण लोग काफी उम्मीद करते हैं, यही तत्व पक्ष में प्रचार का काम करता है। बहरहाल मैंने निर्देश दे दिया था कि मेरे चुनाव प्रचार में कोई भी चौपहिया गाड़ी नहीं चलेगी। सिर्फ दोपहिया यानी मोटरसाइकिल या साइकिल ही इस्तेमाल की जाएगी। मैं भी मोटरसाइकिल से ही वहाँ जब गया तो घूमा। नामांकन करने लखनऊ से बाँदा मैं बस से गया था। मेरी जेब में पैसा नहीं था क्योंकि मैं पैसा रखता नहीं था। टिकट खरीदने के लिए मैंने अमार रिजवी से पैसा लिया। वहाँ से फिर मोटरसाइकिल से तिंदवारी पहुँचा। वहाँ की जनता बहुत ही मुस्तैद थी। कई बार लोगों ने कार और जीप देखते ही घेरा डाल दिया था, इस अंदेशे में कि वे कहीं कब्जा करने तो नहीं आए हैं। मैंने साफ–साफ कह रखा था कि यदि चौपहिए का कहीं भी इस्तेमाल हुआ तो मैं इस सीट से त्यागपत्र दे दूँगा। इससे सभी डरे हुए थे। लोगों में काफी उत्साह था। मोटरसाइकिल से मैंने दो दिनों तक चुनाव प्रचार किया। जितने मंत्री थे वे जगह–जगह गाँवों में डेरा डालकर प्रचार अभियान में पूरे चुनाव तक जुटे रहे। वहीं वे रहकर साइकिल से या पैदल घूमते थे। सभी ने मेरे निर्देश का पालन किया।

सवाल : वह चुनाव तड़क–भड़क से दूर रहा। फिर भी आप मानते हैं कि लोगों में सही संदेश पहुँचा?

जवाब : वहाँ की जनता ने मुझे 98 प्रतिशत मतों से विजयी बनाया। वह एक रिकॉर्ड है। एक बार प्रसंगवश मैंने प्रणव मुखर्जी से यह बात कही तो उनकी टिप्पणी थी कि इतने अधिक अनुपात में सिर्फ कम्युनिस्ट देशों के उम्मीदवारों को वोट मिलते हैं।

सवाल : तिंदवारी विधानसभा क्षेत्र का सामाजिक समीकरण क्या है?

जवाब : तिंदवारी में दो जातियाँ प्रमुख हैं, मल्लाह और राजपूत। वहाँ एक नदी है। मल्लाहों का वहाँ बड़ा भारी इलाका है। मल्लाह वहाँ से जीतते भी रहे हैं। मल्लाहों ने इस चुनाव में भी एक मल्लाह को खड़ा किया था। बाद में उसने अपना नाम वापस ले लिया था। मल्लाहों के सभी वोट मुझे मिले थे। मल्लाहों ने नदी के अंदर सैकड़ों

नावों को जोड़कर एक सभा आयोजित की थी। नदी में ही उस सभा को मैंने संबोधित भी किया।

सवाल : नदी के भीतर सभा? क्या यह एक अनोखा चुनाव प्रचार नहीं था?

जवाब : हाँ, बिल्कुल अभूतपूर्व। नदी में पानी था। नदी में तमाम नावें थीं। उन्हीं पर सब लोग बैठे थे। वहीं पर लाउडस्पीकर लगा था जिसे चारों दिशाओं में कोई घुमा रहा था। सभी ध्यान से हमारी बातों को सुन रहे थे। सचमुच में वह सभा एक अनोखी चुनावी सभा थी। वहीं मल्लाहों ने हाथों में मछली लेकर मेरा स्वागत किया था। वहाँ का यह रिवाज था।

सवाल : आप जिन दिनों मुख्यमंत्री थे, उन दिनों उत्तर प्रदेश से राजनारायण ने राज्यसभा का चुनाव लड़ा था। क्या उनको हराने के लिए काँग्रेस की ओर से कोई निर्देश आपको मिला था?

जवाब : हाँ, उन दिनों राजनारायण राज्यसभा का चुनाव लड़े थे। उनको हराना है, ऐसा काँग्रेस की ओर से साफ–साफ कहा गया था।

सवाल : राजनारायण को हराने के लिए क्या आपको विशेष व्यवस्था करनी पड़ी?

जवाब : राज्यसभा के लिए मतदान वरीयता प्रणाली पर होता है। एन.के.पी. साल्वे ने हिसाब लगाकर हर विधायक की एक व्यवस्था बनवा दी थी। उसमें यह जाना जा सकता था कि किस विधायक ने किसको वोट दिया। उस चुनाव में अनेक उम्मीदवार थे। हमारी कोशिश थी कि पहला वरीयता का वोट काँग्रेस के उम्मीदवार को मिले और अन्य वरीयता का फायदा राजनारायण को न मिले। विधायकों की खरीद–फरोख्त न हो सके, इसका पक्का इंतजाम किया गया था। हर विधायक के लिए तय था कि उसे किस मंत्री के कमरे में रहना है। वहीं से वोट देने से पाँच मिनट पहले पर्ची लेकर उसे जाना था। यह व्यवस्था इसलिए की गई थी कि विधायकों से राजनारायण के लोग किसी भी तरह से संपर्क न कर पाएँ। इसके अलावा विधायकों को साफ–साफ बता दिया गया था कि उन्हें काँग्रेस का निर्देश न मानने पर पार्टी से निकाला जा सकता है। इस व्यवस्था से राजनारायण को हारना ही था और काँग्रेस के उम्मीदवारों को जीतना ही था।

सवाल : क्या उस समय क्रॉस वोटिंग करनेवाले को विधानसभा की सदस्यता से बर्खास्त करने का नियम था?

जवाब : यह पार्टी पर निर्भर करता है। इतना तय था कि भेद खुलने पर पार्टी में उसका भविष्य खत्म हो जाएगा। हालाँकि यह साबित करना बहुत मुश्किल होता है

कि उसने क्रॉस वोटिंग की।

सवाल : चुनाव परिणाम के बाद राजनारायण से आपकी मुलाकात क्या सौहार्दपूर्ण रही?

जवाब : वे मुझसे बहुत नाराज थे। उन्होंने मुझसे कहा कि तुमने मुझे हरवा दिया। इस पर मैंने उनसे कहा कि गुरुजी यह हम लोगों का धर्म है। यह तो कुरुक्षेत्र है। मैं आपकी इज्जत करता हूँ पर यह तो युद्ध है। इसमें मैं क्या कर सकता हूँ।

सवाल : उन दिनों यह छपा था कि राजनारायण और आपकी बंद कमरे में एक घंटे तक मुख्यमंत्री निवास में गुफ्तगू हुई, वह प्रसंग क्या था?

जवाब : एक दिन राजनारायण मुझे लखनऊ हवाई अड्डे पर मिल गए। उन दिनों वे अपनी पार्टी से कुछ नाराज चल रहे थे। मैंने उनसे कहा कि मैं आपको पहुँचाता हूँ। वे मेरी गाड़ी में बैठ गए। रास्ते में अपनी पार्टी की खींचतान को खिन्न होकर सुना रहे थे। उसी समय मैंने उनसे कहा कि एक कप चाय लेकर फिर जाएँ। वे तैयार हो गए क्योंकि बातचीत करना चाहते थे। हम मुख्यमंत्री निवास पहुँचे। वहाँ वे घंटे भर रहे होंगे। यही सब अगले दिन अखबारों में छपा।

सवाल : अखबार में इस समाचार के छपने पर उनकी कोई टिप्पणी?

जवाब : वे इसका खंडन करते जाते थे। मुझसे पूछा तो मैंने उनसे कहा कि हवाई अड्डे पर जिन लोगों ने देखा उनसे ही यह बात बाहर निकली होगी।

अध्याय : पाँच

व्यापार की राजनीति

अध्याय परिचय

'अफसर का वही उपयोग है जो रन्दे का होता है। राजनीतिक नेतृत्व को यह समझ होनी चाहिए कि वह रन्दे को अच्छी तरह से सँभाल कर पकड़े। फिर वह काम अच्छा करता है।' ये वाक्य विश्वनाथ प्रताप सिंह के हैं। अफसरों से काम लेने का आपका तरीका क्या होता था, इस सवाल पर उन्होंने अपने कामकाज का यह रहस्य खोला है। इसी तरीके का इस्तेमाल कर उन्होंने केन्द्र सरकार में अनेक मंत्रालयों को सँभाला। अंतरराष्ट्रीय मंचों पर गहरी सौदेबाजी के गुर आजमाए। राजीव गाँधी के प्रधानमंत्री दफ्तर में बैठे अमेरिका–परस्तों की परवाह न कर गैट के उरुग्वे दौर में देशहित को बचा लिया जिसके लिए उनकी उस समय बहुत सराहना हुई। उस पूरी प्रक्रिया का ब्यौरा इस अध्याय में उन्होंने दिया है। उससे यही बात सामने आती है कि राजनीतिक नेतृत्व का लक्ष्य स्पष्ट हो और उसके लिए योग्य अफसर चुने जाएँ तो गैट जैसे मंच पर भी अमेरिका को छकाया जा सकता है। इसके अभाव में कैसे हम परास्त होते गए, यह किस्सा भी उसी क्रम में उन्होंने बताया है।

इस अध्याय में वाणिज्य मंत्री विश्वनाथ प्रताप सिंह के व्यक्तित्व का वह पहलू सामने आता है जिसमें वे देशी और विदेशी लुटेरों से निपटते हैं। उनके इस व्यक्तित्व के दो हिस्से हैं। वैसे तो वे अविभाज्य हैं। लेकिन उन्हें समझने के लिए यह बँटवारा जरूरी है। उनके व्यक्तित्व का एक हिस्सा वह है जिसमें वे यहाँ के घोटालेबाज कारोबारियों को सबक सिखाते हैं, तो दूसरा हिस्सा अन्तर्राष्ट्रीय मंच पर व्यापारिक कूटनीति की देश–हित में जंग लड़ना है। गैट से डब्ल्यू. टी. ओ. की यात्रा में भारत सरकार के वाणिज्य मंत्री अगर विश्वनाथ प्रताप सिंह ने जिस वाणिज्य कूटनीति की नींव रखी थी उसको अपनाते तो हमें वे नुकसान नहीं झेलने पड़ते जो लगातार

वार्ताओं की मेज पर हो रहे हैं।

वैसे तो राजीव गाँधी के ही कार्यकाल में कारोबार की राजनीति के अखाड़े गैट में भारत ने पराजय का रास्ता खुद चुना। जो व्यक्ति वहाँ अमेरिकी आँखों की किरकिरी बना हुआ था उसे वापस बुला लिया गया। वे थे एस.पी. शुक्ल, जो वहाँ हमारे राजदूत थे। उनके वापस आते ही अमेरिका ने जैसा चाहा वैसा गैट में फैसला करवाया। अंततः पी.वी. नरसिंह राव की सरकार ने बहुराष्ट्रीय कम्पनियों के लिए अपनी खिड़कियाँ और सारे दरवाजे खोल दिए। जब उस समय विरोध की हवा उठी तो काँग्रेस ने एक पुस्तिका छापी। उसमें सिर्फ यह सूचना दी गई कि गैट में व्यापार वार्ताओं के आठवें दौर का प्रतिनिधित्व तत्कालीन वित्त मंत्री विश्वनाथ प्रताप सिंह ने किया था। इतना तो सही है, लेकिन उस पुस्तिका की शेष बातें गुमराह करने वाली हैं। उस दौर के बारे में विश्वनाथ प्रताप सिंह का कहना है कि 'पुंटाडेल ईस्ट में अमेरिका एक ही कोशिश में लगा था कि सेवाओं को गैट के दायरे में लाकर वह सदस्य देशों का बाजार अपने लिए खुलवा सके। यूरोप के देश देख रहे थे कि उन पर इसका अधिक दुष्प्रभाव पड़ेगा। हमने इसका फायदा उठाया और उनसे सम्पर्क कर राजी कर लिया कि सर्विसेस पर भविष्य में जब बात हो तो गैट के दायरे से बाहर हो। उस बातचीत का आधार मात्र व्यापार न हो बल्कि विकास हो। इस बात पर भी सहमति बन गई कि हर देश ने अपने लिए सेवाओं के क्षेत्र में जो नियम–कानून बना रखा है उसका सम्मान हो।'

वाणिज्य मंत्रालय से पहले गैट और अब डब्ल्यू.टी.ओ. के जरिए अंतरराष्ट्रीय कारोबार की रीति–नीति निर्धारित होती है। राजीव गाँधी के प्रधानमंत्रित्व काल में विश्वनाथ प्रताप सिंह वित्त मंत्री के अलावा वाणिज्य मंत्री भी कुछ समय तक थे। उस समय उन्होंने विकासशील देशों को एकजुट कर समानांतर प्रयास कराया, जिससे विकसित देशों की घेरेबंदी गैट में हो सकी। इसकी पहल दिल्ली में हुए एक सम्मेलन में की गई। उसमें जी.एस.टी.पी. बना। वह विकासशील देशों का पहला मंत्री–स्तरीय सम्मेलन था। जी.एस.टी.पी. से विकासशील देशों को गैट में प्रतिप्रहार की क्षमता हासिल हुई।

विश्वनाथ प्रताप सिंह वाणिज्य मंत्रालय में नीचे के पायदान से उठकर कैबिनेट मिनिस्टर तक पहुँचे थे। सबसे लम्बा अनुभव उन्हें इसी मंत्रालय का रहा है। 'मुझे प्रधानमंत्री निवास का संदेश मिला। मुझसे जब कहा गया कि आपको वाणिज्य मंत्रालय सँभालना है तो मैंने उन्हें देखा। इसका अर्थ वे समझ गए और उन्होंने कहा कि आपको पार्टी के लिए फण्ड इकट्ठा नहीं करना है।' यह संस्मरण राजीव गाँधी की बाबत है। उनके जरिए इन्दिरा गाँधी ने विश्वनाथ प्रताप सिंह को संदेश दिया था।

वाणिज्य मंत्री का काम सँभाले हुए कुछ ही महीना बीता था कि डालडा में गाय की चर्बी की मिलावट के मामले ने तूल पकड़ लिया। इस पर वे उस समय का माहौल बताते हैं– 'वह मामला इस कदर उछला कि उसने संसद को हिलाकर रख दिया। चारों तरफ दहशत का एक माहौल पैदा हो गया। एक दिन मेरी माँ ने पूछा कि डालडा का डिब्बा मैं खोलूँ या नहीं।' विपक्ष ने उसे इस इरादे से तूल दिया कि दोष का ठिकरा काँग्रेस पर फूटेगा। विश्वनाथ प्रताप सिंह बताते हैं कि 'मैंने दो काम किए। पहला कि एक टीम देश के मुख्य बंदरगाहों पर भेजी कि पता करो कब से चर्बी मँगाई जा रही है। दूसरा काम किया कि मैंने खुद पुरानी फाइलों को देखा जिससे यह सूचना मिली कि जनता पार्टी के समय में नीतिगत परिवर्तन हुआ था।' इस काम में कई महीने लगे। अनेक कम्पनियों को काली सूची में उन्होंने डाला। जैन शुद्ध वनस्पति के मालिक विनोद कुमार जैन को रा.सु.का. के तहत तिहाड़ जेल की हवा खानी पड़ी।

हालाँकि तब विपक्ष ने आसमान को अपने सिर पर उठा रखा था। उसे याद कर आज विश्वनाथ प्रताप सिंह इसे चिन्हित करना नहीं भूलते कि चर्बी की मिलावट के मामले को काँग्रेस सरकार ने पकड़ा था, विपक्ष ने नहीं, हाँ उसने उस मुद्दे का राजनीतिक लाभ उठाना चाहा जो उसके खिलाफ ही साबित हुआ।

वाणिज्य मंत्री रहते उन्होंने देश की आयात–निर्यात नीति बनवाई। पहली बार 1984–85 में दुनिया के आर्थिक वातावरण को ध्यान में रखकर उन्होंने नीति घोषित की। दूसरी बार 1985–86 में जो नीति उन्होंने बनवाई उसमें आर्थिक नीतियों को दीर्घावधि परिप्रेक्ष्य दिया। पारदर्शिता के पक्षधर विश्वनाथ प्रताप सिंह ने इस अध्याय में बताया है कि 'ओपेन हाउस की शुरुआत मैंने वाणिज्य मंत्रालय से की।'

सवाल : भारत सरकार में आप 1974 में वाणिज्य उपमंत्री बने थे। उसके दो साल बाद राज्यमंत्री और फिर वाणिज्य मंत्री बने। उस मंत्रालय का आपको लम्बा अनुभव है, तकरीबन बारह साल का। इस मंत्रालय को ही विदेश व्यापार, आयात–निर्यात और इससे संबंधित अंतर्राष्ट्रीय मंचों–वार्ताओं–सम्मेलनों में भारत का प्रतिनिधित्व करना होता है। यही मंत्रालय अंकटाड, गैट और अब डब्ल्यू.टी.ओ. मामले को देखता है। इस मंत्रालय में रहते हुए आप अनेक अंतर्राष्ट्रीय मंचों पर हुई घटनाओं के गवाह रहे हैं। शुरुआत यहाँ से करना उचित है कि वाणिज्य उपमंत्री बनने के बाद आपके जिम्मे पहला काम क्या आया?

जवाब : जिस समय उपमंत्री बना उसके कुछ ही दिन बाद प्रो. डी.पी. चट्टोपाध्याय ने कहा कि आपको उत्तर कोरिया जाना है। कहते थे कि मैं दौड़ते–दौड़ते थक गया हूँ, अब तुम जाओ। मंत्री के रूप में वह मेरी पहली यात्रा थी। उस समय मुझे हिदायत दी गई थी कि वहाँ नॉर्थ कोरिया नहीं कहना है। मेरे साथ एक ज्वाइंट सेक्रेटरी भी गए थे। वहाँ से जापान और वाया मास्को लौटना था। उस यात्रा में मेरे एक मित्र कर्नल रणमत सिंह ने मुझे मिलिटरी का एक कोट दिया, जिसका इस्तेमाल बहुत ठंड में किया जाता है। वह कोट किसी बक्से में नहीं आता था। मैं उसे बाहर रखे रहता था और रणमत सिंह को मन ही मन कोसता था कि यह बोझ मुझे थमा दिया है। लेकिन जब उस यात्रा के दौरान साइबेरिया में थोड़ी देर के लिए जहाज से उतरना पड़ा तो पाया कि वहाँ तापमान –11 डिग्री सेंटीग्रेड था। वहाँ वह कोट काम आया। रणमत सिंह को मैंने याद किया और मन ही मन उन्हें धन्यवाद दिया।

सवाल : उस यात्रा का अनुभव क्या रहा?

जवाब : उत्तर कोरिया के प्रनितिधिमण्डल का नेतृत्व मैं कर रहा था। उसमें दैनिक भत्ता के अलावा मनोरंजन भत्ता भी मिला था। जितना पैसा मुझे मिला उसमें से काफी बच गया। मैंने अपने राजदूत से कहा कि इसे वापस ले लो। उन्होंने कहा कि इसकी वापसी में बहुत समस्या हो जाएगी। इसे किस खाते में दिखाएँगे। मैंने कहा कि यह मेरी समस्या नहीं है। आप मुझे बताइए कि मैं इसका कहाँ उपयोग करूँ। उन्होंने कहा कि चूँकि यह मनोरंजन के लिए है इसलिए इसका कोई हिसाब नहीं रखा जाता। मैंने कहा, इस बात को मैं नहीं मान सकता। हमारे प्रतिनिधि मण्डल में शामिल एक संयुक्त सचिव ने सलाह दी कि 'सर आप नये मंत्री हैं, यह डॉलर है, बहुत काम आएगा, इसे आप स्विट्जरलैण्ड के एकाउंट में जमा करा दें।' दिल्ली वापस आने के बाद उस अफसर को मैंने अपने विभाग से बाहर करवाया। भला बताइए, वह हमें भ्रष्टाचार की बुद्धि दे रहा था।

सवाल : राज्यमंत्री बनने पर आपको पहला काम क्या दिया गया?

जबाव : मई 1976 में अंकटाड की बैठक कीनिया की राजधानी नैरोबी में थी, जहाँ प्रो. डी.पी. चट्टोपाध्याय को जाना था। वे तब राज्य वाणिज्य मंत्री (स्वतंत्र प्रभार) थे। उन्होंने प्रधानमंत्री इन्दिरा गाँधी को एक नोट भेजा कि बेहतर होगा इसमें विश्वनाथ प्रताप सिंह को भेजा जाए। प्रधानमंत्री ने उसी फाइल पर पूछा कि क्या वे वहाँ सँभाल लेंगे? उन्हें लग रहा था कि मैं मंत्रालय में नया–नया ही आया हूँ, इसलिए कोई त्रुटि हो सकती है। प्रो. डी.पी. चट्टोपाध्याय ने जवाब में लिखा कि विश्वनाथ प्रताप सिंह मुझसे बेहतर सँभालेंगे। उनके इस आश्वासन पर उन्होंने मंजूरी दे दी। अंतर्राष्ट्रीय सम्मेलन में देश का प्रतिनिधित्व करने का वह मेरा पहला अनुभव था।

सवाल : वहाँ के लिए तैयारी कैसे शुरू की?

जवाब : मेरी शुरू से यह आदत रही है कि विभाग से जो तैयार किया हुआ भाषण मिलता था उसे पूरा पढ़ने के बाद जहाँ जरूरत होती थी वहाँ मैं जोड़ता था। मैं सिर्फ अधिकारियों पर निर्भर नहीं रहता था।

वहाँ मैंने देखा कि विकासशील देशों के प्रतिनिधि बोलते समय अपनी बात बड़े ऊँचे पायदान से कहते थे। उसमें गर्मजोशी होती थी। उनके भाषण से ऐसा लगता था कि वे कोई समझौता नहीं करेंगे। मुझे बहुत ताज्जुब हुआ जब देखा कि आखिरी क्षणों में एक–एक व्यक्ति ने हथियार डालना शुरू कर दिया। वैसी सूरत में भारत अकेला रह जाता था।

सवाल : ऐसा क्यों होता था?

जबाव : अमेरिका और यूरोपीय राष्ट्रों का आर्थिक दबाव ही कारण होता था। वे देश पश्चिमी राष्ट्रों के कर्जे के बोझ तले दबे होते थे अथवा व्यापार से बँधे थे। ऐसी दशा में वे उनका कितना मुकाबला कर पायेंगे। यूगोस्लाविया को ही लीजिए, भला वह कितनी लड़ाई लड़े क्योंकि वह उनके कर्ज से दबा हुआ था।

सवाल : वहाँ के जनजीवन को देखने का क्या अवसर मिला?

जबाव : एक दिन कीनिया के राष्ट्रपति का नाश्ते के लिए निमंत्रण आया। सम्मेलन से लगभग 150 कि.मी. हमें जाना था। मैं और वाणिज्य सचिव पी.सी. एलेक्जेंडर वहाँ गए। वहाँ पहुँचते ही उड़ीसा की जाबांज रस्म (जनजातीय नृत्य) की तरह जीभ निकालकर आवाज करके हमारा स्वागत किया गया। वहाँ पूरा माहौल अनौपचारिक था। कोई न बिठाने वाला था और न ही वहाँ कुर्सियों पर किसी का नाम लिखा हुआ था। साफ था कि जिसे जहाँ जगह मिले और बैठना चाहे वहाँ बैठ जाए। बुलाया गया था नाश्ते के लिए लेकिन कोई वहाँ यह कहने वाला नहीं था कि आप नाश्ते पर आइए। मैंने अलेक्जेंडर से कहा कि यहाँ कोई पूछेगा नहीं, चलकर कुछ नाश्ता कर लें। उसके बाद मंच पर एक व्यक्ति आया। उसने सूचना दी कि आप सब हॉल में चलें। फिर सारे प्रतिनिधि वहाँ गए। करीब आधे घंटे बाद घोषणा हुई कि राष्ट्रपति महोदय आ रहे हैं। उनका प्रतिनिधियों ने खड़े होकर स्वागत किया। राष्ट्रपति ने शांति और मैत्री का नारा लगाया और लगवाया। मैंने सोचा था कि एक–दो बार नारा लगवाकर वे अपना स्थान ग्रहण कर लेंगे। इस अनुमान के विपरीत वे दस मिनट तक नारा लगवाते रहे। उसके बाद उनका भाषण हुआ।

फिर एक नृत्य कार्यक्रम का आयोजन था। नृत्य करने वाले जंगल की ड्रेस पहने हुए तथा शरीर में सफेद पंखा बाँधे हुए उस नृत्य में शरीक होकर नाचने लगे। वह दृश्य बहुत ही सुन्दर था। वहाँ माहौल अनौपचारिक था। मंत्री होने के नाते मैंने अपना

कैमरा गाड़ी में छोड़ दिया था। जब मैंने देखा कि राष्ट्रपति ही नाच रहे हैं तो मुझे फोटो खींचने में हिचक नहीं होनी चाहिए। तब जाकर मैंने कैमरा लिया। कुछ देर तो ड्राइवर को खोजने में लगी। कैमरे से वहाँ की तस्वीरें खींचीं। थोड़ी देर बाद राष्ट्रपति हमें पास की उस झील पर ले गए, जहाँ गुलाबी रंग की चिड़ियों की भरमार थी, जिनकी गर्दन और पैर लाल थे। वे देखने में खूब खूबसूरत लग रही थीं। उन चिड़ियों के चलते पूरे झील का रंग लाल–सा दिखता था।

सवाल : अंकटाड की भूमिका क्या होती थी?

जवाब : यह संस्था विकासशील देशों ने विश्व की मुख्य धारा में बने रहने के लिए 1964 में बनाई थी, जहाँ विकास संबंधी नीतियों और अंतर्राष्ट्रीय मसलों पर बातचीत होती थी। परस्परता पर आधारित वह मंच था जो सरकारों के बीच सहमति, शोध, नीति विश्लेषण और उपयोगी जानकारी का जरिया था। जहाँ जरूरत होती थी वहाँ अंकटाड तकनीकी मदद भी करता था। वह अंतर्राष्ट्रीय संगठनों, सरकारों, निजी क्षेत्रों, शोध संस्थाओं, विश्वविद्यालयों और व्यापारिक एसोसिएशनों के लिए केन्द्र के रूप में काम करता है।

सवाल : क्या उससे पहले और किसी मंच की बैठक होती थी?

जवाब : उससे पहले एशियन ग्रुप की बैठक जकार्ता में हुई थी।

सवाल : उस समय एशियन ग्रुप की मीटिंग में महत्त्वपूर्ण मुद्दा क्या था?

जवाब : कॉमन फ्रंट ऑफ कॉमोडिटी पर वहाँ विचार होना था।

सवाल : वाणिज्य मंत्रालय में मंत्री को साल में अमूमन कितनी विदेशी यात्राएँ करनी पड़ती हैं?

जवाब : उपमंत्री और राज्यमंत्री के रूप में जो विदेश यात्राएँ होती थीं उनमें खाली समय भी मिल जाता था। लेकिन जब बड़े पद पर पहुँचते हैं, समय कम होता जाता है। घूमने–घामने का समय नहीं मिलता। सम्मेलन में गए, काम किया और आ गए।

वाणिज्य मंत्रालय में बाहर काफी कॉन्फ्रेंस वगैरह होती रहती हैं। ज्यादातर उस समय लंदन में होती थीं जो लम्बी चलती थीं। महीने–डेढ़ महीने की ऐसी कॉन्फ्रेंस में मंत्री उतने दिन नहीं रह सकता, वह दस–बारह दिन रहता है और वापस आ जाता है।

सवाल : प्रो. डी.पी. चटटोपाध्याय के साथ काम करने का आपका अनुभव

क्या रहा?

जवाब : उन्होंने काफी अधिकार दे रखा था। उनका निर्देश था कि हर बात के लिए फाइल भेजने की जरूरत नहीं, जहाँ नीतिगत मामला हो वहाँ फाइल भेज दो।

सवाल : संसदीय कार्यों में किस प्रकार की जवाबदेही आपने तय की थी?

जवाब : जो विषय मेरे अधीन थे उनका जवाब मुझे देना होता था, बाकी का जवाब डी.पी. चट्टोपाध्याय देते थे। मुझे व्यापार मंत्रालय में वाणिज्य मंत्रालय का बड़ा हिस्सा उन्होंने सौंप रखा था। उसकी तैयारी मुझे ही करनी पड़ती थी। सवालों के जवाब की तैयारी विभाग क़रता है। उसको पूरा अनुमान नहीं रहता कि लोगों में मुद्दा क्या है। वह सैद्धांतिक जवाब ही तैयार करता। मैंने एक पद्धति अपनाई हुई थी कि विभाग को अखबारों की कतरनें भेज देता था और यह निर्देश देता था कि इसमें उठाई गई बातों का ज़वाब जरूर दिया जाना चाहिए।

सवाल : वहाँ नौकरशाही के बारे में आपका अनुभव क्या रहा?

जवाब : इसका एक संस्मरण मुझे याद आ रहा है। पी.सी. एलेक्जेंडर तब सचिव थे। एक बार वे जेनेवा हवाई अड्डे पर मिले। संभवतः यह बात 1977 की है जब हम सरकार में नहीं थे। उन्होंने कहा कि मैं एक बात आपसे कबूल करता हूँ कि जब प्रो. डी.पी. चट्टोपाध्याय हमें बुलाते थे तो हम सीधे उनके दफ्तर या घर पहुँच जाते थे। लेकिन जब आप हम लोगों को बुलाते थे तो मुझे कोई न कोई बहाना ढूँढ़ना पड़ता था और कहना पड़ता था कि जैसे ही मैं मीटिंग से खाली होता हूँ, आता हूँ। इसका कारण यह था कि हमें मालूम था कि आप किसी फाइल पर बात करने के लिए बुला रहे हैं। पहले मैं पता लगाता था कि किस विषय पर बात करने के लिए बुला रहे हैं। फिर उसकी तैयारी करता था। मैं वह फाइल देखकर फिर आपके पास पहुँचता था।

सवाल : अफसरों से काम लेने का आपका तरीका क्या होता था?

जवाब : मेरा मानना था कि मैं खुद काम करना चाहूँ तो वैसे ही होगा जैसे लकड़ी अपने हाथ से चिकनी करने की कोशिश में हाथ भी खून से लथपथ होगा और वह चिकनी भी नहीं होगी। इसलिए एक अच्छा रंदा ले लें तो वो हो जाएगा। हाथ भी बचा रहेगा, मेहनत भी कम लगेगी और लकड़ी चिकनी हो जाएगी। अफसर का वही उपयोग है जो रंदे का है। राजनीतिक नेतृत्व को यह समझ होनी चाहिए कि वह रंदे को अच्छी तरह से सँभालकर पकड़े। फिर वह काम अच्छा करता है। ऐसे ही लक्ष्य स्पष्ट होना चाहिए। उसे यह मालूम होना चाहिए कि अफसर से क्या काम लेना है, क्या लक्ष्य हासिल करवाना है। अफसर को यह छूट भी मिलनी चाहिए कि वह अपनी राय निर्भीक होकर दे सके।

सवाल : संसदीय सवालों के जवाब आप कैसे तैयार करवाते थे?

जवाब : मेरी कोशिश होती थी कि कहीं किसी प्रकार से अधूरा जवाब न हो। इसके लिए मैं खुद सजग रहता था और तैयारी करता था। सवालों के दिन अफसरों के साथ सुबह 9 बजे मीटिंग होती थी। उसमें ही पूरक सवालों के बारे में जितनी अधिक तैयारी हो सकती थी, कोशिश करते थे। मुझे याद है कि उन दिनों उत्तर प्रदेश कैडर के ही एक अफसर थे जो अपने गोलमोल जवाब के लिए जाने जाते थे। उन्हें मैंने सख्ती से कहा कि सही और सटीक जवाब तैयार करने की आदत डालिए। वहीं अख़बार में उठे मसलों पर जवाब की तैयारी करवाता था।

सवाल : वाणिज्य मंत्रालय में आपको लोगों की या कारोबारियों की प्रतिक्रिया कैसे मालूम पड़ती थी?

जवाब : हर नीति के बारे में उसके असर का अंदाज 15 दिन में हो जाता था। यह मालूम पड़ जाता था कि नीति सही है या गलत। घरेलू और अंतर्राष्ट्रीय बाजार के सूत्रों से यह जानकारी मिल जाती थी।

सवाल : कौन–सा मसला था जिसे आपने हल किया और उसका दूरगामी असर हुआ?

जवाब : चमड़े के कारोबार पर मैंने जो नीति बनाई उसका सुपरिणाम इस समय भी दिखाई पड़ रहा है। जब मैं वाणिज्य मंत्रालय में आया था, उस समय कच्चा चमड़ा निर्यात किया जाता था, वह मुख्यतः कानपुर और तमिलनाडु से होता था। मैंने तय किया कि कच्चे चमड़े को प्रोसेस कर और फिनिस्ड गुड्स के रूप में बाहर भेजा जाएगा, जिससे कि विदेशी मुद्रा मिले और इसके लिए एक समय सीमा तय की। उस फैसले का तमिलनाडु में विरोध हुआ। मैंने उन लोगों को समझाया कि एकाएक इसे लागू नहीं कर रहे हैं। आप लोग अपनी तैयारी करो और फिनिस्ड प्रोडेक्ट के लिए मशीनें वगैरह लगाओ। वे लोग बताने आए थे कि इस नीति से हम बर्बाद हो जाएँगे। अनुभव से यह सामने आया है कि वहाँ लोगों को अधिक मुनाफा मिल रहा है और उस क्षेत्र का विकास तेज हुआ है।

इसी तरह डायमंड इंडस्ट्री के बारे में हमने फैसला किया। इस क्षेत्र में इज़राइल हमारा प्रतिद्वंद्वी था। मैंने पता लगवाया कि वह क्यों बेहतर स्थिति में है। मालूम पड़ा कि उसकी टेक्नोलॉजी बेहतर है। इसके लिए कम्प्यूटराइज्ड मशीनों को हमने ओ.जी. एल. पर डाल दिया कि जो चाहो मँगा लो। उसका असर यह हुआ कि आज हम लोग बड़े निर्यातक हैं। इसी तरह काजू के बारे में नई नीति बनाई। काजू हम अफ्रीका से मँगवाते थे। वहाँ के लोग उसका मूल्य नहीं जानते थे। उसके फल के अंदर जो नारियल की तरह का होता है उसकी दारू बना लेते थे और फल को फेंक देते थे।

उसे हम बहुत कम दाम पर खरीद लेते थे, जिसका हमारे यहाँ दक्षिणी राज्यों में प्रसंस्करण कर काजू की तरह बनाया जाता था। जब वहाँ चाकलेट बनाने वाली मल्टीनेशनल कंपनियाँ पहुच गईं और अफ्रीका वालों को ज़्यादा दाम मिलने लगा तो उन्होंने हमारे यहाँ काजू भेजना ही बंद कर दिया। तो उसका असर हमारे आयात पर पड़ा जिससे काफी लोगों का कामकाज ठप हो गया। नई नीति से केरल, कर्नाटक, गोआ और आन्ध्र में काफी लोगों को रोजगार मिला। मछली के निर्यात और उसकी प्रोसेसिंग का भी फैसला किया।

सवाल : नीति के स्तर पर नया सूत्रपात आप किसे मानते हैं?

जवाब : चीन से व्यापारिक संबंध पुनः शुरू करने का विचार जब आया उस समय प्रधानमंत्री कार्यालय में परस्पर विरोधी दृष्टिकोण थे। एक पक्ष कहता था कि जब तक सीमा के सवाल हल नहीं होते और हमारी जमीन वापस नहीं होती, तब तक चीन से संबंध पुनः बनाने का कोई तुक नहीं है। ऐसे लोग जवाहर लाल नेहरू के उस भाषण का हवाला देते थे जो उन्होंने संसद में दिया था। दूसरा मत था कि व्यापार के जरिए शुरुआत की जाए। यह मसला मेरे पास आया। आबिद हुसैन सचिव थे। मेरा विचार था कि जो भी अवसर मिले उससे नई शुरुआत हमें करनी चाहिए। इस पर काफी दिनों तक विवाद बना रहा। आखिर में प्रधानमंत्री ने मेरे विचार का समर्थन किया। उसके बाद आबिद हुसैन चीन गए और वहाँ व्यापारिक संधि की। वह नया सूत्रपात हुआ।

उसे ही राजीव गाँधी ने अपनी बीजिंग यात्रा में आगे बढ़ाया। प्रधानमंत्री के स्तर पर एक संधि की। वैसे ही पी.वी. नरसिंह राव और अटल बिहारी वाजपेयी ने भी अपने समय में कोशिश की होगी।

सवाल : क्या आपको कोई ऐसा फैसला भी याद है जो गरीब आदमी के कारोबार से जुड़ा हुआ था?

जवाब : एक बार कृषि मंत्रालय से पत्र आया कि साँप के चमड़े का निर्यात बंद करवा दीजिए। मैंने पता लगवाया कि ऐसा क्यों कहा जा रहा है। मालूम हुआ कि साँपों के न होने से चूहों की आबादी बढ़ गई है। कृषि मंत्रालय ने जिस तरह का आँकड़ा भेजा था उससे ऐसा लगा कि एकाएक चूहों की गिनती कर ली गई है। मंत्रालय चाहता था इसलिए उसको बंद कर दिया गया। निर्यात का एक मद उस समय कंकाल का होता था। जिस शव का कोई वारिस न हो उसका कंकाल चिकित्सकीय शोध के लिए निर्यात किया जाता था। कुछ लोगों के कहने से उसको हमने बंद करवाया। उस पर बनारस में श्मशान घाटों पर काम करने वाले चांडाल लोग आए कि हम भूखे मर जाएँगे। यही तो हम लोग बेचते थे। उनको सुना और उसकी समीक्षा की और फिर

निर्यात खोल दिया।

सवाल : वाणिज्य मंत्री तो उन्हें बनाया जाता रहा है जो पार्टी के लिए फण्ड जुटाते थे। आपको कैसे बना दिया?

जवाब : मुझे इसका अनुमान था कि कॉमर्स मंत्रालय उन्हें दिया जाता है जो पार्टी के लिए फण्ड इकट्ठा करते हैं। जब मुझे राजीव गाँधी ने यह बताया तो मैंने उनके चेहरे की ओर देखा। इसका अर्थ वे समझ गए और उन्होंने कहा कि आपको पार्टी के लिए फण्ड इकट्ठा नहीं करना है, आप चिंता मत करिए। उत्तर प्रदेश के मुख्यमंत्री पद से इस्तीफा देने के बाद कई महीने मैं पार्टी के कामों में सक्रिय रहा। 5–6 महीने बाद मुझे प्रधानमंत्री निवास का संदेश मिला। मैं गया, वहाँ मुझे राजीव गाँधी मिले। उन्होंने कहा कि आज शाम को कैबिनेट मंत्री की आपको शपथ लेनी है।

सवाल : क्या आप वाणिज्य मंत्रालय के बजाए किसी अन्य मंत्रालय को सँभालना चाहते थे?

जवाब : वैसे तो मुझे वाणिज्य मंत्रालय पसंद था। क्योंकि वहीं उपमंत्री था, फिर राज्यमंत्री हुआ। एक ही कोरीडोर में मैंने 1974 से 1985 तक (1977–1980 के अंतराल के अलावा) विभिन्न कमरों में काम किया। पहले एक खिड़की का कमरा मिला था। उसके बाद दो खिड़की का कमरा मिला। फिर तीन खिड़की का कमरा मिला, जहाँ मैंने एक बाथरूम भी बनवा दिया था।

सवाल : वाणिज्य मंत्रालय का संबंध क्या साधारण नागरिकों से भी होता है?

जवाब : यह मंत्रालय मूलतः कारोबारियों को डील करता है। उसके कुछ फैसलों का संबंध आम आदमी से होता है।

सवाल : अपनी याददाश्त में आप किस अंतर्राष्ट्रीय सम्मेलन को अभी भी याद करके महसूस करते हैं कि उसका देश पर दीर्घकालिक प्रभाव पड़ा?

जवाब : उरुग्वे दौर की वार्ता की शुरुआत अधिक चुनौतीपूर्ण थी।

सवाल : काँग्रेस की एक पुस्तिका में इस बात का जिक्र है कि अंतर्राष्ट्रीय व्यापार को अधिक मुक्त और न्यायोचित बनाने के लिए नियमों में समुचित परिवर्तन करने के लिए व्यापार वार्ताओं का आठवाँ दौर 1986 में प्रारंभ हुआ। वह बैठक दक्षिणी अमेरिका के देश उरुग्वे में हुई। उसमें भारत का प्रतिनिधित्व तत्कालीन वित्त मंत्री विश्वनाथ प्रताप सिंह ने किया। क्या यह सही है?

जवाब : हाँ।

सवाल : काँग्रेस की यह पुस्तिका पी.वी. नरसिंह राव के कार्यकाल में छापी गई थी। क्या इसका मकसद यह बताना था कि पी.वी. नरसिंह राव की सरकार जिस रास्ते पर चल रही है उसकी शुरुआत आपने की थी?

जवाब : इसका राजनीतिक मकसद क्या था, यह काँग्रेस के लोग ही बताएँगे। अगर वे यह कहना चाहते हैं कि पी.वी. नरसिंह राव की सरकार के फैसलों की शुरुआत मैंने की थी तो वे भ्रम पैदा कर रहे हैं।

सवाल : गैट की पृष्ठभूमि क्या है?

जवाब : इंटरनेशनल कांफ्रेंस ऑन ट्रेड एंड एम्पलायमेंट 1946 में शुरू हुआ, जो मार्च 1948 में खत्म हुआ। उसी से इंटरनेशनल रूल्स रिगार्डिंग ट्रेड एंड गुड्स तय हुआ, जिससे गैट (जनरल एग्रीमेंट ऑन टेरिफ एंड ट्रेड) बना। गैट 1947 में अस्तित्व में आया। हवाना सम्मेलन में अंतर्राष्ट्रीय ट्रेड ऑर्गानाइजेशन (आई.टी.ओ.) बनाने का निर्णय हुआ था। लेकिन उस समय दुनिया दो खेमों में बँट गई थी। इस कारण वह अस्तित्व में नहीं आ सका, फिर गैट बना।

गैट वस्तुओं के व्यापार का समझौता था। जो अंतर्राष्ट्रीय व्यापार और तटकर का निर्धारण करता था। इसकी शुरुआत में 23 देश थे।

हवाना चार्टर के मुताबिक जो संस्था बननी थी, उसमें व्यापार की एक परिभाषा की गई थी। उस व्यापार नीति के तहत दुनिया के सदस्य देशों को आपस में कारोबार करना था। वह बहुपक्षीय व्यापार मंच था।

सवाल : गैट में भारत की भूमिका क्या रही है?

जवाब : भारत गैट की हर बातचीत में सक्रिय रूप से हिस्सेदार रहता था। गुट निरपेक्ष आंदोलन का अगुवा होने के कारण भारत गैट वार्ता में भी नेतृत्व की भूमिका निभा रहा था। उस समय भारत की एक पहचान थी कि वह तीसरी दुनिया के देशों का नेता है।

सवाल : गैट में बदलाव की कोशिश कब और क्यों शुरू हुई?

जवाब : सातवें दशक से गैट में बदलाव की बात होने लगी थी। एक प्रयास उस समय जो हुआ, उसे टोकियो राउंड कहा जाता है। वह 1973 से 1979 तक चला। उस दौर में गैट में विकासशील देशों का बहुमत था। इससे विकसित देश आशंकित हो उठे थे। उन्हें यह भय सताने लगा था कि कहीं विकासशील देश इसका फायदा न उठा लें। इसलिए विकसित देशों ने नए नियम बनाने के प्रस्ताव रखने शुरू किए। उनके प्रयास में भेदभाव निहित था, हालाँकि विकसित देश उसे सुधारने का ही नारा लगाते थे। वे अंतर्राष्ट्रीय व्यापार प्रणाली को अपने फायदे में करना चाहते थे। उसी

कड़ी में गैट में उरुग्वे दौर की शुरुआत हुई।

खास तौर पर अमेरिका और पश्चिमी देशों को यह महसूस हुआ कि गैट का दायरा बढ़ाया जाए। उनका तर्क था कि अंतर्राष्ट्रीय व्यापार व्यवस्था को प्रभावी बनाने के लिए उसमें सुधार जरूरी है। चार तरह के सुधारों को विकसित देशों ने सामने रखा। पहला कि सर्विसेस अर्थात् बैंक, बीमा, टेलीकम्युनिकेशन, सिविल एविएशन, आडियो टेक्नोलॉजी आदि को गैट के दायरे में लाया जाए। अमेरिका इनके लिए दुनिया के बाज़ार को खुलवाना चाहता था। दूसरा कि निवेश संबंधी छूट दी जाए। पूँजी की आवाजाही पर कोई प्रतिबंध सदस्य देश न लगाएँ। तीसरा कि टेक्नॉलॉजी पर कोई रोक–टोक न हो। चौथा कि कृषि और अन्य निर्यात संबंधी समझौतों सहित मात्रात्मक व्यापार प्रतिबंध को हटा लिया जाए। 1981 से 1986 तक गैट में सर्विसेस ही मुद्दा बना रहा। उस समय सभी सदस्य देशों को स्वायत्तता थी। उनके बाजार उन देशों के नियमों से संचालित होते थे। उस समय कृषि पर अमेरिका और यूरोप में आपसी प्रतिस्पर्धा थी। इसलिए उस पर अधिक चर्चा नहीं हो सकी।

गैट वास्तव में वस्तुओं के बारे में एक अंतर्राष्ट्रीय एग्रीमेंट था। गैट में आदान–प्रदान का नियम था। गैट में सुधार के मुद्दे को अमेरिका ने हर मंच पर उठाना शुरू किया। जब अंतर्राष्ट्रीय मुद्रा कोष की मीटिंग होती थी उसमें भी वे यह मुद्दा उठाते थे। विश्व बैंक की मीटिंग में भी यह मुद्दा उठाते थे। वाणिज्य मंत्रियों के सम्मेलन में उन मुद्दों पर अनौपचारिक बहस भी वे छेड़ते थे। उदाहरण के लिए स्टॉकहोम में भी एक बार यह मामला उठा। वह जून 1985 था। उसमें हमारा अपना पक्ष होता था।

उरुग्वे दौर की वार्ता जब शुरू हुई उस समय गैट के 107 देश सदस्य थे।

सवाल : गैट में सुधार के बहाने उसका दायरा बढ़ाने की कोशिश शुरू हो गई थी, जैसा कि आपने बताया है। उरुग्वे दौर की वार्ता से पहले की ऐसी महत्त्वपूर्ण घटनाएँ क्या–क्या हैं?

जवाब : वैसे तो 1980–81 से ही अमेरिका प्रयासरत था कि गैट के दायरे में नए विषय शामिल हो जाएँ। भारत सहित विकासशील देशों ने इसे अपने लिए गैरजरूरी माना और अपने हितों के खिलाफ समझा। गैट में यह कशमकश करीब पाँच सालों तक चलती रही। जहाँ अमेरिका और अन्य विकसित देश नए राउंड की बात करते थे वहीं विकासशील देशों का नारा होता था– 'नया राउंड गैरजरूरी है।' और 'पिछले राउंड के वायदे पूरा करो।'

सवाल : गैट के अलावा किसी अंतरराष्ट्रीय मंच पर भी आपके सामने यह सवाल आया था?

जवाब : वांशिगटन में फण्ड बैंक की अंतरिम कमेटी की मीटिंग थी। उसमें वित्त मंत्री शामिल होते हैं। वह अप्रैल 1985 में हुई थी। उसके लिए जो प्रतिनिधि मण्डल वहाँ गया था, उसका मैं नेतृत्व कर रहा था। वित्त मंत्रालय के अफसरों के अलावा अंतर्राष्ट्रीय मुद्रा कोष में भारत के प्रतिनिधि और अन्य अफसर जो वहाँ थे वे प्रतिनिधि मण्डल की मदद के लिए आए थे। उस बैठक के लिए मुझे वित्त मंत्रालय से जो कागजात मिले थे उनमें अमेरिकी लाइन का समर्थन था। गैट में हमारे राजदूत एस. पी. शुक्ल ने वहाँ की अंदरूनी बातें बताईं जिससे यह साफ हुआ कि अमेरिका इस मंच का उपयोग गैट के नए दौर की वार्ता के लिए करेगा जबकि भारत को उसकी जरूरत नहीं है। वह प्रयास करेगा कि वित्त मंत्रियों के जरिए एक संदेश गैट के सदस्य देशों को दिया जाए और नए दौर की वार्ता पर चला आ रहा गतिरोध खत्म हो जाए। उस मीटिंग में गैट के महानिदेशक आर्थर डंकल को भी अमेरिका ने बुलवाया हुआ था। वहाँ एक रिपोर्ट बाँटी गई जिसे वाइसमैन रिपोर्ट कहा गया। उससे ऐसा आभास दिया जा रहा था कि वह गैट की रिपोर्ट है और उस रिपोर्ट से नए दौर की वार्ता पर सहमति का संकेत मिल रहा था। गैट में हमारे राजदूत एस.पी. शुक्ल ने मुझे बताया कि यह रिपोर्ट डंकल की तैयार करवाई हुई है। मुझे यह भी बताया गया कि गैट में उस रिपोर्ट को नकारा जा चुका था और डंकल ने वहाँ मंजूर कर लिया था कि वह अधिकृत रिपोर्ट नहीं मानी जायेगी। साफ तौर पर दिख रहा था कि आर्थर डंकल कठपुतली बन रहे हैं। इसलिए सम्मेलन में मैंने पूछा कि क्या यह गैट की रिपोर्ट है? वहाँ मौजूद डंकल ने सबसे पहले इस सवाल का अर्थ समझा और अपना भेद खुल जाने के डर से कहा कि यह गैट की रिपोर्ट नहीं है। यह स्वीकार करते हुए उनका चेहरा उतर गया था। फिर मैंने पूछा कि रिपोर्ट पर गैट की मुहर है। इससे ऐसा लगता कि यह अधिकृत रिपोर्ट है। वास्तविकता क्या है? डंकल ने इसके लिए वहाँ माफी माँगी और कहा कि यह असावधानी के कारण हो गया है। अगर ऐसा आभास होता है कि यह अधिकृत रिपोर्ट है तो मैं इसे वापस ले लूँगा। इस प्रकार उस सम्मेलन को डंकल के डंडे से हाँकने का मंसूबा धरा रह गया। दुनिया भर के मंत्रियों की नजर में डंकल बेपानी हो गए।

डंकल ने कबूला कि यह गैट की रिपोर्ट नहीं है लेकिन उसे तीन काबिल लोगों (थ्री वाइजमैन) ने बनाया है। उस पर मैंने कहा कि मैं अभी बाजार जाता हूँ और किसी बुक स्टाल से एक विद्वान व्यक्ति की किताब ले आऊँ तो क्या आप उस पर विचार करेंगे? जब आप गैट के दस्तावेजों पर विचार कर रहे हों तो फिर मामला आगे नहीं बढ़ेगा।

सवाल : क्या इसके बाद गैट के दायरे को बढ़ाने का प्रयास वहाँ स्थगित हो गया?

जवाब : अमेरिका ने जिस तरह डंकल को वहाँ विशेष तौर पर बुलवाया था, वैसे ही पाकिस्तान की नेशनल एसेंबली के स्पीकर गुलाम इसाक खान भी उसी प्रयोजन से आमंत्रित किए गए थे। वे ही उस बैठक की अध्यक्षता कर रहे थे। जब डंकल का दाँव नहीं चला तो अमेरिका ने गुलाम इसाक खान के जरिए उस मुद्दे पर वार्ता शुरू करानी चाही जो उसकी योजना में थी। अध्यक्ष ने वहाँ अंतर्राष्ट्रीय व्यापार प्रणाली की कमियों का ज़िक्र कर यह जरूरत बताई कि गैट के दायरे में क्या-क्या नऐ मुद्दे रहें। इस पर मैंने कहा कि ये विषय गैट के विचाराधीन हैं। ये विषय ज़्यादा जटिल हैं और उन पर बातचीत के लिए यह उचित फोरम नहीं है। बैठक की अध्यक्षता कर रहे गुलाम इसाक खान ने तर्क पेश किया कि हम स्वतंत्र रूप से उस पर बात कर सकते हैं और विचार कर सकते हैं। फिर मैंने कहा कि इस पर विशेषज्ञ बात कर रहे हैं। हमें उन्हें निर्णय करने का अवसर देना चाहिए। यहाँ कोई निर्णय नहीं करना चाहिए।

सवाल : आपके सुझाव पर क्या वहाँ सहमति हो गई?

जवाब : अध्यक्ष ने एक बार पुनः प्रयास किया और कहा कि मैं समझता हूँ कि अंतरिम कमेटी में सहमति हो गई है और हम सकारात्मक अर्थात् नये दौर की गैट वार्ता के लिए हरी झंडी यहाँ से दे सकते हैं। इसका मैंने विरोध किया और कहा कि ऑक्सफोर्ड डिक्शनरी में कांसेंसस का अर्थ है-एग्रीमेंट। मैं सहमत नहीं हूँ इसलिए कांसेंसस कहा है। मेरे यह कहने पर वहाँ सन्नाटा छा गया। संभवतः यह उन लोगों के लिए अकस्मात घटना थी। उस अवसर का उपयोग कर मैंने कहा कि गैट दायरे को बढ़ाने का मुद्दा बुनियादी है। इस पर एक अंतर्राष्ट्रीय संगठन विचार कर रहा है। मेरी सरकार और ऐसे ही अन्य सरकारें अपने-अपने यहाँ सोच-विचार में लगी हैं जिससे डंकल वाकिफ हैं। इतना सुनना था कि मोरक्को, अर्जेंटीना, ब्राजील और चीन आदि ने समर्थन किया। तब कहीं जाकर वहाँ वह विचार उन लोगों को छोड़ना पड़ा और अंतर्राष्ट्रीय मुद्रा कोष (आई.एम.एफ.) के प्रबंध निदेशक कोमंडेसु ने हस्तक्षेप कर स्थिति सँभाली और कहा कि एक चार सदस्यीय समिति बना दी जाए।

मैंने वहाँ यह सोचकर कठोर रुख अपनाया कि दूसरे विकासशील देश साहस दिखाएँगे क्योंकि वे और ग्रुप-77 के नेता जब आपस में मिलते हैं तो बड़ी बहादुरी की बात करते हैं। मेरा राजनीतिक आकलन यह था कि मेरे स्पष्ट रुख अपनाने के बाद वे विरोध में जाने का ख़तरा मोल नहीं ले सकते। पहले जब कोई नहीं बोला तो मैं सोचने लगा कि दिल्ली में बैठे लोग कहेंगे कि आपने भारत को अलग-थलग करवा दिया। लेकिन थोड़ी देर बाद ही समर्थन में एक के बाद दूसरे देश और आखिर में चीन भी खड़ा हो गया।

सवाल : समिति की सिफारिश क्या थी?

जवाब : समिति की सिफारिश को सम्मेलन की घोषणा में शामिल कर लिया गया। उसका एक अलग पैराग्राफ बना जिसमें कहा गया कि नऐ मुद्दे पर जिनेवा में बात हो रही है और इसे हम अपने प्रतिनिधियों पर छोड़ते हैं।

इस पर आम राय बनने में बड़ी कठिनाई थी। ब्रिटेन और अमेरिका ने अपना अलग–अलग ड्राफ्ट बनाया था। मैंने तब यह कहा कि गैट में सेवाओं के मुद्दे पर चर्चा नहीं हो सकती। अगर इसकी कोशिश हुई तो मैं अपने पुराने निर्णय को ही दोहराऊँगा। तब कहीं जाकर यह फैसला हुआ कि इस मसले को गैट में सदस्य देशों के प्रतिनिधि तय करेंगे।

सवाल : सम्मेलन का वातावरण क्या सामान्य रहा?

जवाब : यह झंझट शाम तक चलता रहा। प्रेस के लिए यह सब बहुत अटपटा था। उसने पाया कि विवाद पैदा हो गया। भारत ने कठोर रवैया अपनाया जिससे कोई फैसला नहीं हो सका। अमेरिकी प्रेस फैसले के लिए आतुर था। इस बारे में 'हिन्दू' के वाशिंगटन स्थित संवाददाता ने बहुत सही ढंग से लिखा।

सवाल : गैट को बनाते समय व्यापार की जो परिभाषा तय की गई थी, क्या अमेरिका उसे ही बदलवाना चाहता था?

जवाब : गैट संस्था जब बनी थी उस समय व्यापार के दायरे में वस्तुएँ ही थीं। अमेरिकी अर्थव्यवस्था के तकाजे इस तरह के बनते जा रहे थे कि गैट के दायरे में सेवाएँ, बैंकिंग, बौद्धिक संपदा, कृषि और अन्य विषय शामिल कराना उनकी जरूरत बन गई थी। वास्तव में यह जो प्रयास अमेरिका कर रहा था उसे यही कहा जाएगा कि वह व्यापार की परिभाषा बदलवाने में लगा था।

सवाल : सितम्बर 1986 में आप वित्त मंत्री थे। अक्सर वाणिज्य मंत्री गैट वार्ता में जाते रहे हैं। आपको कैसे भेजा गया?

जवाब : प्रधानमंत्री राजीव गाँधी ने पता लगाया कि वहाँ किसे भेजना उचित रहेगा। अफसरों ने उनको सलाह दी कि विश्वनाथ प्रताप सिंह को भेजना चाहिए क्योंकि उन्होंने अंतरराष्ट्रीय मंचों पर पहले भी गहरी सौदेबाजी कर देश के लिए सही फैसले करवाए हैं। इसके बाद प्रधानमंत्री ने मुझसे बात की। राष्ट्रपति भवन के किसी कार्यक्रम में यह बातचीत हुई। मैंने उनसे कहा कि वहाँ वाणिज्य मंत्री जाता है। इसलिए आप पी. शिवशंकर को भेजिए। इस पर उन्होंने अपना फैसला सुनाया कि 'मैं उन्हें संयुक्त राष्ट्र भेज रहा हूँ और आपको गैट की मंत्रिस्तरीय बैठक में जाना है।' उसके बाद मैंने तैयारी शुरू की। जब अफसरों से बातचीत शुरू हुई तो एक मीटिंग में एल.के. झा आए। उनका सुझाव था कि हमें अमेरिका से नरमी का व्यवहार करना चाहिए। यही

सलाह उन्होंने राजीव गाँधी को दी। उसके बाद प्रधानमंत्री ने मुझे बुलवाया और कहा कि यह ध्यान रखना चाहिए कि हम वहाँ अलग–थलग न पड़ें और जरूरत पड़ने पर अमेरिका का हमें साथ देना है। मैंने उनसे कहा कि देश–हित में मैं वहाँ पूरी लड़ाई लड़ूँगा। अगर अमेरिका के प्रति नरम रहना है तो आप मुझे क्यों भेज रहे हैं। मैं ऐसा नहीं कर पाऊँगा। इस पर उन्होंने कहा कि जाना तो आपको ही है। मैं जानता था कि मैंने अपने गले में फाँसी का फंदा लटका लिया है। अगर कहीं कुछ बातें अटक गईं तो आरोप मेरे ऊपर ही आएगा।

मेरे साथ के.सी. पंत और ब्रह्मदत्त थे। के.सी. पंत ने वहाँ पहुँचने पर मुझसे कहा कि मामला बहुत गंभीर है। सारे विकासशील देशों से अमेरिका ने अपने प्रस्ताव पर हस्ताक्षर करा लिये हैं। इस माहौल में कुछ हासिल हो जाए तो बहुत बड़ी उपलब्धि होगी। उस समय वातावरण बहुत खिलाफ था। अगले दिन मीटिंग होने वाली थी।

उरुग्वे दौर की वार्ता के लिए वहाँ एक प्रतिनिधिमंडल का नेतृत्व करते हुए मैं गया था। उस बैठक में सेवा क्षेत्र को समझौते के दायरे में लाने के मुद्दे को फिर से अमेरिका समेत पश्चिमी देशों ने उठाया। उस समय मेरे पास वित्त मंत्रालय था। वाणिज्य मंत्रालय पी. शिवशंकर के पास था। किन्तु प्रधानमंत्री की इच्छा थी कि मैं गैट की बैठक में हिन्दुस्तान का प्रतिनिधित्व करूँ। इस पर मैंने भी हामी भर दी। एक प्रतिनिधिमंडल बनाया गया जिसका प्रमुख मैं और उसमें के. सी. पंत, ब्रह्मदत्त आदि प्रतिनिधि के रूप में थे। जब हम लोग उरुग्वे पहुँचे, उसके पहले ही करीब 50 या 60 विकासशील देशों के प्रतिनिधियों ने अमेरिका के प्रारूप पर हस्ताक्षर कर दिए थे।

जब मैं वाणिज्य मंत्री था तभी पश्चिमी देश तथा विशेषकर अमेरिका ने कोशिश शुरू कर दी थी कि गैट का दायरा बढ़ाया जाए। गैट अंतर्राष्ट्रीय व्यापार को संचालित करने वाली संस्था थी। अमेरिका सहित पश्चिमी देश गैट के दायरे में वस्तुओं के अलावा बैंकिंग, बीमा और सेवाओं को भी लाना चाहते थे। इस पर वाणिज्य मंत्रियों की अनौपचारिक बातचीत स्टॉकहोम में जून 1985 को हो चुकी थी। वहाँ भारत की ओर से मैंने स्थिति स्पष्ट कर दी। प्रत्येक देश की अलग–अलग सामाजिक, आर्थिक–राजनीतिक परिस्थितियाँ होती हैं। मैंने वहाँ बताने का प्रयास किया कि भारत अभी गैट के दायरे को बढ़ाने की स्थिति में नहीं है। जब होगा तो हम खुद माँग करेंगे। क्योंकि यहाँ की सामाजिक जरूरतें पश्चिम के विकसित देशों से नितांत भिन्न हैं। ऐसे में बराबरी के बर्ताव का कोई अर्थ नहीं है। परस्परता का मतलब कभी यह नहीं होता कि 5 साल के बच्चे का मुक्का 25 साल के जवान के मुक्के के बराबर है। दोनों के मुक्के की चोट में बहुत फर्क है। ऐसे तर्क वे देश सुनने के अभ्यस्त नहीं थे।

सवाल : उरुग्वे दौर की उस वार्ता के लिए आपने तैयारी कब शुरू की?

जवाब : जहाज में सारे कागजात देखे। पूरा पढ़ा। दिल्ली से न्यूयार्क और न्यूयार्क

से उरुग्वे की यात्रा थी। उसमें ही मैंने अपना पक्ष समझा और वहाँ पहुँचकर सम्मेलन की गतिविधियों के बारे में गैट में भारत के राजदूत एस.पी. शुक्ल से बात की। उनसे मुझे बहुत मदद मिली। वैसे तो प्रतिनिधिमण्डल की मदद के लिए अफसरों की एक टीम हमारे साथ थी।

सवाल : विकसित देशों के समानान्तर भारत ने क्या किसी तरह की उस समय पेशबंदी की थी?

जवाब : भारत ने एक राजनीतिक पहल की थी, जब मैं वाणिज्य मंत्री था। गैट में विकासशील देशों का एक मंच जी.एस.टी.पी. (ग्लोबल सिस्टम ऑफ ट्रेड रिफरेंसेस एमांग डेवलपमेंट कंटरीज) बना था। उसकी पहली मंत्री–स्तरीय बैठक दिल्ली में 1985 में हुई थी। ब्राजील ने हमारी पहल में साथ दिया था। उसका उद्घाटन प्रधानमंत्री राजीव गाँधी ने विज्ञान भवन में किया था। दूसरी ब्राजील में हुई। इस तरह भारत, ब्राजील, मिस्र और यूगोस्लाविया का मिला–जुला नेतृत्व विकासशील देशों को प्राप्त हुआ था।

उस दौर में विकसित देश अक्रामक हो गए थे। उनका रवैया विकासशील देशों के हितों के खिलाफ था। इसके लिए विकासशील देशों को हमने एकजुट किया। हर स्तर पर अर्थात् कानून, राजनयिक चैनल आदि का इस्तेमाल कर जी.एस.टी.पी. नामक मंच बनाया गया। उसके स्वरूप पर जुलाई 1985 में सहमति बनी और विस्तृत समझौता ब्राजील के सम्मेलन में 1986 में हुआ। इन प्रयासों से राजनीतिक प्रतिप्रहार की क्षमता गैट में विकासशील देश अर्जित कर सके।

सवाल : उरुग्वे दौर की गैट वार्ता में विकासशील देशों ने भारत के नेतृत्व में सफलतापूर्वक प्रतिरोध किया था। उसके बाद क्या वह एकता कायम रह सकी?

जवाब : जैसे–जैसे दबाव बना, विकासशील देशों की एकता बिखर गई। वे सामूहिक रुख अपनाने के बजाय निजी सौदेबाजी में फँसते गये। भारत भी उसका अपवाद नहीं रहा। उस समय की राजनीतिक परिस्थितियों ने भी अपना असर दिखाया। भारत सरकार में एक वर्ग पहले से ही जो सक्रिय था उसे अवसर मिला जिसके परिणामस्वरूप विकसित देशों की दाल गल गई।

सवाल : उस समय अमेरिका गैट दायरे में विशेषकर किस विषय को लाने के लिए दबाव डाल रहा था?

जवाब : उसकी कोशिश थी कि सेवाओं के नाम पर भारत तैयार हो जाए कि बैंकिंग प्रणाली को गैट में शामिल कर लिया जाए। मैंने कहा कि केवल बैंक ही क्यों शामिल हों। उसमें सेवाओं के जो–जो क्षेत्र हैं जैसे धोबी, नाई आदि उन्हें भी शामिल

किया जाए। मैंने अमेरिकन दस्तावेज के आधार पर चिन्हित किया कि उनके यहाँ दाह–संस्कार भी सेवाओं में शामिल है। जिस व्यक्ति से मेरी बहस हो रही थी वह इसे मानने को तैयार नहीं था। उसकी जगह नया व्यक्ति आया जो ज्यादा टेक्नीकल था और उसे बातें मालूम थीं। उसने कहा कि हाँ, यह सेवाओं में है।

सवाल : अमेरिका आपकी बातों पर सहमत हो गया?

जवाब : बजाए सहमत होने के उसके प्रतिनिधि ने धमकी दी कि अगर भारत तैयार नहीं होता तो अमेरिका गैट से वाक आउट कर जाएगा और द्विपक्षीय व्यापार प्रणाली के लिए काम करेगा। मेरा जवाब था कि मुझे अमेरिका की ताकत मालूम है। इसके बावजूद जो अनुचित है उसका समर्थन नहीं किया जा सकता। फिर वह चुप हो गया।

सवाल : अमेरिकी प्रतिनिधिमण्डल का स्वरूप क्या था और वह अपनी बात मनवाने के लिए क्या तरीके अपनाता था?

जवाब : अमेरिकी प्रतिनिधिमण्डल तीन हवाई जहाजों में आया था। उसमें तीन कैबिनेट मंत्री थे। वहीं तीन समुद्री जहाज भी पड़े रहते थे। उन समुद्री जहाजों में यह व्यवस्था थी कि हर क्षण की सूचना वांशिगटन तुरंत भेजी जा सके। जहाँ बैठक होनेवाली थी उसी हॉल के ऊपर वाले तल को अमेरिका ने बुक करा रखा था। किसी के स्वर उठाते ही अमेरिकी उसे अपने पास ऊपर बुलाकर उसके प्रति सख्त हो जाते थे।

सवाल : उस समय इस तरह की बातचीत हो सकती थी। क्या उसके बाद भी यह सिलसिला चला?

जवाब : अंतर्राष्ट्रीय मंच पर गहरी सौदेबाजी करनी होती है। इसके लिए जितनी तैयारी और राजनीतिक इच्छा–शक्ति चाहिए उसका अभाव होता गया।

सवाल : क्या आपने उरुग्वे दौर में इसे प्रत्यक्ष देखा?

जवाब : वहाँ सदस्य देशों को अमेरिकी प्रतिनिधिमण्डल डराकर रखता था। अफ्रीकी देशों का हाल बुरा था। अर्जेन्टीना पर काफी अधिक कर्ज था इसलिए वह भी खड़ा नहीं हो सकता था। वहाँ आर्थिक गुलामी मैंने अपनी आँखों से देखी। मुझे बहुत आश्चर्य हुआ। मैंने वहीं महसूस किया कि स्वावलंबन का मतलब क्या होता है। अगर देश अपने संसाधनों पर निर्भर नहीं है तो वह अंतर्राष्ट्रीय मंच पर स्वतंत्र रुख नहीं अपना सकता। भारत ने शुरू से राजनीतिक और आर्थिक स्वावलंबन का रास्ता चुना था। इसलिए हम अंतर्राष्ट्रीय मंचों पर जो उचित समझते थे वह कह सकते थे

और उस पर अड़े रह सकते थे। तब हमारी अर्थव्यवस्था 97 फीसदी अपने आंतरिक संसाधनों पर निर्भर करती थी।

सवाल : यह माना जा रहा है कि हमारी आर्थिक स्वाधीनता का दायरा सिकुड़ता जा रहा है। क्या यह सच है?

जवाब : हाँ।

सवाल : अपनी बात मनवाने के लिए अमेरिका किस सीमा तक जाकर दबाव डालता था?

जबाव : अमेरिका वालों का बहुत दबाव और प्रभाव था। वे सरकार के प्रमुख को बोलते थे कि आपका प्रतिनिधि हमारे प्रस्ताव का विरोध कर रहा है, उसे अपने पास बुलाकर दूसरे को भेजिए।

सवाल : वहाँ सबसे पहला काम आपने क्या किया?

जबाव : मैंने सबसे पहले यूरोपियन यूनियन के अध्यक्ष से नाश्ते पर मुलाकात की। उनसे मैंने बात की और अपने तर्क पेश किए। मुझे पता था कि अमेरिका और यूरोप में थोड़ा मतभेद है। अमेरिका को जल्दी थी। यूरोप इंतजार कर सकता था। इस फर्क का उपयोग हम अपने पक्ष में करना चाहते थे। यूरोपियन यूनियन के अध्यक्ष ने कहा कि मिस्टर सिंह, मैं अमेरिका के खिलाफ नहीं जाऊँगा। हाँ, अगर आप सम्मेलन में गतिरोध पैदा करने में सफल हो जाएँगे तो मैं आप लोगों की कुछ मदद कर सकता हूँ। इस पर मैंने सोचा कि एक सफलता मिली।

उसके बाद दबाव और प्रलोभन का दौर आया। जापान की ओर से प्रस्ताव आया कि हम भारत को इतनी रकम मदद में देंगे। आप बात मान जाओ। मैंने कहा कि आपके प्रति मैं आभार प्रकट करता हूँ, किन्तु हम अपना विकास अपने संसाधनों से करेंगे। भारत में 93 फीसदी विकास अपने संसाधनों से हो रहा है। सिर्फ 7 फीसदी ही बाहरी मदद हम ले रहे हैं। हम इसी रास्ते पर चलना चाहते हैं। भविष्य में यदि कोई परिवर्तन होगा तो आपके प्रस्ताव पर विचार करेंगे। इस प्रकार उन्हें टाला।

पहले ही दिन विकासशील देशों की, जैसे यूगोस्लाविया, मिस्र, ब्राजील, क्यूबा, अर्जेंटीना आदि की बैठक मेरी अध्यक्षता में हुई। उसका प्रयोजन यह जानना था कि उनके विचार क्या हैं? यूगोस्लाविया गुट निरपेक्ष आंदोलन के अगुवा देशों में रहा है। लेकिन वहाँ उसकी नीति बहुत ढुलमुल थी। उसका तकिया कलाम होता था कि हमें देखना पड़ेगा। दीर्घकालिक परिणामों के बारे में हमको सोचना पड़ेगा। मैंने उसके रवैये पर सोचा कि ये तो पहले ही तराजू लेकर बैठा है इसलिए यह तलवार लेकर लड़ने में हमारा साथ नहीं देगा।

मिस्र का जो व्यक्ति प्रतिनिधित्व कर रहा था, वह एकदम पहलवान किस्म का

था। उसे व्यापारिक पेचीदा गुत्थियाँ शायद ही समझ में आती थीं। उसने भी वही रवैया अपनाया जो यूगोस्लाविया का था। ब्राजील ने हमारा समर्थन किया। क्यूबा कम्युनिस्ट देश होने के नाते उसकी लाइन पहले से तय थी। उस मीटिंग में मैंने यूगोस्लाविया से कहा कि आप लैटिन अमेरिकी देशों से बात करें। मिस्र से मैंने अफ्रीकन देशों से बात करने का आग्रह किया और एशियन देशों के प्रतिनिधियों से बातचीत का जिम्मा अपने ऊपर लिया। अगले दिन मिस्र के मंत्री से मुलाकात हुई तो मैंने उनसे पूछा कि क्या प्रतिक्रिया हैं। उन्होंने कहा कि सभी अमेरिकन प्रस्तावों के समर्थन में है। हमने (भारतीय प्रतिनिधिमण्डल ने) पाकिस्तान, बांग्लादेश, नेपाल, श्रीलंका आदि से बात की। ये देश आमने–सामने की बातचीत में हमारे तर्क से सहमत थे। ये समर्थन में बयान भी जारी करते थे। इसके बाद मैंने स्विट्ज़रलैंड के मंत्री को अपने पक्ष में राजी किया। दूसरे दिन मालूम हुआ कि उन्हें रातों–रात बदल दिया गया। फिलीपींस का कहना था कि हम अमेरिका से लड़ नहीं सकते।

ब्रिटेन के मंत्री ने रात्रिभोज पर हमें बुलाया, जिसमें 38 विकसित देशों को बुलाया गया। विकासशील देशों में सिर्फ भारत ही वहाँ बुलाया गया था। वहाँ उनकी दबाव पैदा करने की रणनीति थी। मैं, के.सी. पंत और ब्रह्मदत्त उसमें गए। मैं चुपचाप सुनता रहा। रात्रिभोज खत्म हो रहा था। आइसक्रीम आ चुकी थी। तब तक मैंने कुछ नहीं कहा। मुझे उकसाने के लिए जर्मनी के प्रतिनिधि ने कहा कि पता नहीं कुछ देश ऐसा रुख क्यों अपनाए हुए हैं। उसके बाद कॉफी आ गई। जब उन्हें लगा कि यह आयोजन बेकार हो जाएगा तब ब्रिटेन के मंत्री ने मुझसे कहा कि क्या आप कुछ कहना चाहेंगे? तब मैंने कहा कि आपके यहाँ सेवा क्षेत्र विकसित अवस्था में पहुँच गया है। इसलिए आपको अंतरराष्ट्रीय नियम की जरूरत है। भारत में सेवा क्षेत्र उतना विकसित नहीं हुआ जितना कि आपके यहाँ हो गया है। हमारी समस्याएँ आपसे भिन्न हैं। हम बैंकिंग के जरिए अपने यहाँ गरीबी उन्मूलन की योजना चलाते हैं। अनुदान पर आधारित कर्ज देते हैं। अगर इस समय बैंकिंग को सेवा क्षेत्र में डाल दिया जाए तो वह प्रक्रिया भारत में रुक जाएगी। इसलिए अभी हमारी जरूरत वह नहीं है जो आपकी है। हो सकता है कि भविष्य में कुछ सालों बाद हमें इसकी जरूरत पड़े।

सवाल : क्या वहाँ के मंत्री–स्तरीय सम्मेलन में दिए जाने वाले भाषण की तैयारी आपने स्वयं की थी? और उस भाषण का अमेरिकी प्रतिनिधियों पर क्या प्रभाव पड़ा?

जबाव : उस समय मेरे पास वित्त मंत्रालय था। विश्व मुद्रा कोष या विश्व बैंक से वित्त मंत्रालय नरमी से पत्र व्यवहार करता था। उरुग्वे बैठक के लिए तैयार किए जाने वाले भाषण में तर्क और गर्मजोशी चाहिए था। यूरोपियन अध्यक्ष से मिलने के बाद रात को मैंने अपना भाषण लिखा। उसे पूरा करने में सुबह के चार बज गए। तभी टाइपिस्ट को जगाकर टाइप करवाया। उसे बँटवाया। उससे सबसे ज्यादा उत्तेजना

हुई। वहाँ मैंने कहा कि विकासशील देशों के भाइयो, यहाँ जो बेड़ियाँ गढ़ी जा रही हैं क्या उन्हें उपहार मानकर हम अपनी राजधानियों में लौटेंगे। जहाँ तक मेरा सवाल है मैं तो इसे मंजूर नहीं करता। इससे अमेरिका वाले तिलमिला गए। मेरे एक सहयोगी से उन्होंने कहा कि आपके मंत्री का भाषण डोर स्लैमर जैसा था। उन्होंने इतना कठोर रुख अपनाया कि इससे तो सम्मेलन ही निरर्थक हो जाएगा और उसके टूटने का खतरा पैदा हो गया है।

सवाल : क्या अमेरिकी प्रतिनिधि ने जो टिप्पणी की उसे आप सही मानते हैं?

जवाब : भारत सहित विकासशील देशों के हितों की रक्षा तभी हो सकती थी। मैंने वैसा रुख अपनाना जरूरी समझा और उससे ही समझौते का रास्ता खुला।

सवाल : वहाँ विकासशील देशों का क्या रुख था?

जवाब : यूगोस्लाविया जो पहले गुटनिरपेक्ष देशों का नेता था वह विश्व बैंक के कर्ज तले दबा था। इसलिए उसकी हिम्मत अमेरिका के खिलाफ जाने की नहीं होती थी। मिस्र का भी लगभग वही हाल था। भारत और ब्राजील दोनों साथ मिलकर एक स्वर में अपने दृष्टिकोण को उस बैठक में मजबूती के साथ रखते थे। फिलीपींस के प्रतिनिधि भी हमारे साथ थे किन्तु वे अमेरिका को नाराज करना नहीं चाहते थे। अफ्रीका के देशों का तो कुछ कहना ही नहीं है। अर्जेन्टीना काफी कर्जे में है।

सवाल : उस वार्ता से भारत को क्या हासिल हुआ?

जवाब : गैट वार्ता के समापन पर तब हिन्दुस्तान टाइम्स ने अपने संपादकीय में सराहना की थी कि पुंटाडेल एस्टेट में वित्त मंत्री विश्वनाथ प्रताप सिंह ने उत्तर को बगैर आहत किए दक्षिण को विजय दिलाई। वहाँ अमेरिका और भारत दो छोरों पर थे। एक क्षण ऐसा भी आया था जब अमेरिका ने परंपरा तोड़कर वोट से फैसला कराने की धमकी दे दी थी। वह सेवाओं को वार्ता के एजेंडे में डलवाना चाहता था। यह मसला भविष्य पर छोड़ दिया गया। इतनी सहमति अवश्य बनी कि इस पर बातचीत होगी।

सवाल : क्या किसी फॉर्मूले पर वहाँ सहमति हो सकी?

जवाब : पुंटाडेल ईस्ट से एक साल पहले ही हमने चुपचाप और कह सकते हैं कि एक हद तक गोपनीय प्रयास किया, जिसमें भारत, ब्राजील और यूरोपियन कम्युनिटी के देश थे। लक्ष्य था कि गैट में अमेरिका को अलग–थलग करो। अमेरिका एक ही कोशिश में लगा था कि सेवाओं को गैट के दायरे में लाकर वह सदस्य देशों का बाजार अपने लिए खुलवा सके। यूरोप के देश देख रहे थे कि इसका उन पर अधिक दुष्प्रभाव

पड़ेगा। इसका हमने फायदा उठाया और उनसे सम्पर्क कर राजी कर लिया कि सर्विसेस पर भविष्य में जब बात हो तो गैट के दायरे के बाहर हो। उस बातचीत का आधार मात्र व्यापार न हो बल्कि विकास उसमें केन्द्रीय स्थान पर रहे। इस बात पर भी सहमति बन गई कि हर देश ने अपने लिए सेवाओं के क्षेत्र में जो नियम–कानून बना रखा है उसका सम्मान हो। इन शर्तों पर पुंटाडेल ईस्ट में उस समय समझौता हो सका, जब सम्मेलन विफल होने जा रहा था। कनाडा और यूरोपियन कम्युनिटी के जरिए हमने इस प्रस्ताव को रखवाया जिसे अमेरिका को मानना पड़ा। यही वह उपलब्धि थी जिसकी चर्चा उन दिनों भारत में खूब हुई थी।

सवाल : वापसी पर प्रधानमंत्री राजीव गाँधी की क्या प्रतिक्रिया थी?

जवाब : जब मैं वापस लौटा तो राजीव गाँधी ने मंत्रिमंडल की बैठक में मुझे बधाई दी! और यही काम उन्होंने संसदीय दल की बैठक में भी किया।

सवाल : पुंटाडेल ईस्ट की मंत्रीस्तरीय वार्ता में जो सफलता आपको मिली, उसमें आपकी सूझबूझ के अलावा, उसके अन्य कारण क्या थे?

जवाब : उस सम्मेलन में एस.पी. शुक्ल ने एक विशेषज्ञ के तौर पर मदद की। वे मजबूती से मेरे साथ रहे हालाँकि वित्त मंत्रालय के अफसर नरमी बरत रहे थे। एस.पी. शुक्ल एक ईमानदार अफसर रहे। उनकी जानकारी भी बहुत गहरी है। अंतर्राष्ट्रीय मंचों पर उनके अलावा मुचकुंद दुबे ने पूरे मनोयोग से सहयोग दिया। वे वैचारिक रूप से स्पष्ट थे। उन पर किसी प्रकार का दबाव या प्रलोभन काम नहीं करता था। विकसित देश अपनी बात मनवाने के लिए जो तर्क देते थे उसका सही उत्तर उनके पास होता था।

सवाल : क्या एस.पी. शुक्ल अगर वहाँ बने रहते तो गैट में हम बेहतर समझौता करा पाते?

जवाब : मैं बिल्कुल मानता हूँ कि उनके रहने से फर्क पड़ता। लेकिन राजनीतिक नेतृत्व का समर्थन भी जरूरी होता है। नहीं तो अकेला अफसर क्या कर लेगा?

सवाल : क्या यहाँ इसके लिए अमेरिकन लॉबी सक्रिय थी?

जवाब : भारतीय प्रशासन में अमेरिकी लॉबी हमेशा से सक्रिय रही है। 1989 आते–आते वह बहुत हावी हो गई थी। हमारी ओर से वहाँ जो लोग समझौता वार्ता में लगे हुए थे, उनसे मैंने कहा कि दिल्ली में कौन किससे मिल रहा है और कहाँ से दबाव डलवाया जा रहा है इसकी कोई परवाह मत करो। उस समय दिल्ली से बार–बार फोन आ रहे थे। मैंने कहा कि हमें कैबिनेट की मंजूरी है। उसके प्रति ही हम जवाबदेह

हैं। किसी व्यक्ति के संदेश से प्रभावित नहीं होना है।

सवाल : वार्ता की समाप्ति के बाद आपको कहीं और जाना था क्या?

जवाब : विश्व बैंक की मीटिंग में मुझे रहना था लेकिन नहीं रह सका और वहाँ चैयरमैन से मिलकर वापस आ गया।

सवाल : आपने पुंटाडेल ईस्ट में जो उपलब्धि हासिल की थी उसे भारत ने अप्रैल 1989 में गँवा दिया। ऐसा क्यों हुआ? इस बारे में आपका आकलन क्या है?

जवाब : हमारे प्रतिनिधियों ने गैट में 1988 तक सफलतापूर्वक प्रतिरोध की लड़ाई लड़ी। 1988 में जी.एस.टी.पी. का सम्मेलन बेलग्रेड में था जहाँ विकासशील देश एकजुट थे। मोंट्रीयाल में मंत्रिस्तरीय सम्मेलन था जहाँ वार्ता विफल हो गई। बातचीत के चारों मुद्दों पर असहमति बनी रही। कृषि पर यूरोप और अमेरिका में मतभेद था। बौद्धिक सम्पदा पर भारत और अमेरिका आमने–सामने थे। टैक्सटाइल पर भारत और अमेरिका में टकराव था और नियमों में जहाँ विविधता बनी हुई थी उसे एकरूप करने का रास्ता नहीं खोजा जा सका। हम चाहते थे कि मोंट्रीयाल की मीटिंग फेल हो जाए। उसी दौर में अमेरिका को मौका मिला। गैट में भारत के राजदूत एस.पी. शुक्ल को वापस बुला लिया गया। उसके बाद विकासशील देशों की एकता टूटी और बौद्धिक सम्पदा के मुद्दे पर अमेरिका जैसा चाहता था वैसा उसने फैसला करवा लिया।

सवाल : किस सरकार ने अधिक कमजोरी दिखाई?

जवाब : पी.वी. नरसिंह राव की सरकार कमजोर साबित हुई। उस जमाने में सौदेबाजी हम कर सके होते तो इसी विश्व व्यवस्था में अधिक लाभ में रहते। इसी तरह राजग सरकार ने भी समय से दो साल पहले मात्रात्मक प्रतिबंध हटाकर देश को नुकसान पहुँचाया। दोनों सरकारों ने एक ही लाइन पकड़ी।

सवाल : आपने अपने प्रधानमंत्रित्व काल में क्या उस प्रक्रिया को पुनः देश के पक्ष में करने के लिए कदम उठाए?

जवाब : तब तक हम गैट में पराजित हो चुके थे। मैंने यह आदेश दिया कि जितना हो सके, अपने हितों की रक्षा के लिए प्रयास शुरू करें। उसके बाद ही ट्रिप्स की वार्ता में एतराज करने और कदम–कदम पर प्रतिरोध करने की कोशिश शुरू हुई। उसके बाद ही एम.टी.ओ. को रोका जा सका।

सवाल : डंकल प्रस्ताव 1991 में 20 दिसम्बर को भारत सरकार के पास आ गया था। उसे सरकार ने 9 महीने तक छुपाया। क्या यह सच है?

जवाब : उस समय सरकार ने संसद से भरसक हर बात छिपाई।

सवाल : उस डंकल प्रस्ताव में क्या था?

जवाब : सात सालों की वार्ताओं को गैट के पूर्व निदेशक ऑर्थर डंकल ने एक लिखित पुस्तक के रूप में वार्ता में शामिल सभी देशों में दिसंबर 1991 में भेजा। इसे ही हमारे यहाँ 'डंकल प्रस्ताव' के नाम से जाना जाता है। इसमें कुल 28 तरह के समझौतों के बारे में विस्तार से लिखा गया है। यह कुल 456 पेज का ग्रंथ है। इसमें पहले पेज पर ही लिखा है कि या तो इसे पूरा स्वीकार करो या पूरा अस्वीकार। कुछ हिस्सों को स्वीकार या अस्वीकार नहीं किया जा सकता। डंकल प्रस्ताव में जो अब अंतिम करार का रूप ले चुका है, 16 दिसंबर 1993 के बाद, सात मुख्य हिस्से हैं। 1. विश्व व्यापार संगठन का गठन, 2. कृषि के व्यापार का समझौता, 3. सेवाओं के व्यापार का समझौता, 4. बौद्धिक सम्पत्ति के व्यापार का समझौता, 5. व्यापार विवाद निपटारा प्रणाली पर समझौता, 6. मंत्री–स्तरीय निर्णय और घोषणाएँ, 7. व्यापार नीति पुनरीक्षा प्रणाली। एक 8वाँ हिस्सा भी जोड़ा गया है प्ल्यूरिलेटरल व्यापार समझौता जिसमें नागरिक विमान, डेरी व्यवस्थाएँ, गोमांस आदि पर समझौते हुए हैं, जो सभी देशों पर लागू नहीं होगा।

सवाल : डंकल मसौदे की संवैधानिक छानबीन के लिए बने जन आयोग ने 12 दिसंबर 1993 को अपनी रिपोर्ट में स्पष्ट कहा कि ये प्रस्ताव संविधान की मूल संरचना के खिलाफ है। क्या आप भी मानते हैं कि डब्ल्यू.टी.ओ. से हमारी संप्रभुता नष्ट हुई है?

जवाब : मेरा ख्याल है कि उसे अवश्य धक्का लगा है। डब्ल्यू. टी. ओ. में सब्सिडी नहीं होनी चाहिए। विकसित देश अपने यहाँ कृषि को बहुत अधिक सब्सिडी देते हैं और विकासशील देशों को रोकते हैं। गैट में यह अधिकार था कि उनके माल को हम अपनी सीमा पर रोक सकें। लेकिन डब्ल्यू. टी. ओ. में उसे भी छोड़ देना पड़ा। अब चाहकर भी ऐसा नहीं कर सकते। ऐसी हालत में देश की संप्रभुता से समझौता हुआ है। विकसित देशों के लिए जो व्यापार है वह हमारे लिए जीविका बचाने का साधन है।

सवाल : लोकसभा में आपने 23 दिसंबर 1992 को सरकार को सलाह दी थी कि डंकल प्रस्ताव पर आगे की बातचीत के लिए सांसदों की एक कमेटी बना दी जाए ताकि हम अधिक फैसले अपने पक्ष में करवा सकें। क्या वह सलाह आपकी मानी गई?

जवाब : नहीं मानी गई। हमारे संविधान में अंतरराष्ट्रीय संधि करने का अधिकार भारत सरकार को है। उसे इस बात की संवैधानिक छूट मिली हुई है कि वह उस संधि

को संसद से पुष्ट न कराए। परम्परा के तौर पर सरकारें अंतरराष्ट्रीय संधि की एक बयान से संसद को जानकारी दे देती रही हैं। मेरा मानना है कि जब हम अंतरराष्ट्रीय संधि करते हैं तो पुश्त दर पुश्त के लिए अपनी भावी पीढ़ियों को उससे बाँध देते हैं। इसलिए बिना संसद की स्वीकृति के अंतरराष्ट्रीय संधि पर अमल नहीं होना चाहिए। सीधी बात यह है कि ऐसी संधि से जनता बँध जाती है। जबकि जनता के प्रतिनिधियों का जो मंच है उस संसद की कोई भूमिका नहीं होती। यह बहुत बड़ा विरोधाभास है और हमारी संवैधानिक विडम्बना भी है। वस्तुतः सरकार तो केवल मैनेजर है, वह मालिक नहीं है। मालिक जनता है। इसलिए जरूरी है कि जनता के प्रतिनिधियों की संसद में सरकार के किए अंतरराष्ट्रीय करार की मंजूरी होनी ही चाहिए।

सवाल : उस समय आपने यह महसूस कर लिया था कि एक नए तरह का उपनिवेशवाद विकासशील देशों पर थोपा जा रहा है?

जवाब : इतना अवश्य है कि कॉरपोरेट सेक्टर अपने–अपने देशों की सरकारों के जरिए अपनी बात विभिन्न देशों पर थोपने की तरकीब में लगा रहता है। कॉरपोरेट सेक्टर ने तरीका निकाल रखा है। वह सरकार में बैठे लोगों को खरीदता है और अपना काम करवाता है। इसे हम जो भी नाम दें, चाहें तो नए तरह का उपनिवेशवाद भी कह सकते हैं। मैंने पाया है कि विकासशील देशों को घेरा जा रहा है। उसे जिस मुहावरे में कहें, उसका अर्थ यही है कि इन देशों को शिकस्त दी जा रही है। मैं साम्राज्यवाद और उपनिवेशवाद की शब्दावली में नहीं पड़ता। उसका जो प्रभाव पड़ता है वह अधिक महत्त्वपूर्ण है।

सवाल : इस विश्व व्यवस्था में आर्थिक स्वावलंबन और स्वदेशी का क्या स्थान है?

जवाब : स्वावलंबन की अवधारणा बदल गई है। पहले की परिभाषा से काम नहीं चलेगा। यह संभव नहीं कि सब चीजें यहीं पर बनाई जाएँ। वह महँगा पड़ेगा। इसलिए हमको लचीला होना चाहिए। हमें अपनी अर्थव्यवस्था के लिए जो सटीक हो उसे ही अपनाने की जरूरत है। जो बोझ स्वरूप है उसे ढोने का क्या तुक है। एक उदाहरण से मैं इसे स्पष्ट करना चाहता हूँ। कॉपर हमारे यहाँ बहुत कम होता है। उसे बाहर से मँगाना पड़ता है। स्वावलंबन के लिए हमने एक कॉपर की खदान खोल दी। उससे जब कॉपर निकाला जाने लगा तो उसकी लागत बाहर से बहुत ज्यादा बैठती थी। इसलिए बाहर सस्ते कॉपर पर हम टैक्स लगाते थे ताकि हमारे कॉपर के बराबर हो जाय। मेरा कहना है कि स्वावलंबन के नाम पर जबरदस्ती दाम बढ़ाना उचित नहीं है। उसे गरीब आदमी ही चुकाता है।

गैट सदस्य देशों में करीब 100 देश ऐसे हैं जो पश्चिमी साम्राज्यवाद के अधीन

थे। उनमें ज्यादातर गरीब और विकासशील देश हैं। पिछले 50 सालों में विश्व बैंक और मुद्रा कोष की शर्तों के अनुसार उन्होंने अपनी आर्थिक नीतियाँ चलाई हैं। वे आर्थिक आजादी पहले ही खो चुके हैं। विकसित देशों में आपसी व्यापार के लिए पहले ही नाफटा बना रखा था और यूरोपियन समुदाय ने जी–7 समूह बना रखा है। इनके मुकाबले खड़ा होना गरीब देशों के लिए मुश्किल होता है।

सवाल : आप यह बताएँ कि अंतर्राष्ट्रीय व्यापार में गैट की भूमिका क्या होती थी?

जवाब : वह राष्ट्रों के बीच वस्तुओं के व्यापार की बाधाएँ दूर करता था। उसके लिए नियम बने हुए थे। उसके आधार पर ही अंतर्राष्ट्रीय व्यापार का संचालन होता था। वह ऐसा मंच था जो व्यापार संबंधी समस्याओं को हल करने का जरिया बनता था। वह एक न्यायालय की तरह भी काम करता था।

सवाल : उरुग्वे दौर की जो वार्ता पुंटाडेल इस्टेट से शुरू हुई थी, वह 1993 तक चलती रही। इस दौरान भारत में अनेक सरकारें बनीं। लेकिन मोटे तौर पर सरकारों की नीतियाँ गैट वार्ता के बारे में नहीं बदलीं और यह धारणा बनी कि लोगों की परवाह किए बगैर सरकार समझौते करती जा रही है। ऐसा क्यों हुआ?

जवाब : सरकार को मजबूती से स्टेंड लेना चाहिए। उससे डब्ल्यू. टी. ओ. में हम अपनी बात मनवा सकते हैं। हम लोगों के लिए यही ज्यादा फायदेमंद होगा। बजाय इसके कि हर चीज पर दस्तखत करते चले जाएँ। मेरा व्यावहारिक अनुभव रहा है कि अड़ जाने पर हम अवश्य कुछ हासिल कर लेते हैं। सरकार अगर हिम्मत करे और जो समझौता हमारे लिए नुकसानदेह है उसको नामंजूर कर दे तो सारा देश सरकार के पीछे खड़ा रहेगा।

सवाल : जब डंकल ड्राफ्ट आया, उस समय देश में बहुत विरोध का वातावरण था। संसद की कई कमेटियों ने सरकार से जो–जो सिफारिशें कीं वे भी रद्दी की टोकरी में डाल दी गईं। क्या आपको लगता है कि सरकारों के हाथ–पाँव बँधे हुए थे?

जवाब : उनका मन दबा हुआ था। अगर हम हिम्मत करते तो उसे नामंजूर करा देते। इसके लिए जरूरी था कि प्रधानमंत्री देश का आह्वान करते और पूरा देश उनके पीछे खड़ा हो सकता था। दोहा मंत्रिस्तरीय सम्मेलन से पहले मैंने तत्कालीन प्रधानमंत्री अटल बिहारी वाजपेयी से कहा था कि यह दलों का मसला नहीं है, हम आपके साथ हैं। आज डब्ल्यू.टी.ओ. में जो हो रहा है उसके विरोध में पूरा देश खड़ा है। आप लोगों का आह्वान करें और हम आपका साथ देंगे।

सवाल : उस समय विरोध को देखते हुए काँग्रेस ने एक पुस्तिका छापी थी जिसमें प्रधानमंत्री और काँग्रेस के अध्यक्ष पी.वी. नरसिंह राव का यह बयान भी था कि 'किसान हमारे देश की रीढ़ है, कृषि हमारी अर्थव्यवस्था की आधारशिला है, किसान और काँग्रेस का संबंध गहरा और अटूट है। हमारे किसान भाइयों को जिससे नुकसान हो, ऐसी कोई बात न काँग्रेस कभी कर सकती है, न कभी मान सकती है।' इस पर आप कुछ कहना चाहेंगे?

जवाब : यहाँ तक ठीक हैं। इसमें काँग्रेस को यह जोड़ देना चाहिए था कि किसान और काँग्रेस का संबंध गहरा और अटूट रहा है, जिसे डब्ल्यू.टी.ओ. तोड़ रहा है।

सवाल : उस समय के वाणिज्य मंत्री प्रणव मुखर्जी का एक बयान है कि 'जहाँ तक डंकल दस्तावेज का प्रश्न है, मैं यह बात बिल्कुल साफ कर देना चाहता हूँ कि हमारी सरकार ने कोई ऐसा दायित्व स्वीकार नहीं किया है, और न ही ऐसी कोई बात स्वीकार करेगी जिससे हमारे किसानों और शोधकर्ताओं के अधिकार जोखिम में पड़ जाएँ। बीजों, जीव रूपों एवं प्रकृति में स्वाभाविक रूप में पाए जाने वाले जीवों का पेटेण्ट किया जाना हमें स्वीकार नहीं है।' इस आश्वासन का क्या पालन हुआ?

जवाब : बिल्कुल नहीं हुआ। ये समझौते यदि संसद में लाए जाते तो मंत्री ने जो आश्वासन दिया था, उसके बारे में सदस्य पूछते और उन्हें कटघरे में खड़ा करते और कहते कि आपने तो आश्वासन दिया था, अब क्या हो रहा है। मंत्री संसद से बाहर आश्वासन देता है और उसका पालन नहीं होता, तब संसद ही वह फोरम है, जहाँ उसको जवाबदेह बनाया जा सकता है। लेकिन इसकी व्यवस्था जब तक संविधान में नहीं होती, तब तक ऐसे कारनामे होते रहेंगे।

सवाल : इसके काफी प्रमाण उपलब्ध हैं कि डंकल ड्राफ्ट उस समय बहस के लिए लाया गया, जब यूरोप के कम्युनिस्ट देशों में राजनीतिक संकट बढ़ा हुआ था और भारत में राजनीतिक अस्थिरता का माहौल था। सवाल है कि क्या उस ड्राफ्ट से जो भूमण्डलीकरण चलाया गया, वह मूलतः राजनीतिक था?

जवाब : असल में कॉरपोरेट सेक्टर के स्वार्थों को पूरा करने के लिए सारी नीतियाँ बनाई जा रही हैं। पहले नीतियाँ अपने देश के लिए वहाँ की सरकार बनाती थी। उस समय पूँजी की विकास के लिए जरूरत होती थी, पर साथ ही साथ देशभक्ति का एक सिद्धांत काम करता था। तब कॉरपोरेट सेक्टर नेशन स्टेट को मदद करते थे। जब पूँजी का विस्तार ज्यादा हुआ और राष्ट्रीय सीमाओं को उसने तोड़ना शुरू किया, उस समय राष्ट्र, राज्य और उसके कानून बाधक दिखने लगे। उस समय कॉरपोरेट सेक्टर एकजुट होकर दुनिया के संसाधनों पर कब्जा करने के लिए ऐसे नियम बनवाने में जुटे जिससे कि वे अपना लक्ष्य हासिल कर सकें। उनका लक्ष्य है, दुनिया के

संसाधनों पर कब्जा जमाना।

सवाल : इस भूमण्डलीकरण के खिलाफ जो लोग भारत में खड़े हैं वे इसकी तुलना अंग्रेजों की ईस्ट इण्डिया कंपनी के जमाने से करते हैं। क्या वे सही सोच रहे हैं?

जवाब : व्यापार हमें करना ही होगा। पेट्रोल, कॉपर आदि जो चीजें हम बाहर से मँगाते हैं उसके लिए कीमत चुकानी पड़ती है। यह संतुलन बना रहे इसलिए हमें निर्यात को बढ़ावा देने का प्रयास करना होता है।

जब ईस्ट इण्डिया कम्पनी की चर्चा होती है तो उसका मतलब होता है कि उसने यहाँ बर्चस्व स्थापित किया। व्यापार उसका बहाना था। उसने फौज खड़ी की। वैसे ही आज कॉर्पोरेट सेक्टर कोशिश कर रहा है कि जमीन, जंगल, खेती पर उसका कब्जा हो जाए। देखने की बात यह है कि एक कोकाकोला गाँव के गाँव को कैसे पूरी तरह बरबाद कर रहा है। वहाँ के खेतों में बिषैला पदार्थ पहुँच रहा है। जल स्तर काफी नीचे चला गया है। गाँव के लोग पानी के लिए तरस रहे हैं। किसी की हिम्मत नहीं पड़ रही है कि वह उसका विरोध करे। केरल ने हिम्मत की।

कॉर्पोरेट सैक्टर जहाँ हमारे राष्ट्रीय हितों को क्षति पहुँचाते हैं उसके विरुद्ध लोगों को सावधान करना चाहिए। व्यापार जरूरी है। उसी तरह जैसे शरीर में रक्तचाप न ज्यादा हो न कम। वैसा ही व्यापार के बारे में भी नियम है। व्यापार करना वैसे ही जैसे सिर पर साफा बाँधा जाता है। उसमें यह ध्यान रखा जाता है कि आँखें न बंद हो जाएँ और उसके कारण चलते हुए गिर पड़ें। हमें इन मामलों में एक व्यावहारिक दृष्टिकोण रखना चाहिए।

सवाल : डंकल प्रस्ताव पर जो आशंकाएँ जताई गई थीं, वे करीब–करीब सही साबित हो रही हैं। क्या आप भी यह महसूस करते हैं कि अंतर्राष्ट्रीय संधियों की संसद से पुष्टि होनी चाहिए और उसके बाद ही वह लागू हों?

जवाब : हमारे संविधान में अंतर्राष्ट्रीय समझौता करने का अधिकार सरकार को है। वह उस समझौते को संसद से पुष्टि कराने के लिए बाध्य नहीं है। मेरा मानना है कि जब हम अंतर्राष्ट्रीय समझौता करते हैं तो उससे हम कई पीढ़ियों को बाँध देते हैं इसलिए बिना संसद की स्वीकृति के अंतर्राष्ट्रीय समझौते पर अमल नहीं होना चाहिए। सीधी सी बात है कि संधि से जनता बँध जाती है। और जनप्रतिनिधियों की उसमें कोई भूमिका नहीं रहती है। यह बड़ा भारी विरोधाभास है। सरकार मैनेजर है, मालिक नहीं है। मालिक तो जनता है। इसलिए उसके प्रतिनिधियों अर्थात सांसदों की स्वीकृति चाहिए।

जनता से सरकार नहीं चुनी जाती है। उसके प्रतिनिधि चुने जाते हैं। संसद को

जनता बनाती है। उसके बाद बहुमत वाली पार्टी सरकार बनाती है। जनता से चुने गए एक टुकड़े को वैसा निरंकुश अधिकार नहीं मिलना चाहिए जिससे वह देश को जिस तरह चाहे उस तरह अंतर्राष्ट्रीय करार से बाँध दे। विपक्ष का मत उतना ही महत्त्वपूर्ण माना जाना चाहिए जितना सत्ता पक्ष का होता है। इस विरोधाभास को दूर किया जाना चाहिए।

सवाल : मराकेस में गैट करार के समय देश में आवाज उठी थी कि सरकार उस पर दस्तख्त न करे। उसी तरह अब लगातार यह माँग हो रही है कि भारत डब्ल्यू. टी. ओ. से बाहर आ जाए। इस बारे में आपका मत क्या है?

जवाब : व्यापार के क्षेत्र में बहुपक्षीय व्यवस्था होनी चाहिए। इसलिए डब्ल्यू.टी. ओ. से बाहर आने के तर्क से मैं सहमत नहीं हूँ। उसी मंच पर हमें अन्याय के प्रतिकार की लड़ाई लड़नी चाहिए।

सवाल : हांगकांग मंत्रिस्तरीय सम्मेलन से माना जा रहा है कि किसानों का हित सुरक्षित नहीं रह सकेगा। जैसा कि दोहा मंत्रिस्तरीय सम्मेलन से पहले आपके नेतृत्व में एक आवाज उठी थी। क्या यू.पी.ए. सरकार पर दबाव बनाने के बारे में आप सोच रहे हैं?

जवाब : वामपंथी दलों और उनके सहयोगियों को सरकार से बातचीत करनी चाहिए। बेहतर यह होता कि सरकार ऐसे मसलों पर स्वयं दलों से बातचीत करे। कृषि का विषय इस समय डब्ल्यू.टी.ओ. के एजेंडे पर मुख्य है। उस पर कोई भी समझौता करने से पहले भारत सरकार को चाहिए कि वह मुख्यमंत्रियों से बात करे। कृषि राज्यों के तहत आता है। वह राज्य सूची का विषय है इसीलिए केन्द्र सरकार का फर्ज है कि वह कृषि मामले पर डब्ल्यू.टी.ओ. के प्रावधानों को लागू कराने से पहले उनकी सहमति प्राप्त करे।

सवाल : उत्तर प्रदेश के मुख्यमंत्री पद से इस्तीफा देने के बाद जब आप पुनः केन्द्र में आए और इन्दिरा गाँधी ने आपको वाणिज्य मंत्री बनाया, उस कार्यकाल में गाय की चर्बी की डालडा में मिलावट से पैदा हुआ बवंडर कैसे शान्त हुआ?

जवाब : उस समय का माहौल पहले बताता हूँ। गाय की चर्बी की डालडा में मिलावट का मामला इस कदर उछला कि उसने संसद को हिलाकर रख दिया। पंजाब, बिहार, दिल्ली और उत्तर प्रदेश में आक्रामक प्रदर्शन हुए और दहशत का एक माहौल पैदा हो गया। एक दिन मेरी माँ ने मुझसे पूछा कि डालडा का डिब्बा मैं खोलूँ या नहीं।

विपक्ष ने इसे खूब हवा दी। मैं हैरान था और समझ नहीं पा रहा था कि इसका

ओर–छोर क्या है। मैंने फैसला किया कि स्वयं देखूँगा कि चर्बी को आयात करने की नीति कब और कहाँ से शुरू हुई? उपलब्ध सारी जानकारी मँगवाई, उसे पढ़ा। अफसरों को मैंने निर्देश दिया कि बंदरगाहों पर जाकर पता लगाएँ कि यह कब से आ रही है। आखिर में पता यह चला कि चौधरी चरण सिंह के समय का आदेश है। सम्भवत: उन्हें भी इसका पूरा पता नहीं रहा होगा। उनसे किसी ने यह आदेश निकलवा लिया था कि जो लोग निर्यात करेंगे वे उसकी एवज में निषेधात्मक वस्तुएँ मँगवा सकते हैं। निषेधात्मक सूची में किसी ने जानवर की चर्बी को डलवा दिया था। इस आधार पर वे आयात करने के अधिकारी हो गए थे। जो हीरे का व्यापार करते थे उनके पास विदेशी मुद्रा काफी होती थी। उन्हें निषेधात्मक वस्तुओं को मँगवाने का लाइसेंस मिल जाता था। कुछ हीरे के व्यापारी चर्बी मँगवाने लगे और कुछ ने अपने लाइसेंस को बेच दिया। उन्हें इसकी इजाजत थी कि वे अपना लाइसेंस बेच सकते थे। बंदरगाहों पर जानवर की चर्बी पहली बार तब आई जब चौधरी चरण सिंह वित्त मंत्री थे। मैंने संसद में इसके आँकड़े दिए कि कब–कब चर्बी आई है। फाइलों में नीति के बदलाव पर चौधरी चरण सिंह के दस्तख्त हैं, यह भी संसद में मैंने तब रखा।

इस जानकारी के बाद यह फैसला किया कि मालूम करना चाहिए कि किसने चर्बी मँगवाई है। इसके लिए हीरे के व्यापारियों के यहाँ छानबीन शुरू हुई। हीरे के व्यापारी चर्बी नहीं मँगाते थे किन्तु उन्हें लाइसेंस मिला हुआ था। वह लाइसेंस बिकते–बिकते चर्बी मँगाने वालों तक पहुँचा। जिन्होंने लाइसेंस को बेचा है या खरीदा है, ऐसे तमाम लोगों को मैंने एक आदेश से काली सूची में डाल दिया। इस तरीके से उनसे पूछा गया कि उन्होंने अपना लाइसेंस किसे बेचा है और उन फर्मों का पता लगा लिया गया जिन्होंने चर्बी का आयात किया था। इसमें 193 कंपनियों के नाम आए। उनको काली सूची में डाल दिया गया। ये कंपनियाँ अनाधिकृत आयात करती थीं।

उनमें रिलायंस कंपनी भी थी। एक दिन प्रभु चावला का फोन आया कि आपने जिन कंपनियों को काली सूची में डाला है उनमें रिलायंस भी है। मैंने कहा कि कौन रिलायंस? उन्होंने कहा कि रिलायंस बहुत बड़ी कंपनी है। तब तक मैं रिलायंस को जानता भी नहीं था। जिस तरह शिकारी निशाना लगाता है और झाड़ी में छिपे जानवर को मारने की कोशिश करता है, वैसे ही वह आदेश था। उसमें खरगोश भी मरा और चिड़िया भी मरी। जब विवाद हुआ तब मैंने रिलायंस कंपनी के बारे में जाना। मेरा लक्ष्य था, देश को सही जानकारी देना कि चर्बी घोटाले के पीछे चेहरे कौन–कौन हैं।

सवाल : वह विवाद जो चर्बी काण्ड के नाम से जाना जाता है, उसकी जानकारी आपको कब हुई?

जवाब : भटिण्डा में डालडा घी बनाने का एक कारखाना था। वहाँ एक टैंकर पकड़ा गया जिसमें चर्बी थी, जिससे यह मालूम पड़ा कि डालडा घी में वहाँ चर्बी मिलाई

जाती है। अगस्त, 1983 की यह घटना है। उससे पूरे देश में बहुत भ्रम फैला। लोग समझते थे कि डालडा में चर्बी मिलाई जा रही है।

सवाल : आरोप क्या थे?

जवाब : गाय की चर्बी मँगाने और डालडा में मिलावट के आरोप थे।

सवाल : आपने उस घटना पर क्या महसूस किया?

जवाब : जब मेरी माँ ने पूछा कि डालडा का डिब्बा खुलवाऊँ या नहीं तो मेरे लिए वह बहुत बड़ी परेशानी का सबब बना। उस समय ब्रह्मभोज वगैरह में जहाँ पंडित बुलाए जाते थे उन लोगों ने पूड़ी खाना बंद कर दिया था। वे कच्चा सामान माँग लेते थे जैसे आटा वगैरह और कहते थे कि हम घर ले जाकर बनाएँगे। मैंने सोचा कि कारतूस में चर्बी पर एक बार हमारे देश में क्रांति हो गई थी। इस बार डालडा में गाय की चर्बी मिलाने की अफवाह फैल गई है।

सवाल : क्या उस घटना ने राजनीतिक रंग ले लिया था?

जवाब : मेरे कार्यकाल में वह विवाद उठा था। विपक्ष ने उसे एक अवसर माना और उसे राजनीतिक मुद्दा बना दिया। मैं सोचने लगा कि इसमें नीतिगत गड़बड़ी कहाँ हुई है।

सवाल : आपने तुरंत क्या फैसले किए?

जवाब : मैंने दो काम किए। पहला यह कि एक टीम भेजी मुख्य बंदरगाहों पर, जैसे–कलकत्ता, चेन्नई, मुंबई और कांडला पोर्ट। वहाँ विभाग के अधिकारियों को भेजा कि कस्टम अफसरों से पता करो कब से चर्बी मँगाई जा रही है। दूसरा, मैंने खुद पुरानी फाइलों को देखना शुरू किया कि कब से यह चर्बी आ रही है। उन फाइलों से एक सूचना मिली कि जनता पार्टी के समय में नीतिगत परिवर्तन हुआ था।

सवाल : वह क्या था?

जवाब : चौधरी चरण सिंह जब वित्त मंत्री थे उस समय नीतिगत बदलाव उनसे करवाया गया था। मैं समझता हूँ कि उन्होंने जानबूझ कर ऐसा नहीं किया होगा। उनसे कस्टम संबंधी नियम जो बदलवाया गया उसका लाभ उठाकर लोगों ने चर्बी मँगाना शुरू कर दिया। दरअसल, अफसर बहुत धुरंधर होते हैं जो इस तरह के फेर में पके हुए होते हैं। उन अफसरों ने ही यह फैसला कराया होगा।

सवाल : आपने एहतियाती कदम क्या उठाए?

जवाब : सही संदेश देने के लिए मैंने गाय की चर्बी के आयात पर पूरी रोक लगा दी। एक दर्जन आयातकों ने तब तक 50 हजार टन से भी अधिक चर्बी मँगा ली थी। उसकी सी.बी.आई. से जाँच का आदेश दिया। यह कदम 24 अगस्त 1983 को उठाया। उसी क्रम में 1 अक्टूबर 1983 को पूरे प्रतिबंध का आदेश जारी कराया।

सवाल : जब संसद में यह सवाल उठा उस समय तक क्या आपने जाँच करवा ली थी?

जवाब : मुझे छानबीन करवाने में कई महीने लग गए।

सवाल : विपक्ष ने उस समय उसे मुद्दा बनाया था। उसके आरोपों में मुख्य स्वर क्या था?

जवाब : चर्बी का जो आयात हुआ है, उसका दोष वे काँग्रेस पर मढ़ना चाहते थे। उनका अगला तर्क होता था कि जो कंपनियाँ चर्बी मँगवा रही हैं, वे काँग्रेस समर्थक हैं और पैसे लेकर मामले को दबाया जा रहा है।

सवाल : छानबीन करवाने के बाद आप किस नतीजे पर पहुँचे थे?

जवाब : चर्बी का आयात हो रहा था। एक प्रकार उसका यह था कि जो व्यापारी चर्बी का इस्तेमाल करते थे, वे अपनी जरूरत के लिए मँगवाते थे। छानबीन से यह निकला कि उन कंपनियों को चर्बी मँगवाने की खुली छूट काँग्रेस ने नहीं, जनता पार्टी की सरकार ने दी थी। मैंने आयात पर रोक लगाई। यह आरोप भी सही नहीं था कि चर्बी आयात करने वाली कंपनियों को काँग्रेस की सरकार बचा रही है। उनके खिलाफ जैसे–जैसे सबूत आते गए मैंने कार्रवाई के आदेश दिए।

सवाल : चर्बी के आयात पर आपने पूरा प्रतिबंध लगाया?

जवाब : हाँ।

सवाल : चर्बी के आयात का सिलसिला कब से चला आ रहा था?

जवाब : काँग्रेस के जमाने में चर्बी का आयात लाइसेंस से होता था। वास्तविक उपयोग के लिए उसे मँगाया जा सकता था। जैसे ग्रीस बनाने आदि के लिए। वह केनेलाइज्ड आइटम था। उसे 9 जून 1978 को आयात नियंत्रण आदेश से ओ.जी. एल. में डाला गया, जिसका व्यवहार में अर्थ हुआ कि उसके बाद कोई भी कंपनी जानवर की चर्बी (बीफ टैलो) मँगा सकती थी।

सवाल : जनता शासन में क्या उसके बाद भी कोई आदेश निकला?

जवाब : 9 जून 1978 का आदेश संशोधनात्मक था। पुराने आयात कानून में उससे यह संशोधन हुआ कि कोई वस्तु अगर प्रतिबंधित, निषेधात्मक या केनेलाइज्ड सूची में नहीं है तो उसे ओ.जी.एल. में डाला जा सकता है। इससे जानवर की चर्बी को मँगाने की छूट मिल गई। उसके बाद 27 अप्रैल 1979 की कस्टम की अधिसूचना थी कि गोजातीय चर्बी के आयात को कस्टम कर से छूट दी जाती है।

सवाल : इन्दिरा गाँधी की सत्ता में वापसी के बाद आपसे पहले जो प्रणव मुखर्जी वाणिज्य मंत्री थे, उन्होंने इस बारे में क्या किया?

जवाब : इसका जवाब प्रणव मुखर्जी ही दे सकते हैं। मुझे इतना याद है कि फाइलों में मैंने पाया कि 5 जून 1981 को पशु–चर्बी को केनेलाइज्ड सूची में डाला गया।

सवाल : आप 29 जनवरी 1983 को वाणिज्य मंत्री बने। उसके पाँच–छः महीने बाद यह विवाद उठा। क्या इसके राजनीतिक कारण भी थे?

जवाब : काँग्रेस की सरकार ने चर्बी को कारखाने में ले जाते हुए पकड़ा था। इसके राजनीतिक कारण नहीं थे। विपक्ष ने उसका राजनीतिकरण किया। लेकिन विपक्ष यह दावा नहीं कर सकता था कि उसने इस काण्ड का पता लगाया। जहाँ तक चर्बी के आयात का प्रश्न है, मुझसे पहले इसके दो कालखण्ड रहे। पहला, अप्रैल 1978 से 5 जून 1981 और दूसरा 6 जून 1981 से 1983।

सवाल : कितनी कंपनियाँ चर्बी काण्ड में परोक्ष या प्रत्यक्ष रूप से शामिल थीं?

जवाब : जनता शासन से 1981 तक चर्बी आयात करने के लिए 307 लाइसेंस जारी किए गए थे।

सवाल : जैसा आपने बताया कि संसद में आपने विवरण दिया था कि किस कंपनी ने कितनी चर्बी मँगाई, वह क्या है?

जवाब : उनमें एक भारत डायमंड इन्डस्ट्रीज, मुंबई ने करीब 68 लाख रुपए की चर्बी मँगाई थी, जो 1 मार्च 1983 को मुंबई बंदरगाह पहुँची। उसे 1979 में लाइसेंस मिला था। ऐसे ही मद्रास की जार्ज मैजो कंपनी ने दो बार चर्बी मँगाई। उसकी कुल कीमत 23 लाख रुपए से ज्यादा थी। कलकत्ता के कजरिया एक्सपोर्ट्स ने 53 लाख रुपए की चर्बी मँगाई थी। जैन शुद्ध वनस्पति ने 10,495 टन चर्बी मँगाई थी। उसकी कीमत 3.4 करोड़ उस समय थी। वह आयात अनाधिकृत था। उसका दावा था कि उसने 5 जून 1981 के पहले जारी लाइसेंस पर चर्बी मँगाई। इस आधार पर वह अपना बचाव कर रही थी।

सवाल : चर्बी विवाद में 'जैन शुद्ध वनस्पति' किस रूप में फँसी हुई थी?

जवाब : हीरे के व्यापार के बदले जो लाइसेंस मिलता था, उसे बेचने का मामला था। उस लाइसेंस पर जैन शुद्ध वनस्पति ने चर्बी मँगवाई थी।

सवाल : जैसा आपने बताया कि 307 कंपनियों को लाइसेंस दिया गया था। उनमें से कितनी कंपनियाँ चर्बी काण्ड में लिप्त थीं?

जवाब : जहाँ तक मुझे याद है, 146 कंपनियाँ थीं। उनमें से ग्यारह कंपनियों के खिलाफ सी.बी.आई. ने शिकायत दर्ज की। उनमें से आठ के खिलाफ एफ.आई.आर. दर्ज की गई।

सवाल : आपने दो बार आयात–निर्यात नीतियाँ घोषित कीं। उनकी विशेषताएँ क्या थीं?

जवाब : पहली बार 1984–85 में मैंने आयात–निर्यात नीति घोषित की। वह नीति बनाते समय हमने सारे संसार के आर्थिक वातावरण को और उत्पादन व निर्यात के लिए अपनी अर्थव्यवस्था की जरूरतों को ध्यान में रखा। उसके प्रमुख उद्‌देश्य इस प्रकार थे : आयात–निर्यात नीति का मुख्य आधार उद्योग की प्रगति और विकास को दृढ़ रखना और आगे बढ़ाने का लक्ष्य था। निर्यातों को और अधिक प्रोत्साहन देना, जहाँ तक सम्भव हो सके आयातों को कम करना, उत्पादन आधार को मजबूत बनाना और उसका विकास करना, घरेलू उद्योग की प्रगति और उसमें आत्मनिर्भरता के लिए सहायता देना, टेक्नोलाजी को उन्नत बनाने के लिए सुविधाएँ देना और निर्यात उत्पादन में लघु क्षेत्र के उद्योग को सहायता देना।

पंजीकृत निर्यातकों के लिए आयात नीति के सामान्य ढाँचे को कायम ही नहीं रखा गया था बल्कि कुछ क्षेत्रों में निर्यात बढ़ाने के लिए उसे और अधिक मजबूत बनाया गया था। जिस निर्यात माल से वास्तविक विदेशी मुद्रा की अधिक कमाई होती है, उसमें उपयोग होने वाला माल और अधिक प्राप्त कराने के लिए 10 प्रतिशत से कम आयात प्रतिपूर्ति की दरों में एक प्वाइंट प्रतिशत बढ़ा दिया गया था।

इसी प्रकार 1985–86 में जो नीति घोषित हुई उसका लक्ष्य था–आर्थिक नीतियों की स्थिर प्रणाली की व्यवस्था करना जिससे प्रत्येक वर्ष की अनिश्चितताएँ कम से कम हों और इस तरह से उद्योग को दीर्घावधिक परिप्रेक्ष्य में अपने आर्थिक क्रियाकलापों की योजना तैयार करने में सहायता मिले। इन उद्‌देश्य के लिए आयात–निर्यात नीति बनाई गई, जिसे तीन साल बने रहना था। उस नीति के मुख्य उद्‌देश्य थे–आयात की निरन्तरता तथा आयात–निर्यात नीति में स्थायित्व, उत्पाद के लिए सरल एवं द्रुतगामी रूप से प्राप्ति के माध्यम से जिनको आयात करने की आवश्यकता है उत्पादन में वृद्धि हेतु सुविधा, उत्पादन के निर्यात के लिए सुदृढ़ आधार एवं निर्यात में अधिकतम

दबाव डालने के लिए प्रयास, देशी उत्पादन के समर्थन के लिए आयात में सभी संभव बचत करना तथा कुशल आयात प्रतिष्ठापन का संवर्धन करना, उन्नत प्रौद्योगिकीकरण में सुविधा तथा उत्पादन में आधुनिकीकरण एवं लाइसेंसों को कम करना, प्रक्रियाओं को सरल बनाना एवं निर्णय लेने का विकेन्द्रीकरण जिससे समय एवं संसाधन के लिए लागतों में कमी होनी चाहिए।

इसमें यह ध्यान में रखा गया था कि आयात एवं निर्यात नीति जो विकसित हुई है उसके मूल तत्व बने रहें।

सवाल : इन नीतियों पर अमल के लिए आपने प्रक्रिया क्या अपनाई?

जवाब : वाणिज्य मंत्रालय से मैंने ओपेन हाउस की शुरुआत की। उसकी तारीख तय कर दी जाती थी। जिन कारोबारियों को या औद्योगिक घराने को आयात–निर्यात करने से संबंधित किसी तरह की समस्या होती थी उस पर खुले विमर्श का तरीका अपनाया जाता था। वहाँ विभाग के अफसर होते थे। जो फैसले हम तत्काल कर सकते थे उन्हें वहीं सुना देते थे। कुछ मसले ऐसे भी होते थे जिन्हें अगले ओपेन हाउस के लिए तय कर दिया जाता था। इससे सहभागिता का बड़ा दरवाजा खुला।

अध्याय : छह

दुष्टदलनी वित्तमंत्री

अध्याय परिचय

इन्दिरा गाँधी की हत्या के बाद राजीव गाँधी की ताजपोशी का फैसला अखिल भारतीय आयुर्विज्ञान संस्थान (एम्स) की आठवीं मंजिल के उस बड़े कमरे में हुआ था जहाँ उनका शव रखा गया था। इस बारे में अनेक साक्ष्य उपलब्ध हो गए हैं। पी.सी. एलेक्जेंडर ने अपने संस्मरण में विस्तार से इसकी जानकारी दे रखी है। विश्वनाथ प्रताप सिंह जब वहाँ पहुँचे तो उन्हें भी यही कहा गया। इस पृष्ठभूमि का यहाँ उल्लेख एक विशेष प्रयोजन से किया जा रहा है। यह याद दिलाना है कि आम चुनाव के बाद अपने पक्ष में आजाद भारत का सबसे अधिक समर्थन पाकर जब राजीव गाँधी प्रधानमंत्री बने, उस समय उन्होंने जिन दो व्यक्तियों के सहारे राजकाज चलाना शुरू किया उनमें एक विश्वनाथ प्रताप सिंह भी थे। इसके लिए किसी प्रमाण की आवश्यकता नहीं है। यह गौर कर लेना ही काफी है कि राजीव गाँधी ने उन्हें क्या–क्या काम सौंपे थे। वित्त मंत्रालय जिसे दिया जाता है उसके साथ दूसरे बड़े मंत्रालय नहीं जोड़े जाते। क्योंकि वित्त मंत्रालय अपने आप में बहुत खपाऊ होता है। इसके बावजूद विश्वनाथ प्रताप सिंह के जिम्मे उन दिनों अन्य छोटे मंत्रालयों के अलावा वाणिज्य और टैक्सटाइल मंत्रालय भी था। इसे राजीव गाँधी का विश्वनाथ प्रताप सिंह की कार्यकुशलता और क्षमता पर अतिविश्वास के रूप में देखा जा सकता है।

इन मंत्रालयों का अपना तकाजा जो था उसे सबसे पहले विश्वनाथ प्रताप सिंह ने ही समझा। वही देख–समझकर वे एक दिन राजीव गाँधी के पास गए और कहा कि उत्तर प्रदेश काँग्रेस अध्यक्ष का जिम्मा किसी और व्यक्ति को सौंप दीजिए। उन दिनों उत्तर प्रदेश विधानसभा के चुनाव सिर पर थे। वे नहीं चाहते थे कि काँग्रेस

संगठन के दायित्व की उपेक्षा करें, पर उसका निर्वाह भी संभव नहीं था। एक ही रास्ता था कि कोई योग्य उत्तराधिकारी चुन लिया जाए। राजीव गाँधी पहले इससे सिद्धांतः सहमत हो गए। पर नामों की बारी जैसे आई, वे पुनर्विचार करने लगे। नतीजा यह हुआ कि मंत्रालयों के कामकाज के साथ विश्वनाथ प्रताप सिंह को 1985 के उत्तर प्रदेश विधानसभा चुनावों के दौरान प्रदेश काँग्रेस अध्यक्ष का जिम्मा सँभाले रखना पड़ा। इसके लिए वे नॉर्थ ब्लॉक के अपने दफ्तर में दिन–रात बने रहे ताकि काम पूरे हो सकें। यह न पहले हुआ था, न बाद में कभी होगा। उन दिनों वहीं रहकर वे बजट बनवाने, आयात–निर्यात नीति का निर्धारण करने और उत्तर प्रदेश के काँग्रेसी उम्मीदवारों से मिलने–जुलने का काम निपटाते रहे। यह बात अलग है कि उन्होंने अपनी वरीयता में उम्मीदवारों के चयन को सबसे नीचे रखा था और यह काम उनके नाम पर राजीव गाँधी के दरबारी करते थे। इसकी जानकारी विश्वनाथ प्रताप सिंह को जब हुई तब तक देर हो चुकी थी।

वह वर्ष कई मायने में ऐतिहासिक था। काँग्रेस की राजनीति में नेहरू वंश की चौथी पीढ़ी नेतृत्व की भूमिका अदा करने जा रही थी। काँग्रेस का सौवाँ साल पूरा हो रहा था। मुंबई में काँग्रेस का शती अधिवेशन हुआ। वहाँ से राजीव गाँधी को नया नाम मिला–मिस्टर क्लीन। विश्वनाथ प्रताप सिंह ने अपने स्वभाव और संस्कार से वित्त मंत्रालय में जो–जो कदम उठाए, उसमें विचार यह था कि 'मिस्टर क्लीन' को आचरण की यह भाषा समझ में आएगी। उन्हें कहाँ पता था कि भाषण लेखकों ने राजीव गाँधी की जो छवि बनाई थी वह मंचीय ज्यादा थी। उसका जीवन के यथार्थ से अधिक संबंध नहीं था। इस विरोधाभास ने एक दिन विश्वनाथ प्रताप सिंह को राजीव गाँधी के सामने खड़ा कर दिया। वह क्षण ऐसा था जिसमें राजीव गाँधी अपनी लघुता नाप सकते थे। पुराण कथाओं को दोहराएँ या महाभारत की एक घटना का उदाहरण दें तो कहना होगा कि उस क्षण राजीव गाँधी को प्रार्थना सूझनी चाहिए थी। वे अगर वैसा कर सके होते तो नतीजा कुछ और होता। तब वे कहते कि 'हे विश्वनाथ! मुझे डराओ मत। तुम वही रूप रखो जो मेरी माता के समय रखते थे।' पर वैसा हुआ नहीं। हो भी नहीं सकता था। राजीव गाँधी को गुमान जो हो गया था कि वे इस देश के लोकतांत्रिक बादशाह हैं अर्थात् प्रधानमंत्री। उन्होंने विश्वनाथ प्रताप सिंह को वित्त मंत्रालय से हटाया।

वित्त मंत्रालय में विश्वनाथ प्रताप सिंह क्या नए अवतार में थे? क्या वे इतना बदल गए थे कि उनका रौद्र रूप ही प्रकट हो रहा था? ऐसे कई सहज सवाल हैं। जैसे यह भी कि वे बदले या परिस्थितियाँ? थोड़ा पीछे लौटें और देखें तो कह सकते हैं कि शासक के रूप में विश्वनाथ प्रताप सिंह बिल्कुल नहीं बदले। अपने वचन के वे

पक्के हैं। यह उनके मुख्यमंत्रित्व काल में ही पता चल गया था। इन्दिरा गाँधी को बताए बगैर अपनी आन के लिए इस्तीफा सौंप चुके थे। उस समय राजीव गाँधी राजनीति में आ गए थे। क्यों नहीं वे यह समझ सके, यह जानना आसान नहीं है।

वित्त मंत्रालय में विश्वनाथ प्रताप सिंह जनता के प्रतिनिधि थे। उनके कामकाज के ढंग और ढर्रे को जनता के नजरिए से मापा जाना चाहिए। ईमानदार और सक्षम अफसरों का चयन कर उन्हें स्पष्ट आदेश देकर वे कार्य करने की पूरी आजादी दे देते थे। कदम-कदम पर हस्तक्षेप उनका स्वभाव नहीं था। कानून को व्यवहार में उतारने की हिदायत थी अर्थात् उसी व्यवस्था में बेहतर नतीजे का लक्ष्य था। साफ है कि विश्वनाथ प्रताप सिंह क्रान्ति नहीं कर रहे थे। वे व्यवस्था को चुनौती भी नहीं दे रहे थे। भ्रष्ट और निहित स्वार्थियों का सफाया अवश्य करना चाहते थे, ताकि इसी व्यवस्था में गरीबों और साधारण लोगों के लिए जगह बने। वे अनुभव कर सकें कि यह लोकतंत्र उनका भी है, सिर्फ पैसे वालों का ही नहीं है जो धनबल पर मंत्रियों को उसी तरह जेब में रखते हैं या पशु-पक्षी या चिड़िया बना देते हैं, जैसे कभी शिलांग गए पूरबियों का हाल हो जाता था।

एक घटना से यह जाना जा सकता है कि राजीव गाँधी को शुरू-शुरू में विश्वनाथ प्रताप सिंह से कोई रंज नहीं था। सरकार ने नीति घोषित की थी कि अफसरों का बोझ कम करना है। विश्वनाथ प्रताप सिंह इन्कम टैक्स के बड़े पर भ्रष्ट अफसरों को उनके पदों से हटाकर एक जगह बैठाना चाहते थे। वैसे ही जैसे कूड़े को बटोर कर कोने में डाल दिया जाता है या वेस्ट पेपर बास्केट में डाल दिया जाता है। इसके लिए जरूरी था कि नागपुर के प्रशिक्षण संस्थान में दस आयकर आयुक्त के पद मंजूर किए जाएँ। विश्वनाथ प्रताप सिंह ने यह काम राजीव गाँधी से हँसते-खेलते करवा लिया। घोषित नीति के विपरीत प्रधानमंत्री का यह फैसला बताता है कि वे उस समय सही लोगों से घिरे हुए थे। जिन दस अफसरों को वित्त मंत्री ने हटाया, उनमें से एक अफसर को अपने जमाने में मोरारजी देसाई और उनके बाद चौधरी चरण सिंह भी हटाना चाहते थे। इस तरह का आदेश देने के बाद भी वे नहीं हटा सके क्योंकि उनसे अधिक परोक्ष प्रभाव सत्ता में उस एक अफसर का था।

विश्वनाथ प्रताप सिंह वित्त मंत्रालय में दो साल ही रह सके। वे इसे अपनी कुण्डली का योग कहते हैं। इस अध्याय में उन्होंने उन कामों का ब्यौरा दिया है जो वे कर रहे थे और तीसरे बजट में करने की सोच रहे थे। उन्होंने बताया है कि उनकी सीधे और खुलेआम कामकाज की शैली लोगों को पसंद आई। उन्हें अवश्य बहुत झटका लगा जो वित्त मंत्री के जरिए अपने काम करा लेते थे। वे ताकतवर घराने थे। उन्हीं के दबाव में विश्वनाथ प्रताप सिंह को वित्त मंत्रालय से राजीव गाँधी ने हटाया।

सवाल : आपको कब मालूम हुआ कि मंत्री पद की शपथ लेनी है?

जवाब : एक दिन पहले मुझे यह कहा गया कि कल शपथ होनी है। उस समय उत्तर प्रदेश काँग्रेस संसदीय बोर्ड की मैंने बैठक बुला रखी थी। विधानसभा के चुनाव होने वाले थे। उसकी तैयारी का जिम्मा मेरे ऊपर ही था। उस मीटिंग से ही मैं शपथ ग्रहण समारोह में गया।

सवाल : क्या आपको इसका आभास था कि वित्त मंत्री का जिम्मा मिलने वाला है?

जवाब : कौन–सा मंत्रालय मिलेगा इसमें मेरी कोई रुचि नहीं थी। शपथ ग्रहण से पहले विभाग के बारे में जानकारी देने का रिवाज नहीं था। शपथ के समय जो कागज आता है उसमें तब कुछ लिखा हुआ नहीं था। लेकिन शपथ ग्रहण समारोह के बाद जब राजीव गाँधी राष्ट्रपति की चाय पर चले गए और उनके पीछे–पीछे भीड़ भी चली गई, उस समय थोड़े से पत्रकार रह गए थे, वे मुझे बधाई देने लगे। उन लोगों ने ही पूछा कि क्या आपको पता है कि कौन–सा मंत्रालय दिया गया है? मैंने कहा कि मुझे नहीं मालूम है। मेरे यह कहने पर पत्रकारों में से ही किसी ने कहा कि चलते–चलते राजीव गाँधी ने बताया कि विश्वनाथ प्रताप सिंह को वित्त मंत्रालय दिया जा रहा है। मैंने कहा कि मेरी रुचि मंत्रालय में कम है, काम में ज्यादा है। मंत्रालय कोई भी हो, उसमें मुझे मेहनत से काम करना है।

सवाल : वित्त मंत्री के रूप में आपका पहला दिन कैसे शुरू हुआ और कैसा बीता?

जवाब : जब मैं वित्त मंत्रालय गया तो मेरी नजर पीतल की उस बड़ी प्लेट पर पड़ी, जिस पर अंग्रेजी में लिखा हुआ था–फाइनेंस मिनिस्टर। पीतल की प्लेट दूर से ही चमक रही थी। मैं नॉर्थ ब्लाक के अन्दर गया जहाँ वित्त मंत्रालय है। देखा कि हॉलनुमा एक बड़ा कमरा है। मन में सोचा कि इस जगह अनेक मंत्री आए और गए, उनका कहीं नाम नहीं है। लेकिन वित्त मंत्री की प्लेट स्थायी है। और मुझे यह लगा कि नाम अस्थायी है। लोग आते हैं और चले जाते हैं। मैं भी आया हूँ तो एक दिन चला जाऊँगा।

सवाल : क्या वित्त मंत्री बनने पर आपने यह महसूस किया कि यह एक राजनीतिक उपलब्धि है?

जवाब : एक तरह का सेंस ऑफ पॉलिटीकल एचीवमेंट तो हुआ।

सवाल : आपसे पहले जो वित्त मंत्री बने, उनमें आपको किस की याद आई?

जवाब : मोरारजी देसाई और चौधरी चरण सिंह।

सवाल : टी.टी. कृष्णमाचारी, आर. वेंकटरमन, एच.एम. पटेल और प्रणव मुखर्जी आदि भी वित्त मंत्री रहे। क्या उनकी भी आपको याद आई?

जवाब : वे बहुत पहले हुए थे। उन्हें मैं व्यक्तिगत तौर पर नहीं जानता था, सिवाए प्रणव मुखर्जी के। वे मुझे दूरस्थ लगते थे जबकि मोरारजी देसाई और चौधरी चरण सिंह को मैंने देखा था।

सवाल : इन राजनीतिक नेताओं की आपको क्या याद इसलिए आई कि आपके अवचेतन मन में उनकी ही तरह प्रधानमंत्री पद पाने की बात थी?

जवाब : ऐसा नहीं था क्योंकि प्रधानमंत्री ने मुझे यह मंत्रालय दिया था। मुझे मालूम था कि वे कोई दूसरा मंत्रालय भी दे सकते हैं। मैं वित्त मंत्रालय में पैदा थोड़े हुआ था।

सवाल : आप उससे पहले वाणिज्य मंत्री रह चुके थे। वित्त मंत्रालय का दफ्तर और वहाँ का वातावरण उससे किस रूप में भिन्न था?

जवाब : वित्त मंत्री का कमरा बड़ा हॉल जैसा था। मंत्रियों के दफ्तरों में वह सबसे बड़ा है। प्रधानमंत्री के दफ्तर से करीब दोगुना बड़ा है। मैं वहाँ जाने पर थोड़ी देर उस कमरे को देखता रहा। अपनी कुर्सी पर बाद में बैठा। उस कमरे में जब कोई नया व्यक्ति या आगंतुक आता था तो उसके आकार–प्रकार को देखकर वह काफी नर्वस हो जाता था। मैंने बहुत लोगों के चेहरे पर इस बदलाव को ध्यान से देखा। उन्हें सहज बनाए रखने के लिए मैंने कुछ उपाय किए।

सवाल : क्या उपाय किए?

जवाब : मिलने–जुलने वालों को अधिक परेशानी न हो और वे सहज रह सकें, इसकी व्यवस्था की।

सवाल : मंत्री को सबसे पहले अफसर ब्रीफ करते हैं। आपका अनुभव क्या रहा?

जवाब : उसी दिन ब्रीफिंग शुरू हुई। हर विभाग के अफसरों ने अलग–अलग ब्रीफिंग की। उस समय मेरे पास वित्त, कॉमर्स के अलावा कपड़ा, आपूर्ति मंत्रालय और एक सार्वजनिक उपक्रम का भी जिम्मा था। इन मंत्रालयों से जुड़े आठ सचिव रिपोर्ट करते थे। वित्त मंत्रालय के चार सचिवों में एक वित्त, दूसरा राजस्व, तीसरा बैंकिंग और चौथा एक्सपेंडीचर का था। इनके अलावा कॉमर्स, टेक्सटाइल, आपूर्ति और सार्वजनिक उपक्रम के एक–एक सचिव सहित कुल आठ थे।

सवाल : आपके पास वित्त के अलावा वाणिज्य, टेक्सटाइल, आपूर्ति और सार्वजनिक उपक्रम आदि विभाग भी थे। क्या उन विभागों का काम भी आप वित्त मंत्रालय से ही देखते थे?

जवाब : वाणिज्य मंत्रालय मुझे बहुत प्रिय था। उस मंत्रालय में मैं जाता था। वहीं कपड़ा मंत्रालय की फाइलें भी देखता था।

सवाल : इन मंत्रालयों के अलावा उन दिनों आप उत्तर प्रदेश काँग्रेस के अध्यक्ष का भी जिम्मा सँभाल रहे थे। इन सब कामों में समन्वय कैसे कर पाते थे?

जवाब : जहाँ तक मंत्रालयों के काम का सवाल है उसे मैंने अपनी वरीयता पर रखा हुआ था। उनमें समन्वय का प्रबंध शुरू में ही कर लिया था। काँग्रेस के प्रदेश अध्यक्ष के काम को अपने एजेंडे में अलग रखा हुआ था। उसमें मैंने ज्यादा रुचि नहीं ली।

सवाल : एक रिपोर्ट उन दिनों छपी थी जिसमें बताया गया था कि आप सुबह 7.30 बजे दफ्तर आ जाते हैं और जरूरत पड़ने पर वहीं रहते हैं। उन दिनों आपकी दिनचर्या क्या होती थी?

जवाब : काम इतना अधिक था कि दिनचर्या की क्या कहें, दिन–रात एक करना पड़ा। मैं सवा सात बजे दफ्तर पहुँच जाता था। वहीं नहाना–धोना, खाना–पीना, बजट बनाना, वाणिज्य नीति का निर्धारण और काँग्रेस के उम्मीदवार के अभ्यर्थियों से मुलाकात करता था। वहाँ पंद्रह घंटे काम करता था। शुरुआत के दस दिन ऐसे ही बीते। रात में वहीं सो जाता था। इसके लिए एक चटाई घर से मँगवा ली थी। मेरी पत्नी वहीं पर नाश्ता, दोपहर और रात का भोजन पहुँचा देती थीं। दोपहर के भोजन में अंकुरित काबुली चना, दही और एक फल लेता था।

सवाल : दोपहर में इस तरह के भोजन का कोई खास कारण था?

जवाब : एक तो मुझे यह पसंद था। दूसरा, ठंडा होने का कोई बहाना इसमें संभव नहीं था। दूसरा कुछ अगर भोजन में लेता तो हमेशा यह समस्या बनी रहती कि खाना ठंडा हो रहा है। उसका झंझट न रहे इसलिए इसे चुना। इसमें समय भी कम लगता था। उन दिनों एक–एक मिनट के लाले थे। जिस दिन दफ्तर में ही सो जाता था उस दिन मेरी पत्नी घर से पहनने के कपड़े भी ले आती थीं।

सवाल : सुना है कि अपने दफ्तर के सोफे के पीछे आप चटाई रखते थे। उस समय एक पत्रकार को आपने वह दिखाई भी थी। समय बचाने के लिए आप दफ्तर में सो जाते थे। उस समय आप रहते कहाँ थे?

जवाब : कैलाश अपार्टमेंट में रहता था। तीन मूर्ति की कोठी बाद में मिली। (विश्वनाथ प्रताप सिंह को यह याद नहीं था कि वे तब रहते कहाँ थे। याद दिलाए जाने पर कि कैलाश अपार्टमेंट में रहते थे, उन्होंने अपोलो अस्पताल से अपनी पत्नी सीता कुमारी को फोन कर पूछा और फिर इस जानकारी की पुष्टि कर दी।)

सवाल : वित्त मंत्रालय सँभालने का यह आपके लिए पहला मौका था। क्या ऐसा ही है?

जवाब : हाँ।

सवाल : वित्त मंत्री बनाए जाने पर आपकी पहली प्रतिक्रिया क्या थी?

जवाब : मैंने सोचा कि मंत्रालय कोई भी हो, मुझे उसमें ईमानदारी से काम करना है।

सवाल : नए मंत्रालय को समझने और अपनी प्राथमिकता तय करने में आपने क्या पद्धति अपनाई?

जवाब : मंत्रालय नया था पर मैंने उसे समझने के लिए पुराना तरीका अपनाया। जो फाइलें मेरे पास आती थीं उन्हें एक–एक अक्षर पढ़ता था ताकि समस्याओं और मुद्दों को ठीक से समझ सकूँ। विभाग वाले जितनी ब्रीफिंग करते थे उसे सुन लेता था। हर मंत्रालय में साहित्य और संदर्भ सामग्री प्रत्येक विषय पर रहती है। उसे पढ़ता था, समझ बनाने के लिए उसका बहुत उपयोग होता है। इसके अलावा अखबारों में विभागों के संबंध में छपने वाली खबरों को ध्यान से पढ़ता था। आखिर में मंत्रालय से प्रभावित व्यक्तियों की बात ध्यान से सुनता था। इन स्रोतों से मुझे मंत्रालयों को समझने का अवसर मिला।

मेरा लक्ष्य स्पष्ट था कि अर्थव्यवस्था को मजबूत करना है। आर्थिक विकास की दर को तेज करना है, जिसमें हर वर्ग की भागीदारी हो और उसका लाभ उसे मिले। मैंने पाया कि जो प्रतिबंध एक समय में अर्थव्यवस्था को पटरी पर लाने के लिए जरूरी थे, वे अनुपयोगी हो गए हैं। कह सकते हैं कि नुकसानदेह हो गए थे, जैसे लाइसेंसिंग, कोटा और आयात पर लगाए गए प्रतिबंध आदि। मैंने पाया कि इन प्रतिबंधों से इंस्पेक्टर की जेब भरती है, न उसका सरकार को फायदा होता है और न उद्योग को। उस समय यह धारणा थी कि सरकार को सब कुछ मालूम रहता है। यह सही नहीं था। इस कारण भ्रष्टाचार भी बढ़ता है। क्योंकि लाइसेंस और कोटा से देर होती है और लोग अपना काम जल्दी कराने के लिए दूसरे गलत तरीके अपनाते हैं। इसमें सत्तारूढ़ दल का भी निहित स्वार्थ विकसित हो गया था। उन प्रतिबंधों को मैं एकबारगी खत्म तो नहीं कर सकता था पर यह सोचा कि इनके बारे में कठोर कदम उठाने की

जरूरत है।

मैं उन लोगों में से भी नहीं हूँ जो पुरानी नीतियों को बिना सही परिप्रेक्ष्य में देखे उनकी निंदा करूँ। जवाहरलाल नेहरू के समय जो बातें जरूरी थीं वे लागू की गईं। उस समय अनेक चुनौतियाँ थीं। आजादी आई ही आई थी। विदेशी मुद्रा बिना शर्त उपलब्ध नहीं थी। हमारे खजाने में जो कुछ था वह जरूरी कामों में खर्च हो जा रहा था। उस समय प्रधानमंत्री जवाहरलाल नेहरू देश को ऐसी विदेशी शर्तों से बाँधना नहीं चाहते थे कि कर्ज के तले देश बँधुआ हो जाए। इसलिए उन्होंने ऐसे उपाय सोचे और उसके मुताबिक नीतियाँ बनवाईं कि विदेशी मुद्रा की जरूरत कम से कम हो। आयात पर प्रतिबंध के फैसले इसी संदर्भ में थे। लक्ष्य था स्वावलम्बन। उसका हमारे घरेलू उद्योग को फायदा हुआ। औद्योगिक घराने उन क्षेत्रों में पैसा लगा सके जहाँ उन्हें फायदा दिखता था। इस तरह उस नीति से माँग आधारित औद्योगिकीकरण की प्रक्रिया शुरू हुई। उस समय निजी क्षेत्र इतना मजबूत नहीं था कि वह बुनियादी उद्योगों में पैसा लगा सके। तब राज्य ही बचता था जिसके जिम्मे यह काम आया। उससे सार्वजनिक उपक्रमों का सिलसिला शुरू हुआ। जो लोग इसे गलत कहते हैं वे यह भूल जाते हैं कि उस समय की परिस्थितियाँ क्या थीं। भाई, पाँच साल के बच्चे के लिए तो उसी के साइज की कमीज खरीदनी पड़ेगी। जब वह बड़ा हो जाएगा तो वह कमीज उसके लिए छोटी हो जाएगी।

सवाल : सार्वजनिक उपक्रमों से औद्योगिकीकरण को किस तरह मदद मिली?

जवाब : सार्वजनिक उपक्रम अपने आप में बड़ा खरीददार भी था। वह निजी क्षेत्र के उत्पादन को खपाने का जरिया भी था। यह आदान–प्रदान औद्योगिकीकरण में सहायक हुआ। सार्वजनिक उपक्रमों के माल के लिए निजी क्षेत्र ग्राहक थे।

सवाल : सार्वजनिक उपक्रम कब और क्यों अर्थव्यवस्था पर बोझ बनने लगे?

जवाब : उसे प्रतिस्पर्धात्मक नहीं बनाया जा सका। यही बोझ बनने का मुख्य कारण है। लाइसेंसिंग और कोटा प्रणाली का एक नुकसान यह हुआ कि जिसने लाइसेंस या कोटा प्राप्त कर लिया उसका कोई प्रतिस्पर्धी नहीं रहा। यह वैसा ही था जैसे किसी धावक को किसी स्टेडियम में अकेले दौड़ लगाने की इजाजत दे दी जाए और उस दौड़ में वह प्रथम स्थान प्राप्त करे तो क्या कहेंगे? अकेली दौड़ में वह प्रथम आएगा ही। अम्बेसडर कार का किस्सा ऐसा ही है। उसका कोई प्रतिस्पर्धी नहीं था। हमारी जरूरत बढ़ रही थी। अंतर्राष्ट्रीय बाजार में जो प्रतिस्पर्धा होती है उसमें टिके रहने के लिए गुणवत्ता और दामों में कमी की जरूरत होती है। देश की अर्थव्यवस्था में खासकर पेट्रोलियम प्रोडक्ट मँगाने के लिए हमें विदेशी मुद्रा की जरूरत थी।

सवाल : वित्त मंत्री के रूप में आपने सोचा कि पुरानी नीतियों को नई जरूरतों के अनुरूप ढालना है। क्या इसे उदारीकरण की शुरुआत कहेंगे?

जवाब : हाँ। मेरी योजना थी कि उदारीकरण शुरू करें। इसका मतलब यह था कि अर्थव्यवस्था में प्रतिस्पर्धा का वातावरण बनाने के लिए नीतिगत परिवर्तन किया जाए। उदारीकरण अर्थात् आंतरिक प्रतिस्पर्धा के लिए दरवाजे खोलना। लेकिन उसके साथ ही मैंने यह भी ध्यान में रखा कि बाहरी यानी विदेशी प्रतिस्पर्धा के लिए सिर्फ खिड़की खोलनी है। मेरा फार्मूला था कि घोड़े को दौड़ाने के लिए चाबुक मारो। उसे डंडे से मत मारो कि उसकी रीढ़ टूट जाए। अपने घरेलू उद्योग के लिए प्रतिस्पर्धा का ऐसा माहौल मैं बनाना चाहता था जिसमें वे अपनी क्षमता बढ़ाएँ और धीरे–धीरे प्रतिस्पर्धा में टिके रहने की ताकत अर्जित करें। मैंने इसका एहतियात रखा कि विदेशी प्रतिस्पर्धा के लिए घरेलू उद्योग को पहले समर्थ बनाया जाए, नहीं तो वह ध्वस्त हो जाएगा। यही सोचकर पहले बजट में मैंने भूमंडलीकरण की दिशा में कोई कदम नहीं उठाया। ऐसे ही उस दिशा में दूसरे बजट में भी कोई कदम नहीं उठाया। लेकिन उदारीकरण को आगे बढ़ाया।

सवाल : इसे ही आपने कठोर कदम माना?

जवाब : हाँ, उस समय ये साहसिक कदम थे।

सवाल : वित्त मंत्रालय में आपके सलाहकार कौन थे?

जवाब : मुझे बढ़िया सलाहकार मिले थे। एक थे विमल जालान। राजस्व में विनोद पाण्डेय थे। एक्सपेंडीचर सेक्रेट्री के रूप में गणपत मिले थे। प्रणव राय को मंत्रालय ने अर्थशास्त्री के रूप में लिया था।

सवाल : उस समय के फैसले पर इन अफसरों का परामर्श के स्तर पर योगदान था और निर्णय आपका होता था। वे बड़े फैसले कौन से हैं जिन्हें आप चिन्हित करना चाहेंगे?

जवाब : एम.आर.टी.पी. (मोनोपोलीज ट्रेड रेगुलेशन एक्ट)। उसमें संशोधन की घोषणा हुई। न्यूनतम पूँजी की सीमा 25 करोड़ से बढ़ाकर 100 करोड़ की गई। करों की दरें कम की गईं जो बहुत ऊँची थीं। स्टेट ड्यूटी हटाई गई। कर चोरी पर प्रवर्तन निदेशालय को सख्त कदम उठाने का निर्देश दिया। किसानों और गरीब तबके के लिए प्रावधान किए। इस तरह के कुछ फैसले हैं जो मुझे याद हैं। शहरी गरीब के लिए पहली बार योजना बनी।

सवाल : आपके इन फैसलों पर राजीव गाँधी का रुख क्या था?

जवाब : उनका पूरा सहयोग मिला। वे इन सब फैसलों के पक्ष में थे। वित्त मंत्री बजट का खाका बनाकर प्रधानमंत्री से परामर्श करता है। उनको बताया जाता है कि बजट की मूल बातें क्या हैं। जब राजीव गाँधी ने एम.आर.टी.पी. के प्रस्ताव को सुना तो उनका कहना था कि इसे 200 करोड़ कर दीजिए। यह जानकर औद्योगिक समुदाय अवाक रह गया। यह बात अलग है कि मैंने उनकी वह सलाह सुन ली, लेकिन अपनी घोषणा में उसे 100 करोड़ ही रखा।

सवाल : शुरुआती दिनों में प्रधानमंत्री राजीव गाँधी को आपने किस रूप में पाया?

जवाब : मैं उनके इनर सर्कल में नहीं था। वे मुझे मानते थे। मुझसे वित्त मंत्रालय के बारे में खुलकर बात करते थे, लेकिन वे राजनीतिक मामलों में सलाह नहीं लेते थे। मैं भी बिना माँगे अपनी ओर से कोई सलाह नहीं देता था। राजनीतिक प्रश्नों पर आपस में अदान–प्रदान कम था। आर्थिक मसलों पर कोई रोक–टोक उनकी ओर से नहीं थी।

सवाल : धारणा बनी हुई है कि राजीव गाँधी आपसे राजनीतिक मामलों में भी सलाह लेकर फैसले करते थे?

जवाब : यह बड़ा भारी भ्रम है। वे राजनीतिक मामलों में मुझसे सलाह नहीं लेते थे।

सवाल : उनका व्यवहार कैसा होता था?

जवाब : शुरू के दिनों में मुझे वे सच्चे व्यक्ति लगे। उनमें जिज्ञासा थी। नई बातों को जानने में रुचि थी। वे विनम्र थे। दरवाजे तक छोड़ने आते थे, जैसा कि इन्दिरा गाँधी करती थीं। उनमें नए काम करने की इच्छा थी। राजीव गाँधी आधुनिक देश बनाने के हिमायती थे। कैबिनेट की एक मीटिंग में हवाई जहाज से संबंधित स्टील्थ टेक्नॉलाजी के बारे में उन्होंने पूछा कि क्या आप लोगों को मालूम है। उस मीटिंग में मनमोहन सिंह योजना आयोग के उपाध्यक्ष के नाते उपस्थित थे। उनके ना कहने पर राजीव गाँधी ने एक भाषण दे डाला। बेचारे मनमोहन सिंह चुपचाप सुनते रहे। पर्यावरण के बारे में वे सजग थे।

सवाल : आयात–निर्यात नीति की ही तरह उन दिनों जो कपड़ा नीति घोषित हुई थी, उसमें राजीव गाँधी की भूमिका क्या थी?

जवाब : कपड़ा मंत्रालय में तीन सेक्टर हैं। एक कॉरपोरेट सेक्टर, दूसरा हैंडलूम और तीसरा पॉवरलूम। इनमें कई बार टकराव रहता है। नीति बनाते समय संतुलन जरूरी है। मैंने टैक्सटाइल छोड़ दिया था। उससे पहले एक कमेटी बनाई थी। राजीव

गाँधी को सुझाया कि वे जल्दबाजी न करें। उसकी घोषणा करने से पहले हर क्षेत्र के हितों को तौल लें। इसलिए जरूरी था कि वे जो नीति बनाने जा रहे थे उसे जाहिर कर दें ताकि लोगों की प्रतिक्रिया मालूम हो जाए और वे अपना हित–अहित तय कर सकें। इसके बजाय उन्होंने नीति की घोषणा कर दी और उससे हैंडलूम सेक्टर को काफी नुकसान हुआ। साफ था कि कॉरपोरेट सेक्टर ने नीति बनवाने में बाजी मार ली।

सवाल : उस समय शिक्षा क्षेत्र में अचानक सकल घरेलू उत्पाद का शिक्षा क्षेत्र के लिए 6 फीसदी का आवंटन करते समय क्या प्रधानमंत्री ने आपसे सलाह ली थी?

जवाब : मैं अपने मंत्रालय में था। मुझे अफसरों ने बताया कि शिक्षा नीति घोषित होने जा रही है और उसमें 6 फीसदी का आवंटन प्रधानमंत्री करने जा रहे हैं। मैं उनके पास गया। मैंने कहा कि सुना है आप यह घोषणा करने जा रहे हैं कि शिक्षा क्षेत्र को जी.डी.पी. का 6 फीसदी फण्ड दिया जाएगा। माना कि शिक्षा बुनियादी विषय है लेकिन इतनी रकम तो हम रक्षा को भी नहीं दे पा रहे। मैंने कहा कि आपको सलाह देने का मेरा काम है। आप यह वचन मत दीजिए। शाम को मालूम हुआ कि पी.वी. नरसिंह राव उनसे मिले और जैसा चाहते थे वैसा घोषित करवा लिया। मैंने पूछा कि पैसे कहाँ से आएँगे? फिर एक रास्ता निकला कि राज्य और केन्द्र दोनों को जोड़कर 6 फीसदी का आवंटन पूरा करना है। जब अगला बजट आया तो राजीव गाँधी ने मुझसे कहा कि शिक्षा के लिए 1000 करोड़ रुपए निकाल दीजिए। मैंने कहा कि ऐसा करना कोई मुश्किल नहीं है, थोड़ी मेहनत आपको करनी पड़ेगी। आप आधे घंटे समय दीजिए। मैंने उन्हें बजट का खाता दे दिया, जिसमें आमदनी के चार मद थे, कर, कर्ज, घाटा और खर्च में कटौती। मैंने उनसे पूछा कि इसमें देखकर बताइए कि कहाँ कटौती करें। अगले दिन जब मैं गया तो उन्होंने कहा कि विश्वनाथ बहुत मुश्किल पड़ रही है।

सवाल : क्या ये सब बातें उनकी अनुभवहीनता के कारण होती थीं?

जवाब : अनुभव नहीं था, जोश था, इच्छा थी। एक उदाहरण और दूँ, वे कश्मीर गए और 1000 करोड़ रुपए का पैकेज अनाउंस कर दिया। उसी तरह पंजाब गए वहाँ भी 1000 करोड़ रुपए का पैकेज घोषित किया। प्रधानमंत्री वचन दे आए थे इसलिए उसका मुझे आदर करना था। इस प्रक्रिया में घाटा बढ़ गया।

सवाल : वित्त मंत्री के नाते उस समय की अर्थव्यवस्था को आपने कैसा पाया?

जवाब : उस समय रोजमर्रा के खर्च के लिए इधर–उधर के उपाय करने पड़ते थे। आर्थिक स्थिति अच्छी नहीं थी। मैंने एक अध्ययन करवाया यह देखने के लिए कि पाँच साल बाद हम कहाँ खड़े होंगे। उस अध्ययन के आधार पर एक दीर्घकालिक

राजकोषीय नीति बनी। उसे विमल जालान, प्रणव राय वगैरह ने बनाया। उस अध्ययन से यह पता चला कि 1985 से राजस्व घाटा शुरू हुआ है। उससे पहले बजट बचत का होता था। राजस्व घाटे का मतलब होता है कि रोजमर्रा के खर्च के लिए कर्ज की जरूरत है। यह गम्भीर बात थी। मैंने उस समय राजीव गाँधी को चेतावनी दी थी कि अगर यह चलता रहा तो चुनाव के वर्ष में हमारी समस्याएँ बढ़ जाएँगी। 1989 चुनाव का वर्ष होता। यह चेतावनी मैंने राजीव गाँधी को दी थी कि यही चलता रहा तो आपकी जेब में कुछ भी नहीं रहेगा। मुझे क्या पता था कि यह चेतावनी उनके लिए नहीं, मेरे लिए है और मुझे ही 1989 में सँभालना पड़ेगा।

सवाल : आपने खर्च में कटौती की सलाह दी थी?

जवाब : मेरी सलाह थी कि अर्थव्यवस्था दुर्घटना की राह पर है, इसलिए अभी से ब्रेक लगाइए। अगर देर होगी तो दुर्घटना को टाला नहीं जा सकता। कड़े कदम उठाएँ, भले ही अलोकप्रिय होने का खतरा हो। मेरी सलाह यह भी थी कि इस बारे में लोगों को भरोसे में लिया जाना चाहिए और संसद को भी बताया जाना चाहिए।

सवाल : आपके बजट पर सत्तारूढ़ पार्टी काँग्रेस में क्या प्रतिक्रिया थी?

जवाब : पहले तो इतना स्वागत हुआ कि दो–तीन दिनों तक कोई बोला नहीं। औद्योगिक समुदाय ने बजट को बेहतर माना। अर्थशास्त्रियों ने भी उस बजट की सराहना की। उनकी नजर में वह साहसिक और सराहनीय बजट था। क्योंकि चले आ रहे रास्ते में नया मोड़ उसने ले लिया था। आम आदमी ने भी उसका स्वागत किया। इस वातावरण में काँग्रेस से कोई विरोध में आवाज नहीं उठी। कुछ दिनों बाद पार्टी में यह बात कही जाने लगी कि बजट में समाजवादी लाइन छोड़ दी गई है। संसदीय दल की बैठक हुई। सांसद गरम थे। उनके रुख को देखकर राजीव गाँधी ने कहा कि वित्त मंत्री आपको समझाएँगे। मैंने ब्यौरेवार तरीके से बताया कि देश की अर्थव्यवस्था की वास्तविकता क्या है, दयनीय हालत है। जरूरत है कि उसे प्रतिस्पर्धी बनाया जाए। इसके लिए बजट में कदम उठाए गए हैं। मैं अपेक्षा करता था कि प्रधानमंत्री राजीव गाँधी मेरे पक्ष में खड़े होंगे क्योंकि उनसे परामर्श के बाद ही बजट को अंतिम रूप दिया गया था। जब सांसदों ने अपनी भावनाएँ विरोध में प्रकट कीं, उस समय उन्होंने इसे मेरे ऊपर ही छोड़ दिया। मैंने काँग्रेस पार्लियामेंटरी पार्टी में कोशिश की कि हर सदस्य संतुष्ट हो जाए, उन्हें पूरी जानकारी दी।

सवाल : क्या यह सही है कि काँग्रेस के सांसद उस समय इतने उत्तेजित थे कि आपको बोलने नहीं दिया?

जवाब : ऐसा तो नहीं था।

सवाल : क्या उन सांसदों को किसी ने विरोध के लिए उकसाया था?

जवाब : मुझे ऐसा नहीं लगता। पंडित जवाहर लाल नेहरू और इन्दिरा गाँधी के समय में काँग्रेस ने समाजवादी नीति पर चलने का फैसला किया था। उससे एक तरह का सोच पार्टी में बन गया था। उसी के तहत सांसदों को महसूस हुआ होगा कि बजट समाजवादी रास्ते से भटक गया है।

सवाल : आम धारणा यह है कि पी.वी. नरसिंह राव की सरकार ने उदारीकरण की शुरुआत की। क्या यह सही है?

जवाब : शुरुआत मेरे समय में ही हुई जिसे पी.वी. नरसिंह राव की सरकार ने आगे बढ़ाया। लेकिन उदारीकरण का जो मेरा मॉडल था उसे पी.वी. नरसिंह राव की सरकार ने बदल दिया।

सवाल : राजीव गाँधी को अर्थव्यवस्था की कितनी समझ थी?

जवाब : मूलत: वे उदारीकरण के पक्ष में थे और बाजारवादी अर्थव्यवस्था के हिमायती थे। लेकिन इस हद तक नहीं थे जो बाद में हुआ है।

सवाल : क्या वे आपके नीतिगत फैसलों के समर्थन में थे?

जवाब : मोटे तौर पर समर्थन में थे।

सवाल : विपक्ष की प्रतिक्रिया उस बजट पर क्या थी?

जवाब : विपक्ष ने उस बजट को जिस रूप में देखा उसका एक उदाहरण मुझे बाद में मालूम पड़ा। जब जनता दल बन गया था और शरद यादव मेरे सहयोगी थे, उस समय उन्होंने मुझे बताया कि साहब आपका बजट पहले तो हमें समझ में नहीं आया। उसकी चारों तरफ तारीफ हो रही थी। हम सोच रहे थे कि क्या कहें। देखा और सुना कि सब लोग तारीफ कर रहे हैं, जैसे नानी पालकीवाला और फिक्की आदि। यह देख–सुनकर हमारे ऊपर असर पड़ा कि जरूर यह बजट गरीबों और पिछड़ों के खिलाफ है। जब बड़े घराने खुश हैं तो यह हमारे खिलाफ ही होना चाहिए। यह मानकर हमने विरोध में बोलना शुरू किया और कहा कि यह बजट हमारे लिए बेकार है।

सवाल : बजट को बाहरी तत्व कितना प्रभावित करते हैं?

जवाब : जहाँ तक वित्त मंत्री का सवाल है, उसके व्यक्तित्व पर निर्भर करता है। वह कितना और किससे प्रभावित होता है, यह तत्व ही निर्णायक होता है। एक वित्त मंत्री जिसका दबाव मानता है जरूरी नहीं कि दूसरा भी उसका ही माने।

सवाल : बजट बनाने से पहले वित्त मंत्री तमाम समूहों से मिलता है। क्या इसकी उपयोगिता वास्तव में होती है?

जवाब : वित्त मंत्री हर प्रकार के लोगों से मिलता है। उसमें लॉबी समूह भी रहते हैं। वह अर्थशास्त्रियों से बात करता है। औद्योगिक समूहों से बात करता है। मजदूर संगठनों के प्रतिनिधियों से बात करता है। किसान नेताओं और उनके प्रतिनिधियों को सुनता है। इस तरह आर्थिक क्षेत्र के हर पहलू की बात वह समझने का प्रयास करता है। एक वित्त मंत्री के लिए वह सबसे बड़ा प्रबोधन होता है। हर वर्ग अपना–अपना दृष्टिकोण रखता है, इससे जानकारी मिलती है। उस आधार पर वित्त मंत्री तय करता है कि उसके बजट का खाका क्या होगा। मैं सब लोगों की सुनता था। जहाँ माँगें जायज थीं उनको शामिल कर लेता था। लेकिन यह नहीं था कि कोई लालच देकर या दबाव डालकर अपनी बात मनवा ले।

सवाल : क्या बजट बनाने में ओपन हाउस प्रक्रिया से कोई मदद मिली?

जवाब : मैंने वाणिज्य मंत्रालय में यह प्रक्रिया प्रारंभ की थी। इसकी उपयोगिता मुझे मुख्यमंत्री के कार्यकाल में समझ में आई थी। किसी को कोई भी परेशानी हो तो उसे ओपन हाउस में सुनते थे, उसकी छानबीन करवाते थे। ओपन हाउस में अफसर भी रहते थे। बहुत सारे मामले उसी समय निपटा दिए जाते थे। ऐसे अनेक फैसले हाथों–हाथ हो जाते थे। वित्त मंत्रालय के दिनों में इस प्रक्रिया से लोगों की बजट संबंधी जरूरतें मालूम हो जाती थीं। जन मोर्चा के दिनों में एक बार मैं बम्बई गया। वहाँ मुझे एक सज्जन मिले, उन्होंने कहा कि मैं आपके ओपन हाउस में गया था। अगले दिन जब मैं अपने दफ्तर आया तो वहाँ जो हम चाहते थे, वह ऑर्डर मेरी मेज पर मौजूद था। उन्होंने कहा कि मैं आपको जानता नहीं था, न आप हमको जानते थे, फिर भी हमारी समस्या उस प्रक्रिया से हल हो गई तो हम आपके प्रशंसक हो गए। इस प्रक्रिया से छोटे लोगों की बड़ी समस्याएँ हल हो जाती थीं। मैंने दूसरे बजट में इस बात का खयाल रखा कि गरीबों के लिए क्या–क्या कदम उठाए जा सकते हैं। उनकी जरूरत समझने के लिए यहाँ तक कि रिक्शा, ठेले वालों की भी हमने मीटिंग की थी। और भी ऐसे अनेक वर्ग थे जैसे कुली, नाई, स्वीपर आदि, वे वित्त मंत्रालय में पहली बार अपनी बात कहने आए होंगे। मेरा अनुभव है कि उन लोगों ने बहुत संक्षेप में अपनी बातें कह दीं। रिक्शा वालों ने कहा कि दिल्ली में रिक्शा लाइसेंस बंद हैं, हम लोग बिना लाइसेंस के चलाते हैं। पैसा पुलिस को देते हैं, दादा को देते हैं, जिसका रिक्शा है उसको देते हैं। आपका लोन लेंगे तो आपको ब्याज कहाँ से देंगे? अगर आपको सही फायदा करना है तो लाइसेंस खुलवा दीजिए। एक ठेले वाले ने कहा कि हमें पुलिस को हफ्ता देना पड़ता है। न दें तो वह ठेला उलट देता है। हमारी पूँजी, फल, सब्जी सब नाली में चली जाती है। हम कर्जा लेकर कहाँ से भरेंगे। ये

बातें सुनकर मेरी आँखें खुलीं कि हम लोग जो स्कीम बनाते हैं उसका जमीनी हकीकत से कोई वास्ता नहीं होता।

सवाल : आपके बजट पर औद्योगिक घरानों का कितना असर होता था?

जवाब : मैं पार्टी के लिए पैसा नहीं इकट्ठा करता था। इसलिए जो घराने पार्टी को मदद करते रहे होंगे, वे मेरे पास नहीं आ सकते थे। इसमें राजीव गाँधी का भी मुझ पर कोई दबाव नहीं होता था। उन्होंने भी जब वित्त मंत्रालय मुझे दिया होगा तो यह सोचा ही होगा कि इन पर कोई दबाव काम नहीं करेगा। हाँ, आमने–सामने की बातचीत में जो सुझाव आते थे और जो मुझे ठीक लगते थे, उसे मैं शामिल कर लेता था। औद्योगिक घरानों के प्रति कोई द्वेष भाव मेरे मन में नहीं था। मेरी भूमिका एक रेफरी की थी। मैं उनसे कहता था कि ईमानदारी से जितना गोल करना है करो, मुझे भी खुशी होगी। किन्तु बाउंडरी से बाहर जाकर किक मारोगे तो मैं सीटी बजाऊँगा। मैदान में कहीं पत्थर है, गढ्डा है या कोई खराबी है, उसकी तरफ किसी ने ध्यान दिलाया तो उन गड़बड़ियों को दूर करना मेरा काम होता था। कुछ लोगों ने आदत बना रखी थी कि रेफरी से ही गोल करवा देते थे। मैंने यह साफ कर दिया था कि मुझसे यह उम्मीद मत करिए। ऐसे ही लोग मुझसे नाराज थे, जिनको मैंने स्पेशल फेवर नहीं दिया। यह बात सभी जानते थे। ऐसा भी नहीं है कि मेरे समय में लॉबिंग करने वाले लोग नहीं थे। वे थे और अपना काम भी करते थे, लेकिन अफसरों के लेवल पर। वाणिज्य मंत्रालय में मैंने देखा था कि ऐसे समूह अपना काम फाइल में ही बनवाकर मंत्री के पास पहुँचा देते थे। कुछ तो इतने माहिर थे कि नीतिगत दस्तावेज में छपाई की गलती कराकर आदेश करा देते थे। जब तक गलती ध्यान में आए, तब तक वो उसका फायदा उठा लेते थे। इस तरह के हथकंडे अपनाए जाते थे।

सवाल : मंत्री के स्तर पर ऐसे मामले कब आते हैं?

जवाब : हर चीज के ब्यौरे में मंत्री नहीं जा सकता। जैसे ताबूत का बखेड़ा खड़ा हुआ। जॉर्ज फर्नांडीस पर आरोप लगा कि खरीद में गड़बड़ी उनके स्तर पर हुई होगी। ऐसे मामले कभी रक्षा मंत्री के पास नहीं जाते। मुझे आरोप सुनकर ताज्जुब हुआ, क्योंकि वह खरीद इतनी छोटी थी कि वह रक्षा मंत्री के पास जाएगी ही नहीं। अगर गड़बड़ी हुई भी है तो जरूरी नहीं कि उसकी जानकारी रक्षा मंत्री को हो। यह आरोप तो दरअसल राजनीतिक रंग देने के लिए लगाया गया है। कोई अगर यह उम्मीद करे कि हर लेन–देन को वित्त मंत्री देखेगा तो यह संभव नहीं। अगर इतनी सख्ती बरती जाए तो प्रशासनतंत्र ठप्प हो जाएगा।

सवाल : पहले बजट की आलोचना से आपने क्या सबक सीखा?

जवाब : पहले बजट में भी गरीबों के लिए प्रावधान थे। उसे दूसरे बजट में महत्त्व दिया गया। इन्दिरा आवास योजना आदि की घोषणा हुई। डी कंट्रोल के कदम उठाए गए। मैंने निर्णय करवाया कि कोई भी कंपनी शेयर जारी करेगी तो उसे अपने श्रमिकों को हिस्सा देना होगा। श्रमिकों को उसके शेयर खरीदने का अधिकार दिया जाएगा। कोई उद्योग अगर बंद हो जाता है तो बैंक को चुकता करने से पहले श्रमिकों के बकाए का भुगतान करना होगा।

सवाल : बजट पर विश्व बैंक का उस समय प्रभाव कितना और किस प्रकार होता था?

जवाब : अब बढ़ा है, उस समय नहीं था। उस समय उनकी सीधे कोई बात पूछने की हिम्मत नहीं होती थी। परोक्ष रूप से वे पता करते रहते थे। आमने–सामने की मुलाकात में उनका प्रतिनिधि कोई प्रश्न अगर कर देता था तो मैं तुरंत समझ जाता था कि इसका मकसद क्या है। जहाँ मुझे यह लगता था कि वे कोई जानकारी माँग रहे हैं और हमारी नीतियों को प्रभावित करने की कोशिश करेंगे, वहाँ मैं उन्हें कोई जवाब ही नहीं देता था। उनके लिए यह इशारा काफी होता था कि यह आपका क्षेत्र नहीं है। वे बहुत घुमा–फिरा कर एक भद्र पुरुष की तरह सवाल पूछते थे और मैं उनका जवाब नहीं देता था। मैं यह भी मानता हूँ कि ऐसे अगर जवाब दिया जाने लगे तो वे और पूछेंगे और अपना हक जताने लगेंगे। मैं उन्हें अपनी उपलब्धियों को अवश्य बताता था। यह सद्व्यवहार के लिए जरूरी था। उन्हें यह न लगे कि मैंने हठवादिता अपना ली है कि कुछ नहीं बताएँगे। जिस जानकारी के लिए वे पुछवाते थे उसका जवाब न मिलने पर वे समझ जाते थे कि प्रयास करना व्यर्थ है। मेरा मत था कि उनके प्रति मैं जवाबदेह नहीं हूँ।

सवाल : ऐसी स्वाधीनता कोई वित्त मंत्री कब ले सकता है?

जवाब : आर्थिक स्वाधीनता सबसे बड़ी ताकत है। जब भीख माँग रहे होंगे, उस समय सरकार को एक–एक बात विस्तार से बतानी पड़ती है। यही इस समय हो रहा है।

सवाल : परोक्ष दबाव की कोई घटना आपको याद आ रही है?

जवाब : जिस समय बजट बन रहा था, उसी समय हेनरी किसिंजर आए हुए थे। प्रधानमंत्री सचिवालय से अनुरोध आया कि इनसे मिलना चाहिए। इसका अर्थ यह था कि उनको मैं समय दूँ। मैंने उनको समय नहीं दिया। मेरा कहना था कि हम उदारीकरण को अपना ही रहे हैं। अगर किसिंजर को बुलाया और उनसे बात की होती तो कहा जाता कि यह सब उनके कहने पर हुआ है।

सवाल : उन दिनों आपका एक्शन प्लान क्या था?

जवाब : वित्त मंत्रालय का काम सँभालते ही मैंने सचिव स्तर के अफसरों की बैठक की। प्रत्येक सचिव के महत्त्वपूर्ण कार्यों की सूची बनवाई। उस सचिव के खास 15–20 कामों को उनके नाम के आगे लिखवाया और उसे अपने पास रख लिया। प्रत्येक सचिव के साथ ऐसा ही एक विवरण मैंने तैयार करवाया। रोज सुबह आधे घंटे के लिए बिना किसी फाइल के वे लोग आते थे। उनके कामों की समीक्षा होती थी। मेरा अनुभव था कि बातचीत में बहुत समय चला जाता है। इसलिए मैंने निर्देश दिया कि सीधे मूल विषय पर हम लोग बात करेंगे और देखेंगे कि हर सचिव के काम में कितनी प्रगति हुई है। इस समीक्षा के बाद तीन सचिव चले जाते थे। एक सचिव मेरे पास रह जाता था। उनके संयुक्त सचिवों के पास करीब 200 कामों का एक लक्ष्य कम्प्यूटर में भरा हुआ होता था, जिसमें यह विवरण होता था कि उन कामों की अंतिम तिथि क्या है, काम कितना हुआ है? इसकी समीक्षा एक घंटे रोज चलती थी।

वित्त मंत्रालय और बैंकों को अधिक कारगर बनाने के लिए उनकी सफाई करना मेरा लक्ष्य था। इसके लिए कई कानून भी जरूरी हो गए थे, जैसे नारकोटिक्स बिल (नशीले पदार्थों से संबंधित), कर चोरी रोकने के लिए विधेयक, कराधान प्रणाली पर नया विधेयक, विदेशी मुद्रा नियमन कानून की समीक्षा के अलावा दीर्घकालिक राजस्व नीति आदि मेरे एजेंडे पर थे। उस समय आबिद हुसैन और डी.पी. कपूर कमेटी की निर्यात नीति पर रिपोर्ट आई थी, उसे लागू करना था। उसी तरह से सार्वजनिक उपक्रमों पर अर्जुन सेन गुप्त कमेटी की रिपोर्ट थी। मैंने घोषणा की थी कि कंपनियों के कर्मचारियों को शेयर के अधिकार दिए जाएँगे, उसके लिए जरूरी कानूनी संशोधन करना था। किसानों के लिए फसल बीमा और सामाजिक सुरक्षा की स्कीम तैयार करनी थी।

सवाल : वित्त मंत्रालय में आपने सफाई किस तरह शुरू की?

जवाब : आर्थिक प्रगति के लिए जरूरी था कि जो अफसर दागदार हैं उन्हें हटाया जाए। मंत्रालय इकबाल से चलते हैं। कुछ गलत अफसरों को दण्डित कर दीजिए तो उससे सब ठीक होने लगता है। इसलिए पहला काम होता है बदमाशों को निकालो।

सवाल : ऐसे अफसरों की पहचान आपने कैसे की?

जवाब : मैंने खुफिया सूत्रों का इस्तेमाल किया। अफसरों की आम छवि मालूम हो जाती है। उसमें देर नहीं लगती। उस आधार पर ही मैंने फैसला नहीं किया। मैंने विभिन्न माध्यमों से पता करवाया। एक जरिया ऑफिशियल रिकॉर्ड का अपनाया। उसके बाद कुछ सार्वजनिक सूत्रों से पता करवाया। इसके साथ ही यह हिदायत भी दी कि गलत काम करने वाले पर ही कार्रवाई हो। वे ही अफसर हटाए जाएँ जो अपने

दिल में भी सोचें कि मैंने गलत किया था। उसी के साथ अच्छे अफसरों को लाने की भी जरूरत थी। जो अफसर रिटायर हो गए थे परन्तु उनकी ईमानदारी की धाक थी और वे योग्य प्रशासक माने जाते थे, उनसे भी सलाह ली। इन आधारों पर एक सूची बनाई। उसकी छानबीन करवाई। उसके आधार पर दागी अफसरों को मंत्रालय से निकाला।

सवाल : उस समय के अखबारों और पत्रिकाओं में इसका ब्यौरा है कि तब आपने वित्त मंत्रालय के भ्रष्ट अफसरों को बाहर का दरवाजा दिखाया। आयकर विभाग के दस बड़े अफसरों से इस्तीफा लिया। दो बैंकों के चेयरमैन को हटाया। आई.डी.बी. आई. के चेयरमैन से इस्तीफा लिया। बैंकों के राजनीतिक निदेशकों को हटाया। इन फैसलों का उद्देश्य क्या था ?

जवाब : इन फैसलों से एक संदेश गया कि ईमानदारी और योग्यता की कदर होगी। राजनीति में सबसे महत्त्वपूर्ण यही होता है। मेरी नजर में दुष्टदलन एक विचारधारा है। उसका बहुत असर होता है। जमाने से यह चला आ रहा है। समाज भी दुष्टदलन करने वाले को आदर देता है। ब्रह्मा दिन–रात रचनात्मक काम करते रहते हैं। उनकी कोई पूजा नहीं होती। अपवादस्वरूप पुष्कर में एक मंदिर है। पूजा होती है राम की और कृष्ण की। क्योंकि इन्होंने अपने जमाने में दुष्टों का नरसंहार किया। राम मे रावण को मारा और कृष्ण ने कंस का वध किया। ऐसे ही शंकर सब तहस–नहस कर देते हैं, लोग उनकी पूजा करते हैं।

सवाल : पदभार सँभालते ही आपने आयकर बोर्ड के चेयरमैन को एक हफ्ते में ही हटाया। क्या इसकी कोई खास वजह थी?

जवाब : मेरे पूर्व वित्तमंत्री प्रवण मुखर्जी ने घोषणा की थी कि एक लाख रुपए के आयकर के रिटर्न की छानबीन नहीं होगी, रेन्डम स्क्रूटनी होगी। उसमें अगर कोई गड़बड़ी पाई जाएगी तो सजा होगी। इसके बारे में मैंने पता लगवाया कि क्या इस पर अमल हो रहा है। इसमें साधारण लोगों से भी मैंने पुछवाया। मालूम हुआ कि जैसी घोषणा की गई थी वैसा कुछ नहीं हो रहा। उसके बाद मैंने चेयरमैन को बुलवाया। उनसे सख्ती से बात की, तब कहीं जाकर उन्होंने कहा कि मैंने कुछ शर्तें लगा दी हैं। वे शर्तें अठारह थीं। उन शर्तों के कारण सारी घोषणा धरी रह गई थी। मैंने उनसे पूछा कि आपने शर्तें क्यों लगाई? उनका जवाब था कि अगर शर्त नहीं लगाते तो अफसरों के पास कोई काम नहीं रह जाता। मैंने उनसे कहा कि मैं यहाँ वित्त मंत्रालय का प्रतिनिधित्व करने के लिए इस कुर्सी पर नहीं बैठा हूँ। मैं देश के सर्वसाधारण व्यक्तियों के प्रतिनिधि के रूप में यहाँ इस आसन पर हूँ। (आई एम नॉट द रिप्रेजेंटेटिव ऑफ मिनिस्टरी ऑफ फाइनेंस ऑन दिस चेयर, आई एम रिप्रेजेंटेटिव ऑफ दी पिपुल ऑफ

दी नेशन) उसके बाद उन्हें एक हफ्ते में हटा दिया। उनकी जगह एक ईमानदार अफसर को रखा। उसका बहुत प्रभाव पड़ा।

सवाल : बैंकों के अध्यक्षों को हटाने का कारण क्या था?

जवाब : तीन अध्यक्षों ने मिलकर बिना पूरी गारंटी वगैरह लिये कर्ज दिया था। जब वसूली का समय आया तो वह रकम फँस गई। करीब सौ करोड़ रुपए का कर्ज था। एक अध्यक्ष कोर्ट में चले गए, दो को हमने निकाला। कोर्ट ने तीसरे अध्यक्ष के लिए एक लाख रुपए जमा कराए। उसके बाद उनकी छुट्टी हुई। ऐसे मामलों में एक सिद्धांत है–तलवार या तो निकालो मत, निकालो तो सही वार करो। मैंने मालूम करवाया था कि आयकर विभाग में सबसे अधिक भ्रष्ट अफसर कौन–कौन हैं। उन दस की मैंने विभाग से छुट्टी की। मैंने सोचा कि अगर इन्हें बर्खास्त करेंगे या समय से पहले रिटायर करेंगे तो ये कोर्ट में जा सकते हैं। इसलिए उन्हें नागपुर के एक ट्रेनिंग इंस्टीट्यूट में तबादले पर भेज दिया। इसके लिए मुझे प्रधानमंत्री से विशेष अनुमति लेनी पड़ी। मैं उनके पास गया और कहा कि ये दस पोस्ट मुझे ट्रेनिंग इंस्टीट्यूट के लिए दे दीजिए। उन्होंने कहा कि आप कैबिनेट में एक–एक पोस्ट पर आपत्ति करते हैं और यहाँ आप दस पोस्ट माँग रहे हैं। मैंने उनसे कहा कि अगर घर साफ रखना है तो वेस्ट पेपर बास्केट के लिए पैसा खर्च करना पड़ेगा। मैंने उनसे कहा कि यह बेकार का खर्च नहीं है। इससे दूसरी जगह कहीं बचत भी होगी। वे सहमत हो गए। मैंने उस प्रशिक्षण संस्थान में दस पद बनाए और आदेश दे दिया। मुझे उनमें से एक अफसर के लिए सलाह दी गई कि उनको ट्रांसफर करने से पहले सोच लीजिए क्योंकि मोरारजी देसाई और चौ. चरण सिंह ने भी उन्हें हटाना चाहा था। उन्होंने तबादले के आदेश दिए और फिर वापस भी लिए। मैंने कहा कि कोई बात नहीं, मेरा आदेश सोच–समझकर ही जारी हो रहा है। आदेश पर जैसा मेरा अनुमान था वैसा ही हुआ। आठ अफसरों ने इस्तीफा दे दिया। एक अफसर ने अदालत की शरण ली। एक ने तबादले को स्वीकार किया। वे सब कमिश्नर रैंक के अफसर थे। उस आदेश से विभाग की क्षमता बढ़ी। हालाँकि उसको रुकवाने के लिए शासक दल के दो दर्जन से ज्यादा सांसद आए।

सवाल : उन्हें आपने क्या जवाब दिया?

जवाब : मैंने कहा कि आप लोगों की ताकत बहुत बड़ी है। कमिश्नर क्या आप चाहें तो वित्त मंत्री को ही हटा सकते हैं। मेरा आदेश नहीं बदलेगा। अगर उन अफसरों को वापस लाना चाहते हैं आप लोग तो इसका रास्ता सरल है। मुझे हटवा दीजिए। जब दूसरा वित्त मंत्री आ जाएगा तो उससे आप काम करवा लें। मेरे रहते ऐसा नहीं होगा।

सवाल : क्या राजीव गाँधी ने हस्तक्षेप किया?

जवाब : संभवतः सांसदों ने उनसे कुछ नहीं कहा। क्योंकि राजीव गाँधी ने कोई हस्तक्षेप नहीं किया।

सवाल : जो सांसद आपके पास आए थे, क्या वे अफसरों की लॉबी वाले थे, आपका अनुभव क्या है?

जवाब : अनेक तरह की लॉबियाँ कई स्तरों पर काम करती रहती हैं।

सवाल : उद्योगपतियों के बारे में आपका रवैया क्या था?

जवाब : उनके नाजायज दबावों की मैं परवाह नहीं करता था। उद्योग को बढ़ावा देने के लिए और उनके न्यायोचित कामों को करने का आदेश मैं तत्काल दे देता था। इसमें उनको एक पैसा खर्च नहीं करना पड़ता था। उन्हें ब्रीफकेस लाना नहीं पड़ता था। बिना पैसा खर्च किए औद्योगिक घरानों को बड़ी-बड़ी परन्तु जरूरी और उचित रियायतें मिल जाती थीं।

सवाल : उन दिनों यह शिकायत थी कि आप बड़े उद्योगपतियों को मिलने का समय नहीं देते थे। सच क्या है?

जवाब : सामूहिक चर्चा और नीतिगत सलाह के लिए मेरा दरवाजा खुला हुआ था।

सवाल : उन दिनों स्वराज पाल ने आपकी तारीफ की थी कि मुझसे इस समय कोई यह नहीं कहता कि वित्त मंत्री से यह काम करा लूँगा। यह बड़ा परिवर्तन हुआ है। इसी तरह के.एन. मोदी ने भी यह कहा था कि वी.पी. सिंह बिकाऊ माल नहीं हैं। इन तारीफों के बावजूद बड़े घरानों पर आपने छापेमारी शुरू करवाई। शिकायत क्या थी और शुरुआत कहाँ से हुई?

जवाब : मुझे अनुमान नहीं था कि इतने बड़े पैमाने पर गड़बड़ी होती है। जब शिकायत मिलने लगी तो मैंने फैसला किया कि इसे रोकना है। मेरे कुछ अफसरों ने दिल्ली में एयरकंडीशनर बनाने वाले छोटे कारोबारियों के कागजात की छानबीन की। वे सीमा शुल्क बचाते थे। उन पर छापे डाले गए। उस समय भेद खुला। वे ही बताने लगे कि हम लोग तो छोटी मछली हैं। बड़े-बड़े मगरमच्छ इस क्षेत्र में हैं जो सरकारी नजरों में धूल झोंक कर विदेश पैसा भेज रहे हैं। मैंने विनोद पाण्डेय को बुलाया और कहा कि इसका पता करो। उस समय इसके लिए 'ऑपरेशन काली' शुरू किया गया। बहुत सारे नाम आए जो देश से पैसा बाहर भेजते थे। इसके मद्देनजर नीतियों में मैंने परिवर्तन करवाया ताकि पैसा लोग विदेश में न भेज सकें।

सवाल : क्या उन दिनों कभी स्वराज पाल आपसे मिले?

जवाब : हाँ, मिले थे। वे इस्कार्ट को खरीदना चाहते थे। उन्होंने इसके लिए एक प्रस्ताव दिया जो सरकार की नीतियों के अनुरूप नहीं था। उनको मना कर दिया गया। उन्हें मना करने का यह भी एक कारण था कि कंपनी को खरीदने से केवल मालिक बदलते हैं, पूँजी का निवेश नहीं होता।

सवाल : क्या उन्होंने कोई शिकायत की कि भारत सरकार कुछ औद्योगिक घरानों के प्रभाव में काम कर रही है?

जवाब : मुझे याद नहीं है। वे स्वयं एक बहुत बड़े घराने के मालिक थे। अगर सरकार बड़े घरानों के प्रभाव में थी तो उनका काम हो ही जाता।

सवाल : बड़े घरानों के खिलाफ छापे का फैसला आपने क्यों किया? क्या कोई खास शिकायत आप तक पहुँची थी?

जवाब : उस समय प्रधानमंत्री राजीव गाँधी का देश को वादा था कि स्वच्छ प्रशासन देंगे। भ्रष्टाचार–मुक्त देश बनाएँगे। मैंने भी वित्त मंत्रालय का दायित्व स्वच्छ प्रशासन और भ्रष्टाचार रहित अर्थव्यवस्था बनाने की घोषित नीति को लागू करने की सच्ची भावना से शुरू किया। इसके लिए आर्थिक अपराधियों और माफियाओं के खिलाफ कार्रवाई करने का आदेश दिया।

यह जानकारी कई स्रोतों से मिली थी कि प्रवर्तन निदेशालय वास्तव में उन छोटे कारोबारियों के खिलाफ ही कार्रवाई कर रहा था जो मामूली हेरा–फेरी कर अपना काम चलाते थे जबकि फेरा उल्लंघन में बड़े घराने (देशी और विदेशी) भी लगे हुए थे। इस पर मैंने प्रवर्तन निदेशालय को जरूरी निर्देश दिये। मेरा आदेश स्पष्ट था कि आर्थिक अपराधी चाहे जो हो, व्यक्ति या कंपनी, ठोस सबूत मिलने पर अवश्य कार्रवाई करें।

प्रवर्तन निदेशालय को एयरकंडीशनर बनाने वाले छोटे कारोबारियों से भी उत्पाद शुल्क की चोरी के बड़े मामलों के सुराग मिले। जो कुछ लोग पकड़े गए उनसे यह राज खुला कि बड़े–बड़े लोग इस जालसाजी में शामिल हैं। वे उत्पाद शुल्क बचाकर पैसा बाहर भेजते हैं। मुझे जब इसकी जानकारी मिली, मैंने फैसला किया कि उनका पर्दाफाश करना है। जो पैसा बाहर जाता है उसका पता लगाना है। मैंने मन में यह भी सोचा कि हो सकता है कि मुझे वित्त मंत्रालय से हटा दिया जाए। यह ठान लिया कि हर हालत में लोगों को बताएँगे कि हो क्या रहा है। देखा कि बड़े–बड़े लोग अपना पैसा विदेश भेज रहे हैं। मैंने तय किया कि वित्त मंत्रालय से अगर हटना पड़े फिर भी यह काम मैं करूँगा और जाते–जाते पर्दा जरूर खींचकर जाऊँगा।

वित्त मंत्रालय में मेरे पास बहुत कार्यकुशल और ईमानदार अफसरों की टीम थी।

यह कहना सही नहीं है कि ऐसे दो ही अफसर थे। उनमें से एक उस समय के राजस्व सचिव विनोद पाण्डेय थे। मैंने उनसे कहा कि ये जो पैसा बाहर जा रहा है उसको रोकने का इंतजाम करो। इसके लिए दो अभियान छेड़े गये। एक, ऑपरेशन केतु तो दूसरा ऑपरेशन काली। उससे बहुत अधिक पर्दाफाश तो नहीं हुआ लेकिन विदेश में पैसा कैसे जाता है उसके ढंग–ढर्रे की जानकारी हुई।

मेरे लिए वह क्षण कटु सत्य से साक्षात्कार का था। सत्य खुद उजागर हो रहा था। वोल्टाज, ओर्कजे, रिलायंस, ब्रुक बॉण्ड, बाटा, थापर, किर्लोस्कर, डी.सी.एम., बेकलाइट हाइम, टाटा आदि के राज खुलते गये। ये समूह इस देश के कानून से खुद को परे मानते हैं। वे कानून तोड़ सकते हैं और उनसे कोई पूछेगा नहीं।

सवाल : ललित मोहन थापर की कंपनियों के खिलाफ क्या फेरा उल्लंघन की शिकायत पर कार्रवाई हुई थी?

जवाब : वे अपने राजनीतिक संबंधों का इस्तेमाल कर बड़े पैमाने पर फेरा उल्लंघन कर रहे थे। प्रवर्तन निदेशालय ने पाया कि वे इसके लिए दोषी हैं। उन पर कार्रवाई हुई।

सवाल : कहा जाता है कि उसके बाद अमेरिका में हमारे राजदूत पी.के. कौल का एक संदेश आया था। वह क्या था?

जवाब : वह संदेश मुझे दिखाया गया था जिसमें उन्होंने जानकारी दी थी कि थापर पर छापे के कारण अमेरिका में भारतीय समुदाय खुश नहीं है।

सवाल : क्या थापर ने फेरा उल्लंघन में अपना अपराध कबूल किया था?

जवाब : हाँ, और इसके लिए उन्होंने माफी माँगी थी।

सवाल : थापर, बत्रा, लिप्टन, वोल्टाज, सेठियाज, टाटा और बाटा आदि के खिलाफ आपने कार्रवाई के आदेश दिए। इनमें सिर्फ किर्लोस्कर अदालत में चले गए और फैसला उनके पक्ष में हुआ। क्या उनके खिलाफ कमजोर केस था?

जवाब : इन सब के खिलाफ ठोस सबूत थे। किर्लोस्कर के मामले में भी दस्तावेजी सबूत पक्के थे। विभाग को उनके जनरल मैनेजर के हाथ का लिखा हुआ एक पक्का कागज मिल गया था, जिसके आधार पर किर्लोस्कर्स लिमिटेड (के.एस.एल.) के खिलाफ मामला बनता था। जहाँ तक मुझे याद है, किर्लोस्कर के खिलाफ शिकायत प्रधानमंत्री के दफ्तर से आई थी। किसी एक घराने का नाम लेना उचित नहीं होगा। मुझे उस समय बताया गया कि प्रवर्तन निदेशालय ने जहाँ–जहाँ हाथ डाले, वहीं कुछ न कुछ गड़बड़ी मिली। हर जगह फेरा का उल्लंघन हो रहा था। हर बड़ा घराना उसके

दायरे में आता दिखने लगा। जहाँ तक किर्लोस्कर का सवाल है, उनके खिलाफ कार्रवाई करने से पहले प्रधानमंत्री दफ्तर सहित जितनी शिकायतें आई थीं, उनके आधार पर ठोस सबूत के साथ कार्रवाई की गई थी। ऐसे ही एक मामला वोल्टाज के खिलाफ था। उसे क्राफोर्ड बेली एण्ड कंपनी ने कानून के उल्लंघन के खिलाफ चेतावनी दी थी। उनके वकील एस.सी. तलवार ने भी चेतावनी दी थी। इस तरह के सबूत हाथ लगे थे। बाटा के खिलाफ भी सबूत मिले थे। टी.के. मुखर्जी के नोट बाटा के बाबत अफसरों के पास थे जिससे कर चोरी का स्पष्ट आरोप बनता था।

फेरा (विदेशी मुद्रा नियमन अधिनियम) कानून जब लागू किया गया, उस समय एक तारीख तय की गई। उससे पहले के लेन–देन पर कानून लागू नहीं होता था। उसके बाद के लेन–देन में देखा जाता था कि कानून का उल्लंघन हुआ है या नहीं। किर्लोस्कर जर्मनी की एक कंपनी की साझेदारी में काम कर रहे थे। उनका दावा था कि फेरा के लागू होने से पहले ही उन्होंने शेयर ट्रांसफर किये थे। सच्चाई यह नहीं थी। प्रवर्तन निदेशालय ने पाया कि कानून लागू होने के बाद शेयरों का ट्रांसफर हुआ था। इसके प्रमाण थे। वे प्रमाण किर्लोस्कर को दिखाए गए। उस समय उनकी प्रतिक्रिया यह थी कि मेरे अफसरों ने मुझे गुमराह किया। वे अदालत में गए। अदालत ने लेटर ऑफ एक्सचेंज को आधार मानकर प्रवर्तन निदेशालय के आरोप को खारिज कर दिया और किर्लोस्कर को बरी कर दिया। अदालत ने जर्मनी के कानून को आधार नहीं माना।

सवाल : किर्लोस्कर पर छापे ने उस समय राजनीतिक तूल पकड़ लिया था। यह भी कहा गया था कि एक महाराष्ट्रीय ब्राह्मण उद्योगपति के खिलाफ आप कार्रवाई कर रहे हैं। आपकी तब प्रतिक्रिया क्या थी?

जवाब : वह कार्रवाई कानून का पालन करने के लिए की गई थी। उसके टीम लीडर रेवेन्यू इंटेलिजेंस के महानिदेशक बी.वी. कुमार थे और उनके सहयोगी थे, प्रवर्तन निदेशालय के निदेशक भूरेलाल। राजनीतिक रंग देने के लिए जाति का सवाल उठाया गया था।

सवाल : एस.एल. किर्लोस्कर की उम्र उस समय 84 वर्ष थी और उनकी गिरफ्तारी पर उनके प्रति सहानुभूति का भाव भी पैदा हुआ था। क्या वे फेरा के उल्लंघन के आरोपी थे?

जवाब : मैंने अफसरों को निर्देश दे रखा था कि कानून का पालन करना है। उन्हें मंत्री के दरबारी की भूमिका नहीं निभानी है। कानून का पालन करते वक्त जैसी जरूरत हो वैसा करें। इसका साफ अर्थ यह था कि कानून तोड़ने वाला जो भी होगा उसे सजा मिलेगी। मंत्री उसे बचाने के लिए नहीं कहेगा। मेरा यह भी निर्देश था कि

किसी को नाजायज परेशान न किया जाए। इसके लिए जरूरी होता है कि अफसर कोई कार्रवाई करें तो उसकी पूरी तैयारी कर लें। मंत्री अगर मना भी करे तो सबूत मिलने के बाद अफसर को उस समय सुनना नहीं चाहिए। जितने भी उस समय छापे पड़े, उनकी फाइल मेरे पास नहीं आती थी। उसकी जरूरत नहीं थी, क्योंकि यह काम अफसरों का है। संसद के कानून के ऊपर मंत्री नहीं होता। संसद के कानून से मंत्री चलता है।

सवाल : क्या किर्लोस्कर के साथ अफसरों ने ज्यादती की? उसकी जानकारी आपको कब हुई?

जवाब : मेरी समझ से कोई ज्यादती नहीं हुई। मुझे दोपहर में मालूम हुआ कि किर्लोस्कर को गिरफ्तार कर लिया गया है। उनके खिलाफ सबूत थे। मुझे भी यह लगा कि बुजुर्ग आदमी है, गिरफ्तार करने की जरूरत नहीं थी। उनसे घर पर ही पूछताछ कर लेनी चाहिए थी। वे भाग तो जाते नहीं। मैंने भूरेलाल को कहा कि गिरफ्तार करने की बजाए उनके घर पर ही पूछताछ करिए। उनके खिलाफ सबूत हैं तो उसमें कोई ढिलाई मत करिए। थोड़ी देर बाद पुछवाया कि क्या हुआ, तो मालूम पड़ा कि बूढ़े किर्लोस्कर ने कहा कि अब थाने ले आए हैं तो घर नहीं जाएँगे। जो पूछना है यहीं पूछिए। उनके खिलाफ फेरा के उल्लंघन का मामला था।

सवाल : उन दिनों राजीव गाँधी ने कलकत्ता के एक समारोह में टिप्पणी की कि रेडराज का अंत होना चाहिए। आपकी उस पर प्रतिक्रिया क्या थी?

जवाब : उस समय मैं विदेश में था। यहाँ आने पर सब बातें मालूम पड़ीं। आर. पी. गोयनका आदि राजीव गाँधी के कान भर रहे थे। उन्हें वे लोग बता रहे थे कि देश में रेडराज (छापेमारी) चल रहा है। उसी प्रभाव में प्रधानमंत्री राजीव गाँधी ने वह टिप्पणी की थी कि मुझे भी 'रेडराज' पसंद नहीं है। घटना इस प्रकार थी। आर.पी. गोयनका ने कलकत्ता में एक समारोह रखा था, जिसमें बड़े घरानों के प्रतिनिधि मौजूद थे। वहीं उन्होंने इसे पहली बार सार्वजनिक तौर पर उठाया।

यह सब जब मैंने सुना तो सोचा कि मुझे अच्छी घेरेबंदी में डाला जा रहा है। हर मामले की तह में जाने के बाद मैंने तय किया कि पीछे नहीं हटना है और जिनके खिलाफ मामला बनता है उन पर मुकदमा चलाया जाएगा। उसी प्रक्रिया में किर्लोस्कर के प्रकरण से सबक लेते हुए जिनके खिलाफ आरोप थे उनको जुर्म कबूल करने का मौका दिया गया। उसके आधार पर यह साबित हुआ कि छापेमारी का आरोप सही नहीं है। जितने भी इस तरह के मामले थे उन पर संसद में बहस हुई। मैंने उनके सबूत पेश किए। खासकर राज्यसभा में सारे दस्तावेज रखे। उसके बाद आर.पी. गोयनका ने फोन करके मुझसे माफी माँगी। मैंने उनसे कहा कि यदि मैं गलत हूँ तो

कहो। वे गलती भी करें और धमकी भी दें, यह नहीं चलेगा। माफी माँगकर उन्होंने अपनी गलती स्वीकार की।

सवाल : राज्यसभा में तीन दिसंबर 1986 को अटल बिहारी वाजपेयी ने अपने भाषण में कहा था कि प्रधानमंत्री राजीव गाँधी ने कलकत्ता में 18 सितंबर को उद्योगपतियों के साथ जो बातचीत की और उसका जो विवरण पोद्दार ने बताया, उससे ऐसा लगता है कि बड़े घरानों पर छापा मारने के बारे में प्रधानमंत्री ने जो गाइडलाइन दी थी उसका वित्त मंत्रालय ने पालन नहीं किया। क्या यह सच है?

जवाब : गाइड लाइन मैंने ही दी थी कि बिना सबूत के कार्रवाई मत करो। अगर किसी को बेवजह परेशान किया जाता है तो उस समय उस अफसर के खिलाफ मैं कार्रवाई करूँगा। यह बात मैंने साफ–साफ अफसरों को बताई थी।

सवाल : संसद की बहस के बाद बड़े घरानों का रुख क्या था?

जवाब : जब खुलासा हुआ और यह पक्का हो गया कि सबूत ठोस हैं तो ज्यादातर बड़े घरानों ने सम्पर्क साधना शुरू किया। उस समय मैंने कहा कि दीवानी देनदारी (जुर्माना) देनी ही होगी। उन घरानों पर फेरा उल्लघंन साबित हो गया था, इसलिए जुर्माना बनता था। जहाँ तक आपराधिक मुकदमों का सवाल था, उन्हें मैंने वापस लेने का इस आधार पर फैसला किया कि वे लोग लिखित माफी माँगें। उनके माफीनामे के बाद मुकदमे की जरूरत नहीं थी। सभी ने माफी माँगी। लेकिन किसी के प्रति जुर्माने में कोई रियायत नहीं की गई।

सवाल : क्या उन घरानों का माफीनामा सरकारी फाइलों में था?

जवाब : उन लोगों ने लिखकर दिया कि गलती हुई है। इस आधार पर मैं कहता हूँ कि उनके साथ कोई ज्यादती नहीं हुई। बल्कि उनके खिलाफ जो आपराधिक मामले थे, वे हटाए गए। इस तरह उनके साथ रियायत ही हुई।

सवाल : आर.पी. गोयनका भी क्या फेरा उल्लंघनकर्ताओं में एक थे?

जवाब : शावेलेस और डनलप टायर्स के खिलाफ भी फेरा उल्लंघन की शिकायतें थीं। इन कंपनियों का वास्ता आर.पी. गोयनका से है।

सवाल : इलाहाबाद से आपने एक बयान दिया था कि फेरा उल्लंघन का दोषी टाटा घराना भी है। इस पर टाटा ने आपको चुनौती दी थी। क्या उन्होंने कानूनी नोटिस भी दिया था?

जवाब : वह केवल उनकी गीदड़ भभकी थी, सिर्फ एक पत्र भेजा था। मुझे बताया

गया था कि उनके होटल कॉर्पोरेशन की एक सब्सिडीयरी कंपनी थी जिसका मुख्यालय हांगकांग में था। टाटा ने कॉर्पोरेशन के मुनाफे को सब्सिडीयरी में दिखा रखा था। यह पकड़ा गया। इसी आधार पर मैंने बयान दिया था।

सवाल : उन्हीं दिनों अमिताभ बच्चन और उनके भाई अजिताभ के खिलाफ फेरा उल्लंघन की शिकायत थी। क्या वह वाकया आपको याद है?

जवाब : पक्का याद नहीं है। याद है कि वे बाहर गए हुए थे। एक बड़े होटल में ठहरे थे। वहाँ का खर्च कहाँ से आया था, इसके बारे में उनसे कुछ पूछा गया था।

सवाल : आपके खिलाफ पहली शिकायत क्या थी, जिस पर राजीव गाँधी ने आपसे बात की?

जवाब : वित्त मंत्री का काम मैंने सँभाला ही था कि एक फाइल आई। उसे रुटीन का मामला मानकर मैंने ऑर्डर कर दिया कि ग्लोबल टेंडर के आधार पर खरीद करें। एक फर्टिलाइजर प्रोजेक्ट का जिस कम्पनी को लाइसेंस मिला था, उसे ग्लोबल टेंडर में जाना चाहिए था। यह रास्ता न अपनाकर उसने उम्मीद की थी कि हर बार की तरह जैसे पहले वित्त मंत्रालय को प्रभावित कर लेते थे वैसे ही इस बार भी द्विपक्षीय समझौता कर लेंगे और वित्त मंत्रालय उसे मंजूरी दे देगा। जब चार–पाँच महीने बीत गए तो राजीव गाँधी से उस कम्पनी ने शिकायत की कि वित्त मंत्री फर्टिलाइजर कारखाना बनने नहीं दे रहे हैं। वे विकास के रास्ते में अड़ंगा डाल रहे हैं।

मुझसे राजीव गाँधी ने पूछा। उन्होंने कहा कि आप उन्हें क्यों रोक रहे हैं? इस पर मैंने कहा कि मैं उस कम्पनी को रोक कहाँ रहा हूँ। अगर वे ग्लोबल टेंडर में चले जाते तो अब तक वह काम हो गया होता। देर उनकी ओर से हुई है, मेरी ओर से नहीं। मैंने तो जनवरी में ही आदेश दे दिया था। उसी समय इंटरनेशनल फाइनेंस कॉर्पोरेशन ने मशीन के लिए पैसा देने से मना कर दिया। उसका एक तार आ गया कि हम पैसा नहीं देंगे, क्योंकि वह कंपनी 100 करोड़ रुपए ज्यादा कर्ज के रूप में माँग रही है। उसने कॉर्पोरेशन में इसके लिए दरख्वास्त दे रखी थी। जबकि उसी कंपनी ने बांग्लादेश को जिस रेट पर मशीन दी थी, भारत से 100 करोड़ रुपए कम था। वित्त मंत्रालय को मशीन खरीदने के लिए उस आधार पर 100 करोड़ रुपए ज्यादा विदेशी मुद्रा देनी पड़ती जो कहीं विदेशी बैंक में जाकर जमा होता। उस समय फर्टिलाइजर कंपनियों को तमाम सरकारी रियायतें मिलाकर 25 प्रतिशत का मुनाफा हो जाता था। इस तरह से ग्लोबल टेंडर की नीति के कारण उस समय मैंने 100 करोड़ रुपए बचाए जो जनता का पैसा था। किसानों को राहत देने के नाम पर यह बोझ उन्हीं पर लादा जा रहा था और 100 करोड़ रुपए का फायदा उस कम्पनी को होता जिसने कारखाना बनाने के लिए लाइसेंस ले रखा था।

मैंने अपने हाथ से राजीव गाँधी को लिखकर दिया था कि यह कंपनी 100 करोड़ रुपए सरकार से लेगी और हर साल उसे 25 करोड़ रुपए की रियायत दी जाएगी। चार साल के बाद वह 100 करोड़ पूरा हो जाएगा और उस कंपनी के मालिक को पुश्त–दर–पुश्त सरकार के खजाने से उपहार मिलता जाएगा। इस पर उन्होंने बिना आपत्ति किए हस्ताक्षर कर मेरे आदेश की पुष्टि कर दी।

सवाल : स्नैम प्रोगोति का किस्सा क्या है जो आपके सामने आया था?

जवाब : वह एच.बी.जी. पाइप लाइन के प्रोजेक्ट में भारत सरकार का इस्तेमाल करना चाहता था।

सवाल : एच.बी.जी. पाइप लाइन का विवाद क्या था?

जवाब : उस प्रोजेक्ट में दो कंपनियाँ प्रतिस्पर्धी थीं। एक फ्रेंच कंपनी थी और दूसरी इटली की कंपनी स्नैम प्रोगोति थी। स्नैम प्रोगोति का भारत में प्रतिनिधि क्वात्रोची था। उस समय राजीव गाँधी का फोन आया कि क्वात्रोची को मिलने का समय दे दीजिए। मैंने उन्हें बुलवाया। उन्होंने अपनी ओर से मुझे एक ज्ञापन दिया जिसका संबंध एच.बी.जी. पाइप लाइन से था। मैंने उसकी छानबीन करवाई और मेरे पास वित्त मंत्रालय की रिपोर्ट आई कि फ्रेंच कंपनी बेहतर है। मैंने उस रिपोर्ट पर अपनी मंजूरी दे दी।

सवाल : क्या इस पर राजीव गाँधी ने आपसे दोबारा बात की?

जवाब : उन्होंने बात की। राजीव गाँधी ने कहा कि वित्त मंत्रालय में लॉबियाँ काम कर रही हैं। इस पर मैंने कहा कि यदि आप सोचते हैं कि मैं लॉबी से प्रभावित हो रहा हूँ तो आप मुझे वहाँ से हटा दीजिए। मैं किसी लॉबी के दबाव में काम करने के लिए तैयार नहीं हूँ। राजीव गाँधी को शिकायत की गई थी कि दूसरी लॉबी के प्रभाव में फैसले हो रहे हैं। वे यह मानकर बात कर रहे थे कि मैं विभिन्न तरह की लॉबी गतिविधियों को वित्त मंत्रालय में नियंत्रित नहीं कर पा रहा हूँ। उन्होंने मुझे उस मामले में दोबारा छानबीन करवाने के लिए कहा और इसके लिए कुछ प्वाइंट्स लिखवाए जो क्वात्रोची के ज्ञापन में थे। मैंने उसकी दोबारा छानबीन करवाई।

सवाल : नतीजा क्या रहा?

जवाब : वित्त मंत्रालय अपनी पुरानी राय पर कायम रहा। उसके बाद मैंने राजीव गाँधी को वह फाइल भेज दी कि इन आधारों पर उस प्रस्ताव से सहमत नहीं हुआ जा सकता। उस फाइल पर उनके दस्तखत होकर आ गए। उन्होंने भी उसे पलटने की कोशिश नहीं की।

सवाल : इससे ऐसा लगता है कि आपने प्रधानमंत्री की इच्छा को महत्त्व नहीं दिया। इस तरह के मामलों में आपकी कार्यशैली क्या थी?

जवाब : मैं अपना विचार फाइल पर लिख देता था। उसे प्रधानमंत्री के पास भेज देता था। इसका अर्थ यह था कि प्रधानमंत्री चाहें तो मेरे विचार को पलट दें और मैं उनके मंत्री के रूप में उसको कार्यान्वित कर दूँगा। हाँ, फैसला प्रधानमंत्री को करना होगा। वे जो फैसला करेंगे उसे मैं लागू करूँगा।

सवाल : व्यवहार में क्या होता है? अगर प्रधानमंत्री दोबारा छानबीन के लिए कहते हैं तब उसका मतलब क्या होता है?

जवाब : ऐसे समय में मंत्री पर निर्भर करता है। प्रधानमंत्री अगर कह दें कि फलाँ का रिप्रजेन्टेशन सुन लो तो उससे ही रवैया मंत्री का बदल जाता है। प्रधानमंत्री अगर प्वाइंट्स लिखवाए तो इसका मतलब यह है कि उसे करना है।

सवाल : उस समय आपने इन बातों पर विचार किया?

जवाब : मैंने दूसरी बार भी वही किया।

सवाल : राजीव गाँधी ने क्या इस पर नाराजगी प्रकट की?

जवाब : हो सकता है, उनको यह पसंद न आया हो। लेकिन उन्होंने इसे प्रकट नहीं किया। यह भी नहीं पूछा कि आपने क्यों नहीं किया। उनके इस रुख से मैंने यह मान लिया कि बात खत्म हो गई।

सवाल : बड़ी परियोजनाओं या सौदों में विदेशी ताकतों की रुचि रहती है। ऐसा कौन–सा मामला उस समय आपके सामने आया था जिसमें आपको फैसला करना कठिन दिखता था?

जवाब : वेस्टलैंड हेलीकॉप्टर की खरीद का प्रकरण उस समय था जिसमें ब्रिटेन की थेचर सरकार की गहरी रुचि थी। ब्रिटेन हर साल स्वतंत्र रूप से साठ करोड़ रुपए सालाना ग्रांट देता था। उन्होंने दबाव डाला कि उसी ग्रांट में भारत इस हेलीकॉप्टर को खरीद ले। परोक्ष रूप से कहा जा रहा था कि अगर भारत सरकार ऐसा नहीं करती है तो ग्रांट पर असर पड़ सकता है। मैंने प्रधानमंत्री राजीव गाँधी से कहा कि अगर आपने तय कर लिया है कि यह लेना है, फिर भी वित्त मंत्री के नाते मेरी सलाह है कि यह मुनाफे का सौदा नहीं है, इसमें घाटा ही घाटा है। इसके अलावा मुझे यह भी लगता था कि राजनीतिक तौर पर यह फैसला ठीक नहीं है। क्योंकि साठ करोड़ रुपए की ग्रांट की कीमत पर दुनिया में बदनामी नहीं ली जा सकती। बहरहाल राजीव गाँधी ने हस्तक्षेप किया और कहा कि यह सौदा करना है। उसके बाद कोई विवाद का

सवाल ही नहीं उठा। वह प्रधानमंत्री का फैसला था। वित्त मंत्रालय ने माना कि वह पैसा बर्बाद हुआ।

सवाल : क्या पवनहंस कॉर्पोरेशन को बचाने के लिए वेस्टलैंड हेलीकॉप्टर खरीदे गए?

जवाब : जैसा मैंने कहा, वेस्टलैंड हेलीकॉप्टर खरीदने की जरूरत नहीं थी। वह एक तरह का कबाड़ था। वह ऐसा ही था जैसे कोई हाथी उपहार में ले ले और अपने दरवाजे पर बाँध ले। मैंने प्रधानमंत्री से कहा था कि उन हेलीकॉप्टरों को खरीदकर हेंगर में रख दीजिए, कोई कार्पोरेशन मत बनाइए। जो पैसा डूब गया उतना ही बर्बाद मानकर छोड़ दीजिए या किसी मित्र देश को उपहार में हम दे दें। मेरी बात और वित्त मंत्रालय की सलाह नहीं मानी गई। दो–तीन साल में ही वे हेलीकॉप्टर कबाड़खाने में डालने पड़े।

सवाल : आपने एक मामले में रिलायंस समूह से पैसा वसूलने का बैंकों को आदेश दिया। उसकी पृष्ठभूमि क्या आप बताना चाहेंगे?

जवाब : एक दिन एस. गुरुमूर्ति आए। उन्होंने कहा कि क्या आपको मालूम है कि रिजर्व बैंक की एक रिपोर्ट आई है जिसमें रिलायंस के आर्थिक घपले उजागर हुए हैं। मैंने कहा कि मेरे पास कोई रिपोर्ट नहीं आई है। मैंने रिजर्व बैंक ऑफ इण्डिया (आर.बी.आई.) से मालूम करवाया तो पता चला कि एक रिपोर्ट रिजर्व बैंक ने बनाई है। रिलायंस ने चार बैंकों से पचास करोड़ रुपए का कर्ज लिया। उस समय ब्रांच मैनेजर को बारह करोड़ रुपए कर्ज देने का अपने स्तर पर अधिकार था। इस आधार पर रिलायंस ने उन बैंकों के ब्रांच मैनेजरों से पैसा कर्ज के रूप में प्राप्त किया। उसी पचास करोड़ रुपए के आधार पर फर्जी कंपनियों के नाम से रिलायंस शेयर खरीद रहा था, जो बढ़े दाम पर खरीद रहा था। यह तरकीब उन शेयरों का बाजार में दाम बढ़ाने के लिए अपनाई गई थी। वह गैर कानूनी काम था। इसे इनसाइड ट्रेडिंग कहा जाता है। यह शेयर होल्डर के साथ धोखाधड़ी है। रिजर्व बैंक ने इसकी पुष्टि की। मेरे पास इस मामले में कार्रवाई करने के अलावा कोई विकल्प नहीं था। अगर मैं चुप रहता तो यह माना जाता कि मैं भी उसमें शामिल हूँ। मेरे शरीक होने का तो सवाल ही नहीं था। इसलिए वित्त मंत्री के नाते मैंने बैंकों को आदेश दिया कि वे उस पैसे को रिलायंस से वसूल कर लें। यह असामान्य फैसला था। खासकर रिलायंस के मामले में तो कभी हुआ ही नहीं था।

सवाल : क्या बैंकों ने पैसा वसूला?

जवाब : बैंकों को पैसा वसूलने में कोई कठिनाई नहीं हुई। रिलायंस से 67 करोड़

रुपए की वसूली की गई। बैंकिंग के इतिहास में यह पहली घटना थी। रिलायंस सरकार से टकराने का खतरा मोल नहीं ले सकता था। उसने स्वयं जमा कराया।

सवाल : कहा जाता है कि रिलायंस का रसूक सरकार और राजनीतिक दलों में उस समय बहुत गहरा था। उसकी क्या प्रतिक्रिया हुई?

जवाब : संसद में हंगामा हुआ। मैंने जो सबूत थे उसका सार संसद के पटल पर रख दिया। अफसरों की सलाह नहीं थी। वे बैंक की गोपनीयता के मद्देनजर सलाह दे रहे थे कि उसे संसद में नहीं रखा जा सकता। मैंने कहा कि बैंक का पैसा लोगों का है। साधारण आदमी को यह जानने का अधिकार है कि उसके पैसे का किस तरह इस्तेमाल हो रहा है। इससे मेरे फैसले का औचित्य लोगों के ध्यान में आया। जो लोग उस घराने से जुड़े हुए थे, उनको नाराजगी का एक सबब जरूर मिला।

सवाल : माना जाता है कि आप खास तौर पर रिलायंस के खिलाफ थे। क्या यह धारणा सही है?

जवाब : रिलायंस या किसी घराने के प्रति मेरे मन में वैर भाव कभी रहा नहीं। जब रिजर्व बैंक की रिपोर्ट आई थी, उससे पहले मैंने उस कंपनी के विस्तार के लिए जो एक प्रस्ताव आया था उसे मंजूरी दे दी थी। उसमें रिलायंस को चार सौ करोड़ रुपए विदेशी बाजार से उठाना था। एक दूसरे मामले में उसके खिलाफ मैंने कार्रवाई भी की थी।

नुस्ली वाडिया रिलायंस के प्रतिद्वंद्वी माने जाते थे। शिकायत मिलने पर उनके खिलाफ भी उन दिनों मेरे आदेश से छापा पड़ा था और उन्होंने 1.25 करोड़ रुपए जुर्माना दिया। मेरे कार्यकाल में रिलायंस पर कोई छापा नहीं पड़ा था। उनके अनेक फैसलों को मंत्रालय ने उलट जरूर दिया था। यह आरोप रिलायंस ने भी कभी नहीं लगाया कि उनके प्रति मेरे मन में कोई पूर्वाग्रह था।

सवाल : कहा तो यहाँ तक जाता है कि हर सरकार में रिलायंस ने अपने मन माफिक फैसले करवा लिए। अपने कारोबार से संबंधित मंत्रालयों में उसने अपने चहेते अफसरों की नियुक्तियाँ भी करवाईं। यह सिलसिला वाजपेयी सरकार में भी जारी रहा। क्या ऐसा ही है?

जवाब : मैं सोचता हूँ कि ऐसा ही होता रहा होगा। मेरा खयाल है कि रिलायंस के मालिक धीरूभाई अंबानी चाणक्य सूत्र को भलीभाँति आत्मसात कर चुके थे। चाणक्य ने अपने नीति–सूत्रों में कहा है कि कभी राज करने की कोशिश मत करो, राजा को खरीद लो। इस नीति को धीरूभाई अंबानी ने बखूबी अपनाया और राज्यतंत्र पर कब्जा जमाने में लग गए।

सवाल : धीरूभाई अंबानी के पेट्रो केमिकल कॉम्पलैक्स की जाँच आपने शुरू करा दी थी। कहते हैं कि उस कॉम्पलैक्स में जो बिजलीघर बन रहा था उसकी लागत तीस करोड़ रुपए थी जिसका कोई हिसाब नहीं मिल रहा था। इसके लिए आपने जाँच का आदेश दिया। उस पर उस समय राजनीतिक तूफान खड़ा हो गया। वास्तविकता क्या थी?

जवाब : पेट्रो केमिकल कॉम्पलैक्स बनाने की मंजूरी रिलायंस को दी गई थी। मैंने ही दी थी। उसके लिए संयंत्र आयात करना था। उसे आठ मशीनें मँगाने की इजाजत दी गई थी। रिलायंस ने बारह मशीनें मँगवा लीं। इसकी उद्योग मंत्रालय की तकनीकी कमेटी ने जाँच की और यह पाया कि आयात करने में धाँधली की गई है। वह रिपोर्ट मेरे सामने आई। वह उद्योग और वित्त मंत्रालय की साझा रिपोर्ट थी। उसके साथ ही एक पॉवर प्लांट भी तीस करोड़ रुपए का आया था। जब एतराज किया गया तो रिलायंस का जवाब था कि गिनने में गड़बड़ हुई है। जहाँ तक पेट्रो केमिकल कॉम्पलैक्स का मामला था उसकी लागत ग्यारह सौ करोड़ रुपए थी। उसमें तीस करोड़ रुपए का पावर प्लांट रिलायंस घलुवा में दिखा रहा था। इसका साफ मतलब यह था कि दाम बढ़ाकर काले धन को देश में लाया जा रहा है या देश में जमा काले धन को खपाने का इंतजाम किया जा रहा है। मैंने इसकी छानबीन का आदेश दिया।

ऐसे ही एक मामला था सिंथेटिक फाइबर का। उसमें सरकारी आदेश का रिलायंस ने उल्लंघन किया। रिलायंस ने अपना जुगाड़ इस तरह से बनाया हुआ था कि उसे सरकार की नीतियाँ घोषित होने से पहले मालूम हो जाती थीं, लेकिन वह इस मामले में चूक गया। आदेश यह था कि एल.सी. अगर निश्चित तारीख से पहले खुली है तो उसे सुविधा मिलेगी। रिलायंस ने अपनी चूक को घपले से ढका और पिछली तारीखों में उसे आयात किया हुआ दिखाया। तारीख को बदलवाकर बैंक से जो अंतिम तारीख थी उससे पहले की तारीख लगवा दी। जैसे कानून लागू हो रहा है एक फरवरी को तो एल.सी. पर एक जनवरी की तारीख लगवा दी। जब शिकायत आई तो उसकी जाँच हुई। मैंने बैंक के चेयरमैन को बुलवाया और पूछा कि लेटर ऑफ क्रेडिट को पिछली तारीख में क्यों दिखाया? इसकी क्या जरूरत थी? उसका जवाब था कि अपने ग्राहक की सुविधा के लिए मैंने ऐसा किया। मैंने पूछा कि क्या ऐसा नियम है? क्या किसी और को ऐसी छूट दी गई है? उसके पास जवाब नहीं था। उस चेयरमैन को मैंने हटाया और उस मामले की जाँच का आदेश दिया जिसमें रिलायंस की गलती पकड़ी गई।

सवाल : आपके वित्त मंत्री वाले कार्यकाल में रिलायंस की दाल नहीं गल पाई। ऐसा कैसे हुआ?

जवाब : उन्होंने कोशिश की होगी लेकिन सफल नहीं हो पाए। जैसे एक मामला रिलायंस के नए शेयर का आया। नए शेयरों का दाम सरकार तय करती थी। उसका एक फॉर्मूला होता है। नई कंपनियों के लिए खास तौर पर यह देखना पड़ता है कि वे बढ़ाकर दाम न तय करवा लें। वैसी हालत में लोगों का पैसा बर्बाद होगा। सरकार को ही जनहित की चिंता करनी होती है। एक रिलायंस का मामला मेरे पास आया जिसमें अफसरों ने उसे पुरानी कंपनी के फॉर्मूले पर शेयर के दाम तय करने की छूट दे दी। इससे उसे स्थापित कंपनी का लाभ मिला। मैंने पूछा कि यह नई कंपनी है तो उसे पुरानी कंपनी का फायदा क्यों दे दिया? उसी तरह से कुछ गणना में भी घपला कर फायदा पहुँचाने की अफसरों ने कोशिश की थी। अगर मैं ख्याल नहीं करता तो इसका रिलायंस वाले फायदा ले जाते।

रिलायंस के जो प्रस्ताव सही होते थे उन पर मैं मंजूरी दे देता था। उनकी दाल गलती थी जो सही होती थी। जहाँ दाल में काला होता था उस पर मैं कार्यवाही करता था। अनिल अंबानी और मुकेश अंबानी अक्सर ओपेन हाउस में आते थे। जहाँ उनको निवेश में दिक्कतें हो रही थीं वहाँ मैंने मदद की क्योंकि मैं ये मानता था कि देश की प्रगति के लिए वे प्रोजेक्ट जरूरी हैं।

सवाल : तमाम आलोचनाओं के बावजूद रिलायंस की बढ़त को आप किस रूप में देखते हैं?

जवाब : वह टैक्स डिफाल्टर नहीं रहता था। रिलायंस ने ऐसी तरकीबें निकाल रखी थीं कि उसे कम टैक्स देना पड़े। कानूनी तौर पर पक्का प्रबंध कर रखा था। यह बात जरूर है कि रिलायंस अपने मकसद हासिल करने के लिए कोई भी हिकमत अपनाता रहता था। उसकी कार्यक्षमता बेहतर रही है। वहाँ मजदूर समस्या पैदा नहीं हुई। वे अपने शेयर होल्डर्स को खुश रखते हैं। जो प्रोडेक्ट रिलायंस देता है वह बेहतर होता है और उसका प्रबंधन भी बेहतर है। ये बातें रिलायंस की खासियत मानी जाती हैं। उसकी कमी यह है कि अपना मकसद साधने के लिए वह हर तरकीब आजमाता है।

सवाल : इस समय रिलायंस समूह में जो विवाद है वह किस हद तक जाएगा?

जवाब : यह विवाद बढ़ता हुआ दिख रहा है। बेहतर यही होगा कि इनका झगड़ा जल्दी खत्म हो जाए। देशहित में यही उचित है। आखिरकार जैसे भी बनाया है वह अपने देश का ही है। देश के आर्थिक विकास का उससे संबंध है।

सवाल : यह झगड़ा किस प्रकार का है?

जवाब : यह मालिकाने का झगड़ा है।

सवाल : क्या सरकार इसमें दखल दे सकती है?

जवाब : वह दबाव बनाकर झगड़े को निपटा सकती है। समझाने–बुझाने का काम सरकार कर सकती है। सरकार इसमें फैसला कराने में भूमिका अदा नहीं कर सकती क्योंकि मालिक तो अम्बानी परिवार है।

सवाल : क्या प्रधानमंत्री मनमोहन सिंह से आप इस तरह की उम्मीद करते हैं?

जवाब : मनमोहन सिंह को मैं एक ईमानदार आदमी मानता हूँ। मैं नहीं समझता कि वे किसी गलत काम का समर्थन करेंगे या उस पर पर्दा डालेंगे।

सवाल : किस एजेंसी को छानबीन का काम आपने सौंपा था?

जवाब : ऐसा है कि फेरा उल्लंघन के दो पैर होते थे। एक भारत में रहता था तो दूसरा देश से बाहर। भारत के बाहर जाँच करने का साधन उन दिनों वित्त मंत्रालय के पास नहीं था। जो जाँच एजेंसियाँ थीं, जैसे प्रवर्तन निदेशालय और रेवेन्यू इंटेलीजेंस विभाग आदि उनके पास ऐसा ढाँचा नहीं था जो पता लगा सके। इसलिए सोचा यह गया कि बाहर की किसी एजेंसी से जाँच कराई जाए। विनोद पाण्डेय आए और उन्होंने कहा कि एक विदेशी एजेंसी है जिसका दावा है कि वह फेरा उल्लंघन करने वाली कंपनियों का पता लगा लेगी। मैंने कहा कि देखो इस पर मैं पैसा खर्च नहीं करूँगा। जैसे इनाम अपने देश में दिया जाता है वैसे ही उस एजेंसी को पता लगा लेने के एवज में हम इनाम देंगे। उसे रेगुलर पेमेंट नहीं करेंगे, किन्तु इनाम अवश्य देंगे। इनाम देने का रिवाज अपने नियम के अन्दर है। मैंने उन्हें यह नीतिगत जानकारी दे दी।

सवाल : फेरा उल्लंघन का मामला किस आधार पर बनता था?

जवाब : हमारे कानून के अनुसार दस्तावेजी सबूत के आधार पर यह मामला निर्धारित होता था।

सवाल : आपने नीति बता दी और जाँच एजेंसी तय करने का काम क्या अफसरों पर छोड़ दिया?

जवाब : हाँ।

सवाल : उस समय फेरा उल्लंघन के कितने मामले थे?

जवाब : उसकी संख्या बताना इस समय कठिन है। क्योंकि मुझे याद नहीं है। लेकिन यह कह सकता हूँ कि जिनका भी विदेशों में कारोबार था, उनमें से ज्यादातर कंपनियों ने फेरा उल्लंघन किया हुआ था। कुछ विदेशी कंपनियाँ भी थीं। उन सब के बारे में जानकारी इकट्ठी करने की योजना थी।

सवाल : क्या आपने यह नहीं सोचा था कि जो कार्रवाई वित्त मंत्रालय के विभाग कर चोरी के खिलाफ चला रहे हैं, उससे आप खतरे में पड़ सकते हैं?

जवाब : मंत्रालय कानून का पालन कर रहा था। मुझे इसकी परवाह नहीं थी। बाद में जो बातें मुझे मालूम पड़ीं, वे उस समय की हलचलों को समझने के लिए उपयोगी हैं। मुझे बताया गया कि जब ज्यादातर बड़े घराने फेरा उल्लंघन के दायरे में आने लगे तो कुछ ने 'रेडराज' की अफवाह फैलाई।

सवाल : जैसा आप बता रहे हैं, आप अपने काम में मशगूल थे। उस समय आप किन कामों में व्यस्त थे?

जवाब : दिसंबर 1986 में राजीव गाँधी छुट्टियाँ मनाने अंडमान निकोबार गए। वहीं उन्होंने कैबिनेट की नहीं, इकोनॉमिक ग्रुप की मीटिंग बुलाई। बताया गया कि आईलैंड डवलपमेंट के लिए मीटिंग बुलाई गई है। उसमें मैं भी गया। मीटिंग कुछ घंटे की ही रही और खत्म हो गई। लेकिन वहाँ रहना चार दिन था। मैं बजट के सारे पेपर वगैरह लेकर वहाँ गया था। मेरा लक्ष्य था जीरो बेस्ड बजट का। वहीं मैंने सब पढ़ा। वहीं मैंने एक हजार करोड़ रुपए का एक फालतू खर्च भी पकड़ा। उदाहरणार्थ, राजनारायण ने अपने जमाने में बेयरफुट डॉक्टर स्कीम चलाई थी। उसमें कुछ होता नहीं था, सिवाए पैसे की बर्बादी के। उस स्कीम के बारे में एम.बी.बी.एस. पास डॉक्टरों का कहना था कि हम लोग पाँच साल की पढ़ाई करते हैं तब डॉक्टर की डिग्री मिलती है। इस स्कीम में तीन महीने में ही डॉक्टर बना देने की व्यवस्था थी। हाई स्कूल पास युवक तीन महीने की ट्रेनिंग के बाद बेयरफुट डॉक्टर हो जाता था। वे निमोनिया लिख नहीं सकते थे लेकिन वे उसकी दवा देते थे। ऐसी कई स्कीमें चल रही थीं। इसी तरह से एक प्रोग्राम था प्रौढ़ शिक्षा का। बच्चे की शिक्षा का इंतजाम नहीं और प्रौढ़ को पढ़ाए जा रहे हैं। उसी तरह कंट्रोल के कपड़े का प्रोग्राम चलाया जा रहा था। उस कपड़े का पता नहीं चलता लेकिन उस पर पाँच सौ करोड़ रुपए की सब्सिडी दी जाती थी। मैंने पूछा कि कपड़ा कहाँ जाता है। मुझे बताया गया कि कोऑपरेटिव सोसाइटियों को जाता है। यह बड़ा भारी माफिया धंधा था। ऐसे तमाम पुराने कार्यक्रमों की पहचान की जहाँ पैसा व्यर्थ में खर्च होता था।

वहाँ से जब लौटकर दिल्ली आया तो मैं बीमार पड़ गया। जनवरी का महीना था लेकिन बजट तो तैयार करना ही था। मुझे बुखार रहने लगा। घर पर ही अफसरों को बुलाता था। एक दिन विनोद पाण्डेय ने कहा कि मिड डे में खबर छपी है कि वित्त मंत्री हटाए जा रहे हैं। मैंने कहा कि छपी होगी, क्यों चिंता करते हैं। मुझे यह भी बताया गया कि मुंबई में एक इंकम टैक्स कमिश्नर के यहाँ बड़ी दावत हुई है। इस खुशी में कि ये वित्त मंत्री हटाए जा रहे हैं। वित्त सचिव भी हटाए जाएँगे। मैंने उन लोगों से भी कहा कि इस चक्कर में क्यों पड़ते हो, अपना काम करो। हम बजट तैयार कर रहे थे

और बड़े मन से कर रहे थे।

जो बजट मैं पेश करने जा रहा था, उसमें आयकर का ब्यौरा जमा कराने के लिए एक फॉर्म नागरिक को उपलब्ध कराया जाना था, जिसमें उसे आय की कुल रकम भर देनी थी। व्यवस्था यह हो रही थी कि उसे ही विभाग मामले तक और उसके आधार पर आयकर जमा करना था। गलत सूचना देने पर सख्त सजा की व्यवस्था थी। नागरिक बेवजह परेशानियों से बच सकता था। ऐसी अनेक बातें उस बजट में थीं।

सवाल : यानी अण्डमान द्वीप पर जब राजीव गाँधी छुट्टियाँ मना रहे थे, वहाँ क्या अमिताभ बच्चन अचानक आए?

जवाब : एक द्वीप ऐसा था जहाँ राजीव गाँधी ही जाते थे। वहाँ उनके लिए इंतजाम था। वहीं देखा कि अमिताभ बच्चन आए हुए हैं। सुना कि वे बर्मा से अण्डमान आए। उन्होंने राजीव गाँधी के कान भरे। वहीं मुझे वित्त मंत्रालय से हटाने का फैसला हुआ। इसकी पुष्टि इस बात से भी होती है कि जब मैं रक्षा मंत्रालय में आ गया था तो एक दिन राजीव गाँधी ने मुझे बुलवाया और पूछा कि क्या आपने कोई यूरोप में जाँच एजेंसी नियुक्त की है जिसे कुछ लोगों की सम्पत्ति के बारे में जानकारी इकट्ठी करनी है, जिसका नाम फेयर फैक्स है। मैंने उनसे कहा कि मुझे यह नहीं मालूम है। इसकी जानकारी भूरेलाल को होगी। आप उनसे पूछिए। राजीव गाँधी चाहते थे कि भूरेलाल से मैं पूछूँ। उन दिनों भूरेलाल प्रवर्तन निदेशालय में निदेशक थे। मैंने कहा कि राजीव जी, मैं रक्षा मंत्रालय में हूँ, भूरेलाल जो वित्त मंत्रालय में निदेशक हैं, उनसे कैसे पूछ सकता हूँ। आप वित्त मंत्री हैं, आप ही पूछिए। यदि वे आपको गलत जानकारी देते हैं तो उनका सिर कलम कर दीजिए। जहाँ तक मुझे याद है, राजीव गाँधी ने भूरेलाल को अपने दफ्तर में बुलवाया था। करीब 35 मिनट उन्होंने सुना और यह आश्वस्त किया कि आप अपना काम करते रहिए। वे भूरेलाल की बातों से संतुष्ट नजर आए, लेकिन कुछ ही दिनों बाद उन्हें रात में ग्यारह बजे प्रवर्तन निदेशालय से हटा दिया गया और उन्हें टकसाल विभाग में संयुक्त सचिव बना दिया गया। भूरेलाल ने प्रधानमंत्री को स्पष्ट किया कि यूरोप में कोई इस प्रकार की एजेंसी तय नहीं की गई है। प्रवर्तन निदेशालय ने अमेरिका में जानकारी इकट्ठी करने के लिए फेयर फैक्स को काम सौंपा है।

सवाल : प्रवर्तन निदेशालय ने जाँच एजेंसी के बारे में आपको कभी बताया?

जवाब : राजस्व सचिव ने यह बताया था कि एक एजेंसी को यह काम दिया जा रहा है।

सवाल : यह कब की बात होगी?

जवाब : दिसंबर, 1986 की यह घटना है।

सवाल : आपको कब मालूम हुआ कि फेयर फैक्स को जाँच का काम दे दिया गया है?

जवाब : मुझे इसकी जानकारी रक्षा मंत्रालय में जाने के बाद हुई जब इसका वितंडा खड़ा हो गया। उन दिनों वित्त मंत्रालय राजीव गाँधी के अधीन था। वित्त मंत्रालय को उन्हीं दिनों एक चिट्ठी आई जो गुमनाम थी। उससे मामला उठा कि फेयर फैक्स को जाँच का काम सौंपा गया है।

उस गुमनाम चिट्ठी पर राजीव गाँधी ने बड़ा राजनीतिक फैसला कर लिया। जिसने यह जालसाजी की थी वह यह जानता था।

सवाल : उस समय कहा जाता था कि फेयर फैक्स कंपनी को अमिताभ बच्चन और उनके भाई अजिताभ के विदेशी खातों की जाँच का काम आपने सौंपा था। वास्तविकता क्या थी?

जवाब : यह अफवाह राजनीतिक मकसद से उड़ाई गई थी जिसका सच्चाई से कोई लेना–देना नहीं था। मुझे याद है कि कमलनाथ ने एक मुलाकात में बताया था कि रिलायंस समूह की यह चाल थी, जो कामयाब हो गई। कमलनाथ के मैनेजर को रिलायंस के एक मैनेजर ने डिनर पर बताया था। हुआ यह था कि कुछ ड्रिंक लेने के बाद वह मैनेजर खुल गया था। उसने कहा था कि हम लोग वित्त मंत्री को घेर लेंगे। एक साजिश रची गई है कि एक यूरोपियन खुफिया एजेंसी को तय किया गया है। उसे यह बताया गया है कि तुमको कुछ नहीं करना है। सिर्फ इतना ही करना है कि एक–दो सवाल अजिताभ बच्चन से जाकर पूछने हैं। उन दिनों अजिताभ बच्चन स्विट्जरलैंड में रह रहे थे। उस कंपनी ने किसी को भेजा और उन्हें यह बताया कि मैं फेयर फैक्स से आया हूँ। मुझे भारत के वित्त मंत्री वी.पी. सिंह और उनके अफसर भूरेलाल ने आपके खिलाफ सूचनाएँ एकत्र करने के लिए लगाया है। यह चाल काम कर गई। एक बनावटी दहशत पैदा करनी थी जो इस संदेश से हो गई। यही वे चाहते थे। अजिताभ बच्चन ने यह जानकारी भारत में अमिताभ को दी होगी, जिसे उन्होंने प्रधानमंत्री राजीव गाँधी के पास पहुँचाया। कहते हैं कि अजिताभ ने अमिताभ बच्चन को फोन किया और कहा कि यह वित्त मंत्री हमारे पीछे पड़ गया है।

सवाल : आपको कब मालूम पड़ा कि वित्त मंत्रालय से हटाया जा रहा है?

जवाब : एक रात संदेश आया कि प्रधानमंत्री बुला रहे हैं। सूचना में मुझे बताया गया था कि रक्षा मंत्रालय में ऑपरेशन थियेटर है। मैंने कहा कि वित्त मंत्री का वहाँ

क्या काम है?

सवाल : क्या आपको रक्षा मंत्रालय के ऑपरेशन थियटेर में बुलाया?

जवाब : जहाँ रक्षा मंत्रालय की समरनीति बनाई जाती है और जहाँ नक्शे रहते हैं, वहीं राजीव गाँधी ने मुझे बुलाया। मैं पहुँचा और राजीव गाँधी ने मुझे देखा तो पूछा कि क्या आप सचमुच बीमार हैं। कई दिनों से बुखार में रहने के कारण दाढ़ी वगैरह नहीं बनाई थी। यही देखकर उन्होंने पूछा था। मैंने उनसे कहा कि क्या आप सोचते हैं कि मैं कोई बहाना कर रहा हूँ। घर बैठना मेरे स्वभाव में नहीं है। मजबूरी में ही घर में पड़ा हुआ था। फिर भी वहीं सारा काम करवा रहा था। इस बातचीत के बाद राजीव गाँधी ने एक मीटिंग की। उसमें कुछ बातचीत हुई। मैं चला आया। मेरी समझ में नहीं आया कि मुझे क्यों बुलाया गया। वह बात मुझे बाद में समझ आई।

सवाल : वह क्या थी?

जवाब : कुछ दिनों बाद मुझे राजीव गाँधी का दोबारा बुलावा आया। उन्होंने कहा कि सीमा पर हालत अच्छी नहीं है। नाजुक परिस्थिति पैदा हो रही है। मैं चाहता हूँ कि रक्षा मंत्रालय को आप जैसा मजबूत व्यक्ति सँभाले। मैंने कहा कि जैसा आप ठीक समझें। मैंने यह भी कहा कि आपने वित्त मंत्रालय सँभालने के लिए कहा था, वह कर रहा था। अगर आप रक्षा मंत्रालय देते हैं तो मैं वहाँ भी पूरा प्रयास करूँगा। लेकिन उनका तर्क मेरी समझ में नहीं आया। क्योंकि तब तक वे ही रक्षा मंत्रालय देख रहे थे। मुझे रक्षा विभाग का ककहरा भी नहीं मालूम था।

सवाल : अचानक परिवर्तन का कोई उचित कारण आपको तब समझ में आया?

जवाब : उन दिनों सीमा पर रेगिस्तान के आसपास बहुत भारी सैनिक जमावड़ा हुआ था। पाकिस्तान डर गया कि कहीं कराची पर हमला करने की भारत की योजना तो नहीं है। इस अंदेशे में वह तैयारी करने लगा और तनाव बढ़ा। रक्षा मंत्रालय राजीव गाँधी खुद देख रहे थे और अरुण सिंह उनके राज्य मंत्री थे। जब मामला सँभलने से बाहर हो गया तो उन्होंने कहा कि अब आप सँभालिए, जबकि मैं कुछ नहीं जानता था। वे समस्त स्थितियों को समझे हुए थे। जो व्यक्ति रक्षा के बारे में कुछ नहीं जानता, उसे वहाँ नाजुक समय में जिम्मा देने का तुक नहीं था।

सवाल : बजट पेश न करने का क्या आपको अफसोस हुआ?

जवाब : मैं बजट की तैयारी में लगा हुआ था। मुझे अफसोस इतना ही था कि उसे पेश नहीं कर पाया। मुझे मंत्रालय से मोह नहीं था। यह वैसा ही हुआ जैसे पूरी फसल जिसने तैयार की हो, उसे कटाई न करने दी जाए और उस पर दावा

दूसरा कर बैठे।

सवाल : जो बजट पेश हुआ, क्या वही था जो आपने तैयार करवाया था?

जवाब : जो नई बातें मैं जोड़ना चाहता था वे बजट प्रस्ताव में नहीं थीं।

सवाल : जिस दिन राजीव गाँधी से आपकी बात हुई उसी दिन क्या मंत्रालय के बदलने की घोषणा हो गई?

जवाब : इसमें दो दिन की देर हुई। मैं अगले दिन ही परिवर्तन की उम्मीद कर रहा था। उसकी घोषणा 24 जनवरी 1987 को हुई।

अध्याय : सात

पहला बवंडर

अध्याय परिचय

राजीव गाँधी ने प्रधानमंत्री का कार्यभार सँभालते समय घोषणा की थी कि रक्षा सौदों में कोई बिचौलियाँ नहीं होगा। इसे विश्वनाथ प्रताप सिंह ने पत्थर की लकीर मान लिया। जब वे रक्षा मंत्रालय भेजे गए तो उनसे प्रधानमंत्री ने कहा था कि सीमाओं पर भारी तनाव है, इसलिए वे उन्हें यह गुरुतर दायित्व दे रहे हैं। विश्वनाथ प्रताप सिंह ने भी माना कि एक चुनौती भरा दायित्व उन्हें प्रधानमंत्री ने सौंपा है। इसी भावना से वे रक्षा मंत्रालय में गये, वहाँ कामकाज सँभाला। क्या वैसा ही था जैसा वे मानते थे? इसे दो तरह से अब समझा जा सकता है। इंडिया टुडे पत्रिका ने उस समय अपनी आवरण कथा में लिखा कि "रक्षा मंत्री का पद सँभालने के लिए रविवार की दोपहर साउथ ब्लॉक में अपने नए दफ्तर की सीढ़ियाँ चढ़ते हुए विश्वनाथ प्रताप सिंह अपने पीछे विवादों का ऐसा सिलसिला छोड़े जा रहे थे जिनके चलते अंततः उन्हें वित्त जैसे महत्त्वपूर्ण विभाग से हटना पड़ा। सरकारी तौर पर यही बताया गया कि सीमा पर तनाव के मद्देनजर मंत्रिमंडल में पूर्णकालिक रक्षामंत्री का रहना जरूरी हो गया था ताकि रोज–ब–रोज की घटनाओं के अनुसार सेना को जरूरी निर्देश दिए जा सकें। दरअसल प्रधानमंत्री ने इसके दो दिन पहले वी.पी. सिंह को अपने घर बुलाया था और उनके साथ पूर्णकालिक रक्षामंत्री की जरूरत के बारे में बातचीत भी की थी। लेकिन विश्वनाथ प्रताप सिंह तब भी नहीं भाँप पाए कि प्रधानमंत्री क्या सोच रहे हैं।" उस समय वे क्या सोचते थे, यह किसी को नहीं मालूम है। इस बातचीत में उन्होंने बताया है कि "उस समय कई बातें ख्याल में नहीं थीं। मुझे इस पर आश्चर्य होता है कि मैं बहुत जटिल बातों को सरल करके देखता रहा हूँ।"

विश्वनाथ प्रताप सिंह रक्षा मंत्रालय में ढाई महीने से एक दिन ही ज्यादा रह

पाए। उन्होंने प्रधानमंत्री राजीव गाँधी को अपना इस्तीफा भेज दिया। कारण कि उन्हें जर्मनी में हमारे राजदूत का तार मिला, जिसमें सूचना थी कि एच.डी.डब्ल्यू. पनडुब्बी के सौदे में एक बिचौलिया है जिसे सात फीसदी कमीशन दिया जाना है। इस तार पर उन्होंने प्रधानमंत्री से बात की। "मैंने उनसे कहा कि यह तार आया है और यह बहुत गंभीर मामला है। वे कुछ बोले नहीं। मुझे यह अटपटा लगा कि मैं इतनी गंभीर बात उनको बता रहा हूँ और वे मार्गदर्शन करने के बजाए कुछ बोल नहीं रहे हैं। मैं असल में अवाक रह गया। दो–एक मिनट रुका और चला आया। सोचा कि प्रधानमंत्री को मैं क्रॉस एक्जामिन तो कर नहीं सकता। मैंने अपना काम कर दिया और उन्हें जानकारी दे दी। दफ्तर आया और रक्षा सचिव थे भटनागर, उनको बुलवाया। उनसे पूछा कि यह तार आया है, क्या मामला है? मैंने उनसे पूछा कि यह भारतीय एजेंट कौन है? उन्होंने कहा कि साहब, पिछले सौदे में हिंदुजा थे।"

उस तार पर जाँच का आदेश देकर विश्वनाथ प्रताप सिंह ने प्रधानमंत्री राजीव गाँधी से सीधी टक्कर ले ली। वे कहते हैं कि "उसकी जाँच करवाने के अलावा कोई रास्ता नहीं था।" इस पर प्रधानमंत्री राजीव गाँधी को लाल–पीला होना ही था। संसद भवन के अपने दफ्तर में उन्होंने विश्वनाथ प्रताप सिंह को बुलवाया और पूछा कि आपको कैसे मालूम कि वह तार सही है? विश्वनाथ प्रताप सिंह ने जवाब दिया कि "मैं यह कैसे समझूँ कि वह गलत है। वह प्रॉपर चैनल से आया है, कोडेड है। उसमें भाषा की कोई गलती नहीं है। किसी तरह का विरोधाभास नहीं है। इन आधारों पर मुझे कोई कारण नहीं दिखता कि मैं उस पर संदेह करूँ।" इस अध्याय में आप पढ़ेंगे कि राजीव गाँधी का अगला सवाल था कि "आपकी जाँच का नतीजा क्या होगा?" साफ है कि प्रधानमंत्री और रक्षा मंत्री पनडुब्बी मामले में आमने–सामने हो गए थे। राजनीतिक भाषा में इसे एक मंत्री का प्रधानमंत्री से गंभीर मतभेद कहा जाता है। वैसी स्थिति में इस्तीफा ही राम बाण होता है। वही रास्ता विश्वनाथ प्रताप सिंह ने चुना।

लोगों की याददाश्त में पनडुब्बी सचमुच समय की हिलोरों में छिप गई है। वैसे ही फेयर फैक्स विवाद भी ओझल हो चुका है। जो याद है और मौके–बेमौके वह अपनी राख से उठ खड़ा होता है वह है बोफोर्स विवाद। अक्सर यही कहा जाता है कि उसके सामने आने पर विश्वनाथ प्रताप सिंह का सरकार से इस्तीफा हुआ, जो सच नहीं है।

इस अध्याय में विश्वनाथ प्रताप सिंह ने उस दौर की घटनाओं को क्रमवार बताया है। इससे दो बातें साफ होती हैं। पहली यह कि वित्त मंत्रालय से उनको बतौर सजा हटाया गया था, क्योंकि उनके खिलाफ एक कुचक्र जो चलाया जा रहा था वह

कामयाब हो गया। यूरो मनी नामक पत्रिका ने अपने सर्वे में घोषित किया था कि विश्वनाथ प्रताप सिंह विश्व के तीन श्रेष्ठ वित्त मंत्रियों में से हैं। इसके बावजूद उन्हें बहाने बनाकर हटाया गया क्योंकि "मुझसे केवल वे लोग नाखुश थे जो वित्त मंत्रालय को अपनी जेब में रखने के आदी हो गए थे।" दूसरी बात जो चिह्नित होती है वह यह है कि जब विश्वनाथ प्रताप सिंह रक्षा मंत्रालय को अलविदा कह चुके थे, उसके कई दिनों बाद स्वीड्न के रेडियो ने धमाका किया कि बोफोर्स तोप सौदे में एक बड़े राजनीतिक नेता ने दलाली ली है और उसका पैसा स्विट्जरलैंड में जमा कराया गया। अलबत्ता पहले राजीव गाँधी ने दो बार विश्वनाथ प्रताप सिंह को धौंस में लेने की तरकीब आजमाई लेकिन जब वह उलटवार साबित हुई तो उन्होंने गलियारे के एक व्यक्ति को भेजा। उस व्यक्ति को विश्वनाथ प्रताप सिंह ने दो टूक जवाब दिया। "आप मेरी भावनाओं को चोट पहुँचा रहे हैं। इनकी माँ थीं इंदिरा जी, उन्होंने मुझसे वाणिज्य मंत्रालय ले लिया था। मुझे प्रदेश काँग्रेस का अध्यक्ष बनाकर भेजा था। मैंने तब बहुत गर्व महसूस किया था कि वे मुझे सही समझती हैं। उनका मुझ पर विश्वास है। मंत्रालय से हटाते समय उन्होंने कोई भूमिका नहीं बनाई थी, सीधी बात कही थी और इसकी सूचना दी थी कि प्रदेश काँग्रेस का जिम्मा सँभालना है। जबकि उस समय मैं विदेश में था। उस माँ के बेटे हैं राजीव गाँधी, जो आपके जरिए मंत्रालय का प्रस्ताव भेजकर मेरा अपमान कर रहे हैं और समझ रहे हैं कि मैं पद के लिए सब कुछ छोड़ दूँगा। वे पद का प्रलोभन देकर मेरी कीमत लगा रहे हैं। उनकी माँ ने मुझे सही समझा था, ये नहीं समझ रहे हैं। मुझे अगर सही समझते तो यह प्रस्ताव नहीं भेजते। इसका मतलब तो यह हुआ कि टुकड़ा फेंको और यह ठीक हो जाएगा, मतलब पकड़ लेगा। मैंने कहा कि यह तो मेरा बड़ा भारी अपमान है।" राजीव गाँधी के दूत ने उनसे कहा था कि "नाराजगी छोड़िए, वित्त मंत्रालय या कोई भी मंत्रालय" सँभालने का आपको अवसर मिल सकता है। राजीव गाँधी से अपनी आखिरी मुलाकात में विश्वनाथ प्रताप सिंह ने उन्हें चेतावनी दे दी थी कि "मैं अपनी देशभक्ति के लिए अंतिम दम तक और एड़ी जमाकर लड़ूँगा।" असल में रक्षा मंत्रालय विश्वनाथ प्रताप सिंह के भावी राजनीतिक जीवन का प्रस्थान बिंदु बन गया।

सवाल : आप बजट बनवाने में लगे हुए थे। अचानक जब आपको प्रधानमंत्री ने रक्षा मंत्रालय में भेजने का फैसला किया उस समय आपको बहुत अटपटा लगा होगा। क्या उस मनःस्थिति में भी आपने अपना काम–काज सँभाल लिया? और शुरुआत कैसे की?

जवाब : मेरा पुराना तरीका बना रहा। तीनों सेनाओं के प्रमुख, रक्षा राज्य मंत्री और रक्षा सचिव के साथ रोज आधे घंटे समस्याओं पर आमने-सामने बैठकर बात करता था। इस प्रक्रिया से समस्याओं को समझने में जहाँ मदद मिलती थी वहीं सामूहिक विमर्श भी हो जाता था। मेरा अनुभव रहा कि यह प्रक्रिया उपयोगी थी। उसे मैं तीस मिनट में ही खत्म कर देता था। यह तय था कि एक मिनट भी ज्यादा न हो। रोजमर्रा की उस बैठक में सेनाओं के प्रधान, रक्षा सचिव, राज्य मंत्री आदि होते थे। वहीं रोजमर्रा की समस्याओं पर बात करते थे और योजना के कार्यान्वयन का कार्यक्रम बनाते थे।

नीतिगत जरूरत के बारे में मैंने सोचा कि रक्षा और विदेश का परस्पर सहयोग होना चाहिए क्योंकि इनका आपसी संबंध है। एक ही सिक्के के दो पहलू हैं। पूछा कि रक्षा और विदेश मंत्री की बैठक कब हुई? बताया गया कि एक मुद्दत हो गई है। मैंने तय किया कि हम (रक्षा और विदेश मंत्री) क्रमवार मिला करेंगे। एक बार रक्षा मंत्रालय में तो अगली बार विदेश मंत्रालय में।

सवाल : इसकी आवश्यकता आपसी तालमेल के लिए थी?

जवाब : वैसे तो मंत्रिमंडल के जरिए परस्पर समन्वय होता ही है, लेकिन वह बहुत औपचारिक रहता है। उस समय की परिस्थितियों का तकाजा था कि अधिक अनौपचारिक और बेहतर तालमेल हो। इसके लिए जरूरी था कि दोनों मंत्री तय करके मिलें। उन दिनों नारायण दत्त तिवारी विदेश मंत्री थे। मैंने उनके सामने यह विचार रखा। वे उम्र में मुझसे बड़े थे, इसलिए तय किया कि पहले उनके यहाँ दफ्तर में मैं जाऊँगा। बिल्डिंग एक ही है यानी साउथ ब्लॉक। सोचा कि बरामदे से ही उनके दफ्तर जाएँगे। चलने लगे तो देखा कि बीच में लोहे का फाटक लगा हुआ है जो बंद था। मैंने पूछा यह क्या है? बताया गया कि ताला लगा हुआ है। उस दिन वह नहीं खुला, इसलिए बाहर निकलकर मोटर से विदेश मंत्री के दफ्तर गए। अगले दिन खुलवाया। उस बातचीत से विदेश मंत्रालय की राष्ट्रीय सुरक्षा के संबंध में उपयोगी बातें मालूम हो जाती थीं। इसी तरह राष्ट्रीय सुरक्षा की हमारी चिंताओं से विदेश मंत्री का परिचय हो जाता था। भावी लंबी योजनाओं पर बात होती थी। मैंने भविष्य के पच्चीस-पचास सालों को ख्याल में रखकर तैयारियों पर विचार शुरू किया था।

सवाल : राष्ट्रीय सुरक्षा की दूरगामी नीति के बारे में आपने कोई कदम उठाया?

जवाब : मेरा प्रयास था कि अगले पच्चीस-पचास साल के जो सवाल हैं उनको ध्यान में रखकर एहतियाती तैयारी शुरू की जाए। इसके लिए जरूरी है कि अगले पचास सालों का नक्शा हमारे सामने होना चाहिए जिसमें यह स्पष्ट हो कि सुरक्षा के खतरे क्या - क्या हैं। उस हिसाब से तैयारी होनी चाहिए। मैंने दो बातों पर जोर दिया

था। राष्ट्रीय सुरक्षा के खतरों का एक आधार पत्र बने। वह करवाया। हालाँकि मेरे पास मात्र ढाई महीने का समय था। तीनों सेनाओं का साझा एसेसमेन्ट भी कराने का प्रयास किया। अगर परमाणु युद्ध छिड़ जाए तो ऐसी स्थिति में अपना बचाव कैसे करें, इसका अध्ययन मैंने शुरू करवाया था, क्योंकि सैनिक और राजनीतिक नेतृत्व दिल्ली में ही होते हैं।

सवाल : रक्षा मंत्रालय में आप थोड़े दिन ही रह सके। उस अवधि में आपने अपने स्तर पर क्या पहल की?

जवाब : राष्ट्रीय राइफल जो बना है और इस समय अच्छा काम कर रहा है। उसके गठन का विचार मेरा ही था। मेरे मन में यह था कि पुलिस और सेना के बीच कोई अंतरिम व्यवस्था होनी चाहिए। जो नौजवान 35 साल पर सेना से रिटायर हो जाते हैं और बेरोजगार हो जाते हैं, उन्हें ही क्यों न नई फोर्स में बदल दिया जाए। उनको थोड़ी सी ट्रेनिंग देकर एक ऐसी फोर्स बनाई जा सकती है जो सेना और पुलिस के बीच का अभाव पूरा कर सके। ऐसे ही वित्त मंत्री के रूप में सेना के वेतन आयोग की सिफारिशों को मैंने मंजूर किया था और रक्षा मंत्री के रूप में इसे लागू किया था।

उस समय एक दीर्घकालिक नीति बनाने की कोशिश शुरू हुई थी। मेरा जोर मिसाइल पर ज्यादा था। मैंने यह भी कहा था कि एक आकलन होना चाहिए कि हमारे पास किस किस्म के अस्त्रों का उपयोग ज्यादा है और उनका सामंजस्य कैसा बना रहे। जैसे मिसाइल, हवाई जहाज, टैंक आदि का अनुपात क्या रहे। दरअसल तीनों सेनाएँ बजट के समय अपना–अपना पक्ष और आवश्यकताएँ पेश करती हैं। उनमें होड़ लगी रहती है। मेरा मत था कि एक समग्र दृष्टि से आवश्यकता, उपयोग और अपनी क्षमता का आकलन हो और उसमें सामंजस्य भी रहे। अभिप्राय यह है कि अगर अपने भंडार में जहाज कम करते हैं तो क्या उसकी पूर्ति मिसाइल बढ़ाकर हो सकती है।

सवाल : इस पर क्या कुछ काम उस दौरान हो सका?

जवाब : एक अध्ययन कराया गया था। ज्यादा काम नहीं हो सका।

सवाल : राजीव गाँधी ने आपको रक्षा मंत्रालय में यह कहकर भेजा था कि सीमाओं पर तनाव है। क्या उस समय खतरा बढ़ा हुआ था?

जवाब : उस समय ब्रास ट्रैक्स ऑपरेशन चलाया जा रहा था। राजस्थान की सीमा पर सैनिकों और शस्त्रों का बहुत बड़ा जमावड़ा किया गया था। वैसा पहले कभी नहीं हुआ था। वह अधिकतम था। उस कारण पाकिस्तान आशंकित हो गया था कि कहीं भारत हमला कर सिंध की तरफ न बढ़ने लगे। उसने भी बचाव में सेना की तैनाती कर ली थी। वह घबराया हुआ था।

सवाल : क्या युद्ध का खतरा पैदा हो गया था?

जवाब : परस्पर संदेह के बादल थे।

सवाल : एक धारणा उस समय बन गई थी कि पाकिस्तानी हमले की आशंका को खुफिया एजेंसी 'रॉ' ने आपको बढ़ा–चढ़ा कर बताया था। वास्तविकता क्या थी?

जवाब : यह धारणा सही नहीं है।

सवाल : वह टला कैसे?

जवाब : रक्षा मंत्रालय में मेरे जाने से पहले ही प्रधानमंत्री राजीव गाँधी जमावड़े को कम करने का निर्णय ले चुके थे। समस्या यह थी कि उसे क्रमशः लागू कैसे किया जाए? पाकिस्तान का भी जमावड़ा था। हम अपनी सेनाएँ हटाना शुरू करें और वह धावा बोल दे, इससे भी बचना था। इसके लिए आपस में बातचीत शुरू हुई। परस्पर विश्वास नहीं था। यह तय नहीं हो पा रहा था कि सैनिक जमावड़े को किस रफ्तार से हटाना है।

इसका पूरा अहसास मुझे उस समय हुआ जब मेरे प्रधानमंत्रित्व काल में अब्दुल सत्तार आए और उनसे मेरी लंबी बात हुई। प्रसंगवश ब्रास ट्रैक्स ऑपरेशन पर भी चर्चा हुई। उस समय उन्होंने याद दिलाया कि "आप जब रक्षा मंत्री थे, उस समय मैं आया था और पैंतालीस मिनट आपसे अपनी बात कहता रहा। पाकिस्तान का पक्ष रखा और उस दौरान आप मूर्तिवत सुनते रहे। बोले नहीं। मुझे अंदाज नहीं लग पाया कि मैं कहाँ हूँ। आखिर में आपने यही कहा कि मैं जो कर सकता हूँ, करूँगा।"

मैंने उनसे कहा कि रक्षा मंत्री बोलने के लिए नहीं होता, यह काम विदेश मंत्री करता है। रक्षा मंत्री कार्रवाई के लिए होता है इसीलिए उस समय मैंने कोई बात नहीं की थी।

सवाल : आपके रक्षा मंत्री रहते भी अब्दुल सत्तार आए थे। उस समय आपकी भूमिका क्या थी?

जवाब : वे सीमाओं पर सैनिक जमावड़े को कम करने का प्रस्ताव लेकर आए थे। उन्होंने पाकिस्तान का पक्ष रखा था।

सवाल : मौखिक या लिखित?

जवाब : मौखिक।

सवाल : आपके प्रधानमंत्रित्व काल में भी ब्रास ट्रैक्स ऑपरेशन की छाया बनी हुई थी। उसे किस प्रकार आपने कम किया?

जवाब : मेरे कार्यकाल में ब्रास ट्रैक्स की छाया तो नहीं थी, हाँ, उसी तरह का ऑपरेशन पाकिस्तान ने अपनी सीमा में किया था, जैसे हम लोगों ने राजस्थान में जाड़े में सैनिक अभ्यास कराया था, जिसका नाम ब्रास ट्रैक्स ऑपरेशन रखा गया था।

सवाल : आपके कार्यकाल में वास्तविक युद्ध का खतरा पैदा हो गया था। वह कैसे दूर हुआ?

जवाब : पहले तो सूचना आई कि पाकिस्तान की फौज अपनी बैरक में वापस नहीं जा रही है। जाड़े का सैनिक अभ्यास कर वह सरहद पर ही जम गई है। ऐसी स्थिति तब होती है जब युद्ध की तैयारी की जाती है। अमूमन सैनिक अभ्यास के बाद सेना बैरक में लौट जाती है। दूसरी सूचना यह मिली कि पाकिस्तान ग्रेड वन अस्त्रों को इकट्ठा करने लगा है। इस श्रेणी के अस्त्र युद्ध के लिए ही निकाले जाते हैं। तीसरा संकेत यह मिला कि पाकिस्तान के सैनिक अड्डों पर हवाई उड़ानें बढ़ गई हैं। चौथा संकेत था कि राडार को उसने सीमा पर लगा दिया जबकि शांति के समय वह सरहद से पीछे रखा जाता है। इन सूचनाओं से मुझे लगा कि पाकिस्तान के दिमाग में कुछ योजना है। मुझे बताया गया कि वह दुस्साहस कर सकता है क्योंकि वहाँ शासकों के मन में बांग्लादेश की गाँठ अपना असर बनाए हुए है। बांग्लादेश का बदला लेना है, यह उनका भाव रहता है। इसका वे उपाय सोचते रहते हैं। ऐसी हालत में कोई भी प्रधानमंत्री इन सूचनाओं की अनदेखी नहीं कर सकता। इसलिए मैंने निर्देश दिया कि युद्ध की तैयारी आरम्भ करो। हम हमले की प्रतीक्षा करें, यह उचित नहीं होगा। हमारी सेनाएँ सीमाओं पर तैनात हो गईं।

युद्ध का अंदेशा जैसे ही हुआ, मैंने माना कि तीन साढ़े तीन महीने हमारे पास हैं। मैंने प्रधानमंत्री पद की शपथ 2 दिसंबर को ली थी। मार्च में बर्फ पहाड़ों और दर्रों से पिघलती है। पाकिस्तान उससे पहले कोई बड़ी कार्रवाई नहीं कर सकता। यह समय हमारी तैयारी के लिए पर्याप्त था। उसमें मैंने पहला काम यह किया कि श्रीलंका से अपनी फौज वापस बुलाई। उसकी घोषणा राजीव गाँधी खुद कर चुके थे। भारत कभी भी दो मोर्चे पर नहीं लड़ा है। हमारे लिए भी जरूरी था कि हम श्रीलंका में फँसे न रहें। दूसरा काम हुआ कि चीन से बातचीत शुरू हो गई। उस समय महत्त्वपूर्ण घटना यह हुई कि चीन हमारे तर्कों से सहमत हो गया। चीन का एक उच्चस्तरीय प्रतिनिधिमंडल भारत आया। हमारा उससे कहना था कि न चीन भारत पर आक्रमण करने वाला है और न हम ऐसा कुछ सोचेंगे। इसलिए चीन–भारत सीमाओं पर युद्ध जैसी स्थिति की तैनाती का कोई अर्थ नहीं है। इस पर चीन सहमत हो गया। उसने सीमा से अपनी फौज पीछे हटाने की रजामंदी दिखाई और उस पर अमल शुरू कर दिया। मिसाइल भी वह पीछे ले गया। यह एक बड़ी उपलब्धि थी।

पाकिस्तान से भारत की सेना और सैनिक क्षमता कई गुना ज्यादा है। हमारी सेना

का बड़ा हिस्सा चीन की सीमा पर तैनात रहता है। पाकिस्तान की सीमा पर सेना उस समय कम थी। चीन के सहमत हो जाने से पाकिस्तान की सीमा पर सेना की तैनाती बढ़ा देना हमारे लिए आसान हो गया। यह जरूरी था।

युद्ध को शक्ति प्रदर्शन से भी रोका जा सकता है। समय पर कमजोरी दिखाने से युद्ध आ टपकता है। मैंने सोचा कि शक्ति प्रदर्शन से युद्ध को टाला जा सकता है। थोड़ी–सी कमजोरी भी अगर प्रकट की गई तो युद्ध दरवाजे पर आ जाएगा। मैं पाकिस्तान से युद्ध करना नहीं चाहता था। किंतु पाकिस्तान के मन में भय पैदा हो जाए, यह अवश्य चाहता था। तब या तो वह पीछे हटेगा या लड़ेगा। उस समय पंजाब और कश्मीर की समस्या थी। वैसे समय में युद्ध आसान नहीं था।

अपनी तैयारी के साथ–साथ मैंने राजनयिक सूत्रों का भी उपयोग किया। बेनजीर भुट्टो को कहलवाया कि मैं युद्ध नहीं चाहता हूँ, इसीलिए आर्मर कोर को तैनात नहीं किया गया है। उसके बगैर युद्ध लड़ा ही नहीं जाता। यही पाकिस्तान को भी करना चाहिए। अगर पाकिस्तान अपने आर्मर कोर को भेजता है तो हमको उसका इरादा समझने में देर नहीं लगेगी।

इसी बीच अमेरिका सक्रिय हुआ। उसे अंदेशा था कि भारत और पाकिस्तान में आणविक युद्ध छिड़ सकता है। अमेरिकी प्रतिनिधिमंडल पहले दिल्ली आया, उसके बाद फिर इस्लामाबाद गया। उस प्रतिनिधिमंडल को मैंने साफ–साफ कहा कि हमें युद्ध पसंद नहीं है। यह समझ लीजिए कि पाकिस्तान से हमारी लड़ाई के कारण क्या हैं। चीन से हमारी लड़ाई हुई फिर भी हमारे संबंध उससे अच्छे हैं। क्योंकि हम महसूस करते हैं कि चीन हमारे अंदरूनी मामले में दखलंदाजी नहीं करता है, जबकि पाकिस्तान करता है। यही बुनियादी अंतर है। मैंने उदाहरण दिया कि आप मेरे घर में रोज पत्थर फेंकें तो कुछ दिन उन्हें मैं अपने घर में एकत्र कर एक जगह रख दूँगा। किन्तु रोज–रोज यही होता रहेगा तब एक स्थिति आएगी कि मुझे भी पत्थर लेकर खड़ा हो जाना पड़ेगा। पाकिस्तान हमारे अंदरूनी मामले में दखल देता है तो हम किस हद तक और कितना बर्दाश्त करें। मैंने अमेरिकी प्रतिनिधिमंडल से साफ–साफ कहा कि आप उनके मित्र हो, उन्हें सही सलाह दो। मैं समझता हूँ कि अमेरिका ने दबाव डाला और पाकिस्तान पीछे हटा। इस तरह वह खतरा टला।

सवाल : उस समय पाकिस्तान के प्रधानमंत्री ने एक अल्टीमेटम भिजवाया था। क्या उसके बारे में बताएँगे?

जवाब : उनका संदेश लेकर अब्दुल सत्तार आए थे। पहले वे इंद्र कुमार गुजराल से मिले, उसके बाद मेरे पास आए। मैंने उन्हें सख्त और सीधा जवाब दिया था।

सवाल : इसमें कितना वक्त लगा?

जवाब : इस प्रक्रिया में तीन–चार महीने खप गए। जब तक उनका यह संदेश नहीं आ गया कि आर्म्ड कोर मोर्चे पर नहीं ले जाएँगे, तब तक यह प्रक्रिया चलती रही। सतर्कता तो वैसे भी बरतनी पड़ती है।

सवाल : आपके मंत्रिमंडलीय सहयोगियों को इस बारे में कितना मालूम हो सका था?

जवाब : रक्षा के ऐसे प्रसंगों पर मंत्रिमंडल में चर्चा नहीं की जाती। मंत्रिमंडल की राजनीतिक मामलों की समिति में थोड़ी जानकारी दी जाती है। इसमें तीन–चार सदस्य होते हैं। मंत्रिमंडल में इतना ही सूचित किया जाता है कि सीमा पर जमावड़ा हो रहा है।

सवाल : आपके प्रधानमंत्रित्व काल में सेना के तीनों अंगों में कितना सामंजस्य था?

जवाब : पूरा सामंजस्य रहा। रक्षा मंत्रालय भी मेरे पास ही था। पहली बार सीधे सेनाओं के प्रधान बात करते थे। आई.एस. लॉबी उन्हें नेताओं से कहाँ मिलने देती है? रक्षा सचिव से सेना प्रमुख मिलता है। आई.एस. लॉबी का कहना होता है कि ऐसा नहीं करने पर नागरिक प्रशासन का क्षरण हो जाएगा। उन्हें भय रहता था कि वे सीधे मंत्री से मिल लेंगे तो फिर रक्षा सचिव का रौब–दाब कम हो जाएगा।

सवाल : रक्षा मंत्रालय में भेजते वक्त क्या राजीव गाँधी ने आपको कोई हिदायत दी थी?

जवाब : जब उन्होंने मुझे रक्षा मंत्रालय भेजा तो कहा कि अरुण सिंह पर निगाह रखिएगा। मुझे यह सुनकर अजीब लगा कि वे अपने मित्र पर ही निगाह रखने के लिए कह रहे हैं। मैंने उनसे कहा कि वे आपके मित्र हैं, आप उन्हें बुलाकर जो कह देंगे वे वही करेंगे। मैं समझता हूँ कि अरुण सिंह अत्यन्त कुशल मंत्री थे।

सवाल : आपने पिछले अध्याय में यह बताया है कि फेयर फैक्स जाँच एजेंसी का नाम आपको रक्षा मंत्रालय में आने के बाद मालूम हुआ। उससे संबंधित घटना क्या थी?

जवाब : एक दिन मैं संसद पहुँचा तो वहाँ मुझे ब्रह्मदत्त मिले। वे वित्त मंत्रालय में राज्य मंत्री थे। उन्होंने मुझसे पूछा कि क्या आपने कोई जाँच का आदेश दिया था? मैंने उनसे सवाल किया कि किस बारे में जाँच के आदेश की वे जानकारी चाहते हैं? उन्होंने फेयर फैक्स का नाम लिया।

सवाल : आपका क्या कहना था?

जवाब : मैंने उनसे कहा कि फेयर फैक्स है या कोई और कंपनी, यह तो नहीं जानता, लेकिन मैंने विदेश में कर चोरी के बाबत जानकारी इकट्ठी करने के लिए मौखिक आदेश दिया था।

सवाल : आपने आदेश की बात मानी और उस पर कायम रहे। इस पर वे क्या जानना चाहते थे?

जवाब : वे मुझसे पुष्टि चाहते थे। मैंने उनको अपना तरीका समझाया। यह बताया कि सिद्धांततः जाँच की बात मैंने मान ली थी। अफसरों को निर्देश दिया था कि जाँच कराई जाए। एजेंसी कौन हो, यह फैसला उन पर छोड़ दिया था। जो मौखिक आदेश मैंने दिया था वह लिखित से कमतर नहीं था। यह तरीका मैं उपमंत्री के समय से ही अपनाता रहा हूँ। जब वाणिज्य में उपमंत्री था, उस समय अफसरों को मैंने स्थायी आदेश दे रखा था कि मेरे निर्देश को वे रिकॉर्ड में दर्ज कर लिया करें और मुझसे उसकी पुष्टि करवा लें। खासकर आयात–निर्यात के मामले में यह सावधानी जरूरी थी। इसी तरह मैंने ब्रह्मदत्त से कहा कि आप मुझसे फाइल पर यह सवाल पूछ लीजिए। मैं उसको लिखकर उसकी पुष्टि कर दूँगा।

उन्होंने हाथों–हाथ फाइल भिजवाई। मैंने उस पर लिख दिया कि जाँच का आदेश दिया था। जब देखा कि अफसरों पर तलवार लटकी हुई है जबकि आदेश मेरा था, उस समय वित्त राज्य मंत्री ब्रह्मदत्त से अनुरोध कर फाइल मँगवाई और अपने आप मौखिक आदेश को लिखित बना दिया। यह 11 मार्च 1987 की बात है। यह काम चोरी–छिपे नहीं किया। इसकी जानकारी मैंने प्रधानमंत्री को दी। उनके दफ्तर में गया, उनसे मिला और बताया कि मैंने किन कारणों से मौखिक आदेश को लिखित बनाया। इस पर प्रधानमंत्री ने कोई एतराज नहीं किया और माना कि ऐसा करने में कोई दोष नहीं है। जब विवाद उछला उस समय भी मैंने राजीव गाँधी से बात की। उस समय उन्होंने मुझसे कहा कि सरकार आपके फैसले को उचित ठहराएगी।

मैंने यह माना कि अब यह किस्सा खत्म हो गया। क्योंकि वित्त मंत्री को जाँच के आदेश का अधिकार है। जाँच नियमों के तहत की जा रही थी। यह भी स्पष्ट था कि फेयर फैक्स को उसकी सूचनाओं के एवज में भुगतान किया जाता अगर वे सही पाई जातीं। इस प्रक्रिया में किसी तरह के संदेह की गुंजाइश नहीं थी।

सवाल : यह तूल कैसे पकड़ा?

जवाब : यह मामला लोकसभा में उठा। मैं अपने मंत्रालय के सिलसिले में संसद के अपने दफ्तर में इंतजार कर रहा था। रक्षा मंत्रालय का आइटम आने वाला था। सदन की कार्यवाही सुनने के लिए मैंने स्पीकर खोला तो सुना कि दिनेश सिंह कुछ

बोल रहे हैं। वे आरोप लगा रहे हैं कि फेयर फैक्स की जाँच के जरिए इस मामले को मैंने सी.आई.ए. को दे दिया। इस तरह की वे अनर्गल बातें कर रहे हैं। मेरे मन में विचार आया कि यह तो अजीब कहानी हो गई है। हमारी पार्टी वाले इसे तिल का ताड़ बना रहे हैं। मैं यह समझ गया कि उनसे कहलवाया जा रहा है। उनको ये सब बातें बताई गई होंगी। जब मैं सदन में पहुँचा तब तक उनका भाषण खत्म हो गया था और सोमनाथ चटर्जी खड़े होकर कुछ पूछ रहे थे।

जब यह सवाल लोकसभा में उठा तो वित्त राज्य मंत्री ब्रह्मदत्त ने कहा कि 'मैं जो अरेंजमेंट था उससे संतुष्ट था। भूतपूर्व वित्त मंत्री ने जिस प्रकार इजाजत दी, वह बिल्कुल सही थी।'

सवाल : आपने यह माना कि फेयर फैक्स विवाद खत्म हो गया, जबकि वैसा हुआ नहीं। एक जाँच आयोग बैठाया गया जिसे ठक्कर–नटराजन आयोग कहा जाता है। क्या उसकी जरूरत थी?

जवाब : प्रधानमंत्री राजीव गाँधी इसकी जरूरत महसूस कर रहे थे।

सवाल : उनसे इस बारे में बातचीत का कोई प्रसंग आपको याद है?

जवाब : लोकसभा में फेयर फैक्स का मामला उठने के बाद सम्भवतः उसी रात या अगली शाम को प्रधानमंत्री के यहाँ से बुलावा आया। मैं वहाँ पहुँचा और पाया कि प्रधानमंत्री के अलावा गृहमंत्री बूटा सिंह और पी. शिवशंकर, अरुण नेहरू भी मौजूद थे। वहीं प्रधानमंत्री ने स्पष्ट किया कि जो भ्रम पैदा हो गया है उसे दूर करने के लिए एक जाँच आयोग गठित होना चाहिए। राजीव गाँधी ने कहा कि मैं चाहता हूँ कि इसकी न्यायिक जाँच हो क्योंकि मेरा नाम भी इसमें जुड़ गया है।

सवाल : क्या आप आयोग बनाने पर सहमत थे?

जवाब : लोकसभा में फेयर फैक्स पर बहस हो चुकी थी। मेरा कहना था कि जाँच आयोग की कोई जरूरत नहीं है, जबकि प्रधानमंत्री राजीव गाँधी मानते थे कि आयोग से भ्रम दूर हो जाएगा। मेरा कहना था कि जाँच आयोग से बिना मतलब की बहस का एक फोरम लोगों को मिल जाएगा। वे प्रधानमंत्री पर राजनीतिक हमले करेंगे। जाँच आयोग प्रधानमंत्री के हित में नहीं होगा। रोज आकर कोई न कोई कुछ कहेगा। मेरी बात को राजीव गाँधी ने खारिज कर दिया। वे जाँच आयोग बनाने पर तुले हुए थे। मैंने कहा कि ठीक है आप बना लीजिए। उसके बाद न्यायाधीशों के नामों की सूची बूटा सिंह और पी. शिवशंकर पढ़ने लगे। एक–एक नाम वह पढ़ते जाते थे और हर नाम के आगे युटिलाइज्ड और अनयुटिलाइज्ड बोल रहे थे। उस बैठक में नटराजन का नाम तय हुआ था। लेकिन ठक्कर के नाम पर भी चर्चा चली थी। इन्दिरा गाँधी

की हत्या में जब आर.के. धवन पर संदेह था तो उसकी जाँच ठक्कर ने ही की थी।

सवाल : प्रधानमंत्री निवास में जाँच आयोग पर बात हुई। वहीं यह भी विचार हुआ कि आयोग में किस जज को रखा जाए। लेकिन हंसराज भारद्वाज का दावा है कि उन्होंने मुख्य न्यायाधीश को पत्र लिखा और नाम आए। वास्तव में क्या हुआ?

जवाब : हंसराज भारद्वाज उस बैठक में नहीं थे। सरकार की ओर से आयोग में जज के नाम प्रस्तावित नहीं किए जाते। यह काम मुख्य न्यायाधीश का है। लेकिन ऐसा होता है कि पर्दे के पीछे सरकार नाम तय करती है और वही नाम मुख्य न्यायाधीश के यहाँ से आ जाता है। ठक्कर–नटराजन आयोग में यही हुआ।

सवाल : क्या आयोग वैसा ही बना जैसी बात हुई थी?

जवाब : वहाँ एक–सदस्यीय जाँच आयोग बनाने का निर्णय हुआ था। उसकी घोषणा प्रधानमंत्री ने लोकसभा में खुद की थी। उस समय जाँच के दायरे और संदर्भ की घोषणा नहीं की गई थी, जबकि विपक्ष ने इसके बारे में पूछा था और कहा था कि जाँच का टर्म्स ऑफ रिफरेन्स भी साथ–साथ घोषित हो।

सवाल : बिना टर्म्स ऑफ रिफरेन्स के आयोग की घोषणा क्या पहले भी होती रही है?

जवाब : वह पहली बार हुई।

सवाल : जब टर्म्स ऑफ रिफरेन्स तय हो रहा था, उस समय क्या आपसे प्रधानमंत्री ने सलाह की?

जवाब : मैंने उन्हें कुछ लिखित सुझाव दिये।

सवाल : उस पर्चे को आपने राज्यसभा के पटल पर रखना क्यों जरूरी समझा?

जवाब : मेरे सुझाव के विपरीत आयोग की जाँच का विषय इस तरह तय किया गया कि फेयर फैक्स से जुड़े मुद्दे उसमें आए ही नहीं।

सवाल : एक भाषण में आपने 12 दिसंबर 1987 को टाइम्स ऑफ इंडिया में छपी राजीव गाँधी की टिप्पणी का हवाला देकर कहा था कि ठक्कर–नटराजन आयोग बनाने का लक्ष्य यह नहीं था कि सच का पूरा पता चले। आयोग का मकसद कुछ लोगों को बेदाग बरी करना था। आप किन बातों को जाँच के दायरे में लाये जाने के पक्षधर थे?

जवाब : वे कौन लोग या कंपनियाँ थीं जिनके फेरा उल्लंघन की छानबीन के

लिए विदेशस्थ जानकारी इकट्ठी करने का काम फेयर फैक्स को सौंपा गया था? यह पहला मुद्दा था जिसकी जाँच आयोग को करनी चाहिए थी। दूसरा मुद्दा था कि उनके अपराध की प्रकृति क्या थी? तीसरा मुद्दा था कि उनके खिलाफ भारत सरकार क्या–क्या सबूत जुटा सकी थी? चौथा यह कि उनके खिलाफ क्या कार्रवाई हुई थी? पाँचवाँ कि जिस फेयर फैक्स के पत्र की सी.बी.आई. के पास कॉपी बताई जाती है और जिसे अखबारों में छपवाया गया था उस पर सरकार ने क्या कार्रवाई की? क्या यह पता लगाया गया कि वह पत्र जाली है या असली? ये मेरे सुझाव थे जो ठक्कर–नटराजन जाँच आयोग के विषय होने चाहिए थे।

सवाल : आयोग की रिपोर्ट पर जनसाधारण की जो प्रतिक्रिया थी, वह क्या आपको कहीं उन दिनों घूमते–फिरते मालूम पड़ी?

जवाब : रिपोर्ट की बहुत निंदा हुई। शायद ही किसी आयोग की वैसी निंदा हुई हो। उसका अपना फैसला उसके खिलाफ गया। मैं गोरखपुर गया हुआ था। जब बोलने के लिए खड़ा हुआ तो एक व्यक्ति ने कहा कि अरे ठकराज और नटराज के बारे में बताइए। वह किसी गाँव से था। मैंने उनसे पूछा कि आप किसकी बात कर रहे हैं, तो उस आदमी ने कहा, वही ठक्कर–नटराजन।

सवाल : मार्च 1987 में सी.बी.आई. ने कई जगहों पर छापे डाले जिनमें एक दिल्ली के सुंदर नगर स्थित इंडियन एक्सप्रेस का गेस्ट हाउस भी था और दावा किया गया कि वह पत्र हाथ लगा है जो फेयर फैक्स को लिखा गया था। क्या इसकी भी जाँच के लिए आपने राजीव गाँधी से कहा था?

जवाब : मैंने यह बात उठाई थी कि सरकार या तो नुस्ली वाडिया, रामनाथ गोयनका और गुरुमूर्ति के खिलाफ कार्रवाई करे या उनके खिलाफ कार्रवाई करे जो फर्जी चिट्ठी बनाकर माहौल बिगाड़ रहे हैं।

सवाल : क्या आपने जाँच आयोग के दायरे में उस कथित पत्र की छानबीन को भी डलवाने का प्रयास किया था?

जवाब : मैंने मंत्रिमंडल में कहा कि वह पत्र असली है या नकली, इसकी जाँच होनी चाहिए। राजीव गाँधी ने माना कि वह नकली पत्र था इसलिए वे उसकी जाँच नहीं करवाना चाहते थे। उनका कहना था कि फर्जी चिट्ठी पर क्या कार्रवाई करें। इस पर मेरा कहना था कि गोली चली और लोग मरे तो यह मालूम करना फर्ज होता है कि किसने गोली चलाई। इसी तरह यह मालूम किया जाना चाहिए कि किसने फर्जी चिट्ठी बनाई और उसका मकसद क्या था? जब मैं इस पर अड़ गया, तब प्रधानमंत्री ने आश्वासन दिया कि वे इसकी अलग से छानबीन करवाएँगे। केन्द्रीय जाँच ब्यूरो

प्रधानमंत्री के अधीन होता है। उनके इस आश्वासन पर मैं मान गया। इसी आधार पर ठक्कर–नटराजन जाँच आयोग के दायरे से उसे निकाल दिया गया।

सवाल : जैसी खबरें उन दिनों छप रही थीं उससे ऐसा लगता था कि प्रधानमंत्री से आपके संबंध तनावपूर्ण हो गए थे। क्या उसका प्रभाव मंत्रिमंडल की बैठकों में आपको महसूस होता था?

जवाब : जब मैं वित्तमंत्री था, उस समय कैबिनेट की बैठक में पहुँचने पर लोग नमस्कार करते थे। मेरे संबंध सभी लोगों से अच्छे थे। उस दिन जब गया तो किसी ने मुझे नमस्कार नहीं किया। मानो सभी पत्थर की मूर्ति बने बैठे हों। खैर, मैं गया और बैठ गया। जब तक राजीव गाँधी नहीं आ जाते थे, तब तक आपस में बातचीत चलती रहती थी। सभी अनौपचारिक रहते थे और खुलेपन से हँसी–मजाक चलता रहता था। उस दिन कोई एक शब्द भी नहीं बोला। तब मैंने जाना कि मामला कुछ अधिक पेचीदा हो गया है। राजीव गाँधी आए, फिर आइटमवाइज बात होने लगी।

सवाल : इस माहौल का असर सांसदों पर कैसा था?

जवाब : एक दिन सेन्ट्रल हॉल में मुझे घनश्याम सिंह मिले जो मेरे मित्र थे। उन्होंने मुझे नमस्कार किया और मेरे पास आकर बैठ गये। थोड़ी देर बाद माखनलाल फोतेदार ने उनको बुलाया और पूछा–आप वहाँ क्यों बैठे थे? उन्होंने कहा कि शिष्टाचार में मैं उनसे मिलने चला गया, जब देखा कि वे बैठे हुए हैं। फोतेदार ने उनसे कहा कि विश्वनाथ प्रताप सिंह से नमस्कार करने की भी जरूरत नहीं है। उन्होंने आकर यह बात मुझे बताई। नतीजा यह हुआ कि घनश्याम सिंह को एक कॉरपोरेशन का अध्यक्ष बना दिया गया।

सवाल : ऐसी कोई और घटना हुई हो जो आपको तब पता चली हो?

जवाब : उन्हीं दिनों शालिग्राम जायसवाल के बेटे सतीश जायसवाल दिल्ली आए। मुझसे मिलने आए। उन्होंने कहा कि राजीव गाँधी से बहुत दिनों से भेंट नहीं हो पा रही है, हालाँकि मैंने बहुत कोशिश की है। इस पर मैंने उनसे कहा कि मैं आपको एक गुरुमंत्र बताता हूँ। उन्होंने कहा कि अवश्य बताइए क्योंकि साल भर से प्रधानमंत्री से मिलने का प्रयत्न कर रहा हूँ। मैंने कहा कि वहाँ जाकर फोतेदार से कहिए कि मैं वी. पी. सिंह के बारे में कुछ बात बताना चाहता हूँ। सतीश जायसवाल दूसरे दिन आए और कहने लगे कि आपके मंत्र ने जादू का असर किया। मुझे राजीव गाँधी ने तत्काल बुलाया और डेढ़ घंटे बात की। वे पूछ रहे थे कि के. पी. तिवारी की बेटी की शादी में वी. पी. सिंह को क्यों बुलाया गया था? इस पर सतीश जायसवाल ने उन्हें कहा कि सामाजिक संबंध और व्यवहार के नाते उन्हें बुलाया होगा। इस पर उनका कहना

था कि विश्वनाथ प्रताप सिंह को इस तरह के अवसरों पर भी नहीं बुलाया जाना चाहिए और उनका सामाजिक बहिष्कार होना चाहिए।

सवाल : क्या उस समय आपको यह स्पष्ट हो गया था कि फेयर फैक्स को इसलिए तूल दिया जा रहा है जिससे आर्थिक अपराधियों को बचाया जा सके?

जवाब : ठक्कर–नटराजन जाँच आयोग की रिपोर्ट से यह स्पष्ट हो गया क्योंकि उसके जाँच के दायरे से इसे बाहर कर दिया गया था। यही बात उस समय राजीव गाँधी ने अपने बयान में कबूली थी।

सवाल : उन दिनों लखनऊ में दिए गए आपके एक बयान पर काफी बवाल हुआ था। आरोप था कि आपने अमिताभ बच्चन के खिलाफ कुछ सख्त बातें कही थीं। क्या ऐसा ही था?

जवाब : लखनऊ में मेरा भाषण था। वहाँ मैंने ये कहा था कि जो लोग देश का पैसा बाहर ले जा रहे हैं वे अंग्रेजों से भी बड़े शोषक हैं। दिल्ली आने पर काँग्रेस में मेरे एक सहयोगी ने मुझसे पूछा कि क्या आपने वहाँ अमिताभ बच्चन पर कोई टिप्पणी की थी? मैंने उनसे कहा कि नहीं।

सवाल : कौन थे जिन्होंने आपसे पूछा?

जवाब : विश्वजीत पृथ्वीजीत सिंह। वे उस समय राज्य सभा के सदस्य थे।

सवाल : पूरी घटना क्या थी?

जवाब : उन दिनों लखनऊ के अखबारों में लगातार अमिताभ बच्चन पर विवादास्पद लेख छप रहे थे। मेरे भाषण में उनका जिक्र नहीं था, फिर भी पता नहीं कैसे यह जोड़ दिया गया और अर्थ निकाला गया कि मैंने उनके लिए ही यह कहा है कि जो लोग अपना पैसा विदेश भेज रहे हैं वे अंग्रेजों से भी बड़े शोषक हैं। विश्वजीत पृथ्वीजीत सिंह ने इस पृष्ठभूमि में मुझसे जानना चाहा कि क्या यह सच है? मैंने उन्हें बताया कि मैंने अमिताभ बच्चन का नाम नहीं लिया था।

सवाल : क्या यह एक कुचक्र का अंग था?

जवाब : मैं यह नहीं कह सकता। इतना जानता हूँ कि मैं उस समय जो काम कर रहा था वह चुनौतीभरा था। वह निहित स्वार्थ वालों के खिलाफ एक लड़ाई थी। भ्रष्ट व्यवस्था को साफ–सुथरा बनाने की कोशिश थी। वही मैं राष्ट्रीय हित में कर रहा था।

सवाल : काँग्रेस में एक वर्ग का आरोप था कि भूरेलाल को आपने ज्यादा छूट

दे दी थी। क्या कभी बाद में आपको लगा कि इस आरोप में दम है?

जवाब : भूरेलाल जैसे अनेक ईमानदार अफसर अपना काम कर रहे थे। वे कानून का पालन कर रहे थे। यह बात कम ही लोग जानते हैं कि भूरेलाल 1977 से 1980 की अवधि में इलाहाबाद के जिलाधिकारी थे, जब वहाँ जनता शासन की ज्यादतियों के खिलाफ हम आंदोलनरत थे। भूरेलाल ने ही मुझे जेल भेजा था।

सवाल : ठक्कर–नटराजन आयोग ने क्या आपको 8–बी के तहत नोटिस दिया था?

जवाब : नहीं दिया था। अगर दिया होता तो मुझे आयोग के सामने अपनी बात कहने का मौका मिलता। इसी तरह आयोग ने विनोद पाण्डेय और भूरेलाल को भी नोटिस नहीं दिया था। सिर्फ नुस्ली वाडिया को नोटिस दिया गया। मैं यह नहीं समझ पाया कि उन पर ऐसी खास मेहरबानी क्यों की गई। इस प्रकार न्याय का गला घोंट दिया गया। हमारे खिलाफ फैसला सुनाया गया, बगैर हमारे पक्ष जाने। यह ऐसी मिसाल थी जिस पर आश्चर्य किया जा सकता है। ठक्कर–नटराजन जाँच आयोग की रिपोर्ट को सरकार इस रूप में पेश कर रही थी जैसे कि वह कोई धर्मग्रंथ हो।

सवाल : आपने आयोग के समक्ष अपनी बात रखने की गुजारिश की थी?

जवाब : मैंने एक पत्र लिखा था और चाहता था कि आयोग मुझे कुछ दस्तावेजों को देखने का अवसर दे। 18 मई 1987 को ठक्कर–नटराजन आयोग का पत्र मिला, जिसमें यह आश्वासन था कि अगर आपके खिलाफ कुछ होगा तो वे दस्तावेज उपलब्ध करवाएँगे। मेरी प्रतिष्ठा दाँव पर लगी थी। इस आश्वासन से मुझे भरोसा हुआ, क्योंकि सुप्रीम कोर्ट के दो रिटायर जजों की ओर से पत्र मिला था। वह आश्वासन कोरा साबित हुआ। इसके बावजूद मैंने उन सब सवालों के जवाब दिए जो आयोग ने पूछे थे। मैं नहीं चाहता था कि मेरे ऊपर जाँच आयोग से असहयोग का आरोप लगे। मैं यह भी चाहता था कि आयोग मुझे बताए कि क्या भारत सरकार के मंत्री के नाते गोपनीयता की शपथ के बावजूद मैं उन तथ्यों को रख सकता हूँ जिन्हें मैं जानता हूँ।

सवाल : जाँच आयोग ने इसे खास तौर पर देखा कि आपने मौखिक आदेश से फेयर फैक्स कंपनी को विदेश में सूचनाएँ एकत्र करने का काम दे दिया है। आयोग की नजर में यह प्रक्रिया गलत थी। क्या आप इससे सहमत हैं?

जवाब : इस प्रक्रियात्मक प्रश्न का उत्तर आयोग सुनना चाहता होता तो उसे पहले मिल गया था। वित्त सचिव ने उसे लिखित जवाब दे दिया था कि विदेश में छानबीन कराने के लिए एजेंसी के चयन पर वित्त सचिव से परामर्श जरूरी नहीं है। कैबिनेट की राजनीतिक समिति की भी मंजूरी जरूरी नहीं है।

सवाल : विदेश में जानकारी एकत्र करने के लिए रेवेन्यू इंटेलीजेंस का निदेशालय पहले कौन–सा तरीका अपनाता था?

जवाब : रेवेन्यू इंटेलीजेंस अपने संपर्कों से विदेशस्थ जानकारी एकत्र करता था। उसके लिए उनके पास एक सीक्रेट फण्ड होता था। इस काम पर विदेशी मुद्रा खर्च होती थी। वित्त मंत्रालय में यह प्रथा चली आ रही थी। मेरे आने के बाद प्रवर्तन निदेशालय को सक्रिय किया गया। जब जाँच शुरू हुई तो फण्ड की जरूरत पड़ी। किसी तरह के सीक्रेट फण्ड की व्यवस्था नहीं की गई। मुझसे पहले विदेशों में जानकारी एकत्र करने के लिए इन्फॉर्मर को इस्तेमाल करते थे। मैंने विदेशी मुद्रा बचाने की गरज से एक सुरक्षित व्यवस्था बनाई कि सही सूचना मिलने पर उसका लाभांश इन्फॉर्मर को दिया जाएगा।

सवाल : क्या पुराने तरीके से सूचना नहीं मिल सकती थी?

जवाब : अमेरिका में कोई सूत्र नहीं था। वहाँ अफसरों को भारत से भेजने के बावजूद सफलता मिलती, इसमें संदेह था, क्योंकि सम्पर्क बनाने और भरोसा पैदा करने में समय लगता है। हमने सोचा कि अगर सबूत सहित सूचना मिलती है तो उसके बाद भुगतान कर दिया जाएगा। इस आधार पर मैंने इजाजत दी थी। मैंने यह नहीं सोचा था कि जिन लोगों का विदेशों में पैसा जमा है वे इससे इस कदर आतंकित हो जाएँगे और मुझे ही अपदस्थ कर देंगे।

सवाल : फेयर फैक्स के बारे में तब लोकसभा में सोमनाथ चटर्जी ने सवाल पूछा था कि उसका क्रेंडशियल्स क्या है? इस पर तत्कालीन वित्त राज्य मंत्री ब्रह्मदत्त ने 31 मार्च 1987 को जवाब दिया था कि उनकी हैसियत केवल इन्फॉर्मर की थी। इस जवाब के बाद क्या जाँच आयोग बैठाने की जरूरत थी?

जवाब : ब्रह्मदत्त ने लोकसभा में सोमनाथ चटर्जी के सवालों पर कहा था कि 'उनकी हैसियत केवल इन्फॉर्मर की थी। एक आदमी इन्फॉर्मेशन देता है और उसकी इन्फॉर्मेशन पर अगर सरकार को फायदा होता है तो उसका हिस्सा उसको दिया जाता है।' इस स्पष्टीकरण के बाद ठक्कर–नटराजन जाँच आयोग की फेयरफैक्स की बाबत कोई जरूरत नहीं रह गई थी।

सवाल : काँग्रेस में क्या कुछ लोग आपके खिलाफ प्रधानमंत्री को गुमराह कर रहे थे?

जवाब : उन्हें कुछ लोगों ने गलत सूचना दे रखी थी। काँग्रेस में यह कोई नई बात नहीं थी। ऐसा हमेशा चलता रहा है। काँग्रेस में गोलबंदी और चुगलखोरी चलती रहती है। इसके हम लोग अभ्यस्त थे। इसकी मैं परवाह नहीं करता था। मैं विधायक

था, उस समय भी ऐसी बातें होती थीं। मुख्यमंत्री था, तब भी कुछ लोग मेरे खिलाफ थे, उससे मैं कभी परेशान नहीं हुआ। उस पर ध्यान भी नहीं देता था। मैं समझता था कि अगर मेरा काम अच्छा होगा और मेरी जरूरत होगी तो पार्टी मुझे जिम्मेदारी सौंपेगी।

सवाल : क्या कोई लॉबी आपके खिलाफ उस समय सक्रिय थी?

जवाब : जहाँ तक लॉबी का सवाल है वह अपना काम करती रहती थी। मैं काँग्रेस में काफी दिन रहा हूँ। लॉबी हो या गोलबंदी या कुछ और उसमें ही हम बने रहने और बचे रहने की कला में निपुण हो जाते रहे हैं, उसी में जिंदा रहे। वह एक तरह का एंटी लॉबी एक्शन था।

सवाल : काफी अर्सा बीत जाने के बाद उस समय की वस्तुस्थिति को अब किस रूप में देखते हैं?

जवाब : उस समय कई बातें ख्याल में नहीं थीं। मुझे कई बातों पर आश्चर्य होता है कि मैं बहुत जटिल बातों को सरल करके देखता रहा हूँ। मुझसे बिजनेस लॉबी मोटे तौर पर खुश थी। यूरो मनी नामक पत्रिका ने एक सर्वे कराया था जिसमें मुझे विश्व के तीन श्रेष्ठ वित्त मंत्रियों में एक माना गया था। मुझसे केवल वे लोग नाखुश थे जो वित्त मंत्रालय को अपनी जेब में रखने के आदी हो गए थे। वह लॉबी मेरे खिलाफ वित्त मंत्रालय से ही सक्रिय थी क्योंकि उसका उल्लू सीधा नहीं हो रहा था। जहाँ तक सांसदों का सवाल है उनमें मेरे दोस्त ही ज्यादा थे। उनसे मेरे संबंध अच्छे थे। बहुत इने–गिने ही रहे होंगे जो मेरे विरोध में थे।

सवाल : क्या आपके खिलाफ कोई अंतर्राष्ट्रीय षड्यंत्र भी था?

जवाब : मेरी समझ से ऐसा कुछ नहीं था।

सवाल : जाँच आयोग की घोषणा के बाद का आपका एक बयान है। उस पर प्रधानमंत्री राजीव गाँधी ने क्या आपसे कुछ कहा?

जवाब : विशाखापत्तनम् से लौटते हुए जहाज में पत्रकारों ने आयोग के बारे में पूछा था। मैंने जो हुआ था वह बताया कि फेयरफैक्स के मामले की जाँच उन जजों से करवाई जा रही है जिनकी सेवाएँ पहले भी ली जा चुकी हैं। इस पर राजीव गाँधी बहुत नाराज हुए और कहने लगे कि इससे तो सरकार ही गिर जाती।

सवाल : उस समय आरोप लगा था कि फेयरफैक्स से देश की सुरक्षा को खतरा हो सकता था। इस पर आपका क्या कहना है?

जवाब : अगर फेयरफैक्स से देश की सुरक्षा को खतरा था तो वित्त मंत्रालय से मेरे हटने के बाद करीब चार महीने तक प्रधानमंत्री राजीव गाँधी ने उसकी सेवाएँ क्यों बनाए रखीं? जब मैंने यह सवाल उठाया तब फेयरफैक्स की छुट्टी कर दी गई। देश के हितों की रक्षा होती, कुछ निजी स्वार्थों को खतरा था।

सवाल : इन घटनाओं से राजीव गाँधी का व्यवहार आपके प्रति पहले ही जैसा रहा?

जवाब : उसमें बदलाव आया।

सवाल : फेयरफैक्स विवाद के चलते रक्षा मंत्री के रूप में काम करना क्या आपके लिए कठिन होने लगा था?

जवाब : राजीव गाँधी से मेरा मतभेद और सीधा टकराव वास्तव में पनडुब्बी के मामले पर हुआ। इसके अलावा कोई दूसरा कारण नहीं था। उससे पहले राजीव गाँधी से मेरा कोई टकराव नहीं हुआ था। कुछ लोग मेरे खिलाफ उनसे शिकायतें करते थे, उसे मैं कोई नई बात नहीं मानता था।

सवाल : इसमें टकराव का कोई कारण दिखता नहीं है। सिवाए इसके कि राजीव गाँधी अपने कहे पर कायम रहते। उनकी दुविधा क्या थी?

जवाब : राजीव गाँधी का इरादा यही रहा होगा कि कोई बिचौलिया न रहे। जो दुविधा उनकी मुझे दिखी वह यह थी कि वे राजदूत की सूचना पर जाँच नहीं करवाना चाहते थे।

सवाल : ऐसा वे क्यों नहीं करना चाहते थे, रुकावट क्या थी?

जवाब : इसी सवाल पर तो उनसे हमारी सारी लड़ाई हुई। जिस बात की जाँच होनी चाहिए थी वह नहीं कराई जा रही थी। यही हमारे बीच मतभेद का मूल कारण था।

सवाल : पनडुब्बी विवाद कैसे सामने आया?

जवाब : उस समय एच.डी.डब्ल्यू. पनडुब्बी की खरीदारी पर बातचीत चल रही थी। इन्दिरा जी के समय में उसे पहली बार खरीदा गया था। मंत्रिमंडल ने दूसरी बार खरीदने के लिए मंजूरी दे दी थी। मेरे समय में कीमत पर सौदेबाजी चल रही थी। मैंने निर्देश दिया कि दाम घटाने की कोशिश होनी चाहिए। कुछ दिनों बाद एक टेलीग्राम मुझे मिला। जर्मनी में हमारे जो राजदूत थे, उनका तार था। वे वरिष्ठ अफसरों में थे। उन्होंने तार में सूचना दी थी कि जर्मन सरकार का एक सीनियर अफसर दूतावास

आया था, वह कह रहा था कि एच.डी.डब्ल्यू. कीमत कम इसलिए नहीं कर सकता है क्योंकि एक भारतीय एजेंट को सात प्रतिशत कमीशन देना है। एच.डी.डब्ल्यू. कंपनी साझा उद्यम था। उसमें जर्मनी सरकार का भी शेयर था। वह तार कूट भाषा में था। वही तार प्रधानमंत्री कार्यालय में भी गया था।

राजीव गाँधी ने प्रधानमंत्री का कार्यभार सँभालते समय कहा था कि रक्षा सौदों में कोई बिचौलिया नहीं होगा। यह मुझे मालूम था। इसके विपरीत हमारा राजदूत ही कह रहा है कि एक बिचौलिया है। मैंने कहा कि यह तो गम्भीर बात है। मैंने सोचा कि हालाँकि वह तार प्रधानमंत्री के यहाँ भी गया था, फिर भी मुझे निजी तौर पर उन्हें बताना चाहिए। उसी दिन कैबिनेट की मीटिंग थी। वह रुटीन मामलों पर थी। सब मंत्री जब चले गए, उसके बाद मैंने प्रधानमंत्री से कहा कि आपसे मुझे अलग से बात करनी है। उन्होंने कहा कि आप रुक जाइए, बात करेंगे। मैंने उनसे कहा कि यह तार आया है और यह बहुत गम्भीर मामला है। वे कुछ बोले नहीं। मुझे यह अटपटा लगा कि मैं इतनी गम्भीर बात उनको बता रहा हूँ और वे मार्गदर्शन करने के बजाए कुछ बोल नहीं रहे हैं। मैं असल में अवाक रह गया। दो–एक मिनट रुका और चला आया। सोचा कि प्रधानमंत्री को मैं क्रॉस एक्जामिन तो कर नहीं सकता। मैंने अपना काम कर दिया और उन्हें जानकारी दे दी। दफ्तर आया और रक्षा सचिव थे भटनागर, उनको बुलवाया। उनसे पूछा कि यह तार आया है, क्या मामला है? मैंने उनसे पूछा कि यह भारतीय एजेन्ट कौन है? उन्होंने कहा कि साहब, पिछले सौदे में हिन्दुजा थे।

मैंने उनसे पूछा कि पिछला सौदा कब हुआ था? उन्होंने कहा कि राजीव गाँधी के आने से पहले वह सौदा हो चुका था। मैंने कहा कि राजीव गाँधी ने यह घोषणा की थी कि कोई बिचौलिया नहीं होगा।

सवाल : रक्षा सचिव से बात करने के बाद आपने क्या किया?

जवाब : मेरे सामने एक तार था जिसमें बिचौलिया होने की बात कही गई थी। उसकी छानबीन करवाने के अलावा कोई रास्ता नहीं था। मैं जाँच नहीं करवाता तो कहा जाता कि उसमें शामिल हूँ और इसलिए उस तार को हजम कर गया।

मैंने पहला काम किया कि उस पर जाँच का आदेश दे दिया। उसे प्रेस में भिजवा दिया। लेकिन यह नहीं बताया कि सौदा क्या है और कब का है। मैं समझता हूँ कि यह बताने की जरूरत भी नहीं थी। प्रेस नोट में इतना ही बताया गया कि 'रक्षा मंत्री ने एक सौदे में जाँच का आदेश दिया है जिसमें यह सूचना आई है कि उसमें एक भारतीय एजेंट सात फीसदी कमीशन पर नियुक्त था।' मैं यह जानता था कि जाँच का आदेश करते ही मेरे ऊपर बहुत दबाव आएगा। इसलिए सोचा कि मैं जाँच का आदेश देकर मीडिया को बता दूँ तो दबाव उतना काम नहीं करेगा। उस आदेश की फाइल को प्रधानमंत्री को तुरंत भिजवा दिया।

सवाल : क्या प्रधानमंत्री ने आपसे पूछा कि उनसे बगैर परामर्श किए जाँच का आदेश क्यों दिया?

जवाब : इसमें पूछने की कोई बात थी नहीं। जैसे मेरे पास तार आया वैसे ही उनके पास भी आया था।

सवाल : उन दिनों संसद का बजट सत्र रहा होगा?

जवाब : हाँ, अगले दिन मुझे संसद के पटल पर कुछ पेपर रखने थे। इसके लिए जब मैं गया तो वहाँ हंगामा मचा हुआ था। अखबारों में खबर आ गई थी। सांसद कहने लगे कि रक्षा मंत्री आ गए हैं, उन्हीं से पूछा जाए कि यह खबर सही है या नहीं। वह हंगामा 45 मिनट तक चलता रहा। मैं उठा नहीं, क्योंकि सदन के पटल पर पेपर रखने के लिए मैं वहाँ गया था। मैं उन सवालों का जवाब देने के लिए बाध्य नहीं था। सदस्य बार–बार यह पूछते रहे कि रक्षा मंत्रालय की खबर है, आप बताइए।

सवाल : क्या प्रधानमंत्री उस समय सदन में थे?

जवाब : वे नहीं थे।

सवाल : आपने कैसे सँभाला?

जवाब : हंगामे के बाद लोकसभा अध्यक्ष ने मुझसे पूछा कि क्या आपको कुछ कहना है। मैंने कहा हाँ, रक्षा मंत्रालय ने एक प्रेस रिलीज कल दी थी, जो छपा है वह सही है।

सवाल : आपके यह कहने पर सत्ता पक्ष की क्या प्रतिक्रिया हुई?

जवाब : मैं बैठा ही था कि बूटा सिंह सदन में आए। उन्होंने कहा कि आपको बुला रहे हैं।

सवाल : क्या वे प्रधानमंत्री का संदेश लेकर आए थे?

जवाब : हाँ।

सवाल : आप गए?

जवाब : हाँ।

सवाल : संसद भवन में स्थित प्रधानमंत्री के दफ्तर में वह मुलाकात हुई होगी, कैसी रही?

जवाब : राजीव गाँधी का चेहरा गुस्से से लाल था। उन्होंने मुझसे पूछा कि आपको कैसे मालूम कि वह तार सही है। मैंने उनसे कहा कि राजीव जी, मैं यह कैसे समझूँ कि वह गलत है। क्योंकि वह सही रास्ते से (प्रॉपर चैनल) आया है, कोडेड है। उसमें कोई भाषा की गलती नहीं है। किसी तरह का विरोधाभास नहीं है। इन आधारों पर मुझे कोई कारण नहीं दिखता कि मैं उस पर संदेह करूँ। मैंने यह भी कहा कि इस तरह के संदेशों पर हम संदेह करने लगेंगे तो युद्ध के समय क्या होगा। बहरहाल, एक मिनट के लिए मान लेता हूँ कि वह गलत है, इसका फैसला जाँच से हो जाएगा। यह तय हो जाएगा कि उसे हमारे राजदूत ने भेजा है या किसी और ने भेजा।

सवाल : राजीव गाँधी क्या बोले?

जवाब : उन्होंने पूछा कि आपकी जाँच का नतीजा क्या होगा? मैंने कहा, मैं नहीं जानता कि क्या नतीजा होगा। जाँच जरूरी है क्योंकि नियमों का उल्लंघन हुआ है। इस समय यह कहना मुश्किल है कि इसका नतीजा क्या होगा। जाँच कराना मेरा फर्ज है।

सवाल : इस पर क्या प्रधानमंत्री सहमत थे?

जवाब : वे लगातार सवाल पूछ रहे थे। इस बार उन्होंने कहा कि एच.डी.डब्ल्यू. क्यों बताएगी। अगर वे अपने राज बताने लगे तो उनकी कम्पनी बैठ जाएगी। वह कंपनी अनेक सरकारों के मुखियाओं को पैसा देती है।

सवाल : आप इससे सहमत हुए?

जवाब : मुझे यह बहुत नागवार गुजरा। मैंने उनसे कहा कि उस कंपनी को चलाना मेरा काम नहीं है। आपने जो मुझे जिम्मा दिया है उसका बढ़िया तरीके से निर्वाह करना मेरा फर्ज है। मैं मानता हूँ कि नियमों का उल्लंघन हुआ है इसलिए जाँच का आदेश दिया। उस जाँच से वह कंपनी बैठ जाती है यह मेरी चिंता का विषय नहीं है। नियम आपने ही बनाए हैं। हमारा राजदूत अपने तार से बता रहा है कि उन नियमों का उल्लंघन हुआ है।

सवाल : आपकी बातचीत किस रूप में खत्म हुई?

जवाब : उन्होंने जब मुझसे पूछना बंद कर दिया तो मैं उठकर चला आया।

सवाल : तब आपने क्या सोचा?

जवाब : एक जाँच पर प्रधानमंत्री को लाल--पीला होते मैंने देखा। इस पर विचार किया और पाया कि हममें बहुत मतान्तर है। ऐसी स्थिति में मंत्रिमंडल की सामूहिक

जवाबदेही का जो पहला तकाजा है उसका मैंने मन ही मन फैसला किया।

सवाल : यानी आप इस्तीफा देने पर सोचने लगे?

जवाब : प्रधानमंत्री से गम्भीर मतभेद के बाद इस्तीफे के अलावा कोई उपाय नहीं बचता।

सवाल : क्या आपने भी इस बात पर गौर किया था कि वह तार नकली हो सकता है?

जवाब : देखिए, रक्षा मंत्रालय में जो तार आता है वह कोड भाषा में होता है। उसको कोई पढ़ नहीं सकता जब तक कि वह डी–कोड न हो जाए। नकली वह तभी हो सकता है जब कोई हमारे कोड को जान गया हो। इस लिहाज से भी जाँच जरूरी थी कि क्या ऐसा हुआ है। जाँच से नकली साबित होने पर यह प्रमाणित हो जाएगा कि हमारे कोड सिस्टम में कोई बड़ी भारी गलती हो गई है और गलत तार आने लगे हैं। रक्षा मंत्री को गलत तार आना गम्भीर घटना है।

सवाल : रक्षा सौदों में बिचौलिए का रिवाज रहा है?

जवाब : राजीव गाँधी की घोषणा से पहले बिचौलिए होते थे। वे अपना कमीशन लेते थे।

सवाल : प्रधानमंत्री की इस घोषणा के बाद कि कोई बिचौलिया नहीं रहेगा बिचौलिया कैसे बना रहा? क्या उस घोषणा के बाद कोई परिवर्तन किया गया था?

जवाब : राजीव गाँधी प्रधानमंत्री के अलावा रक्षामंत्री भी थे। उन्होंने ही यह नीति घोषित की थी।

सवाल : रक्षामंत्री के पद से इस्तीफा देने के इरादे और उस पर अमल में आपको कितना समय लगा?

जवाब : मैंने इस्तीफा देने का मन उसी दिन बना लिया था। लेकिन अगले दिन राष्ट्रपति भवन में मेडल पाए अफसरों का सम्मान समारोह था। उसके बाद रक्षा मंत्रालय में मैंने उनके लिए चाय वगैरह का आयोजन कर रखा था। उस कार्यक्रम के कारण मैं रुक गया। सोचा कि इस्तीफा दे देने पर वह समारोह बिगड़ जाएगा और उन अफसरों का उल्लास उदासी में बदल जाएगा। इस कारण मैंने इस्तीफा देना कुछ घंटे के लिए टाला।

सवाल : आपने इस्तीफा देने का निर्णय कर लिया था। इस तरह आपको मालूम

था कि रक्षा मंत्री के रूप में वह आपका आखिरी दिन है। क्या इसकी भनक प्रधानमंत्री को भी थी?

जवाब : उन्हें पता नहीं था।

सवाल : राष्ट्रपति भवन के समारोह में प्रधान मंत्री आए थे?

जवाब : हाँ।

सवाल : इस्तीफा देने से पहले किसी से परामर्श आपने किया?

जवाब : मैं इस तरह के फैसलों में किसी से बात नहीं करता।

सवाल : क्यों?

जवाब : बातचीत का मतलब होता है इस्तीफे को टालना। जब इस्तीफा देना है तो बातचीत क्यों करनी है। प्रधानमंत्री से गम्भीर मतभेद हो जाने के बाद मंत्रिमंडल में रहने का कोई तुक नहीं होता।

सवाल : राष्ट्रपति भवन में समारोह खत्म हुआ, उसके बाद आप घर गए या दफ्तर?

जवाब : समारोह के बाद मैंने अफसरों को मैडल के लिए बधाई दी। घर आया और ड्राइवर को वापस भेज दिया। शाम को मैं रक्षा मंत्रालय की गाड़ी नहीं रखता था। अपनी गाड़ी चलाता था। इसलिए ड्राइवर को इसका अंदाज नहीं रहा होगा कि मैं इस्तीफा देने जा रहा हूँ।

सवाल : आपने इस्तीफा कहाँ लिखा?

जवाब : जहाँ इन दिनों हम बैठते हैं उसी ड्राइंग रूम में बैठा, कागज मँगवाया और इस्तीफा लिख दिया। (इस बातचीत के समय विश्वनाथ प्रताप सिंह तीन मूर्ति मार्ग की कोठी में जो ड्राइंग रूम है उसके सोफे पर लेटे हुए थे। उन्होंने हाथ उठाया और बताया कि वह कुर्सी तब यहाँ रहती थी जहाँ यह सोफा है। वे यह बता रहे थे कि उसी कुर्सी पर बैठकर उन्होंने अपना इस्तीफा लिखा।)

सवाल : क्या लिखा?

जवाब : हमारे नजरिए में भारी फर्क है। ऐसी स्थिति में मैं यह उचित नहीं समझता कि मंत्रिमंडल में मुझे बने रहना चाहिए। इसलिए मैं अपना इस्तीफा देता हूँ।

सवाल : प्रधानमंत्री से आपने कोई शिकायत नहीं की?

जवाब : शिकायत का वह वक्त नहीं था।

सवाल : इस्तीफा आपने जाकर दिया या भिजवाया?

जवाब : उस समय रक्षा मंत्रालय की गाड़ी नहीं थी। मैंने छोटे लड़के से कहा कि अपनी मारुति वैन ले आओ। मैं उस पर प्रधानमंत्री निवास गया।

सवाल : क्या प्रधानमंत्री मिले?

जवाब : प्रधानमंत्री कहीं किसी रात्रि भोज पर गए थे। वहाँ मिले माखनलाल फोतेदार और दिनेश सिंह। मेरे पहुँचने पर दिनेश सिंह उठकर बाहर चले गए। माखनलाल फोतेदार को मैंने पत्र दिया। उन्होंने पूछा कि क्या इसे खोल लें? मैंने कहा कि मेरे जाने के बाद आप खोलेंगे ही, इसलिए अभी खोल लीजिए।

सवाल : पत्र पढ़ने के बाद वे क्या बोले?

जवाब : बोले, अरे यह क्या दे रहे हैं? मैंने उनसे कहा कि जब प्रधानमंत्री आएँ तो उन्हें दे दीजिएगा।

सवाल : आपने इस पर उनसे कोई बातचीत नहीं की?

जवाब : मैंने बातचीत करना मुनासिब नहीं समझा।

सवाल : प्रधानमंत्री ने पत्र पाने के बाद आपको कब बुलाया?

जवाब : अगले दिन उनका संदेश आया। मैं गया। उन्होंने कहा कि आपका अनुरोध स्वीकार है। मैंने उन्हें धन्यवाद दिया और चला आया।

सवाल : मीडिया को कब मालूम हुआ?

जवाब : थोड़ी देर बाद ही यह बात फैल गई और मीडिया के लोगों ने मुझे घेर लिया।

सवाल : रक्षा मंत्रालय में आप कुछ ही महीने रह सके?

जवाब : मैं वहाँ 24 जनवरी 1987 को गया था। अप्रैल की 11 तारीख को मैंने इस्तीफा दे दिया जो अगले दिन मंजूर हुआ।

सवाल : इस्तीफे के बाद क्या काँग्रेस के किसी बड़े नेता से आपकी बातचीत हुई?

जवाब : एक दिन उमाशंकर दीक्षित ने मुझे बुलवाया। उस समय मैं काँग्रेस में ही था। दीक्षित जी का मेरे ऊपर स्नेह रहा है। वे नेहरू परिवार से गहरे जुड़े हुए थे। उनसे मिलने मैं गया। वे बैठे हुए थे। उनकी कुर्सी से सटी हुई छड़ी रखी थी। वे उसी के सहारे चलते थे। उन्होंने कहा कि विश्वनाथ मैं जानता हूँ कि राजीव गाँधी इसमें आकण्ठ ही नहीं, नाक तक डूबे हुए हैं (आई नो राजीव इज नॉट ओनली नेक बट नोज डीप इन दिस)। यही शब्द थे उनके। फिर उन्होंने कहा कि तुम सोचो कि पार्टी बिना फण्ड के चलती है? तुम जानते हो कि बिना इस छड़ी के मैं बाथरूम तक नहीं जा सकता। तुम हमारी छड़ी ले लो या उसे लेकर भाग जाओ तो तुम्हें भले ही ये समझ में न आए कि क्या कर रहे हो लेकिन मेरे ऊपर क्या गुजरेगी, यह सोचो?

सवाल : आपने क्या जवाब दिया?

जवाब : मैंने कहा, दद्दा ठीक है कि आप नाराज हैं। लेकिन यह बताइए कि मेरे पास विकल्प क्या है?

सवाल : दीक्षित जी ने साफ कर दिया कि पार्टी फण्ड का जुगाड़ करने के लिए वह तरीका अपनाया गया था। क्या आप भी यही मानते हैं?

जवाब : उन्होंने जो कहा उसमें सच्चाई थी।

सवाल : रक्षा सौदों आदि से काँग्रेस पार्टी अपने लिए चुनाव फण्ड कब से जुटाती रही है?

जवाब : मेरा खयाल है कि पार्टी के लिए संसाधन सभी को जुटाने पड़ते हैं। एक वक्त ऐसा आया जब उसे विदेश में शिफ्ट कर दिया गया। रक्षा सौदों से चुनाव फण्ड इकट्ठा होने लगा। पहले औद्योगिक घरानों से ही चुनाव फण्ड इकट्ठा किया जाता था। जब इन्दिरा गाँधी राजनीतिक तूफानों से घिर गई थीं उस समय उन्होंने यह व्यवस्था की। रक्षा सौदों के जरिए चुनाव फण्ड को विदेशों में इकट्ठा किया जाने लगा। यह उस समय आपद धर्म के नाते उन्होंने अपनाया होगा जो बाद में आसान रिवाज बन गया।

सवाल : साफ है कि राजीव गाँधी के समय में भी वह सिलसिला बना रहा। एक काल्पनिक सवाल है कि अगर राजीव गाँधी आपसे यह सच्चाई कबूल कर लेते तो आपका रुख क्या होता?

जवाब : जहाँ तक पनडुब्बी सौदे का सवाल है उसकी मैं जाँच अवश्य कराता क्योंकि अपने राजदूत से औपचारिक शिकायत आई थी। राजीव गाँधी की खुली घोषणा थी कि रक्षा सौदों के मामले में कोई बिचौलिया नहीं होगा। अतएव मेरे पास जाँच के

अलावा कोई विकल्प नहीं रह गया था।

सवाल : राजनीतिक दलों को चुनाव लड़ने के लिए पैसा कहाँ से आए, यह सवाल आज भी बना हुआ। इस पर खुलकर बात क्यों नहीं होती?

जवाब : इस पर खुली बातचीत होनी चाहिए। एक आम सहमति बननी चाहिए कि दलों की फण्डिंग कैसे हो। चुनाव का जो भारी खर्च होता है उससे कैसे बचें। या तो चुनाव प्रणाली में सुधार हो या उस खर्च में पारदर्शिता हो।

सवाल : आपने बताया है कि रक्षा मंत्री की एक परम्परा रही है, वह बोलता कम है। इस कारण क्या आप भी बँधे हुए महसूस कर रहे थे?

जवाब : मैं बँधा हुआ महसूस नहीं कर रहा था। वास्तव में रक्षा मंत्री का काम ही कम बोलने का है।

सवाल : लोग यह मानते हैं कि बोफोर्स सौदे के विवाद के कारण आपको सरकार से बाहर आना पड़ा। क्या यह सही है?

जवाब : यह बिल्कुल गलत है। बोफोर्स तोप सौदे में रिश्वत लेने का आरोप उस समय आया जब मैं रक्षा मंत्रालय छोड़ चुका था। स्वीडेन के रेडियो ने एक खबर दी जिससे यह मामला सामने आया। उसने अपनी खबर में घोषणा की कि इसमें रिश्वत दी गई है। उसे अखबारों ने छापा।

सवाल : रक्षा मंत्री से इस्तीफा देने के कितने दिनों बाद स्वीडेन के रेडियो से बोफोर्स सौदे में रिश्वत का समाचार आया था?

जवाब : कुछ ही दिनों बाद रेडियो का समाचार था। उसकी तारीख है–16 अप्रैल 1987।

सवाल : जब आप सरकार में थे, उस समय बोफोर्स तोप सौदे के बारे में आपको क्या जानकारी थी?

जवाब : मैं वित्त मंत्री था उस समय यह सौदा राजीव गाँधी के स्तर पर हुआ था। वे रक्षा मंत्री थे। मेरे पास जब फाइल आई थी उस समय प्रधान मंत्री का यह निर्देश था कि सेना को इस तोप की सख्त जरूरत है, लिहाजा इसमें जल्दी करें। मैंने वैसा ही किया। इसके लिए मुझे गोपी अरोड़ा ने भी कहा था। मैंने अफसरों को निर्देश दिया कि प्रधान मंत्री चाहते हैं और सेना को इसकी जरूरत है इसलिए इसे सर्वोच्च वरीयता दी जाए। कुछ कमियाँ वित्त मंत्रालय के अफसरों ने निकाली थीं। इस कारण मंजूरी जो दी गई उसमें कुछ शर्तें डाल दी गई थीं। वित्त मंत्रालय की ओर से यह

निर्देश दिया गया था कि उन शर्तों को पूरा करने के बाद ही सौदे के करार पर दस्तखत किए जाने चाहिए। वित्त मंत्रालय सौदे के तकनीकी पक्ष में नहीं जाता, उसमें भी नहीं गया। यह काम रक्षा मंत्रालय का है। रक्षा मंत्रालय में एक ऐसा विभाग है जो शस्त्रों की खरीद से पहले उसका तकनीकी मूल्यांकन करता है।

सवाल : जो शर्तें वित्त मंत्रालय ने लगाई थीं, क्या वे पूरी हो गई थीं?

जवाब : उसका मुझे पता नहीं है। मेरे सामने यह मसला नहीं आया। वह राजीव गाँधी के समय में ही सौदा हो चुका था। वे उसे पूरा कर चुके थे। बोफोर्स तोप सौदे में कमियों को वित्त मंत्रालय के व्यय विभाग ने निकाला था, उसने ही शर्तें लगाईं थीं। वित्त मंत्रालय में मेरे रहने तक प्रधान मंत्री के यहाँ से फाइल लौट कर नहीं आई थी।

सवाल : पहले फेयर फैक्स, फिर पनडुब्बी और उसके बाद बोफोर्स तोप सौदे में दलाली का सवाल उठा। लोगों की याददाश्त में बोफोर्स ही बचा है। उसकी जाँच की माँग कैसे उठी?

जवाब : अखबारों में दस्तावेज आदि छपने लगे, उस समय जाँच की माँग उठी। उसी समय छपा कि अजिताभ बच्चन का स्विट्रजरलैंड में बँगला है। वे एक टूरिस्ट के रूप में गए थे फिर बँगला कैसे खरीद लिया। उस समय फेरा सख्ती से लागू होता था।

सवाल : क्या इसे आपने कहीं उठाया?

जवाब : मैं उस समय काँग्रेस में ही था। संसदीय पार्टी की बैठकों में जाता था। वहाँ इसे उठाया। मैंने कहा कि प्रधान मंत्री जी आपने कहा है कि सच्चाई सामने लाने के लिए हर सम्भव प्रयास करेंगे। कृपया इस सच्चाई का पता करिए। इसकी जाँच होनी चाहिए। अगर यह सही नहीं है तो उस अखबार के खिलाफ कार्रवाई होनी चाहिए। इसी तरह का एक पत्र भी बाद में उनको लिखा। उन्होंने संसदीय पार्टी की बैठक में कहा कि जाँच करवाएँगे।

सवाल : उन दिनों की कोई और घटना जो आपको याद आ रही हो?

जवाब : मई महीने में काँग्रेस की एक रैली थी। उसमें मैं भी गया था। बोट क्लब पर रैली थी। एक पेड़ की छाया में मैं बेंच पर बैठा हुआ था। वहीं प्रधान मंत्री ने अपने भाषण में एक भयंकर बात कही। कहा कि पाकिस्तान को उसकी नानी याद दिला देंगे।

सवाल : क्या वह लिखा हुआ भाषण था?

जवाब : मेरा यह अनुमान है कि वह लिखा हुआ भाषण था। हालाँकि उन्होंने पढ़ा नहीं था, बोले तो ऐसे ही थे। उनके भाषण लेखक ने मुहावरे में उसे हिन्दीनुमा बनाने की कोशिश की थी, जिसे राजीव गाँधी के मुँह से कहलवाया गया। उस पर प्रेस में काफी टिप्पणियाँ छपी थीं। उसी भाषण में राजीव गाँधी ने मीर जाफर और जयचंद का जिक्र किया था। पत्रकारों ने मुझसे पूछा कि राजीव गाँधी ने आपको जयचंद कहा है। मैंने जवाब दिया, देखिए, मीर जाफर और जयचंद वे हैं जो देश का पैसा विदेश में रखे हुए हैं। राजीव गाँधी ने उन्हीं लोगों के लिए यह कहा होगा। उन्होंने किसी का नाम तो लिया नहीं था। इस आधार पर मैंने कहा कि उन्होंने मीर जाफर और जयचंद उन्हीं को कहा होगा जो लोग देश का पैसा बाहर रखे हुए हैं। इसलिए मैं उनकी इस बात का बुरा नहीं मानता।

सवाल : राजीव गाँधी की छवि पर उस समय इन विवादों के कारण आँच आ रही थी। क्या उस तनाव में वे पाकिस्तान को उसकी नानी याद दिलाना चाहते थे?

जवाब : यह नहीं कह सकता। हाँ, वह काँग्रेस की पहली रैली थी जो विवादों के बीच एक राजनीतिक संदेश देने के लिए बुलाई गई थी।

सवाल : जिस तरह रैली के मंच का उपयोग उन्होंने सर्वसाधारण को संदेश देने के लिए किया, क्या वैसा ही प्रयास उन्होंने चुपचाप आपसे अपने टूटे हुए तार जोड़ने के लिए किया?

जवाब : हाँ, दो बार सीधे बात की। उनके दूत भी बार–बार आते थे।

सवाल : राजीव गाँधी के दूत के रूप में कौन आते थे?

जवाब : गोपी अरोड़ा, नरेन्द्र मोहन, माखनलाल फोतेदार आदि।

सवाल : इनका आग्रह क्या होता था?

जवाब : ये लोग मुझसे आग्रह करते थे कि मैं घर बैठा रहूँ। कहीं किसी सार्वजनिक सभा में न जाऊँ।

सवाल : आपका जवाब क्या होता था?

जवाब : मैं उन लोगों से कहता था कि मुझे पार्टी का छोटा–मोटा काम दक्षिण के किसी राज्य में दे दो। उन राज्यों में मुझे काँग्रेस का काम करने का अवसर दीजिए जहाँ पार्टी विपक्ष में है। वहाँ मैं काँग्रेस का काम करते हुए उसके विरोधी पक्ष से ही लड़ूँगा।

सवाल : इस पर आपको क्या जवाब मिला?

जवाब : मुझे कहा जाता था कि आप यहीं रहिए। मैं कहता था कि मैं राजनीतिक गतिविधियों में रहा हूँ, यह कैसे हो सकता है कि मैं घर बैठ जाऊँ।

सवाल : राजीव गाँधी से सीधी भेंट आपकी उस समय कहाँ हुई?

जवाब : उन्होंने दो बार बुलाया। एक बार उनके दफ्तर में भेंट हुई। उन्होंने मुझसे पूछा कि क्या यह हो रहा है? उनके सवाल में यह छिपा हुआ था कि मैं विपक्ष से हाथ मिला रहा हूँ। मैंने कहा कि यह बातचीत राजीव गाँधी और विश्वनाथ प्रताप में हो रही है। इस भ्रम में मत रहिए कि हमारी बातचीत प्रधान मंत्री और मंत्री के बीच हो रही है। सीधी बात है कि अगर आप यह महसूस करते हैं कि मैं आपके साथ राजनीतिक खेल कर रहा हूँ तो इस बातचीत का कोई फायदा नहीं है। ऐसे ही अगर मेरे मन में यह है कि आप मेरे साथ राजनीति कर रहे हैं तो इस बातचीत से हम कहीं पहुँचेंगे नहीं। हममें यह विश्वास और भरोसा होना चाहिए कि राजनीति आड़े नहीं आएगी। अगली बात यह कि के.के. तिवारी और कल्पनाथ राय मुझे सी.आई.ए. एजेंट कहते हैं। मैं जानता हूँ कि ये लोग लाउडस्पीकर हैं। माइक इस कमरे में लगा है जहाँ हम हैं। यहाँ से जो बोला जाता है वही लाउडस्पीकर पर बाहर सुनाई पड़ता है। उनकी हिम्मत कहाँ है कि वे मुझे सी.आई.ए. एजेंट कहें।

सवाल : राजीव गाँधी ने क्या सफाई दी?

जवाब : उन्होंने कहा कि पार्टी आपसे बहुत नाराज है। ये लोग भी नाराज हैं। इसलिए बोल रहे हैं। मैं इनसे कहूँगा कि कम बोलें। मैंने उनसे कहा कि वे दस गाली दे रहे थे, अब दो गाली देंगे। कोई भ्रम न रहे इसलिए साफ–साफ कहा कि जो लोग गाली दे रहे हैं वे मेरी देशभक्ति पर प्रश्न खड़े कर रहे हैं। जब देशप्रेम का सवाल आता है और जब भी आता है तो लोग जान की बाजी लगा देते हैं। अपना सिर कटा देते हैं और मैं भी अपनी देशभक्ति के लिए अंतिम दम तक और ऐड़ी जमाकर लड़ूँगा।

सवाल : इस पर उन्होंने क्या कहा?

जवाब : राजीव गाँधी ने कहा कि मैं इन लोगों को समझाऊँगा। मैंने उनसे कहा कि देखिए आपकी माँ के साथ काम करते हुए काँग्रेस नामक मशीन को हमने चलाया है। इसका एक–एक नट–बोल्ट हम जानते हैं। मेरे जैसे सेकेण्ड रैंकर लोगों ने हेमवती नन्दन बहुगुणा को भगा दिया क्योंकि वे यह चाहती थीं। वे नहीं बोलीं, हम लोगों ने ही यह काम किया। मुझे मालूम है कि संदेश इसी कमरे से जाता है। इस पर राजीव गाँधी ने सफाई दी कि मैं यह नहीं करा रहा हूँ। मैंने उनसे कहा कि मुझे मालूम है कि

काँग्रेस का तंत्र कैसे काम करता है।

सवाल : आप लोगों की यह बातचीत क्या सहज ढंग से बिना तनाव के हुई?

जवाब : राजीव गाँधी गुस्से में नहीं आए। मैंने अपनी बात दोहराई कि 'आई विल डिग इन एण्ड फाइट।' जो इस तरह की गाली बर्दाश्त कर ले वह थूकने लायक है। मैं ऐसा नहीं करूँगा। मुझे अक्षम मंत्री बता देते या और कुछ आक्षेप लगाते। कोई भी आरोप मैं बर्दाश्त कर लेता, लेकिन यह नहीं हो सकता कि कोई मेरी देशभक्ति पर प्रश्न खड़ा करे।

सवाल : यह मुलाकात गोपनीय बनी रही?

जवाब : नहीं, अगले दिन अखबारों में आया कि मैंने राजीव गाँधी से समय माँगा। यह मुझे बुरा लगा। प्रधान मंत्री दफ्तर ने यह करवाया होगा। अखबारों को ब्रीफ किया गया कि मैंने समय माँगा। मैं आया और बात की। यह संदेश देने की कोशिश हो रही थी कि मैं सौदेबाजी कर रहा हूँ।

सवाल : क्या वह आखिरी मुलाकात थी?

जवाब : उसके बाद एक बार रात को राजीव गाँधी ने बुलवाया। बात–बात में वे बोल पड़े कि इन्दिरा जी जब हार गई थीं तो आपने साथ छोड़ दिया था। पहला वाक्य जैसे ही उन्होंने पूरा किया, मैंने कहा कि धरती फट जानी चाहिए, जो बात आप कह रहे हैं उसका अर्थ क्या आप समझते हैं? इससे थोड़ा मामला गर्म हो गया। फिर कहा कि मोहसिना किदवई कह रही थीं कि उनके चुनाव में आप नहीं गए थे। मैंने इन दोनों बातों का सही और सटीक जवाब दिया। मैंने उनसे कहा कि मोहसिना किदवई के उपचुनाव में मैं एक हफ्ते उस समय रहा जब ज्यादा जरूरत थी। वह आखिरी हफ्ता था, उसी समय ज्यादा जरूरत पड़ती है। आजमगढ़ में जनता पार्टी के मंत्रियों ने हर डाकबँगले को कब्जा रखा था। मुझे कहीं जगह नहीं मिली तो पहले दिन तो मोटर में सोया था। जहाँ मुझे लगाया गया था वहाँ उस प्रखण्ड में जमा रहा। इन्दिरा जी के साथ सभा में बोला था। वहाँ मोहसिना किदवई भी थीं। मैने राजीव गाँधी से कहा कि आप लोगों के कहे पर मत जाइए। खुद भी सोचिए। अगर मैंने इन्दिरा जी को एक दिन भी छोड़ा होता तो सत्ता में आने के बाद और संजय गाँधी के रहते हुए मुझे मुख्य मंत्री नहीं बनवातीं। आप यह नहीं सोचते कि आपको क्या–क्या अनाप–शनाप बातें बताई जाती हैं। मैंने उनसे कहा कि इंदिरा गाँधी जितने साल सत्ता से बाहर रहीं, हर साल मैंने जेल की रोटी खाई।

सवाल : इस पर वे क्या बोले?

जवाब : उन्होंने मेज पर मुट्ठी मार कर अपनी बात को जितना वजनी बनाना चाहा, उसके जवाब में मैंने भी मेज पर मुट्ठी मार कर उन्हें सुनाया। उनके पास कोई जवाब नहीं था। मैं आहत था और उसी भाव में मैंने उनसे कहा कि आप समझ लो कि विश्वनाथ आपके लिए मर गया है। अब इन्दिरा जी नहीं हैं, संजय नहीं हैं जो बता सकें, उस समय कौन साथ में था, कौन नहीं था। जब आपकी माँ पर मुसीबत थी, आप कहाँ थे? हम लोग जाते थे तो आप दिखाई नहीं पड़ते थे। आप खुद थे नहीं और आज मुझसे कह रहे हैं कि तुम नहीं थे। अब हमारे और आपके बीच कुछ रह नहीं गया है। मेरे लिए यही रास्ता बचा है कि मैं कफन बाँधकर निकल पड़ूँ और यही करने जा रहा हूँ। मैं उठा और चलने लगा। उन्होंने बात बनाने की कोशिश में कहा कि आप नाराज हो गए। मैंने कहा कि अब बातचीत का कोई तुक नहीं है।

सवाल : वह बातचीत आप दोनों के बीच थी?

जवाब : हाँ।

सवाल : उसके बाद क्या कोई बात हुई?

जवाब : उसके बाद कोई बात नहीं हुई। उस मुलाकात को भी प्रधानमंत्री कार्यालय ने खबर बनवा दिया।

सवाल : इसका क्या आपने खण्डन किया?

जवाब : नहीं, मैंने राजीव गाँधी को दो पत्र लिखे। पहले पत्र में मैंने बड़े सवाल उठाए, जिनमें प्रबंधन में श्रमिकों की भागीदारी, शासन में पारदर्शिता, चुनाव में स्टेट फण्डिंग और विकेन्द्रीकरण की बात थी। दूसरे पत्र में माँग की कि अजिताभ बच्चन वाले मामले की जाँच करवाइए, नहीं तो एक्सप्रेस पर झूठी खबर छापने के लिए मुकदमा चलाइए।

सवाल : इन पत्रों पर प्रधानमंत्री का क्या रुख था?

जवाब : अजिताभ बच्चन के मामले की जाँच के पत्र के बाद दैनिक जागरण के सम्पादक नरेन्द्र मोहन आए और कहा कि चलिए प्रधानमंत्री आपको बुला रहे हैं। वे मिलना चाहते हैं। यह पत्र लिखने के अगले दिन की बात होगी। मैंने उनसे कहा कि राजीव गाँधी ने दो बार बुलवाया और दोनों बार खबर छपवाई गई कि मैंने उनसे मिलने का समय माँगा। इसलिए अब पहले एजेंडा तय होना चाहिए कि मुलाकात किस बात पर होगी। मैंने एक पत्र लिखा है, उसमें मुद्दे हैं, अगर उस पर बात होनी है तो मैं चलने के लिए तैयार हूँ। दूसरी कोई बात है तो मेरी कोई दिलचस्पी नहीं है। नरेन्द्र मोहन ने कहा कि आप नाराज मत होइए, नाराजगी छोड़िए। उन्होंने यह भी कहा कि

फिर से सरकार में आप आ सकते हैं, वित्त मंत्रालय या कोई भी मंत्रालय सँभाल सकते हैं।

सवाल : यह प्रस्ताव आपको पसंद आया?

जवाब : मैंने कहा, नरेन्द्र मोहन जी आपके इस प्रस्ताव से मैं बहुत दुखी हुआ। आप मेरी भावनाओं को चोट पहुँचा रहे हैं। इनकी माँ थीं इन्दिरा जी, उन्होंने मुझसे वाणिज्य मंत्रालय ले लिया था। मुझे प्रदेश काँग्रेस का अध्यक्ष बनाकर भेजा था। मैंने तब बहुत गर्व महसूस किया था कि वे मुझे सही समझती हैं। उनका मुझ पर विश्वास है। मंत्रालय से हटाते समय उन्होंने कोई भूमिका नहीं बनाई थी। सीधी बात कही थी और इसकी सूचना दी थी कि प्रदेश काँग्रेस का जिम्मा सँभालना है। जबकि उस समय मैं विदेश में था। उस माँ के बेटे हैं राजीव गाँधी जो आपके जरिए मंत्रालय का प्रस्ताव भेजकर मेरा अपमान कर रहे हैं और समझ रहे हैं कि मैं पद के लिए सब कुछ छोड़ दूँगा। वे पद का प्रलोभन देकर मेरी कीमत लगा रहे हैं। उनकी माँ ने मुझे सही समझा था, ये नहीं समझ रहे हैं। मुझे अगर सही समझते तो यह प्रस्ताव नहीं भेजते। इसका मतलब तो यह हुआ कि टुकड़ा फेंको और यह ठीक हो जाएगा, मतलब पकड़ लेगा। मैंने कहा कि यह तो मेरा बड़ा भारी अपमान है। मैं इस पर सोच भी नहीं सकता और अब उनसे मिलने का भी सवाल नहीं है। नरेन्द्र मोहन मेरे यहाँ उस दिन दो–तीन घंटे रहे और फिर चले गए।

सवाल : क्या कोई और प्रस्ताव फिर आया?

जवाब : इस बातचीत के अगले दिन मुक्ति का संदेश मिला। मैं रामकृष्ण हेगड़े के यहाँ बैठा हुआ था कि पत्नी का फोन आया। उन्होंने कहा कि आप टीवी देखिए। फिर कहा कि आपको बधाई, आप मुक्त हो गए। काँग्रेस ने आपको निष्कासित कर दिया है। मैंने कहा कि यह अच्छा हुआ।

सवाल : इसका क्या आपको अंदेशा था?

जवाब : उस समय कुछ भी हो सकता था। मैंने प्रणव मुखर्जी को निकाले जाने की पूरी प्रक्रिया करीब से देखी थी। उनको निकाले जाने के बाद एक दिन माखन लाल फोतेदार ने मुझे फोन किया था कि उनके यहाँ रेड करा दो। मैंने उनसे कहा था कि मैं ऐसा नहीं करूँगा। कोई नेता पार्टी से निकाला जाए, उस समय वित्त मंत्री का यह काम नहीं है। हाँ, अगर कोई शिकायत आती है तो उसकी छानबीन कराने के बाद और सबूत मिलने पर छापे डालने के बारे में सोचेंगे। वैसे प्रधान मंत्री और उनके लोगों को खुश करने वाले मंत्री यही करते रहे हैं। ऐसे ही लोग ज्यादा बर्बाद करते हैं।

अध्याय : आठ

मोर्चा दर मोर्चा

अध्याय परिचय

सन् 1987 को भारतीय राजनीति में धमाकेदार घटनाओं के लिए हमेशा याद किया जाएगा। पहले धमाके हुए। फिर दरारें पड़ीं और आखिर में कहीं जलप्लावन हुआ तो कहीं राज्यारोहण का समारोह। घटनाचक्र को पूरे होने में तीन साल लगे। साल की शुरुआत में एक दिन प्रधानमंत्री राजीव गाँधी ने वित्त मंत्री विश्वनाथ प्रताप सिंह को बुलाया। उस मुलाकात के बाद लोगों ने जाना कि विश्वनाथ प्रताप सिंह का मंत्रालय बदल गया है। जहाँ हैरानी जताई जा रही थी वहाँ विश्वनाथ प्रताप सिंह अपने नेता के प्रति एकनिष्ठ बने दिखे। 'नेता का हुक्म सिर–माथे पर' यह उनका अंदाज था।

रक्षा मंत्रालय में विश्वनाथ प्रताप सिंह पहुँचे ही थे कि उनकी मेज पर एक संदेश इंतजार कर रहा था, जिसमें एक पनडुब्बी सौदे में 30 करोड़ रुपए की रिश्वतखोरी की साफ सूचना थी। अपने नेता राजीव गाँधी के पास वे उसे लेकर पहुँचे और मायूस होकर लौटे। कोई चारा नहीं था, सिवाए इसके कि वे रक्षा मंत्री के नाते उस मामले की जाँच का आदेश दे दें। यही उन्होंने किया। दो दिनों बाद मंत्रिमण्डल से इस्तीफा देकर वे इसलिए बाहर आ गए कि प्रधानमंत्री राजीव गाँधी से उनका मन खट्टा हो गया था। लेकिन काँग्रेस में बने रहने की लालसा थी। उस समय जो काँग्रेस थी उसमें यह सम्भव नहीं था। इसे समझने और उस कड़वे सच से रूबरू होने में विश्वनाथ प्रताप सिंह को तीन महीने लग गए।

सोचते–विचारते और मंत्री पद की थकान मिटाते विश्वनाथ प्रताप सिंह ने तब कितनी चित्रकारी की और कौन–कौन सी कविताएँ उन्होंने लिखीं, यह न लोग जानना चाहते हैं और न उस दौर में इसकी चर्चा थी। अफवाहों की आँधी में घटाटोप राजधानी दिल्ली साँस रोककर इंतजार कर रही थी कि कब राजीव गाँधी को ज्ञानी

जैल सिंह प्रधानमंत्री पद से बर्खास्त करते हैं। अखबारों में खबरें और सम्पादकीय लेख इसके गवाह हैं। इस अध्याय में विश्वनाथ प्रताप सिंह उसे बता रहे हैं। 'मुगल गार्डन में टहलते हुए उन्होंने (राष्ट्रपति ज्ञानी जैल सिंह) मुझसे कहा कि आप प्रधानमंत्री बनने के लिए अगर तैयार हो जाएँ तो मैं शपथ दिला सकता हूँ।' जवाब में विश्वनाथ प्रताप सिंह ने जो कहा, वह इस अध्याय में है।

उसी साल हरियाणा में राजनीतिक कायापलट हुआ। जून का महीना था। चौधरी देवीलाल ने जीत का इतिहास बनाया। काँग्रेस को सिर्फ पाँच सीटें ही मुअस्सर हो सकी थीं। हालाँकि विश्वनाथ प्रताप सिंह खुद कहीं चुनाव अभियान में नहीं गए। लेकिन राजीव गाँधी मंत्रिमण्डल से जिस मुद्दे पर वे बाहर निकले थे, वह उस चुनाव में देवीलाल के लिए वैतरणी की बैसाखी बन गया। विपक्ष के ताऊ ने सबसे पहले विश्वनाथ प्रताप सिंह की सम्भावनाओं को पहचाना। भला मानो या बुरा, इसकी परवाह न करते हुए वे शुरू से ही कहने लगे थे कि विश्वनाथ प्रताप सिंह के नेतृत्व में विपक्ष को एकजुट हो जाना चाहिए।

इलाहाबाद लोकसभा के उपचुनाव ने अवसर दिया। विश्वनाथ प्रताप सिंह ने बताया है कि अमिताभ बच्चन ने लोकसभा सदस्यता किन परिस्थितियों में छोड़ी। कुछ लोग मानते हैं कि भ्रष्टाचार के आरोपों का थपेड़ा हल्का हो जाए, इसके लिए उनसे इस्तीफा दिलवाया गया था। इसका महत्त्व अमिताभ बच्चन के लिए हो सकता है। विश्वनाथ प्रताप सिंह की राजनीति में उनका इस्तीफा तो महत्त्वहीन लगता है। लेकिन उसके बाद हुए इलाहाबाद के उपचुनाव ने विपक्ष को मन–माँगी मुराद दे दी। वहाँ से संसदीय राजनीति का चक्र तेजी से घूमने लगा। जो जे.पी. आंदोलन से जुड़े थे वे भी और जो नहीं जुड़ पाए थे वे भी वी.पी. से जुड़ गए। मधु लिमए जैसे बड़े नेता 1985 में सहज ही कहा करते थे कि अगले बीस सालों तक विपक्ष का भविष्य धूमिल है। राजीव गाँधी आ गए थे, इसी आधार पर वे कहते थे। उनका अनुमान सही निकलता बशर्ते राजीव गाँधी आरोपों से न घिरते और उनका मुकाबला विश्वनाथ प्रताप सिंह से न होता। आरोपों और मुकाबले पर विश्वनाथ प्रताप सिंह का नजरिया इसमें आया है। वे जिज्ञासुओं को बता रहे हैं कि कैसे उन्हें धक्का देकर काँग्रेस ने बाहर निकाला। उससे पहले उन्हें प्रलोभन देने के लिए दूत आए। वे अपना जाल फैलाकर वी.पी. को फँसा नहीं सके। उन लोगों को अपने–अपने जाल समेट कर लौटना पड़ा। जो लोग आए थे, वे राजीव गाँधी के भेजे सौदागर थे जिनके मुँह से सौदे की बात सुनते ही विश्वनाथ प्रताप सिंह ने उनको बाहर का दरवाजा दिखाया। इसी क्रम में वे बता रहे हैं कि जनमोर्चा क्यों बना, कैसे बना। जनता दल और विपक्ष की एकता के किस तरह उन्होंने तीन घेरे सोचे और उसे बनवाने में

कामयाब हुए। वही वे घेरे थे जो राजीव गाँधी के लिए चक्रव्यूह बन गए।

इन कामयाबियों का सेहरा विश्वनाथ प्रताप सिंह के सिर पर है। वहीं वे कबूल करते हैं कि दलों की एकता को सम्भव बनाने की बजाए अगर आंदोलन चलाते रहते तो ज्यादा बेहतर होता। चन्द्रशेखर और हेमवती नन्दन बहुगुणा की चेतावनी को भी वे चिन्हित करना नहीं भूलते। चन्द्रशेखर ने उनसे कहा था कि विश्वनाथ, यह नोट कर लो कि देवीलाल ही सबसे पहले दल को तोड़ेंगे। हेमवती नन्दन बहुगुणा ने अपने ढंग से उनको समझाया था कि बढ़िया से बढ़िया सीमेन्ट भी पत्थर और लकड़ी को नहीं जोड़ सकता, वह पत्थर और पत्थर तो जोड़ सकता है। साफ है कि बहुगुणा मानते थे कि विश्वनाथ प्रताप सिंह जिस विपक्षी एकता के लिए लगे हुए हैं, वह बेमेल और अस्थायी गठबंधन से ज्यादा कुछ नहीं होगा।

पंडित मदन मोहन मालवीय की बनाई हुई काशी विद्वत् परिषद ने विश्वनाथ प्रताप सिंह को राजर्षि की उपाधि दी थी। वे उससे फूलकर कुप्पा नहीं हुए। कहते हैं कि 'मैं यह नहीं मानता था कि मुझमें राजर्षि बनने की योग्यता है।'

सवाल : प्रधानमंत्री राजीव गाँधी ने वित्त मंत्रालय से हटाकर जब आपको रक्षा मंत्री बनाया उस समय आपने माना कि सीमाओं पर खतरा बढ़ जाने के कारण उन्होंने यह जिम्मा सौंपा है। लेकिन पहले पनडुब्बी विवाद फिर फेयर फैक्स की जाँच का मामला और इसी क्रम में रेडियो से बोफोर्स तोप सौदे में रिश्वतखोरी के उजागर हो जाने के बाद आपको मंत्रिमंडल से इसलिए इस्तीफा देना पड़ा क्योंकि आपने महसूस कर लिया कि राजीव गाँधी से विश्वास का रिश्ता टूट चुका है। उसके बाद आपको मनाने की कोशिशें हुईं। आप सौदेबाजी में नहीं पड़े।

उस समय (11 अप्रैल 1987) जब आप रक्षा मंत्री पद से इस्तीफा देकर सरकार से बाहर आए तो क्या सोचा था कि काँग्रेस छोड़ देंगे?

जवाब : यह सोचा था कि काँग्रेस में ही रहकर काम करेंगे। मैंने मंत्री पद से इस्तीफा दिया था, काँग्रेस नहीं छोड़ी थी।

सवाल : इस्तीफा देने के बाद अपने राजनीतिक जीवन की आपने कुछ योजना बनाई होगी, वह क्या थी?

जवाब : मेरे मन में कुछ खास योजना नहीं थी। बस इतना ही था कि प्रधानमंत्री से गम्भीर मतभेद हो जाने पर मंत्रिमंडल में रहने का औचित्य नहीं था। इसीलिए इस्तीफा दे दिया। मैंने एक मुद्दे पर इस्तीफा दिया था। मेरा मन काँग्रेस में ही बने रहने का था। लेकिन उस मुद्दे को भी मैं नहीं छोड़ सकता था जिसके चलते इस्तीफा

दिया था। मैंने सोचा था कि उसे उठाता रहूँगा।

सवाल : आपको क्या यह लगता था कि काँग्रेस में बने रहना सम्भव है?

जवाब : मेरा अपना इरादा पार्टी छोड़ने का नहीं था। मैंने कमलापति त्रिपाठी को नजदीक से देखा था, जब वे बहुत अपमान सहते हुए भी पार्टी में आखिरी समय तक बने रहे। मैंने भी यही सोचा था कि काँग्रेस में रहूँगा।

सवाल : इस्तीफे पर आपकी पहली सार्वजनिक प्रतिक्रिया क्या थी?

जवाब : प्रेस घर पर आ गया, जैसे ही उनको मालूम हुआ कि इस्तीफा मंजूर हो गया है। वे पूछने लगे तो मैंने कहा कि मतभेद हो गया था इसलिए इस्तीफा दे दिया। मैंने कोई आरोप नहीं लगाया। मैंने कहा कि मैं काँग्रेस में हूँ और पार्टी छोड़ने का कोई इरादा नहीं है।

सवाल : काँग्रेस के नेताओं का आपके प्रति रुख क्या था?

जवाब : पार्टी के लोगों का रुख मेरे प्रति शत्रु भाव का नहीं था। कुछ लोग जो सत्ता तंत्र से सीधे जुड़े हुए थे, वे कन्नी काटने लगे थे। सांसदों और पार्टी के पदाधिकारियों आदि से मेरा संबंध ठीक था। वे मुझे व्यक्तिगत तौर पर जानते थे। उन्हें पता था कि मैं 26 साल से काँग्रेस में हूँ।

सवाल : इस अफवाह में सच्चाई कितनी थी कि राष्ट्रपति ज्ञानी जैल सिंह प्रधानमंत्री राजीव गाँधी को बर्खास्त करने का इरादा बनाए हुए थे?

जवाब : जब मैं रक्षा मंत्री था, तभी कुछ अखबारों में यह खबर छपने लगी कि राष्ट्रपति ज्ञानी जैल सिंह संविधान विशेषज्ञों से मशविरा कर रहे हैं। वे प्रधानमंत्री राजीव गाँधी को बर्खास्त करने का संवैधानिक आधार खोज रहे हैं। मैंने इस पर अपना विचार स्पष्ट किया कि राष्ट्रपति का यह कदम अनुचित होगा। वे प्रधानमंत्री को अगर बर्खास्त करते हैं तो सत्ता के दो केन्द्र बन जाएँगे। यह घातक कदम होगा। मेरा विचार था कि भारतीय संविधान में जो व्यवस्था है उसमें प्रधानमंत्री ही सत्ता का केन्द्र है। मान लीजिए राष्ट्रपति बर्खास्त कर दें और सांसद फिर से राजीव गाँधी को ही नेता चुन लें तो इससे राष्ट्रपति का सम्मान घटेगा। एक संवैधानिक संकट भी खड़ा होगा। राष्ट्रपति परोक्ष निर्वाचन से चुना जाता है, जबकि प्रधानमंत्री जनप्रतिनिधियों के बहुमत का नेता होता है।

सवाल : क्या यह सही है कि राष्ट्रपति ज्ञानी जैल सिंह ने आपके पास प्रधानमंत्री बनने का प्रस्ताव भेजा था?

जवाब : ज्ञानी जैल सिंह अनेक कारणों से तब प्रधानमंत्री राजीव गाँधी से नाराज चल रहे थे। जो लोग उनसे मिलते–जुलते थे उनसे वे भरोसे में कहा करते थे कि अगर विश्वनाथ प्रताप सिंह तैयार हो जाएँ तो मैं राजीव गाँधी को बर्खास्त कर उन्हें शपथ दिला सकता हूँ। उनसे मिलने–जुलने वालों में से एक विद्याचरण शुक्ल मेरे पास आते थे। उनकी ज्ञानी जैल सिंह से बातचीत हुई थी। इन लोगों ने मुझे घेरना शुरू किया। मैंने उनसे साफ–साफ कहा कि मैं इस प्रस्ताव को सैद्धांतिक और राजनीतिक रूप से अनुचित मानता हूँ।

सवाल : उनका क्या कहना था?

जवाब : वे लोग कह रहे थे कि आप मान जाइए। राष्ट्रपति शपथ दिलाने के लिए तैयार हैं।

सवाल : क्या ज्ञानी जैल सिंह से भी आपकी बात हुई?

जवाब : जो लोग राष्ट्रपति का संदेश लेकर आ रहे थे, उन्हें मैंने मना कर दिया। उसके बाद ज्ञानी जैल सिंह ने संदेश भिजवाया कि वे मुझसे मिलना चाहते हैं। मैं उनसे मिलने गया। राष्ट्रपति भवन में वे अपने दफ्तर में बैठे थे, जब मैं पहुँचा। उन्होंने कहा कि आपसे यहाँ बात मैं नहीं करूँगा। वे मुझे मुगल गार्डन में ले गए। उन्होंने कहा कि यहाँ मेरे ऊपर जासूसी हो रही है। हमारी बातचीत सुनने के लिए यहाँ यंत्र लगाए गए हैं। मुगल गार्डन में टहलते हुए उन्होंने मुझसे कहा कि आप प्रधानमंत्री बनने के लिए अगर तैयार हो जाएँ तो मैं शपथ दिला सकता हूँ। मुझे बताया गया है क़ि आपके साथ काँग्रेस के 150 से ज्यादा सांसद आ जाएँगे और आपका बहुमत हो सकता है। मैंने उनसे कहा कि आपका यह सोचना ही गलत है। उनका तर्क था कि आप प्रधानमंत्री हो जाएँगे और राजीव गाँधी हट जाएँगे।

सवाल : उन्होंने जिन लोगों से संवैधानिक स्थिति के बारे में बात की थी, क्या उसकी जानकारी आपको दी?

जवाब : मैंने उनसे कानूनी राय नहीं पूछी। मैंने सुना था कि कुछ बड़े वकीलों से परामर्श कर रहे हैं। उनको एक दस्तावेज दिया गया है। उसके बारे में मैंने उनसे बात नहीं की। मेरी उसमें उत्सुकता नहीं थी। राष्ट्रपति के हाथों प्रधानमंत्री की बर्खास्तगी के विचार का मैं विरोधी था।

सवाल : इस बारे में आपने अपनी पत्नी सीता कुमारी से चर्चा की?

जवाब : आम तौर पर राजनीतिक बातों की मैं घर में चर्चा नहीं करता। मेरी यह आदत रही है कि राजनीति की तात्कालिक घटनाओं के बारे में पत्नी से बातें नहीं

करता था। जब उस घटना के बारे में सबको बताता था तो उनको भी बताता था।

सवाल : पूर्व राष्ट्रपति आर. वेंकटरमन ने अपनी पुस्तक (जब मैं राष्ट्रपति था) में लिखा है कि 'अफवाह थी कि राष्ट्रपति प्रधानमंत्री को बर्खास्त कर किसी और को उनकी जगह नियुक्त कर सकते हैं। ऐसा माहौल था कि 8 जून, 1987 को एक वरिष्ठ काँग्रेस सांसद (राजीव गाँधी के विरोधी) ने मुझसे मुलाकात की। उन्होंने कहा कि हरियाणा के चुनाव काँग्रेस के खिलाफ जाएँगे और भ्रष्टाचार के कई आरोपों के मद्देनजर राष्ट्रपति प्रधानमंत्री से इस्तीफा देने के लिए कहेंगे। उन्होंने यह भी कहा कि प्रधानमंत्री अगर इसके लिए तैयार नहीं हुए तो राष्ट्रपति उन्हें बर्खास्त कर देंगे और किसी अन्य को प्रधानमंत्री नियुक्त करेंगे। इसके अलावा, नए प्रधानमंत्री संसद भंग करने की भी सलाह दे सकते हैं। इसके बाद उन्होंने अंतिम दाँव लगाया। मुझसे कहा कि सभी असंतुष्टों की राय में अगर मैं प्रधानमंत्री बनने के लिए तैयार हो जाऊँ, तो राष्ट्रपति की कार्रवाई ज्यादा पक्की हो जाएगी।' इसी प्रसंग में वे आगे यह लिखते हैं कि '13 जून को विपक्षी दल के एक नेता ने कहा कि वे मुझसे तत्काल मिलना चाहते हैं। जब वे मिलने आए तो कहा कि राष्ट्रपति प्रधानमंत्री को बर्खास्त कर फौरन किसी और को प्रधानमंत्री बनाने का मन बना चुके हैं और विपक्ष के साथ–साथ काँग्रेस के भी एक बड़े समूह की आम राय है कि मुझे प्रधानमंत्री बनने के लिए तैयार हो जाना चाहिए।' क्या उनके सामने यह प्रस्ताव आपके मना करने के बाद गया था?

जवाब : इसकी मुझे जानकारी नहीं है।

सवाल : आप सरकार में महत्त्वपूर्ण पद पर थे। उससे हटने के बाद आपको काँग्रेस पार्टी के लोगों का व्यवहार कैसा लगा?

जवाब : उनका व्यवहार मेरे साथ ठीक था।

सवाल : ऐसा कहा जाता है कि काँग्रेस पार्टी के लोगों पर इस बात का बड़ा दबाव था कि वे आपसे सम्पर्क न रखें?

जवाब : उन पर जैसे–जैसे दबाव बढ़ा कि सम्पर्क न रखें, फिर भी मेरा सम्पर्क काँग्रेस के लोगों से बना रहा और वह प्रगाढ़ होता गया। खासकर उन लोगों से जो सत्ता के लोभ से दूर थे और विचार की राजनीति के हिमायती थे। औरों के अलावा काँग्रेस के कई व्यक्तियों और नेताओं ने मेरा मन पक्का किया कि लड़ना चाहिए। इलाहाबाद गया था। वहाँ प्रसिद्ध नारायण पाण्डेय मिले। वे नेहरू परिवार के बहुत करीब थे। स्वाधीनता सेनानी थे। उन जैसे बुजुर्ग ने मुझसे कहा कि धनुष–बाण उठाओ और कुरुक्षेत्र के मैदान में चल पड़ो, अब तुम्हारा यही धर्म है, अब अर्जुन बनो। उसका भी बड़ा असर मेरे ऊपर पड़ा कि कितने वरिष्ठ स्वतंत्रता संग्राम सेनानी के मन की

यह आवाज है। उनका कोई स्वार्थ नहीं था। मुझे भी यह महसूस हो रहा था कि जहाँ–तहाँ मेरे ऊपर हमले हो रहे हैं। चुपचाप कब तक झेलते रहेंगे। उन हमलों का जवाब देना ही हमारे लिए संघर्ष की शुरुआत थी।

सवाल : उन पर सम्पर्क न रखने का दबाव कब बढ़ा?

जवाब : यह बाद की बात है। जब मैं लोगों में जाने लगा।

सवाल : आपने अप्रैल के पहले पखवाड़े में इस्तीफा दिया था जबकि सभाओं का सिलसिला करीब तीन महीने बाद शुरू हुआ। उस दौरान आपके यहाँ जो लोग आते थे उनका भाव क्या होता था? क्या वे सहानुभूति जताने आते थे?

जवाब : शुरू में ज्यादातर लोग क्षोभ प्रकट करने आते थे। उनका कहना होता था कि आप अच्छा काम कर रहे थे। वे लोग काँग्रेस के नेतृत्व से नाराजगी प्रकट करते थे।

सवाल : उन लोगों को आपका जवाब क्या होता था?

जवाब : मैं उन्हें भरोसा दिलाता था कि चिंता मत करिए। सब ठीक हो जाएगा।

सवाल : क्या काँग्रेस में कुछ लोग ऐसे भी थे जो आपके इस्तीफे पर बधाई देने आए हों और कहा हो कि आपने सही कदम उठाया है, और अब भ्रष्टाचार के खिलाफ अभियान पर निकलिए।

जवाब : इस्तीफे के एक दिन बाद कुछ लोग माला लेकर आए थे। उनमें सोमपाल भी थे। उन्होंने मुझे बधाई दी। इसके बाद कहा कि अच्छा हुआ कि आप उस घुटन से निकल आए। आप देश की राजनीति को नई दिशा दे सकते हैं।

सवाल : उस समय आपका इरादा काँग्रेस में रहकर काम करने का था। क्या इसके विपरीत सलाह देने वाले लोग भी आपको मिले जिनका संबंध काँग्रेस से था?

जवाब : कई लोग ऐसे आए जो कहते थे कि आपको राजीव गाँधी के नेतृत्व में काम नहीं करना चाहिए।

सवाल : आपके एक सहयोगी ने मुझे बताया कि मंत्रिमंडल से इस्तीफे के अगले दिन जब लखनऊ से काफी लोगों के फोन आने लगे, उस समय आप खुद चलकर वहाँ उन लोगों से मिलने पहुँचे। इसकी क्या जरूरत थी?

जवाब : जिस जहाज से मैं लखनऊ जा रहा था उसमें राज्य सरकार के आधे दर्जन मंत्री भी थे। उनमें से सिर्फ संजय सिंह और जफर अली नकवी मेरे पास आए

और हालचाल पूछा।

सवाल : लखनऊ में आप कहाँ ठहरे थे?

जवाब : मैं वहाँ एक सरकारी बँगले में ठहरा था, जो पूर्व मुख्यमंत्री के नाते मेरे नाम पर राज्य सरकार ने आवंटित किया था।

सवाल : आपके इस्तीफे का उत्तर प्रदेश की सरकार पर किस तरह का असर हुआ था?

जवाब : मुख्यमंत्री वीरबहादुर सिंह की बेचैनी के बारे में किस्से सुने। उन्होंने 13 अप्रैल को मंत्रिमण्डल की आपात बैठक बुलाई थी, जिसमें वे अपने दो मंत्रियों जफर अली नकवी और सुरेन्द्र सिंह पर बरसे थे। कई मंत्री और विधायक चाहते थे कि उनके क्षेत्र में सभाएँ हों। मैं दो दिन वहाँ था। उस दौरान काफी लोग आए। ज्यादातर की गुजारिश थी कि मई के महीने में सभाएँ शुरू हो जाएँ।

सवाल : राजीव गाँधी के मंत्रिमण्डल से इस्तीफा देने से पहले आपने इलाहाबाद का सघन दौरा किया था, जहाँ आप 11 जनसभाओं में गए थे। इलाहाबाद से अमिताभ बच्चन के चुने जाने के बाद वह आपका पहला दौरा था। क्या आप वहाँ जनभावनाओं की थाह लेने गए थे?

जवाब : वहाँ मुझे जनता की भावनाओं की थाह लेने जाने की जरूरत नहीं थी, क्योंकि लोगों का स्नेह और आशीर्वाद मुझे हमेशा प्राप्त रहा। वह मेरा घर है। वहाँ कभी दुविधा की स्थिति नहीं थी।

सवाल : उस समय विपक्ष का रुख आपके प्रति क्या था?

जवाब : वे लोग घटनाओं को देख रहे थे। उनसे मेरा सम्पर्क नहीं था।

सवाल : क्या विपक्ष ने आपसे सम्पर्क किया?

जवाब : शुरू–शुरू में विपक्ष मेरे प्रति शंकालु था। उनकी ओर से किसी प्रकार का सम्पर्क नहीं किया गया। उस समय वे स्पष्टीकरण माँगते थे कि इमरजेंसी में काँग्रेस में क्यों थे? इन्दिरा गाँधी के साथ क्यों थे? ये सवाल उनकी ओर से पूछे जाते थे। मुझे उनका रवैया विचित्र लगता था। उनको एक राजनीतिक सहयोगी मिल रहा था। इसे वे समझने के लिए तैयार नहीं दिखते थे।

सवाल : क्या आपने स्पष्टीकरण दिया?

जवाब : मुझे स्पष्टीकरण देने की कोई जरूरत नहीं थी। अलग पार्टी बनाने का

मेरा विचार नहीं था।

सवाल : उन तीन महीनों में आप किन कामों में व्यस्त रहे?

जवाब : मैं कोई संगठन बनाने का विचार नहीं रखता था। लोग आते थे, मिलते थे, बात करते थे। उस दौरान लोगों का आना–जाना शुरू हो गया था।

सवाल : विपक्ष जब आपकी जाँच–परख कर रहा था, उन तीन महीनों में ज्यादातर लोग जो आपके पास आए और आपके साथ खड़े रहे, वे काँग्रेस के ही थे। क्या उस समय आपने अपने लिए लक्ष्मण रेखा बना ली थी कि काँग्रेस के ही लोगों के निमंत्रण पर सभा वगैरह में जाएँगे?

जवाब : शुरुआत में मैं यह सोचकर कि काँग्रेस में ही रहना है एक अनुशासित काँग्रेसी जैसा व्यवहार कर रहा था। इसलिए उस चरण में वहीं गया जहाँ काँग्रेस के लोगों ने बुलाया, जैसे– गया, हरिद्वार, मुजफ्फरनगर, उन्नाव, कानपुर आदि। सोमांश प्रकाश मुजफ्फरनगर काँग्रेस के जिला अध्यक्ष थे। उन्होंने मेरी सभा कराई, इसलिए उन्हें पार्टी से निकाल दिया गया। दिल्ली में काँग्रेस समर्थक वकीलों ने ही तीस हजारी अदालत के परिसर में सभा रखी थी। वहाँ भी मैं गया। तीस हजारी को एशिया की सबसे बड़ी अदालत माना जाता है। उसके परिसर में सभा थी जिसे तब तक की सबसे बड़ी सभा प्रेस ने बताया।

सवाल : तब आपकी टीम में कौन–कौन लोग थे?

जवाब : सोमपाल, सोमांश प्रकाश, संतोष भारतीय, संजय सिंह, रामपाल सिंह, जफर अली नकवी और सुरेन्द्र सिंह। शुरुआती दौर में ये लोग ही मेरे मददगार थे जो संघर्षपर्यंत मेरे साथ बने रहे।

सवाल : विपक्ष में जो आपके प्रति सहानुभूति रखते थे और जिनसे आपका सम्पर्क सबसे पहले बना, वे कौन लोग थे?

जवाब : जिस दिन मुझे पार्टी से निकाला गया तब मैं रामकृष्ण हेगड़े के घर था। वे मेरे सम्पर्क में थे। उनको यह आभास हो गया था कि काँग्रेस से मेरा निष्कासन हो सकता है। वे काँग्रेस में रह चुके थे। पार्टी तंत्र को जानते थे। उनके अलावा मधु दंडवते और सुरेन्द्र मोहन से भी मेरा सम्पर्क हो गया था।

सवाल : कम्युनिस्ट पार्टियों से सम्पर्क कब हुआ?

जवाब : वह बाद का किस्सा है।

सवाल : काँग्रेस के जो नेता आपके खिलाफ ज्यादा बोलते थे उसका कारण क्या था?

जवाब : कल्पनाथ राय, के.के. तिवारी और ऐसे ही दो–तीन लोग थे, जो या तो निजी कारणों से राजनीतिक स्वार्थवश बोलते थे या उनकी भूमिका लाउडस्पीकर की होती थी। काँग्रेस के ज्यादातर नेता मेरे प्रति सद्भाव रखते थे।

सवाल : नारायण दत्त तिवारी का क्या रुख था?

जवाब : उन पर यह आरोप था कि वे वी.पी. सिंह के प्रति नरम हैं। उनके विरोधी उनके खिलाफ यही बात कहते थे। अपना नुकसान झेल कर भी उन्होंने अपनी शराफत नहीं छोड़ी। मेरे लिए ही नहीं, वे किसी के लिए भी ऐसा ही रुख रखते। यह उनका गुण है। वे अपने राजनीतिक काम से किसी प्रकार का समझौता नहीं करते थे। पार्टी का काम करते थे, किन्तु वे गाली–गलौज में नहीं पड़ते थे।

सवाल : विपक्ष ने आपसे कब सम्पर्क किया?

जवाब : जब यह देखा कि मुझे व्यापक जनसमर्थन मिलने लगा है, जनता के बीच बड़ी–बड़ी सभाएँ होने लगी हैं, तो मैंने बाहर जाना शुरू कर दिया। लोगों का जबरदस्त समर्थन मिल रहा था। प्रेस ने भी महत्त्व दिया। इसके बाद विपक्ष की ओर से कुछ लोग आए। यह तीन महीने बाद की स्थिति है। इसमें एक अपवाद है। चौधरी देवीलाल मुझसे मिले नहीं थे, लेकिन उन्होंने अपने चुनाव के बाद ही इसका एलान कर दिया था कि मैं विश्वनाथ प्रताप सिंह को प्रधानमंत्री बनवाऊँगा। वे यह कहने वाले पहले नेता थे।

सवाल : किसी ने सीधे आपसे सम्पर्क किया या नहीं?

जवाब : यह कई महीने बाद हुआ।

सवाल : जनसमर्थन का सही अंदाज आपको कब हुआ?

जवाब : बिहार से कुछ लोग आए। वे डॉ. जगन्नाथ मिश्र के करीबी थे। उनमें एक विधायक थे जयकुमार पालित और दूसरे उनके साथी थे। वे लोग गया में सभा के लिए मुझसे समय माँग रहे थे। सरकार से इस्तीफा देने के बाद मुझे काफी लोग यह सलाह दे रहे थे कि आपको जनसम्पर्क के लिए निकलना चाहिए। मैंने सोचा कि गया से शुरुआत की जा सकती है।

वहाँ पहुँचने पर लोगों की भावनाओं को महसूस करने का अवसर मिला। पूरा शहर सड़क पर था। सभा स्थल से काफी पहले लोग सड़कों और गलियों में उमड़ आए थे। वह दृश्य अविस्मरणीय है। वहीं मुझे इसका अहसास हुआ कि लोग हमारे

मुद्दे को सही समझते हैं। जिन लोगों ने सभा रखी थी वे काँग्रेस के विधायक थे। उन्हें सार्वजनिक जीवन का अनुभव भी कम था, पर उत्साह भरपूर था। उन्होंने भरसक बढ़िया प्रबंध कर रखा था, जो सभा आदि के लिहाज से छोटा पड़ गया।

मुझे भीड़ का अंदाज रहता है। इसका अभ्यस्त रहा हूँ। अपने क्षेत्र में मैं देखता हूँ और वहाँ पाता हूँ कि काफी लोग आ जाते हैं। लेकिन गया की भीड़ खुद उमड़ कर आई थी। जब गया पहुँचे तो अँधेरा हो चुका था। भीड़ इस कदर थी कि उससे होकर कार से नहीं जाया जा सकता था और पैदल भी निकलना मुश्किल था। इसलिए लोग मुझे कार में बैठाकर करीब एक किलोमीटर तक उसे धकेलते हुए मैदान तक ले गए थे। मुझे महसूस हुआ कि यह नया फिनामिना है।

सवाल : उस समय विपक्ष आपके मुद्दों का समर्थन कर रहा था। अखबारों में भी जो टीका–टिप्पणी छप रही थी, उससे क्या आपको जनसमर्थन की थाह नहीं मिल पा रही थी जो गया की सभा से मिली?

जवाब : विपक्ष जोर–शोर से बोल रहा था। मैं समझता था कि वह तो बोलेगा ही क्योंकि उसे अवसर मिल गया है। एक ऐसे कैबिनेट मिनिस्टर का इस्तीफा हुआ था जो प्रधानमंत्री राजीव गाँधी के करीब माना जाता रहा हो। मैं सोचता था कि विपक्ष इसे भुनाएगा ही और प्रेस में जो रिपोर्ट वगैरह छप रही थीं उससे जरूरी नहीं है कि जनमत का सही अंदाज लगे। जनमत और प्रेस सहित बुद्धिजीवियों के मत में कई बार अंतर रहता है और उससे भ्रम भी पैदा होता है। जनमत का सही अंदाज मुझे पहली बार गया की सभा से हुआ।

सवाल : इस क्रम में दूसरी कौन–सी सभा है जिसे आप मील का पत्थर मानते हैं?

जवाब : ज्यादातर लोगों को पहली सभा याद नहीं है। वे हरिद्वार की सभा से ही शुरुआत मानते हैं जबकि वह दूसरी सभा थी। हरिद्वार की सभा कई मायने में यादगार है। हम दिल्ली से ही गए थे, काफी बड़ा काफिला हो गया था। वह भी स्वतःस्फूर्त था। उसमें प्रेस के लोग भी थे। तेज बारिश के बावजूद बड़ी सभा हुई। लोग तैयारी से आए। उनके हाथों में छाता था। सभा में लोग छाता लिए मैदान में अविचलित डटे रहे।

सवाल : हरिद्वार से क्या सभा का निमंत्रण आया था?

जवाब : हरिद्वार में भारत हैवी इलेक्ट्रीकल (भेल) के मजदूर नेता ब्रजपाल सिंह ने सभा रखवाई थी। वे इन्टेक से जुड़े हुए थे। काँग्रेस में बहुत बड़ा समुदाय था जो नेतृत्व से क्षुब्ध था। उनको इसकी परवाह नहीं थी कि काँग्रेस का नेतृत्व क्या फैसला करेगा। सभा से एक पखवाड़े पहले सोमपाल और सोमांश प्रकाश के जरिए अनुरोध

आया। ये लोग चाहते थे कि वहाँ सभा हो। उन लोगों ने ही कार्यक्रम तय किया था। मुझे याद है कि 15 जुलाई को हरिद्वार में वह सभा थी। उसमें मेरे साथ आरिफ मोहम्मद खान, विद्याचरण शुक्ल और अरुण नेहरू आदि भी थे।

सवाल : इसका मतलब यह है कि आपसे पहले वे लोग जुड़े जो काँग्रेस में ही थे और घुटन महसूस कर रहे थे। शुरुआत कैसे हुई?

जवाब : एक शुरुआत मेरे जन्मदिन से हुई। आरिफ मोहम्मद खान 25 जून को मेरे जन्म दिन पर घर आए। उन्होंने अपने यहाँ अगले दिन दोपहर बाद चाय पर मुझे बुलाया। वहाँ गया और देखा कि अरुण नेहरू, रामधन आदि के अलावा प्रेस के भी कई प्रतिनिधि थे। उन दिनों रोज कुछ न कुछ छपता रहता था। बोफोर्स और पनडुब्बी विवाद पर घर हो या सड़क या चौपाल हर जगह बहस होती थी।

सवाल : वह आपका 56वाँ जन्मदिन था?

जवाब : हाँ।

सवाल : हरिद्वार की सभा में आरिफ मोहम्मद खान को क्या आयोजकों ने बुलाया था?

जवाब : नहीं, मैंने उनसे साथ चलने के लिए कहा था। मैंने यह सोचकर उन्हें हरिद्वार की सभा का निमंत्रण दिया कि काँग्रेस में कुछ लोग ही उनके जैसे हैं जो निर्भय होकर मुझे अपने घर बुला रहे हैं। उन दिनों वातावरण में भय और आशंका थी। काँग्रेस के लोग मेरे नजदीक आने से डरते थे। इसलिए उनको हरिद्वार चलने के लिए कहा। मैंने अरुण नेहरू को भी कहा।

सवाल : आरिफ की प्रतिक्रिया क्या थी?

जवाब : उन्होंने कहा कि आप सोच लीजिए। मुझे वहाँ ले चलने से आपको नुकसान हो सकता है। शाहबानो के मामले में मुसलमानों का एक वर्ग मुझसे नाराज है। वह नाराजगी आपके प्रति भी हो सकती है। मैंने कहा कि आप चलिए।

सवाल : आरिफ मोहम्मद खान के साथ राजीव गाँधी ने जो बर्ताव किया था, क्या उस बारे में उन्होंने आपसे कभी बात की थी?

जवाब : आरिफ मोहम्मद खान का कहना है कि उन्होंने शाहबानो के मामले में जो रुख अपनाया था वह राजीव गाँधी का फैसला था। उन्होंने ही सुप्रीम कोर्ट के फैसले का सदन में समर्थन करने के लिए कहा था। शाहबानो के मामले में सुप्रीम कोर्ट के फैसले पर राजीव गाँधी ने पहले जो रुख अपनाया, उस पर वे कायम नहीं

रह सके। उन पर दबाव पड़ा और वे बदल गए। इस बारे में उन्होंने आरिफ मोहम्मद खान को विश्वास में नहीं लिया। आरिफ मोहम्मद खान को ही वे बोलते कि अब इस सवाल पर अपना रुख बदलना है तो समस्या हल हो जाती।

सवाल : क्या आरिफ मोहम्मद खान की शिकायत जायज थी?

जवाब : मैं उनकी शिकायत को सही समझता हूँ। उन्हें पूरे समुदाय का प्रकोप झेलने के लिए अलग कर दिया गया। राजीव गाँधी को अपना रुख बदलने से पहले आरिफ मोहम्मद खान से बात करनी चाहिए थी।

सवाल : आरिफ मोहम्मद खान और अरुण नेहरू ने हरिद्वार साथ चलने से पहले आपसे कुछ कहा?

जवाब : वे लोग तैयार हो गए।

सवाल : अरुण नेहरू का सरकार में एक समय बहुत दबदबा था। क्या कारण रहा कि वे भी राजीव गाँधी से दूर हो गए?

जवाब : इसकी मुझे जानकारी नहीं है। मैंने उनसे कभी पूछा नहीं। उन्होंने भी इस बारे में मुझे बताया नहीं।

सवाल : जिस समय अरुण नेहरू को राजीव गाँधी ने हटा दिया था, आपको तब की कोई घटना याद है?

जवाब : एक समय अरुण नेहरू राजीव गाँधी के मंत्रिमंडल और काँग्रेस सगठन में बहुत महत्त्वपूर्ण थे। जब राजीव गाँधी ने उनको मंत्रिमंडल से हटा दिया, उसके बाद उनसे कोई मिलने की हिम्मत नहीं करता था। मैं एक दिन उनसे मिलने गया। मैंने राजीव गाँधी से कहा कि अरुण नेहरू से मैं सम्पर्क में हूँ।

सवाल : जब आरिफ मोहम्मद खान ने इस्तीफा दिया तो क्या आप उनके भी सम्पर्क में बने रहे और इसकी जानकारी राजीव गाँधी को दी थी?

जवाब : मैंने राजीव गाँधी का आरिफ मोहम्मद खान के बारे में मन टटोला था। मुझे यह समझ में आया कि वे अरुण नेहरू से कहीं ज्यादा आरिफ मोहम्मद खान से नाराज थे। राजीव गाँधी ने मुझसे कहा कि अरुण नेहरू से मिलना–जुलना तो ठीक है किन्तु आरिफ मोहम्मद खान से मत मिलो।

सवाल : हरिद्वार की सभा में आप लोगों ने क्या ऐसा कुछ कहा जिसके कारण काँग्रेस से आरिफ मोहम्मद खान वगैरह का निष्कासन हो गया?

जवाब : उस समय के मुद्दे मुख्य थे जिन पर वहाँ भाषण हुए। किसने क्या कहा, इससे ज्यादा महत्त्वपूर्ण था वहाँ का राजनीतिक संदेश, जिसके चलते राजीव गाँधी ने उन लोगों को निष्कासित कर दिया जो वहाँ मेरे साथ गए थे। जिनका निष्कासन हुआ वे थे–आरिफ मोहम्मद खान, अरुण नेहरू और विद्याचरण शुक्ल। यह 15 जुलाई 1987 की शाम को हुआ।

सवाल : इन लोगों के निष्कासन पर आपने क्या सोचा?

जवाब : मुझे जैसे ही यह जानकारी मिली कि इन लोगों का काँग्रेस से निष्कासन कर दिया गया है, मैंने इसकी नैतिक जिम्मेदारी अपने ऊपर ले ली। उस समय मैं हरिद्वार में था। वहाँ जयराम आश्रम में अपने कुछ साथियों से परामर्श किया। वहाँ से दिल्ली के लिए रवाना हुआ। रास्ते में कार में राजीव गाँधी को पत्र लिखा। मुजफ्फरनगर में सोमांश प्रकाश के घर रुका और वहीं वह पत्र टाइप कराया गया। उसे वहीं प्रेस को जारी कर दिया और उसे सोमपाल सिंह के हाथों दिल्ली भिजवा दिया। उस पत्र में मैंने प्रधानमंत्री राजीव गाँधी को लिखा कि बिना कारण बताए तो नाथूराम गोडसे को भी फाँसी की सजा नहीं सुनाई गई थी, जबकि उसने बापू को सबके सामने मारा था। इसलिए यह उचित नहीं है कि इन लोगों को स्पष्टीकरण का अवसर दिए बिना पार्टी से निकाला जाए। इसलिए विरोध स्वरूप मैं आपको लिख रहा हूँ। इसे जरूरी समझें तो राज्यसभा के सभापति को भेज दें। उसमें मैंने राज्यसभा की सदस्यता से इस्तीफे की पेशकश की थी। जब तक मैं दिल्ली पहुँचा, मेरे इस्तीफे की खबर आरिफ मोहम्मद खान वगैरह को लग गई थी।

सवाल : क्या आपने काँग्रेस पार्टी से इस्तीफा दिया था?

जवाब : नहीं, मैंने काँग्रेस पार्टी से इस्तीफा कभी नहीं दिया।

सवाल : आपने राज्यसभा से इस्तीफे का अपना पत्र राजीव गाँधी को क्यों भिजवाया?

जवाब : वह पत्र मैंने मुजफ्फरनगर में प्रेस को दे दिया था। मैंने अपना पत्र राज्यसभा के सभापति को संबोधित किया था, लेकिन उसे भेजा था प्रधानमंत्री को। दिल्ली पहुँचने पर उसे प्रधानमंत्री को दुबारा भिजवा दिया।

सवाल : कहा जाता है कि राजीव गाँधी ने आपके पत्र पर पहले अमिताभ बच्चन से इस्तीफा लिया और बहाना यह बनाया कि आपने सशर्त इस्तीफा दिया है इसलिए इसे स्वीकार नहीं किया जा सकता। क्या आपके पत्र में कोई शर्त थी?

जवाब : मैं यह नहीं कह सकता कि अमिताभ बच्चन का लोकसभा से इस्तीफा राजीव गाँधी ने दिलवाया। हो सकता है कि इन विवादों के चलते उन्होंने खुद इस्तीफा दिया हो। इतना तय है कि 17 जुलाई 1987 को अमिताभ बच्चन ने लोकसभा की सदस्यता छोड़ी। राजीव गाँधी को राज्यसभा से मेरा इस्तीफा एक दिन पहले मिल गया था।

मेरा पत्र स्पष्ट था, उसमें कोई शर्त नहीं थी। राजीव गाँधी ने यह कारण बताया क्योंकि वे बचाव की मुद्रा में खुद को दिखाना नहीं चाहते थे। वे पहल अपनी मुट्ठी में रखने के इरादे से यह कह रहे थे। उस समय के उनके फैसले इसे साफ करते हैं। पहले उन्होंने सोचा होगा, सलाह ली होगी और फिर फैसले किए।

सवाल : आपका इस्तीफा उन्होंने स्वीकार नहीं किया?

जवाब : हाँ, यह कहा गया कि इस्तीफा सशर्त है इसलिए स्वीकार नहीं किया जा सकता।

सवाल : आपके इस्तीफे के अगले दिन अरुण सिंह ने भी इस्तीफा दे दिया जो उस समय रक्षा राज्य मंत्री थे। उन्होंने क्यों इस्तीफा दिया?

जवाब : प्रधानमंत्री राजीव गाँधी से अरुण सिंह का मेरे प्रति नजरिए पर गम्भीर मतभेद हो गया था। अरुण सिंह प्रधानमंत्री के यहाँ गए थे। उन्होंने अपनी बात खुलकर रखी थी। उन्होंने उनसे कहा था कि विश्वनाथ प्रताप सिंह के खिलाफ ये कदम मत उठाओ। आप ऐसा कोई काम न करें जिससे यह संदेश जाए कि आप भ्रष्टाचारियों को बचा रहे हैं। यही बात नारायण दत्त तिवारी ने भी उनसे कही थी। अरुण सिंह और राजीव गाँधी में बोफोर्स सौदे को लेकर भी मतभेद हो गया था। मैं अरुण सिंह को अनमोल इंसान मानता हूँ। वे बहुत ही सक्षम प्रशासक थे।

सवाल : क्या अरुण सिंह ने इस्तीफा देने के बाद आपके साथ काम करना शुरू किया?

जवाब : नहीं, उन्होंने पहले भी कहा था कि वे राजनीति और सत्ता के लिए सरकार में शामिल नहीं हुए थे, राजीव गाँधी से दोस्ती थी इसलिए आए थे। उन्होंने पहले ही साफ कर दिया था कि जब तक यह संबंध चलता रहेगा तब तक वे रहेंगे, नहीं तो घर लौट जाएँगे। वे वापस चले गए और जंगल में रहना शुरू कर दिया।

सवाल : उन दिनों रोज ऐसी घटनाएँ हो रही थीं। अमिताभ बच्चन के इस्तीफे के बाद राजीव गाँधी ने घोषणा की थी कि अजिताभ के मामले में आरोपों की सच्चाई जानने के लिए जाँच कराई जाएगी। इसकी जरूरत क्या थी और क्या जाँच

करवाई गई?

जवाब : अमिताभ बच्चन के इस्तीफा देने के अगले दिन इंडियन एक्सप्रेस ने एक खबर दी कि अजिताभ बच्चन ने स्विट्जरलैंड में एक फ्लैट खरीदा है, जबकि वे पर्यटक वीजा पर वहाँ गए थे। एक्सप्रेस ने उन दस्तावेजों का फोटो भी खबर में छापा था। उस खबर में सवाल उठाया गया था कि इतनी बड़ी रकम उनके पास कहाँ से आई? उस खबर में यह सवाल उठाया गया था कि क्या कोई व्यक्ति पर्यटक वीजा पर विदेश में जाकर सरकार की इजाजत के बगैर जमीन खरीद सकता है। इस खबर के जवाब में राजीव गाँधी ने जाँच कराने संबंधी बयान दिया। उनको जाँच करवानी नहीं थी।

उन दिनों अजिताभ बच्चन के बारे में खबरें छप रही थीं कि उन्होंने स्विट्जरलैंड में करीब एक करोड़ रुपए का फ्लैट खरीदा है। सवाल पूछे जा रहे थे कि वह पैसा कहाँ से आया? तमाम विवाद थे ही, जैसे पनडुब्बी और बोफोर्स सौदे में रिश्वतखोरी का।

सवाल : उस खबर पर आपने प्रधानमंत्री राजीव गाँधी को पत्र लिखा था?

जवाब : राजीव गाँधी ने संसद में कहा था कि हर सम्भव प्रयास कर सच का पता लगाएँगे। यही मैंने उन्हें याद दिलाया था और अंग्रेजी मुहावरे की शब्दावली में लिखा था कि प्रधानमंत्री जी आप वहाँ से पत्थर उठाइए और उलटकर देखिए कि सच क्या है। दोषी पर मुकदमा चलाने की भी मैंने माँग की थी।

सवाल : क्या उसका जवाब आपको मिला?

जवाब : प्रधानमंत्री ने पत्र का जवाब नहीं दिया। उसके बाद सुलहनामे का प्रस्ताव आया जिसका जिक्र मैं पहले कर चुका हूँ। एक अखबार के मालिक और संपादक नरेंद्र मोहन वह प्रस्ताव लेकर आए थे। मेरे मना कर देने पर ही मुझे काँग्रेस से निकाल दिया गया।

सवाल : इन घटनाओं के बाद आपको 19 जुलाई 1987 के दिन पार्टी से निकाला गया। क्या आपको राजीव गाँधी के इस कदम का आभास हो गया था?

जवाब : मुझे काँग्रेस अध्यक्ष के फैसले पर आश्चर्य नहीं हुआ। मेरी पहली प्रतिक्रिया थी कि एक साधारण सदस्य के रूप में भी मेरे लिए काँग्रेस में कोई जगह नहीं बची है।

सवाल : इससे आप किस तरह के मनोभाव में पहुँचे?

जवाब : मेरे मन में अवसाद का भाव पैदा हुआ। मैंने महसूस किया कि चौराहे पर खड़ा हूँ।

सवाल : काँग्रेस से निष्कासन से पहले आपने कलकत्ता में कहा था कि जब तक मैं काँग्रेस में हूँ, राजीव गाँधी मेरे नेता हैं। निष्कासन के बाद यह बंधन खत्म हो गया। क्या उसके बाद आपने अपना मंच बनाने का फैसला किया?

जवाब : उस समय की विचार प्रक्रिया बताता हूँ। आम तौर पर होता है कि पार्टी से नेता इस्तीफा देते हैं। उसके बाद अपनी पार्टी बनाते हैं। मेरे मन में ऐसा नहीं था। काँग्रेस को छोड़ने का इरादा नहीं था। जब पार्टी से मुझे निकाल दिया गया, तब उसमें वापस जाने का मैंने मोह नहीं रखा। लेकिन अलग पार्टी बनाने का भी विचार नहीं आया। मैं देख रहा था कि छोटी–छोटी पार्टियाँ हैं, उनसे कोई व्यापक राजनीतिक विकल्प नहीं उभरता। उनमें ही एक और पार्टी जोड़ देने से राजनीतिक परिस्थिति को नहीं बदला जा सकता, क्योंकि काँग्रेस फिर भी सेंट्रल फोर्स बनी रहती है। मैंने यह भी देखा है कि लोग विपक्ष में इसलिए जाते हैं कि उन्हें काँग्रेस में वापस आना है। काफी लोग सोशलिस्ट पार्टी में गए जो काँग्रेस में वापस आ गए। इसलिए पूरे देश की राजनीति का विचार कर मैंने सोचा कि एक नई पार्टी बनाने से कोई फायदा नहीं।

सवाल : काँग्रेस से निकाले जाने के बाद जगह–जगह आपकी सभाओं में हो रहा विरोध क्या स्वतःस्फूर्त था?

जवाब : मैं यह नहीं कह सकता कि किस स्तर पर होता रहा होगा। मेरे साथ ऐसी घटनाएँ हुई थीं। इन घटनाओं में जो शामिल होते थे वे दो प्रकार के लोग थे। एक वे लोग थे जो अपनी वाहवाही के लिए करते थे ताकि अपना राजनीतिक भविष्य काँग्रेस में सुधार सकें। उनको यह पता था कि लखनऊ और दिल्ली के नेता इससे खुश होंगे। इस पर वे बढ़चढ़ कर ऐसे काम करते रहे होंगे। दूसरे प्रकार के वे लोग थे जो अपराधी किस्म के थे। उनको चुपके से यह काम सौंपा जाता था कि वे नुकसान पहुँचा सकें। ऐसे लोगों को वे ही लोग कह सकते हैं जो सत्ता तंत्र में उस समय बैठे हुए थे। जैसे उन्नाव में अपराधी छोड़ दिए गए थे।

जहाँ भी जाते थे वहाँ काँग्रेस का एक वर्ग काले झण्डे लेकर पहुँच जाता था। वे कुछ न कुछ लड़ाई झगड़ा करते रहते थे। लोग हमारे समर्थन में थे इसलिए वे जीतते नहीं थे, मार खाते थे। जैसे उन्नाव में हुआ। हम उन्नाव में सभा के लिए जा रहे थे। लखनऊ और उन्नाव के बीच एक जगह हम लोग रुके। देखा कि जो लड़के हमारे आगे–आगे जा रहे थे वे पीछे लौट रहे हैं। एक की टाँग में बहुत चोट आई थी। उनसे मालूम पड़ा कि आगे झाड़ियों में लाठी लिए लोग बैठे हैं। हमारे सामने समस्या थी कि क्या करें? मैंने सोचा कि अगर यहाँ से लौट गए तो हम उत्तर प्रदेश में कहीं भी सभा नहीं कर पाएँगे। हर जगह यही होगा कि कुछ लोग लाठी–डण्डा लेकर हमें रोक देंगे या सभा नहीं होने देंगे। काँग्रेस का तरीका मुझे मालूम था। जो लोग यह

काम करते थे उनका मकसद बदले में टिकट माँगना होता था। वे अपनी योजना में इसे सर्टिफिकेट के तौर पर इस्तेमाल करते। वे कहते कि वी.पी. सिंह का विरोध किया था इसलिए टिकट दीजिए। इन बातों की परवाह न कर, मैंने फैसला किया कि लौटना नहीं है, जो होगा देखा जाएगा। हम आगे बढ़े।

उन्नाव की सभा के लिए जाते समय जब देखा कि मारपीट का अंदेशा है और हमला भी हो सकता है तो मैंने कहा कि जितनी भी गिट्टी हो सके जीप में भर लो और पॉकेट में भी भर लो, पेड़ की टहनियाँ तोड़कर हाथों में ले लो। उससे हमले का मुकाबला करेंगे। उसके बाद चले, जब उधर से विरोध के नारे लगे और हमले के लिए झाड़ियों से निकल कर लोग आए तो उनका मुकाबला हमारे साथ चल रहे लड़कों ने किया। वे लोग भागने लगे जो विरोध करने और हमले के इरादे से आए थे। भागते समय जब गिर जाएँ तो वी.पी. जिंदाबाद का नारे लगाते थे। गाँव वालों ने भी उनकी मरम्मत की क्योंकि वे ये मानते थे कि इससे उनके गाँव की बदनामी हो रही है। बाद में पता चला कि जो लोग आए थे उन्हें एक कारखाने के मालिक ने भेजा था जो ठाकुर साहब थे। उन पर हत्या का मुकदमा चल रहा था। उन्हें आश्वासन दिया गया था कि वे बरी कर दिए जाएँगे। राज्य सरकार के गृहमंत्री और जेल मंत्री उन हमलावरों के पीछे थे। जब इस तरह का समर्थन हो तो फिर डर क्या है। ठाकुर साहब का काम आसान करने के लिए नम्बरी बादमाशों को पैरोल पर छोड़ दिया गया था। उनकी फैक्टरी हमारे रास्ते में थी। उसी रास्ते पर फाटक था।

मालूम पड़ा कि कुछ लोग छत पर बंदूक और देसी पिस्तौल लेकर बैठे हैं। जिस रास्ते हम लोग जा रहे थे उसका अनुमान कर वे हमले के लिए बैठे थे। काँग्रेस के विधायक रहे भूधर मिश्र आए, कहा कि जिस रास्ते से आप लोग जा रहे हैं उधर से मत जाइए और इसका कारण बताया। हमने दूसरा रास्ता लिया। जो लोग पहले वाले रास्ते से आए उन पर गोलियाँ चलीं। उन्नाव की सभा में साँप छोड़ दिया गया, जिसे किसी ने काबू में कर लिया। एक कोई था जो जानता था कि साँप को पूँछ पकड़कर उल्टा घुमाकर मारा जा सकता है। वहाँ मैंने कहा कि देखिए, काँग्रेस का कोई साथी नहीं रह गया है, सिवाए साँप के। अब इनको साँप का सहारा लेना पड़ रहा है, इंसान तो साथ रहे नहीं। इसे बी.बी.सी. ने प्रसारित किया कि 'नाऊ द वनलि फ्रेंड्स लेफ्ट विद दी काँग्रेस आर दी स्नेक्स, यू कैन सी इट नाऊ।' इस तरह की कई घटनाएँ उन दिनों हुई।

सवाल : सीतापुर और लखीमपुर खीरी में आप पर हमले हुए थे। उनका किस्सा क्या है?

जवाब : सीतापुर में पहले सभा थी और उसी दिन लखीमपुर खीरी की सभा के लिए जुलूस में जा रहे थे। सीतापुर में काँग्रेस के लोगों ने काले झण्डे दिखाए। लखीमपुर

खीरी में सभा से पहले बहुत बड़ा जुलूस हो गया था। मैं खुली जीप में था। एक चौराहे से सभा की तरफ मुड़ रहे थे। चौराहे पर जनता मेरे ऊपर फूल फेंक रही थी। उसी में एक ने फूल के साथ पत्थर छिपाकर मारा। वह पत्थर आकर सिर में लगा। खून बहने लगा। मैं जरा भी बोला नहीं। जहाँ से खून निकल रहा था वहाँ हाथ भी नहीं रखा, क्योंकि लोग फिर देखते और प्रतिक्रिया में पत्थर मारने वाले पर जवाबी हमला कर देते। ऐसी स्थितियों में भीड़ की यही मानसिकता होती है। लोग उस पर टूट पड़ते और मार डालते। इसलिए मैंने उस लड़के को निकल जाने का मौका दिया। मैंने यह बताया भी नहीं कि पत्थर लगा है। उसी सभा में मालूम पड़ा कि एक आदमी टोकरी में माला रखे घूम रहा है। जफर अली नकवी ने मुझे बताया कि जब हम लोगों को संदेह हुआ तो देखा गया और पता चला कि वह माला के नीचे साँप रखे हुए था।

सवाल : क्या सरकारी तंत्र का दुरुपयोग कर आपका विरोध करने के प्रयास हुए?

जवाब : ऐसा कई जगह हुआ। एक सभा गोरखपुर में थी। योजना यह थी कि लखनऊ पहुँचकर वहाँ से सड़क के रास्ते मोटर से जाएँगे। लखनऊ पहुँचने में कुछ स्टेशन ही रह गए थे कि ट्रेन रोक दी गई। बताया गया कि इंजन खराब हो गया। पहली बार सुना कि इंजन खराब हुआ है। ट्रेन से निकलकर हम लोग बाहर बैठ गए। लोगों ने घेर लिया। मेरा ऑटोग्राफ लेते रहे। वहाँ दो घंटे इंतजार करते रहे। उसके बाद संजय सिंह गाड़ी लेकर आए। वे घंटे डेढ़ घंटे स्टेशन मास्टर से पूछते रहे कि ट्रेन कहाँ रुकी है। वह बार–बार कहता था कि मुझे इसका पता नहीं है। उन्होंने जब उससे कहा कि ट्रेन का तो पता नहीं है और अब आपको ही मैं डील करूँगा, तब उसने बताया कि ट्रेन एक जगह रुकी हुई है। जैसे ही हम लोग चले कि ट्रेन भी चल पड़ी। मेरी वजह से दूसरे पैसेंजर भी परेशान हुए। जब ट्रेन जाने लगी तो मैंने कहा कि जो पुर्जा खराब हो गया है वह जा रहा है। अच्छा हुआ ये बीमारी जा रही है। गोरखपुर में सभा दोपहर में थी और हम पहुँचे शाम को। फिर भी अच्छी सभा हुई।

सवाल : दिल्ली विश्वविद्यालय की सभा में आप पर हिंसक हमला किया गया। ऐसी घटनाओं पर आपकी प्रतिक्रिया क्या होती थी?

जवाब : सेंट स्टीफन कॉलेज में इतिहास के एक प्रोफेसर डा. द्विवेदी होते थे। उन्होंने मुझे अपने घर बुलाया। विश्वविद्यालय के अध्यापकों के साथ एक बैठक होनी थी। अध्यापकों के निवास की तरफ जो गेट था उससे हम लोग प्रो. द्विवेदी के घर में जा रहे थे। सोमपाल गाड़ी चला रहे थे और मैं अगली सीट पर बैठा हुआ था। कुछ लड़के स्वागत करने के भाव में आगे बढ़े। उनके हाथों में छोटी मालाएँ थीं। यह देख कर मेरी सुरक्षा में लगे लोगों को संदेह हुआ। बाद में पता चला कि इस माला में तार

था जिसे गले में डालकर वे हमला करते और खींचते। उसी समय उन युवकों ने पत्थर और बोतलें फेकीं। गाड़ी का सीसा टूट गया। थोड़ी दूर पर कुछ लड़के थे जो वी.पी. सिंह जिन्दाबाद का नारा लगा रहे थे। वे ऐसा इसलिए कर रहे थे कि गाड़ी रुक जाय और वे हमला कर सकें। हम डॉ. द्विवेदी के घर आ गए। बाहर के शोरगुल के कारण मैंने कहा कि अंदर से दरवाजा बन्द कर दीजिए। वहाँ जितनी गाड़ियाँ थीं उनको काफी नुकसान पहुँचाया गया। थोड़ी देर बाद पिस्टल चलने की आवाज आई। हम शिकार खेलते हैं इसलिए आवाज को पहचानते हैं। उन युवकों ने घर के अंदर आकर दरवाजे पर धक्का देना शुरू किया। मैंने कहा कि यहाँ से महिलाओं को सुरक्षित स्थान पर पहुँचाइए। मुझे लगा कि दरवाजा वे लोग खोल देंगे और भीतर घुस आएँगे। मुठभेड़ होगी, तब मेरे सुरक्षा गार्ड गोली चलाएँगे। दो–चार लड़के मारे जा सकते हैं और काँग्रेस को एक बड़ा मुद्दा मिल जायेगा। इसे बचाने के लिए मैंने बेहतर समझा कि पिछले दरवाजे से बाहर निकल जाएँ। वहाँ कॉलेज के भवन की सीढ़ियाँ चढ़ते हुए ऊपर पहुँचे और वहीं से उन छात्रों का हंगामा देखने लगा।

थोड़ी देर बाद वह भीड़ उस घर में घुसी। वे लोग पूछ रहे थे कि वी.पी. सिंह कहाँ हैं। प्रो. द्विवेदी ने उनको बताया कि वे चले गए हैं। इसके बाद उन लोगों ने घर का पर्दा जलाया। बाहर विस्फोट किया। यह सब मैं ऊपर से देख रहा था। दो लड़के घर से निकलकर झाड़ी में छिप गए। वे इस ताक में थे कि जैसे ही मैं निकलूँ तो हमला करेंगे। एहतियातन सोमपाल ने किरण बेदी को फोन किया। वे तत्काल आईं और उनके साथ पुलिस फोर्स भी थी जिसने उन लड़कों को घेरा बनाकर पकड़ा और ले गई।

सवाल : आप पर हुए हमले की निंदा सी. सुब्रमण्यम, कमलापति त्रिपाठी और सादिक अली ने की थी। उनके बयान से क्या आपने यह माना कि काँग्रेस के बुजुर्ग नेताओं का आपको समर्थन प्राप्त है?

जवाब : उनके बयान को समर्थन के रूप में देखने के बजाए सार्वजनिक जीवन की मर्यादाओं के संदर्भ में समझा जाना चाहिए।

सवाल : जो जन–समर्थन मिल रहा था उस पर आप क्या महसूस करते थे?

जवाब : हर तरफ से जो समर्थन मिल रहा था उससे मैं जिम्मेदारी के भाव से भर जाता था। लोग भरोसा कर रहे हैं। उसके अनुरूप बनने की जिम्मेदारी अपने ऊपर आ जाती है। इसकी खुशी होती है कि लोगों का विश्वास मिला। उसी के साथ यह सवाल भी खड़ा होता है मन में कि क्या हम उस विश्वास की रक्षा कर पाएँगे। जब लोग आपको देवता मानने लगें तो वरदान देने की शक्ति भी होनी चाहिए। उसी के साथ यह भी देखा जाता है कि आप कितने मानवीय हो, नहीं तो लोग मूर्ति बनाकर

पूजा करने लगते हैं। इसके बाद बरदान माँगने लगते हैं। उसकी पूर्ति नहीं होने पर वे नाराज होने लगते हैं। मैंने कहा कि मेरी वह स्थिति न हो। यह खतरनाक स्थिति इसलिए है कि आप मूर्ति की तरह खड़े रहें, इंसान बनें ही नहीं। आदमी तो आदमी होता है। वह देवता तो है नहीं कि मूर्ति की तरह खड़ा रहे।

सवाल : एक तरफ आपको समर्थन मिल रहा था और दूसरी तरफ घोर विरोध के थपेड़े सहने पड़ रहे थे। वैसे समय में जब बनारस में काशी विद्वत परिषद ने आपको राजर्षि की उपाधि दी तो आपने क्या सोचा?

जवाब : मैं यह नहीं मानता था कि मुझमें राजर्षि बनने की योग्यता है। उसके सुपात्र होने का मैं खुद को अधिकारी नहीं मानता था। मैंने मना भी किया था कि वे मुझे इस तरह की उपाधि या सम्मान न दें। लेकिन रामधन का आग्रह था। उन्होंने ही सारा आयोजन करवाया था। मेरा विचार है कि जितनी योग्यता हो वैसी ही उपाधि मिलनी चाहिए। इसी नाते मैंने राजर्षि उपाधि का अपने लिए उपयोग नहीं किया। उन दिनों में भी उपयोग नहीं किया जब मैं बहुत लोकप्रिय था। काशी विद्वत परिषद का मैं आदर करता हूँ जिसने मुझे यह उपाधि दी।

सवाल : बनारस का निमंत्रण लेकर कौन लोग आए थे?

जवाब : उस आयोजन में रामधन की केन्द्रीय भूमिका थी।

सवाल : काशी विद्वत परिषद का स्थान ऊँचा है। उसमें सभी विचारधाराओं के लोग हैं। क्या आपने उसे गैर दलीय मंच के रूप में देखा?

जवाब : (उत्साहित भाव से), हाँ।

सवाल : काशी विद्वत परिषद के समारोह के बाद विपक्षी एकता के लिए सूरजकुण्ड की बैठक हुई। इन दोनों का परस्पर कोई संबंध है?

जवाब : नहीं।

सवाल : जनमोर्चा बनने से पहले आपने दो निषेध तय कर लिए। पहला कि अलग पार्टी नहीं बनानी है। दूसरा कि काँग्रेस में वापस जाने का मोह नहीं पालना है। ऐसी स्थिति में आपने नई शुरुआत कैसे की?

जवाब : सभाओं में जाने का सिलसिला चलता रहा। जब काफी प्रभाव दिखने लगा, उस समय विपक्ष के कई नेता मिलने के लिए कहलवाने लगे। जैसे अजित सिंह ने तीन महीने लगातार कोशिश की। राजा साहब मनकापुर आनंद सिंह के जरिए उनका आग्रह आता था। आनंद सिंह हमारे समधी हैं। उन्होंने कहलवाया कि अजित

सिंह से मिलिए। ऐसे ही और कई लोग थे जो मिलना चाहते थे। मैंने उस समय मिलना मुनासिब नहीं समझा।

सवाल : मंच बनाने का विचार कब आया?

जवाब : हमारे कार्यक्रम होते थे। कुछ लोग वहाँ जाकर तैयारी करते थे। कुछ लोग हमारे साथ घर से ही चलते थे। रास्ते में काफी लोग जुटते जाते थे और इस तरह एक कारवाँ बन जाता था। जो सहज ही आ जाते थे वे भी हमारे साथ होते थे। वहीं अगले कार्यक्रम की बात हो जाती थी। जब लोगों का व्यापक समर्थन मिलने लगा जिसे मैंने महसूस किया, तब यह विचार आया कि इसे एक धारा में मोड़कर काँग्रेस का विकल्प बनाया जा सकता है। मैंने यह भी सोचा कि अगर ऐसा हो सके तो यह एक योगदान होगा।

सवाल : उस समय कई तरह के सुझाव आए होंगे। वे क्या थे?

जवाब : जब यह साफ हो गया था कि पार्टी नहीं बनानी है, तो मंच बनाने का सुझाव आया। सोचा गया था कि वह आंदोलन का मंच होगा।

सवाल : उसका नाम जनमोर्चा कैसे तय हुआ?

जवाब : कई नामों पर चर्चा हुई। यह करते हुए जनमोर्चा का सुझाव आया। उसका झण्डा क्या हो, इस पर बात हुई। मामूली फेर–बदल कर झण्डे को तिरंगा रखने का विचार था। उसके बीच में लाल गोला बनाया गया था।

सवाल : जनमोर्चा में शुरू से ही जो लोग जुड़े, वे कौन थे?

जवाब : रामकृष्ण हेगड़े ने काफी पहले घोषणा की थी कि मैं पहला वॉलेंटियर बनूँगा। इस नाते वे जनमोर्चा में सबसे पहले आए। ऐसे ही बीजू पटनायक ने कहा था कि दूसरा वॉलेंटियर मैं बनूँगा।

सवाल : इन जैसे नेताओं के शामिल होने से आंदोलन के भविष्य पर प्रश्न क्या नहीं खड़े हुए?

जवाब : यह दुविधा उस समय पैदा हुई कि इनके आने से आंदोलन पर विपरीत प्रभाव पड़ सकता है। एक हिचक मन में थी लेकिन यह भी सोचता था कि जब व्यापक जनाधार का मंच बनाना है तो बहुत बारीक छलनी नहीं लगाई जा सकती। यह सवाल मन में जरूर फिर भी बना रहा कि आंदोलन की शक्ल क्या होगी, क्योंकि ये सब लोग आंदोलन वाले तो हैं नहीं, इनका मकसद सरकार बनने से पूरा होता है।

सवाल : जनमोर्चा की घोषणा क्या थी?

जवाब : दो अक्टूबर 1987 को जनमोर्चा बना। महात्मा गाँधी की समाधि पर जनमोर्चा बनाने का निर्णय लिया गया। उसके बाद एक, तीनमूर्ति मार्ग पर जनमोर्चा का जन्म हुआ। उस अवसर पर विभिन्न नेताओं के भाषणों का सिलसिला छह घण्टे तक चला। वहीं सांसद रामधन संयोजक बनाए गए। उन्होंने घोषणा की कि जनमोर्चा एक करोड़ सदस्य बनाने के लिए अभियान चलाएगा।

मोर्चा ने अपने नीति वक्तव्य में कहा कि वह एक मजबूत धर्मनिरपेक्ष, लोकतांत्रिक, आत्मनिर्भर और गुटनिरपेक्ष भारत के निर्माण के लिए संघर्ष करेगा। उसमें ही भ्रष्टाचार, महँगाई और सांप्रदायिकता के खिलाफ अभियान चलाने की घोषणा की गई थी।

सवाल : जनमोर्चा के बनने पर राजनीतिक दलों की प्रतिक्रिया क्या थी?

जवाब : राजनीतिक दलों में विभिन्न प्रकार की प्रतिक्रियाएँ हुईं। आम तौर पर यह महसूस किया गया कि जनमोर्चा एकला चलो की राह पर है। लोकदल (अजित) और भाजपा ने अपने–अपने कार्यकर्ताओं को निर्देश दिया कि वे जनमोर्चा से दूर रहें। चन्द्रशेखर ने भी ऐसा सर्कुलर निकाला था कि जो लोग जनमोर्चा की ओर जाएँगे उन्हें पार्टी से निकाल दिया जाएगा।

सवाल : जनमोर्चा व्यापक आंदोलन के लिए बना या सिर्फ एक अभियान का मंच था?

जवाब : हमारा मूल सरोकार जन–आंदोलन से था, जो बाद में मिले–जुले स्वरूप वाला हो गया। कुछ लोग उसे आंदोलन का मंच समझकर जुड़े थे। उनकी धारा वैचारिक थी। एक तबका उसे काँग्रेस विरोधी मंच समझकर जुड़ा था। काँग्रेस का विरोध धीरे–धीरे मुखर होता गया।

सवाल : तब आपसे वे लोग भी जुड़े जो जे.पी. के सहयोगी रहे हैं?

जवाब : हाँ।

सवाल : राजनीतिक दल बनाने के लिए दबाव कब आने लगे?

जवाब : निजी तौर पर या पार्टी के स्तर पर जो लोग इकट्ठे हो रहे थे, वे काँग्रेस विरोधी थे। उन लोगों का आग्रह ही ज्यादा था कि राजनीतिक दल बनाया जाना चाहिए। मैं इसको टालता रहा।

सवाल : इसके खिलाफ आपको किसी ने चेतावनी दी थी?

जवाब : रामधन जनमोर्चा के संयोजक थे। वे लगातार चेतावनी दे रहे थे कि परस्पर झगड़ने वाले नेताओं को मत एकजुट करिए। वे आपस में लड़ेंगे जैसा जनता पार्टी में हुआ। नतीजा होगा कि आपकी साख चली जायेगी। मैंने उनकी बात मानी, कुछ दिनों तक यही चला। तब तत्काल राजनीतिक दल बनाने की योजना नहीं थी। इसलिए आंदोलन पर हमने जोर दिया। मेरा विचार आंदोलन चलाने का ही था। लेकिन धीरे–धीरे जो लोग इकट्ठे हुए, वे बहुमत में होते गए और आंदोलन चाहने वाले उनके मुकाबले कम रह गए।

सवाल : वह क्या एक प्रक्रिया का हिस्सा था?

जवाब : जो एम.एल.ए. और एम.पी. थे उनमें कुछ ही ऐसे थे जो आंदोलन के लिए तैयार थे। उस समय जनता से भी पार्टी के लिए दबाव बनने लगा। लोग कहने लगे थे कि काँग्रेस को अगर हटाना है तो वह बिना चुनाव के संभव नहीं है। उसे चुनाव में हराने के लिए राजनीतिक दल होना चाहिए। जो क्षेत्रीय नेता थे वे देख रहे थे कि अपने राज्य में जीतकर वे सरकार बना सकते हैं। जनमोर्चा के बनने से लेकर इलाहाबाद लोकसभा के उपचुनाव तक पार्टी बनाने का निर्णय नहीं हुआ। इलाहाबाद का उपचुनाव जून 1988 में था, हालाँकि चौधरी देवीलाल ने साल भर पहले से ही नए राजनीतिक दल का राग अलापना शुरू कर दिया था।

सवाल : चौधरी देवीलाल से आपकी पहली मुलाकात कब हुई?

जवाब : उन्होंने सोमपाल को संदेश दिया था। वे मुझसे मिलना चाहते थे। यह सोचकर कि वे उम्र में बड़े हैं, उनसे मिलने मैं हरियाणा भवन गया। 28 जुलाई 1987 को वहाँ भेंट हुई। उसमें उन्होंने प्रस्ताव रखा कि जनसभाओं में सामूहिक हिस्सेदारी हो। उन्होंने चिमन भाई पटेल, बीजू पटनायक, जॉर्ज फर्नांडीज, एन. टी. रामाराव और करुणानिधि आदि से बात करने का जिम्मा अपने ऊपर लिया।

सवाल : सूरजकुण्ड में विपक्ष के नेताओं की बैठक की पहल किसकी थी?

जवाब : चौधरी देवीलाल के बुलावे पर विपक्ष के नेताओं की सूरजकुण्ड में बैठक हुई थी। करीब छह महीने पहले उन्होंने एक पर्चा बनवाया था। उसका शीर्षक था– हिन्दुस्तान की सियासी असलियतें। वह 25 पैरे का पर्चा था। उसे चौधरी देवीलाल के राजनीतिक सलाहकार महेन्द्र सिंह पन्नू ने लिखा था जो देवीलाल के नाम से था। उस पर्चे को सूरजकुण्ड की बैठक से एक दिन पहले देवीलाल ने मुझे भिजवाया। उसमें मेरी और देवीलाल की तारीफ थी। उसके बाद चन्द्रशेखर और हेमवती नन्दन बहुगुणा को जनाधारहीन नेता बताया गया था। जब वह पर्चा मुझे मिला तब मैंने देवीलाल से पूछा कि क्या आपने उसे पढ़ा है? उन्होंने पूछा कि उसमें क्या है? मैंने

बताया कि पर्चे में लिखा है कि इन–इन नेताओं का जनता में कुछ भी आधार नहीं है। कहने लगे कि पर्चा बनाने वाले ने यह गलती कर दी है। उस पर्चे को सुधारिए। वह हिस्सा निकाल दीजिए जिसमें इन नेताओं पर टिप्पणी है।

सवाल : बातचीत कैसी रही?

जवाब : वहाँ विपक्षी एकता और सामूहिक नेतृत्व में आंदोलन चलाने पर चर्चा हुई। तीन सदस्यों की एक संचालन समिति बनाई गई जिसमें आंध्र प्रदेश के मुख्यमंत्री नंदमूरि तारक रामाराव, कर्नाटक के मुख्यमंत्री रामकृष्ण हेगड़े और हरियाणा के मुख्यमंत्री देवीलाल सदस्य थे।

सवाल : सूरजकुण्ड की बैठक में नौ दलों के प्रतिनिधि बुलाए गए थे। लेकिन संचालन समिति में उनका प्रतिनिधित्व नहीं था। कारण क्या थे?

जवाब : छोटी समिति बनाने का विचार हुआ ताकि कामकाज जल्दी हो सके।

सवाल : जनमोर्चा उसके बाद बना। विपक्षी एकता की जो कोशिश देवीलाल चला रहे थे उसे देखते हुए क्या जनमोर्चा का गठन जरूरी हो गया था?

जवाब : जनमोर्चा जनता की आवाज पर बना।

सवाल : जिस प्रकार का चौतरफा समर्थन आपको मिल रहा था, उसे देखते हुए आपने जो प्रयास किया उसका मूल तत्व क्या था?

जवाब : मैंने अनेक विकल्पों पर सोचा। एक रास्ता आन्दोलन का था। दूसरा यह था कि जो उस समय पार्टियाँ थीं, उनको मिलाकर एक दल बनाया जाए। तीसरा विकल्प भी था जिसे खास तौर पर देवीलाल आगे बढ़ा रहे थे। वे चाहते थे कि लोक दल और जनमोर्चा एक हो जाएँ, और किसी की जरूरत है ही नहीं। वे कहते थे कि सब रूटलेस (हवाई) लोग हैं। कम्युनिस्ट पार्टियाँ चाहती थीं कि भाजपा को किनारे करके एकता हो, जबकि कर्पूरी ठाकुर का प्रयास था कि काँग्रेस के विरोध में जो भी ताकतें हैं चाहे वह भाजपा हो या कोई और, सबको एकजुट होना चाहिए। वे व्यापक मंच के हिमायती थे। उनका कहना होता था कि काँग्रेस बहुत मजबूत है। उसे परास्त करने के लिए सबको एकजुट होना होगा।

सवाल : विपक्षी एकता के लिए देवीलाल के प्रयास में कर्पूरी ठाकुर अग्रणी भूमिका निभा रहे थे। उनके निधन से क्या किसी तरह की बाधा पड़ी?

जवाब : वे रहते तो अच्छा था। उनकी मृत्यु के बाद भी वह प्रक्रिया जारी रही।

सवाल : विकल्प के दूसरे सुझाव क्या थे?

जवाब : जसवंत सिंह कहते थे कि आप पार्टियों को जोड़िए मत। यही मत रामकृष्ण हेगड़े का भी था। वे चाहते थे कि जिन नेताओं पर जनता का भरोसा है और जिनकी छवि बेहतर है उन्हें एक होकर पार्टी बनानी चाहिए। इसका मतलब था कि कुछ चुनिंदा नेता पहले एकजुट हों और वे एक नई पार्टी बनाएँ। यह बहुत गंभीर प्रस्ताव था।

सवाल : सुना है कि कर्पूरी ठाकुर ने भी आपको यह सलाह दी थी और उन दिनों जसवंत सिंह प्रयास कर रहे थे कि अटल बिहारी वाजपेयी भाजपा छोड़ दें ताकि उन्हें मिलाकर नई पार्टी बनाई जा सके। उसमें कहाँ और कब बाधा आ गई?

जवाब : अटल बिहारी वाजपेयी उस समय भाजपा से बहुत दुखी थे। वे इस प्रस्ताव के पक्ष में थे कि चुनिंदा नेताओं को लेकर नई पार्टी बनाने की पहल की जाए। मैं महसूस करता हूँ कि अगर वह संभव हो जाता तो नए तरह का विकल्प हो सकता था। भैरों सिंह शेखावत भी सहमत थे।

अगर कुछ नेताओं को मिलाकर नई पार्टी बनाना संभव हो जाता तो वह ऐतिहासिक घटना होती। यह बात इस समय मेरे ध्यान में आ रही है।

सवाल : नई पार्टी बनाने के लिए जो पहल उस समय हुई थी उसमें कभी आपकी अटल बिहारी वाजपेयी से आमने–सामने की बात हो सकी थी?

जवाब : एक बार वे आए थे। उन्होंने नई पार्टी के बारे में अपनी सलाह दी थी कि कुछ चुने हुए लोगों को लेकर आगे बढ़िए। इसका अर्थ मैंने यह लगाया कि चुने हुए लोग अगर एक पार्टी में आ जाएँगे तो वे अपनी पार्टी में कहाँ रह पाएँगे? ये दोनों बातें सम्भव नहीं थीं।

सवाल : जसवंत सिंह की भूमिका क्या थी?

जवाब : जैसे ही मैंने काँग्रेस से इस्तीफा दिया, वे मेरे घर आए थे। उन्होंने मुझे प्रोत्साहित किया और कहा कि आपने सही फैसला किया है। वे निरंतर मेरे सम्पर्क में बने रहे। पार्टियों को जोड़ने के पक्ष में मुझे लगातार परामर्श देते रहे। उनका कहना था कि हर पार्टी के अच्छे लोगों को आप जोड़िए और एक पार्टी बनाइए। मैं उनका आदर करता हूँ। उन्होंने बहुत ही कठिन समय में मेरी मदद की, पार्टी के नाते नहीं व्यक्तिगत तौर पर।

सवाल : उस समय के राजनीतिक समूहों और दलों को एक करने में ज्यादा शक्ति लगी और उसे ही प्राथमिकता मिली तो कारण क्या थे?

जवाब : नया दल बने इसके पक्ष में सब लोग थे। कौन सी प्रक्रिया अपनाई जाए, इस पर अनेक सुझाव आए थे। एक सुझाव रामकृष्ण हेगड़े का था कि कुछ लोगों को मिलाकर पार्टी बनाई जाए। मैं सोचता हूँ वह सबसे बेहतर रहता। पहला सुझाव यह था कि कुछ व्यक्तियों को चुन लें और उन्हें मिलाकर पार्टी बनाएँ। इसमें यह निहित था कि पार्टियों को न लिया जाए। दूसरा सुझाव था कि पार्टियों को मिलाकर नया दल बनाया जाए। चुनावी तकाजे को देखकर दूसरा रास्ता ही हमने चुना जिसमें प्रयासपूर्वक विपक्ष के विघटन को रोका गया। हमारे प्रयास में सावधानी इस पर बरती गई कि विपक्ष की पार्टियाँ टूटें नहीं। अगर पार्टियाँ टूट जातीं तो वातावरण बिगड़ता और उसका फायदा काँग्रेस उठाती।

हमारे सामने उस समय लक्ष्य था कि काँग्रेस को हराना है। यह लक्ष्य नहीं था कि नई पार्टी बनानी है। सीधा–सा लक्ष्य था कि काँग्रेस को परास्त करना है।

सवाल : जो दल बना उसमें विरोधाभास बहुत थे। क्या इसका आपको अहसास था?

जवाब : मैं यह जानता था कि ऐसी पार्टी चुनाव में सफल हो जाएगी लेकिन लम्बे समय तक राज नहीं कर सकती। मेरा अनुमान था कि ऐसे दल का विघटन होगा ही, क्योंकि राजनीतिक तौर पर तमाम तरह के विरोधाभासों को एक समय के बाद सँभाला नहीं जा सकता। जैसे कई शिकारी इकट्ठा हों। उनमें हिरण को मारने पर सहमति हो जाए। हिरण के शिकार तक तो उनमें एकजुटता रहती है, उसके बाद कौन व्यक्ति किस हिस्से को लेगा इस पर बखेड़ा होता है। लगभग यही स्थिति होगी, यह मुझे स्पष्ट था।

सवाल : भ्रष्टाचार सहित राष्ट्रीय मुद्दों पर आंदोलन चले और उसमें से एक राजनीतिक दल निकले इस विकल्प को चुनने में क्या कठिनाई थी?

जवाब : जो लोग उस समय जुड़े हुए थे वे लंबे आंदोलन के लिए तैयार नहीं थे। आंदोलन चलाने का फैसला हम ले सकते थे, लेकिन जो लोग साथ में आए थे उनमें से दस फीसदी ही आंदोलन में रह जाते। ज्यादातर तो ऐसे राजनीतिक कार्यकर्ता थे जिनकी प्राथमिकता चुनाव लड़ने की थी। उतने ही दिनों में आंदोलन ने एक राजनीतिक लक्ष्य अपने लिए निर्धारित कर लिया था कि काँग्रेस को सत्ता से अपदस्थ करना है। इसके लिए पार्टी बनानी है ताकि उसके झंडे पर चुनाव लड़ा जा सके। काँग्रेस को अपदस्थ करने का मन और इरादा मैंने भी बना लिया था। जो लोग साथ में जुड़े थे उनको लगता था कि अगर काँग्रेस नहीं हटी तो उनका दमन होगा। कुछ लोग ऐसे थे जो जन्मजात काँग्रेस विरोधी थे। वे ज्यादा थे।

आप सोचिए कि क्या देवीलाल सिर्फ आंदोलन के लिए तैयार होते? वे आंदोलन

और उसके जरिए सत्ता में पहुँचने के लिए तैयार थे।

मुझे भी यह लगा कि एक पार्टी बन सकती है जो काँग्रेस के मुकाबले विकल्प की संभावना प्रगट कर सकती है। लोकतंत्र में यह एक योगदान होगा। हम जीतें या हारें, अगर विकल्प की पार्टी बनाने में सफल होते हैं तो वह योगदान माना जाएगा जिससे लोकतंत्र पुष्ट होगा। आम आदमी के हाथ में वह लोकताँत्रिक अस्त्र का काम करेगा।

मुझे भी वह संभव और आकर्षक लगता था। मैं देख रहा था कि काँग्रेस को चुनाव में हराने के लिए यही उपाय कारगर होगा। एक नया दल बना लेने से उसे जनसमर्थन तो मिल जाएगा लेकिन गाँव–गाँव में उतने ही समय में संगठन बना लेना संभव नहीं होगा जबकि दलों के विलय से जो राजनीतिक दल बनेगा वह अपने तंत्र से संगठन की कमी को पूरा कर सकेगा।

उस समय आंदोलन चलाने का विचार किसी को पसंद नहीं था। उस पर अगर कायम रहते तो अलग–थलग हो जाते।

सवाल : आपकी तब किन नेताओं से ज्यादा बात होती थी?

जवाब : मधु लिमए, आचार्य राममूर्ति, मधु दंडवते, बीजू पटनायक, सुरेन्द्र मोहन, डॉ. रजनी कोठारी और शांति भूषण आदि से मेरा संवाद समय–समय पर होता था। इनके अलावा कुछ ऐसे समूहों से भी बात होती थी जो विभिन्न क्षेत्रों में किसी न किसी मुद्‌दे पर काम करते थे। सर्व सेवा संघ से भी मेरा सीधा संबंध बना हुआ था। दिल्ली के लाजपत भवन में एक सम्मेलन उन लोगों ने बुलाया था जिसमें मैं शामिल हुआ था। वे भाजपा को साथ लेने के खिलाफ नहीं थे। बीजू पटनायक इस प्रपंच से दूर थे। वे हर तरह से तैयार रहते थे। वे कहते थे कि आप ले लो तो ठीक है न लो तो भी ठीक है।

सवाल : चिमन भाई पटेल आपके संपर्क में कैसे आए?

जवाब : बड़ौदा में सभा थी। वहाँ के मेयर जसपाल सिंह ने निमंत्रण भेजा था। वहाँ भाजपा के लोग भी थे। जैसे, वीरेन्द्र जे. शाह। मालूम हुआ कि चिमन भाई पटेल आना चाहते हैं। लोग उनके विरोध में थे। चिमन भाई चाहते थे कि स्टेशन पर वे मुझे माला पहनाएँ। सभा के आयोजक और मेयर विरोध में थे, वे नहीं चाहते थे कि उन्हें यह अवसर दिया जाए। उस समय चिमन भाई पटेल को शामिल करने की हिमायत मैंने भी नहीं की, लेकिन स्टेशन पर वे स्वागत करें इससे उन्हें मना नहीं किया जा सकता था। मैंने आयोजकों से यही कहा कि स्टेशन तो सार्वजनिक जगह है, वहाँ किसी का आना–जाना कैसे रोक सकते हैं। जब वे माला लेकर स्टेशन आना चाहते हैं तो उन्हें रोकना नहीं चाहिए। मेयर मान गए। चिमन भाई ने माला पहनाई और स्टेशन के

बाहर जो ट्रक सजा था शहर में जाने के लिए उस पर और लोगों के साथ वे भी चढ़ गए। लोगों ने देखा और हर चौराहे पर चिमन चोर का नारा लगाया। इस पर वे एक चौराहे पर उतर गए। वहाँ भी काँग्रेस वालों ने स्टेशन पर काले झण्डे दिखाने की जद्दोजहद की। पुलिस ने उन्हें खदेड़ा। बड़ौदा में पूरे रास्ते हर जगह भारी भीड़ थी। पूरा शहर सड़क पर उमड़ आया था। शाम को बहुत बड़ी सभा हुई। उसमें डेढ़ लाख से ज्यादा लोग रहे होंगे। वहाँ चिमन भाई बोलना चाहते थे। उन्हें बोलने नहीं दिया। जब जनता दल बना तो चिमन भाई पटेल उसमें शामिल हुए और मेयर जसपाल सिंह को पार्टी से निकाल दिया।

सवाल : बड़े मुद्दे पर लोग जब इकट्ठे होते हैं और आंदोलन खड़ा होता है तो ऐसा क्यों हो जाता है कि संसदीय राजनीति के परनाले में उस आंदोलन की ऊर्जा बहा दी जाती है?

जवाब : इस तरह की चेतावनी मुझे उस समय मिली थी। आचार्य राममूर्ति ने भी कहा था कि वी.पी. हम जे.पी. को देख चुके हैं। यह जो जनता की ऊर्जा पैदा हुई है उसे राजनीतिक नेताओं के हवाले मत करिएगा। पहले की भाँति वे इसे हजम कर जाएँगे।

सवाल : उस समय एक ऐतिहासिक अवसर मिला था। इसका क्या अहसास आपको था?

जवाब : यह बात सही है कि ऐतिहासिक क्षण बार–बार नहीं आते। उस समय जिन आधारों पर फैसला हुआ उसमें मुख्य यह था कि काँग्रेस का मजबूत विकल्प कैसे दिया जाए। इसे ही हमने अपना योगदान माना कि अगर ऐसा हो सके तो लोकतंत्र को मजबूत करने में हम सहायक बनेंगे। इस आधार पर पार्टी बनाने का फैसला हुआ। यह खयाल में था कि अगर नई शुरुआत करेंगे तो उन लोगों को अलग किया जा सकता है जिनकी छवि ठीक नहीं थी। लेकिन जब पार्टियों को मिलाकर एक दल बनाने की बात होती है तो उसमें अच्छे–बुरे का भेद नहीं किया जा सकता। हमारे पास वक्त कम था। एक खतरा यह था कि अच्छे–बुरे का भेद करने पर हर पार्टी टूट जाती। उससे काँग्रेस को फायदा होता। हम चाहते थे कि काँग्रेस विरोधी ताकतें एकजुट हो जाएँ। वह रस्साकशी का दौर था। जैसा कि रस्साकशी में होता है कि जीतने के लिए पूरी टीम की ताकत लगती है। हमारे सामने ज्यादा विकल्प नहीं थे, समय कम था। इसलिए नई पार्टी बनाकर काँग्रेस का मुकाबला करने की परिस्थिति नहीं थी।

सवाल : इलाहाबाद के उपचुनाव से यह स्पष्ट हो गया था कि विपक्ष के आप स्वाभाविक नेता हो गए हैं। उस उपचुनाव में दलों के अलावा निर्दलीय समूहों की भी

महत्त्वपूर्ण भूमिका थी। उसके बाद विपक्षी एकता की जो प्रक्रिया चली, उससे आंदोलन का दायरा क्या एक दल में सिमटता गया?

जवाब : उस जीत के बाद दबाव बहुत बढ़ गया कि एक राजनीतिक दल बनाना चाहिए। इसमें जनमोर्चा के ज्यादातर लोग राजनीतिक दल के पक्ष में हो गए। दो–तीन लोग थे जैसे–रामधन, भजमन बेहरा, आचार्य राममूर्ति, जो आंदोलन के पक्षधर थे। ये लोग चाहते थे कि चुनाव अगर लड़ना हो तो जनमोर्चा अकेले लड़े। राजनीतिक दलों से जुड़े हुए जो भी लोग जनमोर्चा में आए थे, वे अनेक कारणों से नए दल के पक्ष में हो गए।

सवाल : राम जेठमलानी ने भारत मुक्ति मोर्चा बनाया था। क्या उस सिलसिले में कभी वे आपसे मिले?

जवाब : वे मिले थे। इंडियन एक्सप्रेस में रोज एक सवाल पूछते थे। उन्होंने मेरा समर्थन किया।

सवाल : रामकृष्ण हेगड़े की पहल और देवीलाल के समर्थन से उस समय नेशनल पीपुल्स पार्टी बनाए जाने का सुझाव अखबारों में आया था। वह अस्तित्व में क्यों नहीं आ सका?

जवाब : इलाहाबाद लोकसभा के उपचुनाव से पहले वह बैठक हुई थी। बीच में चुनाव आ गया।

सवाल : उसके बाद एक मीटिंग का जिक्र उस समय के अखबारों में है जिसमें आपके अलावा देवीलाल, मुलायम सिंह, मधु दण्डवते आदि थे और उस मीटिंग के बाद एक बयान आया कि एक दल बनाना फिलहाल असम्भव है, इसलिए एक मोर्चा बने और विश्वनाथ प्रताप सिंह उसके संयोजक हों। दल बनाने में उस समय अड़चन क्या थी?

जवाब : यह सोच–समझ कर किया था। वह अपनी रणनीति का हिस्सा था।

सवाल : जन–जागरण का साझा प्रयास सभाओं के जरिए पूरे देश में उस समय आप लोग चला रहे थे, जिसके परिणामस्वरूप बेंगलूर में जनता दल की घोषणा हुई और आप उसके अध्यक्ष बनाए गए। लेकिन वहाँ दल के गठन की औपचारिकता अधूरी रही। कारण क्या थे?

जवाब : जनता पार्टी को कुछ कानूनी प्रक्रियाएँ पूरी करनी थीं जो बाद में हुईं।

सवाल : रामकृष्ण हेगड़े ने आपको अध्यक्ष बनाने का प्रस्ताव रखा और अन्य

फैसलों के लिए आपने एक महीने का समय माँगा। समस्या क्या थी?

जवाब : एक संचालन समिति गठित की जानी थी।

सवाल : वहाँ जनमोर्चा के संयोजक रामधन अनुपस्थित रहे, क्यों?

जवाब : वे उस प्रक्रिया से असहमत थे। जनमोर्चा को बनाए रखने की उन्होंने हिमायत की और उस पर अड़े रहे।

सवाल : ऐसे ही के.पी. उन्नीकृष्णन ने काँग्रेस (स) को अलग रखा और हेमवती नन्दन बहुगुणा आए ही नहीं, जबकि उम्मीद की जा रही थी कि वे वहाँ रहेंगे। क्या कारण थे?

जवाब : के.पी. उन्नीकृष्णन बाद में राष्ट्रीय मोर्चा में आ गए।

सवाल : विपक्षी एकता को सम्भव बनाने के लिए ही क्या आपको जनमोर्चा वहाँ भंग करना पड़ा?

जवाब : पुराने अनुभव के संदर्भ में मेरा विचार था कि उत्तर भारत में जिन पार्टियों का आपस में एका हो सकता है उनका नए दल में विलय हो जाना चाहिए। इसका व्यावहारिक स्वरूप यह था कि दोनों लोकदल, जनता पार्टी और जनमोर्चा का विलय हो। मेरा विचार था कि जनमोर्चा बना रहे। ऐसा हो नहीं सका, क्योंकि जनता पार्टी और लोकदल के नेता इसके लिए तैयार नहीं थे। चन्द्रशेखर ने इस पर बहुत सख्त एतराज किया कि जनमोर्चा चलता रहे और जनता दल अलग बने यह ठीक नहीं है। उन्होंने कहा कि अगर जनता दल बनता है तो उसमें जनमोर्चा को भी शामिल होना होगा। तब इस पर सहमति बनी कि लोकदल के दोनों धड़े (अजित और बहुगुणा), जनता पार्टी और कुछ समाजवादी तथा जनमोर्चा एक झण्डे के तहत आ जाएँ। इनके एक झण्डे के तहत आ जाने पर उत्तर भारत में वही राजनीतिक धुरी हो जाएगी।

सवाल : इस पर अरुण नेहरू, आरिफ मोहम्मद खान और रामधन की नाराजगी को आप कैसे दूर कर सके?

जवाब : अरुण नेहरू और आरिफ मोहम्मद खान नाराज नहीं थे। ये लोग पक्षधर थे। सिर्फ रामधन नाराज थे।

सवाल : उस समय यह कहा गया था कि जनमोर्चा को भंग कर आपने एक साहसिक कदम उठाया। क्या उसका यथेष्ट परिणाम निकला?

जवाब : मैं सोचता हूँ कि आंदोलन चलाते रहते तो अच्छा होता।

सवाल : आपने एक 17 सदस्यीय संचालन समिति बनाई और दो समितियों की घोषणा की। एक समिति के अध्यक्ष चन्द्रशेखर थे जिसे पार्टी के कार्यक्रम और नीति दस्तावेज तैयार करना था। दूसरी समिति संविधान के लिए अजित सिंह की अध्यक्षता में बनाई गई थी। क्या ये समितियाँ एकता प्रक्रिया को सहज बढ़ाने के लिए थीं?

जवाब : दल की घोषणा होने से एकता हो गई थी। ये समितियाँ जरूरी थीं, जिससे दल के संचालन में मदद मिले।

सवाल : यह भी कहा गया था कि जनमोर्चा से जुड़े हुए कई नेता जो लोकसभा में थे वे अपनी सदस्यता गँवाना नहीं चाहते थे, इसलिए वे जनता दल में विलय का विरोध कर रहे थे। वास्तविकता क्या थी?

जवाब : यह कारण नहीं था। वे सैद्धांतिक तौर पर विरोध कर रहे थे। लोकसभा की सदस्यता से उनका मोह नहीं था। वे देख रहे थे कि दुबारा चुनकर आ जाएँगे।

सवाल : जनता दल बनाने का लक्ष्य क्या था?

जवाब : एक सीमित लक्ष्य के लिए जनता दल बना था। काँग्रेस को हराने का मकसद उसने हासिल कर लिया। उसके बाद जो कुछ उपलब्धि थी वह घेलुआ में थी। काँग्रेस का विकल्प देना है इस मायने में लक्ष्य पूरा हुआ। उसका एक लोकतांत्रिक लक्ष्य भी था कि काँग्रेस को हटाओ।

सवाल : जनता दल को चलाने का जिम्मा आप पर आया था। आपने शुरुआत में क्या मानदंड अपनाए?

जवाब : जनता दल को बनाते समय यह फैसला हुआ कि जो–जो दल विलय के लिए तैयार हैं उनको मिलाकर एक दल बना लिया जाय। मुझे भी यह व्यावहारिक लगा। इससे राजनीति के विघटन की प्रक्रिया रुकी। जिनके मिलने से जनता दल बना उससे पूरे देश में एकता का संदेश पहुँचा। उसका राष्ट्रीय स्तर पर प्रभाव पड़ा। उसने नई राजनीति का भरोसा पैदा किया। जो राजनीतिक रासायनिक घोल बना वह अपने तरह का नया था। आजादी के बाद पहली बार एक ओर काँग्रेस तो दूसरी तरफ बाकी सब दल खड़े हो सके। इसमें जनता दल सहायक बना। ऐसा जे.पी. के आंदोलन में भी नहीं हो पाया था क्योंकि उसमें कम्युनिस्ट साथ नहीं थे। इस मायने में वह एक राजनीतिक उपलब्धि थी।

सवाल : जनता दल बनाते समय आपकी कल्पना क्या थी?

जवाब : हमारे सामने दो लक्ष्य थे—तात्कालिक और दीर्घकालिक। तात्कालिक तौर पर उन दलों का वह मिला–जुला राजनीतिक समीकरण था जो राष्ट्रीय स्तर पर

अपनी छाप छोड़ सके। उत्तर भारत में बड़ी एकता हो सके, इसके लिए जनता दल बनाया गया। दीर्घकालिक स्तर पर उसे सामाजिक, राजनीतिक व्यवस्था को बदलने का औजार बनना था।

सवाल : जनता दल के बनने की प्रक्रिया में मुलायम सिंह का रवैया क्या था?

जवाब : जॉर्ज फर्नांडीज ने मुलायम सिंह से बात की थी। वे जनता दल में शामिल होने के इच्छुक नहीं थे। उन्हें भरोसा नहीं था कि उनका पार्टी में स्थान क्या होगा। मैं चाहता था कि सभी नेता जनता दल में आ जाएँ जो उस धारा से जुड़े हुए थे। जब तक ऐसा नहीं होगा काँग्रेस को हराया नहीं जा सकता। मुलायम सिंह को मनाने में जॉर्ज फर्नांडीज लगे थे। मुलायम सिंह ने उनसे कहा कि उत्तर प्रदेश में मेरी बात चलनी चाहिए। यही बात मुझे आकर जॉर्ज फर्नांडीज ने बताई। मैंने उनसे कहा कि जाकर कहिए कि वे जैसा चाहते हैं वैसा ही होगा।

इसी नाते उन्हें उत्तर प्रदेश जनता दल का अध्यक्ष बनाया गया। भाजपा के साथ सीटों पर समझौते की बातचीत उन्होंने ही की। वे यह नहीं कह सकते कि उन पर कुछ लादा गया। विधान सभा चुनावों के बाद जब उत्तर प्रदेश के मुख्यमंत्री का सवाल आया, उस समय मुझे अपना वचन पूरा करना था और वह किया भी। जब मालूम पड़ा कि अजित सिंह उत्तर प्रदेश में विधायक दल के नेता पद के दावेदार हैं तो मैंने उनको बुलाया और उनका हाथ पकड़कर कहा कि अजित भाई, आपकी यहाँ जरूरत है। उत्तर प्रदेश के मुख्यमंत्री बनने के बारे में मत सोचिए। वे मेरी बात मान गए। कुछ लोग उनको मुलायम सिंह के मुकाबले लड़ाने के लिए सक्रिय थे। मेरा ख्याल है कि आरिफ मुहम्मद खान अजित सिंह के पक्ष में थे। जब मुझे मालूम हुआ कि अजित सिंह लखनऊ जा रहे हैं तब राजनीतिक खेल का संदेह हुआ। मैंने मुफ्ती मोहम्मद सईद को बुलाया। उनसे कहा कि मैंने मुलायम सिंह को वचन दिया हुआ है। नेता पद के चुनाव में मैं सीधे दखल देना नहीं चाहता। वहाँ चुनाव होने जा रहा है। अजित सिंह दूसरे उम्मीदवार हैं। उन्हें चुनाव लड़ने से हम रोक नहीं सकते। आप ऐसा करिए कि जनमोर्चा के जो लोग हैं उनसे कहिए कि वे मुलायम सिंह को समर्थन दें। इससे मुलायम सिंह को 22–23 विधायकों का वोट मिल गया। जिन पर संदेह था उनसे मुफ्ती मोहम्मद सईद ने नहीं कहा। इस परोक्ष समर्थन से मुलायम सिंह नेता चुने गए और मुख्यमंत्री बने। हालाँकि वे यह नहीं मानते हैं कि मैंने उनकी मदद की। वे तो यही कहते हैं कि मैंने विरोध किया। उस समय के अखबारों में रिपोर्ट छपी कि अजित सिंह के लोगों ने मेरे खिलाफ वहाँ नारे लगाए।

सवाल : बिहार में विधायक दल के नेता के चुनाव में आपकी भूमिका क्या थी?

जवाब : विधानसभा चुनाव से पहले वहाँ हमारी पार्टी के नेताओं का जोरदार

आग्रह था कि डॉ जगन्नाथ मिश्र को बर्खास्त कर दिया जाए। वे मुख्यमंत्री थे। जनता दल के लोगों का आशंका थी कि अगर वे मुख्यमंत्री बने रहे तो चुनाव में धाँधली होगी, जगह–जगह बूथों पर कब्जा हो जाएगा। मैं इस बारे में दृढ़ था कि वहाँ राष्ट्रपति शासन नहीं लगाना है। धारा 356 के दुरुपयोग के खिलाफ हमने एक दृष्टिकोण अपनाया था। वह यह था कि संसद को यह अधिकार है लेकिन केन्द्र सरकार को तब तक राष्ट्रपति शासन नहीं लगाना चाहिए जब तक कि कोई बहुत बड़ा संकट न पैदा हो जाए। जनता दल के राज्य नेताओं को मेरा जवाब होता था कि हम इसके खिलाफ लड़ते रहे हैं। सरकार में आने पर वही काम क्यों करें जिसके खिलाफ आवाज उठाते रहे हैं।

बिहार में विधानसभा चुनावों में दिन–रात एक किया। वहाँ लोगों का जबरदस्त समर्थन मिला। जनता दल जीता। नेता पद के चुनाव में मैं तटस्थ रहा। लालू प्रसाद और राम सुंदर दास में टक्कर थी। कुछ लोगों को इम्प्रेशन है कि मैं राम सुंदर दास के पक्ष में था। बिहार में मैंने किसी भी तरह से हिस्सा नहीं लिया।

सवाल : उस समय विपक्ष में बिखराव था। जनता दल बनने से विपक्ष की व्यापक एकता के सवाल को हल करने में कितनी मदद मिली?

जवाब : जनता दल बनने के बाद दोहरी जिम्मेदारी आई। पहली जिम्मेदारी थी कि नए दल को मजबूत बनाएँ। विपक्ष के बिखराव को एकता में बदलने की चुनौती उससे भी बड़ी थी।

शुरू में यह दुविधा थी कि जनता दल को कैसे चलाया जाए। मुझे राष्ट्रीय स्तर पर पार्टी चलाने का कोई अनुभव नहीं था। उत्तर प्रदेश में मैं प्रदेश काँग्रेस अध्यक्ष रहा था, लेकिन एक राष्ट्रीय दल का प्रधान होना बिल्कुल भिन्न स्थिति है। वह भी एक ऐसे दल का अध्यक्ष होना और भी मुश्किल काम था जो नया–नया ही अस्तित्व में आया था।

जहाँ तक विपक्ष की एक़ता का प्रश्न था उसमें मैंने यह मान लिया कि दूरिया बहुत हैं और उन्हें एक करना असंभव है। कम्युनिस्ट और भाजपा एक नहीं हो सकते थे। उसी तरह क्षेत्रीय पार्टियाँ अपना अस्तित्व बनाए रखने के पक्ष में थीं। वे विलय की पक्षधर नहीं थीं। मैं भी नहीं था। वे इसके लिए भी तैयार नहीं थीं कि किसी राष्ट्रीय दल में शामिल हो जाएँ। मेरा तर्क था कि इससे उनके राज्य में प्रतिद्वंद्वी मजबूत हो जाएगा।

हमारी समस्या मूलतः यह थी कि विरोधाभासों को सँभालते हुए काँग्रेस के विरोध में एकजुटता कैसे आए। वह राजनीतिक इंजीनियरिंग की समस्या थी। काँग्रेस को हराने के लिए हर छोटी–बड़ी राजनीतिक ताकत को एकजुट करना था।

किसको एकजुट करना है और किसको मोर्चे में शामिल करना है और किनके

साथ सीटों पर तालमेल करना है यह पूरा खाका मैंने एक बार ही बना लिया था। मैंने जो राजनीतिक इंजीनियरिंग सोची थी उसमें सफलता मिली। जनता पार्टी, जनमोर्चा, लोकदल (अ) और (ब) और कुछ अन्य समूहों को मिलाकर जनता दल बना। क्षेत्रीय दलों का मोर्चा बना और भाजपा और कम्युनिस्टों के साथ सीटों पर तालमेल की बात हुई।

सवाल : भाजपा के बारे में क्या योजना थी?

जवाब : भाजपा के बारे में फैसला करने से पहले हमारा लक्ष्य था कि गैर–भाजपा समूह एक हो जाएँ। व्यापक विपक्षी एकता में भाजपा को रखना है। लेकिन इसका फ़ैसला सही वक्त पर करना था। इसके बारे में मैंने सोचा हुआ था। यह भी देख रहा था कि वास्तव में सभी एक नहीं हो सकते। इसलिए चुनावी तालमेल का खाका बनाया गया।

दीर्घकालिक रणनीति में हमारा (जनता दल का) और भाजपा का टकराव होना ही था। चुनाव से पहले मैंने इसके बारे में लालकृष्ण आडवाणी को बताया था। जहाँ टकराव हो सकता है, वह मुझे स्पष्ट था। मैं समझ रहा था कि भाजपा के साथ लंबे समय तक साथ नहीं रह सकते। विचारधारा को एक बार दरकिनार कर भी दें तो सत्ता का संघर्ष अवश्यंभावी था। जनता दल की नजर भी प्रधानमंत्री के पद पर थी और भाजपा का भी लक्ष्य प्रधानमंत्री पद पाना था। ऐसी हालत में हमारा साथ–साथ निर्वाह नहीं हो सकता था। इसे दूसरी तरह से समझना चाहिए कि भाजपा क्षेत्रीय दल नहीं है। वह राष्ट्रीय दल है। उसकी आकांक्षाएँ भी राष्ट्रीय हैं। इसी अर्थ में मैंने कहा कि तात्कालिक तौर पर भाजपा से चुनावी तालमेल करते समय मैं स्पष्ट था कि उससे एक चरण के बाद टकराव होगा। क्षेत्रीय दलों से टकराव की आशंका मुझे नहीं थी क्योंकि वे अपने राज्य तक सीमित थे। मैंने लालकृष्ण आडवाणी से कहा था कि सीटों पर लोकसभा क्षेत्रों के अनुसार हम तालमेल कर लें। हमारा लक्ष्य काँग्रेस को हराना है। दूसरे विश्वयुद्ध में जिस तरह मित्र राष्ट्रों का पहला लक्ष्य था बर्लिन पर कब्जा करना, वैसे ही हमारा लक्ष्य है काँग्रेस को हराना। उसके बाद देखेंगे कि किसके हाथ में क्या आया। काँग्रेस को हराने के लिए तालमेल करते वक्त मैंने एक बात का पूरा खयाल रखा कि अपनी पहचान बनाए रखनी है ताकि भविष्य में हमारी राजनीति पर प्रश्नचिन्ह न खड़ा हो।

चुनावी तालमेल का लक्ष्य रखा गया। चुनावी तालमेल में परस्परता का संबंध रहता है। लेकिन चुनाव के बाद की कोई प्रतिबद्धता उसमें नहीं रहती है। काँग्रेस को हराने के लिए सीटों पर तालमेल का फैसला किया गया ताकि आपस के वोट न बँटें। उसमें कोई वैचारिक बंधन नहीं था।

उस समय तीन स्तर पर एकता की हमने कोशिश की। वृहत्तर एकता के लिए

राष्ट्रीय मोर्चा बनाया गया। जनता दल बना। इसके बाद काँग्रेस विरोधी मतों के विभाजन को रोकने के लिए वामपंथी दलों और भाजपा से सीटों पर तालमेल करने का फैसला किया गया। यह जरूरी था क्योंकि कम्युनिस्ट पार्टियाँ एवं भाजपा फ्रंट में नहीं आ सकते थे। इनके प्रभाव क्षेत्र अलग-अलग थे। वहाँ इनमें कोई टकराव नहीं था। वामपंथी दलों ने बहुत अनिच्छापूर्वक इस व्यवस्था को स्वीकार किया।

सवाल : राष्ट्रीय मोर्चा के बनने की पृष्ठभूमि क्या थी?

जवाब : देवीलाल इस पक्ष में थे कि क्षेत्रीय पार्टियों को भी जनता दल में शामिल कर लिया जाए। मैं इस पक्ष में नहीं था। क्योंकि उनके विलय से उन-उन राज्यों में जो राजनीतिक रिक्तता पैदा होती, उस पर उनके विरोधी काबिज हो जाते। वे दल क्षेत्रीय पहचान के बल पर चल रहे थे। इसलिए सोचा गया कि उनकी पहचान बनी रहे और वे स्वतंत्र रूप से काम करें, लेकिन हमारे साथ रहें। यह एक मंच के जरिए ही हो सकता था। इसलिए राष्ट्रीय मोर्चा बना। उससे पहले एक बार हम लोग करुणानिधि से बात करने के लिए गए। उनके सामने समस्या थी कि चुनाव चिन्ह को कैसे बचाएँगे। ऐसी समस्या तेलुगु देशम के सामने भी थी। यही उस समय व्यावहारिक था कि क्षेत्रीय दलों को एक मंच में शामिल किया जाए। राष्ट्रीय मोर्चा इस तरह से बना। वह सात दलीय मोर्चा था। उसमें जनमोर्चा, काँग्रेस (स), तेलुगु देशम, असम गणपरिषद और द्रमुक, जनता पार्टी और लोकदल आदि आए।

एन.टी.आर. ने विपक्षी नेताओं के जमावड़े से गठबंधन की राजनीति की शुरुआत काफी पहले कर दी थी।

जब राष्ट्रीय मोर्चा बन रहा था उस समय एन.टी.आर. (नंद मूरि तारिक रामाराव) चाहते थे कि भाजपा को उसमें ले लिया जाए। उन्होंने कहा कि भाजपा के नेता मोर्चा में शामिल होना चाहते हैं और मुझे भी इसमें कोई हर्ज नहीं दिखता। मैंने उनसे कहा कि एक हर्ज है। भाजपा के आ जाने पर कम्युनिस्ट पार्टियाँ हमारा समर्थन नहीं करेंगी। वे विरोध में जा सकती हैं। अगर भाजपा को हम बाहर रखते हैं तो दोनों का समर्थन राष्ट्रीय मोर्चा को मिल सकेगा। यह बात उनकी समझ में आई। हमने एन.टी.आर. को मोर्चा का अध्यक्ष बनाया। संयोजक का दायित्व मेरे ऊपर आया।

इलाहाबाद लोकसभा के उपचुनाव के बाद सबसे पहले राष्ट्रीय मोर्चा बना। उसकी औपचारिक घोषणा के लिए पहली रैली चेन्नई (मद्रास) में हुई थी। उसमें तीन मुख्यमंत्रियों समेत बीस बड़े नेताओं के भाषण हुए। वह काफी बड़ी रैली थी। चेन्नई के सुनहरे बालू वाले मरीना समुद्र-तट पर हुई उस रैली में जहाँ तक निगाह जाती थी लोग ही लोग नजर आते थे। वहाँ नंदमूरि तारक रामाराव ने घोषणा की कि राष्ट्रीय मोर्चा भगवान आदित्य के सात घोड़ों वाले रथ के समान है। हमारा यह रथ राष्ट्रीय इतिहास पर पिछले कुछ दशकों से छाई उदासी और निराशा को दूर करेगा। वहीं

राष्ट्रीय मोर्चा के 71 सूत्रीय कार्यक्रम को देश के नाम हमने अर्पित किया।

सवाल : तमिलनाडु की राजनीति में करुणानिधि का महत्त्वपूर्ण स्थान है। उनके बारे में तमाम किस्से हैं। उनका आकलन किस रूप में करते हैं?

जवाब : राष्ट्रीय सवालों पर उनकी दृष्टि साफ थी। उनके बारे में जो मिथ बना हुआ है वह सही नहीं है। एक धारणा बना ली गई है। वे बातचीत में बहुत संयमी थे। प्रधानमंत्री के नाते मैं उनको जितना बताता था, वे सुन लेते थे और उसे मानते थे। वे तमिल के अच्छे लेखकों में से हैं। उन्होंने द्रमुक को एक राजनीतिक दल के रूप में बहुत संगठित और सुव्यवस्थित रखा। वे द्रमुक के निर्विवाद नेता हैं। उनकी पार्टी काडर पर आधारित है। मैंने उनका दफ्तर देखा है जहाँ हर सक्रिय सदस्य का रजिस्टर बनाया गया है। उसमें उस सदस्य का फोटो और पता दर्ज रहता है। द्रमुक में विधिवत निर्वाचन होता है। सही मायने में वह लोकतांत्रिक दल है।

सवाल : एक पार्टी बनाने के प्रयास में आप कब लगे?

जवाब : जब पार्टी बनाने और राष्ट्रीय स्तर पर फ्रंट बनाने का फैसला हुआ उस समय मैंने विपक्षी नेताओं से मिलना–जुलना शुरू किया। उस समय मैं चन्द्रशेखर के पास भी गया। हेमवती नन्दन बहुगुणा के पास भी गया। उन्होंने मना कर दिया। वे हमसे दुखी थे। हेमवती नन्दन बहुगुणा मुझसे इसलिए खास तौर पर दुखी थे कि जब वे काँग्रेस से अलग हुए उस समय मैं इन्दिरा जी के साथ था। वे महसूस करते थे कि मैंने उनका साथ नहीं दिया, यानी उनको नीचा दिखाया। मैंने उनसे कहा कि बहुगुणा जी, आप इन्दिरा गाँधी के साथ थे इसलिए मैं आपके साथ था। मैंने अपनी जगह नहीं छोड़ी। इस पर उन्होंने कहा कि अब आपका वक्त आया है, मेरा समय चला गया है। जनता आपको मानती है। आप नेतृत्व करिए लेकिन मैं आपके साथ नहीं जुडूँगा। उनको इस बात का अफसोस था कि उन्होंने सी.एफ.डी. को जनता पार्टी में मिला दिया। उन्होंने एक सवाल पूछा कि विपक्ष की एकता के काम में जनमोर्चा क्या करेगा? मैंने कहा कि बड़े पत्थरों को जोड़ने के लिए जो काम सीमेंट करता है वही जनमोर्चा करेगा। वह बीच में दबा रहेगा लेकिन दो बड़े पत्थरों को जोड़े रखेगा। इस पर उन्होंने कहा कि विश्वनाथ, यह विचार बहुत अच्छा है। यह ध्यान में रखना कि बढ़िया से बढ़िया सीमेंट भी लकड़ी और पत्थर को नहीं जोड़ सकता। वह पत्थर और पत्थर को तो जोड़ सकता है। आप पत्थर और लकड़ी को जोड़ने जा रहे हैं जो जुड़ने वाले नहीं हैं।

सवाल : चंद्रशेखर से उस समय आपकी क्या बात हुई थी?

जवाब : उनका मत था कि विरोधाभास बहुत हैं। देवीलाल और अजित सिंह का

विरोधाभास तो है ही, उसके अलावा भी बहुत हैं। उन्होंने कहा था कि इस समय देवीलाल पार्टी बनवाने और विपक्ष को एकजुट करने के लिए बहुत सक्रिय हैं। वही बढ़–चढ़ कर यह काम करवा रहे हैं। वे जिस तरह एकता के लिए सबसे बड़े फैक्टर हैं, वैसे ही पार्टी को तोड़ने में भी वे सबसे आगे रहेंगे।

सवाल : दल के नामकरण की समस्या क्या थी?

जवाब : दल के नाम पर विवाद था। पहले जनता समाजवादी दल नाम तय हुआ था। चौधरी देवीलाल भी मान गए थे। दिल्ली में इस नाम पर सहमति हो गई थी। किसी ने देवीलाल को समझा दिया कि समाजवादी शब्द नाम से निकलवा दीजिए। मैंने उनसे कहा कि चंद्रशेखर के सामने सहमति हो गई थी। यही नाम रहना चाहिए। उन्होंने कहा कि समाजवादी शब्द हटा दो। चंद्रशेखर और देवीलाल की मुलाकात में सहमति नहीं बन पाई।

बेंगलूर में सुबह नेताओं की बैठक हुई। कोई भी अपनी जिद छोड़ने के लिए तैयार नहीं था। फैसला नहीं हो सका। समस्या थी कि नई पार्टी के लिए आम सभा बुलाई जा चुकी थी। यह तय हुआ कि थोड़ी देर के लिए बैठक स्थगित कर दी जाए और अलग से बातचीत हो।

फिर चंद्रशेखर मान गए। जनता दल पर सहमति इससे बन गई। वहीं सभा में मुझे अध्यक्ष चुना गया। वहाँ चंद्रशेखर ने कहा कि विश्वनाथ प्रताप सिंह को मैं अध्यक्ष मानता हूँ, अपना नेता नहीं मानता। मैंने कहा कि हम नेता तो चंद्रशेखर जी को मानते हैं। वे हमसे हमेशा बड़े रहे हैं। मुझे एक जिम्मेदारी दी गई है, उसे मैं पूरा करूँगा।

सवाल : जनता दल के बनने में मुख्य बाधा क्या थी?

जवाब : एक दल बनाने के विचार पर सब सहमत थे। अड़चन इस पर आ रही थी कि जब एक दल हो जाएगा तो उन पार्टियों के अध्यक्षों का क्या होगा। अध्यक्ष का पद एक ही होगा। अगली अड़चन यह थी कि दूसरी कतार के नेताओं को अपने बारे में आश्वासन चाहिए था। मुझसे अरुण नेहरू ने कहा कि उन्हें आश्वस्त करो। यह समझ में आया कि बगैर आश्वासन के वे एक पार्टी बनाने में रोड़ा अटकाते रहेंगे। उनकी चिंता थी कि दरबार में अपनी कुर्सी न लगी हो तो क्या फायदा। वह कोई कठिन समस्या नहीं थी। उसका हल निकाल लिया गया।

सवाल : एक दल बनाने का वास्तव में सिलसिला कहाँ से शुरू हुआ?

जवाब : इसका माहौल इलाहाबाद उपचुनाव में बन गया था। उसके बाद अलग–अलग नेताओं से बात होती रही। यह अनुभव में आया कि जब तक अजित सिंह और देवीलाल एक साथ नहीं आते, तब तक एक दल बनाने का प्रयास सफल

नहीं होगा। अजित सिंह से सोमपाल ने बात की थी। वे तैयार हो गए थे।

उधर चौधरी देवीलाल पिंजौर में थे। वे अस्वस्थ थे। वहाँ आराम कर रहे थे। वह हिल स्टेशन है। उनसे बात करने के लिए पहले सोमपाल को भेजा गया। यह 16 जुलाई 1988 की बात है। वे अजित सिंह से खफा थे। सोमपाल ने वह दूरी मिटाई।

अगले दिन हम लोग (विश्वनाथ प्रताप सिंह, बीजू पटनायक, शरद यादव और अजित सिंह) चौधरी देवीलाल से मिलने वहाँ पहुँचे। मैंने चौधरी देवीलाल से कहा कि अजित सिंह एक दल बनाने पर राजी हैं। अजित सिंह ने उनसे कहा कि विश्वनाथ प्रताप सिंह को नए दल का अध्यक्ष बना दीजिए। हमें मंजूर है। इसके बाद जब अजित सिंह अपने कमरे में चले गए तो देवीलाल ने मुझसे कहा कि आप इसको कहाँ से ले आए। यह सौदागर है। हर कदम पर सौदा करेगा।

यहाँ अजित सिंह के बारे में बता दूँ कि मैंने उन्हें राष्ट्रीय स्तर पर निखारने में कोई कोर कसर नहीं छोड़ी। लेकिन उस समय देवीलाल बहुत नाराज रहा करते थे। कहते थे कि इनको पूरे हिंदुस्तान में कहाँ लेकर घूम रहे हो, केवल यू.पी. में और खासकर पश्चिमी उत्तर प्रदेश में ही सीमित रखो।

पिंजौर में जो बातचीत हुई उससे नए दल की बुनियाद पड़ी। जैसे ही यह संदेश बाहर गया कि सब इस प्रयास को कामयाब बनाने में लग गए। ज्यादातर नेता नई पार्टी बनाने के पक्ष में थे। उनसे एक–एक कर मैंने मिलना शुरू किया।

चंद्रशेखर से मुलाकात की। वे एक पार्टी के प्रति अनिच्छुक थे। उन्होंने कहा कि देखो बहुत तरह के विरोधाभास हैं। जब तक उन्हें दूर नहीं कर लिया जाता तब तक समस्या बनी रहेगी। उनकी नजर में एक विरोधाभास था–देवीलाल और अजित सिंह का तो दूसरा था–शरद और जॉर्ज का, तीसरा विरोधाभास था–मुलायम सिंह और अजित सिंह का। चंद्रशेखर की बात में वजन था। लेकिन उन विरोधाभासों को ही हल करने में लग जाते तो पार्टी नहीं बनती।

जनता दल के पदाधिकारियों का निर्णय करते समय उन नेताओं का खयाल रखा गया जिन्हें नए दल में महत्त्वपूर्ण स्थान मिलना चाहिए था। अजित सिंह को प्रधान महासचिव बनाया। चौधरी देवीलाल संसदीय बोर्ड के चैयरमैन बने। अध्यक्ष और संसदीय बोर्ड के चैयरमैन के हस्ताक्षर से उम्मीदवारों को टिकट दिया गया। इन पदों के बाद कौन कहाँ रहे, इसमें कोई परेशानी नहीं हुई। रामकृष्ण हेगड़े उपाध्यक्ष थे। चंद्रशेखर किसी पद के लिए इच्छुक नहीं थे।

कार्यसमिति बनाते समय चंद्रशेखर ने सुझाया कि सैयद शहाबुद्दीन और सुब्रमण्यम स्वामी को जरूर रखना। सैयद शहाबुद्दीन के नाम पर आरिफ मोहम्मद खान को भारी एतराज था। उसी तरह डॉ. सुब्रमण्यम स्वामी के नाम पर पार्टी में जबरदस्त विरोध था। देवीलाल, बीजू पटनायक और अन्य नेता बहुत खिलाफ थे। एक बार मैं बीजू पटनायक के यहाँ पहुँचा तो देखा कि वे सुब्रमण्यम स्वामी को डाँट

रहे हैं। वहीं देवीलाल आ गए। उन्होंने स्वामी से कहा कि चलो बाहर! उनके तर्क–वितर्क विचित्र थे। मैंने सुना कि देवीलाल गुस्से में स्वामी से कह रहे हैं कि तुमको मैं देखूँगा। चंद्रशेखर ने मुझसे कहा कि विश्वनाथ, मैं इसलिए डॉ. सुब्रमण्यम स्वामी को पार्टी की कार्यसमिति में रखने की बात कर रहा हूँ क्योंकि उसकी नुकसान पहुँचाने की क्षमता बहुत ज्यादा है। वह बाहर रहेगा तो नुकसान पहुँचाएगा। इन दोनों नामों पर काफी झकझक रही। मैंने डॉ. स्वामी को नहीं लिया।

जनता दल की संचालन समिति बनाने में मुझसे गलती हुई। यह मैं अब महसूस करता हूँ। समिति में 150 नाम थे। हर राज्य, क्षेत्र, जाति और संगठन को समेटने के प्रयास में संख्या 150 पहुँच गई। चंद्रशेखर ने उस समय इतना जरूर कहा कि समिति बड़ी बना दी है।

सवाल : जनता दल के बनने में उस समय जो रुकावटें आ रही थीं, उसका कारण वही था जो दिखता था?

जवाब : एक दल बनाने का माहौल जैसे ही बना, जनता पार्टी में चंद्रशेखर पर दबाव पैदा हुआ कि वे विलय का रास्ता साफ करें। उसके बजाय उन्होंने अजित सिंह को अध्यक्ष बना दिया। कई साल बाद मैंने अजित सिंह से पूछा कि आप इतना अड़ंगा क्यों लगाते थे तो उन्होंने कहा कि मैं चंद्रशेखर की राजनीति करता था। ज्यादातर खिलाफत वाली बैठकें अजित सिंह के घर पर हुआ करती थीं। उनको इस्तेमाल किया जाता था।

सवाल : जनता दल में अहम की टकराहट कितनी थी?

जवाब : पहले के जो परस्पर विरोध थे वे अहम में परिलक्षित होते थे। समस्या खड़ी होती थी लेकिन हल हो जाती थी। वास्तव में एक ही जनाधार पर खड़े होने के कारण नेताओं की एक मजबूरी होती है, उन्हें अपने समर्थकों की भावनाओं के अनुसार चलना पड़ता है।

सवाल : उस समस्या को आप किस रूप में देखते थे?

जवाब : उसे लोकतांत्रिक कलह कहना उचित होगा।

सवाल : कुछ लोग इसे अनुशासनहीनता के रूप में देखते रहे हैं। आपका अनुभव क्या है?

जवाब : जनता दल में अनुशासनहीनता नहीं थी। पार्टी के फैसले से पहले बहस में बढ़–चढ़कर हिस्सा लेना लोकतांत्रिक अधिकार है। लेकिन फैसला हो जाने के बाद उसे मानना अनुशासन है। जो नहीं मानता है वह अनुशासन तोड़ता है। जनता दल में

यह स्थिति नहीं थी। जहाँ अनुशासनहीनता दिखी उस पर मैंने कार्रवाई की। लेकिन विरोध को मैं सहन भी करता था। जनता दल में पद पाने के लिए दाँव–पेच चलते रहते थे। उसे अनुशासनहीनता नहीं कहा जा सकता।

सवाल : जनता दल के नेताओं के दाँव–पेच के सामने आपने अपने को कभी असहाय महसूस किया?

जवाब : एक बार जरूर मैं दुखी हुआ जब आचार्य राममूर्ति को अध्यक्ष पद से हटाने के लिए लोगों ने दबाव बनाया। उन्हें हटाकर रघुनाथ झा को लोग बनवाना चाहते थे। यह मेरे गले नहीं उतर रहा था। मैंने सोचा कि जिस पार्टी में आचार्य राममूर्ति को बर्दाश्त नहीं किया जा रहा है उसका क्या होगा। आचार्य राममूर्ति को हटाने के प्रस्ताव पर मैं बहुत दुखी हुआ और मीटिंग छोड़कर चला गया। शरद यादव आए और कहने लगे कि आप ऐसा मत कीजिए। मुझे भी लगा कि इसका संदेश गलत जाएगा।

सवाल : इस तरह की प्रवृत्ति क्या आंतरिक लोकतंत्र में अनिवार्य है?

जवाब : आपसी टकराव हर पार्टी में होता है। जहाँ टकराव नहीं है वह पार्टी एक व्यक्ति के इर्द–गिर्द है। जैसे बसपा है, वहाँ मायावती के विरोध में बोलना संभव नहीं है। मुलायम सिंह की पार्टी भी उसी श्रेणी में आ गई है। जनता दल का स्वभाव लोकतांत्रिक था। हमारा स्वभाव भी वेसा ही रहा है। लोकतांत्रिक पार्टी में मतभेद के लिए गुंजाइश हमेशा बनी रहती है।

सवाल : अपने अभियान में अक्सर आप कहते थे कि इस बार पार्टियाँ नहीं, जनता एकजुट है। इसके लक्षण किस रूप में आपको तब दिख रहे थे?

जवाब : जनता एकजुट थी। उसी ने सबको इकट्ठा किया था। जनता की शक्ति से ही सबको जोड़ा जाना सम्भव हो सका।

सवाल : राज्यवार तालमेल की समस्या कैसे हल हुई?

जवाब : यह तय हो गया कि राष्ट्रीय स्तर पर किसी दल से गठबंधन नहीं होगा। राष्ट्रीय मोर्चा के लिए इससे कोई समस्या नहीं खड़ी हुई। राज्य की इकाई अपने यहाँ गठबंधन कर सकती है। इसमें भी कई स्तरों पर अड़चनें थीं। भारतीय जनता पार्टी का आग्रह था कि जनता दल उत्तर प्रदेश में कम्युनिस्टों से तालमेल न करे। उन्हें आशंका थी कि कम्युनिस्ट पार्टियों का प्रभाव क्षेत्र बढ़ जाएगा। उत्तर प्रदेश में मुलायम सिंह ने भाजपा से सीटों पर तालमेल का फैसला किया। इसी तरह राजस्थान में नाथूराम मिर्धा, गुजरात में चिमन भाई पटेल, मध्यप्रदेश में विद्याचरण शुक्ल, बिहार

में राम सुन्दर दास, ओड़िसा में बीजू पटनायक और ऐसे ही अन्य राज्यों में सीटों पर तालमेल वहाँ की इकाई ने किया। राज्य की इकाइयों को तालमेल का फैसला करना था। महाराष्ट्र और कर्नाटक की इकाइयों ने फैसला किया कि हम भाजपा के साथ नहीं जाएँगे और हर सीट पर लड़ेंगे। मुलायम सिंह भी अगर वही फैसला करते तो उन्हें कोई रोकने वाला नहीं था।

उत्तर प्रदेश में भाजपा को मैं 12 सीटें देना चाहता था। देवीलाल के आग्रह पर उसे बढ़ाकर 18 किया गया। बाकी सीटें जनता दल ने लड़ीं। सीटों पर तालमेल में अड़चनें बहुत थीं। कहीं–कहीं आपस में भी टक्कर हुई। सौ फीसदी तालमेल नहीं हो पाया। आपसी टक्कर बचाने के लिए हमने कोशिश की। इसमें मैंने अटल बिहारी वाजपेयी का सहयोग लिया।

भाजपा से राज्य–स्तरीय तालमेल करने से पहले मैंने कई मुस्लिम नेताओं से बात की थी। उस समय मुसलमान शिलान्यास की वजह से बहुत नाराज थे। लोधी इस्टेट में मैंने उन नेताओं को बुलाया। उनसे बात की। उनसे पूछा कि चुनाव आ गया है। हमारी पार्टी पूरी तरह खड़ी नहीं हो पाई है। उनको बताया कि आधी दीवार खड़ी कर दें, छत न डालें और बरसात आ जाए तो क्या करना चाहिए। मुस्लिम नेताओं ने कहा कि जो मिले उसी से छाजन कर लेना चाहिए। उन लोगों ने कहा कि काँग्रेस को हराइए। इसके लिए भाजपा की मदद लेनी पड़े तो लीजिए। इस आश्वासन के बाद मैं समझ गया कि मुस्लिम वोट का हमें घाटा नहीं होगा।

उस समय काँग्रेस के खिलाफ माहौल बन गया था। अक्सर हम घटनाओं को याद रखते हैं, माहौल को भुला देते हैं। मैंने यह भी सोचा कि इस समय जन–समर्थन है। जब भाजपा अलग होगी तो उसी तरह से घटकर बहुत नीचे आ जाएगी जैसे जनता पार्टी से निकलने के बाद वह लोकसभा में दो सीटों पर सिमट गई थी। समाजवादी नेताओं का भी मत यही था कि काँग्रेस को हराओ। इसके लिए भाजपा का समर्थन लेने में कोई हर्ज नहीं है। काँग्रेस को हराने के लिए सीटों पर तालमेल से वैचारिक समझौता नहीं होगा।

सवाल : भाजपा ने पालनपुर में अयोध्या आंदोलन के समर्थन का फैसला किया था। उसके बावजूद सीटों पर तालमेल में क्या समस्या नहीं खड़ी हुई?

जवाब : जब वह प्रस्ताव हमारी जानकारी में आया तो यह सवाल खड़ा हुआ कि भाजपा के साथ कैसे जा सकते हैं। उन्हीं दिनों में भाजपा की दिल्ली में एक मीटिंग थी। वहाँ आरिफ मोहम्मद खान को भाजपा ने बुलाया था। मुझे सहारनपुर जाना था। आरिफ मोहम्मद खान ने मुझसे पूछा कि क्या करना है? मैंने उन्हें कहा कि भाजपा की मीटिंग में मत जाइए। भाजपा में इससे नाराजगी बढ़ी। मैं प्रयास करता था कि जितना हो सके, भाजपा को दूर रखा जाए। पालनपुर के प्रस्ताव के बाद भाजपा से

जब पूछा गया कि अयोध्या आंदोलन पर क्या रुख है तो उन लोगों ने बताया कि हमारा घोषणा–पत्र पढ़ लीजिए, उसमें अयोध्या आंदोलन को नैतिक समर्थन देने की बात है। घोषणा–पत्र की प्रस्तावना में उसका प्रसंग है, लेकिन वह पार्टी की घोषणाओं में से नहीं है। यह स्पष्ट हो जाने के बाद ही भाजपा से सीटों पर तालमेल की बात तय हुई।

सवाल : क्या महाराष्ट्र में शिवसेना से सीटों पर तालमेल की कोई बात चली थी?

जवाब : बाल ठाकरे तालमेल के इच्छुक थे। जब जनमोर्चा नहीं बना था उस समय मैं बंबई गया था, जहाँ राज बब्बर ने स्वागत कराया था। वहीं शिवसेना के लोग भी माला लेकर खड़े थे। कुछ लोगों ने मुझसे कहा कि बाल ठाकरे के यहाँ चलना चाहिए। मैंने मना कर दिया।

सवाल : क्या बाल ठाकरे से आपकी कभी मुलाकात हुई?

जवाब : उनसे कभी मेरी भेंट नहीं हुई, उनके लड़के से हुई थी।

सवाल : कायदे से लोकसभा के चुनाव 1990 की जनवरी में होने चाहिए थे। राजीव गाँधी ने अचानक चुनाव करवाने का फैसला किया। आपकी नजर में कारण क्या रहे होंगे?

जवाब : हम लोग राजीव गाँधी की सरकार को हर विषय पर घेरते थे। काफी पहले ठक्कर आयोग की रिपोर्ट आई थी जिसमें इन्दिरा गाँधी की हत्या के षड्यंत्र का संदेह आर.के. धवन पर किया गया था। विपक्ष ने माँग की थी कि वह रिपोर्ट सदन के पटल पर रखी जाए, ताकि सच्चाई का पता चले। सरकार एक या दूसरे बहाने से रिपोर्ट को पेश करने से कतरा रही थी। दूसरा मौका आया मानसून अधिवेशन के दौरान। विपक्ष की माँग थी कि सी.ए.जी. की बोफोर्स तोप समझौते संबंधी रिपोर्ट सरकार सदन के पटल पर रखे। उस रिपोर्ट में सौदे में बरती गई अनियमितताओं, कमीशन एजेंट की बहाली और उसे किए गए भुगतान का ब्यौरा था। 18 जुलाई 1989 से पूरे हफ्ते सदन की कार्यवाही ठप रही। जब विपक्ष ने देखा कि राजीव गाँधी सरकार सी.ए.जी. रिपोर्ट को सदन के पटल पर न रखने पर अड़ी हुई है तो इसके विरोध में पूरे विपक्ष ने लोकसभा से इस्तीफा देने का विचार बनाया। वामपंथी दलों को प्रारंभ में कुछ हिचकिचाहट थी। बाद में वे तैयार हो गए। इस तरह इतिहास में पहली बार विपक्ष के 106 सदस्यों ने लोकसभा से इस्तीफा दे दिया। विपक्ष की गैरहाजिरी में सरकार एक टाँग पर खड़ी संसद के सहारे बहुत दिनों तक नहीं चल सकती। इसके अलावा एक कारण और भी है जिसके चलते राजीव गाँधी ने लोकसभा के चुनावों की घोषणा करवाई। वे संविधान संशोधन कर पंचायती राज प्रणाली लाना चाहते थे। उनके

सलाहकारों ने बताया कि उस संविधान संशोधन विधेयक को पेश कर सदन अगर भंग कर दिया जाता है तो चुनाव में विपक्ष को कटघरे में खड़ा करना आसान हो जाएगा।

सवाल : तब क्या विपक्ष चुनाव के लिए तैयार था?

जवाब : हम तैयार थे। उस समय माहौल हमारे पक्ष में था। चुनाव की घोषणा का हमने स्वागत भी किया।

सवाल : नौवीं लोकसभा का चुनाव आपके नेतृत्व में लड़ा जा रहा था। चुनावी दौरे के लिए आपने किन साधनों का ज्यादा इस्तेमाल किया?

जवाब : मैंने ज्यादातर दौरा कंटेसा कार से किया। पूरे देश में सड़क मार्ग से ही गया और चुनावी सभाओं में बोला। सिर्फ एक जगह महाराष्ट्र में हेलीकॉप्टर से चुनावी सभा में पहुँचा। वहाँ कार से जाना संभव नहीं था। उम्मीदवार ने हेलीकॉप्टर का प्रबंध किया था।

सवाल : दक्षिण के राज्यों में आपकी सभाएँ हुई थीं?

जवाब : कुछ सभाएँ हुई थीं।

सवाल : आपने किस क्षेत्र में ज्यादा ध्यान दिया?

जवाब : एक बार हर जगह गया। उसके बाद जहाँ बुलाया जा रहा था वहाँ जाने का फैसला किया। आखिरी दिनों में बिहार और उत्तर प्रदेश में अधिक ध्यान दिया। उत्तर प्रदेश में चुनाव की कमान दो लोग सँभाल रहे थे—मुलायम सिंह और अजित सिंह। मैं जानता था कि काँग्रेस की रीढ़ उत्तर प्रदेश और बिहार इन दो राज्यों में बची हुई है। अगर यहाँ उसे हम हरा देने में सफल हो जाते हैं तो वह रीढ़ टूट जाएगी। उसका सामाजिक आधार मुख्यतः दलित और अल्पसंख्यक समूह थे। इन समूहों में हमारी पैठ बन जाती है तो काँग्रेस को भारी झटका लगेगा। इन्हीं दो राज्यों में मैंने अपनी ताकत लगाई। हर क्षेत्र में गया। सभी जगह सड़क मार्ग से ही गया।

सवाल : सड़क मार्ग से दौरा करते हुए आपको वहाँ भी जाना पड़ा होगा जहाँ आप जाना नहीं चाहते थे। ऐसे क्षेत्रों में आपका अनुभव क्या रहा?

जवाब : राजस्थान में एक जगह गए। वहाँ जनता दल और भाजपा में टकराव था। वहाँ अगर मैं नहीं रुकता और आगे बढ़ जाता तो जनता दल का उम्मीदवार हार सकता था। वहाँ गया और उम्मीदवार से कहा कि भाजपा के खिलाफ मैं कुछ नहीं कहूँगा लेकिन तुम्हारे लिए अपील करूँगा। वहाँ भाजपा के लोगों ने पूरे रास्ते मेरा स्वागत किया। वे लोग मेरा पोस्टर लेकर खड़े थे। उनका प्रयास था कि मतदाताओं

में यह संदेश जाए कि भाजपा विश्वनाथ प्रताप सिंह के साथ है।

मुझे कठिनाई हुई उत्तर प्रदेश में। मैंने यह फैसला किया था कि भाजपा के मंच पर वहाँ नहीं जाएँगे। हमारी आपस में समझदारी थी कि भाजपा हमको अपने मंच पर नहीं बुलाएगी और हम उनके यहाँ नहीं जाएँगे। चुनाव अभियान से पहले ही परस्पर यह बात तय हो गई थी। मेरी इस बारे में हठवादिता नहीं थी। इतना अवश्य था कि हम एक–दूसरे के उम्मीदवार के खिलाफ नहीं बोलेंगे। हमारे समझौते का वह हिस्सा था। जब आगरा पहुँचा तो मालूम हुआ कि सभा स्थल जहाँ है वहाँ भाजपा की सभा हो चुकी है। मंच पर उनका झण्डा लगा हुआ है। मैंने कहा कि उनका झण्डा निकाल दो। फिर सभा हुई। वहाँ से मथुरा पहुँचा। जनता दल के उम्मीदवार ने भाजपा नेताओं को भी मंच पर बुला रखा था और उनके झण्डे भी लगे थे। वहाँ हमारे उम्मीदवार का भाजपा से सहयोग था। मंच पर जनता दल और भाजपा दोनों के झण्डे लगे थे। मैंने कहा कि मैं यहाँ भाषण नहीं कर सकता। हमारे उम्मीदवार ने कहा कि हम भाजपा का झण्डा निकलवा देंगे तो हार जाएँगे। मैंने उनसे कहा कि आप हार जाओ और दस और हार जाएँ, तब भी भाजपा के साथ मैं मंच की हिस्सेदारी नहीं करूँगा। इस पर दो घंटे तक जद्दोजहद चलती रही। मैंने कहा कि उस मंच पर मैं नहीं जाऊँगा। यह हो सकता है कि मंच के सामने या कहीं और मैदान में एक तख्त रख दो और माइक लगा दो, मैं वहाँ से बोलूँगा। तीन घंटे बाद तख्त लगवाया गया, मैं वहाँ गया। जो लोग साझा मंच पर पहले से थे वे उतरकर चले गए। मेरी सभा हुई। जब चलने लगा तो भाजपा समर्थकों ने मेरी कार पर पत्थर फेंका। ऐसी ही घटना अलीगढ़ में हुई जहाँ भाजपा समर्थकों ने मंच की ओर पत्थर फेंका। इस मर्यादा को मैंने पूरी तरह निभाया कि भाजपा के मंच पर नहीं जाना है। उनके साथ हमारा सीटों पर तालमेल था, वैचारिक समझौता नहीं था।

सवाल : जनता दल में उम्मीदवारों के चयन में आपकी भूमिका क्या थी?

जवाब : उम्मीदवारों का चयन मुश्किल काम है। विपक्षी दलों में तो यह और ज्यादा मुश्किल होता है। कई बार गठबंधन टिकट बँटवारे की मारामारी में टूट जाते हैं। मैं यह जानता था। मेरा एक ही लक्ष्य था कि उम्मीदवारों का चयन जितना हो सके सहज तरीके से सम्भव हो जाए। इसलिए मैंने अपनी ओर से उम्मीदवारों की कोई सूची नहीं दी। मैंने अपने उम्मीदवारों के लिए आग्रह अवश्य किया। जो लोग मुझसे जुड़े हुए थे उनको जनता दल ने टिकट दे दिया। मैं इस झंझट में नहीं पड़ा कि किसको टिकट मिलता है, किसको नहीं मिलता।

ज्यादातर फैसले हरियाणा भवन में हुए। कई बार रात–रात भर हम हरियाणा भवन में ही रह जाते थे। जहाँ बात अटकती थी वहाँ मैं हस्तक्षेप करता था। जनता दल के नेता मेरी बात मान लेते थे।

सवाल : क्या संत बख्श सिंह चुनाव लड़ना चाहते थे?

जवाब : हाँ, उन्होंने अपनी उम्मीदवारी पेश की थी। मार्कतुली के जरिए उन्होंने देवीलाल को पकड़ा था।

सवाल : वे कहाँ से लड़ना चाहते थे?

जवाब : उन्होंने फतेहपुर से टिकट माँगा था।

सवाल : वहाँ से जनता दल ने आपको उम्मीदवार बनाया?

जवाब : मैंने फतेहपुर से चुनाव लड़ने की पहले ही घोषणा कर दी थी। आखिरी समय में हमारे भाईसाहब संत बख्श सिंह का वहीं से टिकट माँगना उचित नहीं था। वे संघर्ष में कहीं थे नहीं। उस समय जब संघर्ष चल रहा था तो वे मूक दर्शक थे। उनका दावा नहीं बनता था। फतेहपुर मैंने इसलिए चुना था कि वहाँ मुझे चुनाव प्रचार में जाने की जरूरत नहीं पड़ती। मुझे पूरे देश का चुनाव सँभालना था। मुकाबला काँग्रेस से था। लेकिन उनकी उम्मीदवारी का समर्थन देवीलाल ने किया। फिर उन्होंने चुनाव लड़ने के लिए दूसरी जगह जो चुनी वह सुल्तानपुर थी, जहाँ से राम सिंह जनता दल के उम्मीदवार हुए। वे पूरे संघर्ष में निष्ठावान सिपाही की भूमिका में थे।

मैं संत बख्श सिंह का आदर करता हूँ। उनकी उम्मीदवारी के दो आधार हो सकते थे। पहला कि भाई के नाते उन्हें संघर्ष में मेरी बगल में खड़ा होना चाहिए था। मैं जीवन–मरण की लड़ाई लड़ रहा था। उन्होंने संघर्ष में कहीं कभी एक बयान तक नहीं दिया। दूसरा आधार हो सकता था अगर वे पार्टी में होते। उन्होंने ऐन वक्त पर टिकट पाने के लिए तब प्रयास शुरू किया जब देखा कि जीत सकते हैं। वे लाभ लेने के लिए चले आए। देवीलाल चाहते थे कि दोनों भाई लड़ें।

सवाल : अपने चुनाव क्षेत्र में आपने कितना समय दिया?

जवाब : नामांकन के बाद मतदान के दिन मैं वहाँ था। जहाँ डूँगरई मतदान केन्द्र के नजदीक काँग्रेस समर्थकों ने मुझे निशाना बनाकर गोलियाँ चलाईं।

सवाल : कारण क्या था?

जवाब : उसी दिन मैं लखनऊ से फतेहपुर पहुँचा था। अपने चुनाव क्षेत्र में घूमते हुए मुझे मालूम पड़ा कि डूँगरई मतदान केन्द्र पर काँग्रेस समर्थकों ने कब्जा कर लिया है। वह बीहड़ इलाका है। वहाँ एक विद्यालय भवन में मतदान केन्द्र था। जब मैं वहाँ पहुँचा और मौके का जायजा ले रहा था, उसी समय विद्यालय की छत पर खड़े दो युवकों ने दनादन गोलियाँ चलाईं, जिसकी शिकायत ललौली थाने में की गई। वहाँ मैंने कहा कि 'मेरी कुर्बानी से लोकतंत्र बच जाएगा तो मैं इसके लिए तैयार हूँ।'

सवाल : फतेहपुर में चुनाव खर्च कितना हुआ?

जवाब : असल में उस समय जनता में बेहद उत्साह था। जनता वहाँ स्थानीय स्तर पर ही योगदान करती थी। मुझसे किसी ने पैसे की माँग नहीं की। मेरा लड़का वहाँ था, उसने कैसे किया यह मुझे नहीं मालूम। मैं अपने चुनाव क्षेत्र में सिर्फ दो बार गया।

सवाल : आप तब जनता दल के अध्यक्ष थे और राष्ट्रीय मोर्चा के संयोजक थे। इस नाते पूरे देश के चुनाव अभियान के लिए खर्च की व्यवस्था कैसे हुई और कुल कितना खर्च हुआ?

जवाब : उस चुनाव में मुझे खर्च की व्यवस्था नहीं करनी पड़ी।

सवाल : रामनाथ गोयनका से जुड़े कई लोगों ने मुझे बताया कि 1989 के लोकसभा चुनावों में उन लोगों ने आपके लिए चुनाव फण्ड में 12 करोड़ रुपया इकट्ठा किया था, जिसे आपने खुद तो नहीं लिया, लेकिन आपके कहने से जगह–जगह उस रकम को उम्मीदवारों में बाँट दिया गया। क्या उससे ही लोकसभा चुनाव का खर्च पूरा हो गया?

जवाब : इसकी मुझे जानकारी नहीं थी। 1991 के चुनाव के खर्च के बारे में मैं जानता हूँ। कुछ पत्रकारों और वकीलों ने पार्टी के लिए पैसे जुटाए। तब भी किसी पूँजीपति से मैंने मदद नहीं ली। जिन लोगों ने मदद दी वे उसकी एवज में मुझसे किसी तरह की उम्मीद नहीं रखते थे।

सवाल : 1989 के चुनाव में जनता दल लोकसभा की कितनी सीटों पर लड़ा था?

जवाब : जनता दल को 142 सीटें मिली थीं। उसे उत्तर प्रदेश, बिहार, गुजरात, महाराष्ट्र, हरियाणा, मध्य प्रदेश, उड़ीसा, राजस्थान, पंजाब, कर्नाटक और दिल्ली से प्रतिनिधित्व मिला था। जनता दल 243 लोकसभा क्षेत्रो में चुनाव लड़ा था।

चुनाव पूर्व समझौते के तहत भाजपा और वाममोर्चे को जो सीटें मिलीं, उन्हें मिलाकर राष्ट्रीय मोर्चा की लोकसभा में संख्या 281 हो जाती थी। भाजपा की सीटें 86 और वाममोर्चा के पास 52 सदस्य थे।

सवाल : राष्ट्रीय मोर्चा के ज्यादातर दलों का अपने–अपने क्षेत्रो में सफाया हो गया था। द्रमुक को एक सीट भी नहीं मिली। तेलुगु देशम को मात्र दो क्षेत्रों में सफलता मिली। इससे राष्ट्रीय मोर्चा पर क्या प्रभाव पड़ा?

जवाब : मैंने सोचा कि इन दलों के सदस्य लोकसभा में भले ही चुनकर न आए हों लेकिन हमने क्षेत्रीय दलों को जोड़कर राष्ट्रीय मोर्चा बनाया है। इनके चुनाव अभियान में मैं गया भी था, इसलिए इनको इस नाते सरकार में रहना चाहिए ताकि देश के संचालन में इनकी हिस्सेदारी हो। ये राजनीति की मुख्य धारा में बने रहें। काँग्रेस इन पर अलगाववादी होने का आरोप लगाती रही है। क्षेत्रीय दलों का जवाब होता था कि दिल्ली यह नहीं कर रही है। वे दिल्ली अर्थात देश की राजधानी में बैठे शासकों को कोसते रहते थे। मैंने उनको दिल्ली का हिस्सा बनाया। मेरा अनुभव अच्छा रहा। उनका पूरा सहयोग मिला। वे चरित्र में भले ही क्षेत्रीय दल रहे हों लेकिन उनका सोच राष्ट्रीय था। मैंने यही पाया।

सवाल : राष्ट्रीय मोर्चा की सरकार बनाने की प्रक्रिया कैसे प्रारंभ हुई?

जवाब : एन. टी. रामाराव ने राष्ट्रीय मोर्चा के अध्यक्ष के नाते और मैंने संयोजक की हैसियत से भाजपा सहित सभी विपक्षी दलों को पत्र लिखा और उनका सरकार बनाने में सहयोग माँगा। 'अब हम सब का पवित्र कर्तव्य हो जाता है कि हम इस जनादेश को व्यर्थ न जाने दें और लोगों की आशाएँ और आकांक्षाएँ पूरी करने के लिए गैर–इंका सरकार के गठन में देर न करें।' भाजपा और वामपंथी दलों ने समर्थन किया। इससे राष्ट्रीय मोर्चा का बहुमत हो गया। भाजपा ने क्रिटिकल सपोर्ट का फैसला किया। उसने जो प्रस्ताव पारित किया उसमें मुद्दों पर आधारित समर्थन की बात थी। वाममोर्चे ने बिना शर्त समर्थन किया था।

सवाल : सरकार बनाने के क्या–क्या विकल्प उस समय मौजूद थे?

जवाब : राष्ट्रीय सरकार बनाने का भी एक प्रस्ताव आया था जिसमें कांग्रेस सहित सभी पार्टियाँ शामिल हों।

सवाल : यह प्रस्ताव किसका था?

जवाब : अटल बिहारी वाजपेयी ने सुझाया था। वह विचार स्वीकार नहीं हो सका। भाजपा का वह प्रस्ताव नहीं था। उस विचार को काँग्रेस के प्रवक्ता आनंद शर्मा ने एक प्रेस काँफ्रेंस में नामंजूर कर दिया था। इस प्रकार काँग्रेस उस विचार से खुलेआम असहमत थी।

सवाल : वह चुनाव आपके नेतृत्व में लड़ा गया था, फिर भी चुनाव नतीजे के बाद कुछ दिनों तक संसदीय दल के नेता के नाम पर ऊहापोह की स्थिति क्यों बनी रही?

जवाब : चुनाव अभियान के दौरान मैंने कहा था कि मैं प्रधानमंत्री पद का दावेदार नहीं हूँ। मेरा कहना था कि काँग्रेस सत्ता से हट गई और हम जीत गए हैं। मुझे प्रधानमंत्री

मत बनाओ।

सवाल : आप क्यों मना कर रहे थे?

जवाब : मैंने 1987 और 1989 के बीच एलान किया था कि मैं प्रधानमंत्री पद का दावेदार नहीं हूँ। मेरा विचार था कि मैं आंदोलन से जुड़ा रहूँ और लोगों के बीच रहूँ। यह विकल्प मुझे ठीक लग रहा था।

सवाल : लेकिन वोट तो आपके नाम पर माँगा गया था?

जवाब : भाजपा तक ने मेरा पोस्टर लगाकर वोट माँगा था। वे यह प्रचार करते थे कि हमारा सांसद भी विश्वनाथ प्रताप सिंह को ही प्रधानमंत्री बनवाएगा।

सवाल : आपने किन परिस्थितियों में प्रधानमंत्री बनने पर सहमति दी?

जवाब : चुनाव नतीजे के बाद चारों तरफ से दबाव पड़ने लगा। भाजपा के कई नेताओं ने मेरी पत्नी से कहा कि इनको तैयार करिए। क्षेत्रीय पार्टियों के नेताओं का भी जबर्दस्त आग्रह था। उनका कहना होता था कि जनता दल की जीत हुई है यह सही है, लेकिन हमारा विश्वास आपमें है। इसमें तेलुगु देशम, द्रमुक और असम गण परिषद की ओर से यह बात कही जा रही थी। वाममोर्चा भी यही चाहता था। वह इसे भी स्वीकार कर लेता कि जनता दल अपना नेता जिसे चाहे बनाए। क्षेत्रीय पार्टियाँ इसके लिए तैयार नहीं थीं।

सवाल : यह आम धारणा थी कि चन्द्रशेखर नेता पद का चुनाव लड़ सकते हैं। क्या आपको इसकी जानकारी नहीं थी?

जवाब : जब यह बात हवा में थी कि वे चुनाव लड़ सकते हैं उस समय वी.एम. तारकुंडे, वी.आर. कृष्ण अय्यर और कुलदीप नैयर उनके पास गए थे। उनसे कहा था कि आप चुनाव नहीं लड़ें। मैंने सुना है कि चन्द्रशेखर ने उनसे कहा था कि लोकतंत्र है, चुनाव में हर्ज क्या है। उन्होंने साफ–साफ यह नहीं कहा था कि वे लड़ेंगे या नहीं लड़ेंगे। उसी समय राम जेठमलानी ने चन्द्रशेखर के निवास पर धरना दिया था। उनकी कमीज फाड़ दी गई थी।

सवाल : यह बताइए कि जनता दल के संसदीय नेता का फैसला कैसे हुआ?

जवाब : जब देर होने लगी और काफी भ्रम की स्थिति थी, उस समय बीजू पटनायक ने जनता दल के सांसदों को छोटे–छोटे समूह में बुलवाया। उनसे पूछा कि नेता के रूप में किसको चाहते हो? सब ने मेरा नाम लिया। मुलायम सिंह ने भी उनसे कहा कि विश्वनाथ प्रताप सिंह को बनवाइए। सुबह से वहाँ यह सिलसिला चल रहा

था। दोपहर में मुझे फोन आया कि आ जाइए। वहाँ गया तो देखा कि बीजू पटनायक के अलावा चन्द्रशेखर और देवीलाल बैठे हुए थे। थोड़ी देर बाद देवीलाल ने चन्द्रशेखर से कहा कि मैं आपसे बात करना चाहता हूँ। वे दोनों उठे और बगल के कमरे में चले गए। यह मुझे नहीं मालूम हुआ कि उनमें क्या बात हुई थी। कमरे से देवीलाल अकेले लौटे। मैंने यह समझा कि चन्द्रशेखर वहीं से चले गए। वे (देवीलाल) मेरे पास आए और मुझसे कहा कि आपसे बात करनी है। वहाँ हम दो ही थे। उन्होंने मुझसे कहा कि 'आप मेरी इज्जत रख लीजिए।' मैंने सोचा कि बुजुर्ग आदमी हैं, अपनी इज्जत की बात कर रहे हैं। अपने यहाँ का संस्कार भी है कि बुजुर्ग को सम्मान देना चाहिए। इसके अलावा मेरे मन में यह भाव भी था कि इस व्यक्ति ने मेरी पूरी मदद की है। इसलिए मैंने उनसे कहा कि जो भी आप कहेंगे, होगा। उन्होंने कहा कि नेता पद के लिए मेरे नाम का प्रस्ताव हो जाए। फिर मैं मना कर दूँगा और आप हो जाइएगा। मैंने कहा कि आपको मना करने की क्या जरूरत है। आप नेता चुने जाएँ और प्रधानमंत्री बनिए। देवीलाल ने कहा कि वोट आपके नाम पर मिला है, जनता डण्डा लेकर मारेगी। मैंने इस पर हाँ कर दी। मुझे उस समय यह नहीं मालूम था कि इसका क्या स्वरूप होगा और किस रूप में उसे समझा जाएगा।

सवाल : जनता दल में चल रही उस समय की गतिविधियों में क्या आप रुचि नहीं ले रहे थे?

जवाब : देवीलाल से बातचीत के बाद मैंने अरुण नेहरू को फोन किया। यह सोचकर कि कहीं कोई हंगामा न हो, उन्हें बताया कि नेता पद पर देवीलाल के नाम का प्रस्ताव होगा। आप इसको सँभालिएगा। उन्होंने स्पष्टीकरण माँगे बगैर कहा कि ठीक है। इस पर मुझे आश्चर्य हुआ। उसका किस्सा बाद में मालूम हुआ कि देवीलाल ने सुबह पहले अरुण नेहरू और बाद में आरिफ मोहम्मद खान को इसी प्रस्ताव पर सहमत कराना चाहा था और उन लोगों ने मना कर दिया था। अगर अरुण नेहरू और आरिफ मोहम्मद खान ने यह बात मुझे बताई होती तो मैं भी मना कर देता। यह मुझे असलम खान ने बताया। वे उत्तर प्रदेश में मंत्री थे और आरिफ मोहम्मद खान के नजदीक थे। इस्तीफा देकर हमारे साथ आ गए थे।

सवाल : यह समझाइए कि जनता दल के संसदीय नेता के रूप में आपका चुनाव कैसे हुआ?

जवाब : संसदीय दल के नेता के लिए मैंने देवीलाल के नाम का प्रस्ताव किया। चन्द्रशेखर ने समर्थन किया। उसके बाद देवीलाल ने अपने भाषण में कहा, मुझे नेता चुना गया है लेकिन मैं देश का ताऊ ही बना रहना चाहता हूँ। फिर उन्होंने मेरे नाम का प्रस्ताव किया। जब प्रस्ताव आ गया तो मैंने निर्वाचन अधिकारी मधु दंडवते से

कहा कि इस तरह नहीं होना चाहिए। आप चुनाव प्रक्रिया पूरी करें। उसके बाद उन्होंने प्रस्ताव के समर्थन के लिए वहाँ आवाज लगाई। अजित सिंह ने समर्थन किया। इस तरह चुनाव की प्रक्रिया पूरी हुई।

सवाल : देवीलाल ने आपको मनोनीत नहीं किया?

जवाब : विधिवत निर्वाचन हुआ। उसे मनोनयन नहीं कहा जा सकता। मेरे नाम के प्रस्ताव और उस पर समर्थन की प्रक्रिया पूरी हो जाने पर निर्वाचन अधिकारी मधु दंडवते ने बकायदे पूछा था कि क्या और कोई उम्मीदवार है? एक नाम प्रस्तावित है और उस पर उसका अनुमोदन हो गया है। जब कोई नाम नहीं आया तो उन्होंने कहा कि मैं सर्वसम्मत निर्वाचन की घोषणा करता हूँ। इस पर चन्द्रशेखर ने आपत्ति की और कहा कि सर्वसम्मत नहीं, निर्विरोध निर्वाचित कह सकते हैं। इस प्रकार मेरे नाम की निर्वाचित रूप में घोषणा हुई।

सवाल : चन्द्रशेखर की क्या प्रतिक्रिया थी?

जवाब : चन्द्रशेखर वहाँ बहुत दुखी नजर आए। हो सकता है कि देवीलाल ने उनको पूरी बात न बताई हो।

सवाल : क्या वह फैसला देवीलाल का ही था?

जवाब : मुझे यह नहीं मालूम। मैंने इस बारे में किसी से पूछा नहीं। अपने से कोई बताए तो ठीक है। उसकी तह में जाने की मैंने कोशिश नहीं की। देवीलाल के प्रस्ताव को मैंने सहज रूप में लिया। घटनाओं का क्रम ऐसा बना कि वह सौदेबाजी समझी गई। जबकि ऐसा बिल्कुल नहीं था। मुझे देवीलाल के कामकाज के तरीके का कोई अनुभव नहीं था। मैं लड़ाई में पड़ गया। आम लोगों के बीच में रहा और जोड़–तोड़ से अपना कोई वास्ता नहीं था। लेकिन देवीलाल जोड़–तोड़ में होशियार थे। मुझे बाद में हरकिशन सिंह सुरजीत ने बताया कि जब उनको यह भनक लगी कि देवीलाल मुख्यमंत्री पद से इस्तीफा देना चाहते हैं तो उन्होंने उनको समझाया कि आप मुख्यमंत्री बने रहें और इस प्रकार आप भारतवर्ष के ताऊ के रूप में इज्जत से रहिए। सुरजीत का कहना है कि वे मान गए थे। लेकिन ओम प्रकाश चौटाला का दबाव पड़ा होगा कि आप केन्द्र में जाओ।

हरियाणा भवन में विधायकों की बैठक जब चल रही थी, उस समय मुझे मालूम पड़ा कि ओम प्रकाश चौटाला को नेता चुन लिया गया है।

सवाल : उसके बाद देवीलाल केन्द्र में आए और आपने उनको उप–प्रधानमंत्री बनाया?

जवाब : देवीलाल को उप–प्रधानमंत्री बनवाने के लिए संदेश आने लगे। मैं इसके पक्ष में नहीं था। मुझे लग रहा था कि इससे समस्या खड़ी होगी। फिर विचार किया और दो उप–प्रधानमंत्री बनाने के बारे में सोचा। मैंने पी. उपेन्द्र से बात की जिससे वे नन्द मूरि तारिक रामाराव (एन.टी.आर.) को बता दें। पी. उपेन्द्र ने मुझे सलाह दी कि आप ऐसा न करें, क्योंकि समस्या बढ़ जाएगी। आपका ज्यादा समय पंचायत में लगा करेगा। मैंने वह विचार छोड़ दिया।

सवाल : क्या देवीलाल ने उप–प्रधानमंत्री पद की शपथ ली?

जवाब : राष्ट्रपति ने उन्हें मंत्री पद की शपथ दिलाई। संविधान में उप–प्रधानमंत्री की कोई व्यवस्था नहीं है। राष्ट्रपति जब शपथ दिला रहे थे, उस समय जहाँ मंत्री लिखा हुआ था वहाँ देवीलाल ने उप–प्रधानमंत्री पढ़ा। इस पर राष्ट्रपति ने उन्हें टोका।

सवाल : देवीलाल ने आपसे अपनी दोनों शर्तें मनवा लीं। उससे यह समझा गया कि आप और देवीलाल में कोई समझौता हुआ था। इस कारण रोजमर्रा के काम में आपको कितनी कठिनाई हुई?

जवाब : एक प्रोजेक्शन हो गया कि देवीलाल ने मुझे मनोनीत किया। वह सही नहीं था। इसी तरह उनके उप–प्रधानमंत्री बन जाने से यह धारणा पक्की हो गई कि कोई समझौता हुआ था। घटनाओं का क्रम ऐसा बना कि यह धारणा लोगों के मन में बैठ गई, हालाँकि उसका वास्तविकता से कोई संबंध नहीं था। जहाँ तक रोजमर्रा के कामकाज का सवाल है और प्रधानमंत्री के रूप में मंत्रिमंडल बनाने की स्थिति में मुझे अड़चन नहीं आई। गठबंधन की राजनीति के बावजूद मेरे ऊपर कोई दवाब नहीं था। मैंने मंत्रिमंडल का अकेले फैसला किया। देवगौड़ा और गुजराल के अनुभवों को देखते हुए मैं कह सकता हूँ कि मुझे खुद फैसला करना था, किसी प्रकार का दबाव नहीं था।

सवाल : देवीलाल ने आपसे एक बार कहा था कि अजित सिंह सौदागर है। लेकिन दिखता यह है कि देवीलाल ही आपके साथ सौदागरी करते रहे। आपके सामने कोई चारा नहीं था?

जवाब : मैं मानता हूँ कि उन्होंने कोई सौदेबाजी नहीं की। वे जो चाहते थे उसके लिए चतुराई से जोड़–तोड़ की। सौदेबाजी में लेन–देन होता है। वैसी कोई बात नहीं हुई थी। अगर सौदेबाजी होती तो उसमें मेरी सहमति चाहिए थी। उन्होंने ओमप्रकाश चौटाला को मुख्यमंत्री बनवाने के लिए जो कुछ किया, वह मेरी गैर जानकारी में किया। तब मुझसे सौदेबाजी कोई नहीं करता था। सौदा तो किसी ने किया नहीं। विरोध कर दिया हो और अलग हो गए हों, लेकिन सौदा नहीं किया।

अध्याय : नौ

लुटियन के टीले पर

अध्याय परिचय

राष्ट्रीय मोर्चा की सरकार के तूफानी दिनों के घटनाक्रम को जो जानना और समझना चाहते हैं उनको इस अध्याय से काफी मदद मिल सकती है। उस सरकार पर जो सवाल तब थे वे ज्यों के त्यों अब भी बने हुए हैं। ऐसा नहीं है कि उन सवालों पर बोला और लिखा न गया हो, काफी कुछ कहा गया है। फिर भी वे सवाल यथावत बने हुए हैं तो उसके गहरे कारण होने चाहिए।

अक्सर जो पूछा जाता है वह यह है कि विश्वनाथ प्रताप सिंह की सरकार पाँच साल क्यों नहीं चल पाई? यह पूछने वाले कहाँ जानते हैं कि जिसे उन्होंने नेता चुना था और प्रधानमंत्री बनाया था वे विश्वनाथ प्रताप सिंह मानते ही नहीं थे कि वह सरकार पाँच साल चलने लायक थी। अपने मत में किसी प्रकार का संशोधन वे आज भी जरूरी नहीं मानते। उनके राजनीतिक गुणा–भाग में वह दो साल से ज्यादा नहीं चल सकती थी। यह बात अलग है कि सिर्फ ग्यारह महीने ही वह राम–राम कहते हुए काट सकी। क्यों वह सरकार पाँच साल नहीं चल सकती थी उस मर्म को तत्कालीन प्रधानमंत्री ने पहली बार पूरे मन से इस अध्याय में परत–दर–परत समझाया है। इससे इंकार नहीं किया जा सकता कि वे जो कुछ अगले पन्नों में कह रहे हैं वह उनका नजरिया है। उसका दूसरा पक्ष जानने के लिए भी यह जरूरी है कि पहले यह समझा जाए कि पूर्व प्रधानमंत्री ने तब क्या देखा और समझा। उसी आधार पर उन्होंने अपनी राजनीति का गुणा–भाग लगाया। साधारण नागरिक की उम्मीदों और सत्ता में बैठे मुखिया के इर्द–गिर्द के यथार्थ से जो नजारा बना उसे अब तक भुलाया नहीं जा सका है।

भाजपा के कई नेता कहते रहे हैं कि हम सरकार चलाते रहना चाहते थे। जब

देखा कि विश्वनाथ प्रताप सिंह की दिलचस्पी उसे चलाने में नहीं है तो पार्टी ने अयोध्या मुद्दे को अपना लिया। घटनाक्रम से यह उभरता है कि इसमें सच्चाई है, लेकिन कितनी? यहीं वह यक्ष प्रश्न खड़ा होता है कि जनता दल और भाजपा में सत्ता की होड़ क्या पहले दिन से ही शुरू हो गई थी? क्या राजीव गाँधी को अपदस्थ करने तक ही उनमें समझौता था? नौवीं लोकसभा के चुनाव अभियान से साधारण नागरिकों ने जो अर्थ निकाले और भावी सरकार के बारे में जो सपने बुने, उनमें और राजनीतिक नेताओं में समझ की खाई इतनी चौड़ी और गहरी क्यों है? इन सवालों पर विश्वनाथ प्रताप सिंह ने साफगोई से बात की है, इसकी परवाह किए बगैर कि उनके कहे को किस तरह समझा जाएगा।

सरकार गई, मंडल के कारण या मंदिर मुद्दे पर? इस पर विश्वनाथ प्रताप सिंह का कहना है कि 'राष्ट्रीय मोर्चा की सरकार बनने के बाद एक कार्ययोजना तैयार की गई। उसे 1 जनवरी 1990 को जारी किया गया। अखबारों ने अगले दिन उसे छापा। कार्ययोजना में कहा गया था कि दूसरे पिछड़े वर्ग आयोग की सिफारिशों पर विचार के लिए मंत्रिमंडल की एक समिति जनवरी में बनाई जाएगी। जिसे सरकारी रिकॉर्ड में दूसरे पिछड़े वर्ग आयोग का नाम प्राप्त है, उसे ही लोग बोलचाल में मंडल आयोग कहते हैं। मंडल आयोग की सिफारिशों को लागू करने के वायदे से राष्ट्रीय मोर्चा की सरकार बनी थी। यह कहना सही नहीं है कि मंडल आयोग की सिफारिशों को अचानक लागू किया गया। मेरी सरकार ने उन्हें लागू करने के लिए जरूरी प्रक्रिया अपनाई।' उनका यह जवाब उन लोगों को है जो मानते हैं कि अपनी सरकार पर मँडराते संकट के समय उन्होंने महत्त्वहीन मुद्दों जैसे मंडल आयोग की सिफारिशों को सबसे ऊपर बैठा दिया। राष्ट्रीय मोर्चा सरकार की कार्ययोजना में मंडल आयोग की सिफारिशों के लिए कैबिनेट कमेटी बनाने की घोषणा है। राष्ट्रीय मोर्चा के घोषणा–पत्र में सामाजिक कार्य अध्याय के तहत कहा गया था कि 'मंडल आयोग की सिफारिशों को जल्द से जल्द लागू किया जाएगा।'

नौवीं लोकसभा का चुनाव बोफोर्स तोप सौदे के मुख्य मुद्दे पर लड़ा गया था। राष्ट्रीय मोर्चा के घोषणा–पत्र में तब कहा गया था कि 'केन्द्र में एकदलीय शासन एक व्यक्ति का शासन बनकर रह गया है और यह एक व्यक्ति विशेषकर शासन पूर्ण रूप से अक्षम, असमर्थ और भ्रष्ट साबित हुआ है। आज राजीव गाँधी, बोफोर्स और भ्रष्टाचार एक–दूसरे के पर्याय बन गए हैं। बोफोर्स और एच.डी.डब्ल्यू. पनडुब्बी सौदों में दलाली और वेस्टलैंड हेलीकॉप्टर में भारी अपव्यय जैसे घोटालों और विदेशी बैंकों में राजीव गाँधी के करीबी सहयोगियों के अवैध खातों के भंडाफोड़ होने से देश में लोकतांत्रिक राजनीति की चूलें हिल गई हैं तथा राष्ट्र की सुरक्षा को गंभीर खतरा

उत्पन्न हो गया है। अब तक प्राप्त प्रमाणों से प्रधानमंत्री तथा उनके सहयोगियों द्वारा बोफोर्स तोप सौदे में दलाली पर लीपापोती की बात जगजाहिर हो गई है। इससे राजीव गाँधी अंतर्राष्ट्रीय ब्लैकमेल का सहज शिकार हो सकते हैं। बड़े पैमाने पर विपक्षी सांसदों का सामूहिक त्यागपत्र, भ्रष्टाचार के विरुद्ध भारत बन्द को विशाल जनसमर्थन और विकेन्द्रीकरण के खोखले विधेयकों को अस्वीकार किया जाना सरकार की कुंठित और निकम्मी नीतियों के खिलाफ जनविरोध के प्रतीक हैं।'

विश्वनाथ प्रताप सिंह ने बताया है कि उनके कार्यकाल में विधिवत जाँच शुरू हुई। उसका यह परिणाम निकला कि दलाली की रकम क्वात्रोची के खाते में गई है, इतना साबित हो गया है। वो कहते हैं कि वह देश छोड़कर भाग गया और पी.वी. नरसिंह राव की सरकार ने उसे भागने दिया। 'अफसोस की बात यह है कि आजादी के इतने सालों के बाद हमारे पास कोई विश्वसनीय और सशक्त जाँच एजेंसी नहीं है।' साफ है कि वे मौजूदा सी.बी.आई. को इस लायक नहीं मानते कि वह पता कर सके कि बोफोर्स तोप के सौदे का 64 करोड़ रुपया क्वात्रोची से होते हुए आखिर में कहाँ पहुँचा। यही वह रहस्य है जो बना हुआ है।

अयोध्या विवाद जितना पुराना है उतना ही वह वोट की राजनीति से गुत्थमगुत्था होता गया है। कब और किसने उस मसले में राजनीति की रोटी सेंकी, इसके कुछ खुलासे खुद विश्वनाथ प्रताप सिंह ने किए हैं। जैसे उन्होंने बताया है कि नौवीं लोकसभा के चुनावों के दौरान राजीव गाँधी ने विश्व हिन्दू परिषद से किए करारनामे के तहत जहाँ शिलान्यास करवाया था वह विवादित स्थान था। प्रधानमंत्री बनने के बाद जब उनके सामने यह मसला आया और अफसरों ने मौका–मुआयना कर उन्हें रिपोर्ट दी कि वास्तव में विवादित स्थान पर ही शिलान्यास कराया गया था तो विश्वनाथ प्रताप सिंह को 'पहले यकीन नहीं हुआ।' उन्होंने राजीव गाँधी की सरकार के किए कामों पर मुहर नहीं लगाई। आपसी बातचीत से हल निकालने के कई प्रयास विभिन्न स्तरों पर उन्होंने चलाए। उनका ब्यौरा उन्होंने बताया है। अपने फॉर्मूले की जानकारी दी है। कहाँ और कैसे वे जो चाहते थे, नहीं कर पाए। उन बातों को उन्होंने छिपाया नहीं है।

जनता दल का कारवाँ अपने पहले पड़ाव पर ही लुट गया। मंजिल उससे बहुत दूर थी। उस दौर को जिन लोगों ने करीब से देखा है वे कई बातें कहते हैं। एक यह कि विश्वनाथ प्रताप सिंह ने सत्ता में सही साझेदार नहीं चुना। अगर उनका चयन सही होता तो वह सरकार काँग्रेस की तिकड़मों में फँसकर अकाल मृत्यु को प्राप्त न होती। उनका जवाब सुनिए–'ऐसा करके अगर अपनी सरकार बचा भी लेते तो मेरी मेरी स्थिति एक कठपुतली प्रधानमंत्री की होती। मैं 99.9 फीसदी प्रधानमंत्री बने

रहने के लिए तैयार नहीं था। भले ही थोड़े दिन के लिए रहें लेकिन 100 फीसदी प्रधानमंत्री रहेंगे। दो दिन की ही सही परंतु शेर की जिन्दगी जीएँगे।'

काँग्रेस चाहे जो भी दावा करे पर सबूत विश्वनाथ प्रताप सिंह के पक्ष में हैं। 'हमारे कार्यकाल में राजीव गाँधी सुरक्षित थे।' कैसे सुरक्षित थे, यह उन्होंने विस्तार से बताया है जिससे समझा जा सकता है कि उनके कार्यकाल में राजीव गाँधी की सुरक्षा में कोई कमी नहीं रखी गई थी। अफसोस के साथ विश्वनाथ प्रताप सिंह यह सवाल उठाते हैं कि 'मेरी सरकार गिरने के छह महीने बाद की घटना की जिम्मेदारी मेरे ऊपर डालना कहाँ तक न्यायपूर्ण है?'

सवाल : राष्ट्रीय स्तर पर करीब तीन साल चले जन–आंदोलन से राष्ट्रीय मोर्चा की सरकार 1989 दिसम्बर में बनी। उससे दूसरी बार केन्द्र में काँग्रेस पराजित हुई। पहली बार 1977 में इन्दिरा गाँधी को जनता ने सत्ताच्युत कर दिया था। उन्हें राजनीतिक सजा मिली थी। उनके बेटे राजीव गाँधी को इस कारण पराजित होना पड़ा कि वे भ्रष्टाचार के आरोपों से इस तरह घिरे कि उनसे निकल नहीं पाए। जे.पी. आंदोलन पूरे देश में फैलने से पहले ही इमरजेंसी के कारण थम गया और बाद में उसका स्वरूप पूरी तरह राजनीतिक हो गया। जब राजीव गाँधी की सरकार से आप निकले और पूरे देश में भ्रष्टाचार के खात्मे के लिए आवाज उठाई तो वह एक व्यापक आंदोलन बन गया।

उस आंदोलन से बनी सरकार की बागडोर सँभालने पर आपने क्या वरीयताएँ निर्धारित कीं?

जवाब : राष्ट्रीय मोर्चा का घोषणा–पत्र मेरी सरकार की वरीयताओं का आधार था। वह घोषणा–पत्र करीब 36 पेज का था जो वैकल्पिक सरकार का दस्तावेज था। उसमें किए गए वायदे पर लोकपाल की व्यवस्था को कायम करने का लक्ष्य रखा गया, जिसके अधिकार क्षेत्र में प्रधानमंत्री को भी शामिल करने की बात थी। इससे सरकार और प्रशासन के भ्रष्टाचार पर अंकुश रखा जाना संभव होता। घोषणा–पत्र की जो प्रतिज्ञाएँ थीं उन्हें सरकार ने अपने कार्यक्रम में शामिल किया। जैसे गोपनीयता के कानून में संशोधन कर सूचना के अधिकार के लिए कानून बनाने की पहल का लक्ष्य था। सीमांत और दलित समुदायों, किसानों, शिल्पकारों के लिए न्यायपूर्ण व्यवहार सुनिश्चित किया जा सके, इसके लिए कानून बनाने और भूल सुधार कानून को संविधान की नौवीं सूची में लाने का फैसला किया गया। बोफोर्स तोप सौदे के रिश्वतखोरों की पहचान करने और उनके खिलाफ कार्रवाई को सरकार ने अपनी प्राथमिकता पर रखा। राष्ट्रीय मोर्चा सरकार ने उन राजनीतिक मुद्दों की पहचान में

देर नहीं की जिनसे केन्द्र–राज्य संबंधों में तनाव आता है। उसके लिए उचित कदम उठाने का इरादा बनाया गया, जिसमें चुनाव सुधार, 59वें संविधान संशोधन, डाक–तार विधेयक संशोधन और नागरिक स्वतंत्रता का हनन करने वाले कानूनों को रद्द करने का फैसला किया गया। इसी तरह अयोध्या विवाद सुलझाने, पंजाब और जम्मू–कश्मीर में आतंकवाद से निपटने, अलगाववादी समस्याओं को नए नजरिए से हल करने को हमने प्राथमिकता दी। इसके अलावा सूचना के अधिकार के लिए कानून बनाने का हमारा लक्ष्य था। उसकी शुरुआत मेरे कार्यकाल में हो गई थी। आकाशवाणी और दूरदर्शन को स्वायत्तता देने का फैसला हो गया था।

सवाल : भाजपा और वाममोर्चा का बाहर से समर्थन था। उनसे समन्वय की व्यवस्था क्या थी?

जवाब : हर मंगलवार की शाम को मेरे निवास पर सहयोगी दलों के नेताओं से खुलकर बात होती थी। वे लोग जो सुझाव देते थे, उसे मैं खुद लिखता था। कारण यह था कि उस बैठक में मैं अफसरों को तो बैठा नहीं सकता था। अगले दिन उनके सुझावों पर अफसरों से बात करता था। जितना संभव था उसे कार्यान्वित कराता था। अफसरों को मैंने निर्देश दे रखा था कि अगर उन सुझावों को लागू कराने में कोई कठिनाई है तो बताइए। उसे मैं अगले मंगलवार की बैठक में सहयोगी दलों के नेताओं को बताता था। इस प्रकार शासन को चलाने में राष्ट्रीय मोर्चा के समर्थक दलों की भी हिस्सेदारी होती थी। उस बैठक में करीब 15 से 20 नेता रहा करते थे।

सवाल : प्रधानमंत्री के रूप में आपने पहला काम क्या किया?

जवाब : सरकार का जिम्मा सँभालने के कुछ ही दिनों बाद 7 दिसम्बर 1989 को मैं अमृतसर गया। अफसरों के विरोध के बावजूद खुली जीप से हरमन्दिर साहब पहुँचा।

कुछ ही दिनों बाद मैंने दो समितियाँ बनाईं। पहली समिति में मधु दण्डवते अध्यक्ष थे। उनके अधीन जो समिति बनी उसे 'राइट टू वर्क' का खाका देना था। उस समिति की सिफारिश को मंत्रिमण्डल ने मंजूर कर दिया था। मैंने विचार–विमर्श के लिए मुख्यमंत्रियों की बैठक बुलाई थी। प्रस्ताव यह था कि केन्द्र आधा पैसा देगा और आधा राज्य सरकारें देंगी। मुख्यमंत्रियों के सम्मेलन में मैंने घोषणा की कि केन्द्र 75 फीसदी बोझ उठाएगा। अमल के लिए मुख्यमंत्रियों की एक कमेटी मैंने बनाई थी जिसमें ज्योति बसु, भैरों सिंह शेखावत और लालू प्रसाद यादव भी थे। उनकी रिपोर्ट आने से पहले सरकार गिर गई। दूसरी समिति इन्द्र कुमार गुजराल के अधीन बनी, सूचना के अधिकार के लिए। जिन देशों में सूचना के अधिकार का कानून है वहाँ अध्ययन के लिए अफसरों को भेजा।

मैंने हर मंत्री को निर्देश दिया कि वे पार्टी के चुनावी घोषणा–पत्र को लागू करें। उसका समयबद्ध कार्यक्रम बनाएँ। उसमें मंत्रियों को यह बताना था कि अमल का पूरा कार्यक्रम क्या होगा। कब वह मंत्रालय से निकलकर विधेयक बनाने, वित्त मंत्रालय की मंजूरी लेने, मंत्रिमंडल में विचारार्थ रखने और आखिर में संसद में आने का समय क्या होगा। मैंने यह भी कहा था कि हर पहली तारीख को उसकी समीक्षा होगी। मेरी सरकार ने दो फैसले किए थे। पहला दूरदर्शन और आकाशवाणी को स्वायत्त बनाना था। उस पर ही अगली सरकारों ने अमल किया। दूसरा फैसला किसानों और बुनकरों को कर्जे से राहत दिलवाने के बारे में था। कुल आठ हजार करोड़ रुपये के पैकेज का प्रस्ताव था। बैंकों ने किसानों को जो ऋण दे रखा था वह माफ करवाना था। उसका कार्यक्रम तीन साल का था।

सवाल : बाबा साहब डॉ. भीमराव अम्बेडकर को आपकी सरकार ने भारत रत्न की उपाधि से विभूषित किया। भारत सरकार को इस बारे में कोई ज्ञापन आया था?

जवाब : सरकार जैसे ही बनी, हम लोग संसद के परिसर में लगी बाबा साहब अम्बेडकर की मूर्ति पर गए। दलितों के संबंध में जो बातें लागू करना मैं जरूरी समझता था उनकी घोषणा की। उस समय एक मुद्दा था कि संसद के केन्द्रीय कक्ष में डॉ. भीमराव अम्बेडकर की तस्वीर लगाई जाए। जब भी यह माँग उठती थी तो जवाब मिलता था कि संसद के केन्द्रीय कक्ष में अब जगह नहीं बची है। मैं कहता था कि दिल में जगह होगी तो दीवार पर भी हो जाएगी। चुनाव अभियान में इसे मैं दोहराता था। चुनाव में ही हमने यह वायदा किया था कि नव बौद्धों के लिए आरक्षण की सुविधाएँ उसी तरह से दी जाएँगी जैसे अनुसूचित जाति को दी गई हैं। भारतीय जनता पार्टी इसके पक्ष में नहीं थी। उसका तर्क यह होता है कि इससे धर्मान्तरण बढ़ेगा।

मेरी सरकार ने 31 मार्च को बाबा साहब अम्बेडकर को भारत रत्न से विभूषित करने की घोषणा कर दी। इसकी किसी ने माँग नहीं की थी। 14 अप्रैल को राष्ट्रपति भवन में एक समारोह हुआ जिसमें बाबा साहब अम्बेडकर को मरणोपरान्त भारत रत्न का सम्मान दिया गया।

सवाल : हर प्रधानमंत्री को कुछ ही महीने सही पर एक मधुमास मिलता रहा है। अब क्या लगता है कि वह समय आपको भी मिला या नहीं?

जवाब : मुझे भी तीन महीने का वह समय मिला जिसमें अखबारों ने मेरा समर्थन किया। लोकसभा की जीत का माहौल बना रहा। उसी दौरान विधानसभाओं के चुनाव हुए जिसमें जनता दल और राष्ट्रीय मोर्चा सरकार के समर्थक दलों को जीत हासिल हुई।

सवाल : पंजाब में आपने क्या पहल की?

जवाब : कुछ दिनों बाद करीब 1400 बन्दियों को जेल से रिहा किया गया ताकि वातावरण बदले। पंजाब के लोगों में भरोसा पैदा करने के लिए यह कदम उठाया गया। स्वर्ण मंदिर की यात्रा के बाद आपसदारी बढ़ाने के इरादे से लुधियाना में एक सर्वदलीय बैठक हुई। उसमें दिल्ली से अटल बिहारी वाजपेयी, हरकिशन सिंह सुरजीत आदि भी गए थे।

राष्ट्रीय मोर्चा की सरकार ने जो कदम उठाए थे उनकी अमेरिका ने तारीफ की थी। काँग्रेस में जो सालाना रिपोर्ट अमेरिकी स्टेट डिपार्टमेंट देता है उसमें हमारी पहल को सराहनीय कदम बताया गया था।

सवाल : आपने जनता दल का अध्यक्ष पद जब छोड़ा तो दावेदार कौन–कौन थे?

जवाब : एक व्यक्ति एक पद के सिद्धांत पर मैंने 4 मार्च 1990 को अध्यक्ष पद छोड़ा था। ज्यादा लोग दावेदार नहीं थे। मैं चाहता था कि रामकृष्ण हेगड़े अध्यक्ष बनें। वे जनता दल बनवाने वालों में अग्रणी थे, उपाध्यक्ष भी थे। मैंने उनसे अध्यक्ष बनने के लिए कहा। वे चाहते तो थे लेकिन उन्होंने एक शर्त रखी कि उनको आम राय से अध्यक्ष बनाया जाए। मैंने उनसे कहा कि इसके चक्कर में आप क्यों पड़ते हैं। आप चुनाव की स्थिति में भी जीत जाएँगे। उनकी शर्त से समस्या खड़ी हो गई। मैं एक पक्ष नहीं बनना चाहता था। जनता दल की अंदरूनी धड़ेबाजी ने अपना काम किया। कुछ लोग हेगड़े के खिलाफ थे, उन लोगों ने एस.आर. बोम्मई का नाम आगे बढ़ाया। चौधरी देवीलाल ने भी उनका समर्थन किया। वे तब चीन में थे। जयपाल रेड्डी उनके खिलाफ चुनाव लड़ना चाहते थे। एस.आर. बोम्मई ने जयपाल रेड्डी को समझाया कि तुमको सेक्रेटरी जनरल बना देंगे। वे मैदान से हट गए। जिस दिन एस.आर. बोम्मई अध्यक्ष चुने गए और शिष्टाचार में मुझसे मिलने आए तो मैंने कहा कि आपको ओमप्रकाश चौटाला का इस्तीफा लेना है। देवीलाल के वे अहसानमंद थे, फिर भी उन्होंने शाम तक इस्तीफा ले लिया।

मेहम काण्ड

सवाल : उप–प्रधानमंत्री देवीलाल से मनमुटाव कब शुरू हुआ?

जवाब : राष्ट्रीय मोर्चा की सरकार में उप–प्रधानमंत्री बनने के बाद देवीलाल की जगह उनके बेटे ओमप्रकाश चौटाला हरियाणा के मुख्यमंत्री बन बैठे। यह सब यकायक और आनन–फानन में हुआ। इसकी जानकारी मुझे बाद में मिली। यह भी पता चला कि चौटाला को मुख्यमंत्री बनवाने के लिए राज्यपाल को चण्डीगढ़ से दिल्ली लाया

गया। चौटाला विधानसभा के सदस्य नहीं थे, लिहाजा उनको चुनाव लड़ना पड़ा था। देवीलाल की जो सीट खाली हुई थी उस पर फरवरी में उपचुनाव हुआ। वह मेहम विधानसभा क्षेत्र था। 27 फरवरी 1990 को मतदान था। चुनाव के दौरान भारी हिंसा हुई। वह राजनीतिक मुद्दा बन गया। आरोप था कि चौटाला की ग्रीन बिग्रेड ने मतदान केन्द्रों पर कब्जा कर लिया जिसमें पुलिस और प्रशासन ने भरपूर मदद की। वहाँ मेरे सहयोगी मंत्रीगण अजित सिंह और रामविलास पासवान और अन्य नेता मतदान के दौरान क्षेत्र में गए थे। उन्होंने दिल्ली लौटने पर कहा कि जिस पैमाने पर हिंसा हुई है उसे देखते हुए मुख्यमंत्री पद से चौटाला को इस्तीफा दे देना चाहिए। उस मसले पर देवीलाल का दृष्टिकोण अलग था।

मेहम इलाके में चुनाव के दौरान हुई गड़बड़ियों की निर्वाचन आयोग की टीम ने जाँच की। आयोग ने पाया कि बड़े पैमाने पर सरकारी तंत्र का नाजायज इस्तेमाल किया गया। इस आधार पर चुनाव रद्द हो गया। विपक्ष को एक मुद्दा मिला। उसे अपनी बात दमदारी से रखने का मौका मिल गया। ओमप्रकाश चौटाला को हटाने की माँग जोर पकड़ने लगी। मैंने भी यह उचित समझा कि ओमप्रकाश चौटाला को इस्तीफा दे देना चाहिए। ओमप्रकाश चौटाला के बचाव में देवीलाल ने अपने इस्तीफे की पेशकश की। पहली बार जनता दल के नेताओं के आग्रह पर उन्होंने अपना इस्तीफा वापस ले लिया।

मेहम में पुनर्मतदान हुआ जिसमें एक स्वतंत्र उम्मीदवार अमित सिंह की हत्या हो गई। ओमप्रकाश चौटाला के प्रतिद्वंद्वी पर हत्या का आरोप लगाया गया। उसकी गिरफ्तारी के प्रयास में पुलिस ने गोलियाँ चलाईं और कई लोग मारे गए। यह मसला संसद में उठा जहाँ मैंने घोषणा की कि इस मामले की सी.बी.आई. से जाँच कराएँगे। मैं अपने दफ्तर आया, वहाँ मुझे अफसरों ने बताया कि बिना राज्य सरकार की सिफारिश के आप सी.बी.आई. जाँच का आदेश नहीं कर सकते। न्यायिक जाँच का आदेश कर सकते हैं और उस न्यायिक जाँच की मदद में सी.बी.आई. को जोड़ा जा सकता है। इस तरह वह सी.बी.आई. जाँच ही मानी जाएगी।

मैंने जनता दल के अध्यक्ष एस.आर. बोम्मई से कहा कि जाँच के दौरान ओमप्रकाश चौटाला को मुख्यमंत्री नहीं रहना चाहिए। उनसे इस्तीफा लीजिए। ओमप्रकाश चौटाला को इस्तीफा देना पड़ा। यह मामला विपक्ष के नेता राजीव गाँधी ने 21 मई 1990 को लोकसभा में उठाया था। वे तत्काल मुझसे जवाब चाहते थे। मैंने तब कहा कि इस बारे में अपने सहयोगियों से बातचीत करने के बाद सदन को उसकी जानकारी दूँगा। अगले दिन अर्थात् 22 मई को मैंने लोकसभा में जानकारी दी कि हरियाणा के मुख्यमंत्री ओमप्रकाश चौटाला ने जनता दल के अध्यक्ष के आग्रह को स्वीकार कर इस्तीफा दे दिया। लोकतांत्रिक मूल्यों की रक्षा के लिए जनता दल वचनबद्ध था। इसी आधार पर इस्तीफा माँगा गया था। मैंने यह भी कहा था कि मेरी

सरकार जनांदोलन में तपकर बनी है। यदि लोकतांत्रिक मूल्यों की रक्षा के लिए हमें विपक्ष में बैठना पड़ता है तो वह हमें मंजूर होगा, लेकिन उससे समझौता मंजूर नहीं होगा। मैंने काँग्रेस को चुनौती दी थी कि जिस तरह मेहम की हिंसा पर ओमप्रकाश चौटाला ने इस्तीफा दिया है, क्या अमेठी की हिंसा पर राजीव गाँधी को भी इस्तीफा नहीं दे देना चाहिए? क्या वे इसके लिए आगे आएँगे।

हरियाणा के नए मुख्यमंत्री बनारसी दास गुप्त बने। उसके कुछ ही दिनों बाद ओमप्रकाश चौटाला दड़बाकलाँ क्षेत्र से चुनाव जीत गए। ओमप्रकाश चौटाला से इस्तीफा ले लिए जाने के कारण देवीलाल बहुत नाराज हो गए थे। उसी नाराजगी में इलाज कराने के बहाने वे बँगलौर के एक प्राकृतिक चिकित्सा केन्द्र में पहुँच गए थे। जो लोग बीच में पड़े थे और चाहते थे कि सुलह हो जाए, उनमें सोमपाल भी थे। उन्होंने चौधरी देवीलाल के दूसरे बेटे रणजीत के साथ बँगलौर जाकर बातचीत की। वे आए और सुझाव दिया कि देवीलाल की नाराजगी आपसे मुलाकात के बाद दूर हो जाएगी। वे बातचीत के लिए तैयार हैं। सोमपाल चाहते थे कि देवीलाल की बातें मैं मान लूँ। उनका सुझाव था कि सरकार चलाने के लिए देवीलाल जरूरी हैं। मैंने सोमपाल के सुझाव मान लिए। देवीलाल बँगलौर से जब दिल्ली लौटे, 8 जुलाई को मेरे यहाँ रात्रि–भोज पर आए। उसके कुछ दिनों बाद बनारसी दास गुप्त से इस्तीफा लेकर उन्होंने 12 जुलाई को ओमप्रकाश चौटाला को पुनः मुख्यमंत्री बनवा दिया।

इससे यह भ्रम पैदा हो गया कि मेरी देवीलाल से डील हो गई है। मुझे अब लगता है कि सोमपाल की सलाह न मानता तो अच्छा होता। उन्होंने एक हितैषी के नाते व्यावहारिक सलाह दी थी। लेकिन जून महीने में देवीलाल ने जो–जो मुद्दे उठाए थे उनकी जनता दल में प्रतिक्रिया हुई थी। उन्होंने मुझे एक पत्र लिखा था, जिसमें पूछा गया था कि विदेश मंत्रालय में गाँव वाले कितने हैं? मैंने उनको बुलवाया और बताया कि विदेश मंत्रालय का काम विशेषज्ञता का है। उसमें वे ही रहेंगे जो उसे सँभाल सकते हैं। इस तरह के मुद्दे वो नाराजगी में उठाते रहते थे। उन्होंने अरुण नेहरू, आरिफ मोहम्मद खान, सतपाल मलिक के खिलाफ आरोप लगाए थे। जब ओमप्रकाश चौटाला हरियाणा के दोबारा मुख्यमंत्री बन गए तो यह समझकर कि देवीलाल के दबाव में उन लोगों को मैं मंत्रिमंडल से हटा सकता हूँ, उन लोगों ने इस्तीफा दे दिया। उन लोगों को मैंने बुलवाया और कहा कि आप लोगों का इस्तीफा मैं स्वीकार नहीं कर रहा हूँ।

देवीलाल के राजनीतिक पैंतरों के कारण जनता दल में आर–पार की लड़ाई छिड़–सी गई थी। मैंने जनता दल के अध्यक्ष और राष्ट्रीय मोर्चा के अध्यक्ष को एक पत्र लिखकर इस्तीफे की पेशकश की। उस समय खुलेआम मैंने यही कहा कि विधायक जिसको चाहें उसे चुनें, यह उनका अधिकार है। असली बात यह थी कि न केवल जनता दल बल्कि सरकार के सभी सहयोगी दलों ने, भाजपा और वामपंथी दलों ने

भी ओमप्रकाश चौटाला के इस्तीफे की माँग की। मैंने अपना इस्तीफा नैतिकता के आधार पर भेजा था। जनता दल के अध्यक्ष ने उसे नामंजूर कर दिया। राजनीतिक मामलों की समिति, मुख्यमंत्रियों और केन्द्रीय सरकार के मंत्रियों ने भी एस.आर. बोम्मई के फैसले का समर्थन किया। भाजपा ने यह भी कहा कि अगर विश्वनाथ प्रताप सिंह नेता नहीं रहते हैं तो हम समर्थन के बारे में पुनर्विचार करेंगे। राष्ट्रीय मोर्चा के अध्यक्ष मण्डल की मीटिंग हुई। वहाँ सबने मुझसे कहा कि इस्तीफा वापस ले लीजिए और मैंने इस्तीफा वापस ले लिया। असल में जनता दल और मंत्रिमंडल में संकट की शुरुआत मेहम की घटना से हुई।

सवाल : देवीलाल ने मार्च में उप–प्रधानमंत्री पद से दिया हुआ इस्तीफा कैसे वापस लिया?

जवाब : मैं उनका इस्तीफा मंजूर करने जा रहा था। उन्होंने 16 मार्च को इस्तीफा दिया था। उनकी नाराजगी मैं समझ सकता था। गुजरात के मुख्यमंत्री चिमनभाई पटेल और उत्तर प्रदेश के मुख्यमंत्री मुलायम सिंह यादव मुझसे मिले। उन लोगों ने कहा कि देवीलाल को सरकार से बाहर मत जाने दीजिए। सरकार गिर जाएगी और पार्टी टूट जाएगी। उनका कहना मैंने मान लिया। उन लोगों ने ही देवीलाल से बात की और उन्हें इस्तीफा वापस लेने के लिए तैयार किया। 18 मार्च 1990 को देवीलाल ने अपना इस्तीफा वापस ले लिया।

सवाल : देवीलाल के गुलगपाड़े से आप निकले ही थे कि चन्द्रशेखर ने एक धमाका कर दिया। आरोप लगाया कि उनका फोन सरकार टेप करवा रही है। उनका यह आरोप इलस्ट्रेटेड वीकली में छपा था। इस तरह के आरोपों को आप किस रूप में लेते थे?

जवाब : वह एक गंभीर आरोप था। इसलिए मेरा कर्तव्य बनता था कि उस आरोप की जाँच कराई जाय। जाँच में आरोप निराधार साबित हुआ।

मंडल आयोग

सवाल : मंडल आयोग पर सरकार में विचार कब प्रारंभ हुआ?

जवाब : राष्ट्रीय मोर्चा की सरकार बनने के बाद एक कार्ययोजना तैयार की गई। उसे 1 जनवरी 1990 को जारी किया गया। अखबारों ने उसे अगले दिन छापा। कार्ययोजना में कहा गया था कि दूसरे पिछड़े वर्ग आयोग की सिफारिशों पर विचार के लिए मंत्रिमंडल की एक समिति जनवरी में बनाई जाएगी। जिसे सरकारी रिकॉर्ड में दूसरे पिछड़े वर्ग आयोग का नाम प्राप्त है उसे ही लोग बोलचाल में मंडल आयोग

कहते हैं। मंडल आयोग को लागू कराने के वायदे से राष्ट्रीय मोर्चा की सरकार बनी थी। यह कहना सही नहीं है कि मंडल आयोग अचानक लागू किया गया। मेरी सरकार ने उसे लागू करने के लिए जरूरी प्रक्रिया अपनाई।

जनता दल ने अपने घोषणा–पत्र में वायदा किया था। सरकार बनने के बाद दिसम्बर 1989 की 20 तारीख को जनता दल की एक मीटिंग में मंडल आयोग की सिफारिशों को लागू कराने के बारे में विस्तार से चर्चा हुई। उसकी खबर अखबारों में अगले दिन छपी। इसी क्रम में सरकार ने कदम उठाए। संसद के शीतकालीन अधिवेशन के समापन पर भी संसदीय पार्टी में मैंने कहा कि मंडल आयोग को हम लागू करेंगे।

हमारा उद्‌देश्य सही था। कार्ययोजना घोषित होने के तत्काल बाद मैंने एक समिति गठित की। उसकी अध्यक्षता चौधरी देवीलाल को सौंपी। समिति में मधु दण्डवते, अजित सिंह, मुफ्ती मोहम्मद सईद, दिनेश गोस्वामी, रामविलास पासवान, शरद यादव के अलावा योजना आयोग के उपाध्यक्ष रामकृष्ण हेगड़े स्थायी आमंत्रित थे। वह मिली–जुली समिति थी। उसमें सभी महत्त्वपूर्ण लोग थे।

इसके कुछ दिनों बाद मुझसे रामपूजन पटेल ने कहा कि चौधरी देवीलाल आर्थिक आधार पर आरक्षण की बात कह रहे हैं। इसलिए मैं जनता दल के महासचिव पद से इस्तीफा दे रहा हूँ। तब मैंने सोचा कि रामपूजन पटेल की शिकायत सही होगी। लेकिन घटनाक्रम ने जैसा रूप लिया उससे यह साफ हुआ कि उनके इस्तीफे का केवल वही कारण नहीं जो उन्होंने मुझे बताया था। उन्होंने राजनीतिक कारणों से वह कदम उठाया था। इसकी पुष्टि तब हो गई जब उन्होंने काँग्रेस की बाँह पकड़ ली।

चौधरी देवीलाल ने समय–सीमा में समिति का काम पूरा नहीं किया। बल्कि उन्होंने 22 मार्च को समिति के अध्यक्ष पद से इस्तीफा दे दिया। तब तक हमने समीक्षा नहीं की थी। वे कुछ चीजों को भाँप गए होंगे। इससे मार्च का हमारा लक्ष्य पूरा नहीं हो सका। मैं तो चाहता था कि बजट अधिवेशन में ही उसकी घोषणा करूँ।

उसके बाद मैंने मंडल आयोग की सिफारिशों को लागू करने का काम रामविलास पासवान को सौंपा। वह विषय उनके मंत्रालय से जुड़ा हुआ था। उनसे कहा कि आपको चार महीने का समय दे रहा हूँ। इस कारण मंडल आयोग की सिफारिशों को लागू करने में देर हुई। 7 अगस्त 1990 को संसद में मैंने इसकी घोषणा की। उसे लोगों ने याद रखा है, लेकिन उसकी पूरी प्रक्रिया को अनेक कारणों से याद करना लोग जरूरी नहीं समझते। मेरी घोषणा के बाद मंडल आयोग की सिफारिशों को कार्यान्वित करने के लिए 13 अगस्त 1990 को अधिसूचना जारी हुई।

सवाल : जनता दल के घोषणा–पत्र में मंडल आयोग की सिफारिशों को लागू कराने के वायदे के बावजूद क्या पार्टी में उस पर आम राय थी?

जवाब : वैसे मण्डल को लेकर खुलकर तो किसी ने नहीं कहा था। इस पर लंबी

बहस हुई थी। पार्टी में कुछ लोगों ने कहा कि सोशल जस्टिस मायने शिक्षा दी जाए, पानी दिया जाए आदि। मेरे खयाल में अरुण नेहरू, आई. के. गुजराल और रामकृष्ण हेगड़े को यह स्वीकार नहीं था। वे लोग इस फैसले से खुश नहीं थे। रामकृष्ण हेगड़े ने पार्टी में इस मामले को उठाया था। चूँकि जाट मंडल कमीशन की सिफारिशों में नहीं थे, इसलिए अजित सिंह भी नाराज थे। लेकिन जनता दल में उत्तर प्रदेश और बिहार के जो सांसद थे उनमें तकरीबन 95 फीसदी इसके समर्थन में थे। अरुण नेहरू ने अपनी नाराजगी जाहिर नहीं की, लेकिन मुझे उसकी जानकारी थी। वैसे ही इंद्र कुमार गुजराल ने कभी खुलकर विरोध नहीं किया लेकिन वे दूसरे ढंग से यह कहते रहे कि सामाजिक न्याय को इस तरह लागू किया जाए जिसमें शिक्षा, स्वास्थ्य, पीने के पानी का मसला भी आए। बीजू पटनायक ने खुलकर विरोध किया। जनता दल के मुख्यमंत्री होने के बावजूद उन्होंने मण्डल आयोग का न केवल खुला विरोध किया बल्कि सुप्रीम कोर्ट में एक जनहित याचिका भी डाली। उन्होंने अपने राज्य में उसे लागू करने से इंकार कर दिया। दरअसल पूरे देश में मण्डल को जबरदस्त समर्थन मिल रहा था। उत्तर प्रदेश और बिहार वालों की संख्या अधिक थी। कुछ लोग इसके पक्ष में नहीं थे लेकिन खुलकर सामने नहीं आए। कई अगड़ी जाति के नेताओं ने भी मेरा समर्थन किया।

सवाल : क्या मंडल आयोग की सिफारिशों में पदोन्नति और शैक्षिक संस्थाओं में आरक्षण की व्यवस्था थी?

जवाब : ये दोनों बातें सिफारिशों में नहीं थीं। मंडल आयोग के हमारे प्रस्ताव में ये व्यवस्थाएँ नहीं थीं। पिछड़े वर्ग के नेताओं ने भी इसकी माँग नहीं की। शैक्षिक और तकनीकी संस्थानों में आरक्षण लागू करने का फैसला मंडल फेज टू पर छोड़ दिया गया था। जो अब लागू हो रहा है।

सवाल : क्या आपने आर्थिक आधार पर आरक्षण देने के बारे में भी सोचा था?

जवाब : मैंने रैली में कहा था कि आर्थिक आधार पर जो आरक्षण माँग रहे हैं वे सरकारी नौकरियों में ही क्यों माँग रहे हैं? उन्हें लोकसभा और विधानसभा में भी इसी आधार पर माँगना चाहिए। मैंने एक पत्र सभी दलों के लोकसभा और राज्यसभा के नेताओं को लिखा था। उसमें मैंने अनुरोध किया था कि गरीबों को संसद में आरक्षण देने के बारे में कृपया सुझाव दीजिए। मैं चाहता था कि 40 फीसदी सीट गरीबों के लिए आरक्षित कर दी जाएँ।

समाज के आर्थिक रूप से पिछड़े समुदाय के लिए पाँच से दस प्रतिशत आरक्षण की विशेष व्यवस्था पर आम राय बनाने के लिए मैंने 31 अगस्त 1990 को सर्वदलीय बैठक बुलाई थी। अगड़ी जातियों को आरक्षण देने की बात मैंने सबसे पहले रखी।

आज भी मैं उसकी हिमायत करता हूँ कि अगड़ी जाति के गरीबों को भी आरक्षण मिलना चाहिए।

सवाल : यू.पी.ए. सरकार के मानव संसाधन विकास मंत्री अर्जुन सिंह की पहल पर उच्च–स्तरीय शैक्षिक संस्थाओं में पिछड़ों को 27 फीसदी आरक्षण देने के प्रस्ताव पर आपका विचार क्या है?

जवाब : हमारा समाज जाति–आधारित है। देश तभी मजबूत होगा जब समाज की सभी जातियों और वर्गों में एकता पैदा की जाय। मैं मानता हूँ कि हमारी गुलामी में जाति व्यवस्था की बड़ी भूमिका रही है। उसके कारण समाज में बँटवारा हुआ। जाति व्यवस्था की संरचना दुनिया में और कहीं नहीं मिलती। यह हजारों सालों से चली आ रही है। इसका नतीजा यह हुआ है कि समाज की बहुतायत आबादी की प्रतिभा कुंठित हो गई है। उन्हें विकास का अवसर नहीं मिला। सत्ता, शिक्षा, नौकरी और व्यवसाय में उन्हें अवसर मिलना चाहिए था।

इससे छुटकारा दिलाने के लिए हमारे संविधान में प्रावधान किया गया। जवाहर लाल नेहरू के नेतृत्व में समतामूलक समाज की नींव रखी गई। सन् 1977 में मोरारजी भाई देसाई की सरकार ने पिछड़ों को आरक्षण दिलाने के लिए मंडल आयोग बनाया। उस सरकार में जनसंघ भी शामिल था। इस तरह जवाहर लाल नेहरू की बनाई नींव पर मंडल रूपी भवन की दीवार जनता सरकार ने खड़ी की। मैंने उस भवन पर छत डलवा दी। उच्चतम न्यायालय ने मंत्र पढ़कर उसका गृहप्रवेश करवा दिया। अटल बिहारी वाजपेयी की सरकार ने उस भवन का विस्तार किया। अर्जुन सिंह उस भवन में परिसर जोड़ रहे हैं। इस तरह हजारों साल के भेदभाव को खत्म करने की प्रक्रिया चल रही है।

मौजूदा हालात में मेरा सुझाव है कि तकनीकी शिक्षा खासकर मेडिकल में इसी वर्ष सीटें दुगुनी कर दी जाएँ। उनमें से 50 फीसदी आरक्षण पिछड़े वर्ग को हो और शेष सीटें सामान्य वर्ग के लिए उपलब्ध रहें। इससे एक भी सीट उनकी कम नहीं होगी। यही सुझाव मैंने स्वास्थ्य मंत्री रामदास को जब मिलने आए थे, दिया। मैंने उनसे यह भी कहा कि इसमें जितनी जरूरत हो उतना पैसा खर्च करिए ताकि संस्थाओं में आधारभूत ढाँचे की कमी न खले। सामान्य वर्ग की नाराजगी तो यही है कि उनकी सीटें कम हो जाएँगी। यह सोचना भी गलत है कि आरक्षण से निकले हुए डॉक्टर अयोग्य होंगे।

सवाल : मानव संसाधन मंत्री इसे 93वें संविधान संशोधन का स्वाभाविक अनुसरण मानते हैं। आपका विचार क्या है?

जवाब : वे ठीक मानते हैं।

सवाल : आपकी सरकार ने अल्पसंख्यकों के लिए क्या कदम उठाये?

जवाब : काँग्रेस ने जिस पंद्रह सूत्रीय कार्यक्रम को अल्पसंख्यकों के लिए घोषित किया था उसे मेरी सरकार ने अपना लिया। मुसलमान सबसे बड़े अल्पसंख्यक हैं लेकिन हमने यह अन्य अल्पसंख्यकों के लिए भी स्वीकार कर लिया। उसके तहत स्कूल खोलने, कारीगरों के लिए हुनर सिखाने आदि की व्यवस्थाएँ थीं। आरक्षण के कोटे को लागू कराने के लिए मैंने आदेश दिया कि हर चयन समिति में एक पिछड़ा, एक अनुसूचित जाति और एक अल्पसंख्यक समुदाय का सदस्य रहेगा। दूसरे नेताओं ने अल्पसंख्यकों के बल पर गद्दी पाई है और मैंने तो उनके लिए हिंदुस्तान की गद्दी गँवाई है।

सवाल : जनता दल के घोषणा–पत्र में मण्डल आयोग की सिफारिशों को लागू करने का आश्वासन दिया गया था। भाजपा का रुख क्या था?

जवाब : भाजपा के चुनाव घोषणा–पत्र में भी था। ये भाजपा ने भी कहा था।

सवाल : क्या ज्योति बसु आपके समर्थन में थे?

जवाब : ज्योति बसु पूरी तरह से हमारे समर्थन में थे। मंडल आयोग की सिफारिशों पर वे पूरी तरह सहमत थे। राष्ट्रीय मोर्चा की समन्वय बैठक में वे नहीं बैठते थे, लेकिन सिफारिशों पर एतराज नहीं जताया। उनसे बराबर मुलाकात भी होती रहती थी।

सवाल : क्या मंडल आयोग पर राष्ट्रीय स्तर पर बहस तब जरूरी नहीं थी?

जवाब : पूरे चुनाव के दौरान इस मुद्दे पर काफी बहस हुई थी। चुनाव की हर सभा में हम कहते थे कि मण्डल आयोग की सिफारिशें हम लागू करेंगे। यह राष्ट्रीय स्तर पर हम जगह–जगह कह रहे थे, खुले मंच से कह रहे थे। जहाँ तक जनता दल का प्रश्न है उसमें चुनाव से काफी पहले बहस छिड़ गई थी।

सवाल : लोकसभा चुनाव में ऊँचे पदों पर बैठे लोगों का भ्रष्टाचार क्या मुख्य मुद्दा नहीं था?

जवाब : बोफोर्स तोप सौदे में भ्रष्टाचार उस चुनाव का मुख्य मुद्दा था जिसे देखते हुए हम लोकपाल विधेयक ले आना चाहते थे।

सवाल : मंडल आयोग की सिफारिशों के पीछे कारण कितने राजनीतिक थे?

जवाब : सुप्रीम कोर्ट में भी इस पर बहस हुई। जाति व्यवस्था के आधार पर हमारे समाज के बहुतायत लोगों को वंचित किया गया। सुप्रीम कोर्ट ने फैसला सुनाया, जिसमें सवर्ण न्यायाधीश थे, कि अगर सजा जन्म और जाति के आधार पर मिली है तो दवा

उसी आधार पर देनी होगी। इस तरह से देखें तो मंडल आयोग की सिफारिशों को लागू करना हजारों साल से जो अन्याय हुआ है उसका एक तरह से प्रायश्चित है। अब मंडल के बाद जो राजनीतिक परिवर्तन आया है, उससे पंचायत से संसद तक जो सामाजिक संरचना है वह बदल गई है। मंडल की सिफारिशें लागू करने के पीछे राजनीति की चर्चा की जाती है। लेकिन ऐसा कुछ नहीं है।

आजादी के बाद यह सबसे बड़ी राजनीतिक क्रांति थी। उसका अर्थ होता है कि जहाँ सत्ता है, जिन वर्गों में है उनसे उठकर वहाँ जाए, उन वर्गों में जाए जहाँ उनको भागीदारी मिले। मंडल के बाद राजनीति का व्याकरण बदल गया।

सवाल : जनता के बीच जिस तरह की प्रतिक्रियाएँ हुईं, क्या उसका आभास था?

जवाब : मण्डल को लेकर अचानक हंगामा हो गया। लोगों ने पहले गंभीरता से नहीं सोचा होगा। जब सिफारिशों को लागू करने की घोषणा हो गई तब प्रतिक्रियाएँ आने लगीं। हमारी सरकार ने जो किया वह अचानक नहीं था। हम तीन साल से यह कहते आ रहे थे। सामाजिक न्याय हमारे एजेंडे पर था लेकिन जब हमने मण्डल आयोग की सिफारिशों को लागू कर दिया तब लोगों को लगा कि ये लोग जो कह रहे थे उसे कर दिखाया।

सवाल : आपको किस तरह की प्रतिक्रिया की उम्मीद थी?

जवाब : मैं गाँव–देहात में तीव्र प्रतिक्रिया की उम्मीद कर रहा था। देहात में कुछ नहीं हुआ। वहाँ जाति का प्रभाव साफ दिखता है। बिहार के गाँवों में कुछ–कुछ घटनाएँ हुई थीं। उन स्थानों पर ज्यादा हिंसा हुई जहाँ मंडल लागू होना ही नहीं था। दिल्ली और हरियाणा में उग्र प्रदर्शन हुए। यह स्पष्ट रूप में कहा गया था कि आरक्षण की स्टेट लिस्ट और मंडल की लिस्ट को मिलाकर कॉमन लिस्ट के आधार पर आरक्षण दिया जाएगा। दिल्ली और हरियाणा में आरक्षण की कोई स्टेट लिस्ट थी ही नहीं। यहाँ आरक्षण लागू ही नहीं होना था। लेकिन सबसे ज्यादा घटनाएँ यहीं हुईं। ये सब राजनीति से प्रेरित था। प्रारंभ में स्वाभाविक रूप से प्रदर्शन हुए। लेकिन कुछ समय बाद जो हुआ वो राजनीति से प्रभावित था। हरियाणा में मंडल लागू नहीं होना था लेकिन हिंसक प्रदर्शन हुए। हालाँकि वहाँ पर औपचारिक रूप से पिछड़े वर्ग की कॉमन सूची नहीं थी। मैं जानता था कि इन राज्यों को करना पड़ेगा। अन्य राज्यों से पिछड़े वर्ग के लड़के नौकरियों के लिए चुने जाने लगेंगे, तब उन राज्यों में जहाँ मंडल को लागू नहीं किया जा रहा था वहाँ पिछड़े वर्ग का इतना दबाव होगा कि उन्हें मजबूरी में लागू करना पड़ेगा। मैं आश्वस्त था कि हरियाणा और दिल्ली में भी एक दिन लागू होगा। मैं समझ रहा था कि इसके चलते हमारी सरकार जा सकती है। मेरे सामने गुजरात का उदाहरण था। जो हाल वहाँ माधव सिंह सोलंकी की सरकार का हुआ वही दिल्ली में हो सकता

है। मैं यह भी मानता था कि जान भी जा सकती है, क्योंकि समाज की यथास्थिति अपेक्षाकृत अधिक ताकतवर होती है। मैंने राजीव गाँधी से लोहा मोल लिया। उस समय राजनीतिक यथास्थितिवाद से मुकाबला था। लेकिन मंडल आयोग की सिफारिशों को लागू कर मैंने समाज की जड़ता को चुनौती दी।

सवाल : आपको अलग तरह की प्रतिक्रिया की उम्मीद थी, लेकिन छात्रों ने तो आत्मदाह शुरू कर दिया था?

जवाब : मुझे इसकी आशंका थी कि विरोध होगा और कहीं–कहीं जातीय संघर्ष भी हो सकते हैं। लेकिन छात्र आत्मदाह करेंगे यह मेरे खयाल में नहीं था। वह बहुत बुरा हुआ। उस तरह का पहला मामला राजीव गोस्वामी का सामने आया। उनके बारे में अटल बिहारी वाजपेयी को जानकारी मिली थी। उन्होंने मुझे बताया कि राजीव गोस्वामी के शरीर पर एक काँग्रेस कार्यकर्ता ने पेट्रोल डाला था। उनको उनके कुछ साथियों ने समझाया था कि आग लगने पर हम लोग बुझा देंगे। तुम हीरो हो जाओगे और विश्वविद्यालय का अध्यक्ष बन सकते हो। पेट्रोल डालने के बाद आग बुझ नहीं पाई। राजीव गोस्वामी ने पुलिस को दिए बयान में ये बातें कही थीं। जब वे अस्पताल में थे तो मैंने किसी को कहा था कि उनका मजिस्ट्रेट के सामने बयान करवा लो। मजिस्ट्रेट गया भी लेकिन उन्होंने इनकार कर दिया, क्योंकि उनको इस बात का एहसास हो गया था कि वे मंडल आंदोलन के हीरो हैं। यह भी सच है कि उस घटना का व्यापक असर हुआ। कुछ दिनों बाद इंडिया टूडे ने एक रिसर्च सर्वे छापा कि आत्महत्या के कई मामलों में मंडल को बेवजह कारण बताया गया जबकि कारण कुछ और थे। जैसे प्रेम–संबंधों में आत्महत्या आदि। परिवार वालों ने मंडल सिफारिश को कारण बताकर असली बात छिपा ली। यह सब उन दिनों चल रहा था।

सवाल : मंडल आयोग के लागू होते ही जो आंदोलन भड़का क्या उसका आभास खुफिया तंत्र को था?

जवाब : रिपोर्ट आई होगी। मैं अपने राजनीतिक सूत्रों पर ज्यादा भरोसा करता था।

सवाल : वह राजनीति से प्रेरित आंदोलन था और काँग्रेस ने उसे भड़काने में अपनी ताकत लगा दी थी। क्या आपको इसकी जानकारी मिलती थी?

जवाब : इसकी जानकारी थी। अखबारों, राजनीतिक कार्यकर्ताओं और सामान्य लोगों से छनकर ये बातें आती थीं। लोकसभा में मंडल आयोग पर बहस के दौरान राजीव गाँधी ने विरोध में भाषण किया था।

सवाल : खुफिया ब्यूरो में संयुक्त निदेशक रहे एम.के. धर ने अपनी किताब 'ओपन सीक्रेट्स' में लिखा है कि ओमप्रकाश चौटाला ने उस आंदोलन को भड़काने के लिए सैकड़ों समर्थकों को भेजा था ताकि विश्वनाथ प्रताप सिंह की सरकार को जल्दी गिराया जा सके। इससे क्या आप वाकिफ रहे हैं?

जवाब : असल में उस समय सभी जाट नेता चाहे वह अजित सिंह रहे हों या देवीलाल या चौटाला, मंडल आयोग की सिफारिशों के खिलाफ खड़े थे, क्योंकि जाट पिछड़ों की सूची में नहीं थे। ये नेता समझते थे कि दूसरों को आरक्षण देने का क्या मतलब है।

सवाल : जब आपने मंडल आयोग को लागू करने का फैसला किया, उस समय आपके मन में क्या नये राजनीतिक ध्रुवीकरण का विचार था।

जवाब : मेरे मन में राजनीतिक ध्रुवीकरण का जोड़–घटाना नहीं था। यह सब सोचते तो लागू ही नहीं करते। ऐसी बातें मेरे लिए अप्रासंगिक थीं। इतना जानता था कि इसकी प्रतिक्रिया होगी। मैंने ठान रखा था कि मुझे मंडल आयोग की सिफारिशें लागू करनी ही हैं। मन में यही था कि जनता को जो आश्वासन दिया गया है, सरकार की ओर से घोषणा की गई है, उस घोषणा को पूरा करना है। जनता से वायदा कर अगर उसे लागू नहीं किया जाता है तो उसके साथ विश्वासघात होगा, यह राजनीतिक धोखाधड़ी है। मैं सोचता हूँ कि कोई व्यक्ति किसी के साथ धोखाधड़ी करता है तो वह जुर्म माना जाता है किन्तु जनता के साथ राजनीतिक दल जब धोखाधड़ी करते हैं तो कुछ नहीं होता है। मंडल आयोग की सिफारिशों को लागू करने के मसले को मैं इसी रूप में देखता था।

यह मैं जानता था कि उसका जो सामाजिक प्रभाव पड़ेगा उससे नया राजनीतिक समीकरण पैदा होगा ही। जो लोग यह समझते हैं कि मैंने मण्डल आयोग की सिफारिशों को लागू पहले किया और उसके दुष्परिणामों पर बाद में सोचा, वैसी बात नहीं थी।

मेरा लक्ष्य था अपने वादों को पूरा करना। मैं कहता हूँ कि चुनाव आयोग को हर दल के घोषणा–पत्र के आधार पर मॉनीटर करना चाहिए। अगर वे दल अपने घोषणा–पत्र को लागू नहीं करते तो उनसे जवाब तलब करना चाहिए। जैसे काँग्रेस ने दिल्ली में झुग्गी–झोपड़ी वालों को मुकम्मल तरीके से बसाने का वायदा किया था। बजाए उन्हें बसाने के सरकार उन पर बुलडोजर चलवा रही है। यह काम काँग्रेस के घोषणा–पत्र के विरुद्ध है।

सवाल : आपकी राजनीतिक योजना क्या थी?

जवाब : मण्डल आयोग की सिफारिशों का पूरा असर होने के बाद भाजपा के लिए कोई गुंजाइश नहीं बचती। मुझे अगर तीन महीने का भी समय मिल गया होता

तो मैं पूरे देश में घूमता। मेरी योजना थी कि हर शनिवार और रविवार को तीन राज्यों में जाएँगे और वहाँ इस संदेश को पहुँचा देंगे। मेरी सभाएँ बड़ी–बड़ी होती थीं। जब पूरे देश में सभाएँ हो जातीं तो जनता दल का ज्यादा बोलबाला हो जाता। इसे ही भाजपा ने भाँपा। उसने सही ही समझा।

सवाल : मण्डल आयोग पर अटल बिहारी वाजपेयी ने आपको क्या सलाह दी थी?

जवाब : मंडल आयोग की सिफारिशों को जिस दिन मैंने लागू करने की घोषणा की तो अटल बिहारी वाजपेयी ने मुझसे पूछा कि आपने यह कैसे लागू कर दिया? मैंने उनसे कहा कि आपके ही घोषणा–पत्र से मुझे प्रेरणा मिली। उन्होंने कहा कि आपने प्रेरणा ली यह तो ठीक किया, प्रेरणा लेते रहते। आपने प्रक्रिया कर दी। हमारे बीच यह हँसी–मजाक चलता रहता था।

इसके अलावा उन्होंने दलों का गोलमेज सम्मेलन बुलाने का आग्रह किया था ताकि इस पर आम राय बन सके। मैंने सम्मेलन बुलाया जहाँ किसी ने विरोध नहीं किया। आर्थिक आधार जोड़ने की बात जरूर कही गयी। उसे जब मैंने जनता दल में रखा तो सबने कहा कि मण्डल आयोग की सिफारिशों के अंदर आर्थिक आधार नहीं हो सकता। अगर आर्थिक आधार पर आरक्षण देना है तो इसके लिए संविधान में संशोधन करके दे दीजिए।

उन्होंने एक अच्छी सलाह दी कि टी.वी. पर अपील करिए ताकि आंदोलन कर रहे छात्रों में जो आत्महत्या कर रहे हैं वे न करें। मैंने उनकी सलाह मानकर अपील की कि आंदोलन में सक्रिय छात्रों में जो मारे गए हैं उनका दुख मैं जानता हूँ क्योंकि डकैतों ने मेरे भाई और भतीजे को मार डाला था। अकस्मात मृत्यु का जो दुख होता है उसे मैं भुगत चुका हूँ। मैंने यह भी कहा कि बच्चो! तुमको मुझसे लड़ना है तो जिंदा रहो और मुझसे लड़ो। तुम अपनी जान क्यों देते हो?

सवाल : आपने आरक्षण के लिए आर्थिक आधार का प्रावधान क्यों नहीं रखा? इससे अगड़ी जाति के गरीबों को भी आरक्षण का लाभ मिलता।

जवाब : मंडल आयोग ने शुद्ध रूप से जाति के आधार पर पिछड़ों की सूची नहीं बनाई थी। जैसे उत्तर प्रदेश में कुर्मी पिछड़ी जाति में हैं लेकिन वे मध्य प्रदेश में पिछड़े नहीं माने जाते। मंडल आयोग की सिफारिश लागू करने के लिए पिछड़ी जातियों की सूची तैयार की गई थी जिसकी पहचान के लिए कंपोजिट इंडेक्स बनाया गया। इंडेक्स तैयार करने में आर्थिक आधार को ध्यान में रखा गया था। उसी इंडेक्स के आधार पर पिछड़ों की पहचान की गई। मंडल आयोग ने अपनी रिपोर्ट में अति पिछड़ी जाति के हिसाब से सिफारिशें की थीं। उन्होंने जो इंडेक्स बनाया था उसमें आर्थिक आधार

को पिरो दिया था, जैसे जिनके पास कच्चा मकान है, जो मेहनत–मजदूरी करता है ऐसे अनेक आधार दिये गए थे। ऊँची जाति के लिए शुद्ध आर्थिक आधार पर आरक्षण देने के लिए संविधान में संशोधन करना पड़ता। संविधान में आर्थिक आधार पर आरक्षण देने का प्रावधान नहीं है। संविधान में सोशल एवं एजूकेशनल बैकवर्ड के लिए आरक्षण का प्रावधान है। आर्थिक आधार बनाकर आरक्षण देते तो कोई भी पी.आई.एल. में चला जाता, क्योंकि संविधान में इसका प्रावधान ही नहीं है। हम अपर कास्ट को भी आरक्षण का लाभ देना चाहते थे। लेकिन उसके लिए संविधान संशोधन करना पड़ता। संविधान संशोधन के लिए हमारे पास दो–तिहाई बहुमत नहीं था। जनता दल ने हमेशा इस बात की वकालत की है कि अपर कास्ट के गरीबों को भी आरक्षण का लाभ मिलना चाहिए।

जनता दल अकेली पार्टी थी जिसने अगड़ी जाति के रिजर्वेशन की बात की थी। आजादी के बाद किसी भी राजनीतिक पार्टी ने उस समय तक अगड़ी जाति की बात नहीं की थी। आज राजनीतिक दल जो भी कहें लेकिन जनता दल इस बात को कहने वाली पहली पार्टी थी, जब पहला लड़का मंडल के कोटे से चुना गया। मैंने यह घोषणा आजमगढ़ (उ.प्र.) में की थी कि सर्वोच्च न्यायालय के फैसले के बाद जब तक सरकार उसे लागू नहीं करती है तब तक मैं दिल्ली नहीं जाऊँगा और घूम–घूम कर उसे लागू कराने के लिए अभियान चलाऊँगा। इस घोषणा के बाद मैंने 8 महीने तक दिल्ली की ओर रुख नहीं किया। वहीं हमने कहा था कि अब अगड़ी जाति के लिए आरक्षण होना चाहिए और यह जनता दल ही दिला सकता है। यह बात हमने पब्लिक मीटिंग में कही थी।

सर्वोच्च न्यायालय के न्यायाधीशों का कोई राजनीतिक मकसद नहीं था। आरक्षण का मामला उन्होंने निपटाया। सर्वोच्च न्यायालय एक निष्पक्ष मंच है। उसने फैसला सुनाया कि मेरी सरकार ने जो आरक्षण किया था वह ठीक है। उस फैसले के बाद उन लोगों को हमेशा के लिए जवाब मिल गया होगा कि मंडल आयोग की सिफारिशों को मैंने औजार के तौर पर इस्तेमाल नहीं किया। फिर भी जो लांछन लगाते हैं वे यह नहीं जानते कि परोक्ष रूप से वे सुप्रीम कोर्ट के जजों पर ही लांछन लगा रहे हैं। एक बात और है कि यह फैसला तब आया जब मैं सत्ता में नहीं था, कॉंग्रेस सत्ता में थी।

सवाल : मंडल की सिफारिशों के लागू होने से समाज में एक विभाजन हो गया?

जवाब : कहा जाता रहा है कि इससे समाज में एक विभाजन हो गया लेकिन मैं इसे नहीं मानता। जो विभाजन था वह तो पहले से ही समाज में था, यह क्या मंडल से हुआ है? अब मायावती ब्राह्मणों को इकट्ठा कर रही हैं, मुलायम सिंह ऊँची जाति के लोगों को इकट्ठा करने में लगे हुए हैं। मंडल के आने से ये जरूर हुआ है कि जो पॉवर बैलेंस था यानी जो शक्ति संतुलन था, वह बदल गया। सत्ता से जो वंचित वर्ग

था, जो दलित, पिछड़े थे, उनकी भागीदारी पहले सत्ता में नहीं होती थी और अब इन लोगों की हिस्सेदारी बढ़ी है, लेकिन इसको लेकर कहीं भी टकराव नहीं हुआ। लोग आशंका जताते थे कि सिविल वार हो जाएगा, लेकिन आज 15 साल हो गए, कहाँ हुआ सिविल वार। और दक्षिण में पिछड़ों के लिए आरक्षण तो अंग्रेजों के जमाने से मिला हुआ है। कहाँ हुआ दक्षिण भारत में कोई सिविल वार? अब तो हर राजनीतिक पार्टी इसको स्वीकार करती है। कोई प्रधानमंत्री लाल किले पर भाषण करने जाता है तो बिना सामाजिक न्याय की बात के उतरता नहीं है। अभी सुप्रीम कोर्ट ने फैसला दिया कि व्यावसायिक शिक्षा देने वाले ऐसे संस्थानों में आरक्षण नहीं होगा जो सरकारी सहायता नहीं लेते। तो अब सारी पार्टियाँ इकट्ठा होकर कह रही हैं कि आरक्षण होना चाहिए। तो अब हमें बहस करने की जरूरत नहीं है, लोग खुद ही बहस कर रहे हैं। आरक्षण के पक्ष में मंडल कोई जातिगत चीज नहीं थी। अवधारणा यह थी कि जितने भी वंचित लोग हों, जातियों की रेखाओं को पार करके इकट्ठा किए जाएँ। जातियों को नहीं जमातों को इकट्ठा किया जाए। दलित वंचित हैं, पिछड़े वंचित हैं, अल्पसंख्यक वंचित हैं और उच्च वर्ग के जो गरीब हैं वे भी वंचित हैं, उन्हें इकट्ठा करके उनको स्थान दिया जाए और जोड़ा जाए।

सवाल : आरक्षण को एक राजनीतिक टूल के रूप में इस्तेमाल किया जाता है। इससे समाज में एक तरह का तनाव पनपता है?

जवाब : तकरीबन सभी राजनीतिक पार्टियाँ इस बात से सहमत हैं कि अब तनाव खत्म हो गया है। दक्षिण के राज्यों में भी तनाव नहीं रहा। वहाँ तो अंग्रेजों के जमाने से आरक्षण था। अनुसूचित जातियों को संविधान लागू होने के साथ ही आरक्षण मिल गया, कहाँ तनाव है? जब आरक्षण नहीं था तब पिछड़ी जाति के लोग तनाव महसूस करते थे। अब अगड़ी जाति के लोग तनाव महसूस करते हैं और कहते हैं पूरी सोसाइटी में तनाव है। यह जानना जरूरी है कि कौन हैं वे जो तनाव महसूस करते हैं।

सवाल : समाज मे अपेक्षित वर्ग को इस व्यवस्था का पूरा लाभ नहीं मिलता है?

जवाब : पूरा लाभ न मिलने के पीछे कई कारण हैं। एक तो हम लोग कोटा पूरा नहीं करते। जितना कोटा देते हैं उससे सब को लाभ नहीं मिल सकता। दूसरा मंडल एम्प्लॉयमेंट स्कीम नहीं है, यह एम्पॉवरमेंट स्कीम है। निश्चित रूप से मंडल ने पिछड़े वर्ग को एम्पॉवर किया है और अपने उद्देश्य को हासिल किया है। यह कोई रोजगार योजना नहीं है क्योंकि कुल रोजगार तो वही होगा जो आज है। जिनको रोजगार नहीं मिल रहा हो, उनको रोजगार दिलाने के लिए नहीं है, बल्कि निर्णय प्रक्रिया में हिस्सेदारी बढ़ाने के लिए है। सबको फायदा हो इसके लिए जरूरी है कि सबको शिक्षा मिले। शिक्षा के साथ आर्थिक स्थिति बेहतर होती जाएगी। लेकिन शिक्षा के लिए कोई कुछ

नहीं कर रहा है। आप कोटा भरते नहीं, खामियाँ एक सौ एक निकालते हैं। ये कहना कि आरक्षण को लागू हुए काफी साल हो गए वैसा ही है जैसे आपने किसी को भोजन पर बुलाया। एक रोटी परोसकर गायब हो गए। और फिर शाम तक उसे खाने के लिए बैठाए हुए हैं। उस पर यह टिप्पणी करते हैं कि यह सुबह से ही खा रहा है। आप एक बार में ही पूरी थाली परोस दीजिए।

सवाल : क्या आरक्षण की कोई समय–सीमा होनी चाहिए?

जवाब : इसका जवाब संविधान में है। सामाजिक और शैक्षणिक पिछड़ापन के दूर होने के बाद इसे बंद किया जा सकता है। ये किसी पार्टी का कार्यक्रम नहीं है, संविधान में इसका प्रावधान है। शिक्षा की स्थिति में जैसे–जैसे सुधार होगा, आर्थिक स्थिति में भी बदलाव आएगा और धीरे–धीरे सामाजिक पिछड़ापन भी दूर हो जाएगा। लेकिन जब तक नहीं है संविधान प्रोवाइड् करेगा।

सवाल : आपके भरोसेमंद अफसरों का मंडल आयोग के बारे में क्या मत था?

जवाब : वे सहमत नहीं थे। कई अफसरों का विरोध भी था।

सवाल : बी.जी. देशमुख ने अपनी किताब (ए कैबिनेट सेक्रटेरी लुक्स बैक) में जो लिखा है, क्या वह आपकी जानकारी में है?

जवाब : क्या लिखा है?

सवाल : उन्होंने लिखा है कि 6 अगस्त 1990 को प्रधानमंत्री ने कैबिनेट की बैठक में कहा कि सबसे पहले हम लोग मंडल कमीशन की रिपोर्ट को लागू करने पर विचार करेंगे और उन्होंने रामविलास पासवान से टिप्पणी करने के लिए कहा। इस पर मेरी ही तरह विनोद पांडेय भौचक थे। मैंने प्रधानमंत्री से कहा कि इस बारे में कोई पूर्व सूचना न होने के कारण हमने कोई नोट नहीं बनाया है, हमको समय चाहिए। प्रधानमंत्री सहमत नहीं हुए और रामविलास पासवान और शरद यावद ने अपना पक्ष जोरदार ढंग से रखा। विनोद पांडेय ने कर्पूरी ठाकुर के फॉर्मूले की हिमायत की। मधु दंडवते से विनोद पांडेय ने कहा कि आप इसका समर्थन करिए क्योंकि कल आप इससे सहमत थे। गृहमंत्री मुफ्ती मोहम्मद सईद ने आशंका जताई कि आंदोलन भड़क सकता है, इसलिए उसे रोकने के लिए उन्हें तैयारी के लिए समय चाहिए। प्रधानमंत्री ने मुझे निर्देश दिया कि एक बयान बना दूँ जिसे वे संसद में पढ़ेंगे। हालाँकि मैं एक कुचक्र में फँसा हुआ महसूस कर रहा था इसलिए बयान बनाने का जिम्मा मैंने अपने संयुक्त सचिव को सौंप दिया।

जवाब : राजनीतिक निर्णय पहले नहीं किया जा सकता कि आप क्या अभी करेंगे

और क्या बाद में करेंगे। इसे ही ध्यान में रखकर तब मैंने कहा कि हम सबसे पहले मंडल आयोग की सिफारिशों को लागू करने के बारे में विचार करेंगे।

सवाल : बी.जी. देशमुख का कहना है कि कैबिनेट के एजेण्डे में उस दिन मण्डल आयोग नहीं था। इससे लगता है कि अचानक विचार करने का फैसला हुआ। आपका क्या कहना है?

जवाब : यह सही है कि एजंडे में नहीं था। फिर भी उस पर विचार करने का मैंने निर्णय लिया। प्रधानमंत्री इसके लिए सक्षम है और स्वतंत्र है। मैंने रामविलास पासवान को 31 जुलाई तक का समय दिया था। जनता दल की संसदीय पार्टी की भावना को देखते हुए मैंने फैसला किया कि मंत्रिमण्डल में विचार कर उसे तत्काल लागू किया जाए।

सवाल : मंडल आयोग को लागू कराने का दबाव क्या जनता दल के सांसदों का ज्यादा था?

जवाब : संसद के केन्द्रीय कक्ष में पाँच अगस्त को जनता दल के सांसदों की बैठक हुई। वहाँ ज्यादातर वक्ताओं ने मण्डल आयोग की सिफारिशों को तत्काल लागू करने पर जोर दिया। उनकी शिकायत थी कि सरकार देर कर रही है। कुछ लोगों ने यहाँ तक आरोप लगाया कि नेतृत्व इसलिए देर कर रहा है क्योंकि वह सवर्ण है। जो नेता देवीलाल के साथ माने जाते थे वे मंडल आयोग की सिफारिशों को लागू कराने के लिए सबसे अधिक जोर डाल रहे थे। उनका मकसद था कि विश्वनाथ प्रताप सिंह मंडल को लागू नहीं करा पायेंगे तो इनकी ज्यादा फजीहत की जाएगी। वे मुझे घेरने की नीयत से ज्यादा शोर मचा रहे थे। वह उनकी सोची–समझी रणनीति थी। उनका आकलन गलत निकला। वे समझते थे कि मैं मंडल आयोग की सिफारिशों को लागू नहीं करूँगा। सत्य प्रकाश मालवीय और हुकुमदेव नारायण यादव ने मेरी मंशा पर संदेह जताए। बाद में यह साबित हुआ कि वे लोग ऐसा क्यों कर रहे थे। सत्य प्रकाश मालवीय ने वहाँ यह कहा था कि सरकार के एक आदेश से सीधे उसे लागू किया जा सकता है। मंत्रिमंडल इसमें सक्षम है। इसमें ज्यादा औपचारिकता की जरूरत नहीं है। उनके इस भाषण से वहाँ माहौल बना कि सरकार मंडल आयोग की सिफारिशों को तत्काल लागू करे।

सवाल : देवीलाल ने अरुण नेहरू और आरिफ मोहम्मद खान पर भ्रष्टाचार का आरोप लगाया था। सबूत के तौर पर 26 नवंबर 1987 के आपके पत्र को नत्थी किया था जिसे आपने राष्ट्रपति को लिखा था। क्या वास्तव में पत्र आपका ही था?

जवाब : देवीलाल के आरोप के बाद मेरे दफ्तर ने राष्ट्रपति भवन से संपर्क किया,

यह जानने के लिए कि क्या ऐसा कोई पत्र राष्ट्रपति भवन ने प्राप्त किया है। वहाँ से जवाब आया कि ऐसा कोई पत्र प्राप्त नहीं हुआ है। हो सकता है वह पत्र जालसाजी के तहत बनाया गया हो। उस पत्र में 28, लोदी एस्टेट का पता था जबकि वहाँ रहने के लिए मैं मार्च 1989 में गया। पत्र की भाषा भी संदेहास्पद थी। यह मालूम होने के बाद मैंने देवीलाल को लिखा कि वे आरोपों का ब्यौरा दें। उसे जाँच के लिए मैंने सी.बी.आई. को सौंप दिया था।

सवाल : उस फर्जी चिट्ठी के पीछे कौन था?

जवाब : मेरा खयाल है कि अशरफ था। वह जनमोर्चा के दिनों में हमारे ऑफिस में रहता था। उसको मेरे लेटरहेड वगैरह प्राप्त थे। कुछ दिनों बाद मालूम हुआ कि वह प्लांटेड था। उसको काँग्रेस से जुड़े हुए एक व्यक्ति के यहाँ से पैसे मिलते थे। वह जिस टैक्सी से आता था, उसके मालिक ने यह जानकारी दी थी। मुझे जब मालूम हुआ कि वह प्लांटेड है तो मैंने कहा कि इससे क्या फर्क पड़ता है, मेरे यहाँ कोई चीज छिपी हुई नहीं है। लेकिन उसका नुकसान क्या हुआ यह मुझे बाद में पता चला। उसने मुझसे कर्नाटक से राज्यसभा का टिकट माँगा। मैंने कहा कि अचानक तुमको राज्यसभा में नहीं भेजा जा सकता। विधानसभा के चुनाव में सोचेंगे। उसके बाद उसने मेरे खिलाफ दुष्प्रचार शुरू किया। एक पत्र अखबारों में छपा कि मैंने अमेरिकन राजदूत को लिखा है कि कुछ गोपनीय कागजात मैं भेज रहा हूँ। इस तरह की हरकतों पर जब वह उतर आया तब मैंने सी.बी.आई. जाँच का आदेश दिया। उसके खिलाफ जालसाजी का मामला चल रहा है।

एक मजे की बात बताता हूँ। मेरे एक ही दस्तखत की उसने नकल की थी। सी. बी.आई. के अफसरों ने जब उसके कई कागजात को देखा तो कहा कि दो दस्तखत बिल्कुल एक ही तरह के नहीं हो सकते। इस आधार पर ही उसको पकड़ा गया था। उसने मेरे दस्तखत की कई फोटोकॉपी बना ली थीं। सी.बी.आई. ने मुझसे बात करने के लिए समय माँगा। जब वे लोग आए तो मैंने उन्हें बताया कि किस तरह अशरफ ने नकल की होगी।

सवाल : देवीलाल बनाम तीन मंत्रियों अरुण नेहरू, आरिफ मोहम्मद खान और सतपाल मलिक का विवाद क्या मेहम कलंक की छाया में था?

जवाब : ओमप्रकाश चौटाला को जब देवीलाल ने दोबारा मुख्यमंत्री बनवा दिया तो इन लोगों ने मुद्दा बनाया। इन लोगों ने कहा कि यह गलत हुआ है। दूसरी तरफ देवीलाल ने तर्क दिया कि चौटाला को विधायकों ने चुना है। उनसे इस्तीफा नहीं माँगा जा सकता। उन्होंने एक नई माँग रख दी कि इन मंत्रियों ने अपने इस्तीफे को सार्वजनिक कर दिया है इसलिए इनके खिलाफ अनुशासन की कार्रवाई हो। इस विवाद

में ओमप्रकाश चौटाला भी कूद पड़े। वे वही तर्क दे रहे थे जो देवीलाल ने दिए थे। नई बात उन्होंने यही जोड़ी कि उनसे इस्तीफे पर सलाह की जानी चाहिए। जनता दल के नेताओं का रुख भाँपकर देवीलाल ने अपना रवैया बदला और जनता दल की राजनीतिक मामलों की समिति के फैसलों को मानने पर सहमत हो गए।

सवाल : मंत्रिमंडल से उन्हें हटाने की जरूरत क्यों पड़ी?

जवाब : देवीलाल ने एक इंटरव्यू में बिना सिर–पैर के आरोप लगाए। किसी को नालायक तो किसी को धूर्त कहा। उन्होंने मुझे रीढ़–विहीन प्रधानमंत्री करार दिया। अगर मैं कार्रवाई नहीं करता तो उनका कहा ही सच माना जाता। उनके इस बयान के बाद मंत्रिपरिषद में रहने का कोई कारण नहीं बचता। मैं चाहता था कि उनसे इस्तीफा ले लूँ। आखिरकार वे बुजुर्ग आदमी थे, उन्हें बर्खास्त करना मैं ठीक नहीं समझता था। यह भी मैं मानता था कि कहने पर वे अपना इस्तीफा दे देंगे। किन्तु बीजू पटनायक और अरुण नेहरू ने कहा कि उन्हें मंत्रिमण्डल से निकाल ही देना चाहिए। आप राष्ट्रपति को चिट्ठी दे दीजिए। अगर देवीलाल इस्तीफा नहीं देते हैं और उसे मुद्दा बना देंगे तो वह ठीक नहीं होगा। इस पर मैंने राष्ट्रपति महोदय को लिखा कि उन्हें मंत्रिमण्डल से मैं हटा रहा हूँ।

18 अगस्त को रात में करीब नौ बजे मैंने राष्ट्रपति को फोन किया। अपने फैसले से उन्हें अवगत कराया। उसके बाद प्रमुख सचिव बी.जी. देशमुख मेरा पत्र और कागजात आदि लेकर राष्ट्रपति भवन पहुँचे। एक घंटे बाद राष्ट्रपति भवन से सूचना जारी हुई कि देवीलाल को मंत्रिमंडल से हटा दिया गया है।

सवाल : क्या देवीलाल अपनी चिट्ठियों को प्रेस में दे दिया करते थे?

जवाब : अक्सर ऐसा करते थे।

सवाल : शाही इमाम से मुलाकात का प्रसंग क्या था?

जवाब : उनके भाई को किसी ने हथौड़ा मार दिया था, उनकी मृत्यु हो गई थी। उनकी गमी में मैं गया था। तब मैं जनता दल संसदीय पार्टी का नेता ही चुना गया था, प्रधानमंत्री पद की शपथ नहीं ली थी। मैं प्रधानमंत्री के रूप में वहाँ नहीं गया था। उसको भाजपा ने बहुत बाद में मुद्दा बना दिया।

सवाल : विपक्ष के नेता के नाते राजीव गाँधी का आपको कितना सहयोग मिला?

जवाब : उनका सहयोग औपचारिक था। कश्मीर आदि पर मैंने उनसे बात की और चाहता था कि उनका पूरा सहयोग मिले। मैंने सीधे बात करने के लिए उनको भोजन पर बुलाया। उनसे कहा कि आपने देखा–समझा है। मुझे बताएँ कि क्या करें।

सवाल : उनका रुख कैसा होता था?

जवाब : वे अपने प्रतिनिधि भेज देते थे। एक बार उन्होंने पी.वी. नरसिंह राव को भेजा। वे इस बात पर अड़ गए थे कि सरकार अपना रुख स्पष्ट करे। मैंने उनसे कहा कि आप अपनी सलाह दीजिए। अगर सरकार अपना फैसला स्वयं करना चाहती तो सलाह की जरूरत नहीं थी। हम सलाह इसलिए ले रहे हैं ताकि अपना फैसला उस पर कर सकें।

सवाल : पी.वी. नरसिंह राव के बारे में आपका अनुभव क्या है?

जवाब : वे निर्देश पर काम करते थे। सेंट किट्स के मामले में उन्होंने वही किया जो उनसे कहा गया। वे विद्वान थे। उनमें राजनयिक सूझ–बूझ थी।

राजीव गाँधी ने मुझसे पूछा था कि विदेश मंत्रालय किसको दूँ? कोई नाम सुझाइए। मैंने सोचा कि कहीं वे मेरा मन तो नहीं टटोल रहे हैं कि मैं कह दूँ कि वित्त से मुझे विदेश मंत्रालय भेज दें। मुझे अब लगता है कि उनका मकसद यही था। मैंने पहला नाम पी.वी. नरसिंह राव का सुझाया। इस पर उन्होंने कहा कि वे कुछ काम नहीं करेंगे। जब उन्होंने दूसरा नाम पूछा तो मैंने नारायण दत्त तिवारी का नाम लिया जिन्हें उन्होंने विदेश मंत्री बनाया।

सवाल : क्या किसानों को बैंकों के ऋण से राहत दिलाने में आप सफल हुए?

जवाब : कुछ अर्थशास्त्रियों ने विरोध किया। पार्टी में विरोध नहीं था। जो लोग विरोध कर रहे थे वे बड़े घरानों पर बैंकों के बकाये पर कुछ नहीं बोल रहे थे। जबकि उन पर बैंकों का लाखों करोड़ रुपया बकाया था।

किसानों और बुनकरों की कर्जमाफी में मैंने प्रस्ताव रखा कि 50 फीसदी केन्द्र सरकार देगी और 50 फीसदी राज्य सरकारें दें। राज्य सरकारों ने इसे भारी बोझ माना। तब मैंने कहा कि केन्द्र सरकार 75 फीसदी बोझ उठायेगी लेकिन 25 फीसदी हिस्सा राज्य सरकारों को देना होगा। जिन राज्यों ने अपना हिस्सा नहीं दिया वहाँ यह स्कीम लागू नहीं हुई। इसी के चलते उत्तर प्रदेश में भी किसानों और बुनकरों को कर्जमाफी का लाभ नहीं मिला।

बोफोर्स जाँच

सवाल : बोफोर्स तोप सौदा ऊँचे पदों पर बैठे लोगों के भ्रष्टाचार का पर्याय बन गया था जिसके खिलाफ पूरे देश में दो साल अभियान चला, जिसमें यह माँग थी कि सौदे की दलाली की रकम पाने वालों पर मुकदमा चलाया जाएगा। अपने वायदे को पूरा करने के लिए आपने क्या कदम उठाए?

जवाब : तत्काल बोफोर्स की कम्पनी को अगले सौदे से वंचित कर दिया और उस कम्पनी को काली सूची में डलवाया। इससे पहले काफी छानबीन करवाई और पता लगाया कि इससे अपनी सेना को कोई नुकसान तो नहीं होगा। अपने डिफेन्स सप्लाई डिपार्टमेंट और भेल (बी.एच.ई.एल.) वगैरह से पुछवाया कि क्या हम लोग ऐसी तोप बना सकते हैं। उन लोगों की ओर से कहा गया कि दो साल में बनाई जा सकती है।

सवाल : आरोप था कि उस सौदे में बड़े–बड़े लोगों ने रिश्वत ली थी। क्या उसके सबूत मिले?

जवाब : मेरी सरकार ने सबसे पहले एफ.आई.आर. दर्ज कराई जो पहले नहीं कराई गई थी। 22 जनवरी 1990 को सी.बी.आई. ने बोफोर्स तोप सौदे में 64 करोड़ रुपये की दलाली पर एफ.आई.आर. दर्ज कराई। उसके आधार पर दिल्ली हाईकोर्ट में सरकार ने अपनी अर्जी डाली। सरकार की ओर से एडीशनल सालीसीटर जनरल अरुण जेटली ने 15 नामों की सूची दी जिन पर रिश्वतखोरी का संदेह था। उसका नतीजा यह हुआ कि स्विट्जरलैंड में जो बैंक एकाउंट्स थे वे फ्रीज हुए। यह काम पिछली सरकार भी कर सकती थी लेकिन नहीं किया था। यह पहला कदम था जिससे कि जाँच शुरू हुई। इसी के साथ वहाँ के कोर्ट में भारत सरकार को एक कामयाबी मिली और पक्ष में फैसला हुआ। स्विट्जरलैंड के फेड्रल कोर्ट में वह मामला था। जब तक स्वीडन से हमें पूरे कागजात नहीं मिलते तब तक जाँच प्रक्रिया शुरू नहीं हो सकती थी। हाईकोर्ट के आदेश से उन मूल दस्तावेजों की प्रति सरकार को मिली, जिससे यह सबूत बाहर आ गया कि रिश्वत दी और ली गई है। यह ब्यौरा उन दस्तावेजों में था। उसी क्रम में अब नाम भी आ गया है, क्वात्रोची वगैरह का। बोफोर्स को काली सूची में डालने की एक वजह यह भी थी कि वे उनका नाम बताएँगे जिन्हें रिश्वत दी गई है। जैसे ही दबाव पड़ा उस कम्पनी ने नाम बताने का प्रस्ताव रखा।

उसका किस्सा बताऊँ, एक सफलता मिली कि उस कंपनी के प्रतिनिधि दिल्ली आए। रक्षा सचिव और गृह सचिव को मैंने उनसे बातचीत का जिम्मा सौंपा। वे जब दिल्ली में थे उसी समय काँग्रेस के स्रोतों से कहलवाया गया कि यह सरकार ज्यादा दिनों तक चलने वाली नहीं है। यह सब क्यों कर रहे हैं? वे सब वापस चले गये। उससे भी जाँच में प्रगति अवरुद्ध हुई। बहरहाल, यह बात साबित हो गई है कि दलाली की रकम क्वात्रोची के खाते में गई। आखिरकार उसको भागने की क्या जरूरत थी और तब की सरकार ने उसे भागने क्यों दिया। वह 1993 में यहाँ से भागा जब काँग्रेस की सरकार थी।

सवाल : क्या एफ.आई.आर. में राजीव गाँधी का नाम था?

जवाब : उनका नाम नहीं डाला गया था।

सवाल : क्या इसी कारण राजीव गाँधी को हाईकोर्ट ने आरोपों से बरी कर दिया?

जवाब : कोर्ट में सी.बी.आई. ने पूरे सबूत नहीं रखे। सी.बी.आई. की कार्यप्रणाली पर इससे बड़ा प्रश्नचिन्ह खड़ा हुआ। हाईकोर्ट का जो फैसला आया उससे पता चलता है कि कोर्ट भी मानता है कि सी.बी.आई. ने अपना काम सही तरीके से नहीं किया। कोर्ट की फटकार के बाद सी.बी.आई. ने स्वीडन फैक्स किया। वहाँ से जवाब आया कि स्वीडन के डिपार्टमेंट ऑफ जस्टिस ने भारतीय दूतावास को उस मामले के मूल दस्तावेजों को इस अनुरोध के साथ सौंपा था कि इसे वे वापस लौटाएँगे। सी.बी.आई. को अपने दूतावास से उसे मँगवा लेना चाहिए था। सवाल उठता है कि सी.बी.आई. ने ऐसा क्यों किया। उन मूल दस्तावेजों की प्रमाणित प्रतियाँ भारतीय कानून के अनुसार क्यों नहीं बनवाईं। सी.बी.आई. ने उन दस्तावेजों की जिरॉक्स कॉपी कोर्ट को दी। उसके आधार पर कोर्ट किसी को सजा नहीं सुना सकता। हमारे समय में सफलता मिली थी। अफसोस की बात यह है कि इतने सालों के बाद हमारे पास कोई विश्वसनीय और सशक्त जाँच एजेंसी नहीं है। इसके विपरीत अमेरिका में क्लिंटन को अपनी सफाई देनी पड़ी थी।

सवाल : भारत सरकार को आपकी सलाह क्या है?

जवाब : मेरा खयाल है कि लोकपाल कानून जल्दी बनाना चाहिए और उसके अधीन एक जाँच एजेंसी गठित हो जो ऐसे मामलों की छानबीन करे। वह सरकार से स्वतंत्र हो। जहाँ तक सी.बी.आई. का मामला है उसकी कोई साख नहीं बची है। बोफोर्स के अलावा जैन हवाला कांड और सेन्ट किट्स मामले में सबूत के अभाव में दोषी लोग बरी हो गए।

सवाल : बोफोर्स जाँच में सालों लग गए हैं। इतनी देरी के कारण क्या हैं?

जवाब : मेरी सरकार केवल ग्यारह महीने रही। उसके बाद चंद्रशेखर की सरकार थी, जो काँग्रेस समर्थित थी। चंद्रशेखर कहा करते थे कि हमारा काम थानेदार का नहीं है। काँग्रेस की जाँच में कभी दिलचस्पी रही नहीं। चंद्रशेखर के बाद पाँच साल काँग्रेस की सरकार रही। पी.वी. नरसिंह राव के जमाने में माधव सिंह सोलंकी काण्ड हो गया था। वे एक चिट्ठी लेकर गए थे। उसके बाद एच.डी. देवगौड़ा और इंद्र कुमार गुजराल की सरकारें भी काँग्रेस की मदद से बनी थीं और उसकी मर्जी तक चलीं। इससे जाँच में भारी अंतराल आ गया। अंतराल होने पर सबूत भी नष्ट हो जाते हैं।

सवाल : क्या आपको लगता है कि जाँच में राजनीतिक हस्तक्षेप होता रहा है और वह अब भी जारी है?

जवाब : इसका मेरे पास सबूत नहीं है। राजनीतिक हस्तक्षेप सरकारों पर निर्भर करता है। एक उदाहरण हस्तक्षेप का मैं दे सकता हूँ। जब सी.बी.आई. के डायरेक्टर पद से राजेन्द्र शेखर को हटाया गया था, जे.पी.सी. ने भी माना था कि लीपापोती हुई है।

सवाल : क्या अटल बिहारी वाजपेयी और सोनिया गाँधी में मिलीभगत थी?

जवाब : मैं यह नहीं कह सकता। कुछ भी कयास लगाया जा सकता है।

सवाल : पनडुब्बी सौदे की जाँच में क्या निकला?

जवाब : एच.डी.डब्ल्यू. कंपनी में जर्मन सरकार साझेदार थी। उसने सूचना देने से इंकार कर दिया।

अयोध्या विवाद

सवाल : अयोध्या मसला आपकी सरकार के सामने कैसे आया और कब?

जवाब : प्रयाग में विश्व हिन्दू परिषद के संत सम्मेलन में घोषणा की गई कि 14 फरवरी 1990 से मंदिर का निर्माण कार्य शुरू होगा। उस कार्ययोजना में 6 फरवरी तक बातचीत का रास्ता खुला हुआ था। उसे देखते हुए मैंने उनके नेताओं को बातचीत के लिए बुलाया। उनसे 6 फरवरी को बातचीत हुई। मैंने उनसे अपील की कि अदालत के फैसले तक मंदिर निर्माण कार्य को स्थगित करिए। पंजाब और कश्मीर की समस्याओं को देखते हुए यह उचित नहीं होगा कि आप लोग एक नई समस्या खड़ी कर दें। मैंने प्रस्ताव रखा कि एक कमेटी बन जाए। वह संवाद कायम करे। विश्व हिन्दू परिषद के नेता मुझसे 6 फरवरी को मिले। उन्होंने मेरे प्रस्ताव पर विचार के लिए समय माँगा और 9 फरवरी को वे इस पर मान गए कि चार महीने अपने कार्यक्रम स्थगित रखेंगे। कहने के लिए विश्व हिन्दू परिषद ने अपना कार्यक्रम स्थगित किया जो अयोध्या में उन्हें करना था, लेकिन वे और स्थानों पर अपनी तैयारी करते रहे।

सवाल : विश्व हिन्दू परिषद ने मंदिर निर्माण की तिथि घोषित कर दी थी। फिर उन्होंने सरकार को चार महीने का वक्त कैसे दिया?

जवाब : विश्व हिन्दू परिषद का एक धड़ा वक्त देने के पक्ष में नहीं था, जबकि वे संत जो विश्व हिन्दू परिषद के संगठन से नहीं जुड़े थे पर आंदोलन में थे, उनसे

संतोष भारतीय के जरिए मेरा संपर्क हो गया था। उनसे मेरी मुलाकात हुई थी, और उन लोगों ने मेरे तर्क को स्वीकार किया। विहिप की घोषणा के बाद संतोष भारतीय ने कई संतों से संपर्क किया था। वे लोग सहयोग कर रहे थे। उनके आग्रह पर मैंने एक पत्र लिखा था। संयोग ही कहेंगे कि जिस दिन मैंने पत्र लिखा वह मंगलवार की शाम थी। मेरे निवास 28, लोधी इस्टेट पर राष्ट्रीय मोर्चा और समर्थक दलों की बैठक चल रही थी। उससे थोड़ी देर के लिए निकलकर मैं उस कमरे में गया जहाँ प्रधानमंत्री निवास के फोन लगे हुए थे। वहीं बैठकर अपने हाथ से पत्र लिखा। उस अपील का असर हुआ। विहिप में बहुत बहस के बाद यह तय हुआ कि सरकार को चार महीने का समय दिया जाए। लेकिन एक दुर्घटना भी हो गई। जिन संतों से मेरी बातचीत चल रही थी उनको मुलायम सिंह ने गिरफ्तार करवा लिया। उन्हें मैंने छुड़वाया।

सवाल : विश्व हिन्दू परिषद ने आंदोलन के लिए एक सर्वाधिकार समिति बनाई थी। आपने मंत्रियों की एक समिति बना दी। क्या इनमें सार्थक संवाद हुआ?

जवाब : विश्व हिन्दू परिषद वाले चाहते थे कि मैं उसका हल निकालूँ। वे इस पर अड़े हुए थे कि अदालत को नहीं मानेंगे। उसे वे अपनी आस्था का प्रश्न मानते थे। वे रत्तीभर भी इधर–उधर होने को तैयार नहीं थे। मेरे सामने समस्या थी कि अयोध्या मसले को कैसे हल करें। मैंने यह बात संसद में भी कही जहाँ लालकृष्ण आडवाणी बैठे हुए थे। अदालत ऐसे मामलों में समस्या को सुलझाने का जरिया हो सकती है। उसे विश्व हिन्दू परिषद वाले मानने को तैयार नहीं। जब आस्था को आगे कर दिया जाता है तो तर्क कोई काम नहीं करता। दो आस्थाओं का वह द्वंद्व था। ऐसी स्थिति में सरकार की भूमिका कठिन हो जाती है। उसे संविधान के तहत काम करना है। यह भी देखना है कि किसी धार्मिक समुदाय को ठेस न पहुँचे।

मैंने मधु दण्डवते, जॉर्ज फर्नांडीज और मुख्तार अनीस की कमेटी बना दी। मुख्तार अनीस उत्तर प्रदेश में स्वास्थ्य मंत्री थे। उसमें मैंने सोच–समझकर मुलायम सिंह को नहीं रखा। जिस आधार पर उसमें मुलायम सिंह को नहीं रखा, उसी आधार पर गृहमंत्री मुफ्ती मोहम्मद सईद को भी समिति में नहीं रखा क्योंकि इन लोगों को अंतिम निर्णय में शामिल होना था। वे संवाद में उलझ जाएँगे तो मुश्किल होगी। लेकिन मुलायम सिंह ने इसको गलत समझा। वे उत्तर प्रदेश के मुख्यमंत्री थे।

सवाल : मुलायम सिंह ने जो समझा वह क्या था?

जवाब : उन्होंने मुझसे कभी कुछ नहीं कहा। मुझे बताया गया कि वे अक्सर कहते हैं कि विश्वनाथ प्रताप सिंह मेरी सरकार गिराने में लगे हुए थे।

ऐसे किसी उदाहरण से मैं परिचित नहीं हूँ जब किसी नेता ने अपने ही दल की सरकार को गिराया हो। मुख्यमंत्री बदलने के उदाहरण तो मिलते हैं। किसी प्रधानमंत्री

ने अपनी किसी राज्य सरकार को गिराया हो ऐसा उदाहरण नहीं मिलता।

सवाल : ऐसी स्थिति में अयोध्या मसले को हल करने के लिए आपने क्या पहल की?

जवाब : मैंने अनेक स्तरों पर पहल की। विहिप से बातचीत से पहले मैंने लालकृष्ण आडवाणी से आग्रह किया कि आप मेरी मदद करिए। मैं चाहता था कि वे बातचीत में कड़ी बनें। उन्होंने मुझसे कहा कि अयोध्या में मंदिर निर्माण हमारे एजेण्डे में नहीं है। आप विहिप से सीधे बात करिए। मुझे उनसे मदद नहीं मिली।

परस्पर बातचीत से रास्ता निकले, इस कोशिश में मंत्रियों की समिति लगी। एक प्रस्ताव था कि अदालत में रोज अयोध्या विवाद पर सुनवाई हो जाए। इसका अनुरोध हाई कोर्ट से किया जाए। बाबरी मस्जिद कमेटी के नेता इस बात के लिए राजी हो गए थे कि मुकदमे की सुनवाई में वे ज्यादा गवाह पेश नहीं करेंगे। उनके गवाहों की सूची 600 के आस–पास थी। मैंने उनसे कहा कि आप इतने गवाह पेश करेंगे तो इसकी सुनवाई में बहुत समय लगेगा। वे इससे सहमत हो गए। वे सहयोग करने के लिए तैयार थे। दूसरी बार जब विश्व हिन्दू परिषद के नेताओं से बात हुई तो उन्होंने कहा कि हम कोर्ट को नहीं मानेंगे जबकि बाबरी मस्जिद एक्शन कमेटी ने लिखित में वचन दिया कि अदालत का जो आदेश होगा वह हम मानेंगे। इसका मतलब यह था कि विश्व हिन्दू परिषद के कहने पर सरकार दस्तखत कर दे। विश्व हिन्दू परिषद ने अपना पुराना रवैया बदल दिया। 7 नवंबर 1989 को शिलान्यास के समय उन्होंने गृहमंत्री बूटा सिंह को यह लिखित वचन दिया था कि अदालत का आदेश मानेंगे।

वह दस्तावेज सरकार के पास था। मैंने संतों के एक प्रतिनिधिमण्डल को दिखाया था। योजना यह थी कि जो संत विहिप में नहीं हैं और जो मुस्लिम नेता बाबरी मस्जिद एक्शन कमेटी में नहीं हैं वे बातचीत के जरिए हल निकालें। इसमें हरिद्वार से कुछ संत आए थे। मैंने उनके सामने वह दस्तावेज प्रस्तुत किया जो बूटा सिंह और विहिप में करारनामा था। मैंने उन लोगों से कहा कि इसे देखने के बाद आप जो भी कहेंगे मैं प्रधानमंत्री के रूप में आपकी बात मानने के लिए तैयार हूँ। उसे पढ़ने के बाद उन लोगों ने आश्चर्य प्रकट किया और कहा कि यह तो हमें मालूम ही नहीं था।

इसी बीच आंध्र प्रदेश के राज्यपाल कृष्णकांत और बिहार के राज्यपाल यूनुस सलीम आए। उन दोनों ने मुझसे कहा कि अगर आप इजाजत दें तो हम इस मामले में प्रयास शुरू करें। मैंने हामी भर दी। वे कांचीपुरम के शंकराचार्य जयेन्द्र सरस्वती और अली मियाँ से मिले। हल निकल आने की आशा बन गई थी। वे लोग समस्या सुलझाने के काफी करीब पहुँच गए थे। कांचीपुरम के शंकराचार्य और अली मियाँ इस नतीजे पर पहुँचे थे कि हिन्दू और मुसलमान दोनों समुदायों के प्रतिनिधियों की एक समिति बना दी जाए। उसकी सिफारिश तक यथास्थिति बनाए रखी जाए। समिति की

सिफारिश को सरकार लागू करवाये।

सवाल : क्या उसी सिफारिश पर विचार करने के लिए चेन्नई में राष्ट्रीय एकता परिषद की बैठक बुलाई गई थी?

जवाब : वह अति गोपनीय तरीके से चलाया जा रहा था। उसमें हुआ यह कि किसी ने राज खोल दिया। चेन्नई की राष्ट्रीय एकता परिषद में चंद्रशेखर ने अली मियाँ को धन्यवाद दिया। अयोध्या विवाद सुलझाने की कोशिश चल रही थी, जिसमें अली मियाँ पड़े थे। जैसे ही बात फैली कि शंकराचार्य को राष्ट्रीय स्वयंसेवक संघ के लोगों ने घेर लिया। वे कृष्णकांत और यूनुस सलीम को शंकराचार्य से मिलने ही न दें। युवा शंकराचार्य का झुकाव संघ की ओर था। राष्ट्रीय स्वयंसेवक संघ ने उस समझौते में बाधा डाल दी।

सवाल : राजीव गाँधी की सरकार ने शिलान्यास कहाँ करवाया था?

जवाब : वहाँ अफसरों की टीम ने मुआयना किया तो पता चला कि राजीव गाँधी के समय में जहाँ शिलान्यास हुआ था वह विवादास्पद हिस्सा था। पहले मुझे यकीन नहीं हुआ कि राजीव गाँधी सरकार ने विवादास्पद क्षेत्र में शिलान्यास करवाया होगा। विवादास्पद हिस्से पर अदालत का स्थगन आदेश है।

सवाल : विश्व हिन्दू परिषद ने आपकी सरकार को चार महीने का समय दिया था। उसके बाद हरिद्वार में एक सम्मेलन कर उन्होंने कार सेवा के कार्यक्रमों की घोषणा कर दी जो दो चरणों में थी। पहले चरण में 23 जून से 31 अगस्त तक के कार्यक्रम थे और दूसरे चरण में 1 सितंबर से 7 नवंबर तक के कार्यक्रमों की योजना थी। क्या वी.एच.पी. से बातचीत टूट गई थी?

जवाब : विहिप से तीन–चार स्तरों पर बातचीत चल रही थी। वह अक्टूबर 1990 के तीसरे हफ्ते तक चलती रही। आखिरी बातचीत जो हुई उस प्रतिनिधिमण्डल का नेतृत्व डॉ. मुरली मनोहर जोशी कर रहे थे।

उनके नेतृत्व में एक प्रतिनिधिमंडल मिलने आया जिसमें आर.एस.एस. (राष्ट्रीय स्वयं सेवक संघ) के नेता भी थे। उन्होंने मुझसे पूछा कि आपको क्या परेशानी है जबकि पिछली सरकार ने शिलान्यास करवा दिया है। आप उसी गद्दी पर बैठे हैं। मैंने उनसे कहा कि पिछली सरकार की अगर हर बात हमको माननी ही होती तो चुनाव क्यों लड़ते। यदि पिछली सरकार की नीतियों को ही लागू करना है तो फिर हम यहाँ आए ही क्यों? उस सरकार के किए कामों पर मुहर लगाने के लिए हम यहाँ नहीं आए हैं। आखिरकार भोपाल त्रासदी मामले में पहले की सरकार ने कह दिया था कि उस कंपनी पर कोई आपराधिक मामला नहीं बनता है। मेरी सरकार ने उस पर आपराधिक

मामला दर्ज कराया और कोर्ट में जीत गए। वे लोग चाहते थे कि कार सेवा को हम होने दें। उनका तर्क था कि वहाँ लोग–बाग पैसा और फूल चढ़ाने जाते ही हैं। वे इसके लिए तैयार थे कि सौ लोग ही या सरकार जितने लोगों को इजाजत देगी उतने ही वहाँ जाएँगे। वे पाँच ईंट वहाँ रखेंगे। मैंने उनसे कहा कि सवाल पाँच ईंट का नहीं है, अदालत की अवमानना का है। एक आदमी भी जाएगा तो अदालत के आदेश का उल्लंघन होगा। मैंने उनसे कहा कि आप केन्द्र सरकार से कह रहे हैं कि संविधान का उल्लंघन करिए। इसके बाद उन लोगों ने सख्त रुख अपनाया और कहा कि खूनखराबा होगा तो वह आपकी जिम्मेदारी होगी। मैंने भी पलटकर जवाब दिया और कहा कि मैं अपनी जिम्मेदारी समझता हूँ। मैं संविधान के प्रति कटिबद्ध हूँ। मैंने उन लोगों से कहा कि जब भी आप में से कोई इस कुर्सी पर बैठेगा तो वह वही कहेगा जो मैं कह रहा हूँ। यही हुआ। अटल बिहारी वाजपेयी जब प्रधानमंत्री थे, उस समय उन्होंने विश्व हिन्दू परिषद से कहा कि जब तक अदालत का स्थगन आदेश है हम आपको वहाँ जाने नहीं देंगे। लालकृष्ण आडवाणी ने भी गृहमंत्री के नाते यही कहा। तब मैंने यह सवाल उठाया कि आस्था के नाम पर पूरे देश में आग लगाने के बाद अब आप यह कह रहे हैं, तो कम से कम जिन परिवारों के लोग मारे गए थे, उनसे माफी तो माँगिए।

राम रथयात्रा

सवाल : आपने बताया है कि लालकृष्ण आडवाणी ने कहा था कि अयोध्या में मंदिर निर्माण भाजपा के एजंडे पर नहीं है। फिर उन्होंने रथयात्रा क्यों शुरू की?

जवाब : जब मैंने मण्डल आयोग की सिफारिशों को लागू करने की घोषणा कर दी तो प्रतिक्रियास्वरूप छात्र आन्दोलन पर उतर आए। उसे कई जगहों से और कई कारणों से खूब भड़काया गया। एक छात्र नेता राजीव गोस्वामी ने आत्मदाह कर लिया। उसे देखने लालकृष्ण आडवाणी अखिल भारतीय आयुर्विज्ञान संस्थान गए। वहाँ उत्तेजित छात्रों ने उन्हें घेरा और क्रोध में उनका कुर्ता फाड़ दिया। मेरा खयाल है कि उस घटना से भाजपा में पुनर्विचार शुरू हुआ। भाजपा ने सोचा होगा कि जिस सरकार का वह समर्थन कर रही है उससे मध्यवर्ग नाराज हो गया है। वह काँग्रेस की तरफ चला जाएगा। इस राजनीतिक एहसास के बाद उन्हें लगा कि अगर सरकार का हम समर्थन करते रहेंगे तो भारी नुकसान में पड़ जाएँगे। हमारा जनाधार खिसक जाएगा। मुझे लगता है, उसी समय उन्होंने फैसला किया कि समर्थन वापस लेने की कोई भूमिका बनानी चाहिए। भाजपा ने तभी अयोध्या आंदोलन को अपने मुद्दे के रूप में अपनाया होगा।

सवाल : रथयात्रा शुरू हो जाने के बाद क्या आपने माना कि अब बातचीत संभव नहीं है?

जवाब : मैंने अटल बिहारी वाजपेयी से बात की। उन्होंने कहा कि लालकृष्ण आडवाणी अब रथ पर बैठ गए हैं तो उन्हें कौन उतारे। मैंने उनसे कहा कि आपके यहाँ तो ऐसा नहीं होता कि जिसकी मर्जी हो वही रथ पर बैठ जाए। मैं यह जानता हूँ कि भाजपा में परस्पर राय–मशविरे से सोच–समझकर फैसले होते हैं। इस पर उन्होंने कहा कि 15 अगस्त को आपने जो भाषण दिया उससे भाजपा ने यह समझा कि आप चुनाव की तैयारी कर रहे हैं। वहाँ से आपने जनता दल के घोषणा–पत्र को केन्द्र में रखकर भाषण दिया। मैंने भी तब कहना शुरू किया कि हमने मण्डल लागू कराया और भाजपा ने कमण्डल उठा लिया।

सवाल : रथयात्रा के बारे में आपका दृष्टिकोण क्या था?

जवाब : लालकृष्ण आडवाणी ने गुजरात से रथयात्रा शुरू की थी। वहाँ जनता दल के चिमन भाई पटेल मुख्यमंत्री थे। लालकृष्ण आडवाणी गुजरात में डेढ़ दिन रहे। उन्होंने वहाँ अपने भाषण पर संयम रखा। ज्यादा आक्रामक नहीं हुए। जब उनकी यात्रा आगे बढ़ी और वे भाजपा के प्रभाव वाले राज्यों में दाखिल हुए तो उन्होंने आक्रामक रुख अपनाया। मैंने सोचा कि यह बंद करना पड़ेगा। मेरे सामने समस्या थी कि वे जिन राज्यों में थे वहाँ जनता दल का शासन नहीं था। भाजपा की राज्य सरकारें मेरे निर्देश पर लालकृष्ण आडवाणी को गिरफ्तार क्यों करतीं, वैसे भी कानून व्यवस्था राज्य का मामला है। केन्द्र को नियंत्रण पाने के लिए उन सरकारों को बर्खास्त करना पड़ता। लेकिन मैंने देखा था कि विहिप को शिलापूजन के कार्यक्रम में वामपंथी सरकारों ने भी आने–जाने की इजाजत दी थी।

लालकृष्ण आडवाणी की रथयात्रा दिल्ली आ रही थी। मैंने मन बना लिया था कि उन्हें दिल्ली में ही गिरफ्तार कर लेना है। योजना बनी कि उनसे रथ रोकने के लिए कहा जाएगा। अगर नहीं मानेंगे तो उन्हें उनके निवास पर नजरबंद कर देंगे। गृहराज्यमंत्री सुबोधकांत सहाय को यह जिम्मा दिया हुआ था। उन्हें और अफसरों को मैंने यह सावधानी बरतने के लिए कहा था कि दिल्ली की सीमा पर लालकृष्ण आडवाणी को गिरफ्तार करना उचित नहीं होगा क्योंकि वहाँ उनके समर्थक होंगे। उनको घर आ जाने देना चाहिए। जरूरत पड़ेगी तो वहीं से गिरफ्तार किया जाएगा।

जब लालकृष्ण आडवाणी दिल्ली आए तो उनसे बातचीत का सिलसिला शुरू हुआ। कई नेताओं ने प्रयास किए। एन.टी. रामाराव और लालू प्रसाद ने उनके घर पर दो घण्टे धरना दिया। वे उनसे यात्रा स्थगित करने का आग्रह कर रहे थे। लेकिन लालकृष्ण आडवाणी ने उनका आग्रह नहीं माना। उसी बीच अटल बिहारी वाजपेयी, भैरों सिंह शेखावत और जसवंत सिंह मेरे पास आए। उनका अनुरोध था कि समस्या

सुलझाने के लिए एक बार पुनः प्रयास हो। उस समय कई स्तरों पर बहुत सघन बातचीत हुई। अनेक सुझाव आए। एक सुझाव आया कि रामलला जहाँ विराजमान हैं उसे मंदिर बना दिया जाए और दूसरे गुंबद को मस्जिद बना दिया जाए। उसका दरवाजा पश्चिम की ओर कर दें।

भाजपा ने प्रस्ताव रखा कि ढाँचा ज्यों का त्यों रहे और उसके ऊपर मंदिर बना दिया जाए। भला यह कैसे संभव था?

सवाल : आपका फॉर्मूला क्या था?

जवाब : अंत में मैंने एक सुझाव रखा कि भारत सरकार विवादित स्थान की करीब 70 एकड़ जमीन अधिग्रहित कर ले। उसे अदालती फैसले के बाद राम जन्मभूमि न्यास को मन्दिर निर्माण के लिए सौंप दिया जाएगा। दूसरा कि जो विवादास्पद स्थान है उस पर फैसले के लिए सुप्रीम कोर्ट को धारा 143 के तहत विचारार्थ अनुरोध किया जाएगा। इस प्रावधान में सुप्रीम कोर्ट को फैसला करना होगा कि विवादित स्थान पर मंदिर था या मस्जिद। पी.वी. नरसिंह राव के समय में उसी धारा के तहत सरकार ने उसे सुप्रीम कोर्ट को सौंपा था जिसे सुप्रीम कोर्ट ने वापस कर दिया। 19 अक्टूबर को इसी फॉर्मूले पर अध्यादेश जारी किया गया था। उसे मन्दिर और मस्जिद वाले दोनों पक्षों ने नामंजूर कर दिया।

सवाल : लालकृष्ण आडवाणी को आपकी सरकार ने दिल्ली में गिरफ्तार नहीं किया। वे ट्रेन से 18 अक्टूबर को यात्रा पर रवाना हो गए और अविभाजित बिहार में धनबाद से उन्होंने अपनी रथयात्रा पुनः शुरू की। उनकी यात्रा को दिल्ली में रोकने के बजाय पुनः शुरू होने दिया, कारण क्या था?

जवाब : अटल बिहारी वाजपेयी बीच में पड़े थे। यह तय हुआ कि दो–तीन दिनों में रास्ता निकल आएगा। इसलिए हमने लालकृष्ण आडवाणी को रथयात्रा पर जाने दिया।

अटल बिहारी वाजपेयी, भैरों सिंह शेखावत और जसवंत सिंह नहीं चाहते थे कि सरकार गिरे। वे लोग रास्ता निकालने के पक्ष में थे। मैं भी चाहता था कि हल निकले और अयोध्या में मंदिर बने। मैंने कहा कि आप लोग वहाँ मंदिर बनाइए। हम उसकी कार सेवा में आएँगे। मुझे याद है कि भैरों सिंह शेखावत ने तब टिप्पणी की थी कि अब आप कार सेवा भी करेंगे। आपने मंडल आयोग की सिफारिशों को लागू कर पिछड़ों को अपनी तरफ कर लिया है। पैगम्बर मोहम्मद साहब के जन्मदिन पर छुट्टी दे चुके है। भीमराव अम्बेडकर को भारत रत्न से विभूषित पहले ही कर दिया है। अब हमारे लिए जो मंदिर मुद्दा बचा है उसमें भी आप कार सेवा करना चाहते हैं तो हमारे पास क्या रहेगा?

सवाल : मंदिर मुद्दा भाजपा के लिए वोट से जुड़ा हुआ था?

जवाब : हाँ, वे कह रहे थे कि बस यही बचा है हमारे लिए। हालाँकि उन्होंने यह सब हास–परिहास में कहा।

सवाल : लालकृष्ण आडवाणी की गिरफ्तारी का फैसला किसका था?

जवाब : लालकृष्ण आडवाणी अपनी यात्रा के दूसरे चरण में बिहार में थे। उन्हें 30 अक्टूबर को अयोध्या पहुँचना था। अपने पास काफी समय था। बिहार में लालू प्रसाद मुख्यमंत्री थे। उन्हें कहा कि सब इंतजाम करके रखिए परन्तु गिरफ्तार नहीं करना है जब तक कि मैं न कहूँ। उसी दौरान एक अध्यादेश लाया गया जिसे दोनों पक्षों ने नामंजूर कर दिया। कई मुस्लिम नेताओं ने मुझे सहयोग का वचन दिया था। जैसे–अली मियाँ। दूसरे दिन वे भी पलट गए। उनका खत आ गया कि यह अध्यादेश ठीक नहीं है। लेकिन बाबरी मस्जिद एक्शन कमेटी ने बहुत विरोध किया। राष्ट्रीय स्वयं सेवक संघ के सरसंघचालक प्रो. राजेन्द्र सिंह का दृष्टिकोण था कि सरकार अध्यादेश का सहारा इसलिए ले रही है कि वहाँ मस्जिद बनवाएगी, हालाँकि लालकृष्ण आडवाणी ने उस अध्यादेश का स्वागत किया था। जब मैंने देखा कि दोनों पक्ष अध्यादेश को नहीं मान रहे हैं तो उसे वापस ले लिया। सोचा कि इसे गले में लटकाकर क्यों बैठे रहें। मेरा लक्ष्य था दोनों पक्षों का विश्वास जीतना जो नहीं हो पाया।

भाजपा और विश्व हिन्दू परिषद से बातचीत टूट जाने के बाद मैंने मंत्रिमण्डल की बैठक बुलाई। उन्हें जानकारी दी कि बातचीत टूट गई है। साफ हो गया था कि सरकार नहीं चलेगी। उसके बाद मैंने बिहार के मुख्यमंत्री लालू प्रसाद को फोन किया और बताया कि बातचीत टूट गई है। समझौते की गुंजाइश नहीं है। लालकृष्ण आडवाणी को बिहार में ही गिरफ्तार कर लेना चाहिए। मैंने उन्हें यह भी सलाह दी कि रात में दो बजे के बाद ही गिरफ्तारी करनी चाहिए ताकि वह गिरफ्तारी अखबारों की सुर्खी न बने। उससे प्रतिक्रिया हो सकती थी। वह बचाने के लिए मैंने देर रात गिरफ्तारी का सुझाव दिया था जिससे अगले दिन सँभालने में आसानी हो।

मेरा आकलन था कि गिरफ्तारी की सूचना जब संघ और भाजपा के लोगों को मिलेगी तो वे विरोध पर उतरेंगे लेकिन देर रात में गिरफ्तारी से उन्हें सूचना नहीं मिल पाएगी और जब वे अपने दफ्तर या काम–धाम में निकल जाएँगे, उतने में हमको समय मिल जाएगा ताकि कानून व्यवस्था को सँभाला जा सके। इस बीच पूरे देश में रेड अलर्ट कर दिया था।

सवाल : रथयात्रा को आप मंडल का जवाब मानते हैं?

जवाब : असल में वह रथयात्रा भाजपा की राजनीति का अंग थी। उसने यह समझ लिया था कि राष्ट्रीय मोर्चा की सरकार को समर्थन देते रहने पर उनका जनाधार

खत्म हो जाएगा। उनके समर्थक काँग्रेस में चले जाएँगे। भाजपा ने यह भी अनुमान लगाया कि मंदिर मुद्दा भावनात्मक रूप से बहुत ताकतवर है जो मण्डल का करारा जवाब हो सकता है। रथयात्रा से जब उनको समर्थन मिला तो उनका हौसला बढ़ा। गाँव की महिलाओं ने भी कहना शुरू किया कि जब ये लोग राम का नाम ले रहे हैं तो एक बार अपन वोटवा राम को काहे न दे दें। भाजपा को जिता देना चाहिए। दूसरा कारण सामाजिक है। मण्डल से जो जाति संबंधों पर प्रभाव पड़ा उसे काँग्रेस नहीं रोक पाई। इसलिए लोग भाजपा की तरफ गये। उच्च वर्ग को चिंता हो गई थी कि उसका वर्चस्व खत्म हो जाएगा। उसने माना कि भाजपा ही उसे पिछड़ों से बचा सकती है। उस समय भाजपा सवर्ण जातियों की राजनीतिक जरूरत बन गई थी। जनमत बनाने वाले लोगों में भी इसी तरह की प्रतिक्रिया हुई। इन लोगों ने माना कि भाजपा ही उनको बचा सकती है। इस तरह रथयात्रा का केवल धार्मिक स्वरूप ही नहीं था, बल्कि उसके कई आयाम थे।

सवाल : यह आप शुरू से मानते थे कि भाजपा और आपका रास्ता अलग–अलग होगा। इस बारे में आपका जो अनुमान था, क्या वह सही निकला?

जवाब : मैं जब प्रधानमंत्री पद की शपथ ले रहा था उस समय गुणा–भाग कर हिसाब लगाया कि भाजपा से कितने साल निभेगी। इसी गद्दी पर भाजपा बैठना चाहती है। उसे मेरा विरोध करके ही चुनाव में जाना पड़ेगा, यह तो निश्चित है। यह हो नहीं सकता कि वह पाँच साल मेरा समर्थन करे और उसके बाद वह नामांकन के समय विरोध करने लगे। उसे आखिरी दो साल में खुले विरोध में जाना पड़ेगा। एक साल विरोध का बहाना ढूँढ़ना पड़ेगा। मेरा अनुमान था कि इस तरह भाजपा राष्ट्रीय मोर्चा की सरकार का दो साल समर्थन करेगी। मंडल आयोग की सिफारिशों को लागू करने के कारण उसने एक साल पहले बटन दबा दिया। अगर मंडल आयोग लागू नहीं करते तो भाजपा समर्थन देती रहती।

सवाल : रथयात्रा रोक दिए जाने और लालकृष्ण आडवाणी की गिरफ्तारी की भाजपा में क्या प्रतिक्रिया हुई?

जवाब : अगले ही दिन अटल बिहारी वाजपेयी के नेतृत्व में भाजपा प्रतिनिधिमण्डल ने राष्ट्रपति से भेंट कर राष्ट्रीय मोर्चा सरकार से समर्थन वापस ले लिया।

सवाल : क्या पहले भी समर्थन वापसी की धमकी भाजपा ने दी थी?

जवाब : 17 अक्टूबर को भाजपा ने कहा था कि राष्ट्रीय मोर्चा की सरकार अगर रथयात्रा रोकती है तो समर्थन हम वापस ले लेंगे।

राजनीतिक संकट

सवाल : फिर आपने क्या सोचा?

जवाब : भाजपा के समर्थन वापस ले लेने के तुरन्त बाद मैंने राष्ट्रपति आर. वेंकटरामन से मुलाकात की। मैंने समर्थन वापसी से उत्पन्न स्थिति पर उनसे मशविरा किया। मैं उन्हें इस्तीफा सौंपना चाहता था। उन्होंने कहा कि सरकार के बहुमत का फैसला सदन में करिए। वहाँ से लौटकर आया तो जितने भी सहयोगी दल थे उन सबने मुझसे कहा कि आप इस्तीफा मत दीजिए। अगले दिन अर्थात 24 अक्टूबर 1990 को मैं राष्ट्रपति से पुनः मिला। उन्हें मंत्रिपरिषद और सहयोगी दलों के विचारों से अवगत कराया। राष्ट्रपति चाहते थे कि 30 अक्टूबर से पहले लोकसभा में विश्वास मत मैं हासिल करूँ। मैंने उनसे कहा कि 30 अक्टूबर को अयोध्या में कार सेवा है, नए प्रधानमंत्री को सँभालना मुश्किल हो सकता है। मैंने सारी व्यवस्था कर रखी है। लिहाजा उसके बाद ही विश्वास मत के लिए लोकसभा को बुलाया जाना ठीक होगा। राष्ट्रपति जैसा चाहते थे उसके मुताबिक 7 नवंबर 1990 को लोकसभा बुलाई गई।

मेरे सहयोगी भी चाहते थे कि 30 अक्टूबर बीत जाए। उस दिन अयोध्या में कार सेवा घोषित थी। भाजपा के समर्थन वापस ले लेने के बाद मैं इस्तीफा दे देना चाहता था, लेकिन मंत्रिमंडल का निर्णय उसके खिलाफ था। एक सुझाव आया था कि मैं लोकसभा भंग करने की सिफारिश कर दूँ। मैंने कहा कि इस सिफारिश को राष्ट्रपति मानेंगे नहीं क्योंकि मेरा बहुमत नहीं रहा। उन लोगों से मैंने कहा कि यह लाइन तो आप सोचिए मत।

फिर कहा कि बहुमत का फैसला संसद में इसलिए करना जरूरी है ताकि रिकॉर्ड रहे कि किसने कहाँ वोट किया। उस मतदान में काँग्रेस, मुलायम सिंह और भाजपा एक साथ थे।

मुझे यह नहीं समझ में आया कि मुलायम सिंह ने भाजपा के साथ वोट क्यों किया। भाजपा ने समर्थन वापस ले लिया था इसलिए मेरी सरकार तो गिर ही जाती। मैंने मुलायम सिंह को कहलवाया था कि इस मुद्दे (बाबरी मस्जिद) पर राष्ट्रीय मोर्चा की सरकार का विरोध मत करिए। इस मुद्दे पर हमें एक साथ रहना चाहिए। सवाल मुद्दे का था। सरकार तो यूँ भी जा रही थी। आज तक मुझे इसका रहस्य नहीं मालूम हो सका है। बाबरी मस्जिद मुद्दे पर मुलायम सिंह झंडाबरदार की भूमिका में रहते थे। उस मसले पर जब निर्णय की घड़ी आयी और वोट से फैसला होना था तब वे भाजपा के साथ खड़े दिखे। ऐसा उन्होंने क्यों किया?

30 अक्टूबर को मैं सुबह से सतर्क था। टेलीफोन पर लगातार संपर्क में था। करीब 190 कंपनी केन्द्रीय सुरक्षा बल की वहाँ लगवाया था। सेना को सतर्क कर दिया था। हर आधे घंटे पर मैं मुलायम सिंह से खबर लेता रहता था।

एक अवसर आया जो अब तक मेरे लिए एक गुत्थी जैसा है। उत्तर प्रदेश पुलिस का एक अफसर उस रास्ते से विवादित स्थल की तरफ घुसा जिससे उसको नहीं जाना चाहिए था। वह उस गेट से अंदर दाखिल हुआ जिससे पब्लिक को रोका गया था। वह वरिष्ठ पुलिस अधिकारी था। पुलिस अफसरों के लिए अलग एक गेट बनाया गया था। फिर उस गेट को खुलवाकर वह अंदर क्यों गया? उसके साथ ही दस–पंद्रह लोग दाखिल हो गये जो कारसेवक थे। मेरा अनुमान है कि वह एक साजिश थी।

उसके साथ ही विश्व हिन्दू परिषद और बजरंग दल के लोग अंदर गये जो गुंबद पर चढ़ गये। इस पर उत्तर प्रदेश की पुलिस ने कोई कार्रवाई नहीं की। पी.ए.सी. और पुलिस ने तमाशबीन बने रहना ही क्यों मुनासिब समझा? जब देखा गया कि कारसेवक गुंबद पर चढ़कर तोड़फोड़ करने जा रहे हैं तब केन्द्रीय सुरक्षा बल ने गोलियाँ चलाकर उन्हें हटाया। केन्द्रीय सुरक्षा बल को मैंने भिजवाया था। उस कार्रवाई से बाबरी मस्जिद को बचाया जा सका, हालाँकि कुछ नुकसान हो गया था। प्रश्न उठता है कि उत्तर प्रदेश पुलिस को निर्देश क्या थे? उन्हें ही कार्रवाई करनी चाहिए थी। केन्द्रीय सुरक्षा बल तो उनकी मदद में लगाया गया था।

उस घटना के समय और उसके बाद मैंने मुलायम सिंह से संपर्क करने की बहुतेरी कोशिश की। उससे पहले उनसे संपर्क हो जाता था। जब हालत वहाँ बेकाबू होने लगी उस समय वे अनुपलब्ध थे। एक प्रधानमंत्री कोशिश कर रहा था, राज्य के मुख्यमंत्री से बात करने की। उस मुख्यमंत्री की ही जिम्मेदारी थी, वहाँ की सुरक्षा के बारे में। मुलायम सिंह का यह व्यवहार मेरी समझ से परे है।

सवाल : क्या मुलायम सिंह से आपने बाद में पूछा कि उन्होंने तब उस तरह का व्यवहार क्यों किया?

जवाब : असल में, कई कारणों से उनसे बात हो नहीं पाती है।

सवाल : जनता दल में विभाजन के आसार पहले से थे या उस समर्थन वापसी का परिणाम था?

जवाब : मैं किसी को दोष नहीं देता। यह तो साफ है कि जनता दल में मतभेद थे। चंद्रशेखर ने भी इसे छिपाया नहीं। जब मैं जनता दल का अध्यक्ष बना था उस समय चंद्रशेखर ने कहा था कि मैं विश्वनाथ प्रताप सिंह को अध्यक्ष तो मानता हूँ लेकिन नेता नहीं मानता। उन्होंने यह कहकर स्पष्ट कर दिया था कि उनकी स्थिति भिन्न है। उसके बाद जब उन्होंने प्रधानमंत्री पद के लिए जोड़–तोड़ की तो वह घटना मेरे लिए आश्चर्यजनक नहीं थी। यह लोकतंत्र का हिस्सा है। यह उनका अधिकार भी है।

सवाल : विश्वास मत से पहले ही जनता दल में विभाजन हो गया। जो सांसद आपके साथ बने रहे क्या वे जनता दल की मुख्यधारा का प्रतिनिधित्व कर रहे थे?

जवाब : विश्वास मत से दो दिन पहले जनता दल की एक बैठक हुई। उसमें लोकसभा के 80 और राज्यसभा के 24 सदस्य आए। उसकी अध्यक्षता एस.आर. बोम्मई ने की। सुना कि उसी समय चौधरी देवीलाल के घर पर एक समान्तर बैठक हुई जिसमें 29 सदस्य शामिल हुए। जनता दल के अध्यक्ष एस.आर. बोम्मई ने अनुशासनहीनता के आरोप में 25 सदस्यों को पहले ही पार्टी से निकाल दिया था।

जनता दल की मुख्यधारा मेरे साथ थी, लेकिन विभाजन से पहले जो सदस्य छोड़कर उधर जाने वाले थे, वे मुखर होने लगे थे। कल्याण सिंह कालवी मेरे पास आए। उन्होंने कहा कि मुझे इस्तीफा देकर चंद्रशेखर को नेतृत्व सौंप देना चाहिए। मुझे तब तक खयाल था कि एक–तिहाई सदस्य चंद्रशेखर के पास नहीं हो रहे हैं। अरुण नेहरू ने बताया कि उनके एक–तिहाई पूरे हो गए हैं।

जनता दल संसदीय पार्टी की मीटिंग में मैंने प्रस्ताव रखा कि जो सदस्य नेतृत्व बदलना चाहते हैं वे आएँ और यहाँ वह प्रस्ताव रखें। नेतृत्व का फैसला बाहर और दूसरी जगह की मीटिंग में नहीं हो सकता। जो लोग पार्टी को तोड़ना चाहते थे उन्हें यह मंजूर नहीं था।

सवाल : काँग्रेस क्या जनता दल को तोड़ने के लिए दाँव–पेंच चला रही थी?

जवाब : काँग्रेस जनता दल को तोड़ने में बहुत पहले से लगी हुई थी। सौदेबाजी करके उसने जनता दल से एक धड़े को अलग कर लिया।

सवाल : इसमें आर.के. धवन और चंद्रास्वामी की भूमिका के बारे में आपको कितना मालूम है?

जवाब : इसकी मुझे जानकारी नहीं है।

सवाल : आर.के. धवन को आप इंदिरा गाँधी के जमाने से जानते हैं। उनके बारे में आपका खयाल क्या है?

जवाब : आर.के. धवन के प्रति मेरे मन में सम्मान का भाव है। इसलिए कि उन्होंने इंदिरा गाँधी और उनके परिवार के प्रति निष्ठा बनाए रखी। इंदिरा गाँधी की हत्या के षड्यंत्र में उन पर संदेह किया गया। फिर भी उन्होंने अपनी जबान नहीं खोली। इतना है कि वे अपने मालिक के लिए टेढ़े–मेढ़े काम भी करते रहे हैं।

सवाल : क्या उन्होंने ही राजीव गाँधी से चंद्रशेखर को मिलवाया था?

जवाब : हो सकता है, मुलाकात करवाई हो।

सवाल : राष्ट्रपति आर. वेंकटरमन ने तब राष्ट्रीय सरकार बनाने का सुझाव रखा था। क्या उन्होंने आपसे इस बारे में बात की थी?

जवाब : इस तरह के विचार समय–समय पर रखे जाते रहे हैं। मेरा मानना है कि जब तक राष्ट्रीय संकट की घड़ी न हो, जैसे देश पर हमला, तब तो आपसी दलीय एकजुटता जरूरी हो जाती है। लेकिन जब दलों की नीतियाँ अलग हैं, उनके प्रभावक्षेत्र अलग हैं तो वे एक सरकार के तहत कैसे काम कर सकेंगे? किसी दल का एक सवाल पर जो रुख है, दूसरे दल का उससे भिन्न है, ऐसी स्थिति में अगर सरकार बना भी ली जाती है तो वह अपने में ही उलझी रहेगी। जिसके लिए वह बनाई जाएगी वह काम नहीं कर सकेगी।

सवाल : कहा जाता है कि आपने काँग्रेस को तोड़ने की योजना बनाई थी। क्या यह सही है?

जवाब : मैंने काँग्रेस को तोड़ने की योजना नहीं बनाई थी। आंदोलन के दौरान (1987 से 1989) बहुत लोग काँग्रेस से जो आए थे वे खुद चलकर आए थे। जो लोग मेरे साथ आना चाहते थे उनसे जरूर संपर्क किया जाता था। काँग्रेस को तोड़कर एक धड़ा बनाने के जुगाड़ में मैं नहीं लगा, क्योंकि विपक्ष के ज्यादातर दलों का मुझे सहयोग प्राप्त था, जो ज्यादा काम का था।

सवाल : विश्वास मत में हारने पर आपने मंत्री परिषद का इस्तीफा सौंप दिया। उसमें सिफारिश क्या थी?

जवाब : लोकसभा में विश्वास मत पर हुए मतदान के परिणामस्वरूप मैंने और मंत्री परिषद के मेरे सहयोगियों ने इस्तीफा सौंप दिया, ताकि नई सरकार बनाने की प्रक्रिया पूरी हो सके।

सवाल : राष्ट्रपति ने आपसे क्या कहा?

जवाब : उन्होंने कहा कि जब तक नई सरकार नहीं आ जाती तब तक आप पद पर बने रहें। यह औपचारिकता थी।

सवाल : आप राष्ट्रपति से क्या उम्मीद कर रहे थे?

जवाब : राष्ट्रपति ने विपक्ष के नेता राजीव गाँधी से पूछा कि क्या वे सरकार बनाने के इच्छुक हैं? राजीव गाँधी ने हाँ नहीं की। उन्होंने सरकार बनाने का दावा भी पेश नहीं किया, लेकिन चन्द्रशेखर ने कुछ पार्टियों के समर्थन से सरकार बनाने का दावा पेश किया।

इसके बाद राष्ट्रपति ने भारतीय जनता पार्टी तथा वाममोर्चा से पूछा कि क्या

सरकार बनाने के इच्छुक हैं? इन दोनों पक्षों ने यह जिम्मेदारी लेने से मना कर दिया। फिर राष्ट्रपति ने चंद्रशेखर से पूछा। चंद्रशेखर ने इस प्रस्ताव पर सहमति जताई और ए.आई.ए.डी.एम.के., बहुजन समाज पार्टी, मुस्लिम लीग, नेशनल काँफ्रेंस, केरल काँग्रेस (एम), शिरोमणि अकाली दल (पंथक) तथा कुछ अन्य निर्दलियों के समर्थन से सरकार बनाने की पेशकश की। काँग्रेस के समर्थन से आश्वस्त होकर राष्ट्रपति ने माना कि चन्द्रशेखर सरकार बनाने की स्थिति में हैं।

इसके पहले राष्ट्रपति से मेरी बात हुई थी। उन्होंने मुझसे कहा था कि कौन स्थायी सरकार बना सकेगा, किसी स्टंप ग्रुप को नहीं बुलाएँगे। बाद में जब उन्होंने चंद्रशेखर को सरकार बनाने के लिए बुलाया तो साफ है कि उनका दृष्टिकोण बदल गया था। उन्होंने दो कारणों से ऐसा किया होगा। पहला कि वे आम चुनाव से देश को बचाना चाहते थे। दूसरा कि काँग्रेस ने राष्ट्रपति को सूचना दी होगी कि चन्द्रशेखर को उनका समर्थन बिना शर्त है। इसलिए राष्ट्रपति ने चन्द्रशेखर को सरकार बनाने का निमंत्रण दिया और 30 नवम्बर या उससे पहले लोकसभा में अपना बहुमत सिद्ध करने के लिए कहा।

सवाल : आपके किन सहयोगियों ने पाला बदला?

जवाब : राज्य के स्तर पर मुलायम सिंह और चिमन भाई पटेल, रामनिवास मिर्धा आदि ने पाला बदला। उन्हें जनता दल से निकाला गया। विद्याचरण शुक्ल ने मुझे आपसी विश्वास में बताया था कि चंद्रशेखर के साथ रहकर जब कुछ हैसियत हो जाएगी तो काँग्रेस में चले जाएँगे। उन्होंने अपनी पूरी योजना मुझे बताई थी। उनके हित को देखते हुए मैंने जनता दल के अध्यक्ष एस.आर. बोम्मई को सलाह दी थी कि उन्हें पार्टी से निकालिए मत। वे इस्तीफा दे देंगे। उन्होंने मेरी सलाह मान ली थी। लेकिन लगता है कि शरद यादव ने दबाव डाला और उनको पार्टी से निकलवा दिया।

सवाल : आपकी सरकार इस कारण ही ग्यारह महीने चल पाई क्योंकि विपक्षी राजनीति में आपकी जड़ें काफी कमजोर थीं?

जवाब : इस विश्लेषण से मैं असहमत हूँ। मैं मानता हूँ कि विपक्ष का सबसे सशक्त घटक जनता दल बन गया था। यह भारतीय राजनीति की अनहोनी घटना है कि दो साल की उम्र वाली पार्टी सत्ता में आ जाए। भाजपा विपक्ष में दशकों से बनी रही है। उसे सत्ता में आने का मौका काफी बाद में मिला। जनता दल में मेरी पकड़ मजबूत थी। अगर मेरे स्वास्थ्य ने साथ दिया होता तो मैं दोबारा जनसंघर्ष से वापस आ जाता। जब मैं प्रधानमंत्री नहीं था, उस समय भी बड़ी सभाएँ होती थीं। मेरी जड़ें कमजोर नहीं थीं। देखना यह चाहिए कि क्या साधारण लोगों ने मुझे हटाया था? असली जड़ तो आम आदमी है। उनमें मेरा समर्थन तब भी था और आज भी है।

सवाल : तत्कालीन राष्ट्रपति आर. वेंकटरमन ने लिखा है कि मैंने चन्द्रशेखर से पूछा कि क्या वे काँग्रेस के समर्थन के प्रति आश्वस्त हैं तो उन्होंने कहा कि उन्हें राजीव गाँधी के आश्वासन पर भरोसा है। राजीव गाँधी ने अलग से राष्ट्रपति को बताया था कि चन्द्रशेखर को काँग्रेस का समर्थन बिना शर्त है। आपका क्या अनुमान था कि चन्द्रशेखर सरकार कितने दिन चलेगी?

जवाब : काँग्रेस किसी दूसरे की सरकार को नहीं चलाती है। उसने चरण सिंह को नहीं चलाया, देवगौड़ा को नहीं चलाया, गुजराल को नहीं चलाया। इसलिए शुरू से ही मुझे लग रहा था कि चन्द्रशेखर की सरकार भी कुछ महीने से ज्यादा नहीं चलेगी।

सवाल : काँग्रेस ने सोना गिरवी रखने का आरोप उन पर लगाया था। इस बारे में आप क्या सोचते हैं?

जवाब : चन्द्रशेखर की सरकार ने सोना बेचा नहीं था, जमानत के तौर पर दिया था। कर्ज लेने के लिए उसको देना जरूरी था। संकट आ गया था इसलिए उनको देना पड़ा जो वापस आ गया। काँग्रेस की आलोचना गलत थी। खाड़ी के युद्ध के कारण एक संकट पैदा हो गया था। मेरी सरकार जब गई, उससे दो–तीन दिन पहले रिजर्व बैंक के गवर्नर विमल जालान मेरे पास आए। उन्होंने कहा कि संकट की स्थिति है, अंतर्राष्ट्रीय मुद्रा कोष और विश्व बैंक से हमें कर्ज लेना पड़ेगा। मैंने उन्हें इजाजत दी। मैं चाहता तो उन्हें टाल सकता था, लेकिन सवाल था देश का। जब ऐसी स्थिति हो तो यह नहीं सोचना चाहिए कि लोग क्या कहेंगे। संकट के समय देशहित में फैसला किया जाना चाहिए। यही काम चन्द्रशेखर ने भी किया था, इसलिए उनकी आलोचना उचित नहीं। उस समय उनके पास दूसरा कोई विकल्प नहीं था। उस मुद्दे का काँग्रेस ने राजनीतिकरण किया जो ठीक नहीं था। मुद्दे की बात तो यह है कि चन्द्रशेखर की सरकार ने सोना गँवाया नहीं।

सवाल : राजग के शासन में जो पोखरण में दूसरा विस्फोट हुआ, क्या आपके कार्यकाल में भी उसकी तैयारी थी?

जवाब : परमाणु विस्फोट उस समय हम कर सकते थे। लेकिन तब विस्फोट करना राष्ट्रीय हित में नहीं था। देश कश्मीर और पंजाब में जूझ रहा था। उस समय दुनिया के ताकतवर देशों को नाराज करना हमारे हित में नहीं था।

सवाल : मनमोहन सिंह की सरकार ने जो आणविक समझौता किया है, उस पर आपका मत क्या है?

जवाब : शुरू में कुछ आशंकाएँ थीं कि फास्ट ब्रीडर रिएक्टर को भी जाँच के दायरे में रखेंगे। फास्ट ब्रीडर रिएक्टर हमारा बहुत महत्त्वपूर्ण मार्ग है। भारत में थोरियम का भंडार सबसे ज्यादा है। यूरेनियम का भंडार हमारे देश में नहीं है। साधारणतः एटॉमिक रियेक्टर यूरेनियम पर ही चलते हैं। भारत ने रास्ता निकाला कि यहाँ प्लूटोनियम के आधार पर रियेक्टर बनाएँगे। फिर उस प्लूटोनियम से थोरियम फास्ट ब्रीडर रियेक्टर बनाएँगे। उसकी खूबी यह होती है कि जितना प्लूटोनियम जलेगा उससे ज्यादा प्लूटोनियम पैदा होगा। इस रास्ते से थोरियम का हमारा जितना भंडार है उसका उपयोग हो सकेगा जिससे देश को ऊर्जा का विशाल भंडार मिल जाएगा। देश की यह आणविक समर नीति रही है।

हम यूरेनियम रियेक्टर पर इसलिए नहीं गए क्योंकि वह हमारे पास है नहीं। हमें दूसरों पर निर्भर करना पड़ता। जैसे तारापुर आणविक संयत्र इसलिए बंद करना पड़ा क्योंकि उसके लिए यूरेनियम की आपूर्ति बाहर से बंद हो गयी। वे कभी भी यूरेनियम की आपूर्ति बंद कर सकते हैं। इसलिए हमें आत्मनिर्भर होना चाहिए। प्लूटोनियम से थोरियम और थोरियम से आत्मनिर्भरता। यह हमारी नीति रही है।

जब यह बात आई कि फास्ट ब्रीडर रियेक्टर भी जाँच के दायरे में आएगा तो मैंने प्रधानमंत्री मनमोहन सिंह को एक पत्र लिखा। उन्होंने जवाब दिया कि आप इत्मीनान रखें, वह जाँच के दायरे में नहीं आएगा। लेकिन बाद में यह पता चला कि सरकार पूरी बात नहीं बता रही है। सरकार को एक श्वेत पत्र इस बारे में जारी करना चाहिए जिसमें अमेरिका की सारी शर्तों का पूरा विवरण रहे।

मीडिया ने यह सूचना दी कि इस समझौते में यह भी शर्त है कि भारत भविष्य में जब भी परमाणु बम का परीक्षण करेगा तो यह समझौता रद्द हो जाएगा। इसका भारत सरकार ने अब तक खंडन नहीं किया है। इसका मतलब है कि मीडिया ने जो सूचना दी है वह सही है। यह तो देश के लिए भारी हथकड़ी–बेड़ी है। दूसरी बात यह होगी कि अगर देश ने नयी राह अपनाकर यूरेनियम तकनीक को अपनाया तो हमारी निर्भरता बढ़ जाएगी। हजारों करोड़ रुपया उसमें खर्च होगा और इस कारण हम उसको बंद नहीं कर सकेंगे क्योंकि उसमें निवेश हो चुका है।

कहा जा रहा है कि ईंधन मिलेगा। इसका मतलब है कि यूरेनियम मिलेगा। अर्थात हम यूरेनियम आधारित रियेक्टर बनाएँगे। मान लीजिए हमने परमाणु बम का परीक्षण किया और उन्होंने यूरेनियम बंद कर दिया तो हमारे यूरेनियम आधारित सारे रिएक्टर बेकार हो जाएँगे जिसमें हम हजारों करोड़ रुपये खर्च कर चुके होंगे। इस तरह देश एक तरह की लाचारी से गुजरेगा और अमेरिका उसका फायदा उठायेगा। पाकिस्तान परमाणु बम का परीक्षण कर सकता है। चीन कर सकता है। लेकिन इस समझौते से भारत को परमाणु परीक्षण की जो आजादी थी वह छिन गई है। इस बारे में भारत सरकार जब तक स्पष्टीकरण नहीं देती, तब तक मैं इस समझौते का विरोधी हूँ क्योंकि

यह देशहित में नहीं है।

सवाल : भाजपा के समर्थन वापसी से विश्वास मत के गिरने के बीच 15 दिन आपको मिले। उस दौरान अपनी सरकार बचाने के लिए आपने प्रयास किए। वे क्या थे?

जवाब : एक सुझाव आया था कि लोकसभा को भंग करने की सिफारिश करनी चाहिए। मैंने उसे नामंजूर किया क्योंकि मुझे वह सुझाव किसी भी तरह से ठीक नहीं लगा। राजनीतिक तौर पर वह मूर्खता होती। नैतिक आधार पर भी उसको इस नाते जायज नहीं ठहराया जा सकता था कि भाजपा ने समर्थन वापस ले लिया था जिसके चलते सरकार अल्पमत में आ गई थी। राष्ट्रपति ऐसी स्थिति में उसको मानने के लिए बाध्य नहीं थे।

उस दौरान मैंने कोई प्रयास नहीं किया क्योंकि मुझे मालूम था कि सांसद उधर जा रहे हैं और पैसा लेकर जा रहे हैं। मुझे विनोद पाण्डेय (तत्कालीन कैबिनेट सचिव) ने बताया कि पैसा बँट रहा है और किस होटल से बँट रहा है। और कहिए तो वहाँ छापा डलवा दें। मैंने उन्हें मना कर दिया। जो सांसद पैसे पर बिक रहे थे उन पर मैं अपनी लड़ाई के लिए कैसे भरोसा करता। उनकी जब ज्यादा कीमत लगेगी तो फिर चले जाएँगे। ऐसे लोग जितना जल्दी चले जाएँ वही अच्छा है। मुझे जन–समर्थन का पूरा विश्वास था। भाजपा के सामने गिड़गिड़ाने का कोई सवाल नहीं था। ऐसा करके अगर अपनी सरकार बचा भी लेते तो मेरी स्थिति एक कठपुतली प्रधानमंत्री की होती। मैं 99.9 फीसदी प्रधानमंत्री बने रहने के लिए तैयार नहीं था। भले ही थोड़े दिन के लिए रहें लेकिन 100 फीसदी प्रधानमंत्री रहेंगे। दो दिन की ही सही परंतु शेर की जिन्दगी जिएँगे।

सवाल : किन–किन अवसरों पर लोकसभा भंग करने की सिफारिश करने के बारे में आपको सुझाव दिए गए थे?

जवाब : लोकसभा में पूर्ण बहुमत पाने के लिए नौवीं लोकसभा को भंग करने की सिफारिश करना चाहता था। इस आधार पर मैं चुनाव में जाना चाहता था कि हमें पूरा बहुमत नहीं मिला है, बगैर उसके जनता का काम करना कठिन हो रहा है। यह विचार मेरे मन में फरवरी 1990 में तब आया जब विधानसभाओं के चुनाव में जनता दल जीत गया था। मैंने देखा कि दक्षिण में हम हार गए थे जहाँ नये चुनाव में जीत सकते हैं। हमारे प्रयासों का परिणाम तब तक आ गया था। राष्ट्रीय स्तर पर जनता दल और उसके सहयोगी दल (राष्ट्रीय मोर्चा के घटक) मिलकर चुनाव लड़ेंगे तो पूरा बहुमत पा सकेंगे। ऐसा होने पर हम भाजपा से छुटकारा पा लेंगे। भाजपा कुछ कर भी नहीं पाएगी। मैंने इस पर सोचा तो कुछ अड़चनें समझ में आयीं। पहली अड़चन

यह थी कि लोकसभा को भंग करने की सिफारिश के लिए जरूरी था कि मंत्रिमण्डल उसे मंजूर करे। वैसे तो मंत्रिमण्डल में हुई बातचीत गोपनीय रहती है लेकिन मुझे पूरी आशंका थी कि भाजपा को यह बात मालूम हो जाएगी और लेफ्ट को भी पता चल जाएगी। लेफ्ट हमारा साथ देगा यह मेरा आकलन था। उसको मैं पहले भी बता सकता था लेकिन भाजपा को सहमत कराना संभव नहीं था। भाजपा सरकार से समर्थन वापस ले सकती थी। तब राष्ट्रपति के सामने यह दुविधा पैदा हो जाती कि वे मंत्रिमण्डल की सिफारिश मानें या न मानें क्योंकि भाजपा के समर्थन वापसी के बाद सरकार अल्पमत में आ जाती। इस सोच–विचार के चलते लोकसभा को भंग कराकर चुनाव में जाने का इरादा छोड़ दिया। एक कारण यह भी था कि राष्ट्रपति बजाए लोकसभा का चुनाव कराने के, वे काँग्रेस को सरकार बनाने का मौका दे सकते थे और काँग्रेस तोड़–फोड़ करके सरकार बनाने की कोशिश करती।

लोकसभा को भंग करने का विचार मेरे मन में उस समय आया था जब फरवरी में विधानसभाओं के चुनाव जीत लिए।

सवाल : तत्कालीन गृहमंत्री मुफ्ती मुहम्मद सईद की बेटी डॉ. रूबिया सईद के अपहरण पर आपकी सरकार आतंकवादियों के सामने झुक गई। ऐसा क्यों हुआ?

जवाब : सरकार बनने के कुछ ही दिनों बाद की वह घटना है। 8 दिसम्बर 1989 को जम्मू–कश्मीर लिबरेशन फ्रंट के आतंकवादियों ने मुफ्ती की बेटी डॉ. रूबिया सईद का अपहरण कर लिया। हमारे लिए वह पहला अनुभव था। मंत्रिमण्डल में एक भी ऐसा व्यक्ति नहीं था जिसे इस तरह की परिस्थिति को सुलझाने का अनुभव रहा हो। पहले तो खुफिया तंत्र को पता लगाने के लिए कहा गया किन्तु सारी कोशिश के बाद कुछ पता नहीं लगा। मुफ्ती मोहम्मद सईद के परिचित एक जज थे, उनके जरिए बातचीत शुरू हुई। अपहरणकर्ताओं ने अपने बड़े नामों को छुड़वाने की शर्त रखी। हमने मना कर दिया। अपहरण एक लड़की का हुआ था। इस्लाम में इस तरह की हरकत बड़ा अपराध है। और वह भी भारत सरकार के गृह मंत्री की बेटी का। वह आतंकवादियों का कमजोर पक्ष था। बातचीत में इसी नाते वे अपनी शर्तें कम करने लगे तो हम समझ गए कि वे अपनी बात मनवाने का रास्ता खोज रहे हैं। हम अपना समय ले रहे थे। और इससे आतंकवादियों की बेचैनी बढ़ रही थी। उनकी ओर से जिनको छोड़ने की माँग अन्त में आई वे काफी ज्यादा महत्त्वपूर्ण लोग नहीं थे। मैंने पता लगाया तो मालूम हुआ कि कश्मीर सरकार अपने स्तर पर आतंकवादियों को पहले भी छोड़ती रही है। छोटे आतंकवादियों को छोड़कर एक लड़की की जान बचा ली गई। राजग के शासन में कंधार की घटना के मुकाबले वह कुछ भी नहीं था।

सवाल : जिन्हें छोड़ा गया वे कौन थे?

जवाब : हमीद शेख, शेर खान, जावेद अहमद जारगेर, मोहम्मद कलवल और मोहम्मद अल्ताफ बट्ट।

सवाल : कश्मीर में आतंकवाद कैसे फैलता गया?

जवाब : इसका एक कारण चुनाव में वहाँ हुई गड़बड़ियाँ थीं। चुनाव की विश्वसनीयता नहीं बची थी। काँग्रेस और नेशनल काँफ्रेंस में गठबंधन हो जाना भी आतंकवाद को बढ़ाने में मददगार हुआ। वहाँ विपक्ष के लिए कोई राजनीतिक दल नहीं बचा था। विपक्ष की भावनाओं को प्रकट करने का मंच शेष नहीं था। इसलिए जो विरोध में थे वे अतिवादी हो गए। इस मायने में मुफ्ती मोहम्मद सईद बुद्धिमानी से काम कर रहे हैं। उनका कहना है कि मुझे नेशनल काँफ्रेंस की जरूरत है ताकि लोग जो नाराज होंगे वे एक जनतांत्रिक और राष्ट्रवादी विपक्ष के दायरे में बने रहेंगे, बजाय इसके कि वे बाहर जाएँ।

एक बार मैं मुफ्ती मोहम्मद सईद के साथ कश्मीर गया था। देहात में कार्यक्रम था। वहाँ गाँव वालों ने बड़ा स्वागत किया। रास्ते में बरसात हुई थी, जिससे सड़क टूट गई थी। वहाँ रुकना पड़ा। जब तक सड़क की मरम्मत होती रही उस दौरान मैंने गाँव वालों से बात की। मैंने पूछा कि क्या राहत का पैसा मिला? उन लोगों ने कहा कि साहब आप आए हैं तो हम अपनी तकलीफ आपसे कह सकते हैं। सामने जो तालाब है उसका पानी देख लीजिए, मटमैला है। इसकी बात अगर हम उठाएँ तो हमको रासुका में बन्द कर दिया जाता है। हमारा पैसा दिल्ली से श्रीनगर आता है लेकिन श्रीनगर से हम लोगों तक नहीं पहुँचता। उन गाँव वालों के दिमाग में दो बातें थीं—पक्षपात और भ्रष्टाचार। उन लोगों ने सहज ही अपनी बात कही। उसमें मिलावट नहीं थी।

रात में अनंतनाग में लोगों ने निजी बातचीत में तीन बातें कहीं। कश्मीर भारत का हिस्सा क्यों बना क्योंकि महात्मा गाँधी और जवाहर लाल नेहरू का नेतृत्व था। लोकतंत्र और सेकुलरिजम को भारत ने अपनाया था। हम सहधर्मी पाकिस्तान इसलिए नहीं गए क्योंकि ये महसूस करते थे कि भारत में हमारी संस्कृति सुरक्षित रहेगी। जब चुनाव में वहाँ धाँधली होने लगी और लोग बेइज्ज्त होने लगे तो नौजवान बदला लेने के लिए सीमा पार चले गए। एक नौजवान चुनाव में उम्मीदवार बना। शासक दल के इशारे पर उसे थाने में बुलाकर बेइज्जत किया गया। वह थानेदार से बदला लेने के लिए उस पार चला गया जहाँ उसका संपर्क आई.एस.आई. से हुआ। और आई.एस. आई. ने उसे आतंकवाद फैलाने में इस्तेमाल किया। उस घटना से एक सिलसिला शुरू हो गया जिससे कश्मीर में आतंकवाद शुरू हुआ। जे.के.एल.एफ. और मदरसों का आई.एस.आई. ने इस्तेमाल कर आतंकवाद को फैलाया। यह वैसे ही हुआ जैसे शरीर कमजोर होने पर रोग का हमला हो जाता है।

सवाल : जम्मू-कश्मीर की विकट स्थिति में जगमोहन को राज्यपाल बनाने की पृष्ठभूमि क्या थी?

जवाब : हमें राज्यपाल के लिए सही व्यक्ति की तलाश थी। कई नाम आए थे। उनमें एक रिटायर जनरल भी थे। मुफ्ती मोहम्मद सईद ने जगमोहन को चुना। यह बात चंद्रशेखर तक पहुँची। वे मिलने आए और कहा कि वहाँ जगमोहन को मत भेजो। यह भ्रम है कि भाजपा ने जगमोहन का नाम सुझाया था। सच यह है कि भाजपा की ओर से एक रिटायर सैनिक अधिकारी का नाम आया था।

सवाल : उन्होंने कुछ कारण दिए होंगे।

जवाब : उनका कहना था कि परिस्थिति और खराब हो जाएगी। जगमोहन को भेजना गलत होगा। मैंने गृहमंत्री को बताया कि चंद्रशेखर को एतराज है इसलिए जगमोहन को मत भेजिए। वे मान गए। लेकिन दोपहर में उन्होंने जगमोहन को राज्यपाल बनाने की घोषणा कर दी। मेरे सामने धरम संकट था। अपने गृहमंत्री के फैसले को बदलने से उनकी किरकिरी होती।

सवाल : जगमोहन की नियुक्ति की वहाँ प्रतिक्रिया हुई और फारुख अब्दुल्ला ने इस्तीफा दे दिया। क्या मुफ्ती मोहम्मद सईद ने उन्हें राज्यपाल बनाते समय इसका अनुमान लगाया था?

जवाब : पता नहीं कि उनका आकलन क्या था। फारुख अब्दुल्ला का सहयोग नहीं मिलेगा, यह उनके कदम से साफ हो गया।

सवाल : राज्यपाल पद सँभालने के महीनेभर बाद जगमोहन ने विधान सभा भंग करने का फैसला किया। क्या उससे पहले उन्होंने केन्द्र से परामर्श किया था?

जवाब : मैं गुजरात गया था। विधान सभा का चुनाव था। वहीं एक सभा में खबर मिली कि जम्मू-कश्मीर की विधान सभा भंग कर दी गई है। इसकी मुझे कोई पूर्व सूचना नहीं थी। पता लगाया कि कैसे हुआ है तो मालूम पड़ा कि राज्यपाल का फैसला है।

सवाल : जगमोहन का दावा है कि उन्होंने 30 जनवरी 1990 को राष्ट्रपति, उपराष्ट्रपति, प्रधानमंत्री और गृहमंत्री को अपने विचारों से अवगत करा दिया था, जिसमें यह भी था कि विधानसभा को फौरन भंग कर दिया जाए। क्या यह जानकारी आपको अफसरों ने नहीं दी?

जवाब : राय देना अलग बात है और अपनी मर्जी से फैसला करना दूसरी बात है। ऐसे मामलों में राज्यपाल को स्वयं फैसला करने का अधिकार नहीं हो सकता।

उन्हें केन्द्र की अनुमति लेनी चाहिए थी।

विधानसभा को निलंबित किया गया था। मैं चाहता था कि सही समय पर उसे बहाल कर कश्मीर में लोकतांत्रिक गतिविधियों की शुरुआत की जाए। उससे आम आदमी को एक राजनीतिक गलियारा प्राप्त हो जाता। विधानसभा ऐसी जगह नहीं है जहाँ से विघटनकारी और अलगाववादी अपने एजंडे को लागू करवा सकें। मैं तो इसके आगे भी जाना चाहता था। निचले स्तर पर भी चुनाव कराने का इरादा था। लोकतांत्रिक प्रक्रिया शुरू करने की मेरी जो भी योजना थी उसे विधानसभा भंग करके उन्होंने चौपट कर दिया। जगमोहन ने सारे लोकतांत्रिक रास्ते बंद कर दिये। रह गई पुलिस और सेना।

सवाल : जम्मू–कश्मीर में क्या राज्यपाल को यह अधिकार है कि वह केन्द्र से बगैर पूछे विधान सभा को भंग कर सकता है?

जवाब : वहाँ के कानून में राज्यपाल को यह अधिकार है। मैंने गृहमंत्री से कहा कि राज्यपाल से इस्तीफा माँगिए। गुजरात से लौटते ही मैंने मुफ्ती मोहम्मद सईद को बुलाया। उनसे कहा कि आज ही रात में राज्यपाल से इस्तीफा ले लीजिए। मुझे कहा गया कि यह करना इस समय ठीक नहीं होगा। इससे आतंकवादियों को बल मिलेगा। वे जो बगावत पर उतर आए हैं उन्हें नैतिक जीत हासिल हो जाएगी। मैंने मान लिया।

थोड़े दिनों बाद वहाँ एक जनाजे पर फायरिंग की घटना हुई। कई लोग मारे गए। इस पर मैंने जगमोहन को हटाने का फैसला किया। मुझे बी.जी. देशमुख ने सलाह दी कि जगमोहन को राज्यपाल पद से हटाकर आप उन्हें शहीद बना देंगे। बेहतर होगा कि उनको राज्यसभा में मनोनीत कर दीजिए। इससे दोनों काम हो जाएँगे। उनसे मैंने कहा कि बात करो और जगमोहन को तैयार करो। बी.जी. देशमुख ने उनसे बात की। वे तैयार हो गए। मैंने उन्हें राज्यसभा में मनोनीत करवाया। इस तरह राज्यसभा स्वीकार करने के बाद वे शहीद नहीं माने जा सकते थे, क्योंकि केन्द्र की मेहरबानी से राज्यसभा में पहुँचे।

सवाल : क्या वह सही फैसला था?

जवाब : मैं उसे उचित फैसला नहीं मानता। लेकिन वैसा करना उस समय जरूरी था। नहीं तो भाजपा जगमोहन को शहीद बनाकर देश भर में घुमाती।

सवाल : जगमोहन ने लिखा है कि जिस समय मैं एक नया वातावरण पैदा करने का प्रयत्न कर रहा था, उस समय वी.पी. सिंह सरकार ने जो कदम उठाए उनसे मेरे इन सुधार कार्यों में बाधा पड़ी। सरकार ने सात सदस्यीय सर्वदलीय सलाहकार समिति बनाई और रेल मंत्री जॉर्ज फर्नांडीज को कश्मीर मामलों का मंत्री नियुक्त कर दिया।

इन फैसलों का कारण क्या था?

जवाब : जॉर्ज फर्नांडीज को कश्मीर मामलों का मंत्री मैंने इसलिए बनाया था, क्योंकि वे अलगाववादी तत्वों से संपर्क कर उन्हें कश्मीर समस्या को सुलझाने में लगा सकते थे।

सवाल : प्रधानमंत्री निवास पर 7 मार्च 1990 को हुई बैठक में श्रीनगर का दौरा करने के लिए सर्वदलीय प्रतिनिधिमंडल भेजने का फैसला हुआ, जिसमें राजीव गाँधी के अलावा जसवंत सिंह, देवीलाल, जॉर्ज फर्नांडीज और दिनेश गोस्वामी आदि थे। क्या उस प्रतिनिधिमंडल से कश्मीर मसले को समझने में सरकार को मदद मिली?

जवाब : मेरी नीयत कश्मीर मसले पर राष्ट्रीय आम सहमति बनाने की थी। लेकिन यह बात सही है कि वहाँ पर राजीव गाँधी से जिस सकारात्मक भूमिका की उम्मीद थी, उन्होंने नहीं निभाई। उनके व्यवहार से प्रतिनिधिमंडल के कई लोग निराश हुए। इस मायने में उस प्रतिनिधिमंडल को ज्यादा सफलता नहीं मिली।

सवाल : आप इसे सुन लें। जगमोहन ने लिखा है कि 'इस सर्वदलीय समिति के दौरे के परिणाम भयंकर थे। मैंने राज्य विधानसभा को भंग करके प्रशासन तंत्र को ठीक करने के बाद जो स्वच्छ और कठोर अनुशासन के आधार पर मार्ग तैयार किया था, उसको हानि पहुँची। इससे पाकिस्तान समर्थक और कश्मीर को अलग करने वाली शक्तियाँ इकट्ठी हो गईं और उन्होंने अपनी स्थिति सुदृढ़ कर ली। भावनाओं और वास्तविक विरोध को जाने बिना लगाए गए नारों के कारण उनका उत्साह बढ़ा। जो युवक मेरे कार्यों के प्रति आशावान थे उन्हें धक्का लगा। मेरी पाँचों योजनाएँ जिनके संबंध में मैंने इस अध्याय के प्रारम्भ में बताया है, छिन्न–भिन्न हो गईं। स्थिति पर काबू पाने का वातावरण दूषित हो गया। प्रतिनिधिमंडल के इस दौरे से कश्मीरियों को यह भी प्रकट हो गया कि केन्द्र सरकार पूरी तरह से मेरी पीठ पर नहीं है। इससे राष्ट्र की भ्रमपूर्ण स्थिति का प्रदर्शन हुआ। घोषित आम राय प्राप्त करने के ध्येय के ढोंग का पर्दाफाश हुआ। इससे यह भी प्रगट हुआ कि अधिकांश राजनीतिक दल कश्मीर की वास्तविक कठिनाइयों को नहीं समझते और जानना भी नहीं चाहते।

'राजीव गाँधी ने जो हानि पहुँचाई थी उसकी कोई पराकाष्ठा नहीं थी। उन्होंने वास्तव में एक विघनटनकारी का–सा काम किया था। जैसा कि स्टेट्समैन ने अपने समाचार में लिखा था कि उनकी आलोचनाओं का असर जंगजुओं को जगमोहन विरोधी संघर्ष के लिए उत्साहित करना था। निखिल चक्रवर्ती ने 11 मार्च 1990 के लेख में राजीव गाँधी के कार्य को राष्ट्र–विरोधी बताया। संडे मेल के लेख में गिरिलाल जैन ने राजीव गाँधी के व्यवहार को अत्यन्त निन्दनीय बताया था। इण्डियन एक्सप्रेस ने 14 मार्च को अपने संपादकीय में बड़े स्पष्ट शब्दों में राजीव गाँधी के

अनुत्तरदायित्वपूर्ण व्यवहार की निन्दा की थी। उसने लिखा था–'सर्वदलीय समिति के काँग्रेस (इ) और नेशनल काँफ्रेंस के सदस्यों ने अवसरवादिता का प्रदर्शन किया है। इससे स्पष्ट है कि ये देश के हित के बजाए व्यक्तिगत और राजनैतिक लाभ की दृष्टि से सोचते हैं। आशा है कि वे इस समिति को अपने स्वार्थ के लिए और घाटी को बचाने के लिए जो प्रयत्न किए जा रहे हैं, उनमें रुकावट बनने के लिए नहीं करेंगे।'

'श्रीनगर आने वाले अन्य राजनैतिक दलों के सदस्यों ने भी राजीव गाँधी के रवैये की निन्दा की। 10 मार्च को सैफुद्दीन चौधरी, मार्क्सवादी कम्युनिस्ट पार्टी के विप्लवदास गुप्ता, भारतीय कम्युनिस्ट पार्टी के ए.एस. फारुखी और ए.एस. मल्होत्रा तथा भारतीय जनता पार्टी के जसवंत सिंह और केदारनाथ साहनी ने एक संयुक्त वक्तव्य में कहा कि श्री गाँधी ने आम सहमति की बात को भंग किया है और गुप्त रूप से जिन बातों पर मीटिंग में विचार हुआ था उन्हें समाचार पत्रों को बताया है। इससे दौरे का लाभ ही समाप्त हो गया। इस प्रकार के रवैये की हम भर्त्सना करते हैं।'

उस दौरे में राजीव गाँधी और जसवंत सिंह में वहाँ झड़प हुई थी। क्या इसकी जानकारी आपको बाद में मिली?

जवाब : मुझे मालूम हुआ। कई सदस्य जो वहाँ गए थे, राजीव गाँधी के व्यवहार पर उन्होंने काफी नाराजगी जाहिर की।

सवाल : लोकसभा अध्यक्ष के नाम का फैसला कैसे हुआ?

जवाब : आखिरी क्षण में रवि राय के नाम पर सहमति बनी। नामांकन का जब समय आया तो उनको खोजा गया। काफी अफरा–तफरी मची थी, तब जाकर कहीं वे उपलब्ध हो पाये।

सवाल : आपने दो वैज्ञानिकों को मंत्रिमंडल में लिया। उसका कारण क्या था?

जवाब : एम.जी.के. मेनन और राजा रमन्ना को मैंने मंत्रिमंडल में यह सोचकर लिया था कि लोग यह समझें और महसूस करें कि देश के लिए काम करने में बुद्धिजीवियों की भूमिका को महत्त्व मिला है। मेरे एक सहयोगी ने मुझसे कहा था कि आपने दो वैज्ञानिकों को रखा, इससे दो पद पार्टी के लोग पाने से वंचित हो गए।

सवाल : जनता दल के विरोधाभास क्यों नहीं सँभाले जा सके?

जवाब : जनता दल के विरोधाभासों से समस्या खड़ी नहीं हुई। उन्हें मैंने सँभाल लिया था। समस्या आई जब भाजपा ने अयोध्या मसले पर समर्थन वापस ले लिया। अगर भाजपा ने समर्थन वापस न लिया होता तो जनता दल टूटता नहीं। भाजपा के उस कदम से जनता दल टूटा। पार्टी और सरकार में उस

समय कोई समस्या नहीं थी।

सवाल : भारतीय राजनीति में वह दौर नई परिघटना (फेनामिना) के रूप में चिन्हित किया जाता है, जो था भी। उसके जनादेश से राष्ट्रीय मोर्चा की सरकार आपके नेतृत्व में बनी थी। उस प्रयोग को आप किस रूप में आँकते हैं?

जवाब : उस प्रयोग को एक मायने में मैं महत्त्वपूर्ण इसलिए मानता हूँ क्योंकि जो क्षेत्रीय दल थे उन्हें पहली बार राष्ट्रीय स्तर पर मान्यता मिली। यह धारणा निर्मूल साबित हुई कि वे संकीर्ण रवैया अपनाकर देश की एकता और अखंडता को नुकसान पहुँचा सकते हैं। राष्ट्रीय मोर्चा ने उन्हें देश के प्रबंधन में लगाया। इस प्रयोग से वे भी बदले। उनका दिल्ली के प्रति रवैया बदला। एक तरह से उस परिघटना से देश और ज्यादा मजबूत होकर निकला।

राजीव गाँधी की सुरक्षा

सवाल : राजीव गाँधी की हत्या के बाद काँग्रेस ने आरोप लगाया कि एस.पी.जी. की सुरक्षा हटा लेने के परिणामस्वरूप उनकी हत्या हुई। राजीव गाँधी से एस.पी.जी. की सुरक्षा हटाने का कारण क्या था?

जवाब : हमारे कार्यकाल में राजीव गाँधी सुरक्षित थे। मेरे प्रधानमंत्रित्व और एम. करुणानिधि के मुख्यमंत्रित्व काल में वे आठ बार तमिलनाडु गए और सुरक्षित लौटे। इससे बड़ा सबूत उनकी सुरक्षा का और क्या हो सकता है? मेरी सरकार गिरने के छह महीने बाद की घटना की जिम्मेदारी मेरे उपर डालना कहाँ तक न्यायपूर्ण है ? उनकी हत्या तब हुई जब केन्द्र में काँग्रेस समर्थित चंद्रशेखर की सरकार थी और तमिलनाडु में काँग्रेस के ही एक नेता रहे भीष्म नारायण सिंह राज्यपाल थे। ये लोग उन्हें सुरक्षित नहीं कर पाये। मेरे शासन में उनकी सुरक्षा व्यवस्था ठीक थी, यह महत्त्वपूर्ण नहीं है कि मैंने उनकी सुरक्षा में एक सिपाही लगाया या पूरी फौज लगाई।

अगर मेरे समय में उनकी सुरक्षा व्यवस्था में किसी तरह की कमी थी तो काँग्रेस ने चंद्रशेखर की सरकार से उसमें सुधार क्यों नहीं करवाया। वह सरकार तो उसके समर्थन से ही चल रही थी। अगर काँग्रेस यह समझती थी कि उनके नेता खतरे में हैं तो वह चंद्रशेखर से कहती कि वी.पी. सिंह ने ठीक व्यवस्था नहीं बनाई, आप इसको बदलिए। वे एक घंटे में बदल देते। या तो मेरी व्यवस्था से काँग्रेस संतुष्ट थी या फिर उन्होंने अपना फर्ज पूरा नहीं किया।

उस समय बी.जी. देशमुख ने अपने एक लेख में बताया कि राजीव गाँधी की सुरक्षा के बारे में उन्होंने चंद्रशेखर से बात की थी। उनसे पूछा था कि वी.पी. सिंह सरकार ने राजीव गाँधी की सुरक्षा में जो व्यवस्था की है क्या उसमें कोई परिवर्तन

करना है? इस पर चंद्रशेखर ने हँसते हुए कहा कि उनकी सुरक्षा व्यवस्था तो ठीक है। वैसे भी काँग्रेस एस.पी.जी. नहीं माँगेगी। बी.जी. देशमुख ने पूछा कि ऐसा क्यों? उन्होंने कहा कि काँग्रेस राजीव गाँधी के लिए एस.पी.जी. माँगेगी तो वी.पी. सिंह को भी देनी पड़ेगी। इस वजह से काँग्रेस ने वह मुद्दा नहीं उठाया।

जब मेरी सरकार बनी और यह सवाल आया कि एस.पी.जी. कानूनन प्रधानमंत्री के लिए है जो अभी राजीव गाँधी की सुरक्षा में लगी है, तो मैंने कहा कि उनकी सुरक्षा में उसे रहने दीजिए। बावजूद कानून के मैंने दो महीने एस.पी.जी. राजीव गाँधी की सुरक्षा में लगे रहने दी। उनसे 30 जनवरी 1990 को एस.पी.जी. हटाई गई। अगर मेरी नीयत में खोट होता तो पहले दिन ही हटा देते।

एक दिन बी.जी. देशमुख आए। उन्होंने मुझसे कहा कि एस.पी.जी. वाले कह रहे हैं कि राजीव गाँधी की सुरक्षा में जरूरत पड़ने पर हम किसी पर गोली चलाएँ और वह मर जाए तो हमारे ऊपर हत्या का मुकदमा चलेगा, क्योंकि एस.पी.जी. कानूनन पूर्व प्रधानमंत्री की सुरक्षा के लिए नहीं है। उन्होंने कहा कि एस.पी.जी. वालों का कहना है कि या तो कानून बदल दीजिए या फिर हमको वहाँ से हटा दीजिए। वे लोग राजीव गाँधी की ड्यूटी में रहने के लिए तैयार नहीं थे। इस पर मैंने विचार किया और एक कमेटी बनाई जिसमें रॉ, आई.बी. और गृह मंत्रालय, दिल्ली पुलिस और प्रधानमंत्री कार्यालय के प्रतिनिधि को शामिल किया। उस कमेटी में राजीव गाँधी के करीबी कई अफसर थे। उस कमेटी ने आम सहमति से राजीव गाँधी की सुरक्षा व्यवस्था बनाई। उसे मैंने मंत्रिमण्डल से मंजूर करवाया।

उसके बाद मैंने बी.जी. देशमुख को राजीव गाँधी के पास भेजा कि इस व्यवस्था में अगर कोई कमी है तो उसको हम दूर करेंगे। एस.पी.जी. के जिन अफसरों को वे चाहते हों उन्हें दिल्ली पुलिस में डेपुटेशन पर भेजकर उनकी सुरक्षा में लगा दिया जाएगा। राजीव गाँधी ने छह अफसरों को माँगा। उन्हें उनकी सुरक्षा में दे दिया गया। राजीव गाँधी ने पी. चिदम्बरम को अपना प्रतिनिधि बनाया कि सुरक्षा व्यवस्था के बारे में सरकार से बात करेंगे। उनके कहने पर 10–जनपथ में सुरक्षा व्यवस्था में जरूरी फेरबदल किये गये। एक दिन में करीब 200 सुरक्षाकर्मियों की राजीव गाँधी के लिए ड्यूटी लगती थी।

सवाल : आपको क्या लगता है कि राजीव गाँधी की हत्या किन लोगों ने की?

जवाब : यह लिट्टे का ही फैसला लगता है। वे इससे आशंकित रहे होंगे कि राजीव गाँधी सत्ता में आने पर पहले जैसा व्यवहार करेंगे। वही पुरानी नीति चलेगी। लिट्टे के हिसाब से राजीव गाँधी ने उसको नीचा दिखाया था। पहले उसकी मदद होती थी फिर उससे निपटने के लिए सेना चली गयी।

सवाल : नामीबिया की यात्रा का अनुभव क्या रहा?

जवाब : नामीबिया के स्वतंत्रता समारोह में एक प्रतिनिधिमंडल का नेतृत्व करते हुए मैं बिंडहूक गया। प्रतिनिधिमंडल में अटल बिहारी वाजपेयी, हरकिशन सिंह सुरजीत, इन्द्रजीत गुप्ता और के.आर. नारायणन थे। वहाँ के समारोह के तुरंत बाद भारत ने नामीबिया से अपना राजनैतिक संबंध जोड़ लिया। भारत नामीबिया की स्वतंत्रता की लड़ाई में स्वापो (दक्षिण पश्चिम अफ्रीका जन संगठन) के साथ हर तरह से सहयोगी था। उसने अपनी आजादी के लिए 23 सालों तक सैम नुयोमा के नेतृत्व में लंबी लड़ाई लड़ी। वहाँ राष्ट्रपति कनैथ कौंडा, होसनी मुबारक, निर्गुट आंदोलन के कई नेताओं, मॉरीशस के प्रधानमंत्री जगन्नाथ और अन्य लोगों से मिलने का मौका मिला। वहीं डॉ. नेल्शन मंडेला से हमारी भेंट हुई। मैंने उन्हें भारत आने का निमंत्रण दिया। नेल्शन मंडेला के प्रति मेरे मन में सराहना का भाव है। वे करीब तीन दशक तक आजादी के लिए जेल में रहने के बावजूद बैर भाव से मुक्त दिखे।

अध्याय : दस

फिर मैदान में

अध्याय परिचय

तेरह साल पहले सक्रिय राजनीति से संन्यास लेने की घोषणा कर विश्वनाथ प्रताप सिंह ने सबको चौंका दिया। जनता दल के नेता उन्हें मनाते रहे पर निर्णय नहीं बदला। अपने निर्णय का कारण उन्होंने बताया है – ''मैं चाहता था कि कुछ दिन लिखने–पढ़ने और पेंटिंग में लगाऊँ। यह विचार मेरे मन में बहुत दिनों से था। जनता दल की पराजय के बाद तत्काल मैं इसकी घोषणा नहीं कर सकता था। अगर 1991 में यह घोषणा कर देता तो जनता दल को ज्यादा नुकसान होता।

सवाल यह है कि मैंने इतने दिनों बाद घोषणा क्यों की? इसमें दो साल से ज्यादा का वक्त क्यों लगा? यह समय इसलिए लगा क्योंकि जिस तरह जीत व्यक्ति को बाँधती है वैसे ही हार भी बाँधती है। 1991 में अगर घोषणा करते, हालाँकि घोषणा करने की मेरी इच्छा थी, तब कहा जाता कि हार गए इसलिए छोड़ दिया। मैं अवसर देख रहा था कि कब यह घोषणा करूँ। जब देखा कि जनता दल अब मजबूत है तब घोषणा की। उस घोषणा के बाद जनता दल कई राज्यों में जीता। बिहार का चुनाव जितवाकर मैंने यह घोषणा की।''

जनता दल के नेता चाहते थे कि वे अध्यक्ष बनकर नेतृत्व करें। ''मैंने उन लोगों से कहा कि आप लोग आपस में लड़ते रहें, यह ठीक नहीं है। मेरी अध्यक्षता में आप लोग अपनी लड़ाई को ढकना चाहते हैं। वैसे ही जैसे दीवार की ईंट खुली हो और ऊपर से पलस्तर कर दिया जाए। आप लोग ईंटों में सीमेन्ट क्यों नहीं भरते?'' इस जवाब से विश्वनाथ प्रताप सिंह ने जनता दल के धुरंधरों को एक रास्ता दिखाया। कुछ ही महीनों बाद उन्होंने लोकसभा की सदस्यता छोड़ दी। अपनी मर्जी से लोकसभा छोड़ने की वह पहली घटना थी। वैसे तो सजा के तौर पर कई लोगों को

लोकसभा छोड़नी पड़ी है।

इन निर्णयों पर विश्वनाथ प्रताप सिंह क्यों पहुँचे, यह सवाल आज भी बना हुआ है। उन्होंने इसका भी जवाब दिया है–''असल में लोग सीधे मंशा देखते हैं, अच्छी नीयत से बात कही गई है यह मानते ही नहीं। वे यह भी नहीं मानते कि राजनीति छोड़कर पेंटिंग करेंगे। वे सोचते हैं कि कुछ और गहरी बात होगी। दिक्कत होती है जब उनको कोई गहरी बात मिलती नहीं। फिर कहने लगते हैं कि बड़े गूढ़ हैं, मैकेवेलियन हैं अर्थात् चाणक्य की मुझमें छवि देखते हैं। उनको परिणाम भी देखना चाहिए। मैंने उस दौरान पेंटिंग की, किताब छपी। उसकी प्रदर्शनियाँ लगाईं। उसका तारतम्य इससे जुड़ता है। जो कारण मैं बता रहा हूँ उस पर भरोसा करना चाहिए।'' कुछ लोग यह समझते हैं कि वे राजीव गाँधी की हत्या के कारण सक्रिय राजनीति से अलग हुए, इस पर उनका कहना है कि ''मैं राजीव गाँधी के कारण राजीनति में नहीं था।''

सक्रिय राजनीति से संन्यास का एक कारण उनका स्वास्थ्य भी माना जाता है। इस धारणा को वे इन शब्दों में ध्वस्त कर देते हैं– ''किडनी की खराबी के बावजूद मेरा राजनीतिक काम–काज कहीं से प्रभावित नहीं हुआ। जनता दल के संसदीय नेता पद से इस्तीफे का किडनी की खराबी से कोई संबंध नहीं था। स्वास्थ्य की उसी अवस्था में मैंने मंडल की सिफारिशों को लागू कराने के लिए आठ महीने तक लगातार दिल्ली से बाहर रहकर रथयात्रा की थी।''

तब से चार बार लोकसभा बनी और बिगड़ी। जनता दल काँग्रेस के विकल्प के सपने से पैदा हुआ था। वह 1990 से बिखरना शुरू हुआ। कई बार टूटा और टूटता रहा। जब विश्वनाथ प्रताप सिंह अपने आत्मनिर्वासन से वापस आए और लोगों के दु:ख–दर्द बाँटने लगे तो उन्होंने जनता दल को अपना उपकरण नहीं बनाया। जनचेतना मंच से नई शुरुआत की। अपने प्रधानमंत्रित्व काल में उन्होंने आदेश दिया था कि झुग्गी–झोपड़ी वालों को जब भी उजाड़ा जाए तो उन्हें दूसरी जगह बसाया जाना चाहिए। इस पर अमल करवाने के लिए उन्होंने जनचेतना मंच को जरिया बनाया। दिल्ली के झुग्गी–झोपड़ी वाले इस उदारीकरण के जमाने में जहाँ बेसहारा और बेबस बना दिए गए हैं वहीं उन्हें विश्वनाथ प्रताप सिंह का मजबूत सहारा मिल गया है। इस संघर्ष गाथा की झलक उनके ही शब्दों में इस अध्याय में है।

वे इस संग्राम को एक मायने में राष्ट्रीय परिघटना बनाना चाहते हैं। तभी तो लखनऊ में हुई विशाल रैली में उन्होंने एलान किया कि–''गरीब जहाँ भी है उजाड़ा जा रहा है। बेकारी का शिकार होकर वह गाँव से शहर की ओर भागता है तो वहाँ उसकी झुग्गियों पर बुलडोजर चलता है। मैंने जनचेतना मंच के साथियों के साथ

बुलडोजरों के सामने खड़े होकर यह नीति लागू कराई कि किसी झुग्गी वाले को नहीं हटाया जा सकता जब तक उसे वैकल्पिक जगह न मिल जाए। जब दिल्ली सरकार ने यह मान लिया तो उत्तर प्रदेश सरकार क्यों नहीं मान सकती और मैं केंद्र सरकार से माँग करता हूँ कि एक राष्ट्रीय नीति बनाकर तत्काल गरीबों को उजाड़ना बंद कराए।"

भूमंडलीकरण और उदारीकरण से भारत का किसान खतरे में है क्योंकि संकट उसकी खेती पर है। इसे कहते और पहचानते तो बहुत लोग हैं लेकिन अभियान बना देने का बीड़ा विश्वनाथ प्रताप सिंह ने ही उठाया है। किसान मंच उसी मकसद के लिए है। किसान मंच क्या करेगा और वह आंदोलन में कितना कामयाब होगा, इस पर उनका कहना है कि "मुझे डायलसिस की मजबूरी से गुजरना पड़ रहा है, नहीं तो मैं आपको आंदोलन की तारीख बता देता। मेरा मानना है कि जमीन आंदोलन के लिए तैयार है और गरम है।" इसका ही एक प्रमाण लखनऊ में मिला जब घेरा डालो और डेरा डालो नारे के तहत तमाम छोटे–मोटे संगठन जुटे और उनके साथ उत्तर प्रदेश के किसानों–मजदूरों और बुनकरों ने एक स्वर में अपने अधिकार के लिए लड़ने का इरादा जताया। इसी अर्थ में विश्वनाथ प्रताप सिंह 'फिर मैदान में' हैं।

सवाल : प्रधानमंत्री पद से हटने के बाद पहला राजनीतिक निमंत्रण आपको कहाँ से आया?

जवाब : तमिलनाडु में एम. करुणानिधि ने मेरे दौरे का एक कार्यक्रम बनाया। वह लंबा–चौड़ा दौरा था। उसे तय करने से पहले उन्होंने मुझसे पूछा था और मेरे हाँ करने के बाद कार्यक्रम की रूपरेखा उन्होंने बनाई। उसमें जगह–जगह बड़ी–बड़ी सभाएँ हुईं। उस यात्रा में सड़क के दोनों ओर, मकान की छतों पर, किसी भी ऊँची जगह पर जनता की अपार भीड़ होती थी। उनके हाथों में मालाएँ थीं। वे मेरा वैसे ही इंतजार कर रहे होते थे जैसे किसी तमिल नायक का करते रहे हैं। एक सभा में जहाँ मुझे 8 बजे शाम को पहुँचना था वहाँ रास्ते में स्वागत आदि के कारण बारह बजे पहुँचा। करुणानिधि ने मुझे सलाह दी कि आप अगर थक गए हों तो खाना खाकर सो जाइए। कुछ देर बाद सभा में चलेंगे। ऐसा ही मैंने किया। मैं फिर वहाँ दो बजे पहुँचा। इतनी देर से पहुँचने के बाद भी सभा–स्थल पर आतिशबाजी चल रही थी। वैसा स्वागत मैंने पहले नहीं देखा था।

मेरी यात्रा में जो जन सैलाब उमड़ा उसकी अनुगूँज दिल्ली में जोर से पहुँची। उसी की प्रतिक्रिया थी कि करुणानिधि की सरकार को राजीव गाँधी ने चंद्रशेखर के जरिए बर्खास्त करा दिया। उससे पहले उन पर दबाव डाला गया कि आप वी.पी. सिंह

का साथ छोड़ दें। उन्होंने इससे इनकार कर दिया। फिर राज्यपाल सुरजीत सिंह बरनाला को रिपोर्ट भेजने के लिए कहा गया। उन्होंने कोई रिपोर्ट नहीं भेजी। इसके बावजूद केन्द्र ने करुणानिधि की सरकार को आंतरिक सुरक्षा के बहाने बर्खास्त कर दिया।

मेरे कारण उनकी सरकार नहीं रही। फिर भी इसका उनको रंच मात्र अफसोस नहीं था। कोई दूसरा मुख्यमंत्री होता तो अपनी सरकार बचाने के लिए समझौता कर लेता। चाहे वह जनता दल का ही मुख्यमंत्री क्यों नहीं होता। वह तर्क देता कि अब तो जनता दल टूट गया है, ऐसी दशा में मैं किस दल के साथ जाऊँ, यह मेरे विवेक पर निर्भर करता है। ऐसा कहकर कोई मुख्यमंत्री अपना राजनैतिक बचाव कर लेता।

उन्हीं दिनों दक्षिण की यात्रा के दो प्रसंग हैं। कोयम्बटूर में जनता दल ने रैली रखी थी। वहाँ मुझे मंच पर बैठा दिया गया था और रैली मंच के पास से गुजरती रही। उत्तर में इसके विपरीत जो नेता होता है उसको जीप या ट्रक में बैठाकर रैली उसके लिए निकाली जाती है। वहाँ 50–60 ऐसे लोग थे जो मेरी तस्वीर को अपनी चमड़ी से नत्थी करके लगाए हुए थे। इससे समझा जा सकता है कि वहाँ के लोगों को अपने नेता के प्रति कितना भावनात्मक लगाव रहता है।

दूसरी रैली आंध्र प्रदेश में हुई। वो भी काफी बड़ी थी।

सवाल : करुणानिधि से आपके संबंध इस समय कैसे हैं?

जवाब : जब यू.पी.ए. की सरकार बन रही थी उस समय द्रमुक दुविधा में था। करुणानिधि तैयार नहीं हो रहे थे। वे सोच–विचार के लिए दो महीने का समय चाहते थे। सरकार में शामिल होने के लिए वे बिल्कुल तैयार नहीं थे। मैंने उनसे कहा कि दो दिन का समय ले लीजिए। अगर आपने 48 घंटे बाद अपना निर्णय नहीं बदला और यू.पी.ए. में शामिल होने का विचार नहीं बनाया तो मैं आपकी ओर से दस्तखत कर दूँगा। बाद में मेरे ऊपर आप जालसाजी का मुकदमा चलाते रहिए।

उनसे मेरा जो संबंध है उसके चलते ही मई 2006 में हुए विधानसभा चुनाव में प्रचार अभियान में गया था।

सोनिया गाँधी और प्रधानमंत्री पद

सवाल : सोनिया गांधी प्रधानमंत्री पद लेने से पीछे क्यों हटीं ?

जवाब : मेरे पास माखनलाल फोतेदार आये। उन्होंने कहा कि सभी वरिष्ठ नेताओं को यह जानकारी रहनी चाहिए कि सोनिया गांधी के जीवन पर बड़ा खतरा है, अगर वे प्रधानमंत्री पद स्वीकार करती हैं। उन्होंने जानकारी दी कि इस तरह की खुफिया रिपोर्ट है। इसलिए यह जरूरी हो गया है कि इसकी जानकारी सभी वरिष्ठ नेताओं

को रहे। मैंने उनसे कहा कि काँग्रेस को यह पूरा अधिकार है कि वह किसको अपना नेता चुनती है। मैंने कहा कि अगर सोनिया गाँधी के जीवन को खतरा है तो इस हकीकत को स्वीकार करना चाहिए और उसके हिसाब से फैसला करना चाहिए। क्योंकि हमने देखा कि राजीव गाँधी का क्या हुआ, जब वे चुनाव जीतने जा रहे थे कि हत्या हो गयी। मेरा ख्याल है कि माखनलाल फोतेदार ने यह बात अनेक वरिष्ठ नेताओं को बताई।

उसके बाद मैं दस, जनपथ गया। सोनिया गाँधी से मुलाकात की। जब मैं वहाँ जा रहा था तो देखा कि गंगाचरण राजपूत अपनी कनपटी पर पिस्टल लगाए हुए अपनी भावना जता रहे थे। लोग बाहर विरोध कर रहे थे। मकसद यह था कि सोनिया गाँधी प्रधानमंत्री पद स्वीकार करें।

बहरहाल मैं गया। वहाँ बच्चों से मिला। मेरे दिल में उनके लिए एक जगह बन गयी है। उस दिन की बातचीत से ऐसा हुआ है। मैंने महसूस किया कि उनकी चिंता वास्तविक है। सोनिया गाँधी ने मुझसे कहा कि 'अगर मैं प्रधानमंत्री पद स्वीकार करती हूँ तो उससे दो बातें हो सकती हैं। एक कि भारतीय जनता पार्टी और उनकी तरह के लोगों को एक मुद्दा मिल जाएगा। दूसरा कि उस स्थिति में लंबे समय तक देश में ऐसा तीखा विवाद छिड़ा रहेगा जो तनाव का कारण बनेगा और वह देशहित में नही होगा।'

सोनिया गाँधी को इस मायने में मैंने संवेदनशील पाया। उनकी राजनीतिक समझ साफ थी। इसे मैं काफी महत्व देता हूँ। जहाँ तक उनके परिवार का सवाल है, बच्चों की अपनी माँ के प्रति चिंता समझ में आती है क्योंकि वे अपने पिता को खो चुके हैं। मुझे उसमें किसी तरह का बनावटीपन का भान नहीं हुआ। मैं समझता हूँ कि उनका फैसला इसी सोच में वास्तविक कारणों से हुआ।

इस बारे में सोनिया गाँधी और उनके परिवार ने मुझ पर भरोसा किया। तभी यह बात मैं जान सका। इसका मेरे मानस पर असर बना हुआ है।

सवाल : आपने क्या सलाह दी?

जवाब : जब उन्होंने ये बातें मेरे सामने रखीं तो मैंने उनसे सहमति जताई। यह कहा कि आपका फैसला ठीक है। उन्होंने मुझसे दिल खोलकर बात की। कोई पर्दा नहीं था।

सवाल : सोनिया गाँधी के जीवन पर खतरा हो सकता है अगर वे प्रधानमंत्री पद मंजूर कर लें, इस सूचना का आधार क्या था?

जवाब : यह खुफिया रिपोर्ट थी। एक बार मेरे मन में आया कि कहीं यह राजग सरकार के निष्ठावान खुफिया अफसरों के दिमाग की उपज तो नहीं है। इस पर मुझे ऐसा मन में लगा कि इस सूचना के पीछे कहीं ऐसे ही अफसर तो नहीं हैं जो पिछली सरकार के इशारे पर रिपोर्ट दे रहे हों। मुझे शंका हुई कि सोनिया गाँधी का रास्ता

रोकने के लिए कहीं ऐसा तो नहीं किया जा रहा है। अभी सरकार उन्हीं की है। भाजपा ने शिक्षा, सूचना और खुफिया तंत्र में अपने लोगों को बैठा रखा था। लेकिन इसे मैंने सोनिया गाँधी से कहा नहीं क्योंकि वे फैसला ले चुकी थीं और मेरे पास अपने संदेह का ठोस सबूत नहीं था।

सवाल : कहा जाता है कि राष्ट्रपति ने उन्हें प्रधानमंत्री पद की शपथ दिलाने में अपनी मजबूरी जता दी थी। क्या इसमें कोई सच्चाई आपको लगती है?

जवाब : मुझे इसमें कोई सच्चाई नहीं लगती। इसका कोई सबूत भी नहीं है कि राष्ट्रपति ने इंकार कर दिया था। ऐसे मामलों में अक्सर मंशा पर बात अटका दी जाती है।

राम विलास पासवान प्रकरण

सवाल : यू.पी.ए. सरकार बनाने में काँग्रेस ने क्या आपसे सहयोग माँगा?

जवाब : मैं अस्पताल में था। संतोष भारतीय मेरे पास आये। उन्होंने कहा कि अहमद पटेल आपसे मिलना चाहते हैं। वे आये और उन्होंने कहा कि सरकार बनवाने में आपका सहयोग चाहिए। अचानक राम विलास पासवान के मंत्री बनने में अड़चन इस कारण आ गयी कि उनके समर्थक नहीं चाहते थे कि वे रेल के अलावा किसी दूसरे मंत्रालय के आश्वासन पर मंत्री बनें।

जिस दिन मंत्रिमंडल की शपथ थी, अहमद पटेल मेरे पास आये कि राम विलास पासवान को आप समझाइये। मैं अहमद पटेल के साथ राम विलास पासवान के घर गया। जानबूझकर कार की अगली सीट पर बैठा। मैं जानता था कि राम विलास पासवान के समर्थक मुझे देखकर गाड़ी को रोकेंगे नहीं। ऐसा ही हुआ। वहाँ देखा कि उनके समर्थक गुस्से में हैं। पूरा बँगला लोगों से भरा हुआ है। मैंने राम विलास पासवान से बात की और अहमद पटेल वहाँ से चले गये। उनका मुझसे संपर्क उस दौरान फोन से बना रहा। मैंने अनेक सुझाव दिये।

राम विलास पासवान ने अपने समर्थकों के दबाव के बावजूद मेरा लिहाज किया और बात मान ली। उनके लिए यह ज्यादा महत्वपूर्ण नहीं था कि कौन सा मंत्रालय मिल रहा है। मैंने उनसे कहा कि यू.पी.ए. की सरकार का बनना बड़ी घटना है। आपकी भूमिका उसमें एक ईट जोड़ने की हो सकती है। शुरू में ही अगर एक ईट आपने खिसका दी तो यह इमारत ऐसे ही एक–एक ईट खिसकने से भरभरा कर गिर सकती है। क्योंकि एक ईट खिसकती है तो वह खिसकती ही जाती है। मेरे कहने पर वे तैयार हो गये। मेरे साथ ही वे राष्ट्रपति भवन पहुँचे। जब हम लोग दरबार हाल में दाखिल हुए तो सिर्फ दो मिनट ही राष्ट्रपति के आने में शेष थे।

सवाल : दसवीं लोकसभा का चुनाव भी आपने फतेहपुर क्षेत्र से लड़ा जहाँ 52 फीसदी वोट पाकर 1,36,000 से ज्यादा वोटों से जीते। क्या उस चुनाव में फतेहपुर में आपको अधिक समय लगाना पड़ा?

जवाब : पहले की तरह मैं सिर्फ दो बार गया। एक बार पर्चा दाखिल करने के लिए गया था और दूसरी बार चुनाव अभियान के आखिरी चरण में वहाँ पहुँचा था।

सवाल : आपको याद होगा कि बीच में राजीव गाँधी की हत्या हो जाने के कारण वह चुनाव कई चरणों में पूरा हुआ। चुनाव अभियान में आपने अधिक ध्यान कहाँ दिया?

जवाब : मैंने उत्तर प्रदेश, बिहार और महाराष्ट्र पर विशेष ध्यान दिया। मुलायम सिंह अलग हो गए थे। लोकसभा और विधानसभा के चुनाव साथ हो रहे थे। अल्पसंख्यक समुदाय चाहता था कि लोकसभा में हम लोग जीतें और विधानसभा में मुलायम सिंह की जीत हो। इसके लिए जरूरी था कि विधानसभा और लोकसभा के चुनाव अलग–अलग हों लेकिन मुलायम सिंह के कारण चुनाव साथ हुए। इस कारण मुझे उत्तर प्रदेश में अपेक्षाकृत अधिक ध्यान देना पड़ा।

मुस्लिम नेता जो मुझसे और मुलायम सिंह दोनों से जुड़े हुए थे, उनसे मैंने कहा कि यह फौलाद से फौलाद की लड़ाई हो रही है। आप लोग मुलायम सिंह से कहिए कि वे लोकसभा और विधानसभा के चुनाव में 15 दिन का फासला करवा दें। वे चुनाव आयोग से कह दें कि बहुत गर्म वातावरण है इसलिए फासला करना जरूरी है। इकट्ठे चुनाव कराना संभव नहीं है। अगर ऐसा हो जाता तो जनता दल लोकसभा में जीत जाता और मुलायम सिंह विधानसभा में जीत जाते। यही अल्पसंख्यक समुदाय चाहता था। वे नहीं माने। सुना है कि खुफिया ऐजेंसियों ने उनको रिपोर्ट दी थी कि अलग चुनाव होने पर जनता दल उत्तर प्रदेश से लोकसभा की 60 से 70 सीटें जीत सकता है। यह मुलायम सिंह को नहीं भा रहा था। उन्होंने इकट्ठे चुनाव करवाया। उसका परिणाम हुआ कि लोकसभा में जनता दल को सिर्फ 22 सीटें मिलीं और विधानसभा में 92 सीटों पर वह सिमट गया। मुलायम सिंह जनता पार्टी के चुनाव चिन्ह से लड़े थे। जनता पार्टी को विधानसभा में 34 सीटें मिल पाईं। जनता दल अगर एक होता तो 1991 में हम पुनः सत्ता में वापस आ सकते थे। हमारे बँटवारे का फायदा भाजपा को मिला। लोकसभा में उसके 51 सदस्य जीते और विधानसभा में पहली बार वह अपने बलबूते पर 221 सीटें जीतकर सरकार बना सकी।

सवाल : अपनी सभाओं में आप किन बातों पर अधिक जोर देते थे?

जवाब : पूरे चुनाव अभियान में अपनी सरकार की उपलब्धियों के अलावा सामाजिक न्याय के तर्क को पेश करता था। अयोध्या विवाद सुलझाने की जो कोशिश की थी उसका ब्यौरा देता था। पिछड़े समुदाय और अल्पसंख्यकों के लिए जो काम

राष्ट्रीय मोर्चा सरकार ने किए थे वह सब बताता था। यह अपील करता था कि मुकम्मल सरकार बनाइए।

सवाल : लोगों का रुख कैसा था?

जवाब : सामाजिक न्याय का हमारा संदेश थोड़े हिस्से में ही पहुँचा था। अगर पूरे समाज में हम उसे पहुँचा पाते तो हमारे लिए समर्थन की अपार संभावनाएँ थीं। सभाओं में लोगों के समर्थन से मुझे यही लगा कि वे चाहते हैं कि सामाजिक न्याय की ताकतें मजबूत हों।

सवाल : उस चुनाव में समाज मोटे तौर पर मंडल और मंदिर में बँट गया था। क्या उस विभाजन को आप अस्थायी मानते थे?

जवाब : देखिए, मंडल के बारे में मैं साफ था कि जो लोग गृहयुद्ध की बात कर रहे थे वे अतिशयोक्ति पर उतर आए थे। ऐसा कुछ होने वाला नहीं था। मैं मानता था कि सिर्फ सत्ता संतुलन बदलेगा। इतना ही होगा कि पिछड़े अगली कतार में चले जाएँगे। लेकिन अकेले कोई जीतता नहीं है, वही हो रहा है। मायावती को सवर्ण समूह की तलाश है और भाजपा पिछड़ों की खोज कर रही है। राजनीतिक यथार्थ में एक–दूसरे को आपसी जरूरत पड़ेगी। यही है कि सत्ता संतुलन जब बदलेगा तो नेतृत्व पिछड़ी जमात के हाथ में आएगा।

मंदिर के बारे में मैं साफ था कि यह ज्यादा दिनों तक नहीं चलेगा, क्योंकि मंडल हित–आधारित है जबकि मंदिर भावनाओं पर टिका है। हित स्थायी होता है और भावना क्षणिक। मैं कहा करता था कि राजनीति में हित ज्यादा जीवट का है बजाए भावना के। इसलिए मंडल टिकेगा और मंदिर की भावना भाप की तरह उड़ जाएगी।

सवाल : इसे आप जाति और धर्म के संदर्भ में नहीं देखते?

जवाब : इसका जाति और धार्मिक संदर्भ इस मायने में है कि वे धार्मिक उन्माद पैदा कर रहे थे। हम लोग अवसर की माँग कर रहे थे, उनके लिए जिन्हें हजारों साल से वंचित रखा गया है। जातियों में संघर्ष की दिशा हमने नहीं पकड़ी। अपने अधिकार पर अड़ने की बात थी। यही देश के हित में होगा क्योंकि जब अवसर बढ़ेंगे तो प्रतिभा का दायरा भी बढ़ेगा। जो अभी 20 फीसदी में सिमटी हुई है वह 100 फीसदी में फैलेगी। एक बात मैं और कहता था कि कमंडल को मंडल ही तोड़ेगा।

मैंने तब यह भी कहा था कि भाजपा पिछड़ों को अपने में समेटने लगी है। भाजपा ने पिछड़ों को बड़ी तेजी से समेटा है। इसका स्वाभाविक परिणाम यह होने ही वाला था कि पिछड़ों की संख्या अधिक होने पर वे माँग करेंगे कि हमको नेतृत्व दीजिए। इसका पूरा नेतृत्व सवर्ण है। या तो नेतृत्व इतना लचीला हो कि पिछड़ों के लिए जगह

खाली कर दे, नहीं तो पार्टी टूटेगी। उमा भारती का उदाहरण सामने है।

सवाल : सामाजिक न्याय की राजनीतिक चेतना जिस प्रकार की होनी चाहिए वैसी उस समय आपको दिखती थी?

जवाब : जो लोग यह समझते थे कि उनके हितों पर आघात हुआ है वे जागरूक थे। वह वैसे ही वाचाल वर्ग है, लेकिन जिनका उसमें हित था वहाँ तक पहुँचने में देर लगती है। सामाजिक न्याय की बात वहाँ तक नहीं पहुँच पाई। गाँव में तो बिल्कुल नहीं पहुँच पाई।

सवाल : चुनाव सभाओं में आपकी सरकार के बारे में लोग क्या कहते थे?

जवाब : जहाँ तक सरकार का सवाल है, लोग कहते थे कि आप पाँच साल रहते तो अच्छा होता।

सवाल : सरकार की छवि पर जनमत कैसा था?

जवाब : आम आदमी में सरकार की छवि अच्छी थी। उस पर कहीं से कोई उँगली नहीं उठी, आरोप नहीं लगे। उस समय चुनाव के माहौल में मेरी सरकार की छवि मुद्दा नहीं थी। मंडल और मंदिर में सीधा विभाजन हो गया था। सरकार बेदाग रही, यह गौण हो गया था।

सवाल : आपकी ईमानदारी असंदिग्ध है। यह तो आपके विरोधी भी मानते हैं। लेकिन आपके मन्त्रिमंडल के अन्य सदस्यों के बारे में लोगों का खयाल जो रहा है वह क्या आप तक पहुँचता था?

जवाब : जहाँ मेरे नोटिस में शिकायतें आई मैंने फौरन कार्रवाई की। उन लोगों की लगाम भी खींची, अपने ढंग से। लेकिन यह मैं नहीं कहता कि कुछ भी गड़बड़ नहीं हुई। हाँ, ऐसी चीज कोई नहीं हुई जिससे आम आदमी में विवाद पैदा हुआ हो।

सवाल : 1991 में जनता दल का अगला अध्याय शुरू हो रहा था। जनता दल के बारे में आपकी योजना क्या थी?

जवाब : लोगों में अपनी बात पहुँचाने की योजना थी। जो हमने हासिल किया था उसे समझाना था। उस आधार पर आगामी संघर्ष की योजना बनानी थी। जैसे–मैंने मंडल की सिफारिशों के अमल तक दिल्ली छोड़ने का फैसला किया था, जब तक पहली नियुक्ति न हो जाए। संघर्ष का वह भी एक स्वरूप था। एक बस को रथ का स्वरूप दे दिया, उसमें ही घूमता था और सभाएँ करता था। लक्ष्य यह था कि मंडल का संदेश हर जगह पहुँचे। मैं मस्जिद के अपने मत को साफ तौर पर रखता था।

सवाल : नौवीं लोकसभा की तुलना में जनता दल को एक–तिहाई सीटें प्राप्त हुईं और राष्ट्रीय मोर्चा बिखर–सा गया। उस परिणाम पर आपका विश्लेषण क्या है?

जवाब : जनता दल टूटा परन्तु राष्ट्रीय मोर्चा एक रहा। उसके टूटने के भी कई चरण थे। पहले राज्यों में टूटा, कुछ इकाइयाँ भाजपा के साथ चली गईं।

सवाल : जनता दल के संसदीय नेता का पद छोड़ने का विचार आपने कब और क्यों बनाया?

जवाब : मैं चाहता था कि कुछ दिन लिखने–पढ़ने और पेंटिंग में लगाऊँ। यह विचार मेरे मन में बहुत दिनों से था। जनता दल की पराजय के बाद तत्काल मैं इसकी घोषणा नहीं कर सकता था। अगर 1991 में यह घोषणा कर देता तो जनता दल को ज्यादा नुकसान होता।

सवाल यह है कि मैंने इतने दिनों बाद घोषणा क्यों की? इसमें दो साल से ज्यादा का वक्त क्यों लगा? यह समय इसलिए लगा क्योंकि जिस तरह जीत व्यक्ति को बाँधती है वैसे ही हार भी बाँधती है। 1991 में अगर घोषणा करते, हालाँकि घोषणा करने की मेरी इच्छा थी, तब कहा जाता कि हार गए इसलिए छोड़ दिया। मैं अवसर देख रहा था कि कब यह घोषणा करूँ। जब देखा कि जनता दल अब मजबूत है तब घोषणा की। उस घोषणा के बाद जनता दल कई राज्यों में जीता। बिहार का चुनाव जितवाकर मैंने यह घोषणा की।

सवाल : अप्रैल 1994 में जनता दल की कार्यसमिति ने सर्वसम्मति से आपको अध्यक्ष बनाने का फैसला किया, जिसे आपने स्वीकार नहीं किया। क्या आप इन फैसलों को तब टाल नहीं सकते थे?

जवाब : मैंने उन लोगों से कहा कि आप लोग आपस में लड़ते रहें, यह ठीक नहीं है। मेरी अध्यक्षता में आप लोग अपनी लड़ाई को ढकना चाहते हैं। वैसे ही जैसे दीवार की ईंट खुली हो और ऊपर से पलस्तर कर दिया जाए। आप लोग ईंटों में सीमेन्ट क्यों नहीं भरते। मैंने कहा कि आप लोग आपस में भी जिम्मेदारी निभाइए और आपस में एकता कायम करिए।

आप जानते हैं, लालू प्रसाद ने क्या कहा? कहा कि आप अध्यक्ष बन जाइए, नहीं तो हम लोग शाहजहाँ के लड़कों की तरह आपस में कट–मर जाएँगे।

सवाल : आपने जनता दल के नेताओं के आग्रह को ठुकरा दिया। लेकिन आपने राजनीति से अवकाश लेने के जो तर्क दिए, क्या उन पर लोगों को सहज विश्वास हुआ?

जवाब : असल में लोग सीधे मंशा देखते हैं, अच्छी नीयत से बात कही गई है यह मानते ही नहीं। वे यह भी नहीं मानते कि राजनीति छोड़कर पेंटिंग करेंगे। वे सोचते हैं कि कुछ और गहरी बात होगी। दिक्कत होती है जब उनको कोई गहरी बात मिलती नहीं। फिर कहने लगते हैं कि बड़े गूढ़ हैं, मैकेवेलियन हैं अर्थात् चाणक्य की मुझमें छवि देखते हैं। उनको परिणाम भी देखना चाहिए। मैंने उस दौरान पेंटिंग की, किताब छपी। उसकी प्रदर्शनियाँ लगाईं। उसका तारतम्य इससे जुड़ता है। जो कारण मैं बता रहा हूँ उस पर भरोसा करना चाहिए। (हँसते हुए) मैंने जो कहा था वही किया।

सवाल : कुछ लोग समझते हैं कि राजीव गाँधी की हत्या के बाद आपमें वैराग्य भाव पैदा हुआ जिसके कारण सक्रिय राजनीति से आप अलग हुए?

जवाब : मैं राजीव गाँधी के कारण राजनीति में नहीं था। उनके पहले से था।

सवाल : राजनीति से संन्यास को जिस तरह प्रचारित किया गया, क्या वह आपके बयान के अनुरूप था?

जवाब : बिहार के चुनाव होने वाले थे। पहले से मैं वचन दे चुका था कि उसमें राजद के उम्मीदवारों के लिए सभाओं में जाऊँगा। उसका मैंने निर्वाह किया। राजनीति से संन्यास लेने का मेरा आशय इतना ही था कि रोजमर्रा की राजनीतिक गतिविधियों से अलग हो जाना। मैंने यह कभी नहीं कहा कि जनसमस्याओं को नहीं उठाऊँगा। मैं चुनावी राजनीति से अलग हुआ था, देश की ज्वलंत समस्याओं से नहीं। देश की ज्वलंत समस्याओं को उठाना भी लोग राजनीति मानते हैं तो मैं क्या करूँ?

सवाल : अजित सिंह 19 सदस्यों को लेकर जनता दल से अलग हुए। क्या उन्होंने आपके नेतृत्व से विद्रोह किया या सत्ता का आकर्षण उन्हें उधर खीच ले गया?

जवाब : वह विद्रोह कहाँ था। उसमें सीधे–सीधे पैसा चला। सांसद खरीदे गए। सांसद जो उधर गए उनकी बोली लगी। उनको पचास–पचास लाख रुपये दिए गए। जनता दल का एक सांसद मेरे पास आया। उसने कहा कि मेरे यहाँ लोग पैसा रख गए। मैंने जीवन में इतना पैसा देखा नहीं था इसलिए ले लिया। बाद में उसे पता चला कि 20 लाख रुपया कम दिया गया है। वह सबसे कहता घूम रहा था। मेरे पास भी आया और माफी माँगी। मैंने उससे कहा कि वह शेष रकम मैं नहीं दिला सकता। तभी मुझे डॉ. सुब्रमण्यम स्वामी मिल गए। मैंने उनसे पूछा कि आपने हर सांसद को पैसा दिलवाया है। उन्होंने कहा–हाँ, सिर्फ पैसा ही नहीं दिलवाया है, मंदिर में शपथ भी दिलवाई है। मैंने उनसे मजाक में कहा कि मुझसे गलती हो गई। अगर तमिलनाडु में आपको मैं जनता दल का अध्यक्ष बना देता तो यह काम हमारे लिए भी करते। तो उन्होंने कहा–हाँ, करते। फिर मैंने कहा कि मेरे पास पैसा कहाँ था जो आपको देता,

तो फिर आप कहाँ से करते।

सवाल : अजित सिंह धड़े को अलग करने में उस समय डॉ. स्वामी की भूमिका थी?

जवाब : हाँ, उन्होंने ही मुझसे कहा था। फिर मैं किससे पूछता।

सवाल : बँटवारे के लिए एक–तिहाई की संख्या क्या पूरी हो गई थी?

जवाब : संख्या पूरी नहीं हुई थी। लोकसभा अध्यक्ष शिवराज पाटिल ने उनको जनता दल में स्वतंत्र गुट की मान्यता दे दी। मैंने सदन में कहा था कि जब रेफरी ही गोल कर दे तो खिलाड़ी क्या करेगा। अजित सिंह धड़े की संख्या एक–तिहाई पूरी नहीं हुई थी, आपने उनके लिए रास्ता खोल दिया। अब जनता दल से धीरे–धीरे लोग जाना शुरू करेंगे।

स्वास्थ्य

सवाल : मुंबई में भूख हड़ताल पर कब बैठे?

जवाब : वह 1993 रहा होगा। मुंबई में दंगा–फसाद चल रहा था। मैं एयरपोर्ट पर रुका था। जनता दल के नेता और कार्यकर्ता आग्रह कर रहे थे कि मैं भूख–हड़ताल पर बैठूँ। हालाँकि जॉर्ज फर्नांडीज इसके पक्ष में नहीं थे।

मैंने उन लोगों का आग्रह मान लिया। जहाँ भूख–हड़ताल पर बैठा था वह बहुत व्यस्त चौराहा है। जनता दल वालों ने इस बात का ध्यान नहीं रखा कि पेशाब वगैरह के लिए कोई प्रबंध करते। और लोग तो उठकर इधर–उधर चले जाते थे। मैंने उस दौरान पानी पीना कम कर दिया, जिससे मेरी किडनी को नुकसान पहुँचा।

उससे पहले मैंने जाँच करवाई थी और मेरी किडनी ठीक थी। उस समय की–टोन 120 हो गया, जबकि 12 होना चाहिए। दस गुणा बढ़ गया था। यह तीसरे दिन हो गया था। रात को मुख्यमंत्री सुधाकर नाइक डाक्टरों की टीम लेकर आए। एक घँटे तक समझाते और बताते रहे कि आपकी हालत चिंताजनक है। मैं समझता था कि सरकार अपनी बला टालने के लिए मुझे भूख–हड़ताल से उठाना चाहती है। मैं नहीं माना।

सुबह हमारे डॉक्टर आए। उन्होंने बताया और जनता दल के कार्यकर्ताओं से कहा कि इनकी किडनी किसी भी क्षण फेल हो सकती है। उससे जो नुकसान होगा उसमें हम लोग कुछ नहीं कर पाएँगे। ब्रेन डेमेज भी हो सकता है। दोपहर में पुलिस आई और मुझे गिरफ्तार करके ले गई। तब तक देर हो चुकी थी।

सवाल : भूख–हड़ताल पर न बैठते तो किडनी का नुकसान नहीं होता?

जवाब : हाँ, उससे दो महीने पहले मैंने जाँच करवाई थी। तब बीच कैंडी की रिपोर्ट में सब नॉरमल था। किडनी क्षतिग्रस्त हो गई थी। एक बार उसका नुकसान हो जाने के बाद एहतियात बरतने पर भी गिरावट होती जाती है। इसमें समय की बात होती है। कुछ लोगों की किडनी खराब होने के बाद जल्दी ही पूरी तरह फेल हो जाती है और कुछ लोगों की किडनी के फेल होने में थोड़ा समय लगता है। मेरे मामले में 1997 आते–आते किडनी ने काम करना बंद कर दिया।

सवाल : आपने जुलाई 1993 में जनता दल संसदीय पार्टी के नेता पद से इस्तीफा दे दिया। क्या किडनी की खराबी के कारण आपने वह फैसला किया?

जवाब : किडनी की खराबी के बावजूद मेरा राजनीतिक काम–काज कहीं से प्रभावित नहीं हुआ। जनता दल के संसदीय नेता पद से इस्तीफे का किडनी की खराबी से कोई संबंध नहीं था। स्वास्थ्य की उसी अवस्था में मैंने मंडल की सिफारिशों को लागू कराने के लिए आठ महीने तक लगातार दिल्ली से बाहर रहकर रथयात्रा की थी।

मैंने तब बिहार, पश्चिम बंगाल और असम के चुनाव दौरे किये थे। किडनी में शिकायत के बावजूद मेरी राजनीतिक गतिविधियों में कोई कमी नहीं आई थी।

सवाल : किडनी की खराबी का आपके स्वास्थ्य पर परिणाम कब आपको महसूस होने लगा?

जवाब : 1996 में असर होने लगा था और 1997 के जनवरी तक वह खिंचा। तब तक मैं स्वस्थ था।

सवाल : इलाज के अलावा डॉक्टरों ने आपको क्या हिदायतें दीं?

जवाब : मैं समझ गया था कि इसका कोई इलाज नहीं है। सिवाय इसके कि किडनी के फेल होने का इंतजार किया जाए। वह धीरे–धीरे ही काम करना बंद करती है।

सवाल : क्या आप किडनी का इलाज कराने लंदन गए थे?

जवाब : मेरी आँख में समस्या थी। आँख की रोशनी खत्म हो जाने का खतरा पैदा हो गया था। मुंबई में दो बार लेजर दिया गया परंतु उसका कोई फायदा नहीं हुआ था। यह बात शिवराज पाटिल को मालूम हुई। वे उस वक्त लोकसभा अध्यक्ष थे। सोमपाल के जरिए उन्होंने कहलवाया कि वे मुझे लोकसभा सदस्य के नाते बाहर इलाज के लिए भिजवा सकते हैं। वे चाहते थे कि मैं बाहर जाकर इलाज कराऊँ। मैंने तब मना कर दिया। उसके बाद उन्होंने कई बार कहलवाया और सलाह दी कि मुझे

लंदन में जाकर इलाज करवाना चाहिए।

मैं लंदन गया। वहाँ इलाज शुरू हुआ। लेजर देने से जितना दिखता था वह भी कम हो गया। उसका असर यह हुआ कि आधा–अधूरा दिखने लगा। उसी वक्त खून की मैंने जाँच करवाई। वह रोजमर्रे की जाँच थी, विशेष नहीं थी। उसी में माइलोमा (कैंसर) निकला। मैंने मुंबई में एक किताब पढ़ी थी जिसमें वक्ररेखा (कर्व) के जरिए माइलोमा की पहचान बताई गई थी। मैंने मुंबई में जाँच करवाई थी। वैसा ही कर्व दिखाई पड़ा था। मैं तब माइलोमा के बारे में कुछ जानता नहीं था। वहाँ डॉक्टरों से पूछा तो उन लोगों ने कहा कि छोड़िए, आप निश्चिंत रहिए। यह सब ऐसे ही है। न्यूयार्क में डॉक्टरों के सामने वैसा कर्व खींचकर मैंने बताया तो वहाँ के डॉक्टरों ने तुरंत कहा कि यह माइलोमा है। वहाँ माइलोमा की पुष्टि हुई।

माइलोमा बोन मैरो में होता है। किडनी अलग से फेल हुई थी। न्यूयार्क के डॉक्टरों ने कहा कि आपको किमोथेरेपी कराना होगा। मैंने पूछा कि उसमें समय कितना लगेगा? बताया गया कि सालभर। इतने दिन वहाँ रहना संभव नहीं था। मैंने सोचा कि रास्ते में लंदन पड़ेगा वहाँ डॉक्टरों से सलाह ले लेंगे। लंदन में डॉक्टरों ने सलाह दी कि आपको अभी किमोथेरेपी नहीं करानी चाहिए। यह आरंभिक दौर है। तीन–चार साल इंतजार किया जा सकता है। मैंने भी सोचा कि यह बीमारी तो जाएगी नहीं। अभी कारतूस क्यों खर्च करें। जब तक चल फिर रहे हैं तब ठीक है, बाद में देखेंगे।

सवाल : कैंसर की जानकारी मिलने पर आपकी मनोदशा कैसी रही?

जवाब : मेरे साथ बगल में ही पत्नी थीं। पहली बात ध्यान में आई कि वह क्या करेंगी। फिर मन भारी हुआ। उसके बाद अंदर से स्वाभिमान जगा। मन में आया कि बीमारी मेरे शरीर को तोड़ सकती है, मुझे नहीं। इसके सामने मैं घुटने नहीं टेकूँगा। इसे आप मेरे मन की सामंती प्रतिक्रिया कहिए या जो कुछ, किन्तु उस समय तत्काल जो भाव आया वह यही था। इसे मैं अपना खानदानी स्वाभिमान मानता हूँ।

मन में उदासी का भाव रहता था। सोचता था कि कितने दिनों तक ऐसा देखेंगे। दुनिया ही मेरे लिए बदल गई थी। चाहे वो प्रदर्शनी हो या समुद्र का किनारा सब चीजें दूर ही लगने लगी थीं। ऐसा लगता था मानो दुनिया से नाता टूट रहा हो। फिर धीरे–धीरे स्वीकृति का विचार आया कि ये दोनों बीमारियाँ (किडनी और माइलोमा) जाएँगी तो नहीं। किडनी का प्रत्यारोपण भी माइलोमा की वजह से नहीं हो सकता। मैंने विचार किया कि जो चला गया, सो चला गया जो बचा है उसकी हिफाजत करनी है। उसको गँवाना नहीं चाहिए, उसका उपयोग करना चाहिए। इस विचार से स्वीकृति आ गई। यह होते ही बीमारी का दुख नहीं रहता। जब उसका दुख नहीं रहता तो बीमारी क्या है। उसकी मानसिक कीमत देने से मैं मुक्त हो गया।

मैं चिंतामुक्त हो गया। मन में यह बात बैठ गई कि जो गया उसका दुख मत

करो। इस उम्र में क्या दुख करना, साल इधर या साल उधर। जवानी के दिन होते तो ज्यादा दुख होता। मैंने उपलब्ध समय को गुणवत्ता और उपयोगिता की नजर से देखना शुरू किया। सोचा कि यही अपने हाथ में है।

सवाल : इलाज के लिए आपको विदेश क्यों जाना पड़ा?

जवाब : यहाँ डॉक्टरों में दो मत थे। एम्स और अपोलो के डॉक्टरों ने तुरन्त किमोथेरेपी शुरू करने की सलाह दी जबकि अमेरिका और लन्दन के डॉक्टर मना कर रहे थे। 1997 में यहाँ जाँच हुई। अपोलो और एम्स के डॉक्टरों ने जाँच में पाया कि माइलोमा का अंश बहुत बढ़ गया है। उन लोगों ने डॉक्टर राबर्ट काईल की किताब दिखाई। उसमें बताया गया है कि कब मरीज को किमोथेरेपी में जाना चाहिए। मैंने सोचा कि जब जहर ही खाना है तो किताब से समझकर जहर खाने से बेहतर है जिसने किताब लिखी है उसी से समझा जाए। इसलिए अमेरिका गया। उस वयोवृद्ध डॉक्टर राबर्ट काईल ने मुझे दो घंटे देखा। उन्होंने सलाह दी कि किमो मत कीजिए। वे माइलोमा के विशेषज्ञ हैं, मिनीसोटा में रहते हैं। मैंने उनसे कहा कि आपकी किताब में लिखा है कि मेरे जैसे मरीज को किमो लेना चाहिए। उन्होंने कहा कि मेरी किताब बिल्कुल सही है। उन्होंने कहा कि निन्नानबे फीसदी मरीज यहाँ आते–आते ऐसी हालत में आ जाते हैं कि उनको किमो जरूरी हो जाता है। रोगी के शरीर पर निर्भर करता है। कुछ रोगी ऐसे होते हैं जो रोग के लक्षणों से परे हो जाते हैं। डॉ. काईल ने कहा कि मैं आपका इलाज करूँ या आपकी रिपोर्ट का, आपकी रिपोर्ट को किमो की जरूरत है, आपको नहीं है।

अमेरिका और भारत के इलाज के नजरिए में यह फर्क था। मुम्बई के डॉक्टर डॉ. काईल से इक्तफाक रखते थे। लन्दन के डॉक्टरों ने भी मुझे बगैर किमो के इलाज की सलाह दी। 1994 में माइलोमा का पता चला था। 12 साल हो गए, मैं सक्रिय हूँ और काम कर रहा हूँ। अमेरिका में मेरे एक मित्र रहते हैं, उन्होंने मेरी रिपोर्ट कुछ और डॉक्टरों को दिखाई। डॉक्टर ने कहा कि यह बीमारी ऐसी है कि चिकित्सक समाज आधा एक तरफ होगा और शेष आधा दूसरी तरफ। इलाज करिए और इलाज मत करिए में वे बँटे रहेंगे। मैंने इस पर कहा कि एक राजनीतिज्ञ के लिए इससे सुखदाई स्थिति हो नहीं सकती। इस मायने में मैं भाग्यशाली रहा हूँ।

सवाल : डायलसिस कब से शुरू हुआ?

जवाब : जैसे–जैसे किडनी फेल होने लगी, मैं काफी कमजोर हो गया था। हालत यह थी कि 10–15 मिनट काम करने पर ही थक जाता था। हीमोग्लोबीन बहुत कम हो गया था। थक जाने पर मैं फोरन बिस्तर पर लेट जाता था। केनवास देखता रहता था। उठने की हिम्मत ही नहीं पड़ती थी। वह क्लेशदायक समय था।

मैंने अपना ग्राफ देखकर जान लिया था कि मेरी किडनी अप्रैल तक फेल हो जाएगी। इसलिए जनवरी से ही मैंने डायलसिस के लिए कहना शुरू किया। 27 मार्च 1997 को पहली डायलसिस हुई। किडनी की समस्या ने मुझे ज्यादा परेशान किया। डायलसिस का पानी परेशानी का कारण रहा। अपोलो में जब मेरा डायलसिस शुरू हुआ तो पहली समस्या आई कि नली गले में लगाएँ या हाथ में। वे हाथ में नहीं लगा सके तो गले से डायलसिस शुरू हुई। डायलसिस के लिए शिरा और धमनी को जोड़ दिया जाता है। 10–12 दिन ऐसे चला। मुझे बुखार रहने लगा। उन दिनों इंद्र कुमार गुजराल आए। वे प्रधानमंत्री थे। उन्होंने कहा कि आप विदेश जाकर इलाज कराइए। तब मैं अमेरिका गया। वहाँ मैं ठीक हो गया। फिर लौट आया। यहाँ आते ही मेरा हीमोग्लोबीन कम होने लगता था। डॉक्टर समझ नहीं पाते थे कि इसका कारण क्या है। डायलसिस के बाद बुखार रहने लगता था। विदेश जाकर इलाज कराते ही मैं ठीक हो जाता था। यहाँ लौटते ही वही पुरानी समस्या घेर लेती थी। ऐसा दो बार हुआ।

इसके बाद मैं इंटरनेट पर गया। उससे जानकारी मिली कि डायलसिस का पानी 99 प्रतिशत दूषित रहता है। जब मैं यह बात डॉक्टरों को बताता तो वे यह मानने को तैयार नहीं थे। मैंने उन लोगों से कहा कि क्या कारण है जब मैं लन्दन जाता हूँ तो ठीक हो जाता हूँ। अगर मेरे शरीर में कोई गड़बड़ी है तो वह वहाँ भी रहनी चाहिए। डॉक्टर मानने को तैयार नहीं थे। मेरी हालत बहुत खराब हो गई थी। मैं चल नहीं पाता था। एक–दो कदम चलने पर ही साँस फूलने लगती थी। उसी समय एच.डी. देवेगोड़ा मुझे देखने के लिए आए। उन्होंने कहा कि आप यहाँ इन्तजार मत करिए, विदेश जाइए। डॉक्टरों की कमेटी ने भी बाहर जाने का अनुमोदन किया। मैंने डॉक्टरों से कहा कि आप मुझे अपने पानी का नमूना दीजिए। मैं उसे साथ ले जाऊँगा। मेरी जाँच हो चुकी है, पानी की ही जाँच बाकी है। वहाँ जाँच के बाद डॉक्टरों ने कहा कि यह पानी विषाक्त है। लन्दन से एक टेक्नीशियन आया, उसने मशीन देखकर कहा कि यह कभी भी शुद्ध पानी नहीं दे सकती है। उस समय मैंने विषाक्त पानी और डायलसिस पर रखे गए रोगियों की उत्तरजीविता दर पर लेख लिखकर बहस छेड़ी थी। किडनी के जवाब दे देने की स्थिति में डायलसिस वह जीवन–रक्षक प्रक्रिया है जिसके जरिए रक्त से विजातीय तत्वों और शरीर से अतिरिक्त द्रव को बाहर निकाला जाता है।

उसकी रिपोर्ट पर मैंने प्रधानमंत्री अटल बिहारी वाजपेयी को पत्र लिखा कि आप मुझसे एस.पी.जी. हटा लीजिए। उस पर जो खर्च आता है वह मेरे सिर पर बोझ है। इसके अलावा मेडिकल का खर्च आता है। मुझे देश में कहाँ डायलसिस कराना है, यह बता दें तो मैं चला आऊँगा। प्रधानमंत्री का पत्र आया कि जब तक मशीन आ नहीं जाती, तब तक वहीं रहे और डायलसिस कराएँ। समस्या यह आई कि ठीक मशीन

कहाँ से लायी जाए? मालूम पड़ा कि जर्मन मशीन सबसे अच्छी है। उस मशीन को मँगाने के तरीके पर विवाद में दो महीने गुजर गए। जितने पैसे पत्र–व्यवहार पर खर्च हुए उतने में तो मशीन आ जाती। देर से ही सही मशीन आई और उससे मेरी जिंदगी पटरी पर आ गई। फिर मैंने अपोलो के प्रबंधकों से कहा कि ऐसी मशीन का इंतजाम सबके लिए करिए। उन लोगों ने कहा कि कोई शिकायत तो करता नहीं, मैंने कहा कि रोगी जानते ही कहाँ है। मेरे कमरे में अलग इंतजाम है और हाल में मैं जानता हूँ कि कौन–सी मशीन लगी है। इसके बाद अपोलो में मशीन बदली।

प्रधानमंत्री पद ठुकराया

सवाल : 1996 में संयुक्त मोर्चा के नेता का चयन कैसे हुआ?

जवाब : लोकसभा के उस चुनाव में तीन दावेदार थे–काँग्रेस, भाजपा और तीसरी ताकतें। जनता दल, वाममोर्चा, समाजवादी पार्टी और क्षेत्रीय पार्टियों को मिलाकर संयुक्त मोर्चा बन गया था। काँग्रेस के समर्थन से उसका बहुमत हो जाता था। लेकिन सबसे बड़े राजनीतिक दल को बुलाने की प्रथा रही है। राष्ट्रपति के सामने समस्या यह थी कि ऐसी हालत में वे किसे बुलाएँ। राष्ट्रपति ने हर पक्ष से समर्थक सांसदों की सूची माँगी। उन्होंने सबसे यह कहा कि वे उसके आधार पर निर्णय करेंगे। काँग्रेस की ओर से मारग्रेट अल्वा को संयुक्त मोर्चा के समर्थन में पत्र पहुँचाना था। काँग्रेस ने आश्वासन दिया था कि वह पत्र राष्ट्रपति को समय से भेज दिया जाएगा, लेकिन ऐसा हुआ नहीं। काँग्रेस ने समर्थन–पत्र दिया, समय–सीमा के बाद। ऐसी स्थिति में राष्ट्रपति के सामने सिर्फ एक विकल्प था कि वे सबसे बड़े दल भाजपा के नेता अटल बिहारी वाजपेयी को सरकार बनाने के लिए आमंत्रित करें। उन्होंने वही किया। अटल बिहारी वाजपेयी की सरकार बन तो गई लेकिन वे अपना बहुमत सदन में साबित नहीं कर सके। 13 दिन बाद ही उन्हें इस्तीफा देना पड़ा। संयुक्त मोर्चा और उसके नेताओं ने निर्दलीय सांसदों पर खास ध्यान दिया था जिसके कारण एक भी निर्दलीय सांसद भाजपा के पाले में नहीं जा सका।

सरकार गिरने के बाद संयुक्त मोर्चा के नेताओं ने मेरे ऊपर दबाव बनाया और आग्रह किया कि मैं प्रधानमंत्री पद की जिम्मेदारी सम्भालूँ। ज्योति बसु ने मुझसे बात की और कहा कि आप ही सबको स्वीकार हैं। मैंने उनसे कहा कि आपको यह जिम्मेदारी सँभालनी चाहिए। इससे वामपंथ की छवि देशव्यापी हो जाएगी। डॉ. फारुखी, ए.बी. वर्धन, हरकिशन सिंह सुरजीत आदि ने भी मुझे कहा कि आप ही सँभाल सकते हैं। इन लोगों की चिंता यह थी कि जनता दल को सँभालेगा कौन? इस कारण भी ये लोग मुझसे आग्रह कर रहे थे कि प्रधानमंत्री तो आपको ही बनना है। लेकिन इसके लिए मैं किसी हालत में तैयार नहीं था।

1989 में राष्ट्रीय मोर्चा के घटकों के आग्रह पर मैंने प्रधानमंत्री बनना मंजूर कर लिया था। उस समय अखबारों ने मेरा समर्थन किया था। लिखा गया कि विश्वनाथ प्रताप सिंह को ही सत्ता सँभालनी चाहिए क्योंकि जनादेश उनके लिए है। जब मैंने मंडल आयोग की सिफारिशों को लागू किया तो मीडिया का दृष्टिकोण बदल गया। वे लोग कहने लगे कि विश्वनाथ प्रताप सिंह पद–लोलुप हैं। याद दिलाया गया कि मैंने कहा था कि मैं प्रधानमंत्री पद नहीं लूँगा। जो लोग जनादेश की व्याख्या मेरे पक्ष में करते थे वे ही मुझे पद–लोलुप कहने लगे। उन लोगों को यह कहाँ मालूम है कि लालकृष्ण आडवाणी ने तब मेरी पत्नी को कई बार फोन किया था कि मैं जनता दल के नेता पद को स्वीकार कर लूँ। इसलिए इस बार मैं नहीं चाहता था कि मेरे बाल–बच्चों को यह सुनना पड़े कि तुम्हारे पिता पद–लोलुप थे। वे यह कह सकें कि मेरे पिता ने प्रधानमंत्री का पद ठुकराया भी।

अपने बारे में मैं दृढ़ निश्चय पर था कि पद नहीं लेना है। कौन व्यक्ति प्रधानमंत्री हो सकता है, इस बारे में मैं लोगों को टटोल रहा था। मैंने सबसे पहले ज्योति बसु के बारे में सोचा। माकपा पोलित ब्यूरो की एक बैठक हुई। उसमें फैसला हुआ कि सरकार में नहीं जाना है। इस कारण ज्योति बसु के प्रधानमंत्री बनने का प्रश्न नहीं था। उसके बाद संयुक्त मोर्चा के नेताओं की एक बैठक हुई । वहाँ मैंने अपील की कि माकपा पोलित ब्यूरो अपने फैसले पर पुनः विचार करे। मेरा उनसे कहना था कि वामपंथी दलों का प्रभाव परिधि के राज्यों पर है, मध्यवर्ती राज्यों में नहीं है। संयुक्त मोर्चा की सरकार बहुत दिनों तक नहीं चलेगी। लेकिन सरकार बनाकर कुछ अच्छे कार्य करके जनता में पैठ बनाने का अवसर मिल सकेगा। उसके बाद पोलित ब्यूरो की दुबारा मीटिंग हुई और वहाँ पहले हुए फैसले को ही उचित ठहराया गया। बाद में मुझे सीताराम येचुरी मिले। मैंने उनसे कहा कि आप लोग कौन–सी किताब पढ़कर राजनीति में फैसला करते हैं। इतना स्वर्णिम अवसर वामदलों को जल्दी नहीं मिलेगा। कुछ दिनों बाद ज्योति बसु ने माना कि सरकार न बनाकर हमने ऐतिहासिक भूल की।

उसके बाद एक दिन सुबह एच.डी. देवगौड़ा और एम. करुणानिधि मुझसे अलग–अलग मिलने आए। उन दोनों ने आग्रह किया कि मैं प्रधानमंत्री पद स्वीकार कर लूँ। चलते समय उन लोगों ने कहा कि आप विचार बनाइए। हम लोग इकट्ठे फिर शाम को चार बजे आएँगे। मैंने सोचा कि इन लोगों को आमन–सामने की बातचीत में मना करना कठिन होगा। दोपहर के भोजन पर मेरे एक रिश्तेदार आए हुए थे। मैंने उसी समय मन बना लिया कि मुझे घर पर नहीं रहना है। मैंने पत्नी को पूरी बात बताई और कहा कि इन लोगों से बचने के लिए मैं आज रात बाहर रहूँगा। एक दिन के लिए जरूरी सामान गाड़ी में रखवा दें। उसके बाद मैं कैलाश अपार्टमेंट चला गया। वहीं मैं दोपहर में थोड़ी देर सोया, यह मेरे लिए जरूरी है। वहाँ से जल्दी रवाना हो गया, क्योंकि पहली जगह जहाँ मुझे खोजा जाता, वह वही थी। करीब चार बजे मैं

यमुनापार में अपने एक मित्र बी.बी. सिंह के घर पहुँचा। वहाँ चाय पी रहा था कि मालूम हुआ कि प्रेस के लोग जमा हो गए हैं। तुरंत उस स्थान से चल देना मैंने उचित समझा। एस.पी.जी. के अफसर से कहा कि ऐसी व्यवस्था करो ताकि फोटोग्राफर मेरा फोटो न ले सकें।

एस.पी.जी. के प्रबन्ध में वहाँ से निकल गया। पायलट गाड़ी को मैंने छोड़ दिया और ड्राइवर से कहा कि गाड़ी रिंग रोड पर ले लो। कहाँ जाना है यह तो कुछ तय नहीं था, इसलिए सारा समय मैं सड़क पर ही घूमता रहा। बीच–बीच में एस.पी.जी. वाले वायरलेस पर फोन करके लोकेशन का पता कर रहे थे। ड्राइवर ने पूछा तो मैंने कह दिया कि तुम अपनी ड्यूटी करो लेकिन गाड़ी रोकनी नहीं है। एक बार एयरपोर्ट भी गया था। मुझे लगा, जब एस.पी.जी. वाले लोकेशन पूछेंगे तो एयरपोर्ट का नाम आने पर समझ जाएँगे कि मैं दिल्ली से बाहर जा रहा हूँ। लालू प्रसाद ने खुफिया सूत्रों से पता करवाया तो एस.पी.जी. ने उन्हें एयरपोर्ट की लोकेशन बता दी। एयरपोर्ट से मैंने पत्नी को फोन किया। उनसे कहा कि जो लोग आए हैं उनको बता देना चाहिए कि मैं उपलब्ध नहीं हूँ। उनको कह दो कि मैं देर से आऊँगा, वे लोग अपने नेता का फैसला कर लें। उन्होंने कहा कि यहाँ सारे मुख्यमंत्री आकर बैठे हुए हैं।

इसके बाद मैं सोहना चला गया। मुझे मालूम था कि वायरलेस सैट एक रेंज के बाहर काम नहीं करता है, हुआ भी यही। एस.पी.जी. मेरे साथ अचानक आ गई थी इसलिए वे अपने पास एक ही बैट्री ला सके थे। उनकी बैट्री भी जल्दी ही खत्म हो जाएगी, यह मुझे मालूम था। सोहना पहुँचने के बाद मैंने उन लोगों के लिए एक कमरा बुक करवाया और मैं भी आराम करने चला गया। इतने में टी.वी. पर खबर आ गई कि एच.डी. देवगौड़ा को नेता चुन लिया गया है। फिर मैंने तय किया कि अब रात में यहाँ रुकने का कोई मतलब नहीं है, और मैं वापस दिल्ली लौट आया।

असल में प्रधानमंत्री पद के चयन की एक प्रक्रिया चली। माकपा के फैसले के बाद मैं चाहता था कि चन्द्रबाबू नायडू प्रधानमंत्री पद के लिए तैयार हो जाएँ। लेकिन उन्होंने यह कहकर मना कर दिया कि अभी–अभी उनका राजनीतिक जीवन शुरू हुआ है और तुरंत दिल्ली आने की उनकी कोई मंशा नहीं है। उन्होंने कहा था कि राज्य में मुझे अभी अपने पाँव जमाने के लिए वक्त चाहिए। उसके बाद कई नाम और चले लेकिन किसी पर सहमति नहीं बनी। इसी दौरान एच.डी. देवगौड़ा का नाम आया। उनके पक्ष में वामदल भी थे। मैं पहले ही यह संकेत दे चुका था कि किसी मुख्यमंत्री को ही इस पद के लिए आगे लाना चाहिए। मुख्यमंत्रियों में चन्द्रबाबू नायडू ने मना कर दिया, ज्योति बसु और करुणानिधि की कोई रुचि नहीं थी। लालू प्रसाद यादव और मुलायम सिंह यादव ने एक–दूसरे का विरोध किया। इस तरह ले–देकर एच.डी. देवगौड़ा के नाम पर वामदलों सहित सारे लोग सहमत हो गए।

अब अगर कोई मुझसे पूछता है कि मैंने ऐसा क्यों किया तो मैं अपनी एक कविता

'मुफलिस' का हवाला देता हूँ–

मुफलिस से
अब चोर बन रहा हूँ,
पर इस भरे बाजार से
चुराऊँ क्या
यहाँ वही चीजें सजी हैं
जिन्हें लुटाकर
मैं मुफलिस हो चुका हूँ।

सवाल : क्या काँग्रेस आपके नाम पर राजी हो गई थी?

जवाब : काँग्रेस का कहना था कि चाहे जिसको बना दीजिए।

सवाल : पूजास्थल को लेकर विवाद और मारकाट क्यों होती है?

जवाब : मैं समझता हूँ जितने पूजास्थल हैं, मंदिर–मस्जिद या गिरजाघर, इनमें हम लोगों ने भगवान को कैद कर रखा है। हम उनकी ओर से बोलते हैं और लड़ते हैं। आसमान को ही मान लें कि वह भगवान का बनाया हुआ मंदिर है जिसके तले सभी जीव रहते हैं। मैंने एक कविता भी लिखी हैं–भगवान।

भगवान हर जगह है,
इसलिए
जब जी चाहता है,
उसे मुट्‌ठी में कर लेता हूँ,
तुम भी कर सकते हो
पर
हमारे–तुम्हारे भगवानों में
कौन महान् है,
निर्भर करता है,
किसकी मुट्‌ठी बलवान है।

धर्म का जो वर्तमान स्वरूप है वह लोगों को मुक्त करने के बजाय बाँधता जाता है। उसका दायरा सिकुड़ गया है। मेरा ख्याल है कि धार्मिक नेताओं में संवाद होना चाहिए।

सवाल : आपने क्या कभी मनौती मानी?

जवाब : सातवें और आठवें दर्जे में जब मैं पढ़ने में कमजोर था उस समय मुझे मनौती की जरूरत पड़ी थी। वहीं थोड़ा–बहुत हाईस्कूल और इंटरमीडिएट तक चलता

रहा होगा। उसके बाद कोई जरूरत नहीं पड़ी।

सवाल : मनौती और प्रार्थना में अंतर है। आपने अपनों के लिए कब–कब प्रार्थना की?

जवाब : जीवन में तीन अवसर आए हैं जब मैंने प्रार्थना की। मैं प्रार्थना में विश्वास करता हूँ। परमात्मा हैं या नहीं, मैं नहीं जानता लेकिन उनकी बनाई हुई सृष्टि है। कोई स्रष्टा है या नहीं मैं नहीं जानता। लेकिन जो सृष्टि है वह सुंदर है। एक कलाकार के नाते मेरे लिए परमात्मा की रचना ही बहुत है, वही मेरा धर्म है।

मेरी पत्नी बहुत बीमार थीं। उन्हें स्ट्रेचर पर लिटा दिया गया था। एम्बुलेंस का इंतजार हो रहा था। 1972 की बात है। अस्पताल ले जाने के पहले मैंने उनके लिए प्रार्थना की। हालाँकि मैं मंदिर नहीं गया, मन ही मन प्रार्थना की। उनकी अंतड़ी ऐंठ गई थी। डॉक्टरों ने पेट काटकर पूरी अंतड़ी निकाली, उसे गरम पानी में डाला। ऑपरेशन में खतरा था। पर वे बच गईं। मैं नहीं जानता कि वे मेरी प्रार्थना से बचीं या डॉक्टरों के इलाज से, लेकिन वे बच गईं तो मुझे अपनी प्रार्थना पर विश्वास हुआ। दूसरा अवसर था जब मैं केदारनाथ गया था। मैं मंदिर में परिक्रमा कर रहा था, उस समय मुझे अपने बड़े भाई का ख्याल आया और मैंने प्रार्थना की कि उनकी आत्मा को शान्ति मिले। तीसरा मौका था जब मैं वित्तमंत्री था। सूचना आई कि मेरी माँ बहुत बीमार हैं। मैं इलाहाबाद गया। उन्हें डॉक्टरों ने ऑक्सीजन पर रखा हुआ था। उनके होंठ और नाखून नीले हो गए थे। मैंने डॉक्टरों से पूछा कि क्या मैं इन्हें दिल्ली ले जा सकता हूँ। डॉक्टरों ने कहा कि हमारी माँ होतीं तो हम उनको अब परेशान नहीं करते। वहीं उनके बिस्तर पर बैठा और प्रार्थना की कि मेरी माँ मुझको और कुछ दिनों के लिए मिल जाएँ। पता नहीं कैसे, वे एक हफ्ते में ठीक हो गईं। दवा ने काम किया होगा। मैं इसे कोई मिथ नहीं बनाना चाहता। वे ठीक हो गईं तो मेरे साथ साल भर रहीं। उनका मन दिल्ली में लगता नहीं था। उनको गाँव का वातावरण चाहिए था। दिल्ली में कुछ महीने रहने के बाद वह वापस लौट गईं। फिर खबर आई कि वह बीमार हैं। मैं उनको देखने गया, आवाज दी। मुझे लगा कि उन्होंने मेरी आवाज पहचानी। उनके चेहरे पर कुछ हलचल हुई। उसके बाद उन्होंने अंतिम साँस ली। मानो वे मेरा इंतजार कर रही थीं।

इन तीन अवसरों के अलावा जीवन में उतार–चढ़ाव बहुत आए लेकिन मैंने कभी प्रार्थना नहीं की। सरकार बनाने या पार्टी की जीत आदि के लिए कभी ख्याल में भी नहीं आता था कि मुझे इन बातों के लिए प्रार्थना करनी चाहिए। मैं गया तिरुपति। वहाँ एक पत्थर होता है। उस पर हाथ रखो और अपनी जो मनोकामना हो उसे स्मरण करो तो कहते हैं कि अगर वह हिल गया तो इच्छा पूरी हो जाती है। मुझसे भी पंडित ने कहा कि आप जो चाहते हैं उसके लिए यहाँ माँग लीजिए। मैंने उनसे कहा कि मैं

ऐसा कुछ नहीं चाहता जिसके लिए प्रार्थना की जाए। इस पर उन्होंने कहा कि ऐसा कैसे हो सकता है? सचमुच मैं कुछ नहीं चाहता था क्योंकि जीवन में मुझे किसी तरह की कोई कमी महसूस नहीं हुई। मैंने अपने स्वास्थ्य के लिए भी कभी प्रार्थना नहीं की।

सवाल : ज्योतिष में आपका कितना भरोसा है?

जवाब : ज्योतिष विद्या है। मेरी उसमें ज्यादा रुचि नहीं रही है। भविष्य के बारे में मोटे तौर पर मुझे अंदाज रहता है कि क्या होना है। जीवन में क्या–क्या होगा, इसका पता चल जाता है। मैं यह भी समझ लेता हूँ कि कौन सी चीज कहाँ तक जाएगी। जैसे यह बीमारी ही है, इसके लिए मुझे ज्योतिषी नहीं चाहिए। कई साल पहले एक डायरी में मैंने लिखा था कि अब यह उम्र हो गई है और अगर यह जोड़ें कि मेरे पिता ने जितना दिया था उतना ही जीना है तो मेरे जीवन के अब 18 साल ही बचे हैं। उसमें मैंने लिखा था कि आखिरी तीन–चार साल तो बीमार रहेंगे। अस्पताल में बीतेगा। मेरे पिता का निधन 1974 में हुआ था।

मेरे बड़े भाई चन्द्रशेखर प्रसाद सिंह की ज्योतिष में रुचि थी और वे हस्तरेखा के जानकार थे। उन्होंने मुझे एक पुस्तक दी थी। उसे मैं यदा–कदा पढ़ता था। एक बार इलाहाबाद में टी.एन. सिंह को मैंने हाथ दिखाया था। उन्होंने हाथ देखकर कहा, तुम ग्रेजुएशन से आगे नहीं पढ़ोगे। मैं रिसर्च में जाना चाहता था। उनके यह कहने पर मुझे बुरा लगा। लेकिन जो उन्होंने कहा वो सही निकला। उन्होंने यह भी कहा था कि तुम कई चीजें करोगे, कोई एक चीज नहीं करोगे। वो भी सही निकला। हमारे भाईसाहब कहते थे कि तुम्हारा बहुत जबरदस्त राजयोग है, लेकिन खण्डित है। वह भी सही निकला। काँग्रेस में एक थे टी.एन. शुक्ल। वे सरकारी कर्मचारी थे। मैं जब काँग्रेस से बाहर कर दिया गया था उस समय वे एक दिन आए। उन्होंने मुझसे कहा कि आपकी कुण्डली में एक साल का राजयोग है, कोई आपको रोक नहीं सकता। उसके बाद मैं नहीं कह सकता कि आपकी सरकार चलेगी या नहीं। उनकी बात भी सही निकली। मेरी पत्नी ने किसी पंडित से भृगु संहिता पढ़वाई थी। उन्होंने भी पहले बता दिया था।

मेरे बड़े भाई जब मारे गए थे, उससे कई साल पहले से वे कहते आ रहे थे कि अपने इस जन्मदिन के बाद मैं नहीं बचूँगा। वे पूरी तरह स्वस्थ थे, किसी से कोई दुश्मनी नहीं थी। वे मिलनसार थे। बस शिकार का कार्यक्रम बना और वे दुर्योग से गलत पहचान के भ्रम में डकैतों के हाथों मारे गये।

सवाल : क्या आप डायरी लिखते हैं?

जवाब : मैं डायरी लिखता था। छात्र जीवन में नियमित लिखता था। उसे एक बक्से में हिफाजत से रखा था। जब खोला तो देखा कि दीमकों ने चाट ली है। अब यदा–कदा डायरी लिखता हूँ।

पेंटिंग (चित्रकला)

सवाल : राजनीति छोड़कर आपने क्या पेंटिंग शुरू की?

जवाब : सक्रिय राजनीति छोड़ने की घोषणा से पेंटिंग की कहानी शुरू होती है। उसके बाद मेरी कई चित्र प्रदर्शनियाँ लगीं। राजनीति से हटे बगैर यह होता नहीं।

राजनीति ने मेरी संवेदनाओं को बहुत नुकसान पहुँचाया। राजनीति का पेशा पाखंड से भरा हुआ है। राजनीति में हमें वह सब व्यक्त करने का अवसर नहीं मिलता जो हम भीतर से महसूस करते हैं। राजनीति में आत्मसंतोष नहीं है। इसलिए मैंने तय किया कि मैं उन चीजों पर पकड़ कायम करने की कोशिश करूँगा जिनमें राजनीति में आने से पहले निपुण था। मुझे मालूम था, मैं इसे फिर से पूरी तरह नहीं पा सकता फिर भी मैंने राजनीति से संन्यास ले लिया।

मेरा मानना है कि समाज में राजनेताओं की जगह कलाकारों और वैज्ञानिकों को महत्त्व मिलना चाहिए।

सवाल : आपने इस तरह की कोई पहल की थी?

जवाब : जब मैं प्रधानमंत्री बना तो मैंने मशहूर वैज्ञानिक राजा रमन्ना को रक्षा राज्य मंत्री नियुक्त किया। राजा रमन्ना 1974 के पोखरण परमाणु विस्फोट के सूत्रधारों में थे।

सवाल : राजनीति और कला में आपको क्या अन्तर नजर आता है?

जवाब : राजनीति जनता के लिए एक कविता की तरह है। लेकिन राजनीतिज्ञों पर यह बात लागू नहीं होती है। राजनीतिज्ञ बाहरी प्रशंसा चाहता है। उसका उत्थान और पतन उसकी अपनी इच्छा पर निर्भर नहीं है। कला के क्षेत्र में ऐसा नहीं है। यहाँ सिर्फ आप होते है और आपकी अभिव्यक्ति होती है। अगर कोई आत्मस्वीकृति का आनंद उठा सकता है तो राजनीति एवं कला की दुनिया के फर्क को समझ सकेगा।

राजनीति में मुझे किसी तरह का असंतोष नहीं है। इसलिए कला को राजनीति के लिए मैं इस्तेमाल नहीं करता। राजनीति के लिए मेरे पास कई फोरम हैं–प्रेस, पब्लिक मीटिंग और जरूरत पड़ने पर लेख लिखकर अपने विचार व्यक्त कर सकता हूँ। पेंटिंग अपने आप में सामाजिक टिप्पणी हो सकती है। पेंटिंग में इशारा हो सकता है। उसकी मुझे सहायता लेने की जरूरत नहीं है क्योंकि हम अपनी बात सीधे लोगों तक पहुँचा सकते हैं। किसी विचार या भाव को अवाम तक सहज रूप में पहुँचाने का पेंटिंग एक जरिया है। यदि राजनीतिज्ञों को कवि का हृदय और चित्रकार का कौशल प्राप्त हो जाए तो क्या कहना।

सवाल : राजनीति से हटने के बाद पेंटिग ही क्यों?

जवाब : राजनीति में संतोष जनता से सीधे जुड़ने में मिलता है, जबकि चित्रकारी में कोई व्यक्ति खुद को अभिव्यक्त करने के लिए स्वतंत्र होता है। इसके लिए किसी की स्वीकृति पर निर्भर नहीं रहना पड़ता।

सवाल : पेंटिंग के लिए सक्रिय राजनीति छोड़ना क्या जरूरी था?

जवाब : मेरी दिक्कत यह है कि एक समय में एक काम में ज्यादा मन लगता है, कई बार बहुत ज्यादा लग जाता है। किसी लेखक ने कहा है कि जहाँ तर्क खत्म होता है, वहीं से कला शुरू होती है।

सवाल : आपकी पेंटिंग की विषयवस्तु क्या रहती है?

जवाब : उस समय जो मन में आता है वही पेंटिंग की विषयवस्तु बन जाती है। उदाहरण के लिए तुस्मानी की विपदा, पर्यावरण का उजाड़, स्त्रियों की मनोदशा, खोया हुआ प्यार मेरी चित्रकारी के विषय हैं।

एक कलाकार से एक व्यक्ति ने पूछा कि आपकी कला समझ में नहीं आ रही है। कलाकार ने कहा कि तुम चिड़िया के गाने को समझते हो? क्या उसका गाना अच्छा लगता है? उसने कहा हाँ। कलाकार ने कहा, तो समझ लो कि वैसे ही चित्रकारी भी है।

सवाल : इस पर पहले नहीं सोचते?

जवाब : नहीं, वह स्वतः होता है।

सवाल : और कविता?

जवाब : कविता भी, उस समय जो भाव में आया लिख दिया। कविता का भाव अकेला आता है। यह हो सकता है कि एक के बाद दूसरी कविता का भी भाव आए।

सवाल : किस तरह के मनोभाव में आप कविता लिखने बैठते हैं?

जवाब : आम तौर पर जब शान्तचित्त और विचार प्रवाह का भाव होता है, तभी कविता लिखी जा सकती है और ऐसे ही समय में चित्रकारिता भी हो सकती है। कविता विचार प्रवाह से उत्पन्न होती है। परन्तु चित्रकारी तो प्रत्युत्पन्नमति से होती है। पेंटिंग में काम करते हुए, ब्रश, पेपर और केनवास देखकर ही मूड बनने लगता है। अगर मूड न भी हो तो इधर–उधर स्केच करके हो जाता है।

पेंटिंग की प्रक्रिया के दो हिस्से हैं। पहले का संबंध आइडिया से है और दूसरा स्किल (शिल्प) से जुड़ा हुआ होता है। रचना की प्रक्रिया में आइडिया का महत्त्व ज्यादा

है। उसके बाद तो बच जाता है यह कि उसे कैसे प्रस्तुत किया जाए। आइडिया में विजुअलाइजेशन (चित्रात्मकता) का स्थान अत्यन्त महत्त्वपूर्ण है। यह कठिन काम है। उसके बाद रचना प्रक्रिया प्रारम्भ होती है। वह आसान नहीं होती। चित्र और कविता में यही फर्क है कि चित्र आधा–अधूरा बनाकर छोड़ा जा सकता है। उसे समय मिलने पर पूरा किया जा सकता है। लेकिन कविता के बारे में यह नहीं कह सकते हैं कि एक लाइन आएगी तो दूसरी भी तुरन्त आ जाए, आ भी सकती है और नहीं भी आ सकती है, उस पर अपना कोई नियंत्रण नहीं होता। कविता की हर पंक्ति के लिए निर्भर रहना पड़ता है। लेकिन चित्रकारी में ऐसी बात नहीं है। कई बार तो ऐसा होता है कि कुछ भी नहीं कर रहे हैं, ऐसे ही पेंट कर लेते हैं।

सवाल : पेंटिंग की शुरुआत आपने कब की?

जवाब : मेरी रुचि शुरू से रही है। हाईस्कूल और इंटरमीडिएट में थोड़ा स्केचेज और पेंसिल वर्क करते थे। वहीं पेंटिग की क्लास ज्वाइन की। उसके बाद दोस्तों या रिश्तेदारों के कहने पर तसवीर बनाने या पेंटिंग करने का सिलसिला शुरू हुआ। उसे अपने पास नहीं रखता था, जो कहता था उसे दे दिया करता था। यह 1954 तक चलता रहा। 1950 से 1954 तक मैंने पेंटिंग की। शादी के बाद कम पेंटिंग की। 1956 से 1983 तक सिर्फ दो पेंटिंग बनाईं। 1983 में मेरी छोटी उँगली में चोट लग गई थी। फ्रेक्चर हो जाने के कारण उसमें प्लास्टर लगा हुआ था। कुछ काम नहीं था तो उस समय अपनी भतीजी का एक पोर्टेट बनाया।

फिर पेंटिंग शुरू की 1994 में। मेरे ड्राइंग–रूम में जो पेंटिंग लगी हुई है वह उसी समय की है।

सवाल : सन् 1999 में आत्मनिर्वासन की मियाद खत्म हुई, जिसे आपने ही चुना था। उसके बाद राजनीतिक कामकाज की फिर से शुरुआत आपने कहाँ से की?

जवाब : चुनावी राजनीति में पड़ने का इरादा वापसी के बाद नहीं बनाया है। लेकिन राजनीति में सक्रिय हूँ। राजनीति वही है जो राज्य की नीति को प्रभावित करे। वह चुनाव के जरिए भी प्रभावित की जा सकती है और जनांदोलन के जरिए भी।

पूर्व प्रधानमंत्रीगण

सवाल : सन् 2000 में एक दिन पूर्व प्रधानमंत्रियों का जमावड़ा हुआ। किसका सुझाव था?

जवाब : पूर्व प्रधानमंत्रियों के मिलने का विचार और सुझाव संतोष भारतीय ने दिया था। वह चलता रहता तो अच्छा होता। उसे कोई राजनीतिक दिशा देने की बात

नहीं थी। एच.डी. देवगौड़ा उसे राजनीतिक मंच बनाना चाहते थे, लेकिन मेरा और इंद्रकुमार गुजराल का विचार था कि इसे एक संस्था के रूप में चलाया जाना चाहिए, राजनीतिक ग्रुपिंग करने की जरूरत नहीं है। इसमें परस्पर मतांतर था। पूर्व प्रधानमंत्रीगण तीन बार मिले, उसके बाद बात आगे नहीं चली।

सवाल : पूर्व प्रधानमंत्रियों का मिलना संस्थात्मक स्वरूप कैसे ले सकता था?

जवाब : हम लोग ज्वलंत समस्याओं पर चर्चा कर सकते थे। उनके हल के लिए रास्ता सुझा सकते थे। यह भी हो सकता था कि उन समस्याओं पर जनता को शिक्षित करने के लिए उसके बीच जाया जा सकता था।

सवाल : पूर्व प्रधानमंत्रीगण एक संस्था के रूप में काम करें, यह आप सोचते थे। उसका क्या हुआ?

जवाब : उसमें पहले आपस में मतांतर थे। शुरुआत ठीक हुई थी। फिर मिलना–जुलना कम हो गया। जब आई.के. गुजराल के बेटे ने भाजपा के सहयोग से चुनाव लड़ने का फैसला किया तो मतभेद खुलकर सामने आ गए। इन मतभेदों के चलते वह संस्था का रूप नहीं ले सका। हमने राजनैतिक संगठन नहीं बनाया। मिल–जुलकर कुछ सवालों पर अपनी चिंता प्रकट की। वह काम अब भी हम कर रहे हैं। प्रेस ने उसे दूसरे ढंग से प्रचारित किया। हमने जो कहा वह कर रहे हैं।

सवाल : कुछ मुद्दों पर आप लोगों में मतभेद दिखते हैं। वे क्या हैं?

जवाब : मतभेद हैं और रहेंगे। इसकी हमें आजादी है। मतभेदों के बावजूद हमारी एकता और प्रयास में कोई बाधा नहीं है। वह हमें रोकते नहीं हैं। यह एक मायने में अच्छा है। अगर हमने राजनीतिक मंच बनाया होता तो समस्या आती। मैंने साफ कर दिया है कि हमारी एकता आंदोलन तक है। हम राजनैतिक दल नहीं बना रहे हैं। लेकिन चंद्रशेखर और देवगौड़ा का अपना दल है।

(थोड़ा रुककर एक मतभेद को चिन्हित करते हुए विश्वनाथ प्रताप सिंह ने कहा) मैं चाहता हूँ कि उत्तर प्रदेश का बँटवारा हो। दो राज्य बनें। पश्चिम और पूरब के अलग–अलग राज्य हों। मुझे मालूम है कि चंद्रशेखर इससे सहमत नहीं हैं।

जनचेतना मंच

सवाल : पूर्व प्रधानमंत्रियों के मिलने का सिलसिला जब नहीं चल पाया, क्या जनचेतना मंच को बनाने का फैसला आपने किया?

जवाब : इसका पूर्व प्रधानमंत्रियों के मिलने से कोई लेना–देना नहीं है। राशन

कार्ड सबको मिले, इस मुद्दे पर संघर्ष शुरू किया जाए, यह सुझाव है। जब मैं प्रधानमंत्री था, तभी दिल्ली के झुग्गी–झोपड़ी वालों के लिए 40 करोड़ रुपए का अनुदान दिया था। उनके पास मेरे नाम का कार्ड अभी भी मौजूद है। तब यह आदेश दिया था कि झुग्गी–झोपड़ी वालों को जब भी उजाड़ा जाए तो उन्हें दूसरी जगह बसाया जाना चाहिए।

एक दिन कुछ लोग मेरे पास आए कि हमारी झुग्गियाँ तोड़ी जा रही हैं। मैंने तत्कालीन रेलमंत्री ममता बनर्जी और रेलवे बोर्ड के चेयरमैन से बात की। जहाँ झुग्गियाँ तोड़ी जा रही थीं वह वजीरपुर का इलाका है। रेलवे की जमीन पर पड़ी झुग्गियों को तोड़ा जा रहा था। मुझे बताया गया कि कोर्ट का आदेश है, इसलिए रेलवे कुछ नहीं कर सकता। ममता बनर्जी ने रेलवे बोर्ड के चेयरमैन को मेरे पास भेजा, उन्होंने अपनी विवशता प्रकट की।

सवाल था कि क्या करें? मैंने सोचा कि मेरे हाथ में सरकार की शक्ति है नहीं, अब इतना ही कर सकता हूँ कि जब भी झुग्गी–झोपड़ी तोड़ी जाएँ उस समय बुलडोजर के सामने खड़ा रहूँ। इस बारे में एक सभा वजीरपुर में रखी गई। वह 72 घंटे चली। मैं पूरे समय मौजूद रहा, सिर्फ नहाने–धोने के लिए घर आता था। मैंने प्रधानमंत्री अटल बिहारी वाजपेयी को झुग्गी–झोपड़ी की समस्या पर पत्र लिखा। एक दिन वृंदा कारंत ने मुझे सूचित किया कि जगमोहन उजाड़े गए झुग्गी वालों को वैकल्पिक जगह देने के लिए तैयार हैं। मैंने प्रधानमंत्री को लिखा कि जब इस समस्या पर विचार के लिए आप मीटिंग बुलाएँ, उस समय जगमोहन का रहना जरूरी है। उसके बाद प्रधानमंत्री अटल बिहारी वाजपेयी के यहाँ मीटिंग हुई, उन्होंने तत्कालीन शहरी आवास विकास मंत्री जगमोहन को बुला लिया। जगमोहन ने सकारात्मक रुख अपनाया। लेकिन वे जी.ओ. (गवर्नमेंट ऑर्डर) निकालने के लिए तैयार नहीं थे। उनका तर्क था कि जी. ओ. के बाद काफी लोग बाहर से चले आएँगे। मैंने कहा कि आप नीति बना रहे हैं और आदेश जारी करने के लिए तैयार नहीं हैं, यह तो बेतुका मामला है। उसके बाद वे जी.ओ. के लिए तैयार हुए और फैसला हुआ कि 1998 में जो बसे हैं उनको वैकल्पिक जमीन दी जाएगी।

एक और अवसर है, झुग्गी–झोपड़ी की लड़ाई का। हाई कोर्ट ने फैसला सुनाया कि 1990 के बाद की झुग्गियों को हटा दिया जाए और इसके बदले इनको कहीं बसाने की जरूरत नहीं है। इसके बाद झुग्गी वालों की बड़ी रैली हुई। उसमें उनके हक की आवाज उठाई गई। रैलियों का सिलसिला चला। एक रैली मई में हुई जिसमें एक लाख से अधिक आदमी मौजूद थे। कड़ी धूप में वे लोग जमे रहे, उत्साह इतना था कि वे लोग धूप में ही खड़े रहे। वह रैली दूसरी रैलियों से इस मायने में भिन्न थी कि उसमें सिर्फ गरीबों का ही मुद्दा था और जो दिल्ली में पहली बार उनके लिए ही की गई थी। उसके बाद प्रधानमंत्री के यहाँ दुबारा मीटिंग हुई, जिसमें दिल्ली के

उपराज्यपाल विजय कपूर भी मौजूद थे। उपराज्यपाल ने प्रधानमंत्री अटल बिहारी वाजपेयी को बताया कि वे हाई कोर्ट का आदेश लागू कराने की स्थिति में नहीं हैं। तोप लगाकर भी लोगों को उजाड़ा नहीं जा सकता। उन्होंने कहा कि जनचेतना मंच के रहते मैं इसे लागू नहीं करा सकता।

प्रधानमंत्री अटल बिहारी वाजपेयी चाहते थे कि हाई कोर्ट के फैसले के खिलाफ सुप्रीम कोर्ट का दरवाजा जनचेतना मंच खटखटाए। मैंने उनसे कहा कि जनचेतना मंच अपील में नहीं जाएगा। आपकी सरकार है, भले ही मैंने आपको वोट नहीं दिया लेकिन जनता ने आपको शासन का अधिकार सौंपा है। आपके पास कानून बनाने की ताकत है जो सुप्रीम कोर्ट से ऊपर है। हमारी आपसे उम्मीद है कि आप झुग्गी वालों के लिए कानून बनाइए। हम क्यों कोर्ट में भटकते फिरें, अगर अपील में ही जाना है तो सरकार क्यों न जाए। तब तय हुआ कि सरकार अपील में जाएगी। सन् 2004 में यमुना पुस्ते से झुग्गी वालों को उजाड़ा जा रहा था। उनकी लड़ाई में उनके साथ रहते हुए मैंने वहीं अपनी किमोथेरेपी कराई। उस समय डॉक्टर हिदायत देते हैं कि बाहर मत निकलिए, क्योंकि संक्रमण का खतरा रहता है।

हर झुग्गी–झोपड़ी वाले के पास मेरा टेलिफोन नम्बर है। एक बार मैं किसी तोड़–फोड़ की कार्रवाई को रुकवाकर घर लौट रहा था कि फोन आया कि एक जगह पर झुग्गी फिर तोड़ी जा रही है। मैं फौरन वहाँ पहुँचा लेकिन वहाँ वैसी कोई बात नहीं हो रही थी। अगले दिन मेरे घर 200–250 लोग आए। मैंने पूछा कि क्या हुआ, क्या झुग्गी तोड़ी जा रही हैं? उन लोगों ने कहा कि हम लोग आपसे माफी माँगने आए हैं। कल जब आपको वहाँ से फोन आया था उस समय पुलिस आई हुई थी एक हत्या की जाँच करने। पुलिस को देखकर एक औरत ने यह समझा कि वह झुग्गी हटाने आई है, इसलिए आपको फोन कर दिया और आप चले आए। मैंने उन लोगों से कहा कि इसके लिए इतने लोगों को आने की जरूरत नहीं थी। यह बात फोन से भी बता सकते थे।

यू.पी.ए. सरकार में भी झुग्गी वालों के साथ अन्याय जारी है। उन्हें उजाड़ा जा रहा है। मैंने और जनचेतना मंच ने उसके खिलाफ धरना दिया। झुग्गी वालों के अधिकार की रक्षा के लिए कोई कानून नहीं है।

किसान मंच

सवाल : किसान मंच आपने कब बनाया?

जवाब : उत्तर प्रदेश विधानसभा के पिछले चुनाव जो फरवरी 2002 में हुए, उससे पहले इसका गठन हुआ। अनेक लोगों की राय थी कि किसान मंच के कुछ लोगों को चुनाव लड़ना चाहिए। 10–15 उम्मीदवारों के नाम तय किए गए। मुलायम सिंह से

लोगों ने बात की। उन्होंने चार नाम माँगे लेकिन टिकट दिया सिर्फ एक को। भोला सिंह को उन्होंने इसके लिए तैयार कर लिया था। मुझे आश्चर्य हुआ कि 400 सीटों में वे किसान मंच को सिर्फ एक सीट दे रहे हैं। मैंने भोला सिंह को कहा कि आप वह टिकट लौटा दीजिए। लेकिन वे नामांकन पत्र दाखिल कर चुके थे। क्षेत्र में यह संदेश गया कि वे मेरी इच्छा के विरुद्ध लड़ रहे हैं, इससे उनको नुकसान हुआ। हालाँकि सौराँव ऐसा क्षेत्र है जिसमें मेरे समर्थन के बाद उनको हारना नहीं चाहिए था। उनके प्रचार में मैं आठवें दिन गया था। उससे उनका वोट बढ़ा, फिर भी हार गए। मैंने अपने पुराने साथियों को, चाहे वे किसी दल में हों, प्रचार के लिए नहीं कहा।

उस चुनाव में लोकमोर्चा के लिए मैं तीन सप्ताह तक उत्तर प्रदेश के विभिन्न क्षेत्रों में आता-जाता रहा। एक दिन क्षेत्र में रहता था और दूसरे दिन दिल्ली आकर डायलिसिस करवाकर फिर वापस जाता था। सपा और वामपंथी दलों के टिकट पर चुनाव लड़ रहे उम्मीदवारों के लिए मैंने प्रचार किया। मुलायम सिंह के निराशाजनक बर्ताव के बावजूद मैं प्रचार में गया क्योंकि भारतीय जनता पार्टी को हराना था।

चुनाव के बाद मैं खामोश हो गया और किसान मंच भी धीमा पड़ गया। जब राजा साहब, बस्ती के लक्षमेश्वर सिंह की तेरहवीं में मैं गया था वहाँ कुछ साथी आए। उन्होंने कहा कि आप फिर से अभियान शुरू करिए। मैंने कहा कि मैं अधिक वक्त नहीं दे पाऊँगा। महीने में दो बार आ सकता हूँ। उन लोगों के आग्रह पर किसान मंच की शुरुआत की। उसकी विधिवत् बैठक पिछले साल जुलाई में हुई। उसके बाद जनसभाओं का सिलसिला शुरू हुआ। ज्यादा समर्थन मिलने लगा तो एक यात्रा का कार्यक्रम बनाया गया। उसी समय अजित सिंह मेरे पास आए। उन्होंने कहा कि मैं इसमें शरीक होना चाहता हूँ। मैंने कहा कि भाजपा के अलावा इसमें कोई भी शामिल हो सकता है। इलाहाबाद, गोरखपुर, बस्ती और अयोध्या के कार्यक्रम बने। मैंने अजित सिंह से कहा कि आप अयोध्या में आ जाइए। अलीगढ़ के कैप्टन बलदेव सिंह बीच में पड़े थे। उन्होंने कहा कि अजित सिंह शुरू से ही आपके साथ रहेंगे।

समस्या तब आई जब राज बब्बर को सपा ने निकाल दिया। किसान मंच की जनवरी से अब तक तीन बैठकें हुईं। ज्यादातर लोगों का मत था कि किसान मंच से जुड़ा राजनीतिक दल बनना चाहिए। मेरा मत था कि इसे आंदोलन चलाने का मंच बना रहना चाहिए। इसका समर्थन सिर्फ हृदयनारायण शुक्ल ने किया। उस बैठक में मैंने 70–75 लोगों को बुलाया था। दिल्ली में बैठक हुई थी। दूसरी बैठक लखनऊ में हुई। वहाँ भी मेरे और हृदयनारायण शुक्ल के अलावा बाकी लोग राजनीतिक दल के पक्ष में थे। तीसरी बैठक दिल्ली में हुई, जहाँ लोगों ने राजनीतिक दल बनाने का आग्रह पुनः दोहराया। इन बैठकों में मैं अलग-थलग पड़ गया। लेकिन सोचा कि सबको साथ रखना है इसलिए राजनीतिक पार्टी बनाने का विचार करना चाहिए। जनमोर्चा की घोषणा इसी सिलसिले में हुई।

23 अप्रैल, 2006 को जनमोर्चा बना। राज बब्बर को उसका अध्यक्ष बनाया गया। इससे अजित सिंह नाराज हो गए। उन्होंने मुझसे कहा कि आपने आंदोलन चलाने की बात कही थी और आपने पार्टी बना दी। इससे पहले अजित सिंह ने मुझसे कहा था कि राज बब्बर जिस कार्यक्रम में जाएँगे वहाँ मैं नहीं जा सकता क्योंकि सपा से मेरा गठबंधन है। मैंने उनसे कहा कि आप किसान मंच के कार्यक्रम में आते रहिए। उन्होंने कहा कि अब आपकी पार्टी बन गई है इसलिए नहीं निभ सकता। मैं (अजित सिंह) सोचता था कि मेरी पार्टी को ही आप अपनाएँगे। चलते वक्त अजित सिंह ने मुझसे कहा कि मुझे अपने लोगों से बात करनी है। मैंने भी उनसे कहा कि मुझे भी अपने लोगों से बात करनी होगी, मैं राज बब्बर को नहीं छोड़ सकता।

उत्तर प्रदेश में किसान मंच और जनमोर्चा ने जो–जो कार्यक्रम किए उससे राज्य की जमीनी पार्टियाँ जुड़ने लगी हैं।

सवाल : पिछले दिनों आप केरल में किसानों की सभा में गए थे। कैसा अनुभव रहा?

जवाब : किसानों की वह पहली बड़ी रैली थी। कालीकट (कोझीकोड) में छह किलोमीटर लंबा जुलूस था। भीगते हुए आँधी–पानी के बीच किसान बड़ी संख्या में आए। वहीं यह फैसला हुआ कि कोचीन बंदरगाह को घेरा जाएगा।

सवाल : उस आह्वान पर किसानों की क्या प्रतिक्रिया थी?

जवाब : ग्यारह अक्टूबर को वीरेन्द्र कुमार ने उसे संगठित किया। एच.डी. देवगौड़ा और हम धरने में शामिल हुए। बंदरगाह के फाटक पर धरना था। गोदी कर्मचारियों ने किसानों की सहानुभूति और समर्थन में उस दिन जहाजों से सामान नहीं उतारा। यह अंतरराष्ट्रीय घटना मानी जानी चाहिए। वहीं पर पॉम आयल का पैकेट फाड़कर मैंने गिराया। बाद में पता चला कि उसे दुकानों से लोग उठाकर फेंक रहे हैं। केरल में चालीस लाख लोग नारियल के धंधे पर आश्रित हैं। पूरे दक्षिण में यह संख्या करोड़ों में है। आयात पर रोक हटने से इन पर भारी विपदा आ पड़ी है।

सवाल : क्या पडरौना जैसी घटना वहाँ दोहराई जा रही है?

जवाब : पडरौना और केरल में कुछ समानताएँ हैं। लेकिन घटनाएँ अलग–अलग हैं। पडरौना में किसानों के करोड़ों रुपए बकाया हैं। वे अपना हक माँग रहे हैं।

सवाल : उद्योग धंधे लगाने के लिए जमीनों का अधिग्रहण करना पड़ता है। कंपनियाँ जमीन मालिकों को पैसा भी देती हैं। आपने कई मौकों पर विरोध किया है। क्यों?

जवाब : बड़ी कंपनियाँ जब किसी राज्य में उद्योग धंधे लगाती हैं तो सरकार का व्यवहार बहुत गैरजिम्मेदाराना होता है। जैसे–उत्तर प्रदेश सरकार ने रिलायंस पॉवर प्रोजेक्ट को दादरी में प्लांट लगाने के लिए एक ग्राम समाज की 800 बीघा जमीन एक रुपए में रिलायंस को दे दी। वहाँ ओने–पौने दामों में रिलायंस को दो हजार एकड़ जमीन दिलवाई गई। जबकि उसे जरूरत मात्र 500 एकड़ की थी। क्या ऐसे में सरकार की जिम्मेदारी नहीं है कि वह किसानों के हित को ध्यान में रखे।

मार्च 2006 में मैं इसका विरोध करने के लिए हापुड़ गया था। वहाँ मैंने किसानों के हित में आवाज उठाई। मैंने वहाँ कहा कि मैं इस तरह के प्रोजेक्ट के विरोध में नहीं हूँ लेकिन अगर कोई कंपनी किसानों की जमीन का अधिग्रहण करती है तो उन्हें उस प्रोजेक्ट में 25 फीसदी हिस्सेदारी मिलनी चाहिए। इस बात की भी गारंटी हो कि हर परिवार से एक व्यक्ति को नौकरी मिले। आम तौर पर होता यह है कि पूँजीपति अपने लाभ को सुनिश्चित करते हैं और सरकार उनकी पिछलग्गू बनी रहती है। कंपनियाँ सीधे किसानों से बात नहीं करतीं। वे सरकार के जरिए अपना सारा काम निकालती हैं।

सवाल : किसानों के सवाल पर आंदोलन की कोई रूपरेखा आप बना रहे हैं?

जवाब : किसान संकट में है। उसकी खेती पर खतरा मँडरा रहा है। उसे लागत ज्यादा पड़ रही है और उपज का दाम उसके मुकाबले कम मिल रहा है। यह समस्या पूरे देश की है। उत्तर प्रदेश में गन्ना, धान और आलू की फसल का किसानों को उचित मूल्य नहीं मिला। ऐसे ही हर राज्य में वहाँ की उपज का किसान को लाभकारी मूल्य नहीं मिल रहा है। इन बातों पर विचार के लिए लखनऊ, दिल्ली और दक्षिण में कई गोष्ठियाँ हुई हैं। आंदोलन की एक रूपरेखा तैयार की गई है।

सवाल : आंदोलन की कितनी संभावना है?

जवाब : किसान अपने हक के लिए लड़ने को तैयार हैं। सरकार ने आयात नीति नहीं बदली तो आंदोलन होगा।

सवाल : मुद्दा क्या है?

जवाब : उपज पर किसानों को जितना खर्च करना पड़ रहा है उसके हिसाब से उन्हें कीमत नहीं मिल रही है। दामों में असंतुलन है। इससे उनको बचत नहीं हो पा रही है। पहले किसान घाटे में जाता है। फिर उसे घाटे को पूरा करने के लिए कर्ज लेना पड़ता है। उसके बाद वह कर्ज अदायगी के लिए या तो जमीन बेचता है या आत्महत्या करता है। पूँजी निवेश नहीं हो रहा है। सरकार भी पूँजी निवेश नहीं कर रही है और निजी क्षेत्र में भी पूँजी निवेश नहीं हो रहा है। सरकार की आयात नीति

ने किसानों को बर्बाद करना शुरू कर दिया है। उसकी व्यापकता देशव्यापी है। हिमाचल और जम्मू में सेब, पंजाब में गेहूँ हूँ, उत्तर प्रदेश और आंध्र प्रदेश में चावल, गुजरात, महाराष्ट्र, आंध्र प्रदेश में कपास, मध्य प्रदेश में सोयाबीन, दक्षिण में पॉम आयल, रबर आदि की खेती से जुड़े किसान और देशभर में दूध के धंधे से जुड़े गरीब लोग आयात नीति की चपेट में हैं। भारत सस्ता उत्पादक है। लेकिन उसको भारी सब्सिडी के मुकाबले खड़ा किया जा रहा है। अमेरिका, जापान, यूरोपियन यूनियन और आस्ट्रेलिया में खेती पर कुल मिलाकर 363 बिलियन डॉलर (एक अनुमान के मुताबिक यह रकम भारत में सकल घरेलू उत्पाद के बराबर है) की सब्सिडी दी जा रही है। इतनी बड़ी सब्सिडी देकर ये देश मार्केट इकोनोमी का व्याकरण बदल दे रहे हैं। फिर हम ही क्यों उस नियम को मानें? सरकार इसे देख नहीं रही है। खेती का आधार नष्ट हो रहा है। तबाही होने वाली है।

सवाल : उदारीकरण की समर्थक सरकार से इस मामले में क्या कोई उम्मीद की जा सकती है?

जवाब : हमें तीन साल का मौका मिला था। किसानों को इस दौरान तैयार किया जाता। विश्व व्यापार संगठन में समीक्षा का प्रावधान है। समीक्षा हो रही है। आयात की वस्तुओं को खोलने से पहले सौदा हो सकता था। शर्त लगाई जा सकती है।

सवाल : यह सरकार किसानों की हित–रक्षक होने का दावा करती है?

जवाब : असल में यह सरकार विदेशी किसानों की हित–रक्षक है। मेरे कार्यकाल में खाद्य तेल में देश 96 फीसदी आत्म–निर्भर था। तब चार फीसदी बाहर से मँगाना पड़ता था। अब वह बढ़कर 40 फीसदी हो गया है। हमें नौ हजार करोड़ रुपए इस मद में खर्च करने पड़ रहे हैं। मेरी समझ में नहीं आता कि सरकार यह नीति क्यों अपना रही है। विश्व व्यापार संगठन में संरक्षण का प्रावधान है। उसके प्रकार अलग–अलग हैं। कहीं पर तीन सौ फीसदी संरक्षण का प्रावधान है तो कहीं खेती की उपज पर डेढ़ सौ फीसदी संरक्षण दिया जा सकता है। सरकार उन प्रावधानों का उपयोग नहीं कर रही है।

मुझे लगता है कि अगर स्वदेशीकरण या भारतीयकरण की जरूरत है तो इस सरकार का स्वदेशीकरण या भारतीयकरण होना चाहिए। यह तो विदेशी सरकार जैसी है। सरकार की इन नीतियों से टर्म्स ऑफ ट्रेड उलट गया है। उत्पादक चाहे किसान हों या मजदूर घाटे में हैं।

सवाल : इस बारे में क्या आप प्रधानमंत्री को पत्र लिखेंगे?

जवाब : मैंने पहले भी पत्र लिखा है। फिर लिखेंगे और कहेंगे।

सवाल : आर्थिक सवालों पर असंतोष देशव्यापी है तो उसे जोड़ने का कोई प्रयास दिखता नहीं है?

जवाब : जो संगठन लगे हैं वे यह काम कर सकते हैं, वे संघर्ष की योजना पर बात कर सकते हैं।

सवाल : संभावना कितनी है?

जवाब : भरपूर संभावना है। असंतोष को चैनलाइज करने की जरूरत है। मुझे डायलिसिस की मजबूरी से गुजरना पड़ रहा है, नहीं तो मैं आपको आंदोलन की तारीख बता देता। मेरा मानना है कि जमीन आंदोलन के लिए तैयार है और गरम है।

सवाल : अगर आंदोलन का संगठन नहीं बना और नेतृत्व नहीं मिला तो अराजकता का खतरा कितना है?

जवाब : फुटकर आंदोलन होंगे। सरकार का दमन चक्र चलेगा। मैं यह कह सकता हूँ कि इस सरकार को चुनावी नतीजा भुगतना पड़ेगा। लोगों का गुस्सा फूटेगा और वह सरकार पर उतरेगा।

सवाल : क्या आप उदारीकरण के बाद की आर्थिक नीतियों के पूरे पुनर्मूल्यांकन के पक्ष में हैं?

जवाब : इस बारे में मैं मध्यमार्गी हूँ। उदारीकरण एक अस्त्र है। वह न दैत्य है और न देवता। उसकी उपयोगिता का फैसला हमको करना चाहिए। टोपी पहननी है। ऐसी बड़ी टोपी न पहनो कि आँख–कान ढक जाएँ। मैं एफ.डी.आई. (सीधे विदेशी निवेश) के पक्ष में हूँ। लेकिन किसानों से जुड़ी हुई जिन नीतियों पर सरकार अमल कर रही है उनके विरोध में हूँ।

सवाल : इस उदारीकरण को आप किस रूप में देख रहे हैं?

जवाब : यह पूँजी का उदारीकरण (फाइनेंशियल लिबराइजेशन) है जिसका उत्पादन की वास्तविकता से कोई लेना–देना नहीं है। उत्पादन की तुलना में दस गुना ज्यादा पूँजी इसमें लगी है। सालभर में जो पूरी दुनिया में कारोबार होता है वह वित्तीय लेन–देन में चार दिन के बराबर है।

बुनियादी बात यह है कि यह पूँजी का भूमंडलीकरण है। श्रम का नहीं है। एकांगी है। सारा दबाव इस बात पर है कि पूँजी की आवाजाही बेरोकटोक हो। श्रम की आवाजाही की चिंता नहीं है। अगर उत्पादन के हर अंग की आवाजाही बेरोकटोक हो तो अर्थव्यवस्था की अधिकतम क्षमता का उपयोग होगा। लेकिन पूँजी के भूमंडलीकरण की ताकतें हमारे सस्ते श्रमिक को अवसर नहीं देना चाहतीं। एक बात और समझ लेने

लायक है कि सूचना तकनीक उनका ही अस्त्र है। पूँजी का भूमंडलीकरण इसके जरिए ही आसानी से संभव बनाया जा रहा है। मेरा कहना है कि इस धारा में बिना सोचे–समझे अगर हम पड़े तो पता नहीं कहाँ पहुँचेंगे। हमें किनारे–किनारे चलने की रणनीति अपनानी चाहिए।

सवाल : उदारीकरण की नीतियों से एकाधिकार कायम होने का खतरा कितना है?

जवाब : हर क्षेत्र में एकाधिकार कायम होने के लक्षण हैं। खेती भी इसकी चपेट में आएगी। सरकार खेतों को बड़े घरानों के लिए खोलने जा रही है। यह हर लिहाज से गलत है। बाहर से अरबों–खरबों रुपया आ सकता है। धरती का एक टुकड़ा नहीं आ सकता। अगर विदेशी कंपनियाँ खेती के क्षेत्र में आ जाएँ तो उससे हमारी सार्वभौमिकता पर चोट आएगी।

सवाल : क्या कुछ विदेशी कंपनियों को जमीन दी गई है?

जवाब : बातचीत चल रही है। तर्क दिया जा रहा है कि बहुराष्ट्रीय कंपनियों को रेगिस्तान या ऊसर जमीन दी जाएगी। मैं कहता हूँ कि यह भूमि भूमिहीनों को दे दीजिए, वे इसे हरा–भरा कर देंगे। सरकार में 'स्व' की सोच नहीं रह गई है। देश है पर उसके सामने 'वि' लगा दिया गया है। मैंने वित्तमंत्री के नाते उदारीकरण के लिए रास्ते खोले।

सवाल : किसान मंच के गठन की जरूरत आपको क्यों महसूस हुई?

जवाब : अर्से से मैं महसूस कर रहा हूँ कि भारत सरकार और राज्य सरकारें किसान और गरीब इन दोनों तबकों की उपेक्षा कर रही है। किसान मंच इन्हीं दोनों वर्गों के लिए काम कर रहा है।

सवाल : पिछले दिनों किसान मंच की दो दिनों की बैठक आपने अपने निवास पर बुलाई उसमें विचार–विमर्श हुआ। उसका निष्कर्ष क्या है?

जवाब : यह फैसला हुआ कि किसान और गरीबों की समस्याओं को संघर्ष के जरिए उजागर किया जाए। गरीबों में बुनकर भी शामिल हैं। समस्या देहात की है। किसान कई तरह के बोझ से दबता चला जा रहा है। खेती का धंधा घाटे का हो गया है। किसानों को जो डीजल मिलता है वह महँगा हो रहा है। बिजली समय पर आती नहीं है। खाद महँगी हो गई है। पानी की दर महँगी हो गई है। उधर किसान अपने उत्पादन का बाजार में उचित मूल्य नहीं पा रहा है। जब वह अनाज लेकर बाजार में बेचने जाता है उस समय उसे सही भाव नहीं मिलता। सरकार समर्थन मूल्य की घोषणा

तो करती है लेकिन वह चुनावी घोषणा जैसी धोखापट्टी हो गई है। क्रय केन्द्र किसानों को निराश करने के लिए बनाए गए हैं। क्रय केन्द्र वाले उसे खोलते ही नहीं हैं। खोलते हैं तो कहते हैं कि बोरे आदि नहीं हैं। फिर यह नतीजा होता है कि किसानों को बगल के बनिया को अपना माल बेचना पड़ता है और बनिया केन्द्र को समर्थन मूल्य के दाम पर दे देता है। इसमें सरकारी कर्मचारियों और अढ़तियों में पैसा बँट जाता है। इसी तरह किसानों को जो कर्ज दिया जाता है वह ऊँची दर का है। कार के लिए सात फीसदी ब्याज पर बैंक एक तरफ कर्ज दे रहे हैं तो दूसरी तरफ ट्रैक्टर के लिए कर्ज की दर बारह फीसदी है। सूखा और बाढ़ आदि से फसल की बर्बादी हो जाने पर किसान आत्महत्या के लिए विवश हो रहा है। पिछली सरकार ने किसानों की समस्याएँ बढ़ा दी थीं। वह इस सरकार में भी जारी है।

सवाल : इस समय सबसे बड़ा सवाल क्या है?

जवाब : भारत सरकार आस्ट्रेलिया से 5 लाख टन गेहूँ आयात कर रही है। उसे आने में दो महीने लग जाएँगे। तब तक रबी की नई फसल भी तैयार हो जाएगी। मैं पूछना चाहता हूँ कि भारत सरकार आस्ट्रेलिया से गेहूँ क्यों मँगवा रही है? अगर पहले गेहूँ मँगवा लिया जाता तो संकट को दूर करने में उससे मदद मिलती। गेहूँ मँगवाने का औचित्य उस समय सरकार समझा सकती थी। गेहूँ मँगवाने की जरूरत सितंबर में थी। अब उसका कोई औचित्य नहीं है। रबी की फसल में गेहूँ का मूल्य जो किसानों को मिलेगा वह छः सौ पचास रुपए प्रति क्विंटल होगा जबकि आस्ट्रेलिया से नौ सौ पचास रुपए प्रति क्विंटल गेहूँ मँगवाया जा रहा है। पिछले साल के मुकाबले किसानों को समर्थन मूल्य 10 रुपया ज्यादा दिया जा रहा है जबकि सरकार के आँकड़ों के मुताबिक गेहूँ में खेती की लागत 28 गुना बढ़ गई है। इससे किसान की फसल बिकेगी नहीं और वह आत्महत्या के लिए मजबूर होगा। किसान मंच ने फैसला किया है कि इस मुद्दे पर संघर्ष का रास्ता अपनाएँगे। उसके लिए लोगों में चेतना फैलानी है।

सवाल : भारत सरकार की नीतियों को डब्ल्यू.टी.ओ. करार से बदल दिया गया है। क्या उसकी सही समझ किसानों में पैदा हो रही है?

जवाब : जब हम लोग डब्ल्यू.टी.ओ. के खिलाफ सभाएँ कर रहे थे, उस समय यह बात ख्याल में आई कि उसके कारण जिन नीतियों में सरकार ने बदलाव किया है उसके दुष्परिणाम पर लोगों को संगठित करना चाहिए। उसके बाद ही मैंने तय किया कि जहाँ जैसी समस्या है उसे उस क्षेत्र में उठाया जाए। किसानों की स्थानीय समस्याओं को उठाने से वे संघर्ष से जुड़ेंगे। जैसे गोरखपुर में किसानों का गन्ना मिल मालिकों पर बकाया है। हमारी चेतावनी के बाद उनको भुगतान होने लगा है। हमने कारखानों को घेरने की चेतावनी दी थी। मैंने सुना है कि गन्ना मिल मालिकों ने पाँच

करोड़ रुपये का भुगतान कर दिया है। एक मिल मालिक ने आश्वासन दिया है कि वह 26 फरवरी तक 14 करोड़ रुपए का भुगतान कर देंगे।

सवाल : अभी–अभी आप वाराणसी के चंदौली क्षेत्र में गए थे। वहाँ की समस्या क्या है?

जवाब : वहाँ सात नहरें हैं जो दो–तीन जिलों में सिंचाई के लिए बनाई गई थीं। उनमें बारह वर्षों से पानी नहीं आ रहा है। उन नहरों की मरम्मत के लिए सरकारी कोष से 18 लाख रुपए निकाले जाते हैं। उन नहरों की हालत बदतर हो गई है। किसानों ने उन नहरों को पाटने का फैसला कर लिया था। मैंने उन्हें समझाया और कहा कि यह नकारात्मक कदम होगा। बेहतर होगा, हम नहर पाटने की बजाए उसे और गहरा करें।

सवाल : कहा जाता है कि वह नक्सली क्षेत्र है। आपका अनुभव क्या है?

जवाब : किसान मंच के लोग वहाँ मेरे जाने से 15–20 दिन पहले गए थे। उन लोगों ने पूछा कि नक्सली कौन है यहाँ तो वहाँ के लोगों का जवाब था कि कोई बाहर से यहाँ नहीं आता। हम लोग ही यहाँ रहते हैं। एक नौजवान ने कहा कि मैं ही नक्सली हूँ। पानी नहीं मिलता इसलिए हम लोग नक्सली हो गए हैं। उन लोगों ने वहाँ की सभा में पूरा सहयोग दिया।

सवाल : अगला कार्यक्रम क्या है?

जवाब : उत्तर प्रदेश सरकार ने औद्योगिक विकास परिषद बनाई है जिसमें तमाम औद्योगिक घराने जैसे रिलायंस, गोदरेज आदि के लोग हैं। मेरा उत्तर प्रदेश सरकार से कहना है कि जब आप उद्योग के विकास के लिए परिषद बना सकते हैं तो किसानों के लिए परिषद क्यों नहीं बनाई? जो कृषि क्षेत्र में काम कर रहे हैं उनको मिलाकर कृषि विकास परिषद बनाई जानी चाहिए। इसी माँग के लिए मैं पाँच मार्च को लखनऊ मीटिंग करने जा रहा हूँ। उसके बाद 'डेरा डालो घेरा डालो' का संघर्ष छेड़ा जाएगा। जब तक सरकार मानेगी नहीं, तब तक संघर्ष चलता रहेगा।

सवाल : आपने संघर्ष के मुद्दे और क्षेत्र खोज लिए हैं। क्या दिल्ली के आसपास भी कोई मुद्दा है?

जवाब : नोएडा में रिलायंस को पॉवर स्टेशन बनाने के लिए मुफ्त में जमीन दी गई है। उस औद्योगिक घराने की ओर से कहा जा रहा है कि 2009 से पहले तो कुछ पूछिए ही मत। जमीन आज ली गई है और पॉवर स्टेशन पता नहीं कब बनेगा। गाँव की जमीन ले ली गई है। जो सामिलात जमीन थी वह भी ले ली गई है। इससे जानवरों

को संकट झेलना पड़ रहा है। खेती चली गई और जानवर चले गए। फिर वहाँ के किसानों का क्या होगा? वहाँ एक सभा हुई थी जिसमें काफी लोग आए थे। उस संघर्ष में मुझे शामिल होना है। मेरी माँग है कि जिस तरह औद्योगिक घरानों को सुविधाएँ दी गई हैं वैसी ही सुविधाएँ किसानों को भी दी जाएँ। रिलायंस के लिए मुलायम सिंह की सरकार ने 2500 एकड़ जमीन ली है और उसका दाम रिलायंस से एक रुपया लिया गया है।

सवाल : वाजपेयी सरकार ने मात्रात्मक प्रतिबंध हटाकर आयात के दरवाजे खोल दिए थे। उससे जो बदहाली पैदा हुई है उस पर यू.पी.ए. सरकार से आपकी माँग क्या है?

जवाब : हम केन्द्र सरकार से मोटे तौर पर दो माँगें कर रहे हैं। मात्रात्मक प्रतिबंध लगाएँ और वाजपेयी सरकार के फैसले को बदलें क्योंकि किसानों की आत्महत्या में उस प्रतिबंध के हटाए जाने का भी हाथ है। मात्रात्मक प्रतिबंध हटा लिए जाने के कारण कपास के किसान संकट में पड़ गए हैं। यू.पी.ए. सरकार से दूसरी माँग यह है कि किसानों को दिए जाने वाले कर्ज की दर कम करे।

सवाल : सुना जा रहा है कि अमेरिकी राष्ट्रपति के आने पर भारत सरकार हरित क्रांति के दूसरे चरण की घोषणा करेगी। क्या इसे आप सही कदम मानेंगे?

जवाब : भारत सरकार पहले इसका मतलब बताए। अगर उससे बहुराष्ट्रीय कंपनियों को खेती में आने और फैल जाने का अवसर मिलता है तो यह बहुत घातक होगा। किसान उनकी शर्तों को पूरा नहीं कर पाएँगे। उनकी जमीन छिन जाएगी। होना यह चाहिए कि हरित क्रांति के पहले चरण का मूल्यांकन हो। यह पता चले कि उसके फायदे और नुकसान क्या–क्या हुए। कोकोकोला के प्लांट जहाँ–जहाँ लगे उसके आसपास के किसानों की फसल मारी जा रही है। वहाँ पीने के पानी का अभाव हो गया है। किसानों की कीमत पर देश के उच्च और उच्च मध्यम वर्ग के लिए सुविधाएँ जुटाई जा रही हैं। क्या हरित क्रांति के दूसरे चरण में इसी एजेंडे को आगे बढ़ाया जाना है? मुझे जहाँ तक जानकारी है कि बहुराष्ट्रीय कंपनियाँ बीज, खाद आदि अपना रखेंगी और किसानों को उन्हें खरीदना होगा। उसी तरह ठेके पर खेती का रिवाज शुरू हो जाएगा। खेती की लागत बढ़ जाएगी।

सवाल : आर्थिक उदारीकरण व गरीबों के हितों में विरोधाभास क्यों हो गया?

जवाब : इसलिए कि जिस तरह से उदारीकरण का अंधानुकरण हुआ उसके कुप्रभावों से गरीबों की क्रयशक्ति को बाजार की ताकतें निगल गईं। आर्थिक सुधारों की दिशाहीनता गरीबों का अस्तित्व स्वीकार नहीं कर पाई। दूसरी ओर सत्ता व व्यवस्था

में बैठे लोगों के मन में गरीबों के दर्द की सुध लेने की इच्छाशक्ति खत्म हो गई।

सवाल : ऐसे कौन से मुद्दे हैं जो आपके दौर से लेकर अब तक महत्त्वपूर्ण बने हुए हैं?

जवाब : मेरी नजर में विकास और गठबंधन सरकार चलाना दो ऐसे सवाल हैं जो आज पहले की अपेक्षा ज्यादा गंभीरता से शुमार हो रहे हैं। इसे मैं एक अच्छा संकेत मानता हूँ कि जाति और धर्म के सवालों से ऊपर उठकर सरकार व विपक्ष विकास के सवाल पर वोट माँग रहे हैं।

क्षेत्रीय दलों की केंद्रीय भूमिका की मजबूत नींव मेरी सरकार के दौर में ही पड़ी थी।

सवाल : आपका सरोकार क्या है?

जवाब : जो गरीब तबका है, किसान तबका है, सरकार की पूरी स्कीम में उसको जगह नहीं मिल रही है। जबकि सबसे बड़ा भारत वही है। यह चिन्ता की बात है। बाजार की अर्थव्यवस्था में यह तबका कैसे एडजेस्ट करेगा, क्या होगा, उसे इस अर्थव्यवस्था में क्या मिलेगा, इस पर राष्ट्रीय स्तर पर बहस होनी चाहिए। भारत सरकार सिर्फ उसे सेंसेक्स से संतुष्ट करना चाहती है।

सवाल : प्रधानमंत्री के रूप में जो काम आप नहीं कर सके, उनकी सूची क्या है?

जवाब : मैं आदिवासियों के लिए एक कार्ययोजना बनाना चाहता था। युवा परिषद की मेरी योजना थी। प्रबंधन में श्रमिकों की भागीदारी को सुनिश्चित करना चाहता था। कश्मीर पर आम सहमति बनाने का प्रयास था। सार्वजनिक उपक्रमों को मौजूदा अर्थव्यवस्था में अधिक प्रासंगिक और उपयोगी बनाने का विचार था, ताकि साधारण लोग बाजार की शक्तियों पर आश्रित न रहें।

अध्याय : ग्यारह

मुद्दे की बात

अध्याय परिचय

इस अध्याय में विश्वनाथ प्रताप सिंह के विचार हैं। वे चुने हुए मुद्दों पर इस समय जो सोच रहे हैं, उसे उन्होंने अभिव्यक्त किया है। सामाजिक न्याय के बारे में जब भी चर्चा छिड़ती है, वह बिना विश्वनाथ प्रताप सिंह के पूरी नहीं हो सकती। सामाजिक न्याय की अपनी अवधारणा से वे जरा भी विचलित नहीं हुए हैं, उसका विकास किया है। जो लोग मंडल आयोग की सिफारिशों को नौकरी और रोजगार में सीमित करते हैं उनके लिए विश्वनाथ प्रताप सिंह का जवाब है–'मैं सत्ता पर जोर दे रहा हूँ क्योंकि मूलतः मंडल सत्ता देने का एक साधन है, न कि नौकरी का साधन। यदि हम वृहत्तर आयाम में देखें तो इस दृष्टि से मंडल पूर्णतः सफल रहा है। मंडल आयोग की सिफारिशें लागू होने के बाद से पंचायत से लेकर संसद तक सभी न्याय देने वाली संस्थाओं में वंचित वर्ग की भागीदारी बढ़ी है और यह सब सामाजिक न्याय का बिल्ला लगाने वाले व्यक्तियों और दलों की स्थिति के बावजूद हुआ है। सत्ता के ढाँचे में वंचित वर्गों के पक्ष में सामाजिक चेहरे में एक बड़ा परिवर्तन हुआ है। पहले राजनीतिक सत्ता ढाँचा सामाजिक सत्ता ढाँचे के अनुरूप होता था। मंडल की विशेषता यह है कि इसने उन वर्गों के पक्ष में सत्ता का संतुलन झुका दिया, जिन्हें पहले सत्ता में भागीदारी नहीं मिलती थी। स्वतंत्रता के बाद ऐसा पहली बार हुआ है। यदि क्रांतियों का संबंध सत्ता के वास्तविक हस्तांतरण से है तो मंडल एक ऐसी ही क्रांति है। मंडल ने समाज के एक छोटे वर्ग द्वारा सत्ता पर जमाए अधिकार को झकझोर दिया है और समाज का एक बड़ा वर्ग अब सत्ता में कहीं अधिक भागीदारी कर रहा है।'

उनका कहना है कि 'मंडल एक ऐतिहासिक प्रक्रिया बन गया है। इस मायने में

राजनीतिक दलों में विवाद नहीं है। हर दल ने इसके सामाजिक दर्शन को अपनाने का प्रयास किया है। इस रूप में राजनीतिक प्रक्रिया भले ही पूरी हो गई हो, लेकिन सामाजिक स्तर पर विवाद अनेक आशंकाओं के चलते जब–तब छिड़ता ही रहता है। नया विवाद जो इस समय छिड़ा है, उससे पुनः अनेक नए प्रश्न खड़े हो गए हैं। काफी पहले सुप्रीम कोर्ट ने अपना फैसला सुनाया था। उससे विवादों का अंत हो जाना चाहिए था, जो नहीं हुआ।

विश्वनाथ प्रताप सिंह को पता है कि उनकी छवि एक जमात में बिगड़ी तो दूसरी जमात में उनके प्रति आदर बढ़ा। इससे वे बेपरवाह–से हैं। यह रहा पुराना विवाद का विषय। इसके बारे में ज्यादा चर्चा अब नहीं है। लेकिन जब मुलायम सिंह ने इसमें दखल दिया तो विश्वनाथ प्रताप सिंह लखनऊ जाकर बोले कि वे सामाजिक न्याय के लिए सूली पर चढ़ने को तैयार हैं। क्या उदारीकरण और भूमंडलीकरण के इस दौर में आरक्षण का औचित्य है? इस पर उन्होंने जो कहा है वह है–'सुधार के लिए जब आवाज उठने लगी तो राज्य तंत्र ने इसे अपना जिम्मा माना। उसने ऐसे कुछ कदम उठाए। अब जबकि राज्य तंत्र के बहुत सारे काम निजी क्षेत्रों में चले गए हैं तो यह उनका फर्ज बनता है कि वे अपनी इस सामाजिक जिम्मेदारी का भी निर्वाह करें। जब निजी क्षेत्र राज्य के बहुत सारे धंधे लेता जा रहा है तो उसे यह जिम्मेदारी भी लेनी पड़ेगी। जब अमेरिका में भी इस तरह की जिम्मेदारी निजी क्षेत्र उठा रहे हैं तो यहाँ क्यों नहीं हो सकता। आखिर अमेरिका तो पूँजीवाद का पोप है। उसके यहाँ भी रिजरवेशन है जबकि काले वहाँ छोटी मेनॉरिटी हैं। विडंबना यह है कि हमारे यहाँ समाज का बड़ा हिस्सा दबा हुआ है।'

विश्वनाथ प्रताप सिंह के सरोकारों का दायरा बड़ा है। जहाँ वे लोकतंत्र पर खतरों की बात करते हैं, वहाँ भी उनके विचार लीक से हटकर हैं। जैसे कि आतंकवाद क्यों पैदा हुआ? 'बहुत कुछ इस पर निर्भर करता है कि आप लोकतंत्र को चलाते कैसे हैं। मैं मानता हूँ कि कश्मीर में आतंकवाद इस कारण पैदा हुआ कि वहाँ लोकतांत्रिक व्यवस्था और लोकतंत्र के बुनियादी मूल्यों के साथ राजनीतिक स्वार्थवश छेड़छाड़ की गई। वहाँ जिस तरह चुनाव कराए गए उससे ही आतंकवाद की उत्पत्ति हुई। यह अलग बात है कि बाद में पाकिस्तान ने वहाँ आतंकवाद को बढ़ाने में अपनी भूमिका अदा की। ऐसा ही उदाहरण पंजाब का है। जब वहाँ अकाली दल की सरकार बनती थी तो उसे तोड़ दिया जाता था। उसकी प्रतिक्रिया में आतंकवाद पैदा हुआ।'

वे नहीं मानते कि संविधान में खोट है। अगर कुछ है तो भाजपा क्यों नहीं अब उस मुद्दे को उठा रही है जिसकी सिफारिश संविधान समीक्षा आयोग ने की थी। नक्सली समस्या पर उनका कहना है–'इस समस्या पर सरकार को जिस तरह ध्यान

देना चाहिए था, नहीं दिया गया। भूमि सुधार नहीं हुआ। जो बड़े–बड़े भूमिपति थे वे बने हुए हैं। कागजात में हेराफेरी कर वे अपनी जमीनें बचाने में कामयाब हो गए हैं। समस्या का नया पक्ष यह है कि अब नये भूमिपति पैदा हो गए हैं। इसके नतीजे में नक्सली समस्या पैदा हुई है और बढ़ रही है।'

राष्ट्रीयता, भारत–पाक–बांग्लादेश महासंघ, धर्म और राजनीति, अंतरराष्ट्रीय आतंकवाद और वैश्वीकरण, नागरिकता का सवाल जैसे विषयों पर उनके विचार पढ़ने और समझने लायक हैं। उत्तर प्रदेश उनकी चिंता में शुमार है। 'मेरी चिंता उत्तर प्रदेश में मुद्‌दों को लेकर है। किसान, पिछड़े, बुनकर, मजदूर, नौजवान, दलित, हर तबके के गरीब हैं, इनका जो एक समूह है, उस पर सरकार का ध्यान नहीं है। पूँजीपति उत्तर प्रदेश की सरकार पर कुण्डली मारकर बैठ गए हैं। मानो जैसे उन्हीं की सम्पत्ति हो गई है उत्तर प्रदेश। जहाँ मर्जी होती है वहाँ जमीन ले लेते हैं, सरकार के जरिए। वे झुग्गी वालों को उजड़वा देते हैं।'

हाल ही में जनमोर्चा का पुनर्जन्म हुआ है। साफ है कि वह 1987 के जनमोर्चा से भिन्न होगा। क्या उसे उत्तर प्रदेश की राजनीति में विस्फोट करना है? इस पर विश्वनाथ प्रताप सिंह का कहना है– 'उत्तर प्रदेश में जनमोर्चा आणविक विस्फोट क्यों करेगा? मैं तो लोगों को जोड़ना चाहता हूँ। जनता की शक्ति को बढ़ाना चाहता हूँ। जनमोर्चा किसी के विरुद्ध नही है। वह दलितों, पिछड़ों और दबे हुए लोगों के पक्ष में है। वही उसका मुख्य मुद्‌दा है। सरकार हटाना या गिराना या विस्फोट करना उसका लक्ष्य नहीं है।'

क्या यू.पी.ए. सरकार अपना कार्यकाल पूरा कर सकेगी? 'मैं समझता हूँ कि यू. पी.ए. की सरकार पाँच साल चलेगी। उसके बाद कम्युनिस्टों के नेतृत्व में एक और सेकुलर राजनीतिक ताकत तैयार होनी चाहिए। विपक्ष का क्षेत्र अगर खाली पड़ा रहेगा तो भाजपा एक दिन राज करेगी। हम लोग सिर्फ सत्तारूढ़ दायरे और उसकी जमीन पर बहस करते हैं। चिंता करनी चाहिए कि विपक्ष का धरातल भी कब्जे में रहे। सत्तारूढ़ पक्ष से जितना गुस्सा होता है वही विपक्ष की जमीन होती है। इसलिए जरूरी है कि एक सेकुलर विकल्प काँग्रेस का पैदा हो। ऐसा होने पर एक मॉडल (शासन और विपक्ष का) तैयार हो जाएगा। सेकुलर लोकतंत्र के लिए यह जरूरी है।'

काँग्रेस, भाजपा और तीसरा मोर्चा के बारे में उनके विचार परामर्श के रूप में हैं। वे मानते हैं कि काँग्रेस का रहना जरूरी है। भाजपा को उनकी सलाह है कि वह बुनियादी मुद्‌दों पर सोचे और अपनी कार्ययोजना बनाए। तीसरा मोर्चा में इस समय नेतृत्व का संकट है। उनके शब्दों में 'हमेशा क्रांतिकारी परिस्थिति नहीं होती।' तब 'प्रबंधन का दौर आता है।'

इसे बहुतों ने पूछा है। अब यह सवाल उनके घर में भी पूछा जा रहा है। 'कल मेरी नतिनी पूछ रही थी कि बाबा, क्या आप अपने राजनीतिक जीवन से संतुष्ट हैं? मैंने उससे कहा कि पहले तुमको मैं जीवन के बारे में बताता हूँ। मैं अपने राजनीतिक जीवन से संतुष्ट हूँ, लेकिन मैं अपने जीवन से असंतुष्ट हूँ। अगर मैं वैज्ञानिक शोध में जाता और पेंटिंग में लगा रहता तो अपने जीवन से ज्यादा संतुष्ट होता। लेकिन मैं अपने राजनीतिक जीवन से इसलिए संतुष्ट हूँ क्योंकि उसमें मैं जो चाहता था वो कर सका। राजनीतिक जीवन का बहुत बड़ा अनुभव भी मुझे मिला है।'

सामाजिक न्याय

सवाल : सामाजिक न्याय से आपका आशय क्या है?

जवाब : जब तक सामाजिक विषमता रहेगी, सामाजिक न्याय की आवश्यकता बनी रहेगी। यह कथन इस दशक के प्रारंभ में विश्वनाथ प्रताप सिंह का नहीं बल्कि दशक के अंत में प्रधानमंत्री अटल बिहारी वाजपेयी का है। मंडल ने जिस तरह राजनीतिक व्याकरण को बदला है वैसा पहले कभी भी नहीं हुआ है।

मंडल के समर्थक भले ही बिखर गए हों, लेकिन मंडल अपनी जगह है। यह कैसे हुआ कि जिसका विरोध समाज का शक्तिशाली ऊँचा तबका कर रहा था और जिसकी रचना करने वाली राजनीतिक व्यवस्था सत्ता में नहीं रही, वही मंडल आज भी एक सच्चाई के रूप में हमारे सामने है? यह मंडल आयोग की सिफारिशें देश के लिए अभिशाप थीं तो भाजपा और काँग्रेस के राष्ट्रप्रेम को क्या नाम दिया जाए, जिन्होंने न केवल मंडल को बनाए रखा बल्कि उसकी पुष्टि की और विस्तार भी दिया। मंडल किसी एक व्यवस्था या दल के कारण नहीं बचा हुआ है, इसके बचने का कारण समाज की उस बहुसंख्यक जनता में आई नई जागरूकता है जिसको चुनौती देने का साहस कोई नहीं कर सकता है।

वंचित वर्गों का नया नारा है 'सत्ता के लाभ नहीं बल्कि सत्ता की नकेल चाहिए।' इस मनोवैज्ञानिक परिवर्तन ने सत्ता की डायनामिक्स को ही बदल दिया है जिसके परिणामस्वरूप वंचित वर्ग नेतृत्व की अधिकाधिक भूमिका को निभाने लगा है।

मैं सत्ता पर जोर दे रहा हूँ क्योंकि मूलतः मंडल सत्ता देने का एक साधन है, न कि नौकरी का साधन। यदि हम वृहत्तर आयाम में देखें तो इस दृष्टि से मंडल पूर्णतः सफल रहा है। मंडल आयोग की सिफारिशें लागू होने के बाद से पंचायत से लेकर संसद तक सभी न्याय देने वाली संस्थाओं में वंचित वर्ग की भागीदारी बढ़ी है और यह सब सामाजिक न्याय का बिल्ला लगाने वाले व्यक्तियों और दलों की स्थिति के

बावजूद हुआ है। सत्ता के ढाँचे में वंचित वर्गों के पक्ष में सामाजिक चेहरे में एक बड़ा परिवर्तन हुआ है। पहले राजनीतिक सत्ता ढाँचा सामाजिक सत्ता ढाँचे के अनुरूप होता था। मंडल की विशेषता यह है कि इसने उन वर्गों के पक्ष में सत्ता का संतुलन झुका दिया, जिन्हें पहले सत्ता में भागीदारी नहीं मिलती थी। स्वतंत्रता के बाद ऐसा पहली बार हुआ है। यदि क्रांतियों का संबंध सत्ता के वास्तविक हस्तांतरण से है तो मंडल एक ऐसी ही क्रांति है। मंडल ने समाज के एक छोटे वर्ग द्वारा सत्ता पर जमाए अधिकार को झकझोर दिया है और समाज का एक बड़ा वर्ग अब सत्ता में कहीं अधिक भागीदारी कर रहा है।

मंडल एक राजनीतिक प्रक्रिया के बजाय एक ऐतिहासिक प्रक्रिया बन गया है। इसकी ताकत सभी राजनीतिक दलों को अपने साथ बहा रही है। अब जब कि सभी राजनीतिक दलों ने मंडल के समक्ष सिर झुका दिया है, इसके बारे में कोई विवाद नहीं रहा। भाजपा कभी मंडल की समर्थक नहीं थी और इसे ऐसी ताकत के रूप में देखती थी जो हिंदुओं को विभाजित कर देगी। अब पार्टी में अनुसूचित जाति एवं पिछड़े वर्ग के व्यक्तियों को बिठाकर एक नई नीति स्वीकार की है जिसने जाटों को भी आरक्षण की सीमा में ले लिया है और अब मुसलमानों को रिझाने में लगी है। क्षेत्रीय दलों को अपने साथ लेकर अब कार्यक्रम को पीछे ढकेलकर भाजपा तीसरे मोर्चे की नकल बनकर रह गई है। क्या भाजपा एक शातिर राजनीतिक दाँव चल रही है या इस बड़े राष्ट्र का शासन चलाने की वास्तविकताएँ शासकों को समझ आने लगी है? मुझे 1991 के संसदीय चुनाव में गोविंदाचार्य से हुई एक बातचीत याद आ रही है। उन्होंने कहा था, 'यह चुनाव जीतना हमारे लिए कोई समस्या नहीं है, जनता दल को उत्तर प्रदेश में 25 से अधिक सीटें नहीं मिलेंगी। हमारे लिए सबसे बड़ा खतरा सामाजिक दर्शन है, हमें उसका मुकाबला करना है।' भारतीय जनता पार्टी ने मंडल को स्वीकार करने की इस चुनौती का मुकाबला किया है—भले ही ऐसा विश्वास के कारण नहीं बल्कि रणनीति के कारण ही क्यों न किया गया हो।

आज भी मंडल बड़े घरों के शानदार ड्राइंग–रूमों में बहस का विषय है, भले ही उनसे जुड़े नौकरों के क्वार्टरों में यह उतनी प्रतिक्रिया न जगाता हो। प्रतिक्रिया इस पर निर्भर करती है कि सामाजिक विभाजन के किस पाले में मंडल पर बहस हो रही है। एक वर्ग मंडल को जाति व्यवस्था को मजबूत बनाने वाला मानता है और दूसरा इसे एक ऐसे हथियार के रूप में देखता है जो जाति व्यवस्था की जड़ों पर वार करेगा। हारवर्ड विश्वविद्यालय के डॉ. वार्ष्णेय ने स्पष्ट कहा है कि पिछड़े वर्गों ने उस लाठी को हाथ में ले लिया है जिसके सहारे आज तक उन्हें हाँका जाता रहा है। आज जाति की इस लाठी का उपयोग वे अपने हितों के लिए कर रहे हैं, इसीलिए सारा शोर मचा है। मंडल ने सामाजिक वास्तविकता को सबके सामने रखने का काम किया है। राजनीतिक दल बड़ी चतुराई से सामाजिक मुद्दों की अवहेलना करते रहे, क्योंकि इससे

वह सामाजिक यथास्थिति बिगड़ती थी जिस पर उनकी सत्ता निर्भर करती है। मंडल ने जातीय विभाजन को जन्म नहीं दिया, इसने तो समाज को दर्पण दिखाने का काम किया है। यह जाति की दिखावटी आलोचना से कहीं अधिक ईमानदार है। उच्चतम न्यायालय ने कहा है कि यदि जन्म के आधार पर किसी को पीड़ित किया जाता है तो पीड़ित की पहचान और उसे न्याय दिलाने के लिए जन्म को विचार में लाना होगा। यह जातिवाद नहीं है, बल्कि अतीत के अन्याय को दूर करने के लिए जाति का हवाला देने की विवशता है। यदि कोई डॉक्टर मरीज के जाँच पत्र में लिख देता है कि उसे निमोनिया हो गया है तो इसका अर्थ यह नहीं है कि उसने मरीज को निमोनिया का रोगी बना दिया। मंडल का बीज जातीयता नहीं है, बल्कि एक उत्पीड़क जाति व्यवस्था द्वारा समाज के बहुसंख्यकों को लगाए गए घावों को भरने की इच्छा है। यह भारत की विशेषता है कि जहाँ अन्य राष्ट्रों में वंचित अल्पसंख्यक होते हैं वहाँ हमारे देश में बहुसंख्यक वंचित हैं। यह जाति व्यवस्था की देन है।

सर्वोच्च न्यायालय ने मंडल को मुख्य आधार पर सही माना था, केवल कानूनी या तकनीकी आधार पर नहीं। जाहिर है न्यायाधीशों को न तो पार्टी के टिकट चाहिए थे और न ही वे राजनीतिक लाभ तलाश रहे थे। व्यापक हित में मंडल को मान्यता देने के सच्चे कारण थे। अगर अखबारों ने सर्वोच्च न्यायालय के रुख का जरा सा हिस्सा भी अपनाया होता तो इतने अधिक युवा जीवन नष्ट नहीं होते। प्रेस के एक हिस्से ने जानबूझकर आसानी से प्रभावित होने वाले उन युवा मनों के साथ खिलवाड़ किया, जिसके घातक नतीजे हुए।

मंडल की आँधी के समय पिछड़े वर्ग के कुछ लड़के मेरे पास आए और गुस्से से पूछने लगे, 'क्या हमारी गिनती अपने देशवासियों में नहीं है?' उन्होंने जो कहा, वह आँखें खोलने वाला था, 'अखबार हर दिन छाप रहे हैं कि सब युवा वी.पी. सिंह के खिलाफ हैं। हम कौन हैं? क्या हम युवा नहीं हैं? क्योंकि हम पिछड़े वर्ग में पैदा हुए हैं, क्या इसलिए हम सफेद बालों वाले हैं? सच यह है कि हमारी कोई गिनती ही नहीं। जब चीन और पाकिस्तान ने हमारी जमीन हड़प ली, तब किसी ने आत्मदाह नहीं किया। आपने संविधान के अनुसार हमें हमारा प्राप्य दिया और लोग आत्मदाह कर रहे हैं। इतनी उग्र प्रतिक्रिया क्यों? क्या हम इस देश की संतान नहीं हैं या हम विदेशियों से भी बदतर हैं? सवाल यह नहीं है कि हमें 30 प्रतिशत आरक्षण मिले या 3 प्रतिशत, सवाल यह है कि क्या समाज के उच्च वर्ग के हृदय में हमारे लिए एक प्रतिशत भी स्थान है? क्या एक बेहद छोटा अल्पसंख्यक वर्ग हर चीज पर पूरा हक जमाए बैठा रहेगा और अपार बहुसंख्यक लोगों को संवैधानिक अधिकारों से भी वंचित किए रहेगा?'

मुझे महसूस हुआ कि अगर हमारे युवा वर्ग के 80 प्रतिशत के हृदय में यह सब खामोशी से धधक रहा है तो हम एक बर्फ से ढके ज्वालामुखी के ऊपर बैठे हैं। मैंने इस आँधी का सामना करने का फैसला कर लिया।

एक चेतावनी देनी जरूरी है। जबकि पिछड़े वर्गों की सत्ता में भागीदारी बढ़ती जा रही है, उन्हें सबको साथ लेना होगा। समाज के किसी भी वर्ग को उपेक्षित नहीं किया जा सकता। घृणा का जवाब घृणा नहीं है। पुराने अन्याय को दूर करने की प्रक्रिया में हम नए शिकार पैदा नहीं कर सकते। जो भी घृणा करता है, घृणा उसी को नीचे ले जाती है। सामाजिक स्तर पर वास्तविक बदलाव कानून से नहीं आएगा, बल्कि तब आएगा जबकि लोगों के, जिनमें उच्च वर्ग के लोग भी शामिल हैं, दिल जीते जाएँगे।

केवल मंडलीकरण धर्मनिरपेक्षता के प्रश्न का उत्तर नहीं है। एक मंडलीकृत मगर साम्प्रदायिक रंग में रँगा पिछड़ा वर्ग अल्पसंख्यकों के विरुद्ध बेहद तेज हथियार बन सकता है। यही कारण है कि मंडल रणनीति में बिना किसी विश्वास के भी भाजपा को उसे अपनाने में दिक्कत नहीं हुई। धर्मनिरपेक्षता के बिना कोई सामाजिक न्याय नहीं हो सकता।

वास्तविक सामर्थ्य शिक्षा से आएगी, खासकर इस साइबर युग में। इसका ध्यान न सामाजिक न्याय के पक्षधरों को है और न उनके आलोचकों को। जनता को संगठित करना इसके लिए आवश्यक होगा, क्योंकि इस चुनौती का सामना केवल सरकारी साधनों की मदद से नहीं किया जा सकता। इस बारे में हमें अपने नोबेल पुरस्कार विजेता अमर्त्य सेन की बात सुननी चाहिए।

सामाजिक न्याय, जिसकी परिकल्पना समाज के उस वंचित वर्ग के विशाल मंच के तौर पर की गई थी, जिसमें सामाजिक तौर पर उच्च वर्ग के गरीब भी शामिल थे, अब जातीय गठजोड़ों की राजनीति बनकर रह गया है, जिसका एकमात्र उद्देश्य चुनाव जीतना है। इससे सामाजिक न्याय की शक्तियों में बँटवारा हुआ है। एक सामाजिक आंदोलन की जगह यह चुनावी हथकंडा बनकर रह गया है।

उम्मीद थी कि गरीब तबके से आने वाले नेतागण गरीबों की आवाज सत्ता के गलियारे तक लेकर आएँगे। पर दुर्भाग्यवश वे भी उन्हीं के नक्शे–कदम पर चल रहे हैं, जिनकी जगह उन्होंने ली है।

जब तक हमारा सामाजिक ढाँचा जाति संचालित है, हमारे यहाँ पूर्णतः जातिमुक्त राजनीति नहीं हो सकती, पर मुझे लगता है कि आने वाले वर्षों में जब गरीब तबका अधिकाधिक हाशिए पर सरकता जाएगा और किसानों की हालत लगातार और पतली होती जाएगी, आर्थिक मुद्दे जाति और धर्म की दीवारें तोड़ देंगे और राजनीतिक संगठन के लिए नए आधार बनाएँगे। भूखे पेट को न जाति भर सकती है और न धर्म।

सवाल : मंडल से आपकी छवि प्रभावित हुई। क्या यह आपको पता है?

जवाब : मुझे पता है कि बीस प्रतिशत आबादी जो ऊँची जातियों की है उसमें जरूर मेरी छवि बिगड़ी लेकिन पिछड़ी जातियों, दलितों और अल्पसंख्यकों में मेरी छवि बनी। छवि को जरूरी नहीं है कि चुनाव या दल से जोड़ा जाए। उसका स्वतंत्र

रूप मानना चाहिए। जहाँ तक छवि की बात है, दलित और अल्पसंख्यक मेरा आदर करते हैं लेकिन मैंने कोई राजनीतिक दल तो रखा नहीं अपने पास। इसलिए वे जहाँ ठीक समझते हैं वहाँ वोट करते हैं। उन्हें राजनीतिक दल का मैं अगर विकल्प देता हूँ तो वे इस पर विचार कर सकते हैं।

अगर छः महीने मिल जाते तो उसे मैं सही परिपेक्ष्य में रख पाता। संवाद के अभाव में सही संदेश नहीं पहुँच पाया। इसमें जातिवादी राजनीति से मुक्ति का मार्ग है। उसे समझने और समझाने की जरूरत है।

सवाल : जो अति पिछड़े हैं उनको सामाजिक, आर्थिक और सांस्कृतिक रूप में मजबूत करना इम्पॉवरमेंट है या सिर्फ उन्हें नौकरी देना?

जवाब : चाहे जो वर्ग हो, यह इम्पॉवरमेंट स्कीम है। यह रोजगार देने का कार्यक्रम नहीं है। इसमें कुछ वर्गों को केवल सहूलियत देने भर की बात नहीं है। उनको निर्णय प्रक्रिया में हिस्सेदार बनाना है। जहाँ फैसले होते हैं उन सब में उनकी हिस्सेदारी बढ़ानी है।

सवाल : मंडल ने अपनी सिफारिश में कहा कि आरक्षण तो सिर्फ कांफीडेंस बिल्डिंग है। आखिरकार भूमि सुधार और कृषि क्रांति में जाना होगा। इसके लिए आपकी योजना क्या थी?

जवाब : अपने जीवन की शुरुआत ही मैंने इससे की थी। मैंने अपनी जमीन दलितों में बाँटी। जब एम.एल.ए. और एम.पी. था तो भूमि आबंटन का मैं खुद ही अभियान चलाता था। मुख्यमंत्री था तो मैंने भूमिहीनों को जमीन का पट्टा दिलवाया। अपने प्रधानमंत्रित्व काल में राज्य सरकारों को इसके लिए तैयार कर एक राष्ट्रीय नीति बनवाना चाहता था।

सवाल : उदारीकरण के जमाने में जब निजी क्षेत्र बढ़ रहा है और सरकारी दखल कमतर होता जा रहा है, वैसी स्थिति में सामाजिक न्याय दिलाने की सरकार की क्षमता क्या पहले जैसी रह पाएगी?

जवाब : कोई भी वर्ग, चाहे उद्योग का हो, श्रम का हो, सामाजिक परिप्रेक्ष्य से बाहर नहीं रह सकता। यह हमारे देश की विडंबना रही है कि देश की बहुतायत संख्या को हमने अवसरों से वंचित किया। इस तरह उनकी प्रतिभा को कुंठित किया। देश की जिम्मेदारी होती है कि हम अपनी उस गलती को सुधारें।

सुधार के लिए जब आवाज उठने लगी तो राज्य तंत्र ने इसे अपना जिम्मा माना। उसने ऐसे कुछ कदम उठाए। अब जबकि राज्य तंत्र के बहुत सारे काम निजी क्षेत्रों में चले गए हैं तो यह उनका फर्ज बनता है कि वे अपनी इस सामाजिक जिम्मेदारी

का भी निर्वाह करें। जब निजी क्षेत्र राज्य के बहुत सारे धंधे लेता जा रहा है तो उसे यह जिम्मेदारी भी लेनी पड़ेगी। जब अमेरिका में भी इस तरह की जिम्मेदारी निजी क्षेत्र उठा रहे हैं तो यहाँ क्यों नहीं हो सकता। आखिर अमेरिका तो पूँजीवाद का पोप है। उसके यहाँ भी रिजरवेशन है जबकि काले वहाँ छोटी मेनॉरिटी हैं। विडंबना यह है कि हमारे यहाँ समाज का बड़ा हिस्सा दबा हुआ है।

सवाल : सामाजिक न्याय सत्ता में हिस्सेदारी के रूप में सामने आया है, फिर भी राज चलाने का तरीका पुराना ही है। क्या राजनीतिक–सामाजिक ताकतों के संतुलन से सामाजिक न्याय का दूरगामी लक्ष्य हासिल किया जा सकता है?

जवाब : मुख्यतः लक्ष्य यह था कि जाति विभाजन को काटते हुए जितने भी वंचित वर्ग हैं, दलित, पिछड़ा, अल्पसंख्यक, गरीब आदि की एक जमात बनाई जाए, जाति नहीं। इसका अपभ्रंश यह हो गया है कि अल्पसंख्यक और अपनी जाति को इस आधार पर संगठित कर इसे चुनाव के संगठन में बदल दिया गया है। यह सामाजिक क्रांति का जरिया बन सकता था, जिसे सत्ता पाने का जरिया बना दिया गया है। इस मायने में निश्चित है कि एक द्वंद्व आ गया है। इस द्वंद्व का स्वरूप समझ लेना चाहिए। आंदोलन समाज को जोड़ता है और दल उसे तोड़ता है। चुनाव उसे और ज्यादा तोड़ता है। कोई भी आंदोलन हो, दल और चुनाव उसे तोड़ते ही हैं। दल तो दल हैं, वे तोड़ेंगे ही।

मंडल आयोग ने अपनी सिफारिशों में जिन और बातों के लिए कहा था, जैसे–शिक्षा, भूमिसुधार आदि वे पीछे हो गए। इससे उसका स्वरूप ही बदल गया।

सवाल : सामाजिक न्याय की विचारधारा का शाश्वत स्वरूप क्या है?

जवाब : समाज को एक परिवार की तरह चलाया जाना चाहिए। वह आपसदारी से चले, सबको मिलाजुला कर चले। सबकी निर्णय प्रक्रिया में हिस्सेदारी हो।

लोकतंत्र, नक्सलवाद, राष्ट्रीय आतंकवाद और संविधान

सवाल : संसदीय लोकतंत्र भूमण्डलीकरण और उदारीकरण के संदर्भ में क्या इस सदी में भी कारगर रहेगा?

जवाब : बहुत कुछ इस पर निर्भर करता है कि आप लोकतंत्र को चलाते कैसे हैं। मैं मानता हूँ कि कश्मीर में आतंकवाद इस कारण पैदा हुआ कि वहाँ लोकतांत्रिक व्यवस्था और लोकतंत्र के बुनियादी मूल्यों के साथ राजनीतिक स्वार्थवश छेड़छाड़ की गई। वहाँ जिस तरह चुनाव कराए गए उससे ही आतंकवाद की उत्पत्ति हुई। यह अलग बात है कि बाद में पाकिस्तान ने वहाँ आतंकवाद को बढ़ाने में अपनी भूमिका अदा

की। ऐसा ही उदाहरण पंजाब का है। जब वहाँ अकाली दल की सरकार बनती थी तो उसे तोड़ दिया जाता था। उसकी प्रतिक्रिया में आतंकवाद पैदा हुआ।

यह बात भी समझ लेनी चाहिए कि हर जगह जो आतंकवादी हैं वे मुसलमान ही नहीं हैं, हिन्दू और मुसलमान दोनों हैं। कई राज्यों जैसे–असम, आंध्र प्रदेश में इस तरह की गतिविधियों में हिन्दू शामिल हैं।

देखिए, गरीब और दलित तबके की समस्या का अगर हल नहीं हुआ, उन्हें हताश–निराश अवस्था में अपने हाल पर छोड़ दिया और वे सरकार से इस कदर निराश हो जाएँ कि उन्हें कुछ नहीं मिलना है, कोर्ट भी उन्हें जब कोई राहत न दे सके तो वे अन्ततः नक्सलवादी रास्ते की तरफ जाते हैं। इसलिए जरूरी है कि हम अपने जनतंत्र को सजीव बनाए रखें। सरकार आम आदमी के सरोकार पर ध्यान दे। अफसरशाही ऐसी हो जो उसे लागू करे। खतरा तब और ज्यादा बढ़ जाता है जब सरकार बड़े घरानों की दास बन जाती है। फिर हिंसा को बढ़ने से नहीं रोका जा सकता। यह भी उतना ही सच है कि पूरी दुनिया में गरीबों को अपना वास्तविक लक्ष्य कभी हिंसा से प्राप्त नहीं हुआ। जहाँ हिंसक तरीके से सत्ता हासिल की जाती है वहाँ जनतंत्र की बलि दे दी जाती है। इसलिए उस पर एक बड़ा प्रश्नचिन्ह लग जाता है। कहा गया है कि जो लोग शांतिमय परिवर्तन को रोक देते हैं वे रक्तरंजित परिवर्तन का बीजारोपण करते हैं।

ऐसा है कि भूमंडलीकरण–उदारीकरण ये मात्र उपकरण हैं। जब उपकरण को ही आराध्य देव मान लिया जाएगा तो वह सही रास्ता नहीं हो सकता। लक्ष्य हासिल करने के लिए उस उपकरण का सही इस्तेमाल जरूरी है। इसमें मध्यम मार्ग ही सही है। अपने देश के परिप्रेक्ष्य में उतना ही उदारीकरण और भूमंडलीकरण जरूरी है जितना आम आदमी को रास आए। अगर भूमंडलीकरण और उदारीकरण का साफा बाँधना ही है तो यह ख्याल रखना पड़ेगा कि आँख और कान खुले रहें। नहीं तो गड्ढे में गिर जाएँगे। साफा भी अपने सर के साइज का ही बाँधना चाहिए।

एक समय ऐसा था जब हमने पब्लिक सेक्टर को देवता बना दिया। उसका योगदान महत्त्वपूर्ण है। लेकिन उसकी क्षमता घटती गई। जब तक पब्लिक सेक्टर को एकाधिकार प्राप्त था तब तक उसका योगदान रहा। जैसे ही प्रतिस्पर्धा का दौर आया वह ठहर नहीं सका। वह अंतर्राष्ट्रीय बाजार में अपना स्थान नहीं बना सका। इसलिए उसको घटाना पड़ा। इसी तरह भूमंडलीकरण और उदारीकरण को हर रोग में रामबाण मान लेंगे तो काम नहीं चलेगा। यह मानना भारी भूल होगी।

सवाल : जब यह प्रणाली अपनाई गई थी उस समय आतंकवाद नहीं था। अब उससे लड़ने के लिए ब्रिटेन और अमेरिका में भी लोकतंत्र में बदलाव किए जा रहे हैं। भारत में किस तरह के बदलाव की जरूरत आप देखते हैं?

जवाब : अनेक कानून पहले ही बनाए गए हैं। जिन कानूनों का दुरुपयोग हुआ है उन्हें हटा दिया गया है। मेरा ख्याल है कि इसमें दोतरफा प्रयास होना चाहिए। पहला कि आतंकवाद का मजबूती से मुकाबला करना होगा। हमें आतंकवादियों को यह साफ संदेश देना होगा कि इस रास्ते से सफल नहीं हो सकते। दूसरा, राजनीतिक उपाय भी करने होंगे जिससे कि आम आदमी और गरीब यह महसूस कर सकें कि उनकी समस्याओं का समाधान हो रहा है। यह भावना आते ही आतंकवादियों के लिए ठौर–ठिकाने खोजना मुश्किल होगा।

सवाल : नए संविधान की जरूरत जब–तब उठती रहती है। इसका मतलब है कि संविधान में कमी मानने वाले हैं। क्या आप भी संविधान में संशोधन और उससे पहले समीक्षा की जरूरत महसूस करते हैं?

जवाब : ऐसा लगता है कि गरीब के लिए कोई जगह नहीं बची है। कोर्ट भी उसके खिलाफ फैसला सुनाता है। सरकार परवाह नहीं करती। अफसर पहले ही कहाँ परवाह करते थे?

संविधान हमारा ठीक है। इसकी समीक्षा के लिए पिछली सरकार ने आयोग भी बनाया। समीक्षा आयोग ने जो सिफारिशें कीं, वे अच्छी हैं। उनमें गरीबों के हितों को ध्यान में रखा गया है इसलिए उसका नामलेवा भी कोई नहीं है। जिन लोगों ने आयोग बनाया था वे भी उसे भुला चुके हैं। भाजपा भी उसका नाम नहीं ले रही है। वे उसे मुद्दा क्यों नहीं बना रहे हैं। इसका जवाब दें। भाजपा विपक्ष में है, उसे विपक्ष की भूमिका में ही उन सिफारिशों को मुद्दा बनाना चाहिए।

संविधान में अखिल भारतीय न्यायिक सेवा की बात कही गई है। लेकिन कोई सरकार उस पर अमल नहीं करती। यह संविधान का दोष है या सरकारों का?

सवाल : पंचायती राज की संस्थाएँ जिस आधार पर बनी हैं, क्या उसी आधार पर संसद नहीं बननी चाहिए?

जवाब : पंचायत से संसद तक की सामाजिक बनावट बदल गई है। यह बिना आरक्षण के ही हो रहा है। आजादी के बाद सबसे बड़ी राजनीतिक क्रांति यही हुई है। हर पार्टी इसके लिए मजबूर हो गई है।

मैंने यह कहा था कि जब आर्थिक आधार पर आरक्षण की माँग उठाई जा रही है तो यही आधार संसद में क्यों नहीं लागू होना चाहिए। आबादी के हिसाब से आर्थिक आधार पर सीटें तय कर दीजिए।

सवाल : सांसद निधि का औचित्य आप मानते हैं?

जवाब : लोकसभा के एक क्षेत्र में करीब 35 करोड़ रुपये (सांसद और विधायक

का मिलाकर) खर्च होता है। पाँच साल में दस करोड़ सांसद को मिलता है। और पाँच करोड़ एम.एल.ए. को मिलता है। हर क्षेत्र में पाँच विधानसभा क्षेत्र होते हैं। इस तरह 35 करोड़ रुपये होता है। यह पैसा अगर शिक्षा पर खर्च होता या गरीबों के लिए खर्च होता तो वह उपयोगी हो सकता था। इस रकम का दक्षिण में बेहतर इस्तेमाल हो रहा है। वहाँ सांसद सिर्फ योजना बताता है। सरकारी एजेंसियाँ उस पर अमल करती हैं। लेकिन उत्तर भारत में सांसद योजना बनाने के अलावा ठेकेदार भी देता है। काम का सर्टिफिकेट भी वही देता है। इस तरह सांसद और ठेकेदार दोनों मिल जाते हैं। यहाँ भी दक्षिण की तरह काम करने वाली एजेंसी सरकारी हो। सरकारी एजेंसी भी पैसे खाती है। लेकिन जैसी अंधेरगर्दी सांसदनिधि में हो रही है वैसी नहीं होती।

सवाल : क्या भारत में नक्सली समस्या लोकतंत्र की विफलता का नतीजा नहीं है?

जवाब : इस समस्या पर सरकार को जिस तरह ध्यान देना चाहिए था, नहीं दिया गया। भूमि सुधार नहीं हुआ। जो बड़े–बड़े भूमिपति थे वे बने हुए हैं। कागजात में हेराफेरी कर वे अपनी जमीनें बचाने में कामयाब हो गए हैं। समस्या का नया पक्ष यह है कि अब नये भूमिपति पैदा हो गए हैं। इसके नतीजे में नक्सली समस्या पैदा हुई है और बढ़ रही है।

सरकार को चाहिए कि वह गरीबी कम करने या खत्म करने पर अधिक ध्यान दे।

सवाल : क्या यह व्यवस्था परिवर्तन की चुनौती नहीं है?

जवाब : बिल्कुल है। यद्यपि मैं मानता हूँ कि हिंसा से जनता को अंततः राहत नहीं मिलेगी। उससे सत्ता बदली जा सकती है। इस पद्धति से सत्ता परिवर्तन जहाँ–जहाँ हुआ है वहाँ–वहाँ इंसान की मौलिक स्वतंत्रता पर आघात पहुँचा है। उसे वह आजादी नहीं मिल पाती जो एक लोकतांत्रिक व्यवस्था में होती है। लेखक को एक ही लाइन पर लिखना पड़ता है। इधर–उधर की लाइन लेने पर उसे जेल जाना पड़ता है। कहना यह है कि विचारों की स्वतंत्रता छिन जाती है। इसमें अभिव्यक्ति की स्वतंत्रता और उसके हर पहलू पर अंकुश लग जाता है, लेखन, कला, साहित्य आदि। मैं इस तरह के रिजिमेन्टेशन (कठोर शासन) के बिल्कुल खिलाफ हूँ। एक इंसान के नाते यह मुझे स्वीकार नहीं है। मुझे अगर कोई यह निर्देश देने लगे कि किस तरह की कविता लिखूँ या चित्र बनाऊँ, यह कैसे हो सकता है। इसको जो न माने उसे प्रतिक्रांतिकारी करार दे दिया जाता है। इसलिए जनतंत्र ही एक सही रास्ता है।

सवाल : फिर इसे सरकारें कानून व्यवस्था का प्रश्न ही क्यों मानती हैं?

जवाब : सरकारें अगर इसे कानून व्यवस्था का विषय न मानें और दूसरे कारणों की खोज करने लगें तो उन्हें अपनी विफलता स्वीकार करनी पड़ेगी। सरकारें अगर इस समस्या की जड़ों में जाएँ तो यह बढ़े ही नहीं। कई बार मैं ही बोल पड़ता हूँ जब झुग्गियों को बिना दूसरी जगह दिये उजाड़ा जाता है और पूँजीपतियों को जमीन मिट्टी के मोल देकर गाँव के गरीबों को तार से नींव तक घेर लिया जाता है। उनका खलिहान, तालाब, चरागाह सब ले लिया जाता है। तब मैं ही कहता हूँ कि इसका मुकाबला लाठी–डंडा से करो। क्या करें? कोई सुनने वाला नहीं है।

एक घटना बताता हूँ। मैं बिनोवा भावे से मिलने पवनार आश्रम गया था। वहाँ कुछ दिन रहा। उनसे लोग मिलने आते थे। उनके समक्ष वे कुछ न कुछ बोलते थे। एक दिन ऐसी ही सभा में कहा कि करुणाजनित हिंसा, हिंसा नहीं है।

सवाल : करुणाजनित हिंसा किसे कहेंगे?

जवाब : आततायी की अपने बचाव में हत्या करुणाजनित हिंसा है। इसको यूँ समझिए, एक व्यक्ति दूसरे का गला दबाए हुए है तो वह अपने बचाव में गला दबाने वाले को खत्म कर देता है। अपनी जान बचाने के लिए जो हिंसा अपरिहार्य हो जाती है वही करुणाजनित है। आंदोलन में उसका व्यापक रूप हो जाता है। वहाँ व्यक्ति के बजाए समाज हिंसा का सहारा ले लेता है।

उत्पीड़न के खिलाफ जो बंदूक पकड़ लेते हैं उसे मैं समझ सकता हूँ। उसका औचित्य है या नहीं, इस पर बहस हो सकती है। लेकिन ऐसे युवकों को अपराधी नहीं कहा जा सकता। इसका जरूर ख्याल रखना पड़ेगा कि क्रांति की पद्धति और दिशा सही हो। नहीं तो वह जिन मानवीय मूल्यों के लिए की जाती है उसे क्रांति के संपन्न होने पर भुला दिया जाता है। इस मायने में लोकतंत्र बेहतर विकल्प है।

सवाल : जो नक्सली समूह इस समय सक्रिय हैं उनसे संवाद के बारे में आपने विचार किया है?

जवाब : जनमोर्चा जब पहली बार (2 अक्टूबर 1987) बना, उस समय मेरा उन समूहों से संवाद हुआ था। संवाद होना चाहिए।

राष्ट्रीयता

सवाल : आजादी के आंदोलन से जो राष्ट्रवाद हमारे यहाँ पैदा हुआ और जो सांस्कृतिक राष्ट्रवाद है इनका स्वरूप परस्पर विरोधी क्यों माना जाता है? क्या यह दो विचारधाराओं का टकराव है?

जवाब : आजादी की लड़ाई में महात्मा गाँधी ने हमें राष्ट्रवाद की जो अवधारणा दी उससे दूसरी धारा का टकराव है। यह दूसरी धारा आजादी की लड़ाई में नहीं थी। भारत माँ जब बलिदान माँग रही थी तो ये अपना मुंड बचाए घूम रहे थे। इनका राष्ट्रवाद अलग किस्म का रहेगा ही। गाँधी का राष्ट्रवाद सबको जोड़ने वाला था। इनका सांस्कृतिक राष्ट्रवाद लोगों को अलग करने वाला है। महात्मा गाँधी ने तमाम विरोधाभासों को हल करके रास्ता निकाला था। राष्ट्रीय स्वयंसेवक संघ ने अलगाव के बीज डाले। वह हिंदुओं के अलावा जो हैं उन्हें 'दूसरा' मानते हैं। हिंदू को राष्ट्र माना और दूसरों को गैर माना। एक बार यह लाइन ले लेने पर समस्या खड़ी हो जाती है कि गैर का क्या करें? उन्हें या तो समाप्त करें या उन्हें पाकिस्तान भेजने की बात की जाती है। उन्हें पाकिस्तान भेज नहीं सकते तो कहते हैं कि आप भारतीय बनो। इसका मतलब है कि ये लोग अपनी पहचान खत्म कर दें। जब संघ उदारता दिखाता है तो कहता है कि हमारा और इनका खून एक है। यह भी हजम करने का नजरिया है। तीन विकल्प हो गये–पाकिस्तान भेजना है, खत्म करना है या हजम करना है। ये न बने तो दबाकर रखना है।

सवाल : वैश्वीकरण में राष्ट्रवाद का क्या स्वरूप होगा?

जवाब : पहले राष्ट्रवाद के साथ पूँजीवाद चला। ये दोनों साथ चले, क्योंकि पूँजीवाद को राष्ट्रवाद का संरक्षण चाहिए था। राष्ट्र–राज्य उन्हें बाजार का विस्तार करने में सहायता करता था। जैसे रेलों को बिछाकर उन्हें सुगम परिवहन उपलब्ध कराया। वैसा राष्ट्रवाद पूँजी को अपने हितों के लिए भाता था। तब पूँजी का दायरा राष्ट्र–राज्य की सीमाओं में ही रहता था।

अब पूँजी का दायरा राष्ट्र की सीमाओं के परे हो गया है। उसके प्रवाह में राष्ट्र–राज्य बाधक बन रहे हैं। इसलिए पूँजी अपने–अपने देश की सरकारों पर दबाव डालकर नियम कानून बदलवा रही है। डब्ल्यू.टी.ओ. उसका एक जरिया है। इसमें एक मौलिक राजनीतिक प्रश्न पैदा होता है कि क्या सबकुछ बाजार के हवाले करना उचित होगा। पूँजी यही चाहती है, ताकि उसे किसी तरह की रुकावट न रहे।

सरकार की जिम्मेदारी लोकतंत्र में मतदाता के प्रति होती है। सरकार के कामकाज पूँजी के दबाव में बाजार को सौंपे जा रहे हैं। जितना सरकार का कामकाज बाजार को सुपुर्द होता जाएगा उसी अनुपात में सरकार पर लोगों का अंकुश भी कम होगा। साधारण आदमी उतना अधिकारविहीन हो जाएगा। बाजार किसके प्रति जिम्मेदार और जवाबदेह होगा? वह किसी के प्रति जिम्मेदार और जवाबदेह नहीं होता। बाजार का स्वभाव है कि वह जिसके पास पैसा है उसके प्रति जिम्मेदार और जवाबदेह होता है। बाजार मुनाफे के लिए बना है।

सरकार हट गई और बाजार छा गया, ऐसी स्थिति में साधारण आदमी कहाँ

जाएगा? सवाल है कि गरीब कहाँ दवाई कराए, कहाँ पढ़ाई कराए, पानी कहाँ से प्राप्त करे? ये सारे प्रश्न खड़े हो गए हैं। इस प्रक्रिया से लोगों के अधिकार (डिसइंपॉवरमेन्ट आफ पीपुल) छीने जा रहे हैं। इसमें अमीरों और उच्च मध्यम वर्ग पर कोई फर्क नहीं पड़ता। वे इस नई व्यवस्था से ज्यादा संतुष्ट हैं। गरीबों के अधिकार छीने जा रहे हैं। मेरा कहना है कि राज्य को सबकुछ बाजार पर नहीं छोड़ना चाहिए। मैं यह नहीं कहता हूँ कि बाजार को खत्म कर दीजिए। उसकी भी उपयोगिता है। मैं उसकी क्षमता को जानता हूँ। कुछ काम वही कर सकता है। उसे एक उपकरण बनाए रखना चाहिए। कुछ काम बाजार नहीं कर सकता।

सवाल : आपके जवाब से यह अर्थ निकलता है कि वैश्वीकरण के दौर में गरीबों की हितरक्षा करना नये तरह का राष्ट्रवाद है?

जवाब : बिल्कुल है। एक बात पूँजी और बाजारवालों को समझ लेनी चाहिए कि देश गरीब रहेगा तो बाजार नहीं बढ़ेगा। गरीब की खरीद क्षमता जैसे–जैसे बढ़ेगी वैसे–वैसे बाजार बढ़ेगा। गरीबी हटाना उनके भी हित में है। उनको इसमें रुचि लेनी चाहिए।

राष्ट्रवाद को समझने के लिए मैं एक उदाहरण देता हूँ। अगर आपको किसी से सच्चा प्रेम है तो उसे ठग नहीं सकते। राजनीति में जितने भी देशभक्त हैं, इस आधार पर पार्टियाँ भी खड़ी की गई हैं, यह बताइए कि उनके मंत्री जब देश को ठगते हैं तो देशप्रेम कहाँ गया? अगर सही मायने में उनमें राष्ट्रवाद है तो वे कभी भी भ्रष्टाचार नहीं कर सकते। जो भ्रष्टाचार करते हैं वे राष्ट्रवादी हो ही नहीं सकते।

महासंघ

सवाल : भारत विभाजन बनावटी था। क्या उसे पलटा जा सकता है?

जवाब : भारत विभाजन को पलटना संभव नहीं है। उसे पलटने की कोशिश भी उचित है या नहीं, यह विवादास्पद है। यह गैर–जरूरी है, क्योंकि एक चीज ठीक करने के लिए भानुमती का पिटारा खुल जाएगा और अनेक समस्याएँ खड़ी हो जाएँगी।

मैं नहीं समझता कि अखंड भारत हासिल किया जा सकता है। लेकिन महासंघ बनाया जा सकता है। उसकी शुरुआत कई स्तरों पर करनी होगी। आखिर में राजनीतिक स्तर पर वह साकार हो सकता है। फिलहाल आर्थिक सहयोग से शुरुआत की जा सकती है। शिक्षा के क्षेत्र में सहयोग हो सकता है।

सवाल : अखण्ड भारत और महासंघ में किसे आप सम्भव मानते हैं?

जवाब : महासंघ हो सकता है। यूरोप में एक प्रयोग हो रहा है। उसका लंबा

इतिहास है। वहाँ तक पहुँचने में हमें लंबा फासला तय करना है। जो हमारे और पाकिस्तान–बांग्लादेश के बीच तनाव, टकराव और आशंकाओं के प्रश्न हैं उन पर परस्पर सद्भाव कायम हो और विश्वास कायम हो, यह जरूरी है। यह अगर संभव हो जाए तो महासंघ की परिस्थिति बन सकती है। महासंघ एक सपना है। इसे देखते रहने में कोई हर्ज नहीं है। इसमें इतिहास की एक दृष्टि है। हमें भविष्य की दूरदृष्टि रखनी ही चाहिए।

सवाल : महासंघ आप संभव मानते हैं?

जवाब : यूरोप इकट्ठा हो सकता है। एशियान आज इकट्ठा हो रहा है, तो महासंघ क्यों नहीं संभव नहीं है। लेकिन महासंघ बनना अभी दूर की बात है। कोशिश हो कि परस्पर भरोसा बने।

धर्म और राजनीति

सवाल : पश्चिम के सेकुलरिज्म का अक्स भारत में उतारा जाता है। क्या भारत के सेकुलरिज्म से उसका बुनियादी फर्क नहीं है?

जवाब : पश्चिम के सेकुलरिज्म का मूल मंत्र यह है कि धर्म (रिलीजन) का दखल स्टेट में न हो। भारत में सर्व धर्म समभाव की अवधारणा है। देश का यह सौभाग्य है कि दुनिया के सभी धर्म–हिन्दू, बौद्ध, सिख, जैन, इस्लाम, इसाई आदि यहाँ हैं। इसमें रास्ता क्या है? हर धर्म के अनुयायी अगर विभिन्नता को ही चिह्नित करते रहें तो रास्ता नहीं निकल सकता। देश का उसमें कल्याण नहीं है। इन धर्मों में सामंजस्य जो है उस पर हमें ध्यान देना चाहिए। उसे ही खोजने और अपनाने की जरूरत है। हर धर्म में एक मानवीय सूत्र होता है। उन मानवीय सूत्रों को जोड़कर एक माला पिरोई जा सकती है और कहा जा सकता है कि इतनी बातें हमारे बीच कॉमन हैं।

मेरा मानना है कि इस पर शोध होना चाहिए। सर्व धर्म समन्वय केन्द्र बनाकर खोज होनी चाहिए। वहाँ धर्मग्रन्थ हों, उन पर अध्ययन हो। उस अध्ययन का भाष्य हो। उस पर लिखा–पढ़ा जाए। मीडिया को भी उसकी जानकारी दी जाए। वह प्रसारित किया जाए।

सवाल : हिन्दुत्व और धर्मनिरपेक्षता के परस्पर संबंधों को आप किस रूप में चिन्हित करते हैं?

जवाब : हिन्दुत्व हमेशा सेकुलर रहा है। हिन्दुत्व में धर्मांतरण की अवधारणा नहीं है। धर्म को हिन्दुत्व में सनातन माना गया है। उसमें भेद–विभेद नहीं है। हिन्दुत्व ही है जो हर प्राणी को एक मानता है। जीव–निर्जीव को एक माना, आत्मा–परमात्मा को

एक माना, जिसने सबको एकमय कर दिया। हिन्दुत्व का तत्व एकमयता का है।

जो द्वंद्वात्मक तत्व निकालते हैं वे हिन्दुत्व का नुकसान करते हैं। हिन्दुत्व को खतरा उन लोगों से है जो उसे रूढ़िवादी स्वरूप देना चाहते हैं।

दुनिया में हिन्दुत्व की कदर उसके विचार से है। वे विचार हमारे धर्मग्रन्थों में हैं, गीता और उपनिषद में हैं। हिन्दुत्व की राजनीतिक व्याख्या को दुनिया नहीं समझती। हिन्दू धर्म में सहनशीलता है। इस धर्म में सगुण–निर्गुण के अलावा नास्तिकता को भी स्थान है। नास्तिकता को मानने वाले को भी हिन्दू धर्म में ऋषि कहा गया। धार्मिक सहिष्णुता का यह सबसे बड़ा उदाहरण है। इस धर्म को सीमेटिक बनाया जा रहा है। शायद ऐसा इसलिए किया जा रहा है ताकि दूसरे पंथ का विरोध करने में आसानी हो। इस तरह हिन्दू धर्म को एक पंथ (सम्प्रदाय) बनाया जा रहा है। हमारे ऋषि–मुनियों ने धर्म का मर्म बताया। उनका प्रयास था धर्म को समझाना। वे धर्म बदलने की बात नहीं करते थे।

परावर्तन से धर्मांतरण की समस्या को हल नहीं किया जा सकता। उससे एक नई समस्या पैदा होती है। जो हिन्दू धर्म में वापस आते हैं उनको किस जाति में रखेंगे। अगर उन्हें शूद्र ही बने रहना है तो वे वापस क्यों आएँगे? उनकी समस्या होती है कि शादी कहाँ हो? समाज में धर्म से ज्यादा महत्त्वपूर्ण जाति हो गई है। हिन्दू समाज में धर्म परिवर्तन हो सकता है, जाति नहीं बदली जा सकती। बाबा साहेब अम्बेडकर ने देख लिया था कि जाति से मुक्ति के लिए धर्म छोड़ना जरूरी है।

अंतरराष्ट्रीय आतंकवाद और वैश्वीकरण

सवाल : ऐतिहासिक घटना के रूप में वैश्वीकरण के बारे में आपका विचार क्या है?

जवाब : इसके मूल में अंतरराष्ट्रीय पूँजी है जो दुनिया के संसाधनों पर पूरा कब्जा करना चाहती है। इसके लिए जो भी जरूरी है, वह प्रयास करती है कि राष्ट्र राज्यों को दबाकर अपना लक्ष्य पूरा करे।

सवाल : स्थानीयता (स्वदेशी), राज्य और भूमण्डलीकरण के परस्पर संबंध को किस तरह परिभाषित करना चाहिए?

जवाब : ऐसा है कि हम बिल्कुल स्थानीय नहीं बन सकते। इससे अलग–थलग पड़ जाएँगे। हमको दुनिया की मुख्यधारा में रहना है। प्रतिस्पर्धा में टिके रहने के लिए अपनी गुणवत्ता बढ़ानी है। इसके लिए जितना जरूरी है उतना हमें उदारीकरण अपनाना पड़ेगा। जो भूमंडलीकरण हमारी जीविका ले ले उसे रोकना होगा। जिससे हमारे संसाधनों को क्षति हो उसे रोकना होगा। हानिकारक भूमंडलीकरण से

हमको बचना चाहिए।

सवाल : क्या दुनिया विश्व सरकार की ओर जा रही है?

जवाब : नहीं, अमेरिका ही विश्व सरकार बनने की कोशिश कर रहा है। उसका दुनिया से सरोकार का रिश्ता नहीं है। उसका पैट्रियाट बिल उसे कुछ भी करने का अधिकार देता है।

सवाल : अंतरराष्ट्रीय आतंकवाद की जड़ें कहाँ हैं?

जवाब : यह जरूरी है कि इसकी गहराई में जाएँ। अरब मुल्कों में जो राज्य का मुखिया है उसमें कई को अमेरिका ने अपनी गिरफ्त में ले लिया, लेकिन जो जनता है उससे उसका संबंध नहीं बन पाया है। अनेक राष्ट्र इसे अपने लिए राष्ट्रीय आघात मानते हैं। इसका यह पक्ष अमेरिका के लिए पुनर्विचार और चिंतन का होना चाहिए। उसे सोचना चाहिए कि क्यों वह मुस्लिम देशों में नफरत का कारण बना हुआ है। क्यों नहीं उतनी नफरत फ्रांस के प्रति है? फर्क क्या है?

एक झूठे बहाने से कभी अमेरिका इराक में घुस जाता है और कभी ईरान में। इज्राइल बम बनाता है तो अमेरिका चुप रहता है। उसे संतुलन रखना होगा। अमेरिकी राष्ट्रपति यहाँ आए थे। उनके विरोध में जबरदस्त आवाज उठी। उन्हें सोचना नहीं चाहिए कि ये आवाज क्यों उठ रही है?

नागरिकता का सवाल

सवाल : सोनिया गाँधी की नागरिकता पर सवाल आज भी बना हुआ है, इस बारे में आपने अपना विचार पहले जो रखा, क्या वह यथावत है?

जवाब : देश के सर्वोच्च पदों के संदर्भ में हमारा संविधान नैसर्गिक या नैसर्गीकृत नागरिकों के बीच कोई भेद नहीं करता है। संविधान के अनुसार एक नैसर्गीकृत नागरिक को भी चुनाव लड़ने का अधिकार है तथा अगर उसे आवश्यक राजनीतिक समर्थन हो तो वह प्रधानमंत्री भी बन सकता है। अतः आज की तारीख में वैधानिक तौर पर किसी नैसर्गीकृत नागरिक के जन्म स्थान की वजह से उसके प्रधानमंत्रित्व की उम्मीदवारी पर कोई आपत्ति नहीं खड़ी की जा सकती है। आखिर नागरिकता की दो श्रेणी आप कैसे बना सकते हैं? उन्हें नागरिक ही क्यों बनाया? वहीं रोक दीजिए कि नागरिक नहीं बन सकते। नागरिकता देने के बाद यह नहीं कह सकते कि एक विश्वसनीय नागरिक है और एक संदेहास्पद नागरिक है।

जहाँ तक सर्वोच्च पदों के लिए नैसर्गिक नागरिकता की योग्यता सुनिश्चित किए जाने हेतु संविधान में किसी संशोधन या स्पष्टीकरण को शामिल कराने का प्रश्न है,

मैं दृढ़ता से इसके पक्ष में हूँ। हालाँकि इस मुद्दे पर विचार किसी खास व्यक्ति को दौड़ में रखने या दौड़ से बाहर करने के लिए नहीं किया जाना चाहिए। यह एक व्यापक मुद्दा है और यह किसी एक व्यक्ति की अहमियत से ज्यादा महत्त्वपूर्ण है। इसलिए किसी एक पार्टी या व्यक्ति के संदर्भ में इस बहस को चलाना काफी पूर्वाग्रहपूर्ण और अनुचित माना जाएगा। दरअसल संविधान में ऐसे परिवर्तनों के पक्ष में सबसे बड़ा तर्क यह है कि पूरे विश्व के प्रत्येक देश में किसी खास तरह का विवेक और समझदारी विद्यमान होती है। इसी वजह से इसके ठोस व्यावहारिक कारण हैं कि अधिकांश देशों में सर्वोच्च पदों को अपने नैसर्गिक नागरिकों के लिए ही सुरक्षित रखा गया है।

सवाल : इटली में भारतीय मूल की सोनाली दास गुप्ता चुनाव नहीं लड़ सकीं तो रजिस्टर्ड नागरिक होने के नाते सोनिया गाँधी यहाँ चुनाव कैसे लड़ सकती हैं?

जवाब : इटली अपने संविधान से चलेगा। भारत इटली नहीं है। सोनिया गाँधी की इटली में पैदाइश है। अतीत इटली का है। वर्तमान और भविष्य भारत का है।

सवाल : इस समय तीसरे मोर्चे का स्वरूप क्या हो?

जवाब : मैं पिछले करीब एक दशक से इस बात की दुहाई देता रहा हूँ कि देश के सत्ता पक्ष एवं विपक्ष का स्थान धर्मनिरपेक्ष दलों या समूहों से भरा जाए। देश के धर्मनिरपेक्ष ढाँचे को अक्षुण्ण रखने के लिए यह जरूरी है। उदाहरण के लिए अगर एक मजबूत काँग्रेस पार्टी तथा एक मजबूत एवं धर्मनिरपेक्ष तीसरा मोर्चा होता तो मतदाताओं के सामने एक से असंतुष्ट होने पर दूसरे को चुनने का विकल्प होता।

पूर्व में हमने देखा है कि जब भी काँग्रेस एवं क्षेत्रीय दलों के बीच ध्रुवीकरण हुआ है भाजपा को क्षति उठानी पड़ी है। पश्चिम बंगाल, आंध्र प्रदेश, तमिलनाडु, उड़ीसा, असम, त्रिपुरा, केरल और बिहार आदि जगहों में ऐसा देखने को मिला है। भाजपा तभी पल्लवित–पुष्पित हुई है जब क्षेत्रीय दल राजस्थान, गुजरात और मध्य प्रदेश की तरह मृतप्राय हो गए हैं। हालाँकि उत्तर प्रदेश की कहानी मिश्रित है। फिर भी पिछले दशक में वहाँ भाजपा को जो भी प्रभावी चुनौती मिली है वह तीसरे मोर्चे यानी पहले जनता दल से, फिर समाजवादी पार्टी से और अब बसपा से ही मिली है।

गैर भाजपा खेमे में दो मजबूत धारणाएँ उभरी हैं। सपा, फॉरवर्ड ब्लॉक, आर. एस.पी. और अभी हाल में गठित राष्ट्रवादी काँग्रेस के विचार में काँग्रेस और भाजपा से समान दूरी रखना ज्यादा उचित है। जबकि सी.पी.एम., सी.पी.आई. और राजद के मुताबिक भाजपा को रोकने के लिए काँग्रेस के साथ रणनीतिक सहयोग जरूरी है। हालाँकि दूरगामी तौर पर भाजपा एवं काँग्रेस से समान दूरी की नीति ही तीसरे मोर्चे को विश्वसनीय पहचान दे पाएगी। लेकिन सवाल है कि तात्कालिक तौर पर आने वाले संसदीय चुनाव में राजस्थान, मध्य प्रदेश, गुजरात और दिल्ली जैसे राज्यों में क्या

होगा जहाँ काँग्रेस ही एकमात्र धर्मनिरपेक्ष विकल्प है? इस लिहाज से विभिन्न राज्यों की राजनीतिक बाध्यता भी एकसमान नहीं दिखती। ऐसी स्थिति में वाम मोर्चे का काँग्रेस की तरफ झुकाव का कारण संभवतः यही है कि आने वाले दिनों में एक और गठजोड़ सरकार बनने की सूरत में काँग्रेस के साथ सहयोग जरूरी होगा।

चुनाव में अगर पुनः विखंडित जनादेश मिला तो समान दूरी का सिद्धांत भी पुनः उसी तरह खतरे में पड़ जाएगा जैसा पिछले चुनाव के बाद हुआ था। उस समय यह सिद्धांत पूरी तरह धूल–धूसरित हो गया था और संयुक्त मोर्चा भी बिखर गया था। उसी तरह सपा के लिए भी दुविधा की स्थिति बन जाएगी कि वह भाजपा को रोकने के लिए काँग्रेस के साथ सहयोग करे या अलग रहकर भाजपा की सरकार बनने दे। राष्ट्रवादी काँग्रेस भी क्या करेगी–विदेशी मूल की महिला को प्रधानमंत्री बनने देगी या भाजपा को शासन में आने देगी? देर हो जाए, इसके पहले इन सवालों का जवाब आवश्यक है।

हालाँकि वर्तमान में तीसरा मोर्चा अभी अस्त–व्यस्त हालत में है लेकिन जमीनी सच्चाइयों की पड़ताल करने पर यह महसूस होता है कि गैर भाजपा, गैर काँग्रेस मंच के निर्माण के लिए राजनीतिक स्थिति बरकरार है। देश में मतदाताओं का एक अच्छा खासा समूह है जो न भाजपा को चाहता है न काँग्रेस को। अभी तक क्षेत्रीय दल इस रिक्तता को भर रहे थे। लेकिन वे भी या तो भाजपा की ओर या काँग्रेस की ओर उन्मुख रहे हैं। इसके अलावा क्षेत्रीय दलों के काँग्रेस और भाजपा के साथ अंतर्निहित टकराव भी मौजूद रहे हैं। क्षेत्रीय दलों के पास भी साझेदारी के लिए सीमित सीटें ही रही हैं। निश्चित ही जो भी सीट वे छोड़ते हैं वह सिर्फ अपने जनाधार से ही देते हैं। हो सकता है कि इस कटु अनुभव के कारण क्षेत्रीय दल काँग्रेस और भाजपा से समान दूरी के आधार पर तीसरे मोर्चे के निर्माण के लिए आगे आएँ। मगर तब तक हमें इंतजार करना होगा और वर्तमान परिस्थिति में राज्यवार व्यावहारिक विकल्प तलाश करने होंगे।

उत्तर प्रदेश

सवाल : उत्तर प्रदेश में आपकी मुख्य चिंता क्या है?

जवाब : उत्तर प्रदेश का सोच हमेशा राष्ट्रीय रहा है, कभी क्षेत्रीय नहीं रहा। स्वतंत्रता आंदोलन में यहाँ से ढेरों नेता निकले। इसके सरोकार वैसे ही थे, जैसे देश के किसी दूसरे भाग के। मेरा खयाल है, वह स्थिति बहाल की जाए। वजह यह है कि इस राज्य में देश की छठा हिस्सा आबादी बसती है, इसलिए जरूरी है कि यहाँ के लोगों के सोच का दायरा बड़ा हो।

सांप्रदायिक ताकतों ने जहाँ अन्य राज्यों में अपनी पकड़ बनाई, वहीं बहुत समय

तक उत्तर प्रदेश उनसे बचा रहा। मगर आज उन्हें वहाँ पाँव जमाने की जगह मिल गई है। मेरे खयाल से यह देश के लिए अच्छा नहीं है क्योंकि निचले स्तर पर नफरत का दर्शन देश को आगे नहीं ले जाएगा।

दूसरी चीज है विकासशील बुनियादी ढाँचा, जिसमें बिजली और पानी आते हैं। कृषि, उद्योग क्षेत्र दोनों को बिजली चाहिए, पर बिजली का गंभीर संकट है। इसे पैदा किए बिना विकास की कल्पना नहीं की जा सकती। दूसरा है जल–संरक्षण। हम जमीन से बेहिसाब पानी खींच चुके हैं, ट्यूबवेल सूखे हैं। जल–संरक्षण का काम हमें बड़े स्तर पर करना होगा।

शिक्षा पर भी ध्यान देने की जरूरत है। सवाल डिग्री का नहीं है, युवाओं को तकनीकी शिक्षा दिलाने पर जोर होना चाहिए। उन्हें कुछ हुनर दो ताकि उन्हें रोजगार मिल सके।

औद्योगिक विकास के अंतर्गत हमें राज्य में ऐसे उद्योगों की जरूरत है जिनसे लोग तालमेल बैठा सकें और उन्हें रोजगार मिले। मुझे लगता है, यहाँ कृषि आधारित उद्योग ज्यादा कारगर रहेंगे। इससे ग्रामीण क्षेत्रों में समृद्धि आएगी और आम उपभोक्ता वस्तुओं की माँग बढ़ेगी और इन क्षेत्रों में उद्योग–धंधे पनपेंगे। इस ढंग का विकास इस राज्य को सामाजिक–आर्थिक रूप से रास आएगा।

विकासशील कृषि आधारित उद्योग के लिए कुछ फसलें चिन्हित करनी होंगी। जैसे गन्ना मेरठ से लेकर गोरखपुर तक होता है। इसी तरह फर्रुखाबाद और कानपुर आलू के इलाके हैं। हथकरघा बड़ा उद्योग है जिसकी उपेक्षा हुई है। यह मेरठ से गोरखपुर तक फैला है। कृषि आधारित उद्योगों के विकसित होने के बीच हथकरघा उद्योग लोगों को सहारा देगा। कृषि आधारित उद्योग कुछ प्रमुख फसलों पर निर्भर होंगे।

मुझे लगता है, प्रशासनिक रूप से राज्य के दो हिस्से तो कर ही देने चाहिए। इतने बड़े राज्य का प्रशासन चलाना मुश्किल काम है। कार्य संस्कृति बदलनी होगी। शक्तियों को विकेंद्रित कर उन्हें पंचायतों को हस्तांतरित करना होगा। तबादले और नियुक्तियाँ सरकार का इतना समय खा जाते हैं कि लगता है सरकार के पास इकलौता यही काम रह गया है।

मैं मुख्यमंत्री था तो मैंने नियोजन के काम को विकेंद्रित कर दिया था। 30 प्रतिशत योजना जरूरत के आधार पर बनती थी। मैंने राज्य के 800 खंडों का शिक्षा, कृषि, उद्योग, स्कूल, ट्यूबवेल और सड़क आदि के 36 विभिन्न मापदंडों के आधार पर सर्वेक्षण कराया था। विधायक मुझसे खुश थे। किसी भी क्षेत्र में कमी पड़ती तो पर्याप्त राशि आबंटित की जाती थी। यही सिद्धांत बन गया। हमें कलेक्टर प्रणाली मजबूत करनी चाहिए। आयुक्त कार्यालय निष्क्रिय पड़ गए हैं। अगर वे चौकस हों तो कलेक्टर के काम की देखरेख कर सकते हैं। किसी को लखनऊ आने की जरूरत ही नहीं।

लखनऊ राजनीति और नियोजन जैसे बड़े कामों पर ध्यान केंद्रित करे।

जब मैं उत्तर प्रदेश में से दो और राज्य बनाने की बात कहता हूँ तो मेरा मतलब है कि वे कार्यक्षम होने चाहिए। बहुत बड़े राज्यों के मामले में मेरा मानना है कि नया राज्य गठित करने के लिए जनसंख्या और क्षेत्रफल का कोई तयशुदा आधार होना चाहिए।

जहाँ तक कानून–व्यवस्था की बात है, मुझे लगता है यह राजनैतिक इच्छाशक्ति से जुड़ा मामला है। दारोमदार इस पर है कि कुर्सी पर कौन बैठा है। मैं मुख्यमंत्री था तो सभी अपराधी नेपाल भाग गए। प्रधानमंत्री बना तो तांत्रिक चन्द्रस्वामी अमेरिका क्यों भाग गए थे? राजनैतिक इच्छाशक्ति से फर्क पड़ता है।

जातिवाद की राजनीति से उत्तर प्रदेश का राजनैतिक और आर्थिक नुकसान हुआ है। समाज में जाति हावी हो गई है। उससे राजनीति भी पूरी तरह प्रभावित है। होना यह चाहिए कि जमात की चले और जाति का असर धीरे–धीरे कम होता जाए। पिछड़े वर्ग में यह चेतना जैसे–जैसे पैदा होगी, वे सत्ता का उपयोग सही तरीके से कर सकेंगे। यह सही है कि उन्हें युगों से सत्ता नसीब नहीं हुई थी। इसलिए उसके उपयोग में अपभ्रंश का पैदा होना कुछ हद तक जायज भी माना जा सकता है। जहाँ तक विकास की बात है, जब तक लोग माँगेंगे नहीं, राजनीतिक कुछ नहीं देने वाले। फिलहाल तो लोग अपने अधिकारों का उपयोग करके संतुष्ट हैं। विकास की माँग उठाने में अभी वक्त है।

मेरी चिंता उत्तर प्रदेश में मुद्दों को लेकर है। किसान, पिछड़े, बुनकर, मजदूर, नौजवान, दलित, हर तबके के गरीब हैं, इनका जो एक समूह है, उस पर सरकार का ध्यान नहीं है। पूँजीपति उत्तर प्रदेश की सरकार पर कुण्डली मारकर बैठ गए हैं। मानो जैसे उन्हीं की सम्पत्ति हो गई है उत्तर प्रदेश। जहाँ मर्जी होती है वहाँ जमीन ले लेते हैं, सरकार के जरिए। वे झुग्गी वालों को उजड़वा देते हैं। ऐसा क्यों नहीं हो सकता जैसा दिल्ली में हुआ है। यह फैसला दिल्ली में हो गया है कि झुग्गी को हटाने पर दूसरी जगह दी जाएगी। दिल्ली में 2000 झुग्गियाँ उत्तर प्रदेश की जमीन पर थीं। उन पर बुलडोजर चलवा दिया और उन्हें एक पैसा नहीं दिया। जबकि शीला दीक्षित ने पैसा और जमीन देकर उन्हें बसाया है। रिलायंस के लिए मुलायम सिंह ढाई हजार एकड़ जमीन दे सकते हैं तो गरीबों के लिए वे चिंता क्यों नहीं कर रहे हैं। गरीबों को राशन कार्ड भी नहीं पहुँचाए। रोजगार गारंटी स्कीम का भी लाभ उनको नहीं मिल रहा है। आखिरकार इन वर्गों का काम क्यों नहीं हो रहा है? पूँजीपतियों का तुरंत हो जाता है। उत्तर प्रदेश सरकार को भी महाराष्ट्र और दिल्ली की तरह कानून बनाना चाहिए।

सवाल : जनमोर्चा जो पुनर्जीवित हुआ है वह उत्तर प्रदेश में क्या तीसरा मोर्चा

होगा?

जवाब : जनमोर्चा ने थोड़े ही समय में लोगों और विभिन्न संगठनों, पार्टियों का ध्यान अपनी ओर खीचा है। इससे जुड़ने का सिलसिला जारी है। यह तय हुआ था कि एक सामूहिक शक्ति का प्रदर्शन लखनऊ में होना चाहिए। किसान, मजदूर, बुनकर, जो अति पिछड़े हैं जिन्हें मंडल का लाभ नहीं मिला, जो मुसलमान हैं और मंडल में उनका हिस्सा बनता है उन्हें भी हक नहीं मिला, गरीबों का मुद्दा है, इन समस्याओं को लेकर एक रैली की जाए। वह बड़ी सफल रैली हुई। ऐतिहासिक रैली थी। लोग बताते हैं कि इतनी बड़ी रैली वहाँ अब तक नहीं हुई।

अभी तो यह मकसद था कि अपनी एक मजबूत उपस्थिति दर्ज कराई जाए। इससे आंदोलन का विस्तार होगा।

सवाल : इस समय इतिहास का तकाजा क्या मानते हैं?

जवाब : यही है कि गरीब लोग इकट्ठा हों। वे अपने मुद्दों को लेकर संघर्ष करें, सरकार चाहे जिसकी हो। अपनी सरकार हो तो भी संघर्ष करें। तभी उनकी बात सुनी जाएगी।

सवाल : उत्तर प्रदेश में जनमोर्चा को क्या राजनीति में आणविक विस्फोट की भूमिका अदा करनी है?

जवाब : (हँसते हुए) यह भविष्य बताएगा। (थोड़ा रुककर) उत्तर प्रदेश में जनमोर्चा आणविक विस्फोट क्यों करेगा? मैं तो लोगों को जोड़ना चाहता हूँ। जनता की शक्ति को बढ़ाना चाहता हूँ। जनमोर्चा किसी के विरुद्ध नहीं है। वह दलितों, पिछड़ों और दबे हुए लोगों के पक्ष में है। वही उसका मुख्य मुद्दा है। सरकार हटाना या गिराना या विस्फोट करना उसका लक्ष्य नहीं है।

जनमोर्चा जिन जमातों का प्रतिनिधित्व कर रहा है उनकी सुनवाई नहीं होती है, इसलिए चुनावी प्रक्रिया में भी उसके लिए संघर्ष का रास्ता खोजना है। चुनाव भी उसके लिए संघर्ष का हिस्सा है।

सवाल : लखनऊ की रैली में आपके भाषण पर मुलायम सिंह ने टिप्पणी की है। सुना है कि उन्होंने फोन पर आपको सफाई दी?

जवाब : अखबार में छपा है कि मुलायम सिंह ने कहा कि एक ढोंगी और एक निष्कासित मिलकर रैली कर रहे हैं। उन्होंने मुझे फोन किया और कहा कि अखबार में गलत छपा है। मैंने ऐसा कुछ नहीं कहा है। इस पर मैंने उनसे कहा कि जब आप इन्कार कर रहे हैं तो बात खत्म हो गई। मैं इसे नहीं उठाऊँगा।

यू.पी.ए. (संप्रग)

सवाल : यू.पी.ए. सरकार क्या अपना कार्यकाल पूरा कर सकेगी?

जवाब : मैं समझता हूँ कि यू.पी.ए. की सरकार पाँच साल चलेगी। उसके बाद कम्युनिस्टों के नेतृत्व में एक और सेकुलर राजनीतिक ताकत तैयार होनी चाहिए। विपक्ष का क्षेत्र अगर खाली पड़ा रहेगा तो भाजपा एक दिन राज करेगी। हम लोग सिर्फ सत्तारूढ़ दायरे और उसकी जमीन पर बहस करते हैं। चिंता करनी चाहिए कि विपक्ष का धरातल भी कब्जे में रहे। सत्तारूढ़ पक्ष से जितना गुस्सा होता है वही विपक्ष की जमीन होती है। इसलिए जरूरी है कि एक सेकुलर विकल्प काँग्रेस का पैदा हो। ऐसा होने पर एक मॉडल (शासन और विपक्ष का) तैयार हो जाएगा। सेकुलर लोकतंत्र के लिए यह जरूरी है।

काँग्रेस

सवाल : काँग्रेस के बारे में आपका इस समय दृष्टिकोण क्या है?

जवाब : इन पाँच साल में काँग्रेस को राज चलाने का अवसर देना चाहिए। अगर ऐसा नहीं होता तो इसका फायदा भाजपा उठाएगी।

सवाल : सेकुलर फ्रंट में मुख्य पार्टी कौन–सी होगी?

जवाब : इस समय सी.पी.एम. ही है, जो कभी जनता दल होता था।

सवाल : लेकिन जनता दल राष्ट्रीय स्तर पर था। सी.पी.एम. अभी भी सिर्फ तीन राज्यों की पार्टी है?

जवाब : यह सही है कि जनता दल कमजोर होने के बावजूद बहुत दिनों तक धुरी बना रहा। उसने उस हालत में भी दो प्रधानमंत्री दिए, जबकि उसकी संख्या लोकसभा में वाममोर्चे से कम थी। जनता दल ने जो ऐतिहासिक भूमिका अदा की वह अब वाममोर्चा कर सकता है। उसे इस सरकार को चलाते रहना चाहिए। जब भाजपा काफी कमजोर हो जाए, तब वाममोर्चा को दूसरा कुछ सोचना चाहिए।

सवाल : काँग्रेस में क्या सुधार होता आपको दिख रहा है?

जवाब : काँग्रेस का रहना जरूरी है। नहीं तो उस रिक्तता को भारतीय जनता पार्टी भरेगी। यू.पी.ए. में सत्ता और विपक्ष का समन्वय हुआ है। इसलिए भाजपा को मुद्दा नहीं मिल रहा है। अभी फुटबॉल काँग्रेस और वाममोर्चा के बीच हो रहा है और वह ठीक है।

सवाल : उत्तर प्रदेश में काँग्रेस की संभावना कितनी है?

जवाब : अभी तो काँग्रेस में सुधार नहीं दिख रहा है। उसने जनमोर्चा की प्रशंसा की है। सलमान खुर्शीद का एक बयान आया है। उन्होंने जनमोर्चा के प्रति सकारात्मक रुख अपनाया है। इसके क्या मायने हैं, यह अभी साफ तौर पर नहीं कहा जा सकता।

सवाल : क्या काँग्रेस वे मुद्दे उठा रही है?

जवाब : उत्तर प्रदेश में यही तो यक्ष प्रश्न है कि आखिरकार काँग्रेस ये मुद्दे क्यों नहीं उठा रही है। वह दो साल पहले ही इन मुद्दों को उठा सकती थी।

सवाल : काँग्रेस से क्या आपकी बात हुई है?

जवाब : (हँसते हुए) नहीं, मेरी बात नहीं हुई है। मैं कहता जरूर हूँ कि जनता के सवाल तो उठाओ। मैं अब उन लोगों से बँधा हुआ हूँ जो जनमोर्चा के साथ आ गए हैं। उनके विश्वास की मुझे रक्षा करनी है।

सवाल : सोनिया गाँधी का नेतृत्व काँग्रेस के लिए पहले बोझ माना जाता था। अब स्थिति धीरे–धीरे बदलती जा रही है। इसका कारण आप क्या मानते हैं?

जवाब : सोनिया गाँधी बहुत सूझबूझ से काम कर रही हैं। मुद्दों पर उनकी पहली प्रतिक्रिया सही रहती है। अनेक मामलों में हस्तक्षेप कर उन्होंने जो आम आदमी के हित में होने वाले फैसले हैं उन्हें कराया भी। जैसे–सूचना का अधिकार, रोजगार गारंटी योजना और दिल्ली वाले मामले में भी सोनिया गाँधी ने ही हस्तक्षेप किया था। राज बब्बर ने मुझे बताया कि सोनिया गाँधी ने उनसे कहा कि मैं इसमें हस्तक्षेप करूँगी। उनके कहने से ही शीला दीक्षित ने 150 करोड़ रुपया झुग्गीवालों को बसाने के लिए घोषित किया। राज बब्बर उनसे मिलने गए थे। लौटकर आकर बताया।

वैसे भी सोनिया गाँधी ने जब प्रधानमंत्री पद नहीं स्वीकार किया, उस समय उनसे और उनके परिवार से मुझे बात करने का अवसर मिला। उनके बच्चे बड़े शाइस्ता (शिष्ट) हैं। उनकी समस्याओं को भी हमें देखना चाहिए। भाषा, जन्म, संस्कार आदि की समस्याओं को पार कर काँग्रेस चला रही हैं, जबकि काँग्रेस में एक से एक घाघ बैठे हुए हैं। इन सारी विकलांगताओं के बावजूद एक औरत अपने को स्थापित कर पाई है। उन्होंने लाभ के पद पर इस्तीफा देकर सही कदम उठाया। चुनाव में गईं। गड़बड़ी तब होती है जब लोग उनके सोच को प्रभावित करने की कोशिश करते हैं। जो वे करना चाहती हैं तब नहीं कर पातीं।

भाजपा

सवाल : भाजपा के बारे में इस समय आप क्या देख रहे हैं?

जवाब : भाजपा भावनात्मक मुद्दों पर काम करती है। यह उसका पैदाइशी मामला है। यह बताइए कि रोटी, कपड़ा और मकान के लिए भाजपा कब संघर्ष करेगी? जो मौलिक सवाल है, वह उनका मुख्य मुद्दा क्यों नहीं बनता? भाजपा की राजनीति पैदाइश की रही है, पेट की नहीं रही है। यह युग पेट की लड़ाई का है। पैदाइश की राजनीति नहीं चलेगी, चाहे जाति हो या धर्म। उसके दिन चले गए।

तीसरा मोर्चा

सवाल : देश दो दलीय प्रणाली की बजाए गठबंधन के दौर में है। इसमें तीसरे मोर्चे का स्थान कहाँ है?

जवाब : राजनीति जो है वह समाज का आईना है। समाज में जो आर्थिक–सामाजिक विषमता है वह राजनीति में प्रकट होती है। राजनीति विभिन्न हित समूहों को परिलक्षित करती है। हित समूहों पर दल खड़े हैं। यह स्वाभाविक है। जब एक समरस समाज होगा तब पार्टियाँ कम होंगी। अमेरिका और ब्रिटेन में पार्टियाँ कम हैं क्योंकि वहाँ सामाजिक–आर्थिक समरसता आ गई है। क्षेत्रीय दलों की भूमिका भी रहेगी। इसलिए गठबंधन का दौर भी रहेगा।

सवाल : क्या आने वाले कुछ सालों में सामाजिक समरसता कायम हो जाएगी?

जवाब : मुझे तो विषमता बढ़ती हुई नजर आ रही है।

सवाल : तीसरे मोर्चे के सामने नेतृत्व का संकट दिखता है। खासकर जब आप नेतृत्व के लिए उपलब्ध नहीं हैं।

जवाब : हमेशा क्रांतिकारी परिस्थिति नहीं होती। जब प्रबंधन का दौर आता है, उस समय मैनेजर ही काम करते हैं।

भावी एजेंडा

सवाल : अगले दस सालों की राजनीति का खाका क्या होगा?

जवाब : आज जैसी स्थिति है, लगभग वैसी ही अगले दस सालों में बनी रहने वाली है। जो सोचा जा सकता है उससे लगता है कि ऐसा ही रहने वाला है, लेकिन वामपंथी दलों का रोल बढ़ेगा।

सवाल : लोकतंत्र में जो नई ताकतें उभरी हैं वे लोकतांत्रिक ढाँचे को सुधारेंगी या तहस–नहस कर देंगी?

जवाब : नई ताकतों को पहले हमें परिभाषित करना होगा। जहाँ तक गरीब तबके का सवाल है उसमें निराशा अगर बढ़ती जाएगी तो वह उग्रपंथी हो सकता है। वैसी स्थिति में नक्सलवाद और माओवाद की बढ़ोतरी हो सकती है। अगर गरीब तबके की समस्याओं का सम्यक ढंग से हल निकाला गया तो बढ़ोतरी उतनी नहीं होगी।

सवाल : सरकारें सिर्फ देश के 20–25 करोड़ लोगों की चिंता में ऊब–चूब हो रही हैं। ऐसे समय में उग्रवाद और अस्थिरता के जो लक्षण हैं वे क्या रूप लेंगे?

जवाब : अगर समस्याओं को सही परिप्रेक्ष्य में देख–समझकर ठीक नहीं किया गया तो उग्रवाद विकराल हो सकता है। इसके कई स्वरूप हो सकते हैं लेकिन हिंसा का बोलबाला बढ़ेगा।

सवाल : राजनीति में क्या विचारधारा बेमतलब हो गई है?

जवाब : ऐसा नहीं है। राजनीति में वर्गों के हित का खेल होता है। वर्गों के हित से विचारधारा बनती है। राजनीति में विचारधारा कोट है। जैसा जिसका वर्गीय हित होता है वैसा ही उसका विचारधारा का लबादा होता है।

सवाल : हिन्दुत्व की राजनीति का आप क्या भविष्य देखते हैं?

जवाब : आधुनिक युग में इसका भविष्य नहीं है। भावनात्मक मुद्दों पर हिन्दुत्व की राजनीति खड़ी है। यह ज्यादा दिनों तक नहीं चल पायेगी क्योंकि समाज में जातियों का आपसी विरोधाभास बहुत तेज है।

सवाल : नेपाल का उदाहरण भारत और ऐसे ही दुनिया के दूसरे देशों में दुहराया जा सकता है, यह कहा जा रहा है। आपका क्या विचार है?

जवाब : यह हो सकता है। मेरी माकपा के नेताओं से बात हुई है। माकपा ने एक भूमिका वहाँ अदा की है। उनकी चिंता है कि नेपाल में परिपक्व और वैचारिक प्रक्रिया को वहाँ अभी विकसित होना है। जो नेतृत्व वहाँ उभरा है क्या वह सँभाल सकेगा? देखना होगा कि नये नेतृत्व का रुख महत्त्वपूर्ण सवालों पर क्या होता है। अभी तो वे जन–असंतोष की लहर पर सवार हैं। उन्हें अब सकारात्मक उपाय करके दिखाने होंगे। इस बारे में उनके साहित्य को भी पढ़ने की जरूरत होगी।

सवाल : सूचना का अधिकार देने की पहल आपने की थी। इस समय जो कानून है क्या वह आपकी कल्पना पर खरा उतरता है?

जवाब : मैं समझता हूँ कि कानून में सुधार की जरूरत है। जो अफसर सूचना नहीं दे रहा है उसे सजा दिलाने की प्रक्रिया काफी लंबी है। एक शुरुआत हो गई है। धीरे–धीरे सुधार भी होगा।

सवाल : राष्ट्रीय राजनीति में आम सहमति किन सवालों पर आप जरूरी मानते हैं?

जवाब : हमारी राजनीति में अनेक उतार–चढ़ाव आए हैं। उससे आम सहमति में भी बदलाव हुआ है। पहले जिन सवालों पर आम सहमति थी, वह टूट गई और नई पैदा नहीं हुई। हम जिस नाजुक दौर में हैं उसमें टकराव रहेंगे, मगर वे मर्यादा में रहें, दूध उबले पर बर्तन से बाहर न जाए।

पर्यावरण, स्वास्थ्य, शिक्षा, गरीबी और बेरोजगारी जैसे मुद्दों पर राष्ट्रीय सहमति की सबसे ज्यादा जरूरत है। इन मुद्दों पर समझ भी साफ रहनी चाहिए। लोग इन सवालों पर बोलते हैं, लेकिन उसमें तत्व नहीं होता। महात्मा गाँधी ने इन मुद्दों में प्राण फूँक दिए थे। इन मुद्दों का संबंध गरीबों के लिए आजादी के अर्थ से जुड़ा हुआ है। वे रोजी, सुरक्षा और आत्मसम्मान चाहते हैं।

सवाल : आपका कहा हुआ कई जगह यह छपा है कि आपने माना कि मैंने राजनीति में आकर गलती की। वह मेरी सबसे बड़ी गलती थी। इस पहेली को आप ही हल कर सकते हैं?

जवाब : कल मेरी नतिनी पूछ रही थी कि बाबा, क्या आप अपने राजनीतिक जीवन से संतुष्ट हैं? मैंने उससे कहा कि पहले तुमको मैं जीवन के बारे में बताता हूँ। मैं अपने राजनीतिक जीवन से संतुष्ट हूँ, लेकिन मैं अपने जीवन से असंतुष्ट हूँ। अगर मैं वैज्ञानिक शोध में जाता और पेंटिंग में लगा रहता तो अपने जीवन से ज्यादा संतुष्ट होता। लेकिन मैं अपने राजनीतिक जीवन से इसलिए संतुष्ट हूँ क्योंकि उसमें मैं जो चाहता था वो कर सका। राजनीतिक जीवन का बहुत बड़ा अनुभव भी मुझे मिला है।

सवाल : क्या इसीलिए कहते हैं कि राजनीति में आकर गलती की?

जवाब : यह ऐसी गलती है जिसका सुधार नहीं हो सकता। अब क्या सुधार होगा। वह पुरानी बात हो गई है।

सवाल : आप मुद्दे की बात किसे मानते हैं?

जवाब : लोकतंत्र वह नहीं है जिससे मसीहा पैदा होता है। मुद्दे की बात यह है कि साधारण लोग मिलकर लोकतंत्र में बड़ा काम कर सकते हैं। मेरे अनुभव में सबसे ताकतवर उपकरण वह मुद्दा होता है जिससे जुड़कर कोई भी इंसान बड़ा बन जाता है।

परिशिष्ट

सूची

क्रम	अध्याय क्रम	विषय	विवरण
1.	वी.पी. का बनना	बेलन	विश्वनाथ प्रताप सिंह के गाँव की नदी पर उनकी कविता
3.	कदम दिल्ली की ओर	1. पहला भाषण	10 जून 1971 को संसद में दिया गया भाषण
		2. आणविक विस्फोट	8 अगस्त 1974 को संसद में दिया गया भाषण
4.	राज्य की कमान	मैंने मुख्यमंत्री पद से इस्तीफा क्यों दिया	11 जुलाई 1982 को रविवार साप्ताहिक में छपा वी.पी. सिंह का लेख
5.	व्यापार की राजनीति	1. गैट में समर्पण का ब्यौरा	मेनस्ट्रीम में 30 अप्रैल 1994 को छपा एस.पी. शुक्ल का लेख
		2. तिकड़ी के पैंतरे	देवदत्त की पुस्तक से
		3. उरुग्वे दौर और भारत सरकार	देवदत्त की पुस्तक 'स्वदेशी स्वराज ही क्यों?' से लिया गया
7.	पहला बवंडर	1. विश्वनाथ प्रताप सिंह के इस्तीफे से राजीव की छवि धूमिल	राजस्थान पत्रिका (सर्वे रिपोर्ट) 29 अप्रैल 1987
		2. राष्ट्रपति संविधान की रक्षा करे या प्रधानमंत्री की सलाह माने	नवभारत टाइम्स, 29 मार्च 1987 राम बहादुर राय एवं राजेन्द्र माथुर
8.	मोर्चा दर मोर्चा	1. आरिफ के घर वी.पी. सिंह की सालगिरह, अरुण नेहरू भी शामिल	26 जून, नवभारत टाइम्स में छपी रामबहादुर राय की रिपोर्ट
		2. सिद्धांतों पर समझौता नहीं	15 जुलाई, हरिद्वार, नवभारत टाइम्स में छपी रामबहादुर राय की रिपोर्ट
		3. अटकलें खत्म, वी.पी. सिंह अब लड़ेंगे	17 जुलाई, नवभारत टाइम्स में छपी रामबहादुर राय की रिपोर्ट

	4. विश्वनाथ प्रताप सिंह काँग्रेस से निष्कासित, सतपाल मलिक ने पार्टी छोड़ी	19 जुलाई, नवभारत टाइम्स में छपी रामबहादुर राय की रिपोर्ट
	5. उद्योगपतियों की राजनीति में दखल	रिपोर्ट : नवभारत टाइम्स, 29 नवम्बर 1989
	6. जनता दल ने नेता चुना	2 दिसम्बर 1989, नवभारत संपादकीय
	7. वी.पी. की मुहिम सार्थक बदलाव के लिए	प्रभाष जोशी का लेख
	8. कैसे चुने गए विश्वनाथ प्रताप सिंह	सोमपाल का संस्मरण
	9. सेंट किट्स करामात	एन.के. सिंह की पुस्तकें 'अपराध और भ्रष्टाचार की राजनीति' तथा 'खरा सत्य', प्रभु चावला की खास रपट, प्रशांत भूषण (फ्रंट लाइन) और द हिन्दू से
	10. जनता दल कैसे बना	नवभारत टाइम्स के लिए लिखी गई रामबहादुर राय की रिपोर्ट
9. लुटियन के टीले पर	1. वी.पी. सिंह का भाषण	15 अगस्त 1990
	2. काम का अधिकार मौलिक अधिकारों में शामिल होगा	2 जनवरी 1990 नवभारत टाइम्स
10. फिर मैदान में	1. शुतुरमुर्गी रवैया	इंडिया टुडे में 15 अप्रैल 1992 को सुरेन्द्र प्रताप सिंह का छपा लेख
	2. चार बेचारे साथ–साथ	इंडिया टुडे में 12 अप्रैल 2000 को फरजंद अहमद की रिपोर्ट
11. मुद्दे की बात	1. वी.पी. सिंह का भाषण	30 मई 2006 को लखनऊ के घेरा डालो डेरा डालो रैली में भाषण
	2. वी.पी. सिंह की ग्यारह कविताएँ	वी. पी. सिंह के कविता संग्रह 'एक टुकड़ा धरती, एक टुकड़ा आकाश' से

अध्याय : एक

बेलन

जब से दूर हुआ हूँ मैं तुमसे
न जाने कितनी बार
मैं बना और बिगड़ा
पर बचपन के सपने की तरह
तुम सदा मेरे साथ रही हो

क्या तुम्हें याद आता है वह बालक
जो अपना पैर झुलाता था–
तुम्हारी सूर्य किरणों की झालर–सी धारा में।

सुनहरे जाल में फँसकर
भूल जाता मैं स्वयं को–
और देखता रहता था टकटकी लगाकर
नाचती हुई किरणों के मायाजाल को
पत्थरों तले नाचती हुई स्वर्णजाल में
जब तक सूरज पिघल कर
मदिरा की तरह बह नहीं जाता था।

उसकी आँखें पीती रहती थीं उसमें
जैसे सब कुछ उसी का था

और तब–
जब अस्ताचलगामी सूर्य
गोधूलि–वेला में विदा लेता था

घर लौटती पशुओं की
धूल भरी रुनझुन–सी आवाज
धुओं से भरी झोपड़ियाँ
शोर करते बच्चे
खिलखिलाती लड़कियाँ
टिमटिमाती लालटेन की लौ से
छनकर आती हुई हवा का अहसास–
जहाँ माँ इंतजार करती थी।

तब से तुम्हारे तटों पर
कितने सूरज पिघल कर फिसल गए हैं और
वह बच्चा बूढ़ा हो गया है
उसके अपने बच्चे हैं, नाती–पोते
साथ में
एक जीवन संगिनी भी
जिसने अपने को खपा दिया है
उसकी सेवा में।

उसने बहुत से पद सँभाले
और उतने ही सनकों को पाला।
लोग उसे उतना ही चाहते हैं
जितना कि नफरत करते हैं।

उनकी किस्मत में
उसे उतने ही झगड़े मिले हैं
जितने सलाम

इन सबके बावजूद–
स्रोतस्विनी बेलन!
तुम उसके अन्तःस्तल में
बचपन, जवानी और बुढ़ापे तक
गहरी बहती रही हो और
उसकी आँखों में उमड़ते रहे बहुत से विचार।

अपने जीवन की समाप्ति पर
राख की तरह वह तुमसे मिलेगा
तो क्या तुम पहचान लोगी?

तुम्हारी स्वर्णिम लहरों में
एक बार फिर वह नृत्य करेगा
इस बार वह पहले की तरह
अपने पाँवों को नहीं डुबोएगा तुममें
बल्कि तुम्हारे अंतिम आलिंगन में
वह लीन हो जाएगा।

उसे अपने हृदय में छिपा लो
वह सदैव तुम्हारा शिशु है!

(पेंगुइन बुक्स इंडिया द्वारा प्रकाशित विश्वनाथ प्रताप सिंह के काव्य संग्रह 'एवरी टाइम आई वेकअप' की कविता 'बेलन' का हिन्दी में अनुवाद। अनुवादक–अरुण भारद्वाज)

अध्याय : तीन

लोकसभा में विश्वनाथ प्रताप सिंह का पहला भाषण

सदन के दोनों पक्षों के सदस्यों ने बजट पर अपना महत्त्वपूर्ण मत बार–बार जाहिर किया है। इस पर बिन्दुवार तरीके से विचार करना मेरी दृष्टि से तथ्यों का पिष्टपेषण ही होगा। बजट तैयार करने में न केवल समय खर्च हुआ है बल्कि विपक्ष के सदस्यों की प्रतिभा और क्षमता भी व्यय हुई है। इसलिए, अगर उनकी ओर से कोई सुझाव दिए जाते हैं तो मैं आश्वस्त हूँ कि हमारे वित्त मंत्री उनके उर्वर मस्तिष्क की उत्पादकता का उपयोग विकास के लिए करेंगे। किसी भी देश का आम बजट उस देश की इच्छाशक्ति का दस्तावेज होता है जिसे देखकर, समझकर स्वयं को सुधारा जाता है। आर्थिक, राजनीतिक व न्यायिक ढाँचे से उभरते 'बैलेंस शीट' के परे जाकर हम उसका मूल्यांकन कर उसे एक नये आकार में ढालने का यत्न करते हैं। यदि सरसरी निगाह से हम भारतीय परिदृश्य पर निगाह दौड़ाएँ तो पायेंगे कि अतिशय विषमताएँ बेहद भुखमरी को पोषित करती हैं। हमारी स्वशासन की संस्थाएँ व उनकी संरचना, मसलन पंचायतें, जिला परिषदें, अनुमंडल एवं प्रखंड आदि ऊँची जाति के दबाव समूहों के बीच समझौतों की अभिव्यक्ति मात्र हैं। आर्थिक व सामाजिक रूप से ताकतवर लोगों के गलियारे से विकास के लिए लाभ के मदों का तीव्र बहाव जारी है। सामाजिक और राजनीतिक आधार के परिप्रेक्ष्य में बजट के स्वरूप का निर्धारण उसकी सबसे बड़ी सीमाएँ हैं। जहाँ समाज में छाए अन्यायों को खत्म नहीं किया जा सकता है। आज बराबरी का मुद्दा शुद्ध रूप से मूल्यगत मुद्दा नहीं है। यह केवल समतावादी विचारों का बढ़ावा मात्र नहीं है बल्कि आज इसके जोरदार तरीके से उपयोग में लाने की जरूरत है। मैं अपने प्रधानमंत्री के हवाले से कहना चाहूँगा कि 'सामाजिक न्याय अटूट रूप से मात्र आर्थिक विकास से सम्बद्ध नहीं है बल्कि उसके लिए सतत विकास की शर्त भी अनिवार्य है।' इस संदर्भ में, हम देखें कि हमारे वित्त मंत्री हम सबों को इस बजट के जरिए कैसी दिशा दिखाते हैं जिससे कि समाज में समानता आ सके। पन्द्रह हजार से अधिक आय पर अधिभार पहली दरों की तुलना में 50 प्रतिशत बढ़ा दिया

गया है। पूँजी लाभ पर कटौती को कम करने से तथा कराधान की दरें बढ़ाने से पहले की कराधान दरों की तुलना में यह दरें 70 प्रतिशत बढ़ जाएँगी। 5500 रुपये और जोड़ने के लिए एक लाख रुपये अर्जित करने होंगे।

कुछ सदस्यों का यह मत कि करों में अधिक वृद्धि करने से कर अपवंचन अधिक होगा, उचित नहीं जान पड़ता है। करों का अपवंचन करने वाले समाज के निचले तबके के रिक्शाचालक, मजदूर और किसान नहीं हैं। करों का अपवंचन अमीर लोग ही करते हैं। अतः वित्त मंत्री ने बेनामी सौदों के बारे में कड़ी शर्त रखकर निश्चित ही उचित कदम उठाया है।

(मूल भाषण अंग्रेजी में, 10 जून, 1971)

× × ×

आणविक विस्फोट

मैं समझता हूँ कि, प्रत्येक व्यक्ति को यह जानकारी है कि जिसे आणविक हथियार कहते हैं उसके विषय में हम सबों को अल्प ज्ञान है। तथापि इस विषय पर मैं प्रकाश डालना चाहूँगा, क्योंकि बोलने की बारी अब मेरी है। दीर्घकाल से एक निश्चित अवधारणा के तहत हम शांति और निःशस्त्रीकरण की बात करते रहे हैं। किन्तु अब एक प्रकार से परमाणविक कूटनीति का समय आ चुका है। भारत के लिए यह वह समय है जिसमें वह विश्व के समक्ष गौरव के साथ, अपने पूरे विश्वास के साथ, मानवता में आस्था रखते हुए ऊपर उठ सकता है। यही वह समय है जब भारत को परमाणविक कूटनीति का विकास भूमिगत विस्फोटों या आकाशीय परीक्षणों पर प्रतिबंध लगाकर सम्पूर्ण परमाणविक निःशस्त्रीकरण की दिशा में ठोस और वास्तविक पहल करनी चाहिए। हम सम्पूर्ण मानवता की रक्षा चाहते हैं जिसे भारत कर सकता है। अब भारत के पास शक्ति है, साथ ही विश्वास भी। अब हम विश्वास के साथ विश्व समुदाय के समक्ष अपना मत प्रकट कर सकते हैं क्योंकि एक खास किस्म का आदरभाव भारत ने प्राप्त कर लिया है। इसलिए पूर्ण परमाणविक निःशस्त्रीकरण को प्रभावी बनाने के लिए परमाणविक कूटनीति का होना अनिवार्य है। यही हमारी आणविक कूटनीति का लक्ष्य होना चाहिए।

मैं अपनी बात को यहाँ यह कहकर विराम देता हूँ कि परमाणु विज्ञान ने मानवता के लिए एक नया आयाम निर्मित किया है। एक सदी के बाद कोयला और तेल जैसे प्राकृतिक संसाधन समाप्त हो जाएँगे। तब या तो हम पुनः बैलगाड़ी के युग में चले जाएँ या हम परमाणु विज्ञान का उपयोग कर उससे निकलने वाली ऊर्जा के नए सहयोगी विश्व समाज के निर्माण की दिशा में मानवता को अभिप्रेरित कर सकें या

समाज के भीतर पल–बढ़ रही विध्वंस की छिपी नकारात्मक मंशा को पुष्ट करें, यह हम पर निर्भर करता है।

जिनके हाथ मानवता के डरावने कारनामों में डूबे हैं वे परमाणविक आफत का पिटारा खोलने का दोष हमारे सिर पर मढ़ते हैं। छोटे–छोटे देशों के वैचारिक सीमांतों की ओर मुड़कर जिनमें दायित्वबोध की कमी होती है, उनकी हरकत बच्चों–सी होती है। भारत ने परमाणु बम के उत्पादन का कार्य आरंभ किया है, जिस पर अब तक केवल परमाणु अस्त्र वाले देशों का ही एकाधिकार रहा है।

इस पवित्र विचार के पीछे की मंशा क्या है? उनकी शुभेच्छा को लीजिए जिन्होंने परमाणविक बटन को दबाकर परमाणु बम से हिरोशिमा और नागासाकी को नेस्तनाबूत कर दिया। ऐसे महान् पुजारी जिन्होंने सैनिक संबंधों की श्रेष्ठता के नाम पर परमाणविक देवता का अधिष्ठान किया है वे अब भयभीत हैं कि उन्हीं के भक्तों में से कुछ ने स्वयं अपना मंदिर बना लिया है। अब यह भी जानना होगा कि अगर कोई देश परमाणु बम बनाता है तो वह हिरोशिमा का उदाहरण प्रस्तुत करेगा या कि पोखरण का।

मैं पूरे सम्मान के साथ समर गुहा को कहना चाहूँगा कि हिरोशिमा पर गिराए गए बम और पोखरण के विस्फोट में यही एक भारी अंतर है। एक मानवता के सुधार के लिए है तो दूसरा उसे ध्वस्त करने के लिए। हमें खेद नहीं है। हमारा दृढ़ मत है कि हिरोशिमा के पीछे छिपे दृष्टिकोण का अंत होना चाहिए और पोखरण के संदर्भ में निहित विचार का प्रसार होना चाहिए। परमाणविक विस्फोट संबंधी तकनीक का उपयोग तत्काल बंद होना चाहिए। स्थापित तकनीक के तमाम संकीर्ण बंधन विज्ञान के सीमांत के परे स्थित हैं। यह उनकी सीमाएँ हैं कि हमारा राजनैतिक नेतृत्व व हमारे वैज्ञानिक कैसे उनका समाधान निकालते हैं या विकल्प के तौर पर दूसरा अर्थ यह है कि छोटे देशों से अपने विकास के लिए इस प्रकार की तकनीक का तब तक प्रयोग नहीं करना चाहिए जब तक एकाधिकार वाले बड़े राष्ट्रों के लिए वह तकनीक या विशेषज्ञता न हो जाए तथा पूर्ण समर्पण कर ही उनकी प्राप्ति कर सकेंगे। अगर हल के फाल की वैधता है, अगर यू.एस.एस.आर. में गैस के कुओं को अवरोधित करना वैध है तो पोखरण का विस्फोट भी वैध है। क्यों नहीं भारत से कहा जाना चाहिए कि सोवियत रूस और अमेरिका जो कर सकते हैं, उसे वह पहले कर दिखाए।

तीसरी दुनिया के देशों में, हमें इसका कड़वा अनुभव है कि उत्कृष्ट तकनीक का उपयोग हमें आर्थिक, राजनीतिक और सैन्य तरीके से दबाने के लिए किया जाता है। यही मूल कारण था कि गाँधी जी ने स्वाधीनता आन्दोलन की लड़ाई में लंकाशायर के मिलों के विरुद्ध चरखा को स्वाधीनता का प्रतीक बनाया। यह प्रायः कहा जाता है कि हमसे प्रथम क्रान्ति में चूक हो चुकी है किन्तु दूसरी क्रान्ति को हम हाथ से निकलने देना नहीं चाहते। अगर हमें दूसरी वैज्ञानिक क्रान्ति में शिरकत करनी है तो आने वाली प्रगति में अन्तराल की तनिक भी जगह नहीं होनी चाहिए। वह जो पोखरण में किया

गया, अभी यह शुरुआत भर ही है।

यथाशीघ्र एक तिरस्कारपूर्ण तरीके से हमें कहा जाता है कि तुम तो काफी गरीब हो। यह तुम्हारे लिए अतिशय महँगा कार्य है। यह तुम्हारे देश की अर्थव्यवस्था को बर्बाद कर देगा। महोदय, हम गरीब हैं किन्तु हमें पोखरण की अत्यंत आवश्यकता है। क्या मैं यह जान सकता हूँ कि जब सोवियत रूस, चीन और ब्रिटेन में परमाणविक कार्यक्रम की शुरुआत हुई थी तो उनकी अर्थव्यवस्था की माली हालत क्या थी? उनके परमाणविक कार्यक्रम का लक्ष्य विकास के लिए नहीं था वरन् परस्पर बर्बादी और विनाश के लिए था। द्वितीय विश्वयुद्ध के उपरांत ब्रिटेन व सोवियत रूस की अर्थव्यवस्था की अस्त–व्यस्त हालत थी।

जहाँ तक खर्च का प्रश्न है इसमें मात्र 165 करोड़ रुपये ही खर्च हुए हैं।

यह विस्फोट एक शांतिपूर्ण कार्यक्रम का उप–उत्पाद है। यह सर्वविदित है कि अन्तरिक्ष तकनीक और परमाणविक तकनीक अर्थव्यवस्था पर कई गुणा अधिक प्रभाव डालते हैं। यह अर्थव्यवस्था पर बोझ नहीं, बल्कि हमारी अर्थव्यवस्था के लिए वरदान होगा। पोखरण में परमाणविक विस्फोट के बाद जिन लोगों की भौंहें तन गई हैं मैं उनसे पूछना चाहता हूँ जब दूसरे परमाणविक हथियार वाले देशों ने पोखरण परीक्षण के बाद विस्फोट किए थे तो वे क्यों चुप थे? उनका मौन उनके पाखंड की अभिव्यक्ति है। महोदय, अगर नौ हजार परमाणविक हथियार जो अमेरिका, सोवियत रूस और चीन के जिम्मे हैं, विश्व व्यवस्था में सुरक्षा कायम करने के लिए सर्वश्रेष्ठ गारंटी हैं तो हमारे मात्र दस किलो के विस्फोट से क्या खतरा उत्पन्न हो सकता है। सम्पूर्ण विश्व के परिप्रेक्ष्य में हमारे पोखरण के विस्फोट कहीं अधिक तात्कालिक शांति उपायों के सूचक हैं। हमारी परमाणविक क्षमता सिद्ध हो जाने के उपरान्त निःशस्त्रीकरण के प्रति हमारी आवाज में विशेष विश्वास, दम और अर्थवत्ता मिल पाएगी। परमाणविक हथियारों से सम्पन्न शक्तिशाली देश शीघ्र ही वास्तव में सोच सकेंगे कि भेदभावपूर्ण विश्व–व्यवस्था को बढ़ावा देना उचित नहीं होगा क्योंकि किसी दिन भी उनके परमाणविक एकाधिकार को खत्म किया जा सकता है। यह हमारे साथ नहीं होगा। यह किसी और दूसरी शक्ति के साथ होगा। परमाणु–अप्रसार संधि पर हस्ताक्षर करने के लिए वे नहीं कह पाएँगे जो देश स्वयं तो परमाणविक हथियारों के जखीरे से लैस हैं किन्तु छोटे देशों को परमाणविक तकनीक का उपयोग विकास के लिए भी करने से मना करते हैं। परमाणु सम्पन्न देशों के बंद दरवाजों के भीतर खेले जाने वाले खेल के युग का समापन हो चुका है। उनके दरवाजे की सिटकनी खुल चुकी है किन्तु मेरा इरादा उनके कमरे में प्रवेश करने का कतई नहीं है। महोदय, भारतीय नेतृत्व ने अपनी परमाणविक क्षमता को सिद्ध कर तथा परमाणविक हथियारों के प्रति उपेक्षाभाव रखकर दूरदृष्टि तथा बुद्धिमत्ता का परिचय नयी शांति स्थापना के क्षेत्र में स्थापित करके किया है। परमाणविक क्षमता वाले देशों की दहलीज पर गैर हथियार वाले देशों की नई

विश्व व्यवस्था में उदय की संभावना है। यह सब पुनः आश्वस्त करता है कि नई विश्व व्यवस्था परस्पर सहयोग से कायम हो पाएगी।

हमारे परमाणविक कार्यक्रम के कुछ पक्षों पर हमें प्रकाश डालना है। मैं उल्लेख करना चाहता हूँ कि इसे मैं पहले भी कह चुका हूँ और मैं बल डालकर कहना चाहूँगा कि हमारे परमाणविक प्रतिष्ठानों की सुरक्षा अतिआवश्यक है। नये प्लोटोनियम प्लांट का उदाहरण ले सकते हैं। इसका निर्माण पूरी तरह से धरती के भीतर हुआ है जहाँ कि वह पारम्परिक हथियारों से सुरक्षित है। हमारे परमाणविक ऊर्जा कार्यक्रम में यह विचारपूर्ण तरीके से सोचना होगा कि भविष्य में प्लोटोनियम तथा अन्य संबंद्ध पदार्थों के समाप्त होने के उपरांत क्या करेंगे। निश्चित तौर पर दूसरे दशक में सन् 1984 में हमारे विखंडनीय पदार्थों की माँगें इतनी बढ़ जाएँगी कि उसकी आपूर्ति में कठिनाई होगी, इसलिए हमें इसके लिए भी प्रयत्नशील रहना पड़ेगा। हमें दो प्रकार के प्लोटोनियम की जरूरत है। एक हमारे ऊर्जा रिएक्टर में संचालित करने के लिए और दूसरे हमारे विस्फोट संबंधी उपकरणों के लिए पॉवर रिएक्टर से प्राप्त होने वाले प्लोटोनियम बहुत अधिक प्रभावी नहीं हैं। हमें पॉवर रिएक्टर से अलग एक छोटा रिएक्टर इसलिए चाहिए ताकि प्लोटोनियम का इस्तेमाल विस्फोट के लिए हो सके। विस्फोट विषयक प्लोटोनियम के उपयोग के लिए एक विशेष व्यवस्था के तहत एक रिएक्टर की आवश्यकता है। तारापुर इकाई ने इसका मूल्यांकन किया है कि हमें वार्षिक रूप से 20 टन परिष्कृत यूरेनियम की आवश्यकता है। हमारे प्रधानमंत्री के नेतृत्व में मैं पूरी तरह से आश्वस्त हूँ कि इन सभी पक्षों पर वे ठीक तरह से विचार–विमर्श करके देश की प्रगति की रफ्तार को आगे बढ़ाएँगी।

(8 अगस्त 1974 को संसद में दिया गया भाषण, मूल अंग्रेजी में)

मैंने मुख्यमंत्री पद से इस्तीफा क्यों दिया

साधारण–सी सुबह थी। चाय के प्याले के साथ। अखबारों में कुछ ऐसी खबर भी नहीं थी, जो आज याद हो। हाँ, पत्रकार आनन्द सागर मेरे साथ मुजफ्फरनगर की यात्रा के बाद पिथौरागढ़ नहीं जा सके थे और दिल्ली में ही छूट गए थे, पता नहीं लखनऊ आ सके कि नहीं? स्टाफ को फोन किया कि पता लगाए। मालूम हुआ, वह कल शाम ही आ गए हैं। टाइप हुई दिनचर्या देखी। 28.6.82, सोमवार। महीने का आखिरी सोमवार था। 'उद्योग बन्धु' की बैठक का दिन था। दस बजे, अधिकारियों के साथ। मेरी रुचि का कार्यक्रम था। नए व फौरी फैसलों का हौसला लिए, चलने की तैयारी करने लगा।

फाटक से निकला ही था कि कुछ उत्सुक चेहरे फुटपाथ पर दिखाई पड़े, हाथों में कागज लिए हुए। गाड़ी रोकी। आर्थिक सहायता, नौकरी, स्थानान्तरण की दरख्वास्तें थीं। इनके दुखड़े दूर हो पाएँगे कि सचिवालय की अलमारियों में बन्द हो जाएँगे? लाल फीते की मुट्ठी में सारा चीत्कार बन्द हो जाता है। इन्सान एक कागज बन जाता है। किस्मतों पर नम्बर पड़ जाते हैं और इनके ढूह पर खड़े होकर हम हर परेशान को सुखमय भविष्य के लिए आश्वस्त करते रहते हैं। वह मूक होता है, हम मुखर। जनता और सत्ता के बीच कोई खाई नहीं है, बस परदा है, एक बर्क कागज का, दुर्ग–सा दुर्भेद्य। दुर्ग के गर्भ में मैं पहुँच गया। सचिवालय का लिफ्टमैन मुझे सलाम कर ऊपर ले गया। किसके ऊपर? जब मैं ऊपर पहुँचा, तो राह चलनेवाला मुझसे पाँच मंजिल नीचे था और मेरी कुर्सी बाँहें फैलाए मुझे गोद में बिठाने के लिए उत्सुक थी। उसके पास हाथ थे, पाँव थे, पीठ थी और पेट भी (जिसमें मैं बैठने जा रहा था), किन्तु सर नहीं। सभी कुर्सियों की तरह वह भी बे–सर थी। बैठा और 'सर' कहनेवाले सामने आ गए। कुर्सी को सर मिल गया और मेरे सर पर भी असर हो गया।

'उद्योग बन्धु' के प्रथम सत्र की मीटिंग शुरू हो गई। लाल, पीले, नीले पन्नों में प्रदेश के औद्योगीकरण के ख्वाब सँजोए हुए थे। पन्नों की उलट–पुलट के साथ किस्मतें भी करवटें लेतीं, पर उस उलट–फेर में क्या कभी दीनू की भी किस्मत मिल जाएगी?

तलाश तो उसी की थी। कभी–कभी ख्वाबों में भी ताकत होती है। 'उद्योग बन्धु' का ख्वाब भी एक ऐसा ख्वाब है, जो प्रदेश के औद्योगीकरण की शिथिलता को दूर करने की ताकत रखता है। उसमें सामूहिक व तात्कालिक फैसलों की गुरुता व तेजी है। कोई भी प्रदेश में उद्योग लगाना चाहे, तो 'उद्योग बन्धु' के सामने अपनी समस्या रख दे। महीने के हर आखिरी सोमवार को मुख्यमंत्री की अध्यक्षता में सभी सम्बन्धित मन्त्रियों और सचिवों (उद्योग, विद्युत, वित्त, राजस्व) की एक बैठक में इन सभी समस्याओं पर विचार होता, फिर उद्यमियों से आमने–सामने बात करके वे हल कर दी जातीं और यह सब इसलिए कि दीनू भागकर कलकत्ता–बम्बई न जाए, अपने ही जिले में उसे कोई काम मिल जाए। खेती गाँव की बढ़ती आबादी का पेट नहीं भर पा रही है।

एक बज चुका था। लंच के लिए हम लोग उठे, ढाई बजे खुले सेशन में फिर मिलने के लिए। मैं अपने कक्ष में आया। राज्य मंत्री प्रेमवती तिवारी जी बैठी थीं। विकेन्द्रीकरण की योजना के बारे में बातें होने लगीं, कैसे सचिवालय की चहारदीवारी से सत्ता को जनता तक पहुँचाया जाए! नए प्रधानों व चुनावों के बाद ब्लॉक प्रमुखों, जिला परिषदों को कैसे विकेन्द्रीकरण की योजना से जोड़ा जाए! लखनऊ अपने अन्दर सत्ता को केन्द्रित कर अपने ही बोझ में दबा जाता है। बात कुछ ऐसी हो गई है कि लखनऊ के बिना जिले में पत्ता नहीं हिलता। प्रशासन की जड़ें सूख गई हैं, पत्ते भी पीले पड़ चले हैं। योजना, वित्त व प्रशासन में जिलों को अंश देना प्रशासन को प्राण देना है। तभी लखनऊ नहरों के पतरौलों (चौकीदारों) के सेवा सम्बन्धी मामलों से फुरसत पाकर टिहरी डैम की प्रगति की ओर ध्यान दे सकेगा।

सरकारी पक्ष और विपक्ष दोनों ही जिला योजना समिति में सम्मिलित हैं। इतने बड़े प्रदेश को सिफारिशों के आधार पर नहीं, सिद्धान्तों के आधार पर ही चलाया जा सकता है। जो गरीब लखनऊ नहीं पहुँच सकता, उसके पक्ष की रक्षा सिद्धान्तों द्वारा ही हो सकती है, और होनी भी चाहिए। उसने कोई खोटे सिक्कों से तो अपने टैक्स की अदायगी नहीं की है। ट्यूबवेल, स्कूल, अस्पताल, सड़क अभी तक केवल कृपा पर बँट जाते थे (मानकों के अनुसार संसाधनों को बाँटने की नई प्रणाली में)। अब ये वहीं जा सकते हैं, जहाँ सबसे अधिक कमी है। इस प्रक्रिया में संसाधन केवल मंत्रियों के क्षेत्र में नहीं, बल्कि कमजोर विधायकों के क्षेत्र में भी सम्यक रूप से पहुँच सकेगा। सत्ता और जनता के बीच जो 'दाता' और 'पाता' का नाता है, उसे तोड़कर 'भ्राता' का नाता जोड़ना, सामन्तवादी सम्बन्धों को तोड़कर आधुनिक लोकतांत्रिक रिश्तों को सुदृढ़ करना है। जिला स्तर पर प्रशासन तभी चुस्त किया जा सकता है जब जनप्रतिनिधि जिलों में ही वस्तुपरक आधार पर अधिकारियों के कार्यों पर नजर रखें। विकेन्द्रीकरण की योजना में ऐसी व्यवस्था भी की गई है।

इसी परिप्रेक्ष्य में प्रेमवती जी ने सुझाव दिया कि राष्ट्रपति–चुनाव के बाद जुलाई

के दूसरे सप्ताह में एक तिथि निश्चित की जाए, जिसमें राज्य के हर जिले में एक मंत्री की अध्यक्षता में एक बैठक हो, जिसमें उस जिले के हर विधायक और संसद सदस्य को बुलाया जाए और उनके सामने हर विभाग के अधिकारी लक्ष्यों के मुताबिक अपनी उपलब्धियाँ बताएँ। अगर उपलब्धियों में कमी हो, तो उसका स्पष्टीकरण जनप्रतिनिधियों के समक्ष रखें। यह समिति उचित समझे, तो मौके पर जाँच भी कर सकती है। इस प्रकार एक ही दिन में पूरे राज्य के हर जिले में विकास कार्यों की निगरानी हो सकेगी और हर अधिकारी लक्ष्यों की पूर्ति के लिए बाध्य हो जाएगा।

प्रेमवती जी के इस सुझाव के क्रियान्वयन के बारे में बात ही हो रही थी कि टेलीफोन की घंटी बजी। गृह सचिव टकरू फोन पर थे–'सर, मुझे एक दुखद खबर देनी है। कल रात कानपुर जिले के एक गाँव, दस्तमपुर में डाकुओं ने दस यादवों को मार डाला और एक और घटना मैनपुरी में हुई, जिसमें छह हरिजन मारे गए। घटनास्थल पर अधिकारी पहुँच गए हैं।'

एक साथ देहुली, 24 नवम्बर की प्रतिज्ञा, डकैतों से त्रस्त निरीह परिवार, बड़े भाई साहब और भतीजा अजीत सब मन में कौंध गए। इतना ही कह सका, 'इट इज वेरी ट्रैजिक, कोई कोशिश छोड़ी न जाए।'

प्रेमवती जी को घटना के बारे में बताया और जो बात चल रही थी, उसे समाप्त करना चाहा, लेकिन बात बहुत चल भी नहीं पाई और यह कहकर उठ गया कि बाद में बात होगी। जब मैं उठा, तो कुर्सी की बाँहें सुबह जैसी ही फैली हुईं थीं, उन्होंने मुझे रोकने की कोशिश नहीं की। वह किसी को नहीं रोकती हैं। दफ्तर से घर चला आया।

बेहमई, देहुली, साढूपुर, दस्तमपुर, रामपुरा... कब तक, कितने, क्यों? दूसरी ओर पुलिस अधिकारी व सिपाही दोनों एक साथ स्वयं दस्युओं से जंग लेते हुए अपने प्राणों की आहुति देकर दस्यु उन्मूलन में एक कीर्तिमान स्थापित कर रहे हैं। क्या इस समय हार मान जाऊँ? उनके दिल पर क्या गुजरेगी? किन्तु 24 नवम्बर, 1981 के मेरे वचन का क्या होगा, जिसमें राज्य की भयाक्रान्त जनता को मैंने कहा था कि यदि एक महीने में दस्युओं के विरुद्ध सक्षम कार्रवाई नहीं हुई, तो मैं पद पर नहीं बना रहूँगा। 24 दिसम्बर तक देहुली कांड के चार अभियुक्त मारे गए और शेष गिरफ्तार हो गए। एक वचन पूरा हुआ। पर वचन तो बना रहा। मेरे लिए हर दिन 24 नवम्बर था। जनता के इजलास की शपथ की मियाद कभी खत्म नहीं होती। 28.6.82 भी 24 11.81 था।

क्या त्यागपत्र देने से डाकुओं द्वारा सामूहिक संहार समाप्त हो जाएगा? नहीं! किन्तु यदि इस तर्क को मान लिया जाए, तो जन–जीवन में नैतिक जिम्मेदारी के सिद्धान्त का लोप ही हो जाएगा। भीषण से भीषण घटना हो जाने पर भी उच्च पदों पर बैठे लोग कह सकते हैं, क्या मेरे हट जाने से ऐसी घटनाओं की इतिश्री हो जाएगी! और जनता अगले चुनाव तक हाथ मलती रह जाएगी। जितना ऊँचा पद, उतनी ही

बड़ी नैतिक जिम्मेदारी होती है। उस जिम्मेदारी को नापने के लिए प्रशासनिक व कानूनी मापदंड अधूरे हैं। जन–अपेक्षाओं और जन–आस्था की ही कसौटियों पर उच्च पद के लोगों को कसा जा सकता है। जनता की बेचैनी को सचिवालय की नियमावलियों से नहीं नापा जा सकता। वह बेचैनी जन–विश्वास के दावेदारों के अंतस में प्रतिध्वनित होनी चाहिए। यह अन्तर्ध्वनि कभी ऐसे झकझोर देती है कि लगता है, अपने चारों ओर की व्यवस्था ही को झकझोर डाले। सम्भवतः मेरे लिए वही क्षण आ गया था।

पर उससे लाभ क्या? गेहूँ के कुछ ऐसे दाने होते हैं, जो खेत में डाले जाते हैं, उनसे बालियाँ उगती हैं, लाभ होता है। गेहूँ के दूसरे दाने होते हैं, जो यज्ञ कुंड में 'स्वाहा' के उच्चारण के साथ डाल दिए जाते हैं, उनसे बालियाँ नहीं उगतीं, कोई लाभ नहीं होता, केवल एक वातावरण बनने की आशा रहती है। जनजीवन में यदि एक प्रश्न–चिन्ह भी छोड़ा जा सके, तो वह एक सम्पूर्ण राजनीतिक जीवन की पूर्णाहूति के योग्य है। कभी तो कोई उत्तर देगा। दफ्तर की दीवारों के बाहर, पद–नाम की तख्तियों से भिन्न।

पर जो चीज इन्दिरा जी ने दी थी, क्या उसे फेंक देने का मुझे अधिकार है? इन्दिरा जी ने मौलिक रूप से उत्तर प्रदेश की जन–आकांक्षाओं की पूर्ति व पार्टी के आधार को सुरक्षित रखने का दायित्व दिया था–उस दायित्व का मुख्यमंत्री–पद केवल पर्यायवाची है। क्या नरसहांर की इन घटनाओं से जन–विश्वास और काँग्रेस के आधार को चोट नहीं पहुँची? यह एक राजनीतिक प्रश्न है। राजनीतिक प्रश्नों का उत्तर प्रशासनिक नहीं होता, यदि होता भी है, तो केवल आंशिक। प्रशासनिक सफलता के बावजूद जन–विश्वास के राजनीतिक प्रश्न बने रह सकते हैं। रामराज्य में भी धोबी के मन में सीता के प्रति शंका प्रस्फुटित हुई थी। यदि पुलिस की अभूतपूर्व सफलताओं के बाद भी गरीब जनों के मन में यह बात बनी रहे कि छविराम, अनारसिंह, पोथी आदि मारे जा रहे हैं, फिर भी विश्वनाथ प्रताप सिंह के शासन काल में निर्दोष लोगों का नरसंहार बन्द नहीं हो रहा है, तो प्रशासनिक सफलता और दृढ़ता के बावजूद कुछ राजनीतिक हल खोजने होंगे। क्योंकि गरीब तबके का विश्वास काँग्रेस में बना रहना अधिक आवश्यक है, बजाय इस बात के कि विश्वनाथ प्रताप सिंह मुख्यमंत्री बने रहें।

एक काँग्रेसी मुख्यमंत्री की तुलना में काँग्रेस का आधार मुझे ज्यादा प्यारा है। काँग्रेस के सिपाही के नाते मेरा कर्तव्य स्पष्ट था। मेरा वही कर्तव्य था, जो किसी सिपाही का अपनी फौज व सेनापति को तोप के वार से बचाने के लिए होता है–गोले के सामने खड़ा हो जाना। इन घटनाओं से उत्पन्न होनेवाले जन–रोष से अपने दल को बचाने का मेरे पास एक ही रास्ता था। सारे रोष को समेटकर पद से अलग हो जाऊँ और दल को प्रदेश में एक दूसरा राजनीतिक अवसर मिल जाए।

सिर्फ रह गई बात राष्ट्रपति चुनाव की। क्या राष्ट्रपति चुनाव के बीच त्यागपत्र

देना दल को मँझधार में छोड़ना नहीं होगा? यदि लेश मात्र भी आशंका होती, तो उस समय इस्तीफा न देता। लेकिन हम सब जानते हैं कि हम सबकी आस्था–बिन्दु इन्दिरा जी हैं। ज्ञानी जैल सिंह जी इन्दिरा जी के ही प्रत्याशी हैं। कोई भी विधायक इन्दिरा जी की मर्यादा को बट्टा नहीं लगा सकता। और फिर इन्हीं विधायकों की प्रतिबद्धता थी कि राज्यसभा में हेमवती नन्दन बहुगुणा और बनारसी दास गुप्त द्वारा एड़ी–चोटी का पसीना एक करने के बावजूद राजनारायण हार गए और विधान परिषद् के चुनाव में भी काँग्रेस के दसों उम्मीदवार तो जीते ही, एक ऐसा उम्मीदवार भी बहुगुणा–समर्थित उम्मीदवार को हराकर जीत गया, जो हमारी पसन्द का था। राष्ट्रपति के चुनाव के परिणामों ने मेरी धारणा की पुष्टि कर दी है। ज्ञानी जी को इंका की शक्ति से ग्यारह वोट अधिक मिले।

जन–जीवन की मर्यादाओं, अपने सार्वजनिक वचन व दल को जन–रोष से बचाने के लिए जिस दृष्टि से भी मैंने देखा, एक ही फैसला दिखाई पड़ा। और इसी फैसले में अपनी नेता श्रीमती इन्दिरा गाँधी जिनके हाथों मेरे राजनीतिक जीवन का सूत्रपात हुआ और जिनसे मुझे मेरी योग्यता और क्षमता से कहीं अधिक स्नेह सदैव मिलता रहा है, के हितों की रक्षा दिखाई पड़ी–इन सब कारणों को समेटकर हठ करने की हिम्मत हुई और तीन बजे मैं अपने उस फैसले को लिखने लगा। हस्तलिखित उस पत्र को तीन बजकर चालीस मिनट पर लिफाफे में बन्द कर राज्यपाल जी को भेज दिया और 15 मिनट बाद पत्रकार सम्मेलन के लिए चल दिया।

पत्रकार सम्मेलन में त्यागपत्र पढ़ते समय मुझे पूरा एहसास था कि 'व्यावहारिकता' की दृष्टि से मैं अपने पूरे राजनीतिक जीवन को 'डायनामाइट' कर रहा हूँ, मलबे के भीतर से एक रास्ता ढूँढ़ने के प्रयास में।

(11 जुलाई, 1982 को 'रविवार' साप्ताहिक में छपा वी.पी. सिंह का लेख)

अध्याय : पाँच

गैट में समर्पण का ब्यौरा

एस.पी. शुक्ल

राजनीतिक नेता सपनों के सौदागर भी होते हैं लेकिन चतुर खिलाड़ियों को इस सौदागरी की सीमाओं का भी अंदाजा होता है। मराकेस समझौते के समीक्षकों में यह एहसास गहराने लगा है कि हमारे कपड़ा, कृषि और सेवा क्षेत्र के लिए नियति की अकूत संभावनाएँ खुलने की बातें कमजोर पड़ने लगी हैं। इस समझौते में निहित प्रतिकूल झुकाव अधिक स्पष्ट दिखने लगा है। शब्दों में छुपी सच्चाइयाँ सतह पर आने लगी हैं। यही नहीं, स्थितियाँ और कठिन बनाने के लिए अमेरिका और यूरोपीय संघ नई–नई शर्तें और नए–नए मुद्दे जोड़ने लगे हैं।

कपड़ा क्षेत्र में, यह सच्चाई अब खुलकर सामने आ गई है कि अमेरिका और यूरोपीय संघ के बाजारों में उदारीकरण की अति धीमी प्रक्रिया से 2005 के पहले कुछ खास हासिल नहीं होगा। यही नहीं, अमेरिका और यूरोपीय संघ दोनों हमारे बाजार में अपने कपड़ों की पहुँच बनाने का रास्ता खोलने के सवाल उठाने लगे हैं। सबसे बढ़कर तो यह कि श्रम मानकों और व्यापार के बीच तथाकथित संबंधों का मुद्दा भी नए विश्व व्यापार संगठन की तैयारी समिति के बहस के एजेंडे में लाया जा चुका है। इससे औद्योगिक देशों के लिए अपनी पुरानी दलील को पुनर्जीवित करने की संभावना खुल गई है कि कम मजदूरी देने वाले देश प्रतिस्पर्धा को 'नाजायज' बना देते हैं। यह दलील पहले विकासशील देशों से कपड़े के निर्यात पर नाजायज प्रतिबंध थोपने के मकसद से दी गई थी।

कृषि में, समझौते में सब्सिडी कटौती के बारे में व्यक्त की गई संभावनाओं के बावजूद, वर्ष 2001 में भी अमेरिका और यूरोपीय संघ के देशों में सरकारी समर्थन का स्तर काफी ऊँचा बना रहेगा और शायद विकासशील देशों के लिए स्वीकार्य अधिकतम घरेलू समर्थन के स्तर से कई गुना अधिक हो सकता है। दूसरी तरफ, बौद्धिक संपदा अधिकार पर नए समझौते की वजह से कृषि में नई प्रौद्योगिकी को

हासिल करना हमारे लिए काफी महँगा और मुश्किल हो जाएगा।

सेवा क्षेत्र के मामलों में समझौते में श्रम और श्रम–प्रधान सेवाओं के निर्यात की संभावना लगभग पूरी तरह खत्म कर दी गई है क्योंकि दूसरे देशों में रोजगार तलाशने के मामले को समझौते के दायरे से बाहर रखा गया है और औद्योगिक देशों में आव्रजन–व्यवस्था को वार्ता से ही बाहर कर दिया गया है।

इस वास्तविकता से पाला पड़ने पर मराकेस समझौते के पैरोकारों के लिए निर्यात की अकूत संभावनाओं के खुलने का सपना बेचना कठिन हो गया है। ये लोग अब यह सोचने लगते हैं कि जब सपने बेचना संभव न हो तो कुछ उपदेशात्मक अपील कारगर हो सकती है। इस तरह इस उद्देश्य को अहमियत दी जाने लगी कि नियम–कायदों से संचालित बहुपक्षीय व्यवस्था अपने कमजोर सदस्यों को समान और न्यायपूर्ण अवसर उपलब्ध कराएगी। साथ ही साथ दूसरी दलील–यथास्थितिवादियों के लिए अंतिम मौके की दलील भी आगे बढ़ाई गई कि 'कोई दूसरा विकल्प नहीं है।'

पैरोकारों के इन दावों और दलीलों को जाँचने–परखने के लिए बहुपक्षीय व्यवस्था के तंत्र और संचालन की सच्चाई का खुलासा जरूरी है। सामान्य तटकर और व्यापार समझौता 1948 से ही व्यापार की बहुपक्षीय व्यवस्था रही है। इसका सूत्रपात नए उभरते देशों को विकास के मोर्चे पर मिल रही चुनौतियों से निबटने के प्रयास या अंतरराष्ट्रीय बिरादरी में उनके विकास को लेकर सरोकारों की वजह से नहीं हुआ, बल्कि चालीस के दशक के प्रारंभ में इंग्लैंड और अमेरिका के बीच द्विपक्षीय वार्ताओं से इसकी नींव पड़ी! द्वितीय विश्वयुद्ध के बाद की स्थितियों में उनके परस्पर हितों की बेहतरी का ख्याल रखकर इसे आकार दिया गया था।

इसकी सक्रियता के पिछले 46 वर्षों में, जब–जब ऐसा लगा है कि यह दो महाशक्तियों अमेरिका और यूरोपीय संघ के हितों के लिए माकूल या व्यावहारिक नहीं है, तब–तब उसके मूलभूत सिद्धांतों और नियमों की अनदेखी की गई, संक्षिप्त किया गया या उन्हें त्याग दिया गया। असल में, (क) कपड़ा उद्योग में पक्षपातपूर्ण और प्रतिबंधात्मक व्यवस्था, (ख) कृषि क्षेत्र में रियायतों के मद में, जिसे समझौते में अपवाद माना गया है, अराजक स्थिति और निर्यात के मामले में सब्सिडी देने की होड़, और (ग) अनेक तरह के समझौतों की वजह से गैट के व्यापार संबंधी नियम और सिद्धांत लगभग बेमानी बना दिए गए हैं–ये तीन उदाहरण ही प्रतिस्पर्धात्मक अर्थशास्त्र के नियमों पर आधारित पक्षपातपूर्ण व्यवस्था की भद्दी असलियत से नकाब उठाने को काफी हैं।

इसमें दो राय नहीं हैं कि इस व्यवस्था में दो राहत या क्षति कम करने के पहलू हैं। एक, यह मोटे तौर पर देशों की सीमाओं से ही संबंधित है और सदस्य देश को अपनी अर्थव्यवस्था के संबंध में स्वतंत्र निर्णय लेने की छूट देता है। दूसरे, अंतरराष्ट्रीय मुद्रा कोष और विश्व बैंक के विपरीत इसकी निर्णय–प्रक्रिया, कम से कम सिद्धांत

रूप में, लोकतांत्रिक है, हर सदस्य देश को एक वोट देने का अधिकार है और अधिक शक्तिशाली सदस्य देशों को विशेष वजन नहीं दिया जाता है। यही नहीं, यह हर सदस्य देश, चाहे वह धनी हो या गरीब, को अपने सामान का दूसरे सदस्य देशों में निर्यात करने की बिना किसी भेदभाव के मौलिक अधिकार की अक्षुण्णता की गारंटी देता है। इसके लिए व्यवस्था यह की गई है कि अधिकार प्रदान करने वाले अनुच्छेद में सभी सदस्यों की सर्वसहमति के बिना संशोधन नहीं किया जा सकता है। दूसरे शब्दों में कहें तो हर सदस्य को एक वीटो अधिकार से लैस किया गया है जिससे वह अपने मूलभूत अधिकारों को सीमित करने या खत्म करने की हर कोशिश को नाकाम कर सके या अतिरिक्त दायित्वों को स्वीकार न करने की शर्त पर अपने अधिकारों को बनाए रख सके।

बहुपक्षीय व्यापार वार्ता के उरुग्वे चक्र का एक परिणाम गैट में निहित इन दो राहत के पहलुओं को खत्म करना रहा है। सीमाओं से संबंधित इस व्यवस्था की जगह ऐसी हस्तक्षेपकारी व्यवस्था लाई गई है जिसमें सदस्य देश की अपनी अर्थव्यवस्था का आपसी उद्देश्य तीसरी दुनिया के देशों की संप्रभु अर्थव्यवस्था में बहुराष्ट्रीय कंपनियों के प्रवेश की राह की सभी बाधाएँ दूर करना है। इस मकसद को साधने के लिए यह अर्थव्यवस्था में राज्य की भूमिका को न्यूनतम बना देना चाहती है।

उरुग्वे वार्ता चक्र की शुरुआत तीखे विवादों से घिर गई थी क्योंकि भारत और ब्राजील की अगुआई में तीसरी दुनिया के देशों ने सीमाई व्यवस्था को पूरी तरह बदलने की औद्योगिक देशों की पहल का कड़ा विरोध किया था। वे प्रारंभ में सफल भी रहे। लिहाजा, सेवा क्षेत्र का नया मसला गैट के दायरे से बाहर रखा गया। इसके अलावा, बौद्धिक संपदा सुरक्षा और निवेश संबंधी अहम मसले भी दूर रखे गए। लेकिन औद्योगिक देशों खासकर अमेरिका की धौंस और दबाव के आगे अंततः भारत और ब्राजील ने बौद्धिक संपदा सुरक्षा जैसे अहम मसले को गैट वार्ता में शामिल करने के मामले में हथियार डाल दिए। परिणाम यह हुआ कि व्यवस्था परिवर्तन की राह आसान हो गई।

विश्व व्यापार संगठन समझौते के तहत बौद्धिक संपदा सुरक्षा, निवेश तथा सेवाओं पर सहमतियाँ उस व्यवस्था का अनिवार्य अंग हैं जिसमें गैट, जैसा कि हम जानते हैं, एक हिस्सा भर होगा। इस तरह तीसरी दुनिया के देशों पर अतिरिक्त दायित्व को थोप दिया गया है। उन्हें गैट के तहत दूसरे देशों के बाजारों में पहुँचने के अपने मौलिक अधिकार के उपयोग के पहले इन दायित्वों की शर्तें पूरी करनी होंगी। इस नई व्यवस्था को स्वीकार करके भारत और तीसरी दुनिया के दूसरे देश अपने बुनियादी अधिकारों पर औद्योगिक देशों के ताकतवर गठजोड़ के घातक हमलों के आगे शरणागत हो गए हैं।

इससे भी बदतर बात यह है कि विश्व व्यापार संगठन समझौते में दूसरे असह्य

दायित्व भी जोड़ने के प्रावधान इस कदर पुख्ता किए गए हैं कि दो–तिहाई बहुमत से कोई नया विषय या दायित्व जोड़ा जा सकता है और वह सदस्य देशों पर बाध्यकारी होगा। और जो देश ऐसा नहीं करेगा उसे तीन–चौथाई बहुमत से बाहर का रास्ता दिखाया जा सकता है। अब इसे जरा गैट की बिल्कुल विपरीत व्यवस्था की रोशनी में देखिए जिसके तहत हर सदस्य देश को अपने बुनियादी अधिकारों पर किसी प्रतिकूल संशोधन या पहल को निरस्त करने का वीटो अधिकार हासिल था। इसके अलावा कमजोर सदस्य देशों को समान व्यवहार की गारंटी देने वाले लोकतांत्रिक अधिकारों का अवसान तो शीशे की तरह स्पष्ट होगा। इसके बावजूद मराकेस समझौते के पैरोकारों **की** हिम्मत तो देखिए कि वे नई व्यवस्था को कमजोर सदस्यों को समान और न्यायोचित व्यवहार की गारंटी देने वाली नियमों से संचालित व्यवस्था कहते हैं। ऐसा लगता है कि किसी परालौकिक आस्था के वशीभूत वे मराकेस बैठक की बदसूरत सच्चाइयों से आँख मूँदकर ऐसे खोखले साहस का दम भर रहे हैं।

बहुपक्षीयता के इन आशावादी पक्षधरों की भी नाक में बदसूरत सच्चाइयाँ दम भर रही हैं। नए समझौते को मंजूरी मिले और उस पर अंतिम दस्तखत हों, उससे पहले ही अमेरिका और यूरोपीय संघ नई व्यवस्था में और नए मुद्दे जोड़ने की अपनी मंशा छुपा नहीं रहे हैं। ये मुद्दे उनके नव–संरक्षणवाद और तीसरी दुनिया के देशों की स्वायत्त नीति–निर्माण प्रक्रिया में घुसपैठ करने की कोशिशों पर परदा डालने के मकसद से लाए जा रहे हैं। दिसंबर 1993 में ही तीसरी दुनिया के देशों पर नए विश्व व्यापार संगठन के लिए बनने वाली तैयारी समिति के एजेंडे में व्यापार वातावरण के मुद्दे को शामिल करने का दबाव डाला गया। इसने शक्तिशालियों की भूख बढ़ाने के लिए चटकदार पेय का ही काम किया। नतीजा यह हुआ कि तैयारी समिति की बातचीत के एजेंडे में व्यापार और श्रम–मानकों के बीच संबंधों का मसला शामिल करने का भी दबाव बढ़ा। वे इसमें कामयाब भी हुए क्योंकि मराकेस बैठक में अध्यक्ष के भाषण में तीन अनिवार्य तत्व शामिल थे। एक, यह कहा गया कि कई मंत्रियों ने इस मुद्दे की अहमियत पर जोर दिया। दूसरे, इसे तैयारी समिति की बातचीत में शामिल करने पर सहमति बन गई है, और अंतिम, सभी मंत्रियों ने इस फैसले का संज्ञान लिया है। इस तरह उनकी इस पहल को सहमति का समर्थन हासिल हो गया।

मराकेस में नई व्यवस्था के अमल में आने के पहले ही अमेरिका ने अपने एस–301 श्रेणी के कानूनों के अस्त्र को पुनर्जीवित किया और जापान जैसी आर्थिक शक्ति के खिलाफ उसका चुनिंदा प्रयोग किया। जब पिकी कैंटोर ने सुना कि भारत और कुछ दूसरे देशों के बीच व्यापार और श्रम–मानकों के बीच संबंध जैसे नए मुद्दों को शामिल करने का 'विरोध' करने की सुगबुगाहट चल रही है तो उन्होंने एकदम साफ–साफ बता दिया कि बहुपक्षीय व्यवस्था कायम हो या न हो, अमेरिका अपने कानूनी अस्त्रों के एकतरफा प्रयोग के जरिए अपनी बात मनवाने की कोशिश जारी रखेगा। और

अपनी बात मनवाने के लिए वे उन्हीं विरोधियों की सहमति से तैयार समिति के एजेंडे पर उन मुद्दों को ले भी आए।

यह कैसी अजीब बहुपक्षीय कानून सम्मत व्यवस्था है क्योंकि इसका अस्तित्व तभी तक कायम रह पाता है जब तक वह शक्तिशाली देशों की चिंताओं–सरोकारों को स्वीकार करती है और अपना लेती है। यह कमजोर देशों के मौलिक अधिकारों पर शक्तिशाली देशों को जबरन शर्तें और दायित्व थोपने देती है। महादैत्य की तरह उभरने वाली इस व्यवस्था को नियम–कायदों का अनुसरण करने वाली व्यवस्था बताने के लिए तो वाकई कोई ऐसी परालौकिक आस्था की आवश्यकता है जो आपको सच्चाई से ऊपर उठा दे या आँखों पर परदा डाल दे।

और जब माराकेश समझौते के पैरोकार वास्तविकता पर आधारित दलीलों से बचाव नहीं कर पाते तो उनके पास विकल्पहीनता का अमोघ अस्त्र मौजूद होता है। प्रश्न यह होता है कि क्या हम इस व्यवस्था के बिना काम चला सकते हैं? क्या हम विश्व व्यापार संगठन (डब्ल्यू.टी.ओ.) के बाहर रह सकते हैं? ये प्रश्न वे कुछ विचित्र विजयी भाव में पूछते हैं। इस सवाल का पहला जवाब इस जवाबी सवाल में ही है : क्या हम राष्ट्रों की बिरादरी में ऐसी नगण्य–सी स्थिति में पहुँच गए हैं कि राष्ट्रों की बैठक में हमारे द्वारा उठाए गए सवाल तीसरी दुनिया के छोटे देशों की जुबान पर ही चढ़ पाते हैं जिनके पास न खास प्रौद्योगिकी उपलब्ध है, न भौतिक संसाधन और जो अपने छोटे से बाजार के चलते मामूली समृद्धि हासिल करने के लिए भी धनी देशों के व्यापार पर लगभग पूरी तरह निर्भर हैं? हम ऐसी स्थिति में कैसे पहुँच गए? और किसके द्वारा?

क्यूबा जैसे बेहद छोटे देश ने भी अंतरराष्ट्रीय मंचों पर साहस और धैर्य का परिचय दिया है। दूसरी तरफ, हम अतीत में ऐसे कई अवसर बाकायदा गँवा चुके हैं, जब हम कड़ा रुख अपना सकते थे और ऐसे संकेत दे सकते थे कि कुछ मामलों में कोई समझौता नहीं हो सकता, इसके साथ एकला चलो का जोखिम भी उठा सकते थे। असल में, ऐसी स्थिति में एकला चलो की रणनीति हाशिए पर बैठे देशों का समर्थन जुटाने का एकमात्र कारगर तरीका है जिससे अकेले पड़ने के खतरे को कम किया जा सकता है। लेकिन हमने समर्पण की नीति अपनाई और यह शिकायत करते दिखे कि किसी का समर्थन नहीं मिला और ऐसा करने से हम अकेले पड़ जाते। यह कहानी बार–बार दोहराई गई, चाहे वह बौद्धिक संपदा सुरक्षा के अहम मसले पर रियायत देने का मामला हो, या सेवा क्षेत्र पर असंतुलित समझौते को आगे बढ़ाने का मामला, या विवाद निपटान समझौते में जवाबी कार्रवाई के प्रावधानों पर झुक जाने का मामला, या अमेरिका के एस–301 संबंधी कानूनों को निरस्त करने पर जोर न देने का मामला, या अंत में, चुपचाप अंतिम समझौते पर दस्तखत कर देने का मामला हो। अंतिम समझौते पर दस्तखत करने से पहले डब्ल्यू.टी.ओ. समझौते के अनुच्छेद–।। के पैरा

2 में बौद्धिक संपदा और सेवा क्षेत्र संबंधी समझौते को हटाकर पैरा 3 में उन्हें वैकल्पिक, बहुपक्षीय समझौता बनाया जा सकता था और इस तरह गैट के तहत अपने अधिकारों के प्रयोग की कोशिश की जा सकती थी। इस दौरे के समझौते में अधिकारों के लिए अड़ने का भाव सर्वथा नदारद था।

उरुग्वे चक्र के उद्घाटन के पहले हम पर समर्पण कर देने का कुछ या भारी दबाव था। लेकिन हमने फैसला किया कि यह न्यूनतम बिन्दु है जिस पर समझौता नहीं किया जा सकता और हम अड़े रहे। परिणाम यह हुआ कि हमें कुछ विकासशील देशों का ही नहीं, यूरोपीय संघ के कुछ निष्पक्ष देशों का भी समर्थन हासिल हुआ। और हम सेवा क्षेत्र पर वार्ता को गैट के दायरे से बाहर रखने, बौद्धिक संपदा और निवेश के मुद्दों को संकीर्ण सीमा के भीतर रखने और जवाबी कार्रवाई के मामले को दूर रखने में कामयाब रहे थे। लेकिन जल्दी हमारे भीतर विकासशील देशों के गठजोड़ के प्रति दबी–छुपी अवमानना जग गई। हम तीसरी दुनिया का नेतृत्व करने की भारतीय 'आकांक्षा' की खिल्ली उड़ाने लगे। हमने अपनी गाड़ी समूह–7 देशों के कारवाँ में जोत दी। इसलिए आज अगर कुछ हलकों में विकल्पहीनता का एहसास है तो इसकी वजह यही है कि विकल्पहीनता का भाव बाकायदा पैदा किया गया।

लेकिन यह तो अब अतीत बन गया है। भविष्य के मद्देनजर सवाल यह नहीं है कि क्या हमें डब्ल्यूटीओ से बाहर आ जाना चाहिए? बल्कि यह है कि डब्ल्यू.टी.ओ. समझौते के सर्वाधिक अवांछित पहलुओं को दूर करने या नरम बनाने के लिए हमें क्या करना चाहिए? और हम इसके लिए कैसे आगे बढ़ें? पहली बात तो है, हम जिस कड़वी सच्चाई से मुकाबिल हैं, उसका हमें गहरा एहसास हो। हर बात को जायज ठहराने का यह ढीला–ढाला रवैया छोड़ना होगा कि अब तो हो गया। दूसरे, तत्कालीन सरकार ने भले ही माराकेश में अंतिम समझौते पर दस्तखत कर दिए हों मगर उससे इस देश की संप्रभु संसद तत्कालीन सरकार के कदम को ही स्वीकार कर लेने को बाध्य नहीं हो जाती है। अतीत में अमेरिका की सरकारों ने अपनी शर्तों पर कई अंतरराष्ट्रीय समझौतों पर दस्तखत किए और बाद में अंतिम मौका आने पर यह कहकर उसमें अपने फायदे के मुताबिक संशोधन करा लिया कि अमेरिकी संसद इन संशोधनों पर जोर दे रही है। मसलन, भारतीय संसद 1970 के पेटेंट कानून में संशोधन न करने का फैसला कर सकती है। अगर ऐसा होता है तो दुनिया भर में यह ठोस संदेश जाएगा कि इस मुद्दे पर समझौता संभव नहीं है क्योंकि भारत में इस पर समस्या है। उसके बाद डब्ल्यू.टी.ओ., उसकी विभिन्न संस्थाओं और मंत्री–स्तरीय सम्मेलनों में दोबारा विचार होगा और उसके अनुरूप कार्रवाई होगी।

भारत का बाजार विश्व बिरादरी खासकर औद्योगिक देशों के लिए महत्त्वपूर्ण है, जो लंबे मंदी के अंतहीन दौर से गुजर रहे हैं और जिनमें बेरोजगारी बढ़ती ही जा रही है। यह हमारा तुरुप का पत्ता है और इसे आज हम 'सबकी भलाई' के नाम पर

नहीं चले तो हमें नव–उदारवादी अर्थशास्त्रियों के आप्रवासी किस्म के नखलिस्तान के सपनों पर डोलना पड़ सकता है। हम आज भी इसे अपने हित में प्रयोग करने के काबिल हो सकते हैं। और इसकी आशंका कम ही है कि आंतरिक असंतोष और हितों के टकराव में उलझे औद्योगिक देश हमारे खिलाफ मोर्चा सँभाल लेंगे, बशर्ते उन्हें यह एहसास हो कि हम अपने रुख से टस से मस नहीं होने वाले हैं।

ऐसी स्थिति में विभिन्न संभावनाएँ उभर सकती हैं। ये समझौते हमें सर्वाधिक नुकसान पहुँचाने वाले मामलों में कड़ी शर्तों को दूर करने या नरम बनाने संबंधी संशोधनों के अलावा कुछ मामलों में सीमित रियायतों और अंत में, अंतिम चुनौती के रूप में हमें डब्ल्यू.टी.ओ. से बाहर करने के लिए साहस और समर्थन जुटाने से संबंधित हो सकते हैं।

एक बात साफ है : विकल्पहीनता की दुहाई देने वाली बिरादरी जो सवाल उठा रही है, वह बेहद घातक है। उससे यह आशंका पैदा होती है कि असल में वे कोई विकल्प चाहते ही नहीं।

हमारे रुख कड़ा करने पर बहुपक्षीय स्तर पर कई तरह की संभावनाएँ खड़ी हो सकती हैं लेकिन इसी के साथ हमें क्षेत्रीय स्तर पर लाभ का बड़ा अवसर भी मिल सकता है। आज बैंकॉक समझौता भारत, बांग्लादेश, श्रीलंका और दक्षिण कोरिया के बीच व्यापार की एक ढीली–ढाली व्यवस्था भर है। यह कभी भी छोटी–मोटी बातों से आगे नहीं बढ़ सकी है। यह भी संकेत है कि चीन इसमें शामिल होने में दिलचस्पी रखता है। हमें उसका स्वागत करना चाहिए। हमें इस समझौते के तहत क्षेत्रीय सहयोग का दायरा बढ़ाने के लिए ठोस पहल करनी चाहिए।

हमें पश्चिम में ईरान, दक्षिण में दक्षिण अफ्रीका और उत्तर में कुछ मध्य एशियाई गणराज्यों से करीबी संबंध बनाने की संभावना टटोलनी चाहिए।

भारत और चीन के बाजारों की साझा शक्ति वाला गठजोड़ हमेशा पश्चिमी दुनिया का ध्यान खींचने और झुकने पर मजबूर करेगा।

अंत में, हमारे लिए इस सबसे गैर–बराबर समझौते को स्वीकार करने का मौजूदा सरकार का फैसला शायद सड़क और संसद में ऐसा प्रतिरोध जगाए कि हमारे इस महान देश में स्वाभिमान और आत्मनिर्भरता की लौ फिर धधक उठे, और शायद उससे क्षेत्रीय सहयोग की जिजीविषा पैदा हो, जो अंततः आधुनिक भारत के इतिहास में एक नया मोड़ साबित हो।

(मेनस्ट्रीम, 30 अप्रैल 1994। लेखक भारत सरकार में वाणिज्य सचिव और वित्त सचिव जैसे पदों पर रह चुके हैं और उरुग्वे वार्ता चक्र के प्रारंभिक चरण में शामिल रहे हैं।)

× × ×

तिकड़ी के पैंतरे
डंकल ड्राफ्ट : ऐतिहासिक संदर्भ

देवदत्त

(1)

अंतरराष्ट्रीय जगत में शक्ति संतुलन के मौजूदा संदर्भों को समझे बगैर भारतीय राज–व्यवस्था में भूमंडलीकरण को समझना कठिन है। डब्ल्यू.टी.ओ. भूमंडलीकरण की सबसे शक्तिशाली संस्थागत अभिव्यक्ति है। जाहिर तौर पर, उरुग्वे दौर और डंकल प्रस्ताव पर हुए समझौते की यह परिणति ब्रह्मांड की उत्पत्ति की तरह अकस्मात नहीं हुई होगी।

उरुग्वे दौर की बातचीत मोटे तौर पर तीन बड़े घटनाक्रमों से निकली है। पहला–शीत युद्ध की समाप्ति के बाद अंतरराष्ट्रीय शक्तियों का नया सामाजार्थिक संतुलन। दूसरा–1980 ही नहीं, 1970 के दशक में भी अमरीका, जापान और यूरोप की अर्थव्यवस्था की जरूरतें। तीसरा–1960–80 की अवधि में विश्व अर्थव्यवस्था पर उत्तरी गोलार्द्ध के देशों के दबदबे को दक्षिणी गोलार्द्ध के देशों में मिल रही चुनौतियों से निपटने की जरूरत।

अस्सी के दशक के आखिर और 90 के दशक की शुरुआत में दुनियाभर को हिला देने वाले बड़े परिवर्तन हुए। सोवियत संघ के बिखराव के बाद रूसी संघ में सुधार लागू हुए और उसके बाद पूर्वी यूरोप में भी व्यापक उठापटक हुई। इससे दुनिया का दो–ध्रुवीय स्वरूप बदल गया और विश्व अर्थव्यवस्था के एकीकरण का मार्ग प्रशस्त हुआ।

दूसरी तरफ राष्ट्रीय सुरक्षा के मामलों में अपेक्षाकृत नरमी अपनाते हुए आर्थिक मसलों पर जोर दिया जाने लगा। खासकर ऐसे मसलों पर जो 'मुक्त और निष्पक्ष' विश्व व्यापार से जुड़े हों। इन्हें शीत युद्धोत्तर दौर में आर्थिक प्रगति का इंजन माना गया।

तीसरा है यूरोपीय संघ और जापान का आर्थिक महाशक्ति के रूप में अमरीका के समकक्ष खड़ा होना। दूसरे शब्दों में, परमाणु बम से लैस दो महाशक्तियों की जगह तीन आर्थिक महाशक्तियों ने ले ली। एक तरह की त्रि–ध्रुवीय व्यवस्था पनपी जिसे महा–त्रयी या तिकड़ी भी कह सकते हैं। इसमें सैन्य तथा आर्थिक महाशक्ति के रूप में अमरीका, उच्च प्रौद्योगिकी में अग्रणी जापान और सबसे बड़े बाजार और व्यापारी के नाते उदित हुआ यूरोपीय संघ शामिल है।

इन तीनों ने एक बेमिसाल दबदबे वाली विश्व व्यवस्था कायम की। मसलन, इसी महा–त्रयी ने डब्ल्यू.टी.ओ. का मौजूदा स्वरूप तैयार किया, इसी महा–त्रयी ने भारत

समेत दक्षिण दुनिया के कई मुल्कों को धकियाकर, दबाव डालकर, बहला–फुसलाकर और बहकाकर डब्ल्यू.टी.ओ. पर दस्तखत के लिए तैयार किया। डब्ल्यू.टी.ओ. इन्हीं महाशक्तियों की तिकड़ी के इशारे पर चलता है और इसके जरिए वे दक्षिणी गोलार्द्ध के देशों की आर्थिक नीतियों तथा कार्यक्रमों का निर्धारण कर रही हैं।

एक और भी घटनाक्रम उल्लेखनीय है जिसने इस महातिकड़ी के प्रभाव में विश्व व्यवस्था का एकात्म चरित्र निर्धारित किया। शीत युद्ध के बाद उत्तरी गोलार्द्ध में खड़ी हुई यह तिकड़ी विश्व अर्थव्यवस्था की प्रगति का इंजन बनी। वर्ष 2001 की व्यापार और विकास संबंधी अंकटाड रिपोर्ट के मुताबिक इन तीनों आर्थिक महाशक्तियों में से एक की भी अर्थव्यवस्था पर आने वाला हर संकट दक्षिणी गोलार्द्ध के देशों की अर्थव्यवस्थाओं पर त्वरित असर डालता है। इसे दो हिस्सों में बाँटकर देख सकते हैं–1. लैटिन अमरीका, एशिया और अफ्रीका के देशों के विकास। 2. मध्य और पूर्वी यूरोप (बेलारूस, रूसी संघ और यूक्रेन) की अर्थव्यवस्थाओं पर संकट के रूप में।

यह इन आर्थिक महाशक्तियों द्वारा कुछ वर्ष पूर्व जगाई गई इन उम्मीदों के विपरीत हैं कि दक्षिणी मुल्कों की प्रगति उत्तरी मुल्कों की प्रगति का वाहक बनेगी। एक अन्य घटित घटनाक्रम का भी जिक्र जरूरी है। अमरीकी अर्थव्यवस्था में मंदी के हाल में उभरे संकेतों के बाद अंकटाड ने ऐसी वैकल्पिक व्यवस्था की खोज शुरू कर दी है जिससे अमरीकी मंदी दुनिया की अर्थव्यवस्था को चपेट में न लेने पाए। आर्थिक महाशक्तियाँ विश्व अर्थव्यवस्था में चौधराहट की भूमिका अदा कर रही हैं। यह संकेत दिया जाने लगा है कि विश्व अर्थव्यवस्था को अंतिम आसरे के लिए नए नेता की ओर देखना होगा। सवाल उठने लगा है कि विश्व अर्थव्यवस्था के नेतृत्व की ओर यूरोप के बढ़ने में क्या गलत है। यह भी अटकल लगायी जाने लगी है कि जापान अमरीका का विकल्प कब तक बन सकता है।

उत्तरी दुनिया ने प्रत्यक्ष अधिनायकवाद को स्वाभाविक तौर पर मिटा दिया है और अपने मूल मकसद को आगे बढ़ाने के लिए नए नाजुक और खोजपूर्ण निशाने अंकित कर लिए हैं। मसलन वह दक्षिणी मुल्कों पर रौब गाँठने के लिए विज्ञान, प्रौद्योगिकी, सामाजिक समझ और प्रबंधन तथा प्रशासनिक कौशल और ऐतिहासिक अनुभव की अपनी ज्ञान–संपदा का इस्तेमाल कर रही है। इतना ही नहीं, वह दक्षिणी दुनिया के मुल्कों के लोगों की मजबूरियों और कमजोरियों तथा अक्षमताओं को भुना रही है। वह उनके संसाधनों और वहाँ के लोगों के कौशल का शोषण करने में जुटी है।

इस संदर्भ का तीसरा आयाम भी है। उसने दक्षिणी गोलार्द्ध के देशों को दो दशक तक आर्थिक मुक्ति की तरफ मोड़ा। पाँचवें दशक से जो प्रवाह प्रारंभ हुआ वह सातवें दशक तक बेरोकटोक चलता रहा। यह अमीर देशों के लिए गंभीर चेतावनी बनी। भूमण्डलीकरण का यह आयाम अक्सर भुला दिया जाता है। इस दौर में एशिया और अफ्रीका के जो देश आजाद हुए, वे संयुक्त राष्ट्र के सदस्य भी बनते गए और संयुक्त

राष्ट्र प्रणाली को अपना लिया। इन देशों ने अंतरराष्ट्रीय आर्थिक व्यवस्था की पुनर्गठन प्रक्रिया को गति दी। खासकर इन देशों ने उस अंतरराष्ट्रीय आर्थिक व्यवस्था को बदलना चाहा जिसे साम्राज्यवादी और औपनिवेशिक ताकतों ने बीते दो सौ सालों में बनाया था। पुनर्गठन के प्रयास में अनेक आंदोलन भी पैदा हुए। जैसे गुटनिरपेक्ष देशों का मंच, ग्रुप ऑफ 77, पेट्रोल निर्यातक देशों का संगठन (ओपेक) और नई अंतरराष्ट्रीय आर्थिक व्यवस्था (एनआईईओ)। साफ है कि ये आंदोलन यथास्थिति को तोड़ने का लक्ष्य सामने रखकर चलाए जा रहे थे। ये अपने मकसद में कामयाब हो जाते तो विश्व के सत्ता संतुलन और संपदा का इस तरह पुनर्निर्धारण होता कि उत्तर जो दो सदियों से नियंत्रक बना हुआ था वह उस रूप में नहीं रह जाता।

यह सही है कि ये आंदोलन क्रांतिकारी नहीं थे, सुधारवादी थे। लेकिन इन आंदोलनों का महत्त्व बढ़ रहा था। वह अभियान की शक्ल अख्तियार कर रहा था। इसे अमरीका और यूरोप में अनिवार्यता के रूप में देखा गया। वे उपाय खोजने लगे ताकि नव स्वतंत्र देशों की अंतरराष्ट्रीय धारा को प्रभावी तरीके से रोका जा सके। सातवें दशक में उत्तर चिंतित हो उठा, जब संयुक्त राष्ट्र प्रणाली के कई मंचों का उपयोग इन देशों ने तीसरी ताकत के रूप में किया। यूएनडीपी और ईसीओएसओसी मंचों का इस्तेमाल कर नव स्वतंत्र देशों ने नैम बनाया जो रूसी और अमेरिकी खेमेबंदी से परे था। ऐसे ही इन देशों ने अंकटाड में उत्तर यानी अमीर देशों से सौदेबाजी की कि नई अंतरराष्ट्रीय व्यवस्था बने। अमरीका इस बात से भी चिंतित था कि पूर्वी एशिया में पूँजीवाद फल–फूल रहा है। उसने इसे अपना प्रतिद्वंद्वी माना।

नव स्वतंत्र देशों का सबसे सुनहरा काल कौन सा था? अगर इसकी छानबीन हो तो पता चलेगा कि 1967 से 1980 का समय इन देशों की अंतरराष्ट्रीय भूमिका में उत्तरोत्तर बढ़ोतरी का था। रीगन के आते ही यानी 1981 में प्रतिरोधी प्रयास प्रारंभ हो गए। इन देशों को 'अनुशासन' में बाँधने की चालें चली जाने लगीं। विश्व व्यापार संगठन (डब्ल्यू.टी.ओ.) को उत्तर या अमरीका ने अपना बचावनहार माना।

उरुग्वे दौर में अमीर देशों की भीषण सक्रियता के अन्य और कारण भी थे। अमरीका जैसी महाशक्ति की अपनी मजबूरियाँ भी थीं। उदाहरण के लिए आठवें दशक में अमरीकी अर्थव्यवस्था ढलान पर थी। जैसा कि सी फ्रेड बर्गस्टन ने माना है। उन्होंने यह भी कहा कि अमरीका दोधारी लड़ाई में फँस गया। उसकी बाहरी आर्थिक स्रोतों पर निर्भरता बढ़ी जबकि उन्हें नियंत्रित और प्रभावित करने की क्षमता का उसमें ह्रास हो रहा था। दूसरा कारण यह था कि अमरीकी बाजार में तीसरी दुनिया के देशों का दखल बढ़ रहा था। अमरीका इन देशों का आयातक होता जा रहा था। तीसरा कारण यह था कि अमरीकी माल विकासशील देशों के बाजारों में अपना स्थान नहीं बना पा रहा था। चौथा कारण यह था कि इन 40 सालों में अमरीकी अर्थव्यवस्था में अंतरराष्ट्रीय व्यापार की हिस्सेदारी तिगुनी हो गई थी। वह सबसे बड़ा कर्जदार हो

गया था। उसे एक खरब डॉलर सालाना बाहरी आमदनी की जरूरत थी ताकि वह अपने घाटे को पूरा कर सके। इस कड़ी में आखिरी बात यह है कि अंतरराष्ट्रीय आर्थिक कारोबार में अमरीका का अपना विश्वास डिग गया था।

तीसरी दुनिया के जिन खतरों का ऊपर जिक्र गया है वे तो हैं ही, पर अमरीका प्रमुख औद्योगिक देशों की व्यापारिक प्रतिस्पर्द्धा का मुकाबला भी नहीं कर सका। जापान के राजनीतिज्ञ शितारो इशिहारा ने भविष्यवाणी की थी कि आर्थिक टकराव के खतरे बहुत गंभीर हैं और इक्कीसवीं सदी आर्थिक युद्ध की सदी होगी।

अमरीका इस बात से बहुत परेशान था कि जापान से होने वाले दोतरफा व्यापार में जापान बढ़त पर है। अमरीका को इस बात पर नाराजगी थी कि जापान तमाम चीजों का आयात नहीं करता और विदेशी निवेश भी नहीं आमंत्रित करता।

अमरीका और जापान के तनाव बढ़ने के इस तथ्य के अलावा अमरीका को इस बात की भी आशंका थी कि अमरीका और यूरोप का गठजोड़ भी टूट जाएगा। उसे इस बात का खतरा था कि अगर अमरीकी अर्थव्यवस्था में महत्त्वपूर्ण मंदी आई तो संरक्षणवाद का सिलसिला शुरू हो जाएगा।

इसके अतिरिक्त यूरोप और कुछ एशियाई देशों में आर्थिक वृद्धि ज्यादा तीव्र थी जो कि सालाना चार फीसदी या इसी के आसपास की दर से जारी रहने वाली थी। 90 के पूरे दशक में अमरीका में सालाना सकल आर्थिक वृद्धि दर ढाई प्रतिशत के आसपास थी। इसके अलावा जापान और अन्य एशियाई देशों की उत्पादकता वृद्धि अमरीका से काफी ज्यादा थी। यूरोप आर्थिक एकीकरण और पूर्वी यूरोप के आर्थिक पुनरुत्थान से उत्साहित था।

ऐसा अनुमान लगाया जा रहा था कि सन् 2000 तक अमरीका, यूरोप और जापान की अर्थव्यवस्थाएँ तमाम महत्त्वपूर्ण मानकों पर एक जैसी हो जाएँगी। जैसे कि उनका सकल राष्ट्रीय उत्पाद, बाह्य व्यापार और अंतरराष्ट्रीय व वित्तीय प्रवाह पर निर्भरता की दर एक जैसी हो जाएगी।

उत्तर के देशों की अर्थव्यवस्था की कुछ मजबूरियाँ भी थीं। इसी नाते उन्होंने उरुग्वे दौर में सक्रिय भागीदारी की। 1970 और 1980 के दशक में आर्थिक मंदियों के दौर चले थे। बेरोजगारी की ऊँची दरें और लगातार बंद होते हुए उद्योगों के कारण पश्चिम यूरोप और उत्तरी अमरीका की सरकारों ने प्रतिस्पर्द्धी के रूप में दोतरफा बाजारों में भागीदारी की प्रणाली बनाने और कृषि–उत्पादों के व्यापार पर अपनी पकड़ बनाने के लिए सब्सिडी की होड़ शुरू कर दी।

इसी स्थिति से निपटने के लिए कई विकल्प निकाले गए। उदाहरण के लिए संयुक्त राष्ट्र संघ और उसकी प्रणालियों में सुधार का विकल्प। इन प्रणालियों में ब्रेटनवुड्स की संस्थाओं में सुधार का विकल्प भी शामिल था। इसके अलावा इस बात पर भी जोर था कि इन संस्थाओं को बदलते विश्व की जरूरत के मुताबिक ज्यादा

व्यावहारिक बनाया जाए। लेकिन अंत में 'तीन बड़े देशों की साझा अगुवाई' में अंतरराष्ट्रीय आर्थिक सहयोग सर्वाधिक अनुकूल माना गया और यह अपरिहार्य भी था। उन्होंने महसूस किया कि मौजूदा संस्थाओं के ढाँचे को संयुक्त रूप से अनुप्राणित करना और नई संस्थाओं को सृजित करना और उनके उपयोग के लिए ठोस कदम उठाना ज्यादा महत्त्वपूर्ण है। संक्षेप में तीन बड़े देशों को सहभागी नेतृत्व और आपसी उत्तरदायित्व पर आधारित एक स्थिर अंतरराष्ट्रीय व्यवस्था को खड़ा करने और उसके रखरखाव की ज्यादा जरूरत है।

इसी पृष्ठभूमि में पश्चिम की अनुदार सरकारों ने गैट के भीतर उरुग्वे दौर की शुरुआत की। अमरीका ने उरुग्वे दौर की अगुवाई की और गैट के भीतर इतने व्यापक मुद्दों की चर्चा शुरू कर दी जो गैट की क्षमता के बाहर थे। इस वार्ता में जोर दिया गया कि अंतरराष्ट्रीय व्यापार व्यवस्था को असरदार बनाने के लिए एक नेतृत्व की जरूरत है और उसी के साथ चार परिवर्तनकारी सुधार प्रस्तावित किए गए। पहला यह था कि सभी तरह के औद्योगिक व्यापारों पर लगने सभी करों को समाप्त कर दिया जाए। दूसरा यह था कि स्वैच्छिक निर्यात प्रतिबंध संबंधी समझौतों सहित मात्रात्मक व्यापार प्रतिबंधों पर पूरी तरह पाबंदी लगा दी जाए। तीसरा यह था कि गैट को तमाम प्रणालियों की निगरानी का व्यापक अधिकार दिया जाए। चौथा यह था कि निवेश संबंधी मामलों के लिए गैट जैसा ही एक उपकरण बनाया जाए जो अंतरराष्ट्रीय निगमों की गतिविधियों के लिए एक स्थिर ढाँचा प्रदान करे और इस क्षेत्र में विशेषकर अमरीका में संरक्षणवाद का विरोध करने में मदद करे।

इस उद्देश्य के लिए गैट को इसलिए चुना गया क्योंकि विकासशील देश वहाँ पर संगठित नहीं थे जबकि विकसित देशों का एक समूह था। इसके अलावा गैट पश्चिमी देशों के दबाव की रणनीति के लिए कारगर साबित हुआ। ये देश दूसरे देशों पर व्यापारिक प्रतिबंध लगाने और प्रतिकार करने के लिए गैट के प्रावधानों का इस्तेमाल कर सकते थे। इस पूरी प्रक्रिया से डंकल ड्राफ्ट का जन्म हुआ जिसका उद्देश्य दक्षिण के देशों की निर्णय प्रक्रिया पर शिकंजा कसना था।

अंत में यह कहा जा सकता है कि अस्सी के दशक के मध्य में चली गैट की उरुग्वे दौर की वार्ताएँ और नब्बे के दशक में आया डंकल मसविदा दक्षिण के देशों में आर्थिक उपनिवेशवाद से मुक्ति के लिए चल रहे अभियान को नाकाम करने का एक ठोस प्रयास था। दरअसल यह अमरीका के नेतृत्व में तीसरी दुनिया को फिर से उपनिवेश बनाने के व्यापक प्रयास का एक हिस्सा था। जब सातवें दशक में बहुपक्षीय व्यापार प्रणाली को जापान ने अपने लिए अनुकूल पाया तो गैट समझौते में फेरबदल किए गए। ऐसे ही अमरीका ने आठवें दशक में अपने लिए गैट समझौतों को तोड़ा–मरोड़ा। अंत में गैट का जो स्वरूप टोक्यो समझौते से बना था उसे डब्ल्यू.टी. ओ. बनाकर पूरी तरह बदल दिया गया।

यह कोई साधारण घटना नहीं थी। ठीक ही कहा गया है कि गैट डब्ल्यू.टी.ओ. का ऐतिहासिक संक्रमण बीसवीं सदी की अकेली ऐसी घटना है जो पूरी दुनिया की अर्थव्यवस्था को प्रभावित करती है। इसने आर्थिक भूमण्डलीकरण को नया अर्थ दिया। उसी अर्थ में देश की अर्थव्यवस्थाएँ विश्व व्यवस्था से जुड़ गईं।

गैट से डब्ल्यू.टी.ओ. का यह बदलाव बहुत गुणात्मक है। इसका इससे पहले कोई उदाहरण नहीं मिलता। विकासशील और अल्पविकसित देशों को भाँति–भाँति की तरकीबों से पटरी पर लाया गया। जहाँ जरूरत पड़ी वहाँ उनको धमकाया गया। कुछ देशों को चारा फेंका गया। ऐसे ही अनेक तरीके अपनाये गए। ऐसी तरकीबों से उन देशों को रजामंद किया गया कि वे अमीर देशों के व्यापार के लिए उनके सामने जो अड़चने थीं उनको दूर करें। दक्षिण के देशों के सामने कोई चारा नहीं था। इस तरह माल, सेवाएँ और बौद्धिक संपदा की उन शर्तों को उन्हें मानना पड़ा जो अमीर देश चाहते थे। उन्हें डब्ल्यू.टी.ओ. के तंत्र और मंत्र को कबूल करना पड़ा।

× × ×

उरुग्वे दौर और भारत सरकार

देवदत्त

(2)

उदाहरणार्थ सितंबर 1986 में गैट को ज्यादा ताकतवर बनाने के उद्‌देश्य से उरुग्वे दौर की वार्ता की शुरुआत की जा रही थी। इसके पीछे कुछ आर्थिक महाशक्तियाँ सक्रिय थीं। उस समय भारत ने उसका विरोध किया था। इसमें कृषि, बौद्धिक संपदा अधिकार और निवेश तथा सेवा आदि को व्यापार में शामिल कर उसे एक नई परिभाषा दी जा रही थी।

उस समय तीसरी दुनिया के कई महत्त्वपूर्ण देश एवं उनके सहयोगी मसलन, लैटिन अमरीका के ब्राजील व अर्जेंटीना तथा अफ्रीका के दस देशों (तंजानिया, नाइजीरिया, मिस्र आदि) ने भारत का समर्थन किया था। दक्षिण के देशों के इस संयुक्त रुख से उस समय आर्थिक महाशक्तियों के कार्य प्रारूप (डिजाइन) को झटका लगा। इतना ही नहीं, रिपोर्ट है कि दिसंबर 1988 तक अमरीका एवं उत्तर के अन्य देश नई गैट–व्यवस्था से संबंद्ध अपने प्रस्तावों की समीक्षा करने के लिए तैयार हो गए थे।

'कृषि, वस्त्र, बौद्धिक संपदा एवं सुरक्षा संबंधी विवादों ने दिसंबर 1988 में मांट्रियाल में हुए उरुग्वे दौर की मध्यांतराल में हुई समीक्षा के दौरान प्रगति को अवरुद्ध कर दिया। फलतः अप्रैल 1989 तक यह स्थगित रहा।' एक अलग जानकारी भी इस

बारे में है कि दिसंबर 1988 और अप्रैल 1989 के बीच पूरा परिदृश्य बदल गया। भारत सरकार को रजामंद होना ही था। 'भारत उस समझौते के लिए तैयार हो गया जिसने परंपरागत एवं नए व्यापारिक मुद्दों को मिलाकर बने नए गैट की वार्ताओं के लिए एक विस्तृत एजेंडे का अनुमोदन किया। 1990 के अंत तक वार्ताएँ पूरी करने की जिम्मेवारी 15 समूहों को दी गई थी।' भारत अचानक इसके लिए कैसे तैयार हो गया? 'सितंबर 1986 में शुरू हुए गैट के उरुग्वे दौर के दिसंबर 1990 में पूरा होने की उम्मीद की गई थी। पर वास्तव में वे वार्ताएँ दिसंबर 1993 में पूरी हुईं। चूँकि अमरीका एवं यूरोपीय संघ में काफी विरोध था, इसलिए उरुग्वे दौर की बातचीत में कुछ नए मुद्दे शामिल हो गए। दिसंबर 1988 तक विकासशील देशों ने एक होकर विरोध किया। पर जबरदस्त अमेरिकी दबाव में भारत अप्रैल 1989 में इन मुद्दों पर बातचीत के लिए तैयार हो गया।' 'विकासशील देशों के संयुक्त प्रयासों को गहरा झटका लगा और वे अपना आधार खोने लगे। भारत ने भी समूह–77 का नेतृत्व खो दिया। बातचीत के निर्णायक मोड़ पर उन देशों ने खुद को भारत द्वारा ठगा हुआ महसूस किया।' पर इस विश्वास से ज्यादा गंभीर बात यह तथ्य है कि सरकार ने न तो भारत की जनता को विश्वास में लिया और न ही संसद को। राज्यों से भी नहीं पूछा गया। केंद्र सरकार ने संविधान के उस प्रावधान का दुरुपयोग किया जिसके तहत उसे किसी अंतर्राष्ट्रीय संधि पर हस्ताक्षर करने का अधिकार है। संसद में उस संधि को मंजूर कराने की कोई बाध्यता नहीं है।

आपको यह जानने में दिलचस्पी होगी कि भारत सरकार ने डीडीटी (डंकल ड्राफ्ट टेक्स्ट) की खिलाफत करने वाले जनमत से कैसा व्यवहार किया। उसने पूरी कोशिश की कि डीडीटी का मामला संसद में नहीं उठे। लेकिन विपक्ष ने उतने ही जोर से माँग की कि संसद में चर्चा हो। यह 1993 की बात है। पूर्व प्रधानमंत्री चंद्रशेखर सहित विपक्ष के कई नेताओं ने सरकार के लुका–छुपी के खेल को उजागर किया। इस मसले पर उन लोगों ने संयुक्त समिति के गठन की माँग रखी। कुछ वरिष्ठ नेताओं ने डीडीटी पर संसद का विशेष सत्र बुलाने की बात कही। लालकृष्ण आडवाणी का तर्क था कि 'डीडीटी के लिए संसद का सत्र क्यों नहीं बुलाया जा सकता है?' बैंक कर्मचारियों व किसानों के कई संगठनों, मजदूर संघों, विशेषज्ञों एवं अर्थशास्त्रियों वगैरह ने विषयवस्तु एवं प्रक्रिया दोनों दृष्टि से वार्ता के उरुग्वे दौर की कमजोरियों और कमियों की आलोचना की। पर सरकार जरा भी नहीं झुकी। 3 जून 1993 को केंद्रीय वाणिज्य मंत्री ने डीडीटी पर सरकार की स्थिति को स्पष्ट किया। उसी दिन के अपने संपादकीय में फाइनेंशियल एक्सप्रेस ने लिखा–'कभी नहीं से देर भली।' मामला तूल न पकड़े, इसके लिए लिए संसद के मानसून सत्र के अंतिम दिन प्रधानमंत्री ने एलान किया कि डीडीटी पर चर्चा करना संभव नहीं है।'

मानसून सत्र के अंतिम दिन संसद में डीडीटी पर बहस हेतु सरकार पर दबाव

बनाने के लिए विपक्ष ने आखिरी दाँव खेला। चंद्रशेखर, आडवाणी, सोमनाथ चटर्जी जैसे कई वरिष्ठ नेताओं ने प्रधानमंत्री के समक्ष अकाट्य तर्क रखे। शोर–शराबे वाली उस बहस के दौरान प्रधानमंत्री सदन में मौजूद थे। पर वे 'ध्यान' में डूबे हुए थे। अंततः उनका ध्यान टूटा और वे संक्षेप में बोले–'उरुग्वे दौर की अंतर्राष्ट्रीय वार्ताओं पर आप कैसे रोक लगा सकते हैं? वे इस बात का इंतजार या परवाह नहीं करते कि यहाँ संसद में क्या हो रहा है।' यह 21 अगस्त, 1993 की बात है।

क्या विडंबना है? 15 अप्रैल 1994 को मराकेस में भारत की संप्रभुता के एक हिस्से को गिरवी रखने से आठ महीने से भी ज्यादा पहले सरकार ने संसद की सर्वोच्चता पर प्रहार कर दिया था। यह उल्लेख करना जरूरी है कि उत्तर के दूसरे देशों को अंतर्राष्ट्रीय समझौतों पर मंजूर करने के लिए अपनी–अपनी संसद में जाना जरूरी होता है। संक्षेप में यह मोड़ विश्वासघात के समान था। यह देश की जनता के साथ–साथ लंबे समय से चले आ रहे अपने मित्र देशों और सच्चाई तथा लोकतंत्र के प्रति भी विश्वासघात था। तिहरे विश्वासघात का यह काम कई दूसरे ज्ञानी व्यक्तियों एवं अधिकारियों द्वारा भी किया गया है। इसलिए इस मामले में गहन जाँच एवं शोध की आवश्यकता है।

भारत सरकार पर परोक्ष दबाव काम कर रहे थे। अखबारी घरानों का इसके लिए इस्तेमाल किया जा रहा था। बिजनेस स्टैंडर्ड का एक संपादकीय इसका उदाहरण है। इसे ध्यान से पढ़िए जो बताता है कि भारत दबाव में था। 'भारत एवं अन्य एशियाई देशों को बंद करने एवं खोलने के लिए मानो अमरीकी दबाव ही पर्याप्त नहीं था। खबर मिली कि अटलांटिक पार की महाशक्ति के साथ गुप्त समझौते में यूरोपीय समुदाय भी शामिल हो गए। इनका काम एकजुट होकर एशियाई समुदाय को सही रास्ते पर लाने के लिए दबाव डालना था।' इस मोड़ ने देश को उस दिशा में मोड़ दिया, जिधर जाने के लिए जनता एवं सरकार की संस्थाएँ तैयार नहीं थीं। यह मोड़ उतना ही गंभीर मामला था, जितना 1946–47 में राजनीतिक नेतृत्व द्वारा भारत विभाजन के अंग्रेजों के मसौदे को हँसी–खुशी स्वीकार कर लेना था। उस स्वीकृति ने तब 18वीं सदी से शुरू हुए राष्ट्रीय अंदोलन के आदर्शों एवं लक्ष्यों से इतिहास का रुख दूसरी तरफ मोड़ दिया था।

उरुग्वे दौर की बातचीत में भारत सरकार ने जनविरोधी रवैया अपनाया। इसे एस.पी. शुक्ल जैसा जिम्मेदार व्यक्ति कह रहा है। वे भारत सरकार में वित्त एवं वाणिज्य सचिव थे और मार्च 1984 से फरवरी 1989 के बीच गैट में राजदूत रहे। 'सरकार के प्रवक्ताओं का किसी तरह का आँय–बाँय या कानूनी छल इस कठोर वास्तविकता पर पर्दा नहीं डाल सकता कि मराकेस के अंतिम अधिनियम पर हस्ताक्षर करके भारत सरकार ने विश्व व्यापार संगठन (डब्ल्यू.टी.ओ.) के बेलगाम हाथों में देश को सौंप देने के इरादे का एलान कर दिया है।'

मराकेस समझौता एक 'स्वप्रशासक संधि' है। राजीव धवन ने उस समय सरकार को आगाह किया था। भारत सरकार ने इस बहस पर ध्यान नहीं दिया। उलटे उसने हर बात जो अतीत में हुई थी उसे बिना अफसोस जताए स्वीकार कर लिया। वाणिज्य और उद्योग की स्थायी समिति ने अपनी 35वीं रिपोर्ट में कहा कि 'अब से इस बात पर जोर होगा कि सरकार अंतर्राष्ट्रीय करार का सम्मान करे लेकिन जो बीत गया उसे भुला दें।' करार से पहले बहस होनी चाहिए थी। तब नहीं हुई। इसके लिए जवाबदेही तय होनी चाहिए। जिन भी कारणों से करार करने की भूलें की गई हैं उन्हें सुधारने के रास्ते खोजे जाने चाहिए। भारत के संविधान में सरकार को अंतर्राष्ट्रीय करार के अधिकार हैं। मराकेस समझौते में उस अधिकार का दुरुपयोग किया गया है। इसका अब एहसास होने लगा है। इसलिए जरूरी हो गया है कि संविधान के इस प्रावधान का भविष्य में दुरुपयोग रोका जाए।

क्यों इस चेतावनी पर विपक्ष ने भी कान नहीं दिए? नीति–निर्धारकों ने उलटा रुख क्यों अपनाया? क्या हमारे जनप्रतिनिधि दीन दुनिया से कटे हुए हैं? उन्हें राजनीति की पथरीली हकीकतों का एहसास नहीं है? लगता है कि सोचने–समझने वाले समूह और नीति–निर्धारकों में गहरी खाई बन गई है। इस कारण सरकार और समाज को सही समय पर दी गई जानकारी, सुझाव और चेतावनी का फायदा नहीं मिल पा रहा है।

एक मायने में यह कोई अनहोनी घटना नहीं थी जब मराकेस में भारत ने समझौते पर दस्तख्त कर दिए। अनहोनी तो तब होती अगर भारत 1992 के अपने इरादे पर अमल करता। उसका इरादा गैट से बाहर आ जाने का बना था। उरुग्वे दौर की उठापटक में जो शामिल थे उनके अपने तर्क हैं। मजबूरियाँ हैं। जरूरतें हैं। इनके अलावा कहा जाता है कि अमीर देशों ने आर्थिक कूटनीति के हथकंडे अपनाए। इसमें संदेह नहीं है कि कहीं भी जाइए वहाँ का कुलीन तबका आपको समझाता और फुसलाता हुआ मिल जाएगा कि भूमंडलीकरण से ही स्वर्ग का ताला खुलता है। इस तरह भूमंडलीकरण को एक करिश्मा मान लिया गया है। वह छाया हुआ है। यह भी मान लिया गया है कि डब्ल्यू.टी.ओ. के खिलाफ आवाज उठाना वैसे ही है जैसे पत्थर की दीवार से अपना सिर टकराना। जब ऐसा माहौल हो तो भारत का शासक वर्ग जमाने की बयार के विपरीत क्यों खड़ा हुआ दिखेगा? नहीं दिखेगा।

इससे अधिक तकलीफदेह और नुकसानदेह बात यह है कि मौजूदा चुनौतियों के संदर्भ में सही समझ का नितांत अभाव है। उरुग्वे दौर में स्वतंत्र और सबके लिए समान व्यापार के सिद्धांतों पर चर्चा हुई। स्वतंत्र और सबके लिए समान व्यापार को विकास का इंजन माना गया। उसी में कृषि पर भी बात हुई। ऐसा लगता है कि विदेश व्यापार के संदर्भ में नीतिगत फैसला अफसरों ने किया। उन्हें ही यह काम सौंप दिया गया। उन अफसरों ने अपने लिए दो सहारे ढूँढ़े। विशेषज्ञों की सलाह ली। यह दिखावा

किया कि वे जो काम कर रहे हैं वह राजनीतिक नेताओं की सरपरस्ती में हो रहा है। वास्तव में सरकार में बैठी टेक्नो कॉमर्शियल चौकड़ी ने यह सब औद्योगिक और व्यापारिक घरानों से मिलकर करवाया। इन्हीं लोगों ने बातचीत के नियम बनाए। शर्तें तय कीं। आखिर में समझौते करवाए।

सत्तारूढ़ वर्ग और मीडिया ने गलत हवा बनाई कि विदेशी व्यापार कोई खास चीज है। उसे विशेषज्ञ नामक जीव ही समझ सकते हैं। इस कारण नीतिगत और सही फैसले लेने के लिए अपने आर्थिक, राजनीतिक और सामाजिक तकाजे को पहचानने और पकड़ने के प्रयास नहीं हुए। यह अभाव बना रहा। इसी का नतीजा था कि हमने टेढ़े–मेढ़े रास्ते चुने। हमारे रुख में सातत्यता नहीं थी। इसे साफ तौर पर समझने के लिए जरूरी है यह जानना कि चीन ने डब्ल्यू.टी.ओ में अपना स्थान बनाने के लिए किन–किन रास्तों को अपनाया है?

(लेखक की पुस्तक 'स्वदेशी स्वराज ही क्यों?' से साभार)

विश्वनाथ प्रताप सिंह के इस्तीफे से राजीव की छवि धूमिल

विश्वनाथ प्रताप सिंह के केंद्रीय मंत्रिमंडल से त्यागपत्र दिये जाने की घटना से करीब अस्सी फीसदी लोगों की नजर में प्रधानमंत्री राजीव गाँधी की छवि अधिक बिगड़ी है, जबकि विश्वनाथ प्रताप सिंह की छवि में निखार आया है। यह निष्कर्ष पत्रिका शोध प्रतिष्ठान की तरफ से हाल ही में की गई रायशुमारी से प्राप्त हुआ।

प्रतिष्ठान की इस रायशुमारी से पता चला है कि करीब आधे लोग 'फेयरफैक्स' मामले तथा अन्य आधे लोग हथियारों की खरीद की दलाली में सरकारी भूमिका के साथ विश्वनाथ प्रताप सिंह का त्यागपत्र जोड़ रहे हैं। इतना ही नहीं करीब साठ फीसदी लोगों ने इस त्यागपत्र के लिए प्रधानमंत्री राजीव गाँधी को सीधे जिम्मेदार माना है। यही वजह है कि अब काँग्रेस (इ) सांसदों में विश्वनाथ प्रताप सिंह राजीव से अधिक योग्य, कार्यकुशल, ईमानदार और देश को नेतृत्व प्रदान कर सकने वाले नेता का स्थान प्राप्त कर गए हैं। इस बार राजीव गाँधी को जहाँ केवल तीस प्रतिशत लोगों ने पहली वरीयता प्रदान की है, वहीं पर विश्वनाथ प्रताप सिंह को अव्वल दर्जा देने वाले साठ फीसदी लोग हैं।

शोध प्रतिष्ठान की ओर से पहली अप्रैल से देश की धड़कन और प्रधानमंत्री राजीव गाँधी की छवि जानने के लिए राज्य स्तर पर सर्वेक्षण कार्य प्रारंभ किया गया था। अध्ययन टोली जब कोटा, भरतपुर और जोधपुर में अपना कार्य पूरा कर चुकी थी, तब ही 12 अप्रैल को विश्वनाथ प्रताप सिंह के रक्षा मंत्री पद से त्यागपत्र दिये जाने का समाचार सुनने को मिला। प्रतिष्ठान ने अगले ही दिन एक पूरक साक्षात्कार अनुसूची तैयार कर इस विषय में नागौर, बीकानेर, श्रीगंगानगर, जयपुर और उदयपुर के शहरी और ग्रामीण क्षेत्रों के चुने हुए लोगों से संपर्क कर उनकी राय प्राप्त की, वहीं पर सरदार शहर, फतेहपुर और सीकर कस्बों के मुख्य बाजार में भी सर्वेक्षण कार्य किया गया। इस तरह प्रतिष्ठान की इस रायशुमारी में कुल नौ सौ बीस लोगों से

साक्षात्कार किया गया, जिनमें से 586 शहरी (63.6 प्रतिशत) व 334 ग्रामीण लोग (36.4 प्रतिशत) थे। इसी तरह 681 पुरुष (74 प्रतिशत) और 239 महिलाओं (26 प्रतिशत) से साक्षात्कार किया गया। इनमें से किसी प्रश्न के उत्तर में कोई राय नहीं रखने वाले उत्तरदाताओं के तोड़कर दिये गए प्रत्युत्तरों का विश्लेषण किया गया।

नागरिकों के समझ–स्तर को जानने के लिए सबसे पहले जब यह पूछा गया कि सिंह के त्यागपत्र के लिए कौन सी घटना या कारण जिम्मेदार है, तो करीब 65 प्रतिशत लोगों ने नीचे दी गई सारणी के अनुसार विविध कारण बताए, जबकि शेष 35 प्रतिशत लोग कोई कारण नहीं बता सके।

सारणी

विश्वनाथ प्रताप सिंह के त्यागपत्र के लिए जिम्मेदार घटना
(केवल उत्तरदाताओं के प्रतिशत के आधार पर)

क्र. सं.	*घटना/कारण*	*प्र.श.*
1.	फेयरफैक्स	49.8
2.	हथियारों की खरीद में दलाली	49.6
3.	ईमानदारी और सत्यवादिता के कारण	
4.	अन्य कारण	13.6

एक से अधिक कारण बताए जाने के कारण योग 100 प्रतिशत से अधिक है।

रायशुमारी से पता चला है कि शहरी लोगों में 52 प्रतिशत फेयरफैक्स को कोस रहे थे, वहीं ग्रामीण लोगों में 54.6 प्रतिशत रक्षा घोटाला अधिक परिचित कारण पाया गया। इसी तरह से पुरुषों ने भी इसी कारण को अधिक तरजीह दी, जबकि महिलाओं में फेयरफैक्स का कारण अधिक लोकप्रिय देखा गया।

इसी से जुड़े हुए एक प्रश्न में जब यह पूछा गया कि सिंह के इस त्यागपत्र के लिए आप सीधे रूप से किसे जिम्मेदार पाते हैं तो सबसे अधिक करीब 58 फीसदी लोगों ने प्रधानमंत्री राजीव गाँधी को ही जिम्मेदार बतलाया, जबकि करीब 50 प्रतिशत लोगों ने काँग्रेस (इ) के अनेक सांसदों के नाम गिनाए, जिनमें दिनेश सिंह, कल्पनाथ राय, एच.के.एल. भगत तथा नारायणदत्त तिवारी आदि के नाम विशेष रूप से उभरकर आए। 15 प्रतिशत लोग ऐसे भी थे, जिन्होंने फिल्म अभिनेता व सांसद अमिताभ बच्चन का हाथ ही इस घटना के पीछे मुख्य रूप से पाया। शेष करीब 13 प्रतिशत लोग अन्य विविध प्रकार की अटकलें लगा रहे थे। यहाँ भी कुछ ऐसे लोग पाए गए, जिन्होंने एक से अधिक व्यापारियों को वी.पी. सिंह के इस त्यागपत्र के लिए जिम्मेदार ठहराया। जब एक सीधे सवाल में यह पूछा गया कि त्यागपत्र की इस घटना से प्रधानमंत्री राजीव

गाँधी और वी.पी. सिंह की छवि पर क्या असर पड़ा है तो करीब 82 प्रतिशत लोगों ने अपनी स्पष्ट राय व्यक्त की जबकि शेष 18 प्रतिशत लोग चुप रहे। राय देने वालों का मानस नीचे दी गई सारणी से साफ तौर पर जाना जा सकता है।

सारणी

राजीव गाँधी की छवि पर प्रभाव (उत्तरदाताओं की राय प्रतिशत में)

प्रभाव	*छवि और अच्छी हुई है*	*छवि पर कोई असर नहीं पड़ा*	*छवि अधिक बिगड़ी है*	*योग*
शहरी	5.7	15.0	79.3	100
ग्रामीण	6.4	6.0	87.6	100
पुरुष	6.4	9.0	84.6	100
महिला	4.5	21.8	73.5	100
योग	5.9	12.0	82.1	100

सारणी से स्पष्ट है कि शहरी लोगों की तुलना में ग्रामीण लोगों की नजरों में राजीव गाँधी ने अधिक विश्वास खोया है, जबकि पुरुषों की तुलना में महिलाओं का विश्वास उनके प्रति कम डिगा है।

(सर्वे रिपोर्ट, राजस्थान पत्रिका, 29 अप्रैल 1987)

× × ×

लेख

राष्ट्रपति संविधान की रक्षा करे या प्रधानमंत्री की सलाह माने?

राजेन्द्र माथुर एवं रामबहादुर राय

संविधान के पंडितों द्वारा तैयार किया गया एक दस्तावेज राष्ट्रपति इन दिनों पढ़ रहे हैं। आम तौर पर राष्ट्रपति को हमेशा मंत्रिपरिषद की सलाह से चलना चाहिए। लेकिन इस दस्तावेज में उस असाधारण से असाधारण स्थिति का जिक्र किया गया है, जब संविधान की रक्षा की खातिर प्रधानमंत्री और लोकसभा दोनों के खिलाफ जाना राष्ट्रपति का कर्तव्य बन सकता है। दस्तावेज में यह भी लिखा है कि स्वविवेक से राष्ट्रपति क्या–क्या कर सकता है। इस दस्तावेज के तर्कों को हम यहाँ संक्षेप में प्रस्तुत कर रहे हैं।

अगर किसी ऐतिहासिक मुद्दे पर राष्ट्रपति को संविधान के खिलाफ काम करने की सलाह प्रधानमंत्री और उनका मंत्रिमंडल दे तो राष्ट्रपति को क्या करना चाहिए?

संविधान का अनुच्छेद74 कहता है कि मंत्रिमंडल से अपनी सलाह पर पुनर्विचार का आग्रह राष्ट्रपति कर सकते हैं, लेकिन अन्ततः उन्हें वह सलाह माननी होगी। यदि वे इस सलाह को नहीं मानते तो शमशेर सिंह के मामले में दिए गए सुप्रीम कोर्ट के फैसले के अनुसार यह संविधान का हनन होगा। और संविधान के हनन के आरोप में अनुच्छेद 61 के अनुसार राष्ट्रपति पर महाभियोग चलाया जा सकता है।

लेकिन कुर्सी पर बैठने के पहले राष्ट्रपति को शपथ लेनी पड़ती है (अनुच्छेद 60) कि मैं संविधान और कानून को कायम रखूँगा, उसे बचाऊँगा, और उसकी रक्षा करूँगा। ऐसी शपथ मंत्रियों को या प्रधानमंत्री को नहीं लेनी पड़ती। उनका काम सिर्फ संविधान के प्रति निष्ठ और वफादारी व्यक्त करके चल जाता है।

अब यदि मंत्रिपरिषद की सलाह मानते हुए कोई राष्ट्रपति ऐसा काम करता है, जो संविधान का कचूमर निकाल दे, तो वह अपनी शपथ नहीं निभा सकता। अतः ऐसी गलत सलाह मानने के आरोप में भी उस पर महाभियोग चलाया जा सकता है। कोई नया प्रधानमंत्री, या नई अथवा पुरानी लोकसभा या कोई प्रतिकूल राज्यसभा यह कार्रवाई उसके खिलाफ शुरू कर सकती है।

ऐसे में राष्ट्रपति को क्या करना चाहिए? वह सलाह माने तो भी महाभियोग का मामला बनता है, और न माने तो भी बनता है। तो रास्ता क्या है?

एक रास्ता यह है कि वह भारत के महान्यायवादी से सलाह ले कि मंत्रिपरिषद की सलाह संविधान से मेल खाती है या नहीं। डॉ. राजेन्द्र प्रसाद प्रायः एटर्नी जनरल से राय ले लिया करते थे। दूसरा रास्ता यह है कि संविधान के अनुच्छेद 143 के अंतर्गत वह मंत्रिपरिषद को सलाह दे कि इस मामले में उच्चतम न्यायालय की राय ले ली जाए। यदि मंत्रिपरिषद यह सलाह न माने, तो राष्ट्रपति खुद सुप्रीम कोर्ट के सामने सवाल पेश कर सकता है।

राष्ट्रपति चाहे तो यह दोनों रास्ते अपना सकता है। वह एटर्नी जनरल की राय ले सकता है और उच्चतम न्यायालय की भी। यदि राय यह मिली कि मंत्रिपरिषद की सलाह गैरकानूनी और असंवैधानिक है, तो वह मंत्रिपरिषद की सलाह को ठुकरा सकता है, और उसे बर्खास्त करके नया प्रधानमंत्री खोज सकता है। यदि लोकसभा में कोई नया नेता उपलब्ध न हो, तो वह यह मानकर लोकसभा को भंग कर सकता है कि अन्ततः जनता ही राजा है, और संविधान की रक्षा वह जरूर करेगी।

ऐसी कार्रवाई करने पर राष्ट्रपति पर महाभियोग नहीं चलाया जा सकेगा। केशवानन्द भारती के मुकदमे में सुप्रीम कोर्ट के फैसले के अनुसार संविधान के बुनियादी ढाँचे को कोई संसद नहीं बदल सकती। अतः भारत की जनता द्वारा चुना गया सदन भी भारत के संविधान का पूरा कचूमर नहीं निकाल सकता।

राष्ट्रपति के अध्ययन के लिए जो दस्तावेज पेश किया गया है, उसमें मंत्रिमंडल की असंवैधानिक सलाह का सिर्फ एक उदाहरण पेश किया गया है। उसमें लिखा है

कि गए साल पास हुआ मुस्लिम महिला अधिनियम असंवैधानिक था। आजकल जिस डाक बिल पर राष्ट्रपति ने अपनी मंजूरी रोक रखी है, उसका जिक्र दस्तावेज में नहीं है।

सरकार का कौनसा काम कानून और संविधान के मुताबिक है और कौनसा नहीं है, इसका फैसला राष्ट्रपति कर ही कैसे पाएँगे, यदि उसे खबर न हो कि सरकार कर क्या रही है? एक अनजान, सूचनाहीन राष्ट्रपति संविधान की रक्षा कैसे करेंगे?

राष्ट्रपति को मालूम रहे, इसीलिए संविधान के अनुच्छेद 78 में यह लिख दिया गया है कि मंत्रिपरिषद के प्रशासकीय और संसदीय फैसलों की सूचना राष्ट्रपति को देना प्रधानमंत्री का निजी कर्तव्य होगा और राष्ट्रपति जो सूचना माँगे, वह प्रधानमंत्री को देनी होगी। यदि अनुच्छेद 78 में दिया गया सूचना का अधिकार न हो, तो राष्ट्रपति शपथ में वर्णित अपने कर्तव्य का पालन नहीं कर सकेगा।

प्रधानमंत्री यदि किसी गलत रास्ते पर चलना चाहें, तो वे चल सकते हैं, बशर्ते संविधान की हत्या न हो रही हो। राष्ट्रपति उन्हें सलाह देकर रोकने की कोशिश कर सकते हैं, लेकिन सलाह मानी जाती है या नहीं, यह राष्ट्रपति और प्रधानमंत्री के निजी रिश्तों पर निर्भर है। सलाह मानना प्रधानमंत्री के लिए अनिवार्य नहीं है। अनिवार्य यह है कि राष्ट्रपति ही अपनी मंत्रिपरिषद की सलाह मानें।

ज्ञानी जेल सिंह के सामने पेश दस्तावेज में स्वविवेक पर आधारित राष्ट्रपति के अधिकारों का जिक्र किया गया है और उसमें बम्बई के एडवोकेट जनरल सीरवई की राय को कई बार उद्धृत किया गया है।

प्रधानमंत्री को नियुक्त करना राष्ट्रपति के स्वविवेक का मामला है। जब लोकसभा में एक पार्टी का बहुमत हो, तब जाहिर है राष्ट्रपति को ऐसा नेता चुनना होगा, जो बहुमत पार्टी का नेता भी हो। लेकिन यदि लोकसभा की पार्टी–स्थिति डाँवाडोल हो, तो राष्ट्रपति को तय करना होगा कि किन–किन दलों का गठजोड़ कौन से नेता के तत्वावधान में स्थिर सरकार बना सकेगा। राज्यों के राज्यपाल जो काम बीसियों बार कर चुके हैं और राष्ट्रपति संजीव रेड्डी ने जो काम 1979 में मोरारजी मंत्रिमंडल के पतन के बाद किया था, वह राष्ट्रपति को करना होगा।

यदि यह मानने का कारण हो कि प्रधानमंत्री ने लोकसभा का विश्वास खो दिया है, तो राष्ट्रपति आग्रह कर सकते हैं कि सदन का अधिवेशन बुलाकर वे अपना बहुमत सिद्ध करें। यदि प्रधानमंत्री आनाकानी करें तो राष्ट्रपति उन्हें बर्खास्त कर सकते हैं। पश्चिम बंगाल के राज्यपाल ऐसा कर चुके हैं और कलकत्ता उच्च न्यायालय उनके फैसले को उचित ठहरा चुका है।

लेकिन दस्तावेज में इस बात की चर्चा नहीं की गई है कि अल्पमत में आंने पर यदि प्रधानमंत्री लोकसभा भंग करने की सलाह राष्ट्रपति को दें, तो उन्हें क्या करना चाहिए? वे इस सलाह को ठुकराकर एक नए नेता को प्रधानमंत्री बनने का और अपना

बहुमत सिद्ध करने का अवसर दें या न दें? राज्यों में तो ऐसा अवसर राज्यपालों ने कई बार किया है। पर 1979 में जब चरणसिंह ने अपना बहुमत सिद्ध किए बगैर लोकसभा भंग करने की सलाह तत्कालीन राष्ट्रपति को दी, तो उन्होंने उसे मंजूर कर लिया था।

दस्तावेज में यह महत्त्वपूर्ण प्रश्न भी उठाया गया है कि लोकसभा में उसका पूरा बहुमत होते हुए भी, और असंवैधानिकता का कोई मुद्दा सामने होते हुए भी राष्ट्रपति कभी प्रधानमंत्री को बर्खास्त कर सकता है या नहीं?

जाहिर है कि ऐसा अवसर सौ–दो सौ साल में एक बार ही कभी आएगा। लोकिन ब्रिटेन के इतिहास में 1688 की क्रांति के बाद दो ऐसे मौके आ चुके हैं। ऐसा एक मौका 1784 में तीसरे जॉर्ज के कार्यकाल में आया था, जब उसने पिट को प्रधानमंत्री बनाने के खातिर हाउस ऑफ कॉमन्स को भंग कर दिया था और दूसरा मौका 1834 में आया था, जब विलियम चतुर्थ ने पील और बेलिंग्टन पर विश्वास रखकर सदन को भंग कर दिया था।

जॉर्ज तृतीय के सदन–भंग का ब्रिटेन के वोटर ने अनुमोदन किया, और एडमंड बर्क और फॉक्स के विरोध के बावजूद पिट और चेटम की टीम को उन्होंने चुन लिया। लेकिन 1834 में विलियम चतुर्थ का समर्थन वोटर ने नहीं किया। पील की पार्टी हार गई।

क्या ये दोनों कार्रवाइयाँ असंवैधानिक थीं? इस सिलसिले में दस्तावेज ने ए.वी. डाइसी को उद्धृत किया है और कहा है कि जनता की सार्वभौमता ही लोकतंत्र का आधार है।

अतः यदि किसी राजा को लगे कि राष्ट्रीय महत्त्व के किसी विषय पर हाउस ऑफ कॉमन्स के सदस्य आम जनता की राय का सच्चा प्रतिनिधित्व नहीं करते, तो वह कॉमन के पास जाकर जनता की मर्जी पूछ सकता है।

1834 में जनता ने यदि राजा का साथ नहीं दिया, तो उसका कदम असंवैधानिक नहीं कहा जा सकता। राजा के पास तो बस यह मानने के पर्याप्त और तर्कसंगत कारण होने चाहिए कि हाउस ऑफ कॉमन्स अब प्रतिनिधि नहीं रहा और उसका प्रतिनिधि होना बहुत जरूरी है।

दस्तावेज ने अन्त में राष्ट्रपति को चेतावनी दी है कि यह सिर्फ संविधान के व्याकरण का तकनीकी मामला नहीं है। यह एक राजनैतिक मामला है। इसलिए राष्ट्रपति को आग से खेलने का जोखिम तभी उठाना चाहिए, जब प्रश्न विराट हो।

हाई कोर्ट और सुप्रीम कोर्ट में बीसियों कानूनों की वैधता आए दिन अस्वीकार की जाती है। इसका मतलब यह तो नहीं कि राष्ट्रपति बीसियों विधेयकों को संसद में पेश ही न होने दे और कहे कि मंत्रिपरिषद की सलाह असंवैधानिक है। यदि राष्ट्रपति टुच्चे मामलों में अड़ंगा लगाएँगे तो राजनैतिक विस्फोट होगा, जिसका फैसला सड़कों

पर हो सकता है। अतः असाधारण से असाधारण अवसर पर बहुत महत्त्व का मुद्दा सामने आने पर, पार्टी या निजी स्वार्थ से बिल्कुल ऊपर उठकर हस्तक्षेप करना चाहिए। मंत्रिपरिषद की सलाह ठुकराकर वह ऐसी मुठभेड़ की शुरुआत करता है, जिससे पीछे हटना मुश्किल है। अतः सूचना एवं स्पष्टीकरण माँगने तथा अपनी राय देने के अलावा उसे बहुत सोच–समझकर संवैधानिक चुनौती का रास्ता अपनाना चाहिए।

(बॉक्स में)

महत्त्वपूर्ण तथ्य

1. राष्ट्रपति की शपथ : प्रत्येक राष्ट्रपति अपने पद ग्रहण से पहले भारत के मुख्य न्यायमूर्ति के समक्ष निम्नलिखित प्रारूप में शपथ लेगा या प्रतिज्ञान करेगा और उस पर अपने हस्ताक्षर करेगा, अर्थात्– 'मैं, अमुक, ईश्वर की शपथ लेता हूँ, सत्यनिष्ठा से प्रतिज्ञान करता हूँ कि मैं श्रद्धापूर्वक भारत के राष्ट्रपति के पद का कार्यपालन (अथवा राष्ट्रपति के कृत्यों का निर्वहन) करूँगा तथा अपनी पूरी योग्यता से संविधान और विधि का परिरक्षण, संरक्षण और प्रतिरक्षण करूँगा और मैं भारत की जनता की सेवा और कल्याण में निरत रहूँगा।

2. महाभियोग : जब संविधान के अतिक्रमण के लिए राष्ट्रपति पर महाभियोग चलाना हो, तब संसद का कोई सदन आरोप लगाएगा।

इस अनुच्छेद के अनुसार राष्ट्रपति पर आरोप का एक ही आधार हो सकता है और वह है संविधान का अतिक्रमण।

3. सलाह के लिए मंत्रिपरिषद : राष्ट्रपति को उसके कृत्यों का प्रयोग करने में सहायता और सलाह देने के लिए एक मंत्रिपरिषद होगी, जिसका प्रधान, प्रधानमंत्री होगा और राष्ट्रपति ऐसी सलाह के अनुसार कार्य करेगा परन्तु राष्ट्रपति मंत्रिपरिषद से ऐसी सलाह पर साधारणतया या अन्यथा पुनर्विचार करने की अपेक्षा कर सकेगा और राष्ट्रपति ऐसे पुनर्विचार के पश्चात दी गई सलाह के अनुसार कार्य करेगा।

4. प्रधानमंत्री की नियुक्ति : प्रधानमंत्री की नियुक्ति राष्ट्रपति करेगा और अन्य मंत्रियों की नियुक्ति राष्ट्रपति, प्रधानमंत्री की सलाह पर करेगा।

मंत्री राष्ट्रपति के प्रसादपर्यन्त अपने पद धारण करेंगे।

मंत्रिपरिषद लोकसभा के प्रति सामूहिक रूप से उत्तरदायी होगी।

5. राष्ट्रपति का सूचना का अधिकार : प्रधानमंत्री का यह कर्तव्य होगा कि वह–

(क) संघ के कार्यों के प्रशासन संबंधी और विधान विषयक प्रस्थापनाओं संबंधी मंत्रिपरिषद के सभी विनिश्चय राष्ट्रपति को संसूचित करे।

(ख) संघ के कार्यों के प्रशासन संबंधी और विधान विषयक प्रस्थापनाओं संबंधी जिस जानकारी को राष्ट्रपति माँगे वह दे।

(ग) किसी विषय को जिस पर किसी मंत्री ने विनिश्चय कर दिया है किन्तु मंत्रिपरिषद ने विचार नहीं किया है, राष्ट्रपति द्वारा अपेक्षा किए जाने पर परिषद के समक्ष विचार के लिए रखे।

6. विधेयकों को रोकने के लिए : जब कोई विधेयक संसद के दोनों सदनों द्वारा पारित कर दिया गया है, तब वह राष्ट्रपति के समक्ष उपस्थित किया जाएगा और राष्ट्रपति घोषित करेगा कि वह विधेयक पर अनुमति देता है या अनुमति रोक लेता है।

परन्तु राष्ट्रपति अनुमति के लिए अपने समक्ष विधेयक को, यदि वह धन–विधेयक नहीं है तो, सदनों को इस संदेश के साथ लौटा सकेगा कि वे विधेयक पर या उसके किन्हीं विनिर्दिष्ट उपबन्धों पर पुनर्विचार करें और विशिष्टतया किन्हीं ऐसे संशोधनों के पुनःस्थापन की वांछनीयता पर विचार करें, जिनकी उसने अपने संदेश में सिफारिश की है और जब विधेयक इस प्रकार लौटा दिया जाता है तब सदन विधेयक पर तदनुसार पुनर्विचार करेंगे और यदि विधेयक सदनों द्वारा संशोधन सहित या उसके बिना फिर से पारित कर दिया जाता है और राष्ट्रपति के समक्ष अनुमति के लिए उपस्थित किया जाता है तो राष्ट्रपति उस पर अनुमति नहीं रोकेगा।

(नवभारत टाइम्स, 29 मार्च, 1987)

आरिफ के घर वि.प्र. सिंह की सालगिरह, अरुण नेहरू भी शामिल

नई दिल्ली। भूतपूर्व रक्षामंत्री विश्वनाथ प्रताप सिंह का जन्मदिन आज अनोखे ढंग से मनाया गया। सालगिरह का आयोजन वह बिल्कुल नहीं लगता था। लेकिन मौका वही था। बस एक दिन बाद। कल श्री सिंह ने 57 साल पूरे किए।

पूर्व गृह राज्यमंत्री आरिफ मुहम्मद खाँ की कोठी में आज शाम श्री अरुण नेहरू भी इस मौके पर मौजूद थे। वह शाम 6 बजे ही आ गए थे। सुनहरी बाग की कोठी को सड़क से देखकर भीतर की चहल–पहल का अंदाज नहीं लगाया जा सकता। करीब 50 कारें कोठी के भीतर खड़ी थीं। एक भी कार सड़क पर नहीं थी। समझा जा सकता है कि यह एहतियातन था। क्या कारें कोठी के भीतर किसी सावधानी के कारण थीं? यही लगता है। आमतौर पर ऐसे मौकों पर सभी कारें कोठी के सामने की सड़क पर खड़ी की जाती हैं।

क्या वह राजनीतिक मिलन था? क्यों शासक दल की दो चर्चित हस्तियाँ विश्वनाथ प्रताप सिंह और अरुण नेहरू ही आए? दूसरे क्यों नहीं आए? काँग्रेस के दूसरे नेताओं को मेजवान आरिफ खाँ ने क्यों नहीं बुलवाया? वहाँ जाकर ये सवाल उठते हैं। श्री आरिफ मुहम्मद खाँ से ये सवाल इस संवाददाता ने पूछे। उन्हें सुनें। यह कौन सा मौका है? जवाब : राजा साहब का जन्मदिन कल था। वह उसे अपने परिवार में मनाना चाहते थे, इस वजह से मैंने आज उन्हें न्यौता।

आपने किन लोगों को यहाँ बुलाया?

यही लोग हैं जो यहाँ आए हैं। ज्यादा लोगों को जानबूझकर नहीं बुलाया। इस मौके पर राजा विश्वनाथ प्रताप सिंह, अरुण नेहरू, राजा आनंद सिंह (मनकापुर, गोंडा, उत्तर प्रदेश), सतपाल मलिक (राज्यसभा सदस्य) आए। श्री आरिफ मुहम्मद खाँ ने यह नहीं बताया कि कौन नहीं आया? जानकारी के मुताबिक सांसद और काँग्रेस के पूर्व महासचिव जितेंद्र प्रताप भी बुलाए गए थे। वह नहीं आए। जो नेता आए थे,

सपरिवार आए थे। इनके अलावा कोठी के पिछवाड़े बगीचे में करीब 150 लोग चाय पर इकट्ठे हुए। उनमें वकील अरुण जेटली भी थे। बाकी जयादातर पत्रकार थे।

साल गिरह की औपचारिकताएँ वहाँ नहीं बरती गईं। श्री सिंह साढ़े छह बजे सपरिवार आए। उनसे पहले श्री नेहरू आ चुके थे। श्री सिंह के साथ ही आनंद सिंह आए। वहाँ मौजूद लोगों ने श्री सिंह को घेर लिया। कलकत्ता यात्रा से बातचीत शुरू हुई। पचास कदम पर एक कोने में लोगों से घिरे श्री नेहरू खड़े थे। वे भूटान यात्रा पर बातचीत कर रहे थे। कुछ लोगों ने उनसे हरियाणा चुनाव पर प्रतिक्रिया पूछी। बड़े सहज अंदाज में उन्होंने कहा : आँधी आती है तो ऐसा ही होता है। उनकी टिप्पणी पर एक सज्जन ने दूर की कौड़ी पकड़ी कि वह उत्तर प्रदेश में आने वाली आँधी की भविष्यवाणी कर रहे हैं। वहाँ मौजूद लोगों को यह देखने की उत्सुकता थी कि श्री सिंह और श्री नेहरू कैसे मिलते हैं? वे बिल्कुल नहीं मिले। दोनों दो जगह खड़े थे। श्री आरिफ मुहम्मद खाँ श्री सिंह के करीब आए। उनसे कहा : जरा उधर चलें मुँह मीठा कर लीजिए।

एक तरफ मेज पर दो हिस्सों में जलपान के लिए कुछ नमकीन और कुछ मिठाइयाँ थीं। बाद में कॉफी का प्रबंध था। ठंडा पहले ही चल चुका था। श्री सिंह जब मुँह मीठा करने मेज की तरफ बढ़े तो श्री नेहरू अपनी भीड़ को खींचकर दूसरी ओर आ गए, जहाँ पहले श्री सिंह खड़े थे। श्री नेहरू कुर्सी पर आकर बैठ गए। उनसे बात कर धन्य होने वाले लोग वहाँ अपनी–अपनी कुर्सी तजबीज कर एक घेरा बनाते हुए जम गए। दूसरी तरफ श्री सिंह को घेरे लोग खड़े थे। बातचीत सवाल–जवाब में बदलने लगी। यह मोड़ आते ही श्री सिंह आगे बढ़ जाते थे।

बातचीत की एक बानगी। श्री सिंह कहते हैं कि भ्रष्टाचार काफी हल्का शब्द है। कोई पाँच रुपए की रिश्वत लेता है, वह भी भ्रष्टाचार है। आप (बगैर बोफोर्स का नाम लिए) विदेशी रिश्वत को भ्रष्टाचार कहकर उसे हल्का कर देते हैं। उसके राजनीतिक आयाम को नजरअंदाज कर देते हैं। कभी दार्शनिक और कभी व्यावहारिक। जवाब देना और हर जवाब के बाद जोर से हँसना उनकी शैली है। यही वे वहाँ कर रहे थे।

(रिपोर्ट : रामबहादुर राय, नवभारत टाइम्स, 26 जून 1989)

× × ×

सिद्धान्तों पर समझौता नहीं : सिंह

हरिद्वार, 15 जुलाई

पूर्व रक्षामंत्री विश्वनाथ प्रताप सिंह ने इस पावन नगरी से आज 'राजनीतिक अश्वमेघ यज्ञ' की शुरुआत की। उन्होंने घोषणा की कि आर्थिक अपराधियों के खिलाफ संघर्ष

जारी रहेगा। सिद्धान्तों पर समझौते का सवाल नहीं उठता।

भेल मजदूर काँग्रेस मंच से उन्होंने नई राजनीति के लिए संघर्ष का आह्वान किया। पहली बार पूर्व राज्य गृहमंत्री आरिफ मोहम्मद खाँ और सांसद सत्यपाल मलिक भी श्री सिंह के साथ एक मंच पर आए। ये लोग आज सुबह कारों के काफिले के साथ हरिद्वार पहुँचे। गाजियाबाद, खतौली, मुजफ्फरनगर और रुड़की में उनका जगह–जगह लोगों ने बैंड–बाजे से जोरदार स्वागत किया। हर जगह लोग कतार में खड़े थे। नारे लगाए जा रहे थे–वी.पी. सिंह संघर्ष करो, हम तुम्हारे साथ हैं। देश का नेता कैसा हो–वी.पी. सिंह जैसा हो।

श्री सिंह ने हरिद्वार में अपने एक घंटे के भाषण के दौरान एक नई बात बताई कि 'मैंने वित्तमंत्री के नाते गोपनीयता की शपथ ली थी। अगर ऐसा कोई फोरम हो जहाँ गोपनीयता बाधा नहीं हो तो मैं तमाम जानकारी दे सकता हूँ।'

रक्षा सौदे में बिचौलियों के कमीशन को उन्होंने देश की सीमाओं पर तैनात जवानों की जिंदगी का सवाल बताया। उन्होंने पूछा कि क्या देश को जानने का हक नहीं है कि कमीशन लेने वाले लोग कौन हैं? उन्होंने माँग की कि संसद की ऐसी कमेटी बने जो सच्चाई की तह में जा सके। भारत सरकार से उनकी माँग है कि वह बोफोर्स के पूरे ऑडिट की बात करे और स्वीडन सरकार को तैयार करे। उन्होंने लोगों को समझाया कि भारत सरकार चाहे तो जानकारी हासिल कर सकती है।

उन्होंने माँग की कि यहाँ एक मुकदमा दर्ज हो। उसमें बोफोर्स सौदे समझौते को तोड़ने और बिचौलिए को ज्यादा कमीशन देने का मामला बनाया जाए। इस मुकदमे से स्वीडन सरकार जानकारी देने को बाध्य होगी। भारत सरकार स्विस बैंक से भी जानकारी माँग सकती है। उन्होंने कहा कि यह हमारी आजादी का सवाल है। अमेरिका ने स्विस सरकार से एक समझौता कर ऐसी व्यवस्था की है कि उसे जरूरी हो तो स्विस खातों की जानकारी हासिल हो जाए। उन्होंने कहा कि हम ऐसा क्यों नहीं कर सकते।

श्री सिंह ने रुड़की में वकीलों के बीच और भेल मजदूर काँग्रेस के सालाना जलसे में श्री राजीव गाँधी का बगैर नाम लिए बार–बार संघर्ष को जारी रखने की अपील की। उनके भाषण का अंदाज यह था कि श्री गाँधी आर्थिक अपराधियों को बचा रहे हैं। देश की गाढ़ी कमाई विदेशों में जा रही है। इस मुद्दे को ज्यों ही वे उठाते थे कि लोग जोरदार तरीके से नारे लगाते थे। उनहोंने पं. नेहरू और श्रीमती गाँधी की नीतियों का हवाला दिया। देश के विकास की तस्वीर खींची। उसके बाद उन्होंने पूँजी के विदेश में पलायन के नुकसान को ब्यौरेवार समझाया। उन्हें लोग बड़े गौर से सुन रहे थे। हरिद्वार में सभा बारिश में शुरू हुई। थोड़ी देर बाद बादल छट गए। श्री सिंह ने मौसम के परिवर्तन का जिक्र कर कहा कि यहाँ जो लोग खड़े हैं उन्होंने साबित कर दिया कि वे आँधी और तूफान में अड़े रह सकते हैं। ऐसे लोग ही संघर्ष के सिपाही हो सकते हैं।

दिल्ली से हरिद्वार के बीच करीब 50 जगहों पर उनके लिए तोरण द्वार बनाए गए थे। हर जगह वे रुके। लोगों का अभिवादन और स्वागत स्वीकारा। हर जगह वे साम्प्रदायिक सौहार्द कायम रखने की अपील कर रहे थे। उन्होंने समझाया कि देश का नक्शा लोगों के दिल में होता है। वहाँ कोई बँटवारे की रेखा मत उभरने दो। पूरा पश्चिम उत्तर प्रदेश आज श्री सिंह के स्वागत में सड़क पर था। उनके साथ पाँच विधायक भी थे।

मोदी नगर में उन्होंने खास तौर पर मजदूरों के हितों का सवाल उठाया। उसे हरिद्वार में और ज्यादा व्यापक बनाया। उन्होंने श्रमिक नेताओं से कहा कि मजदूरों की प्रबंध में भागीदारी के लिए वे संघर्ष की योजना बनाएँ। वे हमेशा उसकी अगुआई के लिए तैयार हैं। लोग टिप्पणी कर रहे थे कि अगर यह आदमी प्रधानमंत्री बन जाए तो देश की तस्वीर बदल सकती है। बहादराबाद में लोग दोपहर से श्री विश्वनाथ प्रताप सिंह के स्वागत में खड़े थे। इन्तजार के दौरान राजनीतिक बात भी आपस में कर रहे थे। कोई कह रहा था कि अब काँग्रेस बँटेगी। श्री राजीव का राज रावण राज है। किसी ने टिप्पणी की कि जनता 'राजा' के साथ है।

श्री आरिफ मोहम्मद खाँ ने कहा कि राजा साहब के नेतृत्व में साम्प्रदायिक ताकतों, विघटनकारियों और आर्थिक अपराधियों के खिलाफ लड़ाई छिड़ गई है। उसे हम सभी को मिलकर लड़ना है। यह काँग्रेस की लड़ाई है। श्री खाँ ने भी श्री गाँधी का नाम नहीं लिया। लेकिन उनसे सीधी जुड़ी हुई तीन बातें कीं। उस पर लोग जोरदार ठहाके लगाते रहे। उन्होंने कहा कि पं. नेहरू स्वालम्बन की बात करते थे। उस पर अमल करते थे। इस राजा का जूता भी इटली से मँगाया जा रहा है। सुरक्षा के खतरे से प्रधानमंत्री के बेटे स्कूल नहीं जा पा रहे हैं। एक सांसद का भाई विदेश में कारोबार कर रहा है। यह बताकर उन्होंने पूछा कि यह क्या हो रहा है?

श्री सत्यपाल मलिक ने कहा कि राजा साहब एक लड़ाई के सेनापति हैं। वह लड़ाई लोगों के दिमाग में छिड़ गई है। उसे मंजिल तक पहुँचाना है। उन्होंने कहा कि पिछले चालीस सालों में एक ऐसी नस्ल पैदा हुई है कानून जिसकी जेब में है। उन्हें आर्थिक अपराध में सजा दिलाई जाए। उन्होंने भरोसा दिलाया कि राजा साहब लड़ाई बीच में नहीं छोड़ेंगे।

श्री विश्वनाथ प्रताप सिंह मंत्री पद से हटने के बाद पहली बार पश्चिम उत्तर प्रदेश के दौरे पर आज निकले। लोगों का भारी समूह जिस तरह उनके स्वागत में उमड़ रहा था, यह इस बात का संकेत है कि लोगों की उम्मीद उन पर टिकती जा रही है। इसीलिए रुड़की में वकीलों ने उनसे पूछा कि कभी–कभी लगता है कि वे कमजोर पड़ रहे हैं। ऐसा क्यों? श्री सिंह का जवाब था कि संघर्ष जारी रहेगा।

(रिपोर्ट : रामबहादुर राय, नवभारत टाइम्स, 15 जुलाई, 1989)

× × ×

अटकलें खत्म, वि.प्र. सिंह अब लड़ेंगे

नई दिल्ली, 17 जुलाई। लोगों की शंकाएँ दूर हो रही हैं और भरोसा बढ़ रहा है कि विश्वनाथ प्रताप सिंह अब लड़ेंगे।

कल की आशंकाएँ आज खत्म हो गई हैं। इसका चमत्कारिक प्रभाव पड़ा है। राजा साहब दलों की दीवारें लाँघ गए हैं। उन्हें चारों ओर से समर्थन, सहयोग और भरोसे का वचन मिल रहा है। आज सुबह एक, तीनमूर्ति मार्ग की कोठी में यही आलम था।

विश्वनाथ प्रताप सिंह एक, तीन मूर्ति की सरकारी कोठी में अब चंद दिनों के मेहमान हैं। तीन मूर्ति के चौराहे के दूसरे छोर पर पाँच रेसकोर्स की कोठी है। वहाँ श्री राजीव गाँधी रहते हैं। कुछ फासले की यह दूरी हर अर्थों में बढ़ जाएगी। राजा साहब थोड़ें दिनों बाद जनता में जा बसेंगे। कल रात इसका प्रबंध हो गया। उन्होंने एक बात का संकल्प श्री आर. वेंकटरामन को भेजा। उसमें लिखा है : मैं राज्यसभा की सदस्यता से फौरन इस्तीफा दे रहा हूँ। राष्ट्रपति के लिए चुने गए श्री वेंकटरामन के लिए यह अवसाद का संदेश था। उन्हें रात में दस बजे पत्र मिला। दूसरा पत्र है। दिल्ली पहुँचते ही उन्होंने पहला काम यही किया। वह रात में साढ़े नौ बजे पहुँचे।

काँग्रेस अध्यक्ष को भेजे गए पत्र की कहानी भी जानने लायक है। उससे श्री सिंह की कार्यप्रणाली पर रोशनी पड़ती है। कल हरिद्वार में वे पहले से तय कार्यक्रमों को पूरा कर शाम साढ़े पाँच बजे भीमगोंडा के जयराम आश्रम में आए। उससे पहले वे आनन्दमयी आश्रम गए थे। वहाँ से दर्शन कर लौटे। श्रीमती इंदिरा गाँधी वहाँ अक्सर दर्शन के लिए जाती थीं। जयराम आश्रम की दूसरी मंजिल पर श्री सिंह ने अपने साथियों से मशविरा किया। थोड़े से लोग एक कमरे में करीब एक घंटा बातचीत करते रहे। उनमें श्रीकृष्ण गोपाल, सोमांश प्रकाश, भोला सिंह (विधायक) और सोमपाल सिंह शरीक हुए। उन लोगों ने क्या सलाह दी? यह नहीं मालूम।

बातचीत के बाद श्री सिंह दिल्ली के लिए रवाना हुए। उन्होंने कार में काँग्रेस अध्यक्ष को पत्र लिखा। मुजफ्फरनगर में उसे टाइप कराया गया। श्री सोमांश प्रकाश मुजफ्फरनगर जिला काँग्रेस के अध्यक्ष हैं। वे साथ में थे। पत्र की एक प्रति प्रेस ट्रस्ट (पीटीआई) को दी गई। पत्र को ही तार के रूप में दिल्ली भेजा गया। एक प्रति लेकर श्री सोमपाल सिंह राजा साहब से पहले दिल्ली रवाना हो गए। उसकी फोटो कापी कराई गई। वह अखबारों में बाँट दी गई।

दिल्ली में इस्तीफे की खबर मुजफ्फरनगर से पहुँची। तब तक हर जगह आशंका थी। सोचा जा रहा था कि राजा साहब क्या करेंगे। श्री आरिफ मोहम्मद खाँ के समर्थक बेचैन थे। काँग्रेस के नेताओं को भी ख्याल था कि श्री विश्वनाथ प्रताप सिंह दिल्ली आकर कुछ करेंगे। क्या करेंगे? इसके बारे में अटकलें लगाई जा रही थीं। यह धारणा थी ही कि श्री सिंह दमदार तरीके से लड़ने से कतरा रहे हैं। यह धारणा अखबार

वालों ने बनाई है। ज्यादातर अखबारों में उनके जवाबों को इस तरह छापा गया है जिससे यह धारणा बनी थी कि वे श्री राजीव गाँधी को नेता मानते हैं। कलकत्ता में पत्रकारों ने पूछा कि क्या आप श्री गाँधी को अपना नेता अब भी मानते हैं। उनका सवालिया जवाब था : मैं किस दल में हूँ? काँग्रेस में। उसका नेता कौन है? राजीव गाँधी। इस जवाब से क्या अर्थ निकलता है? बंबई में एक पत्रकार ने यही सवाल पूछा। श्री सिंह ने कहा था : नेता दल का होता है, व्यक्ति का नहीं। ये सवाल–जवाब सही तस्वीर पेश नहीं करते।

आज सुबह श्री सिंह से मिलने वालों का ताँता लगा था। उनसे मिलने वकील, पत्रकार, राजनीतिक नेता और गाँव के लोग भी आए। वकीलों में शिवपूजन सिंह भी थे, जिन्होंने ठक्कर आयोग के समक्ष राजा साहब का बयान पेश किया है। एक बुजुर्ग व्यक्ति ने विश्वनाथ प्रताप सिंह से पूछा कि क्या आपने इस्तीफे का फैसला भावनात्मक स्तर पर किया या राजनीतिक स्तर पर? हँसते हुए विश्वनाथ प्रताप सिंह ने एक पल गँवाए बगैर कहा : मेरा फैसला भावना और राजनीति के तकाजे का मिला–जुला नतीजा है। अगर भावना नहीं हो तो राजनीति ढोंग होगी। बगैर भावना के बोला गया हर शब्द लफ्फाजी होगा। भावना से व्यक्ति दबे, कुचले और जरूरतमंद लोगों से जुड़ता है। इस जवाब का समापन उन्होंने इस वाक्य से किया–हर क्रांति करुणाजनित होती है। क्रांतिकारी बंदूक भी भावना के वशीभूत होकर उठाता है।

श्री सिंह लोगों से घिरे थे। उनसे मिलने वालों में राज्यसभा सदस्य जसवंत सिंह भी थे। सहमते हुए राजा साहब के बैठक खाने में पहुँचे। उन्हें श्री पांडे ने वहाँ पहुँचाया। सांसद जसवंत सिंह एक कोने में बैठना चाहते थे। श्री पांडे ने उन्हें बाइज्जत सोफे पर बैठाया यह कहकर कि मेरी नौकरी खतरे में पड़ जाएगी अगर आप वहाँ नहीं बैठते। इसे सुनकर वहाँ मौजूद सभी लोग हँसने लगे। श्री पांडे राजा साहब के सहायकों में से एक हैं। उस वक्त पूर्व सांसद और काँग्रेसी नेता के. सी. तिवारी भी बैठे थे। उनकी प्रतिक्रिया थी कि राजा साहब ने राजीव गाँधी से पहल छीन ली है। यह अत्यंत दूरदर्शिता का कदम है।

राजा साहब से हर व्यक्ति अलग से मिलना चाहता था। बैठक खाने के बगल वाले कमरे में वे एक–एक कर लोगों से मिलते थे। ज्यादातर लोगों ने उन्हें सबके सामने बधाई दी। लेकिन उन्हें सलाह अलग कमरे में ही लोग दे रहे थे। पूर्व सांसद शंकर दयाल सिंह चमकते–चहकते आए। वे खुश थे। उन्होंने बधाई दी। श्री शंकर दयाल सिंह ने एक पत्र उन्हें दिया। कहा, मैं यह पत्र लिखकर लाया था। अगर आप नहीं मिलते तो इसे छोड़ जाता। ताकि सनद रहे। श्री सिंह ने वहीं उसे खोला और पढ़ा। श्री शंकर दयाल सिंह थोड़ी देर रुके। वे बता रहे थे कि कैसे 1969 में काँग्रेस के बँटवारे के वक्त और फिर 1978 में भी श्रीमती गाँधी ने जनसमर्थन हासिल किया। उनका नुस्खा था : आप देशभर में घूमो। लोग जुड़ते जाएँगे। यह सुझाव श्री सिंह के

लिए नया नहीं है।

वहीं मथुरा के लोग बैठे थे। वे राजा साहब का कार्यक्रम लेने आए थे। उन्हें खुद विश्वनाथ प्रताप सिंह ने सितंबर की कोई तारीख दी। वे लोग जिद्द कर रहे थे कि पहले आइए। आप आएँगे तो बारिश भी होगी। किसान सूखे से चिंतित हैं। शायद उन लोगों को हरिद्वार की खबर लग गई थी। जहाँ राजा साहब पहुँचे और घनघोर बरसात हुई। मथुरा से आए लोगों में से एक व्यक्ति खड़ा हो गया। उसने हाथ जोड़कर कहा—वीर बहादुर सिंह की सरकार को गिरवा दीजिए। वह किसानों पर बड़ा जुल्म कर रहा है। श्री सिंह सुनते रहे। कुछ नहीं बोले। थोड़ी देर बाद सांसद मानवेंद्र सिंह आए। लोकदल (अजित) के नेता मोहन सिंह राजा साहब से काफी पहले मिलकर जा चुके थे। उन्हें काँग्रेस के एक खेमे से मालूम हो गया था कि कौन–कौन लोग काँग्रेस से निकाले जा रहे है।

श्री विश्वनाथ प्रताप सिंह आगे क्या करेंगे? यह सवाल पूछा जा रहा है। लोग जानना चाहते हैं। उन्हें लोग सलाह दे रहे हैं। सुझाव दे रहें हैं। फैसला उन्हें ही करना है। एक सुझाव दिया गया है कि वे एक गैर दलीय फोरम बनाएँ। वह फोरम सारे देश में जनजागरण अभियान चलाए। उसके वही मुद्दे हों जो पिछले दिनों उन्होंने उठाये हैं। कारखानों में श्रमिकों की भागीदारी, आर्थिक अपराधियों को सजा दिलाना, स्विस खाते में जमा धन का राज खुले। बोफोर्स और अन्य रक्षा सौदों की दलाली से पर्दा उठे। ये मुद्दे वे उठाते रहे हैं।

पंद्रह जुलाई को मोहननगर से बहादराबाद तक करीब पचास जगहों पर श्री सिंह का लोगों ने जगह–जगह बड़े उत्साह से स्वागत किया। लेकिन हर जगह एक सवाल पूछा गया। क्या राजा साहब लड़ेंगे? रुड़की कचहरी में बाकायदे यह सवाल मंच से पूछा गया। वकील ठाकुर महेंद्र प्रताप सिंह ने कहा : राजा साहब कभी–कभी लगता है कि आप ढीले पड़ रहे हैं। आप हमारा इस पर समाधान करें। श्री सिंह ने वहाँ बड़ा सहज जवाब दिया। लेकिन वह शंका शायद कायम रही। आज उन्होंने कहा : मैंने गंगा के किनारे ईश्वर के दर्शन कर यह फैसला किया। लोग राजनीतिक दिहाड़ी के अंदाज में रोज मेरे निष्कासन की माँग कर रहे थे। अब उन्हें तकलीफ नहीं उठानी पड़ेगी। श्री सिंह प्रधानमंत्री के खिलाफ आज भी एक शब्द नहीं बोले। इसकी वे जरूरत नहीं समझते। बगैर बोले उन्होंने श्री राजीव गाँधी को हिला दिया है।

'भाषा' के अनुसार भूतपूर्व रक्षा मंत्री श्री विश्वनाथ प्रताप सिंह ने आज यहाँ कहा कि उन्होंने प्रधानमंत्री को कल अपने पत्र में जो कुछ लिखा है मैं उस पर अडिग हूँ।

श्री सिंह ने संवाददाताओं से अनौपचारिक बातचीत में कहा कि मैंने अपना पत्र राज्यसभा के सभापति को सम्बोधित किया है, लेकिन इसे प्रधानमंत्री को भेजा है।

यह पूछे जाने पर कि वह त्यागपत्र है या त्यागपत्र की पेशकश, श्री सिंह ने कहा कि यह आप स्वयं तय करें। मैं आपकी सुविधा के लिए बस अपना पत्र आपको पढ़कर

सुना सकता हूँ।

बार–बार जोर देने पर भी श्री सिंह ने संवाददाताओं से कहा कि वे पत्र को ध्यान से पढ़ें। मैं ज्यादा कुछ नहीं कहना चाहता।

यह पूछे जाने पर कि राजधानी से प्रकाशित एक अंग्रेजी अखबार में छपे शीर्षक से लगता है कि आपने त्यागपत्र दिया है, श्री सिंह ने कहा कि वह शीर्षक लगाने वाले उपसम्पादक से पूछें। उन्होंने संवाददाताओं से कहा कि वे राजनीति से हटकर भी कुछ सवाल पूछा करें, जैसे उत्तर प्रदेश में बिजली समस्या और किसानों की तकलीफ।

उन्होंने कहा कि 26 जुलाई को अपने जनजागरण अभियान के दूसरे चरण में वे मुजफ्फरनगर का दौरा करेंगे। उन्होंने कहा कि यह अभियान जारी रहेगा।

(रिपोर्ट : रामबहादुर राय, नवभारत टाइम्स, 17 जुलाई 1989)

× × ×

वि.प्र. सिंह काँग्रेस से निष्कासित
सत्यपाल मलिक ने पार्टी छोड़ी : राज्यसभा छोड़ने की पेशकश

विशेष संवाददाता

नई दिल्ली, 19 जुलाई। कांग्रेस आला कमान ने विश्वनाथ प्रताप सिंह के बारे में सिर्फ 48 घंटे पहले के अपने फैसले को पलट कर उन्हें पार्टी से निकाल दिया। यह खबर सुनकर सांसद सत्यपाल मलिक ने कांग्रेस से इस्तीफा भेज दिया। उन्होंने राज्यसभा से इस्तीफे की भी पेशकश की है।

श्री विश्वनाथ प्रताप सिंह ने पार्टी से निकाले जाने की खबर पर प्रतिक्रिया जाहिर करते हुए कहा : ''मुझे अजिताभ बच्चन के खिलाफ कार्रवाई करने की माँग के कारण दल से निकाला गया है। इस बारे में पत्र लिखना अगर दल विरोधी काम है तो मैं इसे कबूल करता हूँ।''

वे पत्रकारों से घिरे थे। एक, तीन मूर्ति कोठी में घास पर दोनों पैर मोड़कर बैठे श्री सिंह थोड़ा हतप्रभ दीख रहे थे। उन्हें इस निष्कासन की उम्मीद नहीं थी। उन्होंने अपनी अगली योजना की जानकारी दी और कहा कि वे सारे देश में जनजागरण करेंगे।

शाम पाँच बजे काँग्रेस दफ्तर में महासचिव जी.के. मूपनारं ने पत्रकारों को एक वाक्य की जानकारी दी कि श्री राजीव गाँधी ने पूर्व रक्षा मंत्री विश्वनाथ प्रताप सिंह को दल से निकाल दिया है। पत्रकार ज्यादा जानने के इरादे से सवाल पूछना चाहते थे, पर श्री मूपनार ने कहा : 'मुझे और कुछ नहीं कहना है।'

सबसे पहले श्री आरिफ मोहम्मद खाँ को यह खबर मिली। उन्हें कहीं से फोन आया। उस वक्त उनके यहाँ कुछ पत्रकार भी थे। श्री खाँ ने खबर की सचाई पक्की कर ली। थोड़ी देर बाद काँग्रेस दफ्तर से लौटे पत्रकारों ने उनसे प्रतिक्रिया पूछी। श्री खाँ ने पहले लड्डू मँगवाये ओर बँटवाये। उसके बाद बोले : 'काँग्रेस आला कमान के इस फैसले की निन्दा करने के लिए मेरे पास शब्द नहीं हैं। आला कमान ने पहले सांप्रदायिकता के खिलाफ आवाज उठाने की सजा सुनाई। अब आर्थिक अपराधियों को दंडित करने के लिए छेड़े गए अभियान की सजा के बतौर श्री विश्वनाथ प्रताप सिंह को दल से निकाल दिया गया। इससे काँग्रेस में पहचान का संकट उभरेगा। काँग्रेस के कार्यकर्ता लोगों को क्या जवाब देंगे।'

सांसद सत्यपाल मलिक ने श्री सिंह को निकाले जाने की खबर सुनने के बाद कहा कि 'मैं एक पल के लिए भी काँग्रेस में श्री राजीव गाँधी के नेतृत्व में काम नहीं कर सकता। मैं काँग्रेस और राज्यसभा से इस्तीफा आपके पास भेज रहा हूँ। आप उसे आगे बढ़ा दें।' उन्होंने पत्रकारों से कहा कि श्री विश्वनाथ प्रताप सिंह मेरे नेता हैं। मैं बेईमान और भ्रष्ट प्रधानमंत्री के साथ नहीं रह सकता।

श्री विश्वनाथ प्रताप सिंह को दल से निकाले जाने की खबर से सनसनी फैल गई। सबसे ज्यादा हलचल श्री आरिफ मोहम्मद खाँ के निवास पर थी। लोग आ रहे थे और श्री खाँ उन्हें समझाते थे। उनकी हर काँग्रेस जन को सलाह है कि अपना इस्तीफा विश्वनाथ प्रताप सिंह को दे दो। पल–पल फोन भी आ रहे थे। लखनऊ से अनेक विधायकों ने फोन पर पूछा कि क्या करना है?

दल से निकाले जाने की खबर श्री सिंह को घर से बाहर मिली। वे कहीं गए हुए थे। उनका कहना है कि महासचिव मूपनार ने 48 घंटे पहले ही कहा था कि आला कमान ने मेरे इस्तीफे पर गौर किया। पर उसने मेरे कार्यों को दल की नीतियों और कार्यक्रमों के तहत ही माना। इस्तीफा सशर्त था इसलिए वह मंजूर नहीं किया गया। श्री सिंह ने कहा : 'मैने इस्तीफा भेजने के बाद और दल से निकाले जाने से पहले श्री गाँधी को पत्र भेजा है कि श्री अमिताभ बच्चन के खिलाफ कानूनी कार्रवाई की जाए। लगता है कि काँग्रेस आला कमान ने इसी पत्र को दल विरोधी कार्य माना है।'

उन्होंने बताया कि श्री गाँधी ने उन्हें एक पत्र भेजा है। यह निजी है। लेकिन उसका मजमून रेडियो पर प्रसारित किया जा रहा है। उनका कहना था कि एक ओर अजिताभ बच्चन के खिलाफ कार्रवाई का आश्वासन है और दूसरी ओर इसकी माँग किए जाने पर दल से निकालने का फरमान जारी किया जा रहा है। आपकी क्या योजना है? श्री सिंह ने उन मुद्दों को गिनाया जिसके लिए वे देश भर में घूमेंगे। वे मुद्दे हैं–विदेशों में भारत की पूँजी ले जाने के खिलाफ अभियान, चुनाव प्रणाली में संशोधन, श्रमिकों की प्रबंध में सहभागिता, किसानों को उनकी उपज का लाभकारी मूल्य, अनुसूचित जाति और जनजातियों के लिए आरक्षण का कोटा भरा जाए। रोजगार की गारंटी।

श्री सिंह काँग्रेस से निकाले जाने पर बिछोह महसूस कर रहे थे। वे दो दशक से दल में हैं। इस कारण भावुक भी थे। उन्होंने कहा कि मुझे इस खबर से सदमा लगा है। मैं इसे काँग्रेस की नीतियों के लिए बलिदान मानता हूँ। किसी ने पूछा कि क्या आपको इसकी उम्मीद थी? जवाब : मैं तो पार्टी का काम कर रहा था। उनका (श्री मूपनार) प्रमाणपत्र ठीक है। क्या इससे दल को ताकत मिलेगी? इसका उन्होंने घुमाकर जवाब दिया कि मैंने इस्तीफा भेजा तो नहीं माना। फिर वे क्यों बदल गए।

आपकी सफलता का ग्राफ (रेखचित्र) क्या ऊपर जा रहा है? यह एक पत्रकार का सवाल था। श्री सिंह ने कहा कि मेरे ग्राफ की बात अप्रासंगिक है। श्री सिंह ने पत्रकारों से बातचीत में एक निजी जानकारी दी। रक्षा मंत्री से इस्तीफा देने के एक महीने बाद तक वे आत्मविश्लेषण करते रहे। उस दौरान उन्हें जवाब मिला। व्यक्तिगत पेशे और सम्मान से ज्यादा महत्त्व उन बुनियादी मुद्दों और मूल्यों का है जिनसे राजनीति और देश को चलाया जाना चाहिए। श्री सिंह बताते हैं कि यह जवाब उनकी आत्मा का है।

क्या आपको वित्त मंत्रालय से रक्षा मंत्रालय में बच्चन बंधुओं के कारण भेजा गया? यह सवाल एक वरिष्ठ पत्रकार ने पूछा। श्री सिंह बोले : कोई टिप्पणी नहीं। इस्तीफे की खबर से थोड़ी देर पहले श्री सिंह ने माँग की थी कि सरकार अजिताभ को बुलाए और उनके खिलाफ फेरा कानून में मुकदमा दर्ज करे।

दिन भर तमाम तरह की अफवाहें दिल्ली में तैर रही थीं। उनमें एक यह कि श्री वसंत साठे, राम दुलारी सिन्हा, प्रो. के.के. तिवारी, मोहसिना किदवई, गुलाम नबी आजाद और जी.एस. ढिल्लो ने इस्तीफा दे दिया है। दूसरी तरफ सांसद मानवेंद्र सिंह, सत्यपाल मलिक, भानु प्रताप सिंह, आनंद सिंह और दीप नारायण ने एक बयान जारी कर माँग की कि अजिताभ बच्चन के खिलाफ विदेशी मुद्रा नियमन अधिनियम (फेरा) के तहत कार्रवाई हो। इससे पार्टी की छवि सुधरेगी। इन सांसदों ने कहा है कि श्री अरुण सिंह के इस्तीफे से बोफोर्स सौदे के बारे में लोगों की शंका पक्की हुई है। सरकार सफाई दे। इस बीच ग्रामीण विकास राज्यमंत्री श्री रामानंद यादव ने इस बात से इन्कार किया है कि उन्होंने इस्तीफा दे दिया है। श्री यादव ने कुछ अखबारों में छपी इस खबर का जिक्र करते हुए कहा कि यह खबर भ्रामक और गलत है।

इसी बीच कलकत्ता में पूर्व केंद्रीय कानून मंत्री श्री अशोक सेन ने आज कहा कि विश्वनाथ प्रताप सिंह कोई काँग्रेस विरोधी कार्य नहीं कर रहे हैं।

उन्होंने कहा कि श्री सिंह के इस कथन से मैं पूर्ण सहमत हूँ कि राजनीति में उद्योगपतियों के धन का खेल खत्म किया जाना चाहिए। बड़े घरानों से राजनीतिक पार्टियों के लिए चंदा लेने का मतलब ही उनको रियायतें देने के लिए बाध्य होना है।

यह पूछे जाने पर कि क्या आपको डर नहीं लगता है कि आपके विरुद्ध भी काँग्रेस आलाकमान द्वारा कोई कार्रवाई हो सकती है। श्री सेन ने कहा कि मैं कोई पार्टी विरोधी

कार्य नहीं कर रहा हूँ। इसलिए मेरे खिलाफ क्यों कोई कार्रवाई होगी।

(रिपोर्ट : रामबहादुर राय, नवभारत टाइम्स, 19 जुलाई, 1989)

× × ×

उद्योगपतियों की राजनीति में दखल की कोशिश

विशेष संवाददाता

नई दिल्ली, 29 नवम्बर। राष्ट्रीय मोर्चा के नवनिर्वाचित लोकसभा सदस्यों के स्वाभाविक नेता विश्वनाथ प्रताप सिंह हैं। लेकिन नेतृत्व चयन की औपचारिकता से पहले कुछ औद्योगिक घराने और निहित स्वार्थी तत्व राजनीतिक दबाव के खेल में शरीक होकर नेता पद के लिए कभी चन्द्रशेखर तो कभी देवीलाल का नाम उछाल रहे हैं।

राजधानी में राजनीतिक अफवाहों की आँधी बह रहीं है। राष्ट्रीय मोर्चा करीब 150 सीटें जीत सकता है। उसे भाजपा और वाममोर्चा के दलों का सरकार बनाने के लिए समर्थन चाहिए। इन दलों ने आज अलग–अलग चिट्ठी देकर अपने समर्थन की घोषणा कर दी। आँधी का एक पक्ष यह भी था कि राष्ट्रीय मोर्चा का नेता कौन होगा? यह सवाल बना हुआ है। नेता चयन की जब तक औपचारिक घोषणा नहीं होती तब तक यह सवाल तकनीकी तौर पर बना रहेगा। उसकी अलग–अलग व्याख्या की जा सकती है। एक व्याख्या जनता दल के मुख्यालय सात, जंतर–मंतर में आ–जा रहे आम कार्यकर्ताओं और फैसले की परिधि से दूर रहने वाले नेताओं से सुनी जा सकती है। इस दफ्तर में ही जनता दल के 240 उम्मीदवारों का फैसला हुआ था। उम्मीदवारों की सूची में सुजान लोगों ने झाँका कि उसमें अजित सिंह, देवीलाल, चन्द्रशेखर, विश्वनाथ प्रताप सिंह के कितने लोग हैं। इसका एक अनुमान लोग लगाते रहे हैं। उसी आधार पर नेता की दावेदारी का गणित बनाया जा रहा है। लेकिन जनता दल में आ–जा रहे कार्यकर्ताओं की प्रतिक्रिया दूसरी है। एक कार्यकर्ता ने इस संवाददाता से कहा कि विश्वनाथ प्रताप सिंह निर्विवाद नेता हैं। वह इसका कारण भी बताते हैं–यह चुनाव विश्वनाथ प्रताप सिंह और राजीव गाँधी के बीच था। हमने विश्वनाथ के नाम पर वोट माँगा है। उसे इतनी जल्दी कैसे भुलाया जा सकता है। यह कैसे हो सकता है कि विश्वनाथ प्रताप सिंह के नाम पर जीतने वालों का नेता कोई और हो।

जनता दल के मुख्यालय में ऐसी प्रतिक्रिया जो लोग प्रकट कर रहे हैं वे विश्वनाथ प्रताप सिंह के कार्यकर्ता नहीं हैं। वे दस साल से चन्द्रशेखर का झंडा ढो रहे थे। वे राजनीतिक तौर पर चन्द्रशेखर से प्रतिबद्ध हैं। यह एक उदाहरण है। इसे देवीलाल, अजित सिंह आदि के समर्थकों पर भी लागू किया जा सकता है।

राष्ट्रीय मोर्चा का दफ्तर गतिविधियों का मुख्य केन्द्र है। कल अलीगढ़ से जीते

सत्यपाल मलिक से पूछे जाने पर प्रतिक्रिया थी कि 1977 में जनता पार्टी ने जो गलती की थी वह इस बार नहीं दोहराई जाएगी। नेतृत्व का सवाल तय हो चुका है। उसे फैसले का रूप देना है। सत्यपाल मलिक आम लोगों की भावना प्रकट कर रहे थे। यही भावना राजधानी पहुँच रहे नवनिर्वाचित सांसदों की है। उसकी एक मुख्य वजह है। जनता दल के नवनिर्वाचित लोकसभा सदस्य, चाहे वे किसी नेता से जुड़े हों, इस बार विश्वनाथ प्रताप सिंह की आँधी में यहाँ पहुँचे हैं। इस कारण जनता दल में गुटीय समीकरण ने नया रूप ले लिया है।

विश्वनाथ प्रताप सिंह की असली ताकत कहाँ है? उनके लिए कोई लॉबी सक्रिय नहीं है। उनका जनता दल और राष्ट्रीय मोर्चा में कोई गुट नहीं है। उन्होंने ऐसा कोई गुट और लॉबी बनाने की कोशिश नहीं की। उनकी असली ताकत आम लोगों की वह भावना है जिसमें करोड़ों लोग उन्हें प्रधानमंत्री पद पर देखना चाहते है। इसे रोकने की डरी, सहमी और घबराई हुई कोशिशें भी शुरू हो गई हैं। कौन नहीं जानता कि विश्वनाथ प्रताप सिंह कुछ औद्योगिक घरानों के लिए भकौआ और आतंक के प्रतिरूप हैं। वे समूह सक्रिय हो उठे हैं। उन समूहों के दिग्गज दिल्ली के पाँच तारा होटल ताज और अमृता शेरगिल मार्ग की कोठियों में बेचैन लमहे गुजार रहे हैं। एक ओर करोड़ों लोगों की जनतांत्रिक भावना है तो दूसरी तरफ करोड़पति चक्कर की चाले हैं। जनतंत्र को जीतना ही है।

फतेहपुर लोकसभा क्षेत्र के विर्जहपुर कस्बे में 24 नवम्बर को एक सवाल के जवाब में विश्वनाथ प्रताप सिंह ने कहा कि उनके प्रधानमंत्री बनने पर किसी औद्योगिक घराने को चिंतित होने की जरूरत नहीं है। जो घराने आपराधिक कार्यों में जुटे रहे हैं, वे ही चिंतित होंगे। उनसे सवाल था कि क्या वे प्रधानमंत्री बनने के बाद कुछ औद्योगिक घरानों पर कार्रवाई करेंगे?

राजधानी में सक्रिय सत्ता के दलालों और दलाल राजनीतिक नेताओं की गतिविधियों का एक ही उद्देश्य है कि वे विश्वनाथ प्रताप सिंह का नेता बनना रोक पाएँ। वे भी जानते हैं कि सफल नहीं होना है। चुनाव में धनशक्ति की भूमिका का भी यह असर है। बीते चुनाव में विश्वनाथ प्रताप सिंह ने किसी उम्मीदवार की मदद नहीं की। लेकिन जनता दल में धूमधाम से लोग चुनाव लड़े और जीते। उन्हें आर्थिक मदद मिली है। उस मदद की राजनीतिक भूमिका भी इस समय महत्त्वपूर्ण हो गई है।

जनता दल के गुजरात के अध्यक्ष चिमन भाई पटेल पत्रकारों को 'ब्रीफ' कर रहे हैं। वे चन्द्रशेखर के लिए सक्रिय हैं। लेकिन वे नहीं चाहते कि उन्हें कोट किया जाए। जनता दल बनने के थोड़े दिनों बाद चन्द्रशेखर से अपनी निष्ठा हटाकर वे विश्वनाथ प्रताप सिंह से जुड़े थे। प्रदेश अध्यक्ष बनने के लिए यह जरूरी था। उन्हें गुजरात की राजनीति में अपना लक्ष्य हासिल करना है। इसलिए उनकी भूमिका दोहरी है। फैसले के वक्त वे वह नहीं करेंगे जो पत्रकारों को बता रहे हैं। हरियाणा जनता दल के अध्यक्ष

ओमप्रकाश चौटाला भी चन्द्रशेखर के समर्थन में हैं। यह दिखावा कर वे देवीलाल को नेतृत्व की लड़ाई में उतारना चाहते हैं। ओम प्रकाश चौटाला पहले भी कोशिश कर नाकाम हो गए। वे चाहते हैं कि देवीलाल का उत्तराधिकार उन्हें मिले। इसके लिए जरूरी है कि देवीलाल दिल्ली आ जाएँ। लोकसभा चुनाव की घोषणा के बाद चौटाला की सलाह थी कि देवीलाल विधानसभा को भंग करने की सिफारिश करें। ऐसा वे नहीं करा सके। जानकार लोगों का कहना है कि देवीलाल को अपनी सीमाओं का एहसास है। वे विश्वनाथ प्रताप सिंह का समर्थन करेंगे। देवीलाल के एक खास सहयोगी ने इस संवाददाता को बताया कि देवीलाल दो मन में हैं। कभी वे हाँ कर रहे हैं तो कभी ना।

विश्वनाथ प्रताप सिंह को पिछड़े समूहों की राजनीति सँभालनी है। बीते दो सालों में उन्होंने तमाम आशंकाओं के बावजूद जनता दल को सँभाला और एक रखा। पिछड़े समूह का पूर्व नाम लोकदल है। उसके दो नेता हैं–अजित सिंह और देवीलाल। ये दोनों विश्वनाथ प्रताप सिंह के साथ हैं। इस समूह में तीसरा व्यक्ति ताकतवर होकर उभरा है। वह है--शरद यादव।

शरद यादव ने आज विश्वनाथ प्रताप सिंह से भेंट की। उत्तर प्रदेश और बिहार (जहाँ से जनता दल के ज्यादातर सदस्य जीते हैं) के लोकसभा सदस्यों की खासी तादाद शरद यादव से जुड़ी है। शरद यादव और विश्वनाथ प्रताप सिंह की बातचीत गोपनीय है। जानकारी के मुताबिक विश्वनाथ प्रताप सिंह ने शरद यादव से सलाह की। शरद यादव के समर्थकों की कल उनके निवास पर बैठक बुलाई गई है। यह समूह आखिरकार विश्वनाथ प्रताप सिंह के लिए अपना समर्थन घोषित कर सकता है। यह बीते दो सालों से चल रही एक राजनीतिक प्रक्रिया की उपज है। नेतृत्व चयन का प्रश्न उसी प्रक्रिया की अंतिम कड़ी है। यह सभी जानते और महसूस करते हैं। जनता दल में तमाम दबाव समूह उस प्रक्रिया को पहचानने के बाद भी अपने हितों के लिए सक्रिय हो उठे हैं। उन्हें यह आश्वासन भी मिलता जा रहा है कि इस परिस्थिति में वे ज्यादा आश्वस्त हो सकते हैं।

विश्वनाथ प्रताप सिंह ने आज दो बार चन्द्रशेखर से भेंट की। अनुमान यह है कि उनमें नेतृत्व के प्रश्न पर अंतरंग बात हुई। विश्वनाथ प्रताप सिंह यह चाहते हैं कि जनता दल और राष्ट्रीय मोर्चा उन्हें नेतृत्व के लिए आग्रह करें। 1989 की राजनीति के 'असंभव' के लिए वे अनुकूलता पैदा करना चाहते हैं। इसीलिए वे कह रहे हैं कि मैं नेता पद का दावेदार नहीं हूँ। यही दो साल पहले भी वे कह रहे थे। उस वक्त उनसे एक खास व्यक्ति ने पूछा : अगर आप महात्मा गाँधी हैं तो आपका पं. जवाहर लाल नेहरू कौन है? वे तब चुप हो गए थे।

राष्ट्रीय मोर्चा के नेता के चयन के लिए तय बैठक एक दिसम्बर को हो रही है, क्योंकि निर्वाचित सदस्य आ नहीं सके थे। बिहार और उत्तर प्रदेश के नतीजे भी पूरे

नहीं आ पाए थे। कल दोपहर तीन बजे बैठक बुलाई गई है। तब तक अटकलों की आँधी चलती रहेगी। इन अफवाहों के बावजूद विश्वनाथ प्रताप सिंह का चयन तय लगता है। भाजपा और वामपंथी दलों की भी उनके लिए सहज सहमति है। अरुण नेहरू और अजित सिंह ने इसके लिए प्रयास किए हैं।

(रिपोर्ट : रामबहादुर राय, नवभारत टाइम्स, 30 नवम्बर 1989)

× × ×

जनता दल ने नेता चुना

तो आखिर विश्वनाथ प्रताप सिंह नेता चुन लिए गए। उनका महत्त्व इस बात से आँका जा सकता है कि जब पहले पहल खबर आई कि देवीलाल भारत के प्रधानमंत्री बनेंगे और वि. प्र. सिंह ने उनके नाम का प्रस्ताव तथा चन्द्रशेखर ने अनुमोदन किया है, तो हर अखबार के दफ्तर में हंगामा मच गया कि यह क्या हो गया। इस अविश्वास भरे हंगामे को आप शहरी मध्यम वर्ग का पूर्वाग्रह मान कर रद्द नहीं कर सकते और न देवीलाल की ग्राम पृष्ठभूमि से अलगाव का लक्षण उसे बता सकते हैं। यदि देवीलाल सचमुच नेता बनते, तो प्रतिवाद का यह शोर सारे देश में उठता और वह बिहार, उत्तर प्रदेश या हरियाणा के गाँवों में भी उठता। जैसे 1984 का चुनाव राजीव गाँधी ने अपने साफ–सुथरे राजकुमार व्यक्तित्व के कारण और एक बहादुर माँ की मौत के कारण जीता था, उसी तरह 1989 का वह चुनाव जनता दल तथा उसके सहयोगी दलों ने इसलिए जीता है कि प्रधानमंत्री के रूप में विश्वनाथ प्रताप सिंह वोटर को पसन्द हैं। यदि वे नेता नहीं बनते, तो देश ठगा हुआ महसूस करता, जैसे कि राजीव गाँधी सबसे बड़े दल के नेता के नाते यदि फिर सत्तासीन हो जाते तो देश ठगा हुआ महसूस करता।

लेकिन जो हुआ, उससे चन्द्रशेखर ठगा हुआ महसूस कर रहे हैं। ऐसा लगता है कि उन्हें बताया ही नहीं गया था कि पहले एक नाटक होगा और उसके बाद वी.पी. सिंह नेता चुने जाने वाले हैं, इसीलिए बड़े उत्साह से उन्होंने वि. प्र. सिंह को देवीलाल के नाम का प्रस्ताव रखने दिया और स्वयं अनुमोदन कर दिया। भारत के माहौल में हम अक्सर देखते हैं कि पहले नम्बर के व्यक्ति का रास्ता रोकने के लिए दूसरे नम्बर का आदमी एड़ी–चोटी का पसीना बहा देता है, तर्क–कुतर्क करता है और यदि खुद कुर्सी पर न बैठ पा रहा हो, तो वह किसी ऐसे व्यक्ति का समर्थन कर देता है, जिसका कामयाब होना प्रथमतः ही मुश्किल नजर आ रहा हो। चन्द्रशेखर ने ऐसा ही किया। लेकिन ऐसा प्रतीत होता है कि चन्द्रशेखर को गच्चा देने के लिए देवीलाल एक षडयंत्र के लिए राजी हो गए थे, ताकि विश्वनाथ प्रताप सिंह का रास्ता साफ किया जा सके। क्या वि. प्र. सिंह को इस चाल की जानकारी थी? यदि नहीं थी, तो बिना सहमे या

चौंके उन्होंने अपना नाम प्रस्तावित होते कैसे देखा? यदि चन्द्रशेखर को मैदान में आने से रोकने के लिए अर्धसत्य का प्रयोग किया गया, तो यह घटना जनता दल के तीनों नेताओं के लिए शोभनीय नहीं रही है। खासकर विश्वनाथ प्रताप सिंह को अपनी साफ–सुथरी छवि अक्षुण्ण रखने के लिए बताना चाहिए कि वह सब हुआ कैसे? इस अर्धसत्य में उनकी भागीदारी कितनी थी? युधिष्ठिर अपने जीवन के मध्य में कभी एक बार नरो वा कुंजरो वा कह जाए, तो बात अलग है, लेकिन एक चरित्रवान नेता को अपने प्रधानमंत्रित्व की नींव तो इस तरह नहीं रखनी चाहिए। देवीलाल शायद इस ताजपोशी को अपने चतुर ताऊपने का सबूत मानते हों, लेकिन एक खुले लोकतंत्र में ऐसी चतुराई क्यों होनी चाहिए?

विश्वनाथ प्रताप सिंह तो कहते रहे हैं कि प्रधानमंत्री बनने की उनकी कोई इच्छा ही नहीं है। जब देवीलाल के नेता बनने की खबर आई, तो हम सबने वि.प्र. सिंह को कोसा कि यह आदमी फिर मैदान छोड़ गया। लेकिन यह सब उनके सहज चरित्र के अनुकूल रहा है। जो बात उनकी सहज छवि के प्रतिकूल जाती है, वह यह है कि प्रधानमंत्री बनने की खातिर उन्होंने देवीलाल की रणनीति मंजूर की। इसलिए उनका स्पष्टीकरण बहुत जरूरी है।

यहाँ यह कहने का कोई मतलब नहीं है कि चन्द्रशेखर इसी बर्ताव के लायक थे। जाहिर है कि वे थे। पिछले चार दिनों से चन्द्रशेखर का एकसूत्री कार्यक्रम यह था कि विश्वनाथ प्रताप सिंह नेता न बन पाएँ। दिल्ली में कहा जा रहा था कि एक उद्योगपति और एक तिकड़मी स्वामी हर कीमत पर वि. प्र. सिंह को नेता न बनने देने के लिए जमीन–आसमान एक कर रहे हैं। पैसों के बल पर प्रधानमंत्री बनवाने की बातें उड़ रही थीं। कहा जा रहा था कि ओमप्रकाश चौटाला को उकसाया जा रहा था कि वे अपने पिता को नाम वापस न लेने दें। चन्द्रशेखर से राम जेठमलानी इतने नाराज थे कि भूख हड़ताल करके नेता पद को प्रभावित करना उन्होंने उचित समझा और चन्द्रशेखर के समर्थक इतने उतावले थे कि जेठमलानी की उन्होंने पिटाई कर दी। काँग्रेस ने भारी पराजय के बावजूद राजीव गाँधी को इस उत्साह से नेता चुन लिया मानो वे कोई दिग्विजय करके लौटे हों। अटल बिहारी वाजपेयी को हारफूल पहनाने में भारतीय जनता पार्टी को कोई समय नहीं लगा। लेकिन जनता दल तय ही नहीं कर पा रहा था कि सर्वानुमति से अथवा चुनाव लड़कर किसे नेता बनाया जाए। सभी बनना चाह रहे थे और सभी मना कर रहे थे। ऐसे में देवीलाल को इस बात का श्रेय तो देना होगा कि वे रास्ते से हट गए। लेकिन बेहतर यह होता कि वे और अजित सिंह, चन्द्रशेखर को बता देते कि हमारे लोग वि. प्र. सिंह का ही साथ देंगे, आपका नहीं। पहले ही कौर में एक नैतिक मक्खी आ गिरी, यह कुल मिलाकर शुभ नहीं हुआ है। इससे तो विश्वनाथ प्रताप सिंह और चन्द्रशेखर का चुनाव लड़ लेना बेहतर होता। लेकिन चन्द्रशेखर में भी वह नैतिक साहस नहीं है, जो मोरारजी देसाई ने 1964,

1966 और फिर 1967 में दिखाया था। हर बार मोरारजी ने साफ कह दिया .के प्रधानमंत्री पद पर अपने दावे को मैं उचित मानता हूँ। भारत में ऐसा कहना सत्ता लिप्सा की निशानी माना जाता है। इसलिए मन ही मन प्रधानमंत्री पद भाता रहता है, और लोग मुँह हिलाकर कहते रहते हैं कि हमें नहीं चाहिए। चन्द्रशेखर को तो यह भी मालूम था कि वे नहीं जीतेंगे। इसलिए जैसे चौधरी चरण सिंह मार्च 1977 में बीमार पड़े थे, उसी तरह वे भी पड़ गए, और अपने छायावादी घाव दिखाने के लिए मिजाजपुरसी के पात्र बन गए। वे रूठते रहे, ताकि कोई आकर उन्हें मनाए। लेकिन उनके इस दर्द को समझने वाले पर्याप्त लोग ही नहीं मिले कि मैंने पन्द्रह साल पहले इमर्जेंसी के विरोध में काँग्रेस से बगावत की थी, मैंने जनता पार्टी के दिनों में मंत्रीपद स्वीकार करने के बजाय संगठन का अध्यक्ष बनना पसन्द किया था, मुझे जयप्रकाश नारायण भी भावी प्रधानमंत्री के रूप में देखते थे, और मैंने केरल से दिल्ली तक भारत की पदयात्रा की है, जबकि विश्वनाथ प्रताप सिंह वह व्यक्ति है, जिसने इमर्जेंसी में और संजय गाँधी के नेतृत्व के दिनों में और ऑपरेशन ब्लूस्टार में काँग्रेस का साथ दिया था। चन्द्रशेखर क्योंकि भ्रष्टाचार और राजनैतिक साफ–सुथरेपन को प्रासंगिक मुद्दा नहीं मानते, और सूरजदेव सिंह के कोयला–धन से क्योंकि उन्हें कोई एतराज नहीं है, इसलिए राजीव गाँधी के बारे में हो रहे जनमत संग्रह में कोई वोटर चन्द्रशेखर का पक्ष कैसे ले सकता था। अपना हाशिए में चला जाना, और ढाई साल पुराने विश्वनाथ प्रताप सिंह का मंच के मध्य में आ जाना चन्द्रशेखर के लिए निश्चय ही व्यक्तिशः बहुत पीड़ाजनक होगा। लेकिन इसका क्या किया जा सकता है।

देवीलाल ने रास्ते से हटकर इस बात का सबूत दिया है कि उन्हें अपनी सीमाओं का अहसास है, जो कि चरणसिंह को नहीं था। विरोधी एकता को सफल बनाकर और वि. प्र. सिंह को तिलक लगाकर वे उतना कर चुके हैं जितना उनके बस में था। भारत का प्रधानमंत्रित्व उनके बस की चीज नहीं है। जैसे महेन्द्र सिंह टिकैत का कोई मेल शरद जोशी के मराठा किसानों से नहीं है, उसी तरह देवीलाल का प्रधानमंत्री बनना दक्षिण, और पश्चिम और पूर्वी और पूर्वांचल भारत में एक अजूबे के रूप में देखा जाता। पूर्वांचल के दसों सांसद काँग्रेस के चुने गए हैं, और उस इलाके ने क्षेत्रीय दलों से मुक्त होकर एक अखिल भारतीय दल को पसन्द किया है, यह बात भारत की भावनात्मक एकता चाहने वाले हर व्यक्ति को प्रिय लगनी चाहिए। लेकिन क्या इस बात की संभावना है कि जनता दल के मानस–लोक में कभी पूर्वांचल के सरोकार भी शामिल होंगे? इस अर्थ में भी विश्वनाथ प्रताप सिंह का चुना जाना बेहतर रहा है, क्योंकि उनके पास एक वरिष्ठ भूतपूर्व काँग्रेसी की अखिल भारतीय दृष्टि तो है।

देवीलाल, चन्द्रशेखर और वि. प्र. सिंह इस त्रिमूर्ति ने चुनाव के क्षण उभरकर जनता दल की नव–विलीन धाराओं को स्पष्ट कर दिया। लोकदल, जनता पार्टी और जनमोर्चे की त्रिवेणी यहाँ साफ दिखाई देती है। फिर अन्य अन्तर्धाराएँ भी हैं, जैसे

अजित सिंह, जिनके कारण लोकदल 'अ' और 'ब' के बीच बँट गया था। मुश्किलें नए शासन के सामने यों ही कम नहीं हैं। इसलिए चरण सिंह और जगजीवन राम की तरह यदि देवीलाल और चन्द्रशेखर अपने प्रधानमंत्री न बनने को घाव की तरह सहलाते रहें, अथवा यदि वे अपनी मूल पार्टियों की याद करते रहें, तो हश्र वही होगा, जो दस साल पहले हुआ था।

(संपादकीय, नवभारत टाइम्स, 2 दिसंबर 1989)

× × ×

लेख

वी.पी. की मुहिम सार्थक बदलाव के लिए : प्रभाष जोशी

विश्वनाथ प्रताप सिंह हों या न हों, बाकी के कुछ लोग जरा जल्दी में हैं। ये लोग दोनों तरफ हैं और उत्सुक हैं कि उनके कारण जो हलचल हुई है उसका कुछ न कुछ कर लिया जाए।

जो लोग राजीव गाँधी के साथ हैं और उनके हटने पर काँग्रेस और फिर देश के बिखराव के अंदेशे से दुबले हो रहे हैं, वे जानते हैं कि विश्वनाथ प्रताप सिंह की असली चुनौती नैतिक है। इसलिए उनका सारा जोर विश्वनाथ प्रताप सिंह को सत्ता के खेल का खिलाड़ी दिखाकर बदनाम करने पर है। वे उन्हें घेरघार कर नथना और दाग देना चाहते हैं। एक बार किसी तरह सफल हो जाएँ तो राजीव गाँधी की कुर्सी के पाये पकड़े बैठे ये लोग चैन की साँस ले सकते हैं। इसलिए कभी–कभी बताया जाता है कि राष्ट्रीय स्वयंसेवक संघ के कंधों पर विश्वनाथ प्रताप सिंह की पालकी चल रही है। जैसे संघ और भाजपा जिसके साथ हों उसका कबाड़ा सुनिश्चित है। धर्मनिरपेक्ष और समाजवादी लाइन लेने वाले ये लोग समझते हैं कि विश्वनाथ प्रताप सिंह को दक्षिणपंथी बता दिया जाए तो उनकी चुनौती खत्म हो जाएगी।

ये लोग बेचारे अभी भी 1969–70 में जी रहे हैं। ये मानेंगे नहीं कि समाजवादी तुरुप के इक्के को खेल–खेल कर इंदिरा गाँधी ने जोकर बना दिया है। उसे चलकर अब कोई बाजी जीती नहीं जा सकती। अब कोई दक्षिणपंथी सिंडीकेट नहीं है जिसे समाजवाद के लोकप्रिय मंत्र से बदनाम और स्वाहा किया जा सके। बल्कि दक्षिणपंथी और पूँजी–परस्त कोई है तो राजीव गाँधी हैं। उनके आने पर उद्योग और एक्रिक्यूटिव वर्ग के लोगों में जो उत्साह आया था अब वह भले ही उतर गया हो लेकिन राजीव गाँधी को गरीबों के लिए जूझता समाजवादी कोई नहीं मानता। उनके सलाहकारों ने बहुत कोशिश कर ली लेकिन 1969 से 71 वाली इंदिरा गाँधी की छवि राजीव गाँधी पर न फबी न चिपकी। इसलिए विश्वनाथ प्रताप सिंह को राष्ट्रीय स्वयंसेवक संघ और

भाजपा के कंधों पर चढ़ा दिखाकर बदनाम नहीं किया जा सकता। इंदिरा गाँधी की हत्या के बाद अगर तथाकथित हिन्दू प्रतिक्रिया का किसी ने राजनैतिक इस्तेमाल किया है तो काँग्रेस और राजीव गाँधी ने ही।

राजीव गाँधी की इस छवि को फैशनेबल समाजवादी भले न समझते हों, प्रतिबद्ध वामपंथियों ने समझ लिया है। पश्चिम बंगाल और केरल में मोर्चे की सरकारों की अगुआ माकपा को भी समझ आ गया है कि भारत के हृदय क्षेत्र यानी हिन्दी इलाकों में विश्वनाथ प्रताप सिंह की लहर पर चढ़कर ही जड़ें जमाई जा सकती हैं। मजा देखिए कि काँग्रेस में जन्मे, जिए और बुढ़ियाए कमलापाति त्रिपाठी विश्वनाथ प्रताप सिंह और उनके साथियों को 'राजा' कहकर बदनाम करने और ब्राह्मण–ठाकुर राजनीति में रगड़ने की कोशिश कर रहे हैं। लेकिन जिन ज्योति बसु और नंबूदिरीपाद को भूतपूर्व राजाओं के सामन्तवादी आधार से सख्त एतराज होना चाहिए, वे राजा माँडा के जन–जागरण को अपनाने में कोई हिचक महसूस नहीं करते। और जो विश्वनाथ प्रताप सिंह राजीव गाँधी की दक्षिणपंथी आर्थिक नीतियों पर ईमानदारी और निष्ठा से अमल करते रहे, वे अब कहते हैं कि वामपंथी तो उनके स्वाभाविक साथी हैं, उनकी वैचारिक जमीन मध्य से बाईं ओर है और वे अपने को नेहरूवादी मानते हैं।

वामपंथियों ने राष्ट्रपति चुनाव के दौरान भले ही राजीव गाँधी का खेल खेला हो और उन्हें लगा हो कि माँ की तरह बेटे को भी सत्ता की लड़ाई में वामास्त्र की जरूरत पड़ेगी और इन्दिरा गाँधी ने भले ही सत्तर की शुरुआत में उनका इस्तेमाल करके उन्हें पहने हुए वस्त्र की तरह डाल दिया हो, पर अब तीन–तीन राज्यों में उनकी सरकारें हैं और अपना इस्तेमाल होने देने के बजाय वे राजीव गाँधी का इस्तेमाल कर लेंगे। लेकिन रामस्वामी वेंकटरामन के जीतने के बाद भी जब राजीव गाँधी के पाँव के नीचे की रेत का खिसकना बंद नहीं हुआ तो वामपंथियों ने भी प्रधानमंत्री के इस्तीफे और मध्यावधि चुनाव की माँग करना शुरू कर दिया। वामपंथी भी राजीव गाँधी के प्रतिष्ठान समर्थकों की तरह मान रहे थे कि प्रधानमंत्री अपनी माँ के हथकंडों का इस्तेमाल करते हुए घुमड़ते तूफान को लौटा देंगे। लेकिन बहुत प्रेरित करने और सिखाने के बाद भी जब जवान प्रधानमंत्री से एक कदम ढंग का नहीं उठा तो वे उन्हें छोड़कर छिटक गए। राजीव गाँधी के साथ होना जब डूबते जहाज के साथ डूबना लगने लगा तो वामपंथियों ने अपने तौर विश्वनाथ प्रताप सिंह के साथ जोड़ना शुरू किया।

वामपंथियों को उत्तर भारत में पाँव जमाने के लिए एक गैर काँग्रेसी, गैर दक्षिणपंथी नई ताकत की जरूरत है और फिलहाल वे मान रहे हैं कि यह ताकत विश्वनाथ प्रताप सिंह हैं। वामपंथी सैद्धांतिक स्तर पर विचारधारा की चाहे जितनी बातें करें, सत्ता की रणनीति में उन्होंने कोई खास आग्रह या परहेज नहीं दिखाया है। पाँच–छह महीने पहले

तक उन्हें राजीव गाँधी से ही क्या एतराज था? पनडुब्बियों और तोपों की खरीदी में दलाली के भंडाफोड़ो से अगर राजीव गाँधी की नीति बदली है तो कुछ समाजवादी नारों में ही बदली हैं। उनका पूँजी–परस्त दक्षिणपंथी रवैया तो अभी जोरों पर था जब वामपंथी उनके मूक समर्थक थे। इसलिए अब राजीव गाँधी को छोड़कर अगर वे विश्वनाथ प्रताप सिंह के साथ हो रहे हैं तो यह भी रणनीति का झुकाव है। अगर अगले महीनों या सालेक भर में विश्वनाथ प्रताप सिंह भी टूटते हुए लगें तो वामपंथी उन्हें भी छोड़ने में हिचकेंगे नहीं।

विश्वनाथ प्रताप सिंह को भी वामपंथी पार्टियाँ अपनी स्वाभाविक संगिनियाँ लग रही हैं तो इसलिए कि वे भी घिरकर अपने ऊपर कोई ठप्पा नहीं लगने देना चाहते। वे जानते हैं कि उनका इलाका अगर कोई हो सकता है तो उत्तर भारत का हिन्दी इलाका ही होगा। अब कहने की जरूरत नहीं कि इस हिन्दी इलाके में वामपंथी पार्टियों का कोई जोर नहीं है। लोकदल, भारतीय जनता पार्टी और जनता पार्टी इस इलाके में काँग्रेस की विकल्प हैं और जगह–जगह उनके शक्ति पीठ हैं। दक्षिणपंथी कही जाने वाली ये पार्टियाँ उत्तर भारत में विश्वनाथ प्रताप सिंह का साथ भी दे रही हैं। लेकिन अगर इन पार्टियों की पंगत में विश्वनाथ प्रताप सिंह बैठ जाएँ तो काँग्रेस को सुविधा होगी। राजीव गाँधी के सलाहकार समर्थक उन्हें दक्षिणपंथी दकियानूसी और सामंतवादी बताकर देश के विपक्ष को विभाजित कर देंगे। लेकिन विश्वनाथ प्रताप सिंह के लिए सवाल सिर्फ इसके या उसके साथ पंगत में बैठने का नहीं है। अभी वे सब पार्टियों से समान दूरी रखकर परिवर्तन के लिए उत्सुक सभी ताकतों का सहयोग लेना चाहते हैं। उनका गणित सत्ता हथियाने का नहीं है। वे सत्ता को सँभालने वाला नया आधार बनाना चाहते हैं। वे तात्कालिक लाभ के चक्कर में नहीं हैं। वे दूर की सोच रहे हैं और व्यवस्था में ऐसे परिवर्तन करना चाहते हैं जो राजनैतिक और आर्थिक भ्रष्टाचार के सर्वव्यापी तंत्र का एक–एक पुर्जा खोलकर नया ढाँचा खड़ा कर सके। कोई भी राजनीतिक पार्टी आज ऐसे परिवर्तन की माध्यम नहीं हो सकती। विश्वनाथ प्रताप सिंह ऐसा कोई आन्दोलन खड़ा करना चाहते हैं जो उसमें शामिल होने वाली पार्टियों और लोगों को ही बदल दे। इसीलिए वे कोई पार्टी नहीं बनाना चाहते, न किसी पार्टी के हो जाना चाहते हैं। वे सभी पार्टियों का सहयोग चाहते हैं, इसलिए जिन पार्टियों में छत्तीस का आँकड़ा है उनसे समान दूरी या समान नजदीकी बनाये रखना चाहते हैं। वामपंथी इसीलिए उनके 'स्वाभाविक संगी' हैं।

समान दूरी या समान नजदीकी बनाये रखकर विश्वनाथ प्रताप सिंह अपने को सत्ता लोलुप होने के आरोप से ही बचाना नहीं चाहते। वे अपने विरोधियों और समर्थकों को भी अपने साथ सत्ता का खेल खेलने नहीं देना चाहते। उन्हें बार–बार कहना पड़ता है कि वे सत्ता की दौड़ में नहीं हैं क्योंकि जिनके पास सता है वे उन्हें अपना प्रतिद्वंद्वी बताकर ठप्पा लगा देना चाहते हैं और जिनके पास सत्ता नहीं है वे उसे हथियाने के

लिए उन्हें अपना औजार बनाना चाहते हैं।

फिर उन्हें यह भी लगता है कि फेयरफैक्स, जर्मनी पनडुब्बी और बोफोर्स के घोटालों पर ही सारा ध्यान लगा दिया गया तो लोग जल्दी ही इनसे उकता जाएँगे, किसी जन–जागरण या जन–आंदोलन के लिए तात्कालिक मुद्‌दे जरूरी हैं क्योंकि उनसे आंदोलन को गति मिलती है लेकिन क्षितिज पर लिखे दूरगामी लक्ष्य न हों तो आंदोलन उफनकर आग बुझाता हुआ ठंडा पड़ जाता है। सत्ता हथियाने का तात्कालिक लक्ष्य अगर रख लिया जाए तो विश्वनाथ प्रताप सिंह का सारा किया–धरा किसी महल क्रांति की तरह तख्ता उलटने में चुक जाएगा।

इसलिए संजय सिंह का बार–बार कहना कि वे महीने दो महीने में वीर बहादुर सिंह की सरकार गिरा देंगे और उत्तर प्रदेश में जल्दी ही विपक्ष की मदद से नई सरकार बन जाएगी, विश्वनाथ प्रताप सिंह की योजना में फिट नहीं होता। सही है कि उत्तर प्रदेश अगर राजीव गाँधी के हाथ से निकल जाए तो उनका दिल्ली के तख्त पर बैठे रहना असम्भव हो जाएगा। उत्तर प्रदेश का जाना हिन्दी इलाके में ऐसे परिवर्तनों का सिलसिला शुरू कर देगा जिसे थामने के लिए मध्यावधि चुनाव करवाने पड़ेंगे। इमरजेंसी आजमाया हुआ शस्त्र है और सरकार की शाख ऐसी रसातल में है कि हंटर फटकारने भर से देश चुप होकर अटेंशन में खड़ा नहीं हो जाएगा। मध्यावधि चुनाव राजीव गाँधी करवाएँगे नहीं क्योंकि उसमें जीत नहीं सकते। बल्कि मध्यावधि के बाद जो अस्थिरता आ सकती है उसके डर का इस्तेमाल काँग्रेस अपने बाड़े के दरवाजे बंद रखने में कर रही है। जनता पार्टी के अनुभव के बाद विपक्ष के मजबूत विकल्प दे पाने की फिलहाल कोई गुंजाइश नहीं दिखती। क्षेत्रीय पार्टियों का महासंघ बनना मुश्किल है। बनेंगे तो मोर्चे बनेंगे, वामपंथी या गैर–कम्युनिस्ट।

ऐसी हालत में विश्वनाथ प्रताप सिंह का धीरज बड़े काम का लगता है : वीर बहादुर सिंह की सरकार गिराकर विपक्ष के साथ सरकार बनाने वाले संजय सिंह ऐसे झमेले में फँस जाएँगे जो संविद सरकारों के प्रयोग से भी ज्यादा निराशाजनक हो सकता है। वे राजनीति को फिर एक ऐसे दलदल में फँसा देंगे जिससे निकलने के लिए लोग काँग्रेस की तरफ देखने लगेंगे। अगर देश में एक नई तरह की राजनीति चलानी है जो सत्ता को जनता की लूट का माध्यम न बनने दे तो पहले भ्रष्टाचारी तंत्र का एक–एक पुर्जा खोलना पड़ेगा और सेवा की नहीं तो जनता की सीधी भागीदारी वाली व्यवस्था का खाका देश के सामने रखना होगा। संविद सरकारें इसकी संभावनाओं को रेगिस्तान में मिला देंगी।

(जनसत्ता, अगस्त 1987)

× × ×

संस्मरण

कैसे चुने गए विश्वनाथ प्रताप सिंह : सोमपाल

29 नवम्बर को संसदीय दल का चुनाव होना था। 27 नवम्बर को परिणाम आए थे। तीन दिन चुनाव टाला। 28 नवम्बर को सूचना मिली कि देवीलाल खुद चुनाव लड़ने की महत्त्वाकांक्षा पाल रहे हैं। वे स्वयं प्रधानमंत्री बनना चाहते हैं। चन्द्रशेखर ने उन्हें कहा कि चुनाव कराओ। केवल एक ही दशा में चुनाव टल सकता है कि तुम प्रधानमंत्री बन जाओ। इस पर देवीलाल की महत्त्वाकांक्षा जाग्रत हो गई। जब मुझे पता चला तो मैं वी.पी. सिंह के पास गया। उनको बुखार था। उनका गला बैठा हुआ था। मैंने उन्हें बात बताई। उन्होंने मुझसे कहा कि यह तो लोकतंत्र है, जो चाहे लड़ सकता है। ऐसा चलता–सा उत्तर दे दिया। मैंने उनसे कहा कि मैं जाकर देवीलाल से बात करूँ तो इस पर उन्होंने कहा कि आप कोई भी बात नहीं करेंगे, जो होता है होने दीजिए। उन्होंने मना कर दिया। इसके बाद उन्होंने कहा कि मैं भोजन कर जल्दी सो जाऊँगा। आप जाइए। मुझे लगा कि वे परेशान हैं।

मेरा मन माना नहीं और मैं हरियाणा भवन पहुँच गया। समय रात में दस–सवा दस के करीब होगा। चौधरी देवीलाल बिल्कुल अकेले थे, सोने के लिए जा रहे थे। वे अपने सी.एम. सूट में थे। उन्होंने कहा कि क्या बात है? इस वक्त क्यों आए हो? मैंने कहा कि मैं तो इससे भी देर में आया हूँ। अभी तो रात के सवा दस ही बजे हैं। उन्होंने कहा कि अब कोई समय नहीं है मिलने का, वे अन्दर चले गए। वे तीसरे कमरे (सोने वाले कमरे में) में चले गए। मैंने उनसे कहा कि मैं एक बात बता देता हूँ, मामाजी। आप जो तमाशा कर रहे हो वह चलने वाला नहीं है। आपका भी अपमान होगा। सब कुछ नाश हो जाएगा। इसमें आपकी ही बदनामी है। बहुमत वी.पी. के साथ है इसलिए आपकी चल नहीं पाएगी। बाकी आपकी जो इच्छा हो। मैं आने वाला नहीं हूँ जब तक आप बुलाएँगे नहीं। मैं वापस चला गया। मैं बहुत परेशान था। परेशानी की दो वजहें थीं। एक, वी.पी. सिंह के निर्देश की अवहेलना की जो कि बहुत कम अवसरों पर की। दूसरा, देवीलाल का यह व्यवहार। क्योंकि यह घोषणा करने वाले सबसे पहले व्यक्ति वही थे कि वी.पी. सिंह प्रधानमंत्री बनेंगे। सारी बात आगे करके फिर वे पीछे हट रहे हैं। मुझे बहुत ही बुरा लगा। मैं विचलित रहा।

देवीलाल का सुबह फोन आया। उस समय मैं सैर करने निकल रहा था। उन्होंने मुझे आठ बजे आने को कहा। रामाराव, करुणानिधि आएँगे। उसके बाद तुम आ जाना। मैंने कहा, ठीक है।

मैं पौने आठ बजे 28, लोधी रोड स्थित वी.पी. सिंह के घर पर पहुँचा। वहाँ बहुत भीड़ थी। वी.पी. सिंह बाहर लॉन में दो–दो, तीन–तीन के समूह में आए व्यक्तियों से बात कर रहे थे। जब मैं गया तो उन्हें फुर्सत ही नहीं हो रही थी कि बात कर सकें।

उन्होंने कहा, आप क्यों चिंतित हो रहे हैं? इस पर मैंने कहा कि आपके निर्देश के विपरीत मैं देवीलाल से मिलने चला गया। मुझसे रहा नहीं गया। मैंने उनसे पूछा कि यदि वे मिलने की इच्छा जाहिर करें तो मैं क्या उत्तर दूँगा। इस पर वी.पी. सिंह बोले, आप इतने दिन से मेरे साथ हैं, मुझे देवीलाल से कोई रिजर्वेशन हो सकता है? आप जाइए, वे मुझसे मिलना चाहते हैं तो मैं वहाँ चला जाऊँगा या वे आकर मिल लें।

मैं देवीलाल के पास गया। वहाँ ओमप्रकाश चौटाला बैठे थे। रामाराव और करुणानिधि निकलकर जा चुके थे। जैसे ही मैं वहाँ पहुँचा, देवीलाल, ओमप्रकाश से कहने लगे, उठ चल। वे चले गए। मैं वहाँ बैठ गया। उन्होंने कहा, बता क्या बात है? मैंने कहा मैं क्या बताऊँ? मैं यह बताना चाह रहा हूँ कि करोड़ों लोगों के सामने आपने वी.पी. सिंह को प्रधानमंत्री बनाने का संकल्प लिया है। उस संकल्प का पालन होना चाहिए। उन्हें आपने नेता माना। उन्हें अपने हाथों बर्बाद करने का कलंक मत लो। आपकी दुर्गति हो जाएगी। उन्होंने कहा कि मैं क्या करूँ? चन्द्रशेखर कहता है मैं चुनाव लडूँगा और वी.पी. सिंह कहता है कि यदि चुनाव हुआ तो मैं चुनाव ही नहीं लडूँगा। वह चुनाव लड़े, मैं उसे समर्थन करूँगा। मैंने कहा कि वी.पी. सिंह की बात से मैं सहमत हूँ। वी.पी. सिंह इस राजनीतिक बाजार में बिकाऊ सौदा नहीं है। वे तो सर्वसम्मत उम्मीदवार हैं आपके। आपमें यह क्षमता है कि बिना चुनाव के आप नेता पद का चयन करवा सकते हैं। चुनाव करवाएँगे तो आज ही इसमें दरार पड़ जाएगी। चन्द्रशेखर का नाम आप क्यों ले रहे हो? खोट तो आपकी नीयत में लग रहा है। देवीलाल ने कहा कि मुझे बुरा लगता है क्या? मैं प्रधानमंत्री बन नहीं सकता? मैंने कहा कि आपको तो बुरा नहीं लगता किंतु इस देश का भट्ठा बैठ जाएगा। आप चलाओगे कैसे? यदि यही होना था तो पहले विश्वनाथ प्रताप के नाम की घोषणा क्यों की? यदि आपने अपने वायदे नहीं निभाए तो आप अपनी गरिमा से गिर जाओगे।

रही चुनाव की बात। आप चुनाव लड़ लो। ऐसा करो चन्द्रशेखर का नाम प्रस्तावित करो। कौन, कितने आदमी चन्द्रशेखर के पक्ष में हैं, मैंने गिन लिये हैं। कम से कम 12 आएँगे और 35 ज्यादा से ज्यादा आएँगे। आप कह दें कि इनके साथ तो बहुमत नहीं है इसलिए वी.पी. सिंह के नाम का प्रस्ताव करता हूँ। मगर दोनों का वोट मत कराओ।

मैंने कहा कि आप बताओ कि क्या करना है? वी.पी. सिंह से बात करने के लिए आप वहाँ जाएँगे या वे यहाँ आएँगे यह बताओ। इस पर उन्होंने कहा कि अच्छा जाओ अरुण नेहरू को भेज देना। मैंने वी.पी. सिंह से फोन पर बात की कि वे बात करने के लिए तैयार हो गए हैं। पहले तो उन्होंने कहा कि आप जाकर अरुण नेहरू से कह दें फिर उन्होंने कहा कि अच्छा अरुण नेहरू के यहाँ चलते हैं। मैं, संतोष भारतीय और वी.पी. सिंह अरुण नेहरू के यहाँ आ गए। इसी बीच देवीलाल और अरुण नेहरू की टेलीफोन से बातचीत हो गई थी। अरुण नेहरू 14 नं., अकबर रोड पर रहते थे। देवीलाल और अरुण नेहरू की टेलीफोन पर झड़प हो गई। उन्होंने अरुण नेहरू को

अपशब्द कह दिया, अरुण नेहरू ने भी उन्हें झिड़क दिया। हम सब जब गए तो उन्होंने कहा कि मैं जाता हूँ। वे चले गए। तब वहाँ से फोन आया। आप सब लोग उड़ीसा भवन में पहुँचें। हम तीनों साढ़े बारह के करीब उड़ीसा भवन गए। बीजू पटनायक भी देवीलाल से मिलकर आए थे। शायद इस बीच उनकी अरुण नेहरू से बात हुई हो। उनकी साँस में कुछ समस्या महसूस हुई। बीजू पटनायक से कुछ वरिष्ठ पत्रकारों ने पूछा तो उन्होंने कहा कि साले! तुम डॉक्टर लगे हो।

तीन साढ़े तीन बजे केन्द्रीय हॉल में पहुँचना है, यह निर्णय हुआ। वहाँ नेता का चुनाव होगा। चन्द्रशेखर उसी समय केन्द्रीय कक्ष में पहुँचे, माहौल शांत था। जब देवीलाल का नाम प्रस्तावित हुआ तो लोग हतप्रभ रह गए। किसी को कुछ समझ में नहीं आया। फिर देवीलाल उठे और उन्होंने कहा कि मैं बहुत ही शुक्रगुजार हूँ कि आपने मुझे आम राय से नेता चुन लिया। पर मुझे सब ताऊ कहने लगे हैं। मैं ताऊ का रोल ही अदा करना चाहता हूँ इसलिए मैं नेता पद के लिए वी.पी. सिंह का नाम प्रस्तावित करता हूँ। अजित सिंह ने उनका समर्थन किया। इस पर चन्द्रशेखर उठे और नाराज होकर चले गए। वी.पी. सिंह नेता पद के लिए चुन लिए गए।

यह योजना बीजू पटनायक, अरुण नेहरू और देवीलाल के बीच बनी थी।

(सोमपाल से बातचीत पर आधारित)

× × ×

सार-संक्षेप

सेंट किट्स करामात

विश्वनाथ प्रताप सिंह ने जिस दिन प्रधानमंत्री पद की शपथ ली, यह घटना तब की है। उनके बेटे अजेय सिंह ने राजीव गाँधी से हाथ मिलाया और अपना परिचय दिया। उन्हें यह बताने के लिए इतना ही काफी था कि आपका चलाया हुआ ब्रह्मास्त्र बेकार गया, शासन ने जिसके खिलाफ बदनीयती से साजिश की उसे जनता ने नहीं माना। पता नहीं किन सलाहकारों ने राजीव गाँधी को सुझाया था कि बोफोर्स सौदे में दलाली के आरोप से बचने के लिए बेहतर है विश्वनाथ प्रताप सिंह पर वैसा ही और उसी तर्ज पर हमला करना चाहिए जैसा कि राजीव गाँधी पर किया गया है। यह रहस्य बना हुआ है जो इस शासन व्यवस्था को विदूषक की तरह चिढ़ा रहा है।

जो बात उजागर हो चुकी है और जिसे राजीव गाँधी के करीबी लोग भी लिख–पढ़ कर कबूल कर चुके हैं वह यह है कि विश्वनाथ प्रताप सिंह को एक झूठे मामले में फँसाने की चाल चली गई थी। यह बात अलग है कि वह उल्टी पड़ी। इंदिरा गाँधी और राजीव गाँधी के साथ रहे नामी अफसर बी.जी. देशमुख ने अपनी किताब (ए केबिनेट सेक्रेटरी

लुक्स बैक) में लिखा है कि ''वास्तव में पिछली काँग्रेस सरकार का यह शर्मनाक राजनीतिक कारनामा था जिसमें विश्वनाथ प्रताप सिंह और उनके बेटे को राजनीतिक फायदे के लिए बहुत ही घटिया तरीके से फँसाने की साजिश रची गई थी।''

उस साजिश को समझने–समझाने से पहले यह जानना जरूरी है कि तब माहौल क्या था। लोकसभा के चुनाव सिर पर थे। वे (विश्वनाथ प्रताप सिंह) आम चुनावों की अग्निपरीक्षा से गुजरने को मुस्तैद हो रहे थे कि यह आसमान टूट पड़ा। आजादी के बाद सबसे अधिक सीटें जीतने वाले राजीव गाँधी जो मिस्टर क्लीन कहे जाते थे, उन पर बोफोर्स तोप सौदे में रिश्वतखोरी का आरोप था। उसे ही मुद्दा बनाकर पूरा विपक्ष विश्वनाथ प्रताप सिंह के नेतृत्व में ढाई साल से आंदोलन चला रहा था। समझदार लोग उसको ऊँचे पदों पर बैठे व्यक्तियों के भ्रष्टाचार के खिलाफ आंदोलन कह रहे थे। वह देशव्यापी था।

उस आंदोलन की दहशत के मद्देनजर सेंट किट्स करामात को देखना चाहिए। किस्सा यों रहा है–

कुवैत का अखबार 'दी अरब टाइम्स' एक खबर छापता है। 20 अगस्त 1989 की खबर बताती है कि विश्वनाथ प्रताप सिंह के बेटे अजेय सिंह के नाम से सेंट किट्स के 'फर्स्ट ट्रस्ट कॉरपोरेशन' में एक खाता खोला गया। उसके लाभार्थी विश्वनाथ प्रताप सिंह थे। उसमें 1986 और 1987 में 6 बार पैसे जमा कराए। इस तरह उस खाते में 210 लाख अमरीकी डॉलर जमा हो गया था। उस पर अजेय सिंह को करीब साढ़े तीन लाख डॉलर का ब्याज मिला। 1988 की शुरुआत में उस खाते से पूरी रकम निकाल ली गई।

इस खबर को दो अखबारों कलकत्ता के टेलीग्राफ और दिल्ली के हिन्दुस्तान टाइम्स ने अपने यहाँ उछाला। क्या वे काँग्रेस के खेल में हिस्सेदार हो गए थे? इनके विपरीत इंडियन एक्सप्रेस ने महीनेभर पहले 20 जुलाई 1989 को खबर छापी– 'अगला कदम : फर्जीवाड़ा नहीं एक खाता।' उसमें सूचना थी कि विश्वनाथ प्रताप सिंह को बदनाम करने के लिए किसी विदेशी बैंक में खाता खोलने की व्यवस्था हो चुकी है। इस प्रकार अखबारी घराने दो खेमों में बँटे हुए थे। इससे देश में एक रोचक बहस छिड़ गई कि सच क्या है?

राजीव गाँधी के जमाने में जाँच का सवाल नहीं था। विश्वनाथ प्रताप सिंह की सरकार बनने पर जाँच शुरू हुई। ''पिछले पखवाड़े जाहिर हो गया कि नई सरकार इस मसले को भुला देने को तैयार नहीं। सरकार ने अधिकारियों का एक दल अमेरिका भेजा और इस मामले पर सी.बी.आई. को सक्रिय किया। वित्त मंत्रालय और प्रवर्तन निदेशालय के दस्तावेजों तथा सरकारी जाँच से जो कुछ पता चला है वह हैरतअंगेज है–वी.पी. सिंह को बदनाम करने की सारी कार्रवाई का संचालन विवादास्पद चन्द्रास्वामी के देसी और विदेशी चेलों की मदद से नई दिल्ली से हो रहा था, इस

कार्रवाई में तत्कालीन विदेशमंत्री पी.वी. नरसिंह राव, मौजूदा विदेश सचिव एस.के. सिंह, तब के प्रधानमंत्री के सहयोगी आर.के. धवन, पूर्व कैबिनेट सचिव टी.एन. शेषन, विदेश मंत्रालय में अतिरिक्त सचिव प्रकाश शाह, दिल्ली के दो पत्रकार और कई मध्यम दर्जे के अधिकारी शामिल थे, कई विदेशियों को भी सबूत जुटाने के काम में लगाया गया, विदेशमंत्री और वित्त मंत्री के दफ्तर से सेंट किट्स और अमेरिका में भारतीय राजनयिकों को दस्तावेज जुटाने में लगे विदेशियों की मदद करने के लिए सीधे संदेश भेजे गए। यह मामला सी.बी.आई. को जाँच के लिए सुपुर्द हुआ। सी.बी. आई. के संयुक्त निदेशक एन.के. सिंह ने जाँच की। उन्होंने लिखा है कि 'अमरीका में जब कोई इस खबर को छापने के लिए तैयार नहीं हुआ तो चन्द्रस्वामी ने अपने सम्पर्कों का इस्तेमाल कर कुवैत के अखबार में छपवाया।'

'अजेय सिंह सबसे पहले 1976 में इंग्लैंड गए थे। वहाँ उन्होंने चार्टर्ड एकाउंटेंट की पढ़ाई पूरी की और नौकरी लग गई। बाद में वे अमेरिका चले गए। वे न्यूयार्क में ट्रेडिशन बेरिसफोर्ड के लिए काम कर रहे थे। तभी अखबारों में सेंट किट्स के खातों की खबर छपी थी। वे सितम्बर 1989 में भारत लौट आए। उन्होंने एक बयान जारी किया जिसमें इससे इन्कार किया गया कि उनका सेंट किट्स में कभी कोई खाता था। उन्होंने जाँच कराने की माँग की। लेकिन उलट जाँच उन पर शुरू हुई। प्रवर्तन निदेशालय ने उन्हें एक नोटिस जारी किया। साथ ही साथ प्रवर्तन निदेशालय का एक अफसर अमेरिका और सेंट किट्स गया। एन.के. सिंह का कहना है कि 'सी.बी.आई की जाँच से यह पता चलता है कि प्रवर्तन निदेशालय के उप निदेशक ए.पी. नंदी की जाँच अभियुक्तों, चन्द्रस्वामी, कैलाश नाथ अग्रवाल, अदनान खशोगी, उनकी भतीजी के पति लैरी कोल्ह आदि की मिलीभगत से पूरी की गई थी। विदेश मंत्रालय और वित्त मंत्रालय के अनेक वरिष्ठ अधिकारियों, प्रवर्तन निदेशक के.एल. वर्मा, आर.के. धवन एवं कैप्टन सतीश शर्मा जैसे राजनीतिज्ञों ने जाँच कार्य का दिशा निर्देशन किया और हर संभव सहायता उपलब्ध कराई। पी.वी. नरसिंह राव उस वक्त विदेश मंत्री थे, उन्होंने इस काम में सहयोग प्रदान किया और विदेश राज्यमंत्री के.के. तिवारी ने पूरे मामले में सक्रिय भूमिका निभाई। इस प्रकार, एक सुनियोजित तरीके से की गई जाँच–पड़ताल के आधार पर तत्कालीन वित्तमंत्री एड्‌डअर्डो फलेरियो ने लोकसभा में एक रिपोर्ट पेश की। इस रिपोर्ट में कहा गया है कि जाँच में ऐसे बैंक खाते के अस्तित्व की पुष्टि हुई है। लिहाजा, इस रिपोर्ट ने लोकसभा में कुछ काँग्रेस (इं) सांसदों को वी. पी. सिंह की निंदा करने का एक बेहतरीन अवसर प्रदान कर दिया। उस वक्त संपूर्ण विपक्ष ने सदन का बहिष्कार कर रखा था और सदन में चल रही एकतरफा बहस में राजीव गाँधी सरकार में मंत्री के.के. तिवारी सबसे मुखर थे।'

चन्द्रशेखर की सरकार में जाँच प्रभावित हुई। जाँच अधिकारी एन.के. सिंह को हटा दिया गया। वकील प्रशान्त भूषण ने 'फ्रन्ट लाइन' में लिखा कि चन्द्रस्वामी ने राजीव

गाँधी को खुश करने के लिए अदनान खशोगी की मदद से सेंट किट्स करामात की।

कई सालों तक सेंट किट्स का मामला दबा रहा। मार्च 1996 में अनुकूल चन्द्र प्रधान ने एक जनहित याचिका दायर की। सर्वोच्च न्यायालय ने इस जनहित याचिका को मंजूरी दी। इस पर सुनवाई करते हुए सुप्रीम कोर्ट ने सी.बी.आई. को फटकार लगाई। आखिरकार सी.बी.आई. ने इस मामले में एक आरोप पत्र दाखिल किया। यह आरोप पत्र काफी कटा–छँटा हुआ था। इसमें पी.वी. नरसिंह राव, चन्द्रस्वामी, कैलाश नाथ अग्रवाल उर्फ मामाजी और के.के. तिवारी को अभियोगी बनाया गया था। के.एल. वर्मा, लैरी कॉब, आर.के. धवन, सतीश शर्मा जैसे लोगों को छोड़ दिया गया था। प्रवर्तन निदेशालय के अधिकारी नंदी और फर्स्ट ट्रस्ट कॉरपोरेशन के डायरेक्टर का निधन हो चुका था।

25 अक्टूबर 2004 को सी.बी.आई. की एक विशेष अदालत ने सेंट किट्स मसले पर सुनवाई करते हुए मुख्य आरोपी चंद्रस्वामी को बरी कर दिया। जज दिनेश दयाल ने अपने फैसले में कहा कि ''ऐसे कोई तथ्य और सबूत नहीं हैं, जिससे यह प्रमाणित हो सके कि चंद्रस्वामी दोषी हैं। इसलिए उनको बरी किया जाता है।'' मामले के दो और आरोपी तत्कालीन विदेश मंत्री पी.वी. नरसिंह राव और राज्यमंत्री के.के. तिवारी को अजित भरिहोक की विशेष अदालत ने पहले ही बरी कर दिया था। जबकि चौथे मुख्य आरोपी के.एन. अग्रवाल उर्फ मामाजी की सुनवाई के दौरान ही मृत्यु हो चुकी थी। इस तरह 14 वर्षों की सी.बी.आई. की जाँच–पड़ताल में मिले सबूतों और तथ्यों को विशेष अदालत ने 'अपर्याप्त' बताते हुए पूरे घटनाक्रम पर पटाक्षेप कर दिया। इस फैसले पर जब वी.पी. सिंह से पत्रकारों ने प्रतिक्रिया माँगी तो उन्होंने इस फैसले को 'दुर्भाग्यपूर्ण' बताया। सेंट किट्स के करामातियों को अदालत ने बरी तो कर दिया पर यह सवाल अब भी बना हुआ है कि 'शासकों की ओर से भी धोखाधड़ी हो तो इसके खिलाफ कानूनी कार्रवाई कौन करेगा?'

[विशेष : इस लेख में एन. के. सिह की पुस्तकें 'अपराध और भ्रष्टाचार की राजनीति' और 'खरा सत्य', इंडिया टुडे के संपादक प्रभु चावला की खास रपट (28 फरवरी 1990 और 15 सितंबर 1989), प्रशान्त भूषण के इन्वेस्टिगेशन (फंट लाइन 5 जून 1992), फ्रंट लाइन के वी. वेंकटेशन (6 नवम्बर 2004) और द हिन्दू (26 अक्टूबर 2004) से कुछ अंश लिए गए हैं।]

× × ×

लेख

जनता दल कैसे बना? : रामबहादुर राय

यह प्रसंग 19 फरवरी, 1988 का है। विश्वनाथ प्रताप सिंह इरोड जा रहे थे। मद्रास से सवा तीन सौ किमी की कार यात्रा थी। शाम को आचार्य नरेन्द्रदेव की बरसी पर (जनता पार्टी, लोकदल (अ), काँग्रेस (स) और जनमोर्चा की) समन्वय समिति की ओर

से रैली थी। विल्लपुरम से हम उनकी कार में बातचीत के लिए दाखिल हुए। डेढ़ महीने पहले गोरखपुर में वे एक दल बनाने का इरादा प्रकट कर चुके थे। रामधन ने बिना वक्त गँवाए तब कहा था कि यह विश्वनाथ प्रताप सिंह का निजी विचार है, जनमोर्चा का नहीं। वैकल्पिक दल बनाने पर जनमोर्चा के ही संयोजक की असहमति की वह पहली आवाज थी। जनमोर्चा बने चार महीने हो गए थे। एक करोड़ सदस्य बनाने का विचार सपने की तरह आसमान में ही लटका हुआ था। संसदीय राजनीति, जन–आंदोलन और विपक्ष के यथार्थ को विश्वनाथ प्रताप सिंह उसमें रमकर अनुभव कर रहे थे। इस पृष्ठभूमि में अनौपचारिक बातचीत हो रही थी। विद्याचरण शुक्ल सुन रहे थे। मैंने पूछा–एक दल कब तक बन रहा है?

'नया दल अक्टूबर तक बन जाना चाहिए।' विश्वनाथ प्रताप सिंह के जवाब का यह पहला वाक्य था। वे यहीं नहीं रुके। वैकल्पिक दल कैसे जनता में अपने भरोसे की जड़ें गहरी ले जा सकेगा। उसके लिए दल को आम चुनाव से कितना पहले अपना ढाँचा बना लेना चाहिए। विपक्षी एकता के काले अध्यायों की पुनरावृत्ति कैसे रुके। इन पहलुओं को छूते हुए मन खोलकर वे बोले–''मैं छात्रों और नौजवानों से एक अपील करना चाहता हूँ। उनसे कहना चाहता हूँ कि 1942 से 1977 तक आपने सरकारें बदली हैं। इस बार विपक्ष को एक करो। इसके लिए सत्याग्रह करो। धरने दो और जनमानस को गढ़ो। नेताओं को समझाओ।'' यह कहकर विश्वनाथ प्रताप सिंह अपने स्वभाव के विपरीत देर तक हँसते रहे। ऐसा प्रतीत हुआ कि तभी उन्हें यह आजमूदा नुस्खा सूझा जिसकी खुशी वे फैला रहे हों।

विश्वनाथ प्रताप सिंह ने वह अपील कभी नहीं की। संभवतः उन्हें ऐसा करना अव्यावहारिक लगा हो। अनौपचारिक बातचीत में इसकी जरूरत महसूस कर वे अपनी मनःस्थिति बना रहे थे। एक ही जड़ से फूटे अनेक तनों वाले चार दलों को मिलाकर वैकल्पिक दल के रास्ते की बाधाओं का उन्हें एहसास था। हल करना आसान नहीं था। वे बाधाएँ क्या थीं? इन दलों के शीर्षस्थ नेताओं में आपसी अविश्वास पहले से कहीं ज्यादा था। अगर 1977 की स्थिति से तुलना करें तो पाएँगे कि जनता पार्टी में शामिल घटक दलों के नेताओं और कार्यकर्ताओं में 1971 से मेलजोल, गठबंधन और साझा संघर्ष का सिलसिला चल रहा था। वे करीब आए थे। आपातकाल के संघर्ष ने उन्हें एक किया था। इसके विपरीत 1978 से 1988 तक हर रोज आपसी अविश्वास में बीता है। अविश्वास के अनगिनत पहलू इन दस सालों में देखे, सुने और महसूस किए गए। अविश्वास में हर नेता ने अपना गुट बनाकर एक किलेबंदी की। राष्ट्रीय स्तर से शुरू होकर यह नजारा कस्बों तक पहुँचा। गुटीय अहं की किलेबंदी को भी एक दल बनाने से पहले तोड़ना बड़ी चुनौती थी। इनके अलग–अलग घरौंदे बन गए थे। उनकी पहचान नेताओं के नामों से हो रही थी। ये घरौंदे सत्ता के छोटे–बड़े टीलों पर बने थे। केन्द्र या राज्य सरकारों की सत्ता से वंचित ये नेता संसद की सदस्यता,

विधायक पद, या विपक्षी नेता का पद, या दल में किसी पद को ही 'सत्ता' समझकर अपने घरौंदे बनाते और तोड़ते नजर आ रहे थे।

आठवीं लोकसभा के चुनाव नतीजे से वे धरती पर आ गए। राष्ट्रीय दल का अहं पाल रहे राजनीतिक दलों को लोकसभा में अपनी विडम्बना अनुभव हुई। मानना चाहिए–''सब राष्ट्रीय विपक्षी दल भए जोगु उपहासी, जैसे बिनु बिराग सन्यासी।'' उस आँधी में एक सन्यासी वेशधारी राजनेता अक्षत खड़ा रहा। उसके दल तेलुगुदेशम को फायर बिग्रेड की भूमिका निभानी पड़ी। लोकसभा में तेलुगुदेशम विपक्ष का अगुआ बना। रामाराव ने इसे ही ध्यान में रखकर एलान किया कि तेलुगुदेशम के लोकसभा सदस्य सदन में राष्ट्रीय मुद्दे उठाएँगे। आंध्र प्रदेश की तीन–चौथाई सीटें जीतकर तेलुगुदेशम लोकसभा में विपक्ष का सबसे बड़ा दल बना था। संसदीय प्रक्रियाओं में काँग्रेस के बाद विपक्ष की जिम्मेदारी उस पर आई। रामाराव ने अपने लोकसभा सदस्यों में विभिन्न राज्य बाँट दिए ताकि वे उन राज्यों के मसले उठाते रहें। एक और प्रयास हुआ। तेलुगुदेशम राष्ट्रीय दल की भूमिका कैसे निभाता, लिहाजा भारत देशम बनाने का उन्होंने एलान किया कि वह संघीय दल होगा। ज्यादा दिन नहीं लगे, रामराव को अपनी सीमाएँ समझ में आ गईं। व्यक्तित्व के करिश्मे और राज्य की आन के भावनात्मक तानेबाने पर बना वह दल अगर राज्य के बाहर जाए तो उसके आधार क्या होंगे? यह खतरा भी उभरा कि तेलुगुदेशम अपनी जमीन आंध्र प्रदेश में खो सकता है।

भारत देशम के सपने को खूँटी पर टाँगकर रामाराव ने विपक्षी जमावड़े की पुरानी रणनीति अपनाई। इस तरीके से विपक्ष की धुरी बनने का उनका सपना जीवित रह सका। 1986 की जनवरी में तेलुगुदेशम के महानाडू पर विपक्षी नेता जुटे। भाकपा से भाजपा तक का नेतृत्व उपस्थित हुआ। पर ऐसे जमावड़े में विपक्षी एकता की आत्मा नहीं थी, वह एक औपचारिक मिलन रहा। यह अलग तथ्य है कि उस मिलन की याद और उसके स्वाद के चटखारे कुछ महीने ही बने रहे। विपक्षी जमावड़े के राजनीतिक क्षितिज के पार शायद रामराव नहीं झाँक सके। उन्हें यह भी ध्यान नहीं रहा कि वे इस जमावड़े से जो राजनीतिक संस्कृति उभार रहे है, उसका लाभ देवीलाल उठाएँगे।

मुख्यमंत्री नंदमूरितारक रामाराव की राष्ट्रीय स्तर पर सक्रियता से उभरी राजनीतिक धारा विपक्ष में नई थी। दल का वही नेता महत्त्वपूर्ण है जो सत्ता में हो। परंपरागत विपक्ष का वह नया स्वरूप था। रामाराव ने इससे विपक्ष को ही बदला जिसमें बहस चलती रही थी कि संगठन सर्वोपरि है या सत्ता। हालाँकि पुरुषोत्तमदास टंडन के इस्तीफे से पाँचवें दशक में ही एक बार निर्णय हो गया था कि सत्तासीन नेता संगठन में भी सर्वोपरि होगा।

असम और हरियाणा चुनावों में विपक्ष को विजयी बनाने के लिए रामाराव अपना चैतन्य रथ लेकर पहुँचे। हरियाणा विधानसभा के चुनाव नतीजे से देश की राजनीति

का एक चक्र घूम गया। पंजाब और असम में काँग्रेस की हार को राजीव गाँधी ने बेशक भारतमाता की जीत माना हो पर हरियाणा में काँग्रेस को धूल चाटते देख उनका सत्य से सामना हो गया। तय हो गया कि राजीव काँग्रेस अजेय नहीं रही। इस दौर में देश के राजनीतिक पटल पर काँग्रेस को खुली चुनौती की वह शुरुआत थी। देवीलाल का न्याययुद्ध जीता। इस जीत को पक्की करने के लिए उन्होंने हरियाणा चुनावों से ऐन पहले लोकदल को तुड़वाया। वे 1982 के इतिहास को दोहराना नहीं चाहते थे।

हरियाणा चुनावों से पहले मार्च 1987 में जम्मू–कश्मीर, प. बंगाल और केरल विधानसभा के चुनाव हुए थे। वे परिधि के चुनाव थे। उन राज्यों के साथ ही हरियाणा के भी चुनाव होने थे। उसे टाला गया ताकि काँग्रेस ज्यादा तैयारी कर सके। मार्च के चुनावों के बाद रामकृष्ण हेगड़े ने इंडियन एक्सप्रेस में (3 अप्रैल) एक लेख लिखा–मतदाताओं के संदेश। उन्होंने लिखा–''देश के लोग मजबूत और टिकाऊ विकल्प चाहते हैं। अगर ऐसा विकल्प सामने आता है तो जनता निश्चय ही उसके पक्ष में फैसला देगी। विपक्षी दलों को इस दिशा में कदम उठाना चाहिए।'' क्या कदम उठाना चाहिए? यह सुझाव उस लेख में नहीं था। इस अभाव को मीनू मसानी और मधु मेहता की रामकृष्ण हेगड़े के नाम खुली चिट्ठी ने पूरा किया जो उसी अखबार में 5 अप्रैल को छपी। अपनी चिट्ठी में उन लोगों ने पहले असंतोष प्रकट किया कि रामकृष्ण हेगड़े ने राष्ट्रीय राजनीति में आने की घोषणा क्यों नहीं की। असली विकल्प के लिए सुझाव था कि नया दल बने। उसके नेतृत्व समूह में रामकृष्ण हेगड़े, विश्वनाथ प्रताप सिंह, शरद जोशी और मधु दंडवते हों।

क्या वह प्रायोजित बहस थी ताकि रामकृष्ण हेगड़े राष्ट्रीय राजनीति के केन्द्र में स्थापित हो जाएँ। उन्हें विपक्ष का वह नेता बताया गया था जो प्रधानमंत्री बनने लायक है। रामकृष्ण हेगड़े ने वह लेख दिल्ली में लिखा था। गैर काँग्रेसी मुख्यमंत्रियों में प्रधानमंत्री पद के परोक्ष या प्रत्यक्ष दावेदार अब दो हो गए। रामाराव और हेगड़े। अप्रैल में उत्तरी राज्यों का दौरा कर हेगड़े ने एक तरफ विपक्षी एकता के लिए अलख जगाई तो दूसरी तरफ बेंगलूर में माकपा मुख्यमंत्रियों की बैठक बुलाकर अपना राष्ट्रीय महत्त्व स्थापित किया। इसी कड़ी में 25 अप्रैल को दिल्ली में आंध्र प्रदेश, कर्नाटक, केरल, पंजाब, त्रिपुरा ,और प. बंगाल के मुख्यमंत्रीगण मिले। आर्थिक–राजनीतिक परिस्थितियों पर विचार करने के लिए हुए विपक्षी मुख्यमंत्री जमावड़े के जरिए माकपा भावी राजनीति को एक शक्ल देना चाहती थी। उसे भी अपने मुख्यमंत्रियों की मदद लेनी पड़ी। वहाँ ज्योति बसु ने एक दस्तावेज प्रसारित किया जिसमें कहा गया था कि विपक्षी एकता के लिए वैकल्पिक और बुनियादी मुद्दों पर एकता होनी चाहिए। चुनाव में केवल सीटों का तालमेल टिकाऊ विकल्प नहीं दे सकेगा। तब तक ज्योति बसु विश्वनाथ प्रताप सिंह को रीढ़रहित व्यक्तित्व का नेता समझ रहे थे। रामाराव और हेगड़े ने विपक्षी दलों के राष्ट्रीय महासंघ का सुझाव रखा तो उसे दलों के लिए सुरक्षित

कर दिया गया। विपक्षी एकता वहाँ मुद्दों तक सीमित रही। सबसे ऊपर राष्ट्रपति चुनाव था। तब तक विश्वनाथ प्रताप सिंह राजीव सरकार से बाहर आ गए थे। पनडुब्बी और बोफोर्स सौदे का मुद्दा रंग लाता दिख रहा था।

हरियाणा चुनावों के बाद एक दल बनाने की पहल देवीलाल ने शुरू की। उनकी विश्वनाथ प्रताप सिंह से भेंट हो चुकी थी। चन्द्रशेखर और अजित सिंह को किनारे कर जनता पार्टी और लोकदल के एकीकरण की बातचीत अगस्त महीने में अनेक बार हुई। उसमें कर्पूरी ठाकुर, देवीलाल, शरद यादव और मुलायम सिंह लोकदल की ओर से रहते थे और मधु दंडवते, बीजू पटनायक, इंदूभाई और जॉर्ज फर्नांडीज, एस. जयपाल रेड्डी जनता पार्टी का प्रतिनिधित्व करते थे। चन्द्रशेखर का हथियार उनके खिलाफ इस्तेमाल हो रहा था। 1980 से 1984 तक नेताओं को किनारे कर वैकल्पिक दल बनाने का जो तरीका चन्द्रशेखर ने अपनाया था, उसे ही इस दौर में देवीलाल आजमा रहे थे। सितम्बर मध्य तक यह तय हो गया कि लोकदल और जनता पार्टी का एकीकरण नहीं होगा। हरियाणा सरीखा आंदोलन चलाने के लिए साझा मोर्चा बनाने की अपील कर उस दौर की एकता को संघर्ष की एकता का जामा पहनाया गया।

देवीलाल ने विपक्षी जमावड़ा किया। 23 सितम्बर 1987 को सूरजकुंड में लोकतांत्रिक विपक्ष अपनी पूरी छटा लेकर उपस्थित हुआ। तेरह साल बाद विपक्ष संघर्ष के लिए एकत्र हुआ। पर संघर्ष का नारा ही दिया गया। एक मुख्यमंत्री विपक्षी एकता के लिए संघर्ष को औजार बना रहा था। उसकी मदद में गैर-कम्युनिस्ट मुख्यमंत्री खड़े थे। मुख्यमंत्री देवीलाल की अपील पर केन्द्र की नीतियों के खिलाफ देशव्यापी संघर्ष का नारा जहाँ से गूँजा वहाँ इस शैली पर किसी को एतराज नहीं था। विपक्ष के जमावड़े में विश्वनाथ प्रताप सिंह अपने सहयोगियों सहित पहली बार आए थे। लोकतांत्रिक विपक्ष के नौ दलों की ओर से मुख्यमंत्रियों देवीलाल, रामराव और हेगड़े की एक संचालन समिति बनी। विपक्षी एकता के तीन झण्डाबरदार मैदान में थे। संचालन समिति ने कभी संघर्ष की घोषणा नहीं की। सूरजकुंड का जमावड़ा दिल्ली पहुँचकर बिखर गया। उन दिनों एकता की अजूबा कोशिशें की जा रही थीं। एक दिन सुबह-सुबह कर्पूरी ठाकुर, अटल बिहारी वाजपेयी के यहाँ अपने एक साथी शरद यादव को लेकर पहुँचे। कर्पूरी को ही मालूम था कि क्या बात करनी है। वाजपेयी से उन्होंने बड़े आग्रहपूर्वक कहा-आप भाजपा छोड़कर आ जाइए। एक वैकल्पिक दल बनाना है। वाजपेयी और कर्पूरी के साथी दोनों भौचक्क कि वे क्या कह रहे हैं। वाजपेयी ने सहमते हुए उन्हें समझाया-आप सब एक हो जाओ।

उन दिनों अजित सिंह पदयात्रा पर थे। उन्हें सूरजकुंड की बैठक की खबर लगी। वे उल्टे पाँव दिल्ली आए। वे ऐड़ी रगड़ रहे थे कि उन्हें भी विपक्षी जमावड़े में दाखिल कर लिया जाए। देवीलाल तैयार नहीं हुए। उनका आरोप था कि अजित सिंह ने दो करोड़ रुपए कॉंग्रेस से लेकर हरियाणा में उन्हें हराने की कोशिश की। यह आरोप वे

अवसर पाते ही दोहराते थे। देवीलाल और अजित सिंह में दूरी इलाहाबाद लोकसभा उपचुनाव (16 जून, 1988) तक बनी रही। तनाव का यह दौर सवा साल चला। चरण सिंह परिवार के हस्तक्षेप का खतरा टल गया था। देवीलाल की सर्वोच्चता कायम हो गई थी। अजित सिंह झुके और देवीलाल ने उन्हें अपनाया। उससे पहले राजनीतिक रस्साकशी में अजित सिंह अपना लोकदल लेकर जनता पार्टी में शरीक हो गए थे। यह घोषणा सात मार्च, 1988 को की गई थी। देवीलाल ने हरियाणा में सरकार बनाने के बाद ही जनता पार्टी के एक धड़े को मिलाकर एक दल बनाने की पेशकश की। चन्द्रशेखर इसे भाँप चुके थे। उसके जवाब में वे दो तरफ झुके–अजित और विश्वनाथ प्रताप सिंह की ओर।

सेवा और संघर्ष के लिए मंच के रूप में जनमोर्चा बनाकर बागी काँग्रेसी विश्वनाथ प्रताप सिंह की अगुवाई में 2 अक्टूबर 1987 से विपक्ष की राजनीति में कूदे पड़े थे। उनकी संभावना को विपक्ष के दो नेताओं ने सबसे पहले पहचाना–बीजू पटनायक और रामकृष्ण हेगड़े। ये पहले दिन से ही जनमोर्चा से जुड़े। रामकृष्ण हेगड़े राष्ट्रीय राजनीति में आने की तैयारी कर रहे थे। अपने एक मंत्री रघुपति को उन्होंने अनौपचारिक तौर पर दक्षिण भारत में जनमोर्चा का प्रभारी बना दिया। बीजू पटनायक खुद जनमोर्चा में शरीक हो गए। ये दोनों देवीलाल की रणनीति में सहायक बनेंगे, यह भाँपने में चन्द्रशेखर ने थोड़ी भी देर नहीं की। तब तक चन्द्रशेखर खुलेआम विश्वनाथ प्रताप सिंह की विपक्षी विश्वसनीयता पर सवाल पूछ रहे थे। इससे वे विपक्षी एकता के खलनायक भी बनते जा रहे थे। अपने ही दो सहयोगियों के भावी कदम को भाँपकर उन्होंने उस डॉ. सुब्रमण्यम स्वामी की मदद ली जिसे छह साल के लिए जनता पार्टी से निकाला था। साफ है कि राजनीति में संबंध नहीं, स्वार्थ स्थाई होते हैं। यशवन्त सिन्हा और डॉ. सुब्रमण्यम स्वामी की सेवाओं का उपयोग कर चन्द्रशेखर ने एक ओर विश्वनाथ प्रताप सिंह से तो दूसरी तरफ अजित सिंह से राजनीतिक डोर जोड़ी। अजित सिंह विपक्ष के बियाबान में भटक रहे थे। उन्हें अपना अलगाव भी तोड़ना था। एक दिन अखबार वालों को मालूम हुआ कि जनता पार्टी, लोकदल (अ), काँग्रेस (स) और जनमोर्चा की समन्वय समिति बन गई है।

समन्वय समिति के गठन से विपक्षी एकता घुमावदार राह पर पहुँच गई। देवीलाल का लोकदल (ब) अलग–थलग होता दिखा। इस रस्साकशी में विश्वनाथ प्रताप सिंह के हाथों में संतुलन आ गया था। समन्वय समिति से पहले 12 नवम्बर को लोकदल (ब) की ओर से गैर कम्युनिस्ट पार्टियों की रैली थी। देवीलाल उस रैली में विश्वनाथ प्रताप सिंह को नहीं ले जा सके, क्योंकि वहाँ भाजपा थी। देवीलाल ने नाराजगी जताई। देवीलाल और विश्वनाथ प्रताप सिंह में संबंध का राजनीतिक फायदा चन्द्रशेखर ने उठाया। अध्यक्ष पद पर उन्हें बेजोड़ चुनौती मिलने वाली थी। लोकदल (ब) 9 मार्च को बोट क्लब पर रैली करने जा रहा था। उसकी तैयारी जनवरी से की जा रही थी।

समन्वय समिति से अलगाव का यह जवाब जैसा था। रैली में चन्द्रशेखर और अजित के अलावा सभी बुलाए गए थे। रैली से दो दिन पहले लोकदल (अ) का जनता पार्टी में विलय कर चन्द्रशेखर ने दो निशानों पर वार किया। पहला निशाना देवीलाल पर था तो दूसरा हेगड़े पर। पर यहीं चन्द्रशेखर भूल भी कर बैठे। विश्वनाथ प्रताप सिंह के बारे में गलत अनुमान लगाकर उन्होंने यह कदम उठाया जो उनके लिए उल्टा पड़ा। समन्वय समिति भंग नहीं हुई पर निरर्थक हो गई। लोकदल (अ) के विलय से विश्वनाथ प्रताप सिंह चौंके। स्वाभाविक था कि वे देवीलाल की ओर मुड़ते।

रामकृष्ण हेगड़े फिर पर्दे पर आए। उन्होंने मार्च के आखिरी हफ्ते में नेशनल पीपुल्स पार्टी की घोषणा कर कुछ समय के लिए हलचल मचाई। बिना चन्द्रशेखर और अजित सिंह के नया दल बनाने का वह एलान एक दिन भी नहीं टिका। वे चन्द्रशेखर और अजित सिंह को संदेश दे रहे थे। उन्होंने इसके लिए इंडियन एक्सप्रेस को जरिया बनाया। उन्हें यह काम मजबूरी में करना पड़ा। असल में वह घोषणा देवीलाल को करनी थी। पर जनता पार्टी के एकतावादी नेताओं की हिम्मत पर देवीलाल को भरोसा नहीं था। इसलिए उन्होंने रामकृष्ण हेगड़े को चुना। इसके बाद जनता पार्टी में जो महाभारत मचा वह 22 सितम्बर 1988 को खत्म हुआ जब संसदीय बोर्ड ने विश्वनाथ प्रताप सिंह का नेतृत्व मंजूर कर लिया। लोकदल इसके लिए पहले से तैयार था। काँग्रेस से निकलकर विपक्ष की कमान सँभालने का यह पहला उदाहरण है। 1982 में इन्दिरा गाँधी के विरोध के बावजूद गढ़वाल का चुनाव जीतने पर हेमवती नन्दन बहुगुणा की एक फिजा बनी थी। उसी दौर में उन्होंने श्याम कृष्ण पांडे को द्वारिका प्रसाद मिश्र के यहाँ भेजा। हेमवती नंदन बहुगुणा द्वारिका प्रसाद मिश्र का आशीर्वाद चाहते थे। राजनीति के 'भीष्म पितामह' द्वारिका प्रसाद मिश्र ने कहलवाया–उपचुनाव के छह महीने बाद आना। अगर तब भी बहुगुणा की हवा कायम रही, आशीर्वाद तो दूँगा ही, साथ भी हो जाऊँगा। गढ़वाल की हवा पहाड़ से मैदान में पहुँचकर बेजान हो गई।

पर विश्वनाथ प्रताप सिंह विपक्ष के लिए प्राण–वायु बनकर आए। उन्हें विश्वसनीयता का प्रमाणपत्र नहीं देना पड़ा। उनसे जिन नेताओं ने प्रमाणपत्र माँगना चाहा, वे ही जनअदालत में कटघरे में खड़े दिखे। चन्द्रशेखर और हेमवती नन्दन बहुगुणा की ऐसी ही पहचान उभरी। देवीलाल ने अपनी रणनीति में ही सही पर 'जनभावना' के अनुरूप बयान देकर एकता के रहनुमा की हैसियत पा ली। विश्वनाथ प्रताप सिंह जिन दलों को एक करने में जुटे थे, उन पर जनता का चौतरफा दबाव था और उसके नेता भी उपस्थित अवसर को पहचान रहे थे। इस राजनीतिक वातावरण में विश्वनाथ प्रताप सिंह का काम ज्यादा सरल हो गया था।

वैकल्पिक दल बनाने की मुहिम जुलाई महीने से तेज हो गयी। इलाहाबाद लोकसभा के उपचुनाव का वह राजनीतिक परिणाम था। राष्ट्रीय स्तर पर विकल्प के

लिए दो स्तरीय रणनीति बनाने में देर नहीं लगी। पहले स्तर पर एक राष्ट्रीय मोर्चा हो। राष्ट्रीय मोर्चा की विश्वसनीयता के लिए जरूरी है कि उसकी धुरी में एक राष्ट्रीय दल हो जिसमें विकल्प बनने की संभावना हो। इस दूसरे स्तर की रणनीति में जनता पार्टी, लोकदल, काँग्रेस (स) और जनमोर्चा को एक दल में बदलने का फैसला तो हुआ, पर उसमें आखिर तक रुकावटें आती रहीं। रामराव ने मोर्चा बनाने की पहल की। इसमें ज्यादा रुकावट नहीं आई। राष्ट्रीय मोर्चा को बनवाने में चन्द्रशेखर, बहुगुणा, रामधन और के.पी. उन्नीकृष्णन का भी सहयोग रहा। इनमें कुछ नेताओं का अनुमान था कि राष्ट्रीय मोर्चा बन जाने के बाद एक दल का निर्माण कठिन हो जाएगा। 12 जुलाई को राष्ट्रीय मोर्चा बन गया। उसके बाद एकतावादियों की परीक्षा शुरू हुई। उसके साथ ही एक दल के रास्ते में रुकावटें बढ़ने लगीं। लोकदल ने पहल की। उसकी कार्यसमिति में एकता का जिम्मा देवीलाल को सौंप दिया गया। यह फैसला हेमवती नंदन बहुगुणा की असहमति के बावजूद हुआ। अब जनता पार्टी को फैसला करना था। इस कोशिश से बाहर चन्द्रशेखर एक ओर खड़े थे। पर उन्होंने कभी भी विपक्षी एकता का विरोध नहीं किया। असल में, साधारण व्यक्ति की आकांक्षा ने वह एकता करवाई, जिससे जनता दल बन सका, जिसके संस्थापक अध्यक्ष विश्वनाथ प्रताप सिंह हुए।

(1988 में नभाटा के लिए दो हिस्से में लिखे गए लेख का यह दूसरा भाग है।)

अध्याय : नौ

दस्तावेज

प्रधानमंत्री वी.पी. सिंह का 15 अगस्त 1990 का भाषण

प्यारे देशवासियो, स्वतंत्रता दिवस के इस अवसर पर आपको मेरी हार्दिक बधाई। आज से 45 वर्ष पूर्व इतिहास ने करवट लिया था और इसी स्थान से पंडित जवाहर लाल नेहरू ने स्वतंत्र भारत का, ये सुंदर तिरंगा लहराया था और उसी के साथ कोटि–कोटि जनता की आशाएँ लहरा उठी थीं। ये झंडा हमारे संघर्ष, हमारे संकल्प, हमारी शक्ति का प्रतीक है। इसमें यदि सुर्खी है तो हमारे शहीदों के लहू की सुर्खी है। इसमें सफेदी है तो उनकी राख की सफेदी है और हरियाली है तो उनके सपनों की हरियाली है। इतनी कुर्बानियों के बाद हमको ये राष्ट्र ध्वज मिला। इस अवसर पर हम स्वतंत्रता संग्राम सेनानियों के प्रति अपनी श्रद्धा व्यक्त करते हैं। हम शहीदों के प्रति अपनी श्रद्धांजलि अर्पित करते हैं। पूरा राष्ट्र उनकी स्मृति में, उनके आदर में अपना सर नवाता है और सही बात है जिस देश में शहीदों के मजार खण्डहर होते हैं वो राष्ट्र भी खण्डहर होता है। इसलिए हम अपने शहीदों को याद करके, अपने स्वतंत्रता संग्राम सेनानियों को याद करके आते हैं, पंडित जवाहर लाल नेहरू याद आते हैं, जयप्रकाश नारायण याद आते हैं, सरदार पटेल याद आते हैं। मो. अबुल कलाम आजाद, सरदार भगत सिंह, सुभाष चन्द्र बोस...हमारे शहीदों के, हमारे स्वतंत्रता संग्राम सेनानियों के काफिले इतने लम्बे हैं कि सबके नाम नहीं लिए जा सकते हैं लेकिन उनका भी मैं नाम लेना चाहता हूँ जिनका नाम कभी अखबारों में न छपा हो। जिनकी जानकारी किसी को नहीं हुई, लेकिन जिन्होंने अपनी मिट्टी इस मिट्टी में मिलाकर इस देश को आजादी दिलाई है। उनको भी हम याद करते हैं और हमें वो दिन याद आते हैं जब अंग्रेजों की गोलियाँ चलती थीं और वो दिन स्वतंत्रता संग्राम के थे। जब अंग्रेजों की गोलियाँ कम हो गईं लेकिन आजादी के बंदों के सीने कम नहीं हुए और इतनी कुर्बानी के बाद हमको ये आजादी मिली। आज का दिन ही केवल ऐतिहासिक नहीं है बल्कि ये स्थान भी ऐतिहासिक है। दिल्ली के गलियारों से तवारीख

के काफिले गुजरे हैं। कुरुक्षेत्र बहुत दूर नहीं है। उसी कुरुक्षेत्र में कृष्ण ने महाभारत का शंखनाद किया था। गीता का उपदेश दिया था। पानीपत जाएँ अपनी स्मृति में आज भी तलवारें झनक उठती हैं और लाल किले के पत्थर को कुरेद कर देखें उनकी पुरानी शान की सुर्खी आज भी मिलेगी। कितना बड़ा हमारा इतिहास है और आजादी के बाद भी इस देश की कम परीक्षाएँ नहीं हुईं। बहुत कठिन दौर से गुजरा लेकिन हर दौर से देश की महान जनता और मजबूत होकर निकली और इस देश को युद्ध से गुजरना पड़ा, इस देश को प्राकृतिक आपदा से गुजरना पड़ा। इस देश ने जनतांत्रिक ढंग से सत्ता के परिवर्तन को भी देखा। इन सब परीक्षाओं के अंदर एक चीज बहुत स्पष्ट होकर आई कि यहाँ पर जनतंत्र की जड़ें मजबूत हो चुकी हैं। अब उनको हिलाने वाला कोई नहीं। जनता ने इस देश की इज्जत और सम्मान को हमेशा ऊँचा रखा है और यही हमारी सबसे बड़ी ताकत है। आज देश के सामने दोहरी चुनौतियाँ आ गई हैं। एक ओर अलगाववाद, दूसरी ओर हिंसा। अलगाववाद हमारे देश की एकता को चुनौती दे रहा है और हिंसा हमारे जनतंत्र को चुनौती दे रही है। आज हमारे स्वतंत्रता संग्राम के पूरे इतिहास को चुनौती है। किसी एक दल को चुनौती नहीं है, किसी एक वर्ग को चुनौती नहीं है। बल्कि पूरे ढाँचे को ही एक साथ चुनौती हमारे सामने आ गई है। जम्मू कश्मीर, पंजाब, आसाम ये अलग स्थानों के नाम हैं, समस्याएँ वहाँ अलग भी हैं, लेकिन जहाँ तक हिंसा की चुनौती है, अलगाववाद की चुनौती है वो एक ही है इसलिए हमको एक हो करके उसका मुकाबला करना होगा। अलग–अलग हो करके इसका मुकाबला नहीं हो सकता और ऐसा ही हमारा प्रयास रहा है। जम्मू और कश्मीर की जनता के प्रति आज मेरा दिल भर आता है, क्योंकि इस आजादी को हासिल करने में उन्होंने अपना खून बहाया। जलियाँवाला बाग में आज एकसाथ हिन्दू–सिख के खूनों की निशानी मिलती है। आसाम हमारा सबसे अशांतमय राज्य रहा और अब अगर इसका हल निकलेगा तो वहाँ की जनता से निकलेगा। कश्मीर की जनता से मैं कहना चाहता हूँ कि वे हमारी धर्मनिरपेक्षता, हमारी आजादी के प्रतीक रहे हैं और केवल जम्मू–कश्मीर की घाटी उनकी नहीं है पूरा देश उनका है और अगर हम लोगों से कुछ गलतियाँ भी हुई हैं उन गलतियों को हम सुधारने को भी तैयार हैं, क्योंकि वे अपने हैं, लेकिन इस देश के बाहर जाने की बात जो सोचते हैं वो एक बहकावे में, दूसरे देश के बहकावे में आ करके एक भ्रम में पड़े हुए हैं। उनको सोचना चाहिए कि आजादी के बाद एक दुखद कहानी हुई थी जिसमें लाखों लोग इस देश के चले गए। पड़ोसी देश में, लेकिन आज भी वे मुहाजिर कहे जाते हैं आज भी उस देश में स्वीकारे नहीं जाते हैं और गोलियों का भी सामना करना पड़ता है। इसलिए वे अपने को अकेले न समझें, कोई जो पंजाब में है, जम्मू–कश्मीर में है, आसाम में है कि वे अकेले हैं, उनकी समस्याओं के साथ, उनकी कठिनाइयों के साथ, उनके दुख–दर्द के साथ पूरा भारत पूरी शक्ति से लड़ने को तैयार है। भारत की समृद्धि उनकी समृद्धि है और मुझे

विश्वास है कि एक दिन आएगा कि लोगों को यह एहसास होगा, जो बहके हमारे नौजवान हैं उनको यह एहसास होगा और एक महान भारत को बनाने में उनकी उतनी ही हिस्सेदारी होगी।

जब ये सरकार आई थी तो पहले ही कुछ दिनों के अंदर हम लोग हरमिंदर जी गए। वहाँ माथा टेके थे। दुर्गियानी मंदिर भी गए थे। जलियाँवाला बाग के शहीदों के स्मारक पर भी गए थे। पंजाब की शांति के लिए प्रार्थना की थी। वो शांति आज तक पंजाब में नहीं आई, लेकिन उसके जाने के पीछे एक मकसद था। एक ऐसा माहौल बन गया था कि हर सिख शक की नजर से देखा जाने लगा था, उनके सम्मान में कहीं ठेस लगी थी, उनको सम्मान देने के लिए, उनको विश्वास देने के लिए, उनको ये कहने के लिए कि आपकी जो कुर्बानियाँ इस देश के लिए रही हैं, यहाँ की आजादी के लिए रही हैं, यहाँ की हरित क्रांति आने के लिए रही हैं, यहाँ पर उद्योग को बढ़ाने के लिए रही हैं उसको देश आभार से स्वीकार करता है और अब एक माहौल बना है कि वो शक का जो माहौल था खत्म है, एक विश्वास का माहौल पैदा हुआ है जरूर, जहाँ तक हिंसा का सवाल है वो जरूर बढ़ा है ये हमारे लिए चिन्ता की चीज है। हम लोगों ने बहुत कुछ किया इस बीच में कि जहाँ पर दिल में काँटा चुभ रहा हो हमारे सिख भाइयों को उसको दूर करने के लिए 59वाँ संशोधन जो आया था पंजाब के बारे में उसे समाप्त किया गया। बहुत से निरपराध लोग जो बंद थे उनको छोड़ा गया। सेना के अंदर के जो छोड़कर चले गए थे गुस्से की वजह से उनको भी जेलों से रिहा किया गया। दिल्ली के जो दंगे हुए थे सन् 84 में उसके लिस्ट (अस्पष्ट) कायम किए गए। ये कोई सौदे की नीयत से नहीं किया गया। ये एक विश्वास पैदा करने के लिए किया गया था, क्योंकि मेरा मानना है कि पंजाब की जनता जरूर शांति चाहती है, जो भारत में रहना चाहती है और कभी भी अलगाववादियों को पंजाब की जनता के साथ हम नहीं जोड़ेंगे और पंजाब की जनता पर हमारा विश्वास बना रहे, लेकिन ये भी फैसला करना पड़ेगा इस अवसर पर कि कौन भारत के साथ और कौन भारत के साथ नहीं है? जो भारत के साथ नहीं हैं उन शक्तियों के साथ समझौता नहीं हो सकता। क्योंकि सब कुछ लुटाया जा सकता है लेकिन भारत की अक्षुण्णता के साथ राई भर समझौता नहीं हो सकता है। इसलिए हमारी नीति साफ है। हम पंजाब की जनता को प्यार से जीतेंगे, लेकिन देशद्रोहियों को हम हथियार से जीतेंगे, हम प्यार का भी इस्तेमाल करेंगे और हथियार का भी करेंगे।

प्यारे देशवासियो, नौजवानो, स्वतंत्रता संग्राम सेनानियो आज स्वतंत्रता दिवस पर हमको संकल्प लेना है, हमको दूसरी स्वतंत्रता की लड़ाई लड़नी है, वो लड़ी जा रही है, वो सामने है उसकी जिम्मेदारी है कि इस झण्डे को कायम रखना है, हमारी जिम्मेदारी है और ये लड़ाई जहाँ पर हमारी सेनाएँ, हमारी पुलिस बहादुरी के साथ मुकाबला कर रहे हैं, लेकिन केवल उनका ही काम नहीं है। देश के लिए मरना केवल

सेना का ही कर्त्तव्य नहीं, हर नागरिक का है और देश वही बचा है जिसमें नागरिक उठ के खड़े हो गए हों। चाहे वियतनाम रहा हो चाहे लेनिनग्राद को देखिए, जब जनता जाके खड़ी हुई है तो देश बचा है और आज उसकी आवश्यकता है और अस्सी करोड़ जनता के लोग और नौजवान इस देश के खड़े हो जाएँ तब हम अपनी सरहद पर मानो दीवार खड़ी कर सकते हैं, किसी की हिम्मत है कि हमारी सीमा को पार कर जाए। ठीक है हमारे पास साधन नहीं हैं कि तनख्वाह दे करके हमेशा सेनाएँ बढ़ाते चले जाएँ, सेनाओं की बड़ी कुर्बानियाँ हैं। हमको गर्व है, लेकिन आज सोचना है स्वतंत्रता दिवस पर कि क्या गाँधी जी ने स्वतंत्रता संग्राम सेनानियों को तनख्वाह देकर खड़ा किया था? इस देश के लिए उन्होंने कुर्बानी माँगी थी तो पूरा देश खड़ा हो गया। हम मुट्ठी भर चना भी ले करके, जवानों से चाहते हैं कि वो आवें और देश की रक्षा करने के लिए सामने आएँ और कोष की बात कहते हैं तो कभी भी देश तिजोरी से नहीं बचा है अगर देश बचा है तो लहू और कुर्बानी से बचा है और आज हम लोग सब चाहे हम नीचे बैठे हों, चाहे इस मंच पर बैठे हों, उस लोक शक्ति के साथ अपनी सीमा पर जो खतरे आ रहे हैं तो हमारी सीमा का रोज उल्लंघन होता है, आना–जाना बना रहता है, हथियारों को ले करके, इस सीमा के उल्लंघन को देखना है। आज देश कुर्बानी माँग रहा है हमको फिर से उस कुर्बानी के लिए तैयारी करनी होगी अपने शहीदों को याद करने के लिए और ये लड़ाई केवल सचिवालय से नहीं होगी, नॉर्थ ब्लॉक और साउथ ब्लॉक से नहीं होगी। इस लड़ाई को खेत और खलिहानों तक ले जाना होगा, गलियों से जनता उठेगी। एक अरब जनता के दो अरब हाथ उठेंगे और ये देश बचेगा। इस पर खतरा कोई नहीं ले आ सकता, लेकिन इसी के साथ एक अरब की धड़कनें, पंजाब की जनता के साथ, कश्मीर की जनता के साथ लगी हुई हैं। वे हम से अलग नहीं हैं। उनकी रक्षा के लिए, उन पर कोई भी अन्याय न हो किसी प्रकार का, हम वह कुर्बानी देने के लिए तैयार हैं। एक न्याय और शांति का वातावरण वहाँ पर बने जहाँ पर ये समस्याएँ हैं। एक और बड़ी समस्या है जिसका जिक्र मैंने पहले ही दिन किया था। राम जन्मभूमि और बाबरी मस्जिद की है वो। हम लोगों का पूरा प्रयास है कि इसका कोई रास्ता, कोई हल आपसदारी और समझदारी और प्रेम से निकले। क्योंकि वही इस देश का रास्ता रहा है अपनी समस्याओं को हल करने का। अभी तक इसमें विशेष कामयाबी नहीं मिली, लेकिन मैं उम्मीद नहीं छोड़ूँगा, लेकिन एक चीज जरूर कहूँगा कि भगवान का सबसे बड़ा मंदिर इंसान का दिल होता है और इंसान का दिल अगर टूटा तो कहाँ रहेंगे मंदिर, कहाँ रहेंगे मस्जिद? क्योंकि भगवान का जो है सबसे पवित्र निवास, इंसान का अंतर है, इंसान का हृदय। जहाँ हमारी हर कोशिश हर तरह से समस्या समझा बुझा करके हल करने की है लेकिन उसी के साथ न्यायालय की मर्यादा भी रखनी होगी अगर कोई समस्या इस देश में सुलझती नहीं। विभिन्न धर्म, विभिन्न विश्वास, विभिन्न भाषा, विभिन्न क्षेत्र

के लोग...अपना–अपना उनका विश्वास हो सकता है किसी के विश्वास पर मैं ठेस नहीं लगाना चाहता हूँ क्योंकि सबके विश्वासों को आदर करना पड़ता है, लेकिन अगर उनमें कहीं मतभेद आ जाए तो उस स्तर पर जो मत न्यायालय का है उसको हमको मान्य करना होगा, क्योंकि सरकार के ऊपर हमारा न्यायालय होता है, लेकिन हम फिर भी हिम्मत रखे हैं कि कोई न कोई रास्ता निकलेगा। महँगाई से आज जनता ग्रसित है। हम चिंतित हैं, महँगाई की चोट सबसे ज्यादा गरीब पर पड़ती है, मजदूर पर पड़ती है, रिक्शेवाले पर पड़ती है, ठेलेवाले पर पड़ती है सर पर जो बोझा ढो करके ले जाते हैं उन मजदूरों पर पड़ती है। कुछ आर्थिक परिस्थितियाँ रही हैं, मुद्रास्फीति रही है कुछ समय से बजट के घाटे भी रहे हैं उससे हम लोग जूझ रहे हैं। उन पर भी काबू करने में कुछ समय लगेगा, लेकिन इसी के साथ हम यह भी कह देना चाहते हैं कि जनता की इस तकलीफ से जो मुनाफाखोरी करना चाहेंगे उनके साथ मजबूती से निपटा जाएगा। उसमें कोई कमजोरी नहीं होगी ये बात जरूर है। कुछ चीजों की मूल्य वृद्धि कर किसानों को हमने अच्छे दाम दिए हैं, गन्ने का अच्छा दाम दिया है, गेहूँ का दिया है, चावल का दिया है उसका कुछ प्रभाव तो पड़ता है, लेकिन एक ओर मेहनतकशों को पूरी समृद्धि में हिस्सेदारी मिली। सबसे मुश्किल इस समय खाद्य तेल की है। इसका मुख्य कारण रहा है कि पैदावार दस लाख टन कम हुई। इस साल वर्षा हर जगह हुई, बहुत अच्छी वर्षा हुई और इस वर्षा से मूल्यों पर भी प्रभाव पड़ेगा। ये ऊपर की देन है, लेकिन सौराष्ट्र में जहाँ पर मूँगफली का उत्पादन होता है वहाँ पर इस साल भी वर्षा ठीक से नहीं हुई। मैं तो आज प्रार्थना करूँगा कि बादल सौराष्ट्र में जाएँ वहाँ वर्षा कर दें। हमारी तकलीफों को दूर करें और दूसरी ओर जो स्थिति ये मिडल ईस्ट में आई है, वो हमारे पेट्रोल और डीजल का तेल है, पैट्रोलियम आयल प्रोडेक्ट जिसे कहते हैं, तुरंत भाव बढ़े हैं। एक डॉलर अगर भाव बढ़ जाता है क्रूड आयल का तो चार सौ करोड़ भारत का बिल बढ़ जाता है। चार सौ करोड़ विदेशी मुद्रा हमको अधिक लगानी पड़ती है। देखते–देखते करीब 1600 करोड़ से 2000 करोड़ का बोझा इन्हीं चंद हफ्तों पर हम पर पड़ गया, विदेशी मुद्रा का। मैं आज देशवासियों से पूछना चाहता हूँ कि एक आसान रास्ता ये है कि कर्जा ले करके बाहर से तेल मँगा लिया जाए, कुछ तो मँगाना ही पड़ेगा लेकिन पूरा विदेशी मुद्रा का कर्जा ले करके, तेल मँगा करके इन दामों को कम जरूर किया जा सकता है, आप भी खुश होंगे, सरकार भी लोकप्रिय होगी और इसमें शायद मेरी भी कुर्सी मजबूत हो, लेकिन क्या कुर्सी मजबूत करने के लिए देश के दूरगामी हितों की कुर्बानी दी जा सकती है? इसमें जनरंजन जरूर होगा, लेकिन जनहित नहीं होगा और यह इसी तरह की तबाही होगी कि डाक्टर यह जानता रहे कि मरीज को डायबिटीज हुई है, लेकिन इस डर से कि कहीं वो निकाल न दिया जाए, कहीं उसकी फीस न बंद हो जाए वो मरीज को मिठाई खिलाता रहे और डाक्टर जरूर उस मरीज को खुश

कर लेगा, लेकिन उस मरीज को मौत के घाट भी पहुँचा देगा। हर राजनैतिक नेतृत्व में वह हिम्मत होनी चाहिए और कुर्बानी करने का भी माद्दा होना चाहिए कि जहाँ लोगों को पूरा चित्र न मालूम हो लेकिन जनहित का जो रास्ता हो उसके लिए उस रास्ते पर जनता को ले जाने के लिए हिम्मत होनी चाहिए और मुझे विश्वास है जो जनता इन कठिनाइयों को जानेगी, वो कुर्बानियों के लिए भी तैयार होगी और मैं तो कहता हूँ किसानों को दो साल, एक साल अच्छे दाम मिल जाएँ तो वो तिलहन उपजा करके खाली, यहाँ की आवश्यकताओं को ही नहीं पाट लेंगे बल्कि विदेश के लिए भी इतना उत्पादन करेंगे कि हम भेज सकेंगे। इसमें हम धीरज रखने का आपसे अनुरोध करेंगे, लेकिन अगर कोई इस समय जनता से फायदा उठाने की कोशिश करेगा तो उनका डटकर मुकाबला किया जाएगा, उसमें कोई कमजोरी नहीं रहेगी। इसी के साथ हम वो वाक्य आज फिर इस मंच से दोहराना चाहते हैं जो मैंने पहली बार राष्ट्र को ये संदेश दिया था, उसमें कहा कि हम लोग गाँवों और गलियों की धूल ले करके आए हैं उस धूल की मर्यादा की हम रक्षा करेंगे और इन चंद महीनों में हमने कोशिश भी की है। हमने कहा पचास फीसदी साधन देश के गाँवों में लगेंगे ओर आठवीं पंचवर्षीय योजना उसी आधार पर बन रही है कि गाँवों में पचास फीसदी साधन लगें। इस साल के बजट में भी प्रावधान किया गया। हमारे किसानों पर, मजदूरों पर, बुनकरों और दस्तकारों पर जो कर्जे का बोझा था उसका दो–तिहाई हिस्सा केंद्र सरकार ने लिया, ये भी फैसला हुआ। किसानों को जो मूल्य मिलते हैं जैसे ही ये सरकार आई मैंने अपने कलम से ये आदेश किया था कि वे आधार सिद्धांत रखे जाएँ किसानों के अनाज के मूल्य के लिए जिसमें उनके साथ इंसाफ हो सके। नतीजा हुआ कि गेहूँ के, चावल के अच्छे दाम मिले किसानों को। आज बजट से कितना भी पहुँचाने की कोशिश करते किसानों को पैसे को, वो पहुँचता नहीं वो बीच में जो है जैसे नहर में काट करके पानी निकाल ले जाते हैं बीच में गरीब के पास आखिर तक नहीं पहुँच पाता है लेकिन आज इन मूल्यों के माध्यम से हजारों करोड़ का साधन किसानों के पास हम लोग बड़ी खूबी से पहुँचा सके हैं। आज की कृषि में हमारी पाँच कमियाँ हैं जिनको हम दूर करना चाहते हैं। एक तो जो राष्ट्रीय उत्पादन प्रति व्यक्ति अगर हिसाब लगाया जाए ग्रामीण क्षेत्र में तो वो घटा, उत्पादन तो बढ़ा है, लेकिन प्रति व्यक्ति उत्पादन इसलिए घटा है कि आबादी लगभग गाँव की वही बनी रही और प्रतिशत जो है पूरे राष्ट्र के उत्पादन के प्रतिशत में इसकी घटोत्तरी हुई। जो गाँव वाला पैदा करता है और जो बेचता है और जो उसको खरीदना पड़ता है, उनके दामों में सन्तुलन नहीं रहा है। वो जो संतुलन बना वो उसके विरुद्ध बना, उसके साधन जो हैं गाँवों से निकलते रहे। जो हमारी हरित क्रांति आई ये तीसरी कमी है वो कुछ ही अनाज के लिए रही। मुख्यत: गेहूँ के लिए ही आई है लेकिन दलहनों और तिलहनों के लिए वो क्रांति नहीं आई। इसको भी सुधारना है और वो पूरे क्षेत्रों में नहीं आई। कुछ ही क्षेत्रों में आ करके रह

गई और सबसे चिन्ता की बात रही कि कृषि में पूँजी का भी लगना ठहर सा गया और महँगाई भी बढ़ी। इन सारी चीजों को दूर करने के लिए हम एक राष्ट्रीय कृषि नीति, एक राष्ट्रीय कृषि संकल्प ले आएँगे इसी वर्ष के अंदर जिसमें पूरी कृषि नीति की घोषणा होगी। 1956 में औद्योगिक नीति की घोषणा हुई, लेकिन इस कृषि प्रधान देश में आज तक कृषि नीति की घोषणा, एक कृषि संकल्प, राष्ट्रीय कृषि संकल्प नहीं लिया और इसलिए करना चाहते हैं इसको कि इससे देश में आने वाली सरकारें बँधी रहें। हम लोग तो बँधे ही रहेंगे, लेकिन केवल हम न बँधे रहें, आगे वाली सरकारें भी जो हैं उससे बँधी रहें और गाँवों का जो चेहरा है सुर्ख बना रहे।

इस अवसर पर लाल बहादुर शास्त्री का वो नारा याद आता है 'जय जवान और जय किसान' और जय जवान और जय किसान को अपना मान्य लक्ष्य रख करके हम लोग इस ओर बढ़ेंगे और अगला दशक सन् 90 का दशक किसान दशक के रूप में मनाया जाएगा। इस दशक के अंदर किसानों के प्रति पिछले दशकों के साथ जो अन्याय हुआ है उस अन्याय को हम लोग दूर करेंगे। ये सन् 90 का दशक किसानों का दशक रहेगा और कृषि हमारे राष्ट्र का प्रथम उद्योग है। बहस होती है कि कृषि उद्योग न चले तो दूसरे उद्योग नहीं चल सकते हैं, लेकिन इसमें कई रोक–टोक हैं। उन रोक–टोक को हम इस दशक में दूर करवाना चाहते हैं। एक दिन या एक रात में नहीं हो सकेगा, लेकिन उस ओर हम लोग सक्षम रूप से बढ़ेंगे। किसानों के व्यापार में रोक–टोक, उस रोक–टोक को दूर करेंगे। जहाँ भी चाहे देश में वो अपना अनाज बेच सकता है उस पर कोई प्रतिबंध नहीं होना चाहिए। अपने उत्पादन को वो और प्रोसेस करना चाहता है उस पर रोक–टोक हो, वो रोक–टोक नहीं होनी चाहिए। बाहर निर्यात के संबंध में उस पर रोक–टोक है। एकदम तो दूर नहीं कर सकते हैं, लेकिन उस ओर चलना होगा कि ये रोक–टोक कम हो। कर्जे भी जो उसको मिलते हैं, एक बार तो हम लोगों ने माफी की, लेकिन हर बार माफी नहीं हो सकती है। उसको भी कैसे इस रूप से साधन उपलब्ध किए जाएँ कि वो कर्जे में न पड़े और उसकी जो मुख्य चीजें हैं सिंचाई और बिजली इनमें से अधिक से अधिक साधन लगे। ये हमारे किसान दशक के मुख्य लक्ष्य रहेंगे और इसी के साथ कृषि के साथ हम कृषि उद्योगों को भी जोड़ना चाहते हैं, क्योंकि जब कृषि उद्योग होंगे, गाँवों में रहेंगे तो शहरों की ओर आबादी दौड़ करके नहीं आएगी। किसानी से हट करके, गाँवों में किसानी के अतिरिक्त रोजगार नौजवानों को मिले। ये हमारी आठवीं पंचवर्षीय योजना में रखा गया है, इसमें रोजगार प्रमुख ध्येय है वो रखा गया है और हम जानते हैं अगर भारत को सबल करना है तो हमको उद्योग को भी सबल करना होगा। उद्योग की हम अवहेलना नहीं कर सकते हैं। बिना एक सशक्त औद्योगिक आधार के भारत सबल नहीं होगा। उसको हम मजबूती से करेंगे और इसमें विशेष रूप से निर्यात की ओर भी हमको ध्यान देना होगा और छोटे लघु उद्योगों की ओर भी हमको ध्यान देना होगा

और जो लालफीतेशाही के अंदर हमारे उत्पादन की शक्तियाँ बँधी रही हैं उद्योग की दृष्टि से उस लालफीतेशाही को भी हमको काट करके उत्पादन की शक्तियों को अग्रसर करना होगा। हमको खुशी है कि गरीब को स्थान देने की आवाज उठाई जा रही है। राष्ट्र को अपने पहले संदेश में ही मैंने कहा था कि अगर सत्ता और सरकार तलवार है तो ये तलवार गरीबों की ओर से उठेगी। उनको न्याय दिलाने के लिए उठेगी और उसको आज इस पुण्य तिथि पर फिर से दोहराना चाहता हूँ कि पूँजी और सत्ता के गठबंधन की व्यवस्था में, जो मौजूदा व्यवस्था है उसमें गरीब का कहाँ स्थान है और ये आज की बात नहीं है ये लड़ाई हजारों–हजारों वर्ष की है। लाल किले में कौन से बादशाह और कौन से शहंशाह आए थे ये तो हम जानते हैं, लेकिन लाल किले को किस कारीगर ने बनाया है, इस आलीशान इमारत को, उसको आज तक कोई नहीं जानता है। मंदिर की मूर्ति कारीगर गढ़ता है और वो मूर्ति मंदिर में जब लगाई जाती है तो ये तो मालूम होता है कि इस राजा के काल में ये मंदिर बना था, लेकिन वो कारीगर बेचारा नाम तो दूर रहा उस मंदिर में भी घुस नहीं पाता है कि जब वो मूर्ति स्थापित हो जाती है और उसी समाज और व्यवस्था की देन है कि भारत रत्न बाबा साहेब डा. भीमराव अम्बेडकर जिन्होंने इस देश को संविधान दिया, संविधान तो उन्होंने दिया, लेकिन जिस जगह पर सेंट्रल हाल में संविधान रचा गया तो संविधान स्थापित हो गया तो वहाँ पर आज तक भारत रत्न बाबा साहेब डा. भीमराव अम्बेडकर का चित्र तक नहीं लग पाया। ये व्यवस्था की देन है। इसमें हम ये पूछना चाहते हैं कि क्या इस व्यवस्था में हम गरीब को कोई स्थान दे सकते हैं। सत्ता को बनाने में गरीब का कोई जरूर हाथ दिखाई पड़ता है चुनावों में, लेकिन सत्ता को चलाने में गरीब का कोई हाथ नहीं है। क्या हममें वो हिम्मत है कि सत्ता को चलाने में भी हम गरीब को हाथ दे सकें। गरीबी का सवाल आर्थिक नहीं है मेरी दृष्टि से, गरीबी का सवाल राजनैतिक है। आज जो दलित कहलाते हैं, इतिहास में हजारों साल पहले लड़ाई में राजनैतिक हार हुई थी। उस राजनैतिक बदलाव से आज तक वे दलित हैं। तो सवाल तिजोरी का नहीं है, सवाल तख्त का है। तो तख्त पर बैठेगा वो, तिजोरी को जो है वो अपने हाथ में रखेगा। अब वो दिन गए कि गरीब को हम तिजोरी से टुकड़े देते रहें। वो टुकड़ों की लड़ाई, अपनी इज्जत की लड़ाई लड़ रहा है। इंसान की लड़ाई, इंसान रहने की लड़ाई लड़ रहा है। अब वो संबंध को तोड़ना होगा कि हम दाता बने रहें और गरीब पाता बना रहे। ये दाता और पाता का नाता तोड़ करके हमको भ्राता का नाता जोड़ना होगा। ये नई व्यवस्था का परिवर्तन इसी को कहते हैं और हम लोगों ने देखा कि गरीबी के नाम पर गरीब ही लुटता रहा। गरीबी हटाने वाले, गरीबी हटाते रहे और गरीब बेचारा पीछे हटता चला गया। अरे, गरीबी हटाने वालो अब तुम स्वयं हट जाओ, अपना स्थान गरीब को दे दो, वो अपनी गरीबी दूर कर लेगा। इसीलिए मैंने राज्यसभा में पेश किया कि रोज छोटे–छोटे कानून गरीबों के वास्ते बनाने के लिए

हम समय बर्बाद करते हैं। हिम्मत के साथ एक कानून बनाइये कि राज्यसभा और लोकसभा में और असेम्बलियों में जहाँ इस देश को चलाने के लिए फैसला होता है, जहाँ पर सत्ता है वहाँ पर हमारे अगर 40 फीसदी गरीब हैं तो 40 फीसदी हम गरीबों को स्थान राज्यसभा, लोकसभा और असेंम्बलियों में देंगे। मुझे खुशी है कि हर दल के नेता चाहे वामपंथी दल हों, चाहे भारतीय जनता पार्टी हो, चाहे काँग्रेस रही हो सबने उसका स्वागत किया और समर्थन किया। राज्यसभा के, एक सदन के इस समर्थन से हिम्मत बँधी है और इस बहस को हम देश में उठाना चाहते हैं और आज स्वतंत्रता दिवस पर इस बहस को मैं देश के सामने रखना चाहता हूँ। इस पर बहस होनी चाहिए और बहस ही नहीं हम लोग फैसले करके इसको आगे भी बढ़ाते हैं, क्योंकि एक नारा गरीब को पूँजी नहीं, गरीब को सत्ता दो, वो परिवर्तन ले आएगा। हम लोगों का विश्वास है उन सबको आगे ले आना है। तिजोरी से आगे नहीं आएँगे। सत्ता में शिरकत और हिस्सेदारी से आएँगे और हम लोग वो शिरकत और हिस्सेदारी देने को तैयार हैं। डॉ. भीमराव अम्बेडकर के इस न्याय वर्ष में एक फैसला हाल में सरकार ने दिया कि पिछड़े वर्ग को हम सरकारी नौकरियों में और पब्लिक सैक्टर में स्थान दें। बहस होती है इससे आर्थिक लाभ कितना हो जाएगा, कितनों का हो जाएगा। एक मायने में हम देखें तो सरकारी नौकरियाँ, हम देश की आबादी को लें तो केवल एक ही फीसदी होती हैं और एक फीसदी में भी अगर चौथाई फीसदी किसी को दिया जाए तो उससे आर्थिक उत्थान का रास्ता नहीं है। लेकिन हम लोगों का नजरिया साफ है जो नौकरशाही है वो सत्ता के ढाँचे का एक प्रमुख अंग है, देश में जो फैसला करना होता है उसमें उसकी निर्णायक भूमिका है। दबे लोगों को, कुचले लोगों को, पिछड़े लोगों को सत्ता के इस ढाँचे में, देश चलाने और सँवारने में और उसके फैसलों में हम हिस्सेदारी देना चाहते हैं और मजबूती से देना चाहते हैं और देखिए इस व्यवस्था का क्या है जो हमारा पिछड़ा वर्ग 52 फीसदी लेकिन सरकारी नौकरियों में उसकी हिस्सेदारी साढ़े चौदह फीसदी और क्लास वन अफसरों में केवल साढ़ चार फीसदी। ये न्याय–अन्याय कब तक चलेगा, न्याय करना होगा और उस न्याय को जब हम लोग करने चलते हैं तो व्यवस्था को धक्का लगता है तो कुछ हलचल जरूर होती है, की बात सोच करके अभी देश को जो जिनके पास नहीं है उनको देने की बात अगर सोचें हमको जीवन को ढालना पड़ेगा केवल अपने जीवन के परिवर्तन की बात या सत्ता के परिवर्तन की बात नहीं सोचना होगा। झोंपड़ियों में रहने वाले और कमरे के जीवन में आप क्या परिवर्तन ले आ सकते हैं। वो ही सही परिवर्तन होता हैं। मंत्री बदल जाते हैं, मंत्रालय बदल जाते हैं, प्रधानमंत्री भी बदल जाते हैं लेकिन सवाल है कि गरीबों की जिंदगी में झोंपड़ी में रहने वालों की जिंदगी कब बदलेगी और वही बदलाव सही होता है। इसलिए इस बदलाव के अन्दर सामाजिक क्षेत्रों को जागृत करना होगा। वो जागृति में मैं नौजवानों को आह्वान करता हूँ कि एक न्यायपूर्ण समाज

के बनाने में वो अपना सहयोग दें, क्योंकि गरीब का आँसू कुछ समय तक तो आँसू रहता है, लेकिन वही आँसू फिर तेजाब बन जाता है जो इतिहास के पन्नों को चीर करके धरती पे अपना हस्ताक्षर (अस्पष्ट) बनाता है। ये समझ लीजिए कि गरीब की आँख में जब तक आँसू हैं, आँसू जब सूख जाते हैं तो उसकी आँखें अंगार हो जाती हैं और ये इतिहास ने बताया कि जब गरीबों की आँखें अंगार होती हैं तो सोने के भी महल पिघलकर के पनालों में बहते हैं। आज उसकी ओर चेतना है, केवल अपनी–अपनी बात को नहीं सोचना है, इस व्यवस्था को हमको बदलना है। इसलिए जब हमारे दलित वर्ग का सवाल आया, आते ही, उनके सीटों के आरक्षण का काम किया। अनुसूचित जाति और जनजाति कमीशन को संवैधानिक कानूनी मर्यादा दी गई और अब मजदूरों की हिस्सेदारी के लिए इस देश के चलाने में उनकी हिस्सेदारी हो। इसी तरह अगर हम दिल्ली में देखें, गाँव के गरीब आते हैं और इंसान जिसको एक साया नहीं है वो सीवर पाइप में रहता है ये जो इंसान की तरह से जो पड़े हुए हैं सड़क के किनारे जो वहीं इसका घर बनता है। उनके लिए भी हम कानून ले आएँगे जो दिल्ली में इतने मजदूर गाँव से आते हैं और यहाँ पर महल तो बनाते हैं लेकिन उनको झोंपड़ी भी नसीब नहीं होती और इस संदर्भ में हमको गुरुनानक के वे शब्द याद आते हैं जिसमें उन्होंने कहा सबको ऊँचा आखिए, नीचे दीसे न कोई। यही अगर भारत में हो तो गुरुनानक की वाणी न्याय की वाणी हो जाए। इसी के साथ हमको यह भी देखना होगा कि जो दौलत आज देश के उत्पादन में बढ़ोतरी नहीं दे रही है उस पर किस तरह से कदम उठाए जाएँ कि उत्पादक क्षेत्रों में वो लगे। लोहे का हल हमारे देश के लिए हीरे के हार से ज्यादे उपयोगी है। हीरे का हार देश के उत्पादन में कोई योगदान नहीं देता है, लेकिन किसान के लोहे का हल हमको अन्न उत्पादन करके देता है। इस पर भी हमको विचार करना है कि एक व्यक्ति को रहने के लिए कितना बड़ा बँगला चाहिए। जहाँ जिस देश में झोंपड़ियाँ हासिल नहीं हैं। एक ओर लम्बे मकानों को बनाने के क्या अधिकार होने चाहिए, इस पर बहस होनी चाहिए। इस पर हम लोग भी फैसला करेंगे। नौजवान हमारे राष्ट्र के आधार हैं। उनकी वाणी नए युग की वाणी है, लेकिन सबसे बड़ी समस्या रोजगार है आज के नौजवानों के सामने। आठवीं पंचवर्षीय योजना रोजगार को ही धुरी मान करके बनाई जा रही है। काम करने के अधिकार को संवैधानिक दर्जा देने के हमारे संकल्प जो हैं वो सभी दलों के सहयोग से पूरा करने का हमारा निश्चय है लेकिन देश के साथ जो साधन हैं और विकास के क्षेत्र में जो अन्य क्षेत्रों में जिम्मेदारियाँ हैं उसके दायरे के अंदर एक शुरुआत हम लोग जरूर करेंगे। यह बड़ी उम्मीद कि सबको सरकारी नौकरियाँ मिलें कोई सरकार नहीं कर सकती, लेकिन हाँ अगर कोई काम करने को तैयार हो तो काम करने का अवसर जरूर मिलना चाहिए, लेकिन सवाल यह है कि काम कम करना चाहते हैं इंतजाम ज्यादा करना चाहते हैं, तो कामगार नहीं होना चाहते हैं इंतजामकार होना चाहते हैं।

और इंतजामकार में हम लोग भी हैं, हम लोग कामगार में नहीं हैं। काम करने का अधिकार जब आता है तो हम को वो मर्यादा सामाजिक रखनी होगी कि काम करने वालों को इज्जत दी जाए। जब काम करने का अधिकार सही रूप में हो सकता है। आपको जान करके खुशी होगी कि सरकार ने फैसला किया है कि युवाओं के लिए इस वर्ष जहाँ देश में केवल 20 करोड़ का साधन किया गया था बजट में वहाँ अब 265 करोड़ रुपया खर्च करने का इसी वर्ष के अंदर हम लोगों ने फैसला किया है। इसमें नौजवानों को जो विभिन्न प्रोफेशन में पास होकर आते हैं उनको रोजगार में लगाने के लिए बैंकों से 120 करोड़ की सहायता और लोन के रूप में देने का निर्णय किया गया है और शिक्षा के लिए बहुत से गरीब नौजवान हैं, जो शिक्षा नहीं ले पाते हैं उनको भी बैंकों से 50 करोड़ कर्ज का प्रावधान किया गया और इस तरह से अपने ग्रामीण क्षेत्र में जो नौजवान हैं उनके रोजगार की योजनाओं को 70 करोड़ तक के ऋण के साधनों को किया गया है, लेकिन ये साधन की बात है, नौजवान जहाँ तक देश के साधन हैं वे आपके और आगे भी आपको ही इस विरासत में पूरे देश के साधन मिलते हैं लेकिन सबसे बड़ा साधन आप हैं आप स्वयं हैं, वो किसी भी देश के बजट से आप बड़े हैं, किसी भी सरकार से बड़े हैं और जब एक नई पीढ़ी का आह्वान किया जाता है तो छोटे काम के लिए नहीं आह्वान किया जाता है, पूरे परिवर्तन के लिए किया जाता है। मैं आज आह्वान करता हूँ नौजवानों को कि इस देश में निरक्षता जो शाप के रूप में है अगर एक नौजवान जो साक्षर है अपने ज्ञान के दीप से पाँच और दीप जला दे तो एक वर्ष में पूरे देश में दीपावली आ सकती है। अज्ञान का, निरक्षरता का अंधकार जो है वो दूर हो सकता है उनके प्रकाश से, आज हम संकल्प लें। हर नौजवान अगर ये संकल्प ले ले तो देश की बड़ी भारी सेवा होगी। इसी तरह जो आबादी का प्रश्न है उस पर भी हमको ध्यान देना होगा, अगर उसको शिक्षित करने में लोगों को समझाने–बुझाने में, परिवार को सीमित रखने में नौजवान एक कार्यक्रम के रूप में आए। सरकार भी कंधे से कंधा लगा करके उनको कुछ काम करने भर की सुविधाएँ जरूर प्राप्त करा देगी। एक बड़ी भारी समस्या का हम निदान कर सकेंगे।

महिलाएँ भारत में हमेशा गरिमा का स्थ.न पाई हैं, लेकिन वर्तमान में जो सामाजिक, आर्थिक व्यवस्था है उसमें वो सबसे पिछड़े वर्ग में हो गईं। ये नहीं कि उनकी योग्यता में कोई कमी है, ये नहीं कि उनकी क्षमता में कोई कमी है, ये नहीं कि उनके साहस में कोई कमी है, लेकिन हमने उन्हें चूल्हे और चक्की में बाँध रखा है। महिलाओं की गोद में एक राष्ट्र पलता है, वो अपनी गोद में एक राष्ट्र को पाल करके देती हैं, हमारी परम्पराओं को पाल करके देती हैं, हमारी संस्कृति को वे सँजोकर के रखती हैं, लेकिन इतना बड़ा जो योगदान दे उसकी देश के चलाने में कोई हिस्सेदारी नहीं है। जननी को ही अगर हम जंजीरों में बाँधे रहेंगे तो देश में जान कैसे आएगी?

जो जीवन की स्रोत है वही घुटती रहे तो राष्ट्र में प्राण कैसे आएगा? इसलिए हम लोगों ने निश्चय किया है कि सत्ता में उनको अधिकार देने की शुरुआत की जाए। पंचायत राज के अंदर तीस फीसदी स्थान महिलाओं के लिए कानूनी दर्जे का भी कमीशन बनाएगा। मुझे उम्मीद है उनकी समस्याएँ जो बहुतेरी हैं उनके निदान में हमको सहायता मिलेगी। आज के दिन हम अपनी वीर सेना को, अपनी थल सेना को, अपनी नौसेना को, अपनी वायु सेना को भूल नहीं सकते हैं। जब हम उनको याद करते हैं तो हमारा सर ऊँचा होता है। उन्होंने देश की शान को हमेशा रखा है अपनी कुर्बानियों से और सियाचिन के जवानों के साहस से आज दिल भर आता है मेरा और जब मैं हिमालय को देखता हूँ और उनको देखता हूँ तो सियाचिन के जवानों की हिम्मत हमको हिमालय से भी ऊँची दिखाई पड़ती है और मैं आज इस पर्व पर पूरे देश का आभार उनके प्रति प्रकट करना चाहता हूँ। आपको जान करके खुशी होगी कि आकाश मिसाइल का जो हम प्रयोग कर रहे थे उसका कल सफलता से हमने प्रयोग किया है, ये हमारे लिए हमारे वैज्ञानिकों के लिए एक गर्व की बात है, उनके प्रति आभार प्रकट करना चाहता हूँ। इस अवसर पर हम भूतपूर्व सैनिकों को भी भूल नहीं सकते हैं और उनके लिए जो पेंशन के बारे में सुधार करने की बात थी उसके बारे में महत्त्वपूर्ण फैसले सरकार ले चुकी है और उसे शीघ्र सदन के सामने ले आएगी, लेकिन मैं भूतपूर्व सैनिकों को केवल पेंशनर नहीं मानता, वो हमारी एकता के प्रतीक हैं। जब वर्दी पहनते थे तो नेतृत्व करते थे, कोई भी जबान बोलने वाला हो, चाहे पंजाबी बोलने वाला हो, चाहे राजस्थानी बोलने वाला हो, चाहे ईसाई हो, चाहे तमिल बोलने वाला हो सबने एक साथ कुर्बानी का संकल्प लिया। भूतपूर्व सैनिको, आप केवल पेंशनर नहीं हैं। आपने नेतृत्व किया है। जब आप वर्दी पहने थे जहाँ हिन्दू–मुसलमान, सिख और ईसाई चाहे जो भाषा बोलने वाले सब एक थे। उस भावना को जहाँ भी आप गाँव में हों, मोहल्ले में हों, उसको प्रसारित करें और वहीं आप नेतृत्व समाज को भी दें, क्योंकि हमारी भावनात्मक एकता, हमारी सबसे बड़ी ताकत है और ये भावनात्मक एकता एक दिन में नहीं आई, सदियाँ लगीं, विभिन्न धर्मों, विभिन्न विश्वासों को एकदम गंगा–जमुना की संस्कृति में सँजोने में और ये थाती को हमको खोना नहीं है। अगर इस पर जरब पड़ा तो देश पर जरब पड़ेगा। देश कोई कागज का नक्शा नहीं है। देश का नक्शा वहाँ के लोगों के रहने और रहने वालों के दिलों में बना करता है। अगर दिलों में लकीरें पड़ीं तो धरती पर भी लकीरें पड़ेंगी। इन लकीरों को हम पड़ने नहीं देंगे और इस तरह इस संस्कृति का अंदाज जाँनिसार अख्तर के शब्दों में मैं पेश करना चाहता हूँ। *ये देश के हिन्दू और मुस्लिम तहजीबों का शोहराजा है, सदियों की पुरानी है ये, पर आज भी कितनी ताजा है।* इसकी ताजगी को हमको बनाए रखना है और ये चुनौती हमारे सामने आई है और सवाल गुरबत का नहीं है, सवाल गैरियत का है। इंसान को गुरबत बर्दाश्त होती है लेकिन गैरियत नहीं बर्दाश्त होती है, सवाल

सहूलियत का नहीं है, सवाल शिरकत का है और शिरकत हम देना चाहते हैं। अपने अल्पसंख्यकों को हमारे देश के विकास में, शिक्षा में इंसाफ उनको होना चाहिए, नौकरियों में उनको इंसाफ होना चाहिए। इस इंसाफ की ओर हम बढ़ना चाहते हैं, एक चीज और वे कहते आए हैं कि मजहबों के जो प्रवर्तक रहे हैं उनके जन्मदिवस पर छुट्टियाँ हैं इस देश में, लेकिन पैगम्बर मोहम्मद के जन्मदिवस पर कोई छुट्टी नहीं है। मैं आज घोषणा करता हूँ कि सरकार ने निर्णय किया है कि पैगम्बर मोहम्मद के जन्मदिवस पर छुट्टी मनाई जाएगी। आज जो एक इतने बड़े अल्पसंख्यक को नहीं मिला था, उनके दिल में एक कसक रहती थी जो हर एक मजहब के लोगों को मिला था वो उनको दिया जाएगा। आज इराक और कुवैत की स्थिति जो है वो हमारे लिए चिन्ताजनक है। हिंसा का हम समर्थन दुनिया में कहीं भी हो, नहीं कर सकते हैं। न ही हम सेना के उपयोग का समर्थन कर सकते हैं। इसी के साथ एक तरफा भी कार्रवाई नहीं होनी चाहिए। वहाँ जो हमारे भारतवासी हैं उनके जान और माल की हमको चिन्ता है इसीलिए अपने एक साथी, कैबिनेट के साथी मंत्री श्री आरिफ मोहम्मद खाँ को भेजा गया है वहाँ कि वो जा करके स्वयं देखें और वहाँ की मुश्किलात हैं, तकलीफ है या जो आना चाहते हैं उनके लिए प्रबंध करें। इस लिहाज से हम विभिन्न देशों से सम्पर्क में हैं कि एक ऐसा हल निकले जिसमें बल का प्रयोग न हो और सेनाओं का उपयोग न हो। हमारे जो विदेशों से संबंध रहे हैं वो आम तौर से सुधरे हैं। रूस में मैं गया था। प्रेजिडेंट गोर्बाचोव जो वहाँ पर क्रांतिकारी परिवर्तन ले आ रहे हैं, जो उन्होंने पूरी दुनिया में एक पहल की और अपने देश में की, उसको देखने का मौका मिला और बात भी करने का मौका मिला। भारत और रूस की जो एक परम्परागत मैत्री है केवल उसमें सुदृढ़ता नहीं आई बल्कि वहाँ गोर्बाचोव से बात करके भविष्य में भी हमको क्या करना है, उसको भी हम लोगों ने एक रास्ता निकाला है, रास्ता ढूँढ़ा है। विश्व की समस्याओं के प्रति भारत का जो रोल होना चाहिए, जो पहल होनी चाहिए उसमें भी उनको जो है समर्थन रहा है। अमरीका से भी हमारे संबंध सुधरे हैं। जम्मू काश्मीर की समस्या का सवाल हो या शिमला एग्रीमेंट का सवाल हो उनका नजरिया भारत के नजरिया के नजदीक आया है, हम उसका भी स्वागत करते हैं। चीन से हमारी बातें सकारात्मक ढंग से चल रही हैं। नेपाल की समस्याओं को हमने हल किया। भूटान, मालद्वीप और मारीशस से हमारे संबंध हमेशा अच्छे रहे हैं, वे बने हुए हैं, बंगला देश से भी हमारा सुधार हुआ है। तीन बीघा की एक समस्या थी जो एक काँटे की तरह चुभती थी वो काँटा निकाल दिया गया और अब पानी के वितरण के बारे में ज्यादे समझदारी, ज्यादे समझ के साथ एक–दूसरे से बात हो रही है। श्रीलंका में हमारे जो भारतीय मूल के तमिलवासी हैं उनके जीवन के बारे में, जो नागरिक हैं जो सिविलियन्स हैं उनके जीवन के बारे में हमारी चिंता है और उनके बारे में हम लोगों ने पहल की कि श्रीलंका के अंदर कोई कैम्प बनाया जाए जहाँ उनकी सुरक्षा हो सके, हम मदद

कर सकें। ये बात चल रही है और मेरा विश्वास है कि अन्य देश भी इसमें जरूर कुछ मददगार होंगे। लेकिन उग्रवादियों को, मिलिटेंट्स को हम अपनी धरती के अंदर भारत में नहीं चाहते हैं इस नीति पर हम चलेंगे। जहाँ जब संबंध हमारे सुधरे। दुर्भाग्य है कि दोस्ताना नीयत रखते हुए भी पाकिस्तान से हमारे संबंध नहीं सुधरे। वो सारी घटनाएँ आपके सामने हैं, उनको कहा जा चुका है। इस अवसर पर मैं पुनः उनको नहीं दोहराना चाहता हूँ लेकिन दो बात कहना चाहता हूँ। हम दोस्ती चाहते हैं और वो एक कदम बढ़ेंगे तो हम दो कदम बढ़ेंगे। साथ ही देश की एकता और अखण्डता के साथ कोई समझौता नहीं होगा। अगर कहीं नीयत में खोट है तो पूरा देश उसका मुकाबला करेगा, ये भी कह देना चाहते हैं। हम लोगों ने जनतांत्रिक मूल्यों को स्थापित करने का प्रयास किया है। व्यक्तिगत राजनीति से मुद्दों की राजनीति पर चले हैं और आज अगर भारतीय जनता पार्टी और वामपंथी पार्टियों का समर्थन मिल रहा है कोई व्यक्ति के आधार पर नहीं मिल रहा है। जो कार्यक्रम है, उसके मुद्दों के आधार पर मिल रहा है। एक सैद्धान्तिक प्रयोग है देश के अंदर, इसमें आपके धीरज, आपके समर्थन की आवश्यकता है। सत्ता का विकेन्द्रीकरण करके, पंचायत राज को लागू करके, लोकपाल के बिल को ले आ करके, टीवी और रेडियो को स्वायत्तता देकर और इंटर स्टेट कौंसिल को कायम करके हमने जनतंत्र की नींव को और सुदृढ़ किया है, लेकिन इन ब्यौरों को छोड़ दीजिए। ये तो तकदीर की बातें हैं। आज के दिन भारत की महानता की ओर हमारी दृष्टि जाती है, उसके अतीत की ओर जाती है और इस अवसर पर मैं प्रतिज्ञा करता हूँ कि इस झण्डे की शान को कभी झुकने नहीं दूँगा और मैं आपको आह्वान करता हूँ, किसानों को आह्वान करता हूँ, मजदूरों को आह्वान करता हूँ, नौजवानों को आह्वान करता हूँ, कलाकारों को और लेखकों को आह्वान करता हूँ, बच्चों का भी आह्वान करता हूँ कि सत्ता के परिवर्तन में भले ही वोट न दे सकें, लेकिन देश को बचाने के लिए एक बच्चा भी सामने आ सकता है आज मैं उसका भी आह्वान करता हूँ। ये रास्ता आसान नहीं है, कठिन रास्ता है, लेकिन हम एक बहादुर, भारत की बहादुर संतान हैं। हमारी धमनियों में वीरता की धारा बहती है, हम हिम्मत हारने वाले नहीं हैं और तूफान भी आएँगे तो इस झण्डे का एक रेशा भी अलग नहीं कर पाएँगे और रात के अंदर अगर बिजली भी चमकेगी तो हम दहशत नहीं खाएँगे, वो बिजली जो है हमारे रास्ते की रोशनी बन करके रह जाएगी और हम उसमें से भी रास्ता निकाल लेंगे। इस अवसर पर सुभाष चंद्र बोस ने जो नारा दिया था, हम आपसे प्रार्थना करेंगे, बुलन्दगी से वो नारा लगाइए कि हिमालय पर्वत से लेकर, कन्याकुमारी की लहरों तक पहुँचे सुभाष चंद्र बोस का नारा....

जय हिन्द.... जय हिन्द ...... जय हिन्द ......

× × ×

राष्ट्रीय मोर्चा सरकार की कार्ययोजना

राष्ट्रीय मोर्चा सरकार काम के अधिकार को संविधान में मौलिक अधिकार बनाने के लिए आने वाले बजट सत्र में संविधान संशोधन विधेयक लाएगी। रोजगार गारंटी कार्यक्रमों को उत्तरोत्तर बढ़ती हुई गति से लागू किया जाएगा।

मोर्चा सरकार ने आज यहाँ अपने घोषणापत्र के कार्यक्रमों को समयबद्ध ढंग से पूरा करने के लिए कार्ययोजना घोषित की। इसे परसों कैबिनेट ने मंजूरी दे दी थी।

सरकार ने विभिन्न मंत्रालयों व विभागों को घोषणापत्र के मुताबिक समयबद्ध कार्ययोजना बनाने को लिखा था। मंत्रालयों और विभागों ने यह कार्यक्रम बनाया। वैसे विभिन्न मंत्रालय राष्ट्रीय मोर्चा की कार्ययोजना पर पहले से ही विचार कर रहे थे। पूर्व कैबिनेट सचिव ने आसन्न सत्ता परिवर्तन को देखते हुए संसदीय लोकतंत्र की परम्परा के मुताबिक एक साल का कार्यक्रम बनाने का परिपत्र जारी किया था। अब कार्ययोजना घोषित होने के बाद विभिन्न मंत्रालय और विभाग अपनी कार्ययोजना के क्रियान्वयन के लिए विस्तृत कार्यक्रम बनाएँगे।

कृषि और किसान : मोर्चा सरकार के घोषणापत्र के मुताबिक निवेश वाले साधनों को 50 प्रतिशत खेती और ग्रामीण क्षेत्र में लगाने का फैसला 90-91 की वार्षिक योजना में ही शुरू कर देगी। किसानों को उनकी उपज का लाभकारी मूल्य देने के लिए सरकार अनेक कदम उठाने जा रही है। विभिन्न कृषि उत्पादनों की वसूली मूल्य की घोषणा के साथ ही महँगाई के कारण उसमें परिवर्तन का फॉर्मूला भी घोषित करेगी। यह वसूली मूल्य घोषणा की तारीख से बढ़ने वाली महँगाई पर लागू होगा। वसूली मूल्य का हिसाब करने में मजदूरी का हिसाब वास्तविक मजदूरी और न्यूनतम वेतन में जो भी ज्यादा होगा, उस आधार पर दिया जाएगा। वसूली मूल्य के हिसाब में किसानों के व्यवस्थापकीय वेतन का आकलन किया जाएगा। यह खेतिहर मजदूरों से ज्यादा होगा। इसका क्रियान्वयन कृषि मंत्रालय द्वारा नियुक्त होने वाली विशेषज्ञ समिति की सिफारिशों के आधार पर अगली खरीफ फसल से कर दिया जाएगा। दस हजार रुपए तक के कर्जदार किसानों व कारीगरों की ऋणमुक्ति की स्कीम को बजट सत्र में ही निपटाया जाएगा।

लोकतांत्रिक दृढ़ीकरण : पंचायती राज संविधान संशोधन विधेयक को बजट सत्र में ही पेश करने का उल्लेख है। इससे पहले मुख्यमंत्रियों से मशविरा कर लिया जाएगा। बजट सत्र में चुनाव प्रणाली में सुधार और न्याय प्रणाली में सुधार लाने के लिए उच्चस्तरीय न्यायिक आयोग के लिए भी विधेयक लाने का निर्णय घोषित किया गया है।

दूरदर्शन और आकाशवाणी को स्वायत्तता देने के लिए प्रसार भारती विधेयक को पिछले सत्र में रख दिया गया है। इस विधेयक को राष्ट्रीय बहस के बाद बजट सत्र

में पारित करने का इरादा है। सूचना के अधिकार को मौलिक अधिकार बनाने के लिए बजट सत्र में संविधान संशोधन विधेयक रखा जाएगा। आम नागरिकों के गोपनीयता के अधिकार को सुरक्षित करने के लिए पोस्ट ऑफिस और टैलीग्राफ एक्ट में संशोधन का विधेयक भी लाया जाएगा। साथ ही न्यायिक सेवा विधेयक भी लाया जाएगा। सरकारी गोपनीयता के कानून में संशोधन करने का प्रस्ताव भी है ताकि सूचना का अधिकार सुरक्षित हो सके।

जातीय व सांप्रदायिक दंगों और अत्याचारों के मामलों को तेजी से निपटाने के लिए विशेष अदालतों की एक योजना बनाई जाएगी। अनुसूचित जातियों व जनजातियों पर उत्पीड़न संबंधी बने हुए विधेयक को 31 जनवरी, 90 को लागू कर दिया जाएगा।

वित्तीय और आर्थिक : आगामी बजट सत्र में एक दीर्घकालिक वित्तीय नीति रखी जाएगी। सरकारी फिजूलखर्ची को रोकने और धनी वर्गों के बढ़ते उपयोग की रोकथाम के लिए जल्दी ही कदम उठाये जाएँगे। निर्यात बढ़ाने के लिए कानून में बने छेदों को बन्द किया जाएगा। तीन साल की आयात–निर्यात नीति की घोषणा 1 अप्रैल, 90 को होगी। बंदरगाहों पर निर्यात संबंधी जटिल तौर–तरीकों को सरल किया जाएगा। निर्यात बढ़ाने में मदद करने वाले आयातों को प्रोत्साहन देने की नीति अपनाई जाएगी।

सुरक्षा : प्रधानमंत्री की अध्यक्षता में राष्ट्रीय सुरक्षा परिषद् का गठन अप्रैल में कर लिया जाएगा। रक्षा मंत्रालय पूर्व सैनिकों को एक रैंक एक पेंशन वाले वादे को पूरा करने के लिए कमेटी बनाएगा। यह कमेटी मार्च तक अपनी रिपोर्ट दे देगी।

अल्पसंख्यक : अल्पसंख्यकों के लिए विकास कार्यों में पर्याप्त भागीदारी, रोजगार में प्रतिनिधित्व, ऋण प्राप्ति और तकनीकी शिक्षा आदि के लिए पंद्रह सूत्रीय कार्यक्रम रखा जाएगा और इसके लिए विशेष कदम उठाए जाएँगे। उर्दू के लिए बनी गुजराल समिति की रिपोर्ट की अनुशंसाओं पर विचार करने के लिए जनवरी 90 तक कमेटी बनाई जाएगी।

राष्ट्रीय एकता परिषद् : राष्ट्रीय एकता परिषद् का पुनर्गठन किया जाएगा। जनवरी 90 में मुख्यमंत्रियों की बैठक राष्ट्रीय एकता के सवालों पर विचार करने के लिए होगी। राष्ट्रीय एकता परिषद् की पहली बैठक अप्रैल में होगी।

शहरी गरीबों के लिए : शहरी गरीबों के लिए मौजूद कार्यक्रमों का विस्तार अप्रैल में किया जाएगा। गन्दी बस्तियों की आधारभूत जरूरतों और खासकर महिलाओं व बच्चों के लिए कार्यक्रम लागू किए जाएँगे। बड़े शहरों में फुटपाथों पर गुजर करने वालों के लिए वार्षिक योजना में एक लाख लोगों के लिए रात में रहने का प्रबंध किया जाएगा। व्यापक राष्ट्रीय गृहनिर्माण नीति बनाई जाएगी। घर बनाने के लिए आसान ऋण का प्रावधान किया जाएगा।

राष्ट्रीय मोर्चा की सरकार ने इसके अलावा संविधान की नौवीं सूची में सभी भूमि सुधार कानूनों को समेटने का फैसला किया है। भूमि सुधार के लिए अप्रैल में

मुख्यमंत्रियों की एक बैठक बुलाई जाएगी। विधानसभा चुनावों के बाद अंतरराज्यीय परिषद् का गठन किया जाएगा। संसद के मानसून सत्र में औद्योगिक संबंधों पर एक विधेयक लाया जाएगा। उद्योग में मजदूरों की भागीदारी बढ़ाने के उपाय किए जाएँगे। बजट सत्र में इस पर विधेयक लाया जाएगा। **मंडल कमीशन की रिपोर्ट पर विचार करने के लिए जनवरी में ही एक कैबिनेट कमेटी का गठन किया जाएगा।** चीनी मिलों को लाइसेंस देने, गोदामों की सुविधा बढ़ाने, महिलाओं के लिए आयोग गठित करने, राष्ट्रीय युवक सम्मेलन बुलाने, विज्ञान व टेक्नॉलॉजी के ग्रामीण समाज, जल व भूमि के लिए उपयोगी बनाने में पर्यावरण आदि के बारे में भी इस कार्ययोजना में उल्लेख है।

(नवभारत टाइम्स, मंगलवार, 2 जनवरी, 1990, नई दिल्ली)

कॉलम

विपक्षी पार्टियाँ–शुतुरमुर्गी रवैया : सुरेन्द्र प्रताप सिंह

राष्ट्रीय आर्थिक परिदृश्य पर पी.वी. नरसिंह राव सरकार की नई आर्थिक नीतियों की स्पष्ट छाप दिखाई पड़ने में अभी शायद थोड़ा और समय लगे, लेकिन राष्ट्रीय राजनीति पर इसका असर साफ तौर पर दिखाई पड़ने लगा है। राष्ट्रीय मोर्चे का बिखराव, मोर्चे के घटक दलों में विघटन तथा घोर अनुशासित दल भारतीय जनता पार्टी की राजनैतिक दुविधा का छलककर सतह पर आना इसी प्रक्रिया का परिणाम है, न कि विपक्ष की शुद्ध राजनैतिक दिशाहीनता का, जैसा कि आम तौर पर माना जा रहा है। शायद पहली बार ऐसा हुआ है कि भारतीय राजनीति के केंद्र में अर्थनीति आ बैठी है, जबकि विपक्ष को अब भी प्रमुख मुद्दे के रूप में कभी छद्म और कभी वास्तविक राजनैतिक समस्याओं को ही उठाने की आदत पड़ी हुई है। राजनीति की दिशा बदल रही है। इस तथ्य से मुँह चुराना ही विपक्ष की वर्तमान हड़बड़ाहट और बिखराव का मुख्य कारण है।

अर्थनीति ही विश्व राजनीति की वर्तमान दिशा तय कर रही है, यह बात बार–बार प्रमाणित हो चुकी है। एकदा महाबली सोवियत संघ का विघटन और पूर्व सोवियत संघ के बिखरे राष्ट्रों की घोर आर्थिक विपन्नता से विश्व का प्रथम साक्षात्कार, राजनैतिक मतभेद के बावजूद यूरोप का एक संगठित आर्थिक शक्ति के रूप में अभ्युदय, जापान और कोरिया सहित दक्षिण–पूर्व एशिया के व्याघ्र देशों की वर्तमान समृद्धि तथा व्यावहारिक राजनय के क्षेत्र में अप्रत्याशित सफलता के बाद अपने ही देश में अमेरिकी राष्ट्रपति बुश की वर्तमान अलोकप्रियता राजनीति में अर्थनीति के केंद्रीय शक्ति के रूप में उभरने के ताजातर प्रमाण हैं। यह हमारा दुर्भाग्य है कि भारतीय राजनीति में विपक्ष के धुरंधर नेतागण इस सचाई को समझते हुए भी इससे मुँह चुराना चाहते हैं और राजनीति को किसी भ्रष्टाचार, कोई मंदिर, कहीं सरकारी नौकरी या किसी परिवार

के इर्द–गिर्द ही केंद्रित देखना चाहते हैं, ताकि उनकी राजनीति का रास्ता पहले की तरह ही आसान बना रह सके। ये कुछ ऐसे सहज मुद्दे हैं जिन पर सिर्फ निषेध की नीति अपनाकर भी एक दीर्घकालिक राजनीति संभव है, जबकि वर्तमान विश्व में आर्थिक मामलों पर सिर्फ नकारात्मक नीतियों के सहारे राजनीति की गाड़ी को ज्यादा दूर तक खींचना अब संभव नहीं। सिर्फ इतना भर कहने से अब काम नहीं चलता कि सरकार की वर्तमान आर्थिक नीतियों का विरोध ही हमारी भावी रणनीति की सर्वोच्च प्राथमिकता है। कोई भी राजनैतिक दल यदि किसी दीर्घकालिक रणनीति के तहत काम करना चाहता है तो उसे अगला वाक्य यह कहना ही पड़ेगा कि 'और यह है हमारी वैकल्पिक आर्थिक नीति।'

भारत में विपक्षी दलों का वर्तमान संकट इसी बिंदु से शुरू होता है, क्योंकि कोई भी प्रमुख विपक्षी दल साहस के साथ इस दूसरे वाक्य को कह पाने की स्थिति में नहीं है। ऐसा नहीं है कि कॉंग्रेस या नरसिंह राव–मनमोहन सिंह की आर्थिक नीतियों से ही इस देश और समाज की सभी समस्याओं का सहज समाधान निकल आएगा और ऐसा भी नहीं है कि वर्तमान सरकार की नीतियाँ ही आदर्श आर्थिक नीतियाँ हैं, लेकिन ऐसा अवश्य है कि पहली बार कोई सरकार अलोकप्रिय होने का जोखिम उठाकर भी वही कह रही है और वही कर रही है जो उसकी समझ से उचित है।

विपक्ष का संकट यही है कि समझते तो ये भी सब कुछ हैं, लेकिन ये यह भी जानते हैं कि यदि एक बार भी ये ईमानदारी से इस बहस में शामिल हो जाते हैं तो अंततः इन्हें अपनी वैकल्पिक आर्थिक नीति घोषित करनी पड़ेगी और फिर उसी कसौटी पर इनका राजनैतिक भविष्य भी तय किया जाएगा। तब सिर्फ इस लफ्फाजी से काम नहीं चलेगा कि मध्यवर्ग नई आर्थिक नीतियों का दंश अभी महसूस नहीं कर पाया है, लेकिन थोड़े ही दिनों में मुद्रास्फीति के कारण मूल्यवृद्धि होगी तथा रोजगार के अवसर सीमित होते जाने के कारण बेकारी बढ़ेगी, इसलिए हम इस आर्थिक नीति और वर्तमान बजट का विरोध करते हैं।

भारत के दो पूर्व प्रधानमंत्री विश्वनाथ प्रताप सिंह तथा चन्द्रशेखर इस नीति के मुखरतम विरोधियों में अग्रणी हैं। क्या विश्वनाथ प्रताप सिंह इस बात से इनकार कर सकते हैं कि वर्तमान आर्थिक नीति की शुरुआत 1985 में राजीव गाँधी के प्रधानमंत्रित्व काल में ही नहीं प्रारंभ हो गई थी और तब उनके वित्त मंत्री के रूप में क्या इन्होंने ही दो–दो बार ऐसे बजट पेश नहीं किए थे, जिनमें वर्तमान बजट और अर्थनीति के बीज छिपे हुए थे। या आर्थिक सार्वभौमता को गिरवी रख देने की बात करने वाले वी. पी. सिंह की सरकार का वित्त मंत्रालय तथा उसके अधिकारी क्या अंतरराष्ट्रीय मुद्रा कोष तथा विश्व बैंक से नियमित वार्ता नहीं चला रहे थे जिसका परिणाम आज इस रूप में सामने आ रहा है।

या आर्थिक गुलामी और ईस्ट इंडिया कंपनी का हौवा खड़ा करने वाले चंद्रशेखर के प्रधानमंत्रित्व काल में उनके वित्त मंत्री और उनकी सरकार क्या इस धारा को और तेज करने का काम नहीं कर रही थी। पिछली दोनों सरकारें, आर्थिक नीतियों के मामले में घोर दिशाहीनता के बावजूद, किसी अन्य वैकल्पिक ढाँचे का निर्माण नहीं कर रही थीं। अंतर सिर्फ यह था कि इनके लिए ये आर्थिक प्रश्न तब वस्तुतः गौण थे। इस दिशा में ध्यान देने की आवश्यकता इन्होंने नहीं समझी। विश्वनाथ प्रताप सिंह को लग रहा था कि सामाजिक न्याय का सैद्धांतिक आधार तथा राष्ट्रीय मोर्चा के रूप में दोयम दर्जे के काँग्रेसी तत्वों का संगठन तंत्र उन्हें प्रधानमंत्री की कुर्सी दिला सकता है। चंद्रशेखर तो इस गुमान में थे कि 40 साल के मुकाबले उनके चार महीने भारतीय राजनीति में प्रशासनिक कुशलता का वह स्वर्णिम काल है, जिसकी चकाचौंध ही वोट का बक्सा भर देगी, इसलिए आर्थिक नीतियों पर अनावश्यक मगजपच्ची क्यों करें।

अब जबकि वर्तमान सरकार धीरे–धीरे अपनी ठोस राजनैतिक जमीन पर पैर जमाने लगी है और इस सरकार की आर्थिक दिशा भी एक हद तक स्पष्ट होने लगी है, तो यह भी लगने लगा है कि शायद यह सरकार अब अपना कार्यकाल भी पूरा कर ले। ऐसी स्थिति में तत्काल सत्ता प्राप्त करने के लिए बनाए गए सिद्धांतहीन गठबंधन यदि ढीले पड़ने लगे, तो इसमें क्या आश्चर्य। आखिर जनता दल और तेलुगु देशम में क्या सैद्धांतिक साम्य हो सकता है, जबकि जनता दल में अभी तक एक समधर्मी दल बनने की प्रक्रिया चल रही है। पार्टी का संपूर्ण नेतृत्व अभी पूरी तरह से सामाजिक न्याय के सवाल को ही नहीं आत्मसात कर पाया है, तो आर्थिक नीति के प्रश्न पर भला राम जेठमलानी और जॉर्ज फर्नांडीज में कैसे सहमति हो सकती है। और जब भारत की राजनीति में आर्थिक मुद्दा ही केंद्र बिंदु के रूप में उभरेगा तथा विपक्ष के लिए दूर–दूर तक सत्ता निकट आती नहीं दिखेगी, तो इस विषय को बहस से आखिर दूर भी कैसे रखा जा सकेगा। राष्ट्रीय मोर्चे के बिखराव को कृपया इस दृष्टि से देखिए और कल्पना कीजिए कि यदि बहस का विषय यही चलता रहा, तो राष्ट्रीय मोर्चा–वामपंथी गठबंधन का भविष्य क्या हो सकता है?

माकपा के महासचिव हरकिशन सिंह सुरजीत का यह दावा कि चूँकि जनता दल मौजूदा सरकार की आर्थिक नीतियों के बारे में शुरू में असमंजस में था और सरकार की नई आर्थिक नीतियों के विरोध के मामले में वामपंथी मोर्चे ने पहलकदमी की, इसलिए रामो–वामो गठबंधन का नेतृत्व अब धीरे–धीरे वामपंथियों के हाथ में आने लगा है, भविष्य की राजनैतिक दिशा एक संकेत दे रही है क्योंकि इस मोर्चे पर तो और भी असमंजस है। सोवियत संघ के पतन तथा साम्यवादी विश्व में आर्थिक मामले पर सोच की एक नई दिशा ने भारत के वामपंथियों को लगभग संज्ञाशून्य कर दिया है। विकल्प होते हुए भी ये कितने विकल्पहीन हैं, साल भर पहले तक इसकी किसी

को कल्पना भी नहीं **थी**।

सबसे ज्यादा विकट परिस्थिति **तो उस पार्टी की है**, जो अभी कल तक वास्तविक विकल्प के रूप में उभरने का दावा कर **रही थी**। **पर** इस विषय पर फिर कभी, क्योंकि भाजपा की दुविधा ज्यादा विस्तार की माँग करती है।

(मतांतर, इंडिया टुडे, 15 अप्रैल 1992)

× × ×

चार बेचारे साथ-साथ : फरजंद अहमद

दिल्ली में झुग्गियाँ तोड़ने के मामले पर सक्रिय हुए पूर्व प्रधानमंत्रियों ने राजग सरकार की गरीब–विरोधी नीतियों से टकराने का मन बनाया।

राजा से फकीर बने विश्वनाथ प्रताप सिंह मानो किसी दूसरे युग में पहुँच गए थे। उस युग में जब सियासत का मतलब जेहाद, रोचक नारे और लोगों को बरगलाना हुआ करता था। लेकिन झुग्गीवासियों, छुटभैए नेताओं और 1, तीन मूर्ति मार्ग पर मँडराने वालों की मिलीजुली भीड़ के लिए कुछ नहीं बदला है। लड़ाई जीतने, मुद्दों को उभारने और आंदोलन चलाने की बातें हो रही हैं। और इन सारी गतिविधियों के केंद्र में हैं–मांडा के बहुचर्चित राजा। यह अथक नेता एक नई भूमिका, एक नए मंच की तलाश में है।

वहाँ जुटी भीड़ इसकी गवाही दे रही थी। दिल्ली की 30,000 आबादी वाली वजीरपुर झुग्गी बस्ती के मर्द, औरतें और बच्चे यहाँ आए थे, जिन्हें वी.पी. सिंह ने उजड़ने से बचाया था। सन्यास ले चुके समाजवादी विचारक सुरेन्द्र मोहन सरीखे पुराने चेहरे थे तो, माकपा की बृंदा कारंत सरीखी टीवी पर दिखने वाली हस्ती भी यहाँ मौजूद थीं। राजधानी की साहित्यिक दुनिया से जुड़ीं अजीत कौर थीं तो नए सामाजिक परिवर्तन मंच (एसपीएम) के स्वयंभू नेता भी उपस्थित थे। भूले–बिसरे लोग किसी प्रासंगिकता की तलाश में थे। और वे सभी एक ऐसी शख्सियत के इर्दगिर्द जुटे थे जिसने कभी इतिहास रचा था।

गुर्दे की गंभीर बीमारी से उबर रहे वी.पी. सिंह हमेशा कहते रहे हैं कि वे 1999 के बाद सार्वजनिक जीवन में लौटेंगे। उन्होंने यह बात टीवी पर उस समय भी कही थी जब चुनाव नतीजों से संकेत मिल रहा था कि अटल बिहारी वाजपेयी दूसरी बार प्रधानमंत्री बनने वाले हैं। अब वे उन तीन दूसरे नेताओं से अनोखा गठजोड़ कर अपना वादा निभा रहे हैं, जिनके साथ उनकी तीन मामलों में समानता है। उन सभी ने काँग्रेस से राजनीति की शुरुआत की, सभी थोड़े समय के लिए प्रधानमंत्री रहे, और सभी लुटियन की दिल्ली में सब्सिडी प्राप्त सरकारी बँगले में रहते हैं। संक्षेप में, वे नए और

पुराने दृष्टिकोण का सामंजस्य करने के साथ–साथ सरकारी जमीन पर बेजा कब्जा करने वालों के उद्देश्य का समर्थन करने वाले आदर्श उम्मीदवार हैं। वी.पी. सिंह ने इतिहास के हवाले से कहा, 'महात्मा गाँधी ने अंग्रेजी हुकूमत के खिलाफ अपना सत्याग्रह चंपारण से शुरू किया था।'

लालू के देश में मच्छरों के प्रकोप से पीड़ित चंपारण समाचार माध्यमों की पहुँच से दूर है। लिहाजा, निर्दयी कानून के खिलाफ रातभर के धरने के लिए वी.पी. सिंह ने वजीरपुर को चुना। इसी तरह, राजग सरकार की 'गरीब विरोधी और किसान विरोधी नीतियों' के खिलाफ आंदोलन छेड़ने के लिए उन्होंने दिल्ली से सटे गाजियाबाद और मेरठ में 9 और 15 अप्रैल को सार्वजनिक सभा करने का फैसला किया है। फिर एक रथ–यात्रा भी होगी, जो बकौल वी.पी. सिंह , 'रथ यात्राओं का अर्थ बदल देगी।'

उत्साहित वी.पी. सिंह ने कहा, 'हमने आजादी कड़े संघर्ष से हासिल की है। हम हर हाल में इसे बरकरार रखना चाहते हैं।' उनके लिए वजीरपुर का संघर्ष अन्यायी सामाजिक व्यवस्था और असंवेदनशील सरकार के खिलाफ लड़ाई का प्रतीक है। 'अगर सरकार सभी अनधिकृत फार्म हाउसों को भी ढहा दे तब हम इन झुग्गी बस्तियों को उजाड़ने से नहीं रोकेंगे। अमीरों और गरीबों के लिए अलग–अलग नियम नहीं हो सकते।'

सतही रूप से देखें तो इस पूरे जनजागरण कार्यक्रम में कमाल का समाजवादी पुट है। सब्सिडी राज को उसके पुराने रूप में लागू किया जाए, भूमंडलीकरण की प्रक्रिया को पलटा जाए और साथ ही संविधान में समीक्षा समिति के बेजा दखल को रोका जाए। इससे पर्चेबाजी के पुराने दौर की याद ताजा हो जाती है। लेकिन नई चौकड़ी के चुने गए प्रवक्ता पूर्व प्रधानमंत्री इंद्रकुमार गुजराल कहते हैं, 'सरकार सब्सिडी के मामले में लोगों को गुमराह करने के लिए झूठ का सहारा ले रही है।' मजे की बात यह कि इस समूह में वह शख्स नहीं है जिसने आधुनिकता की ओर यह अप्रतिष्ठित कदम उठाया था। वैसे, पी.वी. नरसिंह राव इसमें अनुपस्थित रहे, पर दावा किया गया है कि उन्होंने नैतिक समर्थन दिया है।

ऐसा नहीं है कि ये पूर्व प्रधानमंत्री निष्ठुर बाजार अर्थव्यवस्था की खामियों को दूर करने के इरादे से निकले पार्टी विहीन दूरदर्शी राजनेता बनकर ही संतुष्ट हो जाएँगे। उनकी सरगर्मी के पीछे प्रासंगिकता है तो अभिलाषापूर्ण उद्देश्य भी है।

सीधे–सादे शब्दों में, प्रासंगिकता यह है कि विपक्ष का स्थान खाली पड़ा है। पारंपरिक सोच बताती है कि सोनिया गाँधी दिल्ली में भगवा प्रभुत्व वाले गढ़ों पर जोर–शोर से हमला बोलने में अक्षम हैं। लिहाजा, बेकार बैठे नेताओं को लगता है कि मौका आ गया है। और विपक्ष का खाली स्थान छीनने की लड़ाई का नेतृत्व करने के लिए मंडल नायक वी.पी. सिंह से बेहतर नेता कौन हो सकता है? सत्ता खोने के एक दशक बाद और जनता दल को अनगिनत परस्पर विरोधी गुटों में बिखरते देखने के

बावजूद लोगों में वी.पी. सिंह का आकर्षण बरकरार है। उन्हें अब भी ईमानदार और गरीबों के मसीहा के रूप में देखा जाता है। वजीरपुर के एक झुग्गीवासी ने कहा, 'वे भगवान बुद्ध के अवतार हैं।'

आश्चर्य नहीं कि दिशाहीन पार्टियाँ उनके इर्दगिर्द जमा हो रही हैं। काँग्रेस अब भी उनसे खार खाए बैठी है क्योंकि उन्होंने राजीव गाँधी को सत्ता से हटाया था लेकिन वामपंथ को उनसे गुरेज नहीं है। माकपा महासचिव हरकिशन सुरजीत पूर्व प्रधानमंत्रियों के साथ रेस कोर्स रोड पर मौजूदा प्रधानमंत्री से मिलने गए थे। उन्हें यूँ ही शामिल नहीं किया गया। नए जेहाद के लिए दोनों कम्युनिस्ट पार्टियाँ संगठन और प्यादे यानी कार्यकर्ता मुहैया कराएँगी। ठीक उसी तरह जिस तरह 1988–89 में वी.पी. सिंह द्वारा राजीव गाँधी को बोफोर्स तोप का निशाना बनाने पर आर.एस.एस. ने किया था।

लेकिन मौजूदा माहौल में प्रासंगिक बनने के लिए उन्हें खासी मेहनत नहीं करनी होगी। पूर्व प्रधानमंत्रियों का खेमा इन सरगोशियों से उत्तेजित है कि यह आंदोलन पुराने तीसरे मोर्चे–समाजवादियों, कम्युनिस्टों और क्षेत्रीय पार्टियों के महागठबंधन की वापसी की शुरुआत भर है। एस.पी.एम. के संस्थापक पृथ्वी सिंह सरीखे लोगों का मानना है कि पूर्व तीसरे मोर्चे के उन तत्वों को, जो अभी राजग में नहीं हैं, केवल मांडा के राजा ही स्वीकार्य हैं। चारों में से सिर्फ एक लोकसभा सदस्य, पूर्व प्रधानमंत्री चंद्रशेखर ने कहा, 'हमने कोई गुट, मोर्चा या पार्टी नहीं बनाई है। अभी तो नहीं।'

लेकिन तीसरे मोर्चे का पुनर्गठन महज मामूली शुरुआत है। इस तरह की बात में कोई दम नजर नहीं आता है कि वजीरपुर से उठने वाले झटकों से राजग सरकार हिल जाएगी और फिर प्रधानमंत्री वाजपेयी के पहले भी 'पूर्व' शब्द जुड़ जाएगा। सब्सिडी में कटौती पर एन. चन्द्रबाबू नायडू के विरोध से उत्साहित इस चौकड़ी से जुड़े लोगों को यह भी खुशफहमी है कि थोड़े ही दिनों में जनता दल (यू), समता पार्टी, तेदेपा और द्रमुक भाजपा का साथ छोड़कर असली ठिकाने पर लौट आएँगे।

ऐसा हो या न हो, लेकिन वी.पी. सिंह ने साबित कर दिया है कि राजनीतिक के रूप में उनकी पारी अभी खत्म नहीं हुई है। उन्होंने निरंतर समस्या बने रहने की अपनी क्षमता भी जाहिर कर दी है। वे ऐसे शेखचिल्ली की भूमिका में आ गए हैं, जिसके साथ तीन दूसरे साथी भी हैं, और लाल झंडे की प्रेरणा भी।

(रिपोर्ट : इंडिया टुडे, 12 अप्रैल 2000)

अध्याय : ग्यारह

दस्तावेज

जनमोर्चा की रैली में वी.पी. सिंह का भाषण

जो दल व संगठन किसान मंच और जनमोर्चा से जुड़े हैं उनका मैं आदरपूर्वक स्वागत करता हूँ। उनका सहयोग जनसमस्याओं से जूझने के लिए बहुत बड़ा सम्बल होगा। सरकारें आती हैं, जाती हैं लेकिन जनता के हालात नहीं बदलते। अखबारों में जिन मंत्रियों के नाम छपते हैं केवल वही नाम बदलते हैं। लेकिन खेत में खून–पसीना बहाने वाले किसानों, फैक्ट्रियों में मरते–पचते मजदूरों, बेकारी के शिकार हुए बुनकरों और नैजवानों की बेबसी में कोई फर्क नहीं होता। मेरा विश्वास है कि जनतंत्र पंचवर्षीय चुनावी मेला नहीं है।

जनता को अपने मुद्दे को लेकर लगातार संघर्ष करना चाहिए चाहे अपनी ही सरकार क्यों न हो? क्योंकि सरकार चाहे जिस पार्टी की हो, जनता से कुछ समय के बाद उसका फासला हो ही जाता है। ये फासला जन संघर्षों से ही खत्म किया जा सकता है। सरकारें जनता के शरीर पर कमीज की तरह हैं। केवल कमीज बदलने से बीमार की तन्दुरुस्ती नहीं ठीक होती। हाँ, अगर कमीज मटमैली हो जाय और उसमें छेद हो जाय तो बदलना जरूरी होता है क्योंकि उससे बीमार को और नयी बीमारियाँ लग सकती हैं। लेकिन अगर यह सोचें कि कमीज बदलने से बीमार की हालत ठीक हो जायेगी तो यह भ्रम है। आपने देखा होगा कि पश्चिम बंगाल को छोड़कर हर जगह सरकारों का अदल–बदल होता रहा। जनता की हालत उस बीमार की तरह होती है जो कभी एक करवट सोती है और उससे उसको राहत नहीं मिलती है तो इस उम्मीद से कि शायद दूसरी करवट से राहत मिले, वह करवटें बदलती रहती है। जनता शक्तिवान बने, इसलिए जरूरत है कि अपने पुरुषार्थ पर भरोसा करके लगातार संघर्ष में जुटें। आज जो उपेक्षित हैं वे हैं किसान, मजदूर, बुनकर, नौजवान, दलित, पिछड़े और सभी गरीब वर्ग के लोग जो अपनी मुसीबत के साथ–साथ डब्ल्यू.टी.ओ. और वर्ल्ड बैंक की मार खा रहे हैं। अपने बाजारीकरण की वजह से पूँजीपतियों और धनाढ्यों

की प्रगति देश की प्रगति मान ली गई है। राजनीति में एक ओर पूँजीपति हावी हो रहे हैं तो दूसरी ओर अपराधी तत्व भारी पड़ रहे हैं। साम्प्रदायिक शक्तियाँ देश की एकता के लिए बड़े खतरे के रूप में खड़ी हैं, देश की आजादी आपसी एकता से मिली थी और आपसी एकता से बनी भी रहेगी। अंधे बाजारीकरण की वजह से जो इस एकता पर आघात करते हैं वे देश के बँटवारे की नींव डालते हैं। ऐसी शक्तियों को हमें मिलकर शिकस्त देनी चाहिए। इसके लिए एक व्यापक अभियान की आवश्यकता है, जिसमें केवल राजनैतिक दल ही नहीं बल्कि जन संगठन भी हों। इस परिप्रेक्ष्य में और दलों व संगठनों के साथ वामपंथी दल महत्त्वपूर्ण भूमिका अदा कर सकते हैं। मुझे विश्वास है कि वे इस पर अवश्य विचार करेंगे। इन संघर्षों के बीच साथियों ने मुझे यह सलाह दी कि अपने लक्ष्यों की प्राप्ति के लिए और उपेक्षित वर्गों की आवाज उठाने के लिए हमारे प्रतिनिधि विधानसभा व लोकसभा में पहुँचने चाहिए। इस प्रयोजन से किसान मंच की राजनैतिक शाखा जनमोर्चा स्थापित की गई है जो समान विचार वाले दलों के गठबंधन के रूप में उभरा है। इस गठबंधन में जमीनी शक्ति रखने वाले कई दल जुड़े हैं। ये दल एक गतिमान सामाजिक मंथन के भी प्रतीक हैं। जनमोर्चा के अध्यक्ष हमारे नौजवान साथी राज बब्बर हैं। वे मूल्यों के आधार पर एक स्वच्छ राजनीति के लिए लड़ रहे हैं। उनकी कर्मनिष्ठा, सूझ–बूझ, लगन और लोकप्रियता हमारे लिए एक बड़ी शक्ति है। आज की इस रैली के बाद पूरे उत्तर प्रदेश में 11 जून से मुक्ति अभियान का नेतृत्व करेंगे जिसका प्रारम्भ मिर्जापुर से करेंगे। सभी वर्गों से इस मुक्ति अभियान में सहयोग देने की मैं प्रार्थना करता हूँ।

किसान मंच व जनमोर्चा कुछ समय से मुक्ति अभियान के मुद्दों को लेकर संघर्ष करता रहा है। इस समय आस्ट्रेलिया से गेहूँ केंद्र सरकार खरीद रही है। इसके बारे में किसान मंच व जनमोर्चा ने केवल बयान ही नहीं दिया बल्कि दिल्ली में महेन्द्र सिंह टिकैत और ऋषिपाल अम्बावत की अगुवाई में दो रैलियों में पूरी शक्ति के साथ शरीक हुए। किसान मंच व जनमोर्चा ने किसानों से जो सूद लिया जाता है उसको घटाने के लिए सशक्त पैरवी की है और आपको जानकर खुशी होगी कि इस बजट पर इसका असर पड़ा और सूद कम हुआ है। डीजल के दामों की बढ़ोतरी पर किसान मंच ने केंद्र सरकार से माँग की है कि किसानों को सस्ता डीजल मिले। अभी हाल में पूना के पास मान गाँव में करीब 1500 एकड़ भूमि अधिग्रहण की जा रही थी। वहाँ पर पुलिस फायरिंग हुई और कई किसान घायल हुए। किसान मंच के हस्तक्षेप से अधिग्रहण निरस्त हो गया। किसान केवल भुखमरी का शिकार नहीं है बल्कि आत्महत्या के कगार पर आ गया है। केंद्र सरकार किसानों को और कर्ज देने की योजना बना रही है लेकिन इससे मसला हल नहीं होगा। जब तक कृषि लाभकारी नहीं बनायी जायेगी। इनके कर्ज का मामला और उलझता जायेगा। मेरा मानना है कि किसानों की यह हालत केंद्र और प्रदेश सरकारों की गलत नीतियों के कारण हुई। इसलिए जरूरी हो गया है कि

जब किसान कर्ज से उबर नहीं पा रहा है तो सरकार अपनी गलत नीतियों के प्रायश्चित के रूप में किसानों और बुनकरों के कर्ज को एक बार माफ करके कृषि को लाभकारी करने के लिए नयी नीतियों की शुरुआत करे। जनता दल ने किसानों और बुनकरों के कर्ज माफ कर दिए थे। मैं करुणानिधि की तारीफ करूँगा कि उन्होंने मुख्यमंत्री पद की शपथ लेने के एक घंटे के अन्दर किसानों के जो कोऑपरेटिव के कर्ज थे उनको माफ कर दिया। जो तमिलनाडु में करुणानिधि कर सकते हैं तो उत्तर प्रदेश एवं अन्य राज्यों के मुख्यमंत्री क्यों नहीं कर सकते?

एक बहुत बड़ा संकट किसानों की भूमि अधिग्रहण के रूप में आया है। विभिन्न राज्यों में किसान की सबसे उपजाऊ भूमि औने–पौने दाम पर अधिग्रहण करके बड़े पूजींपतियों और बिल्डरों को दी जा रही है। इस तरह का अधिग्रहण तत्काल बंद होना चाहिए और यदि किसी पूँजीपति को जमीन की जरूरत है तो वह किसानों से सीधी बात करके किसान जिस दाम पर राजी–खुशी हो उस दाम पर उसे जमीन खरीदनी चाहिए। किसानों की दुर्दशा का एक और कारण है कि उसकी आवाज उठाने के लिए कोई फोरम नहीं है। उद्योगपतियों के पास फिक्की आदि कई फोरम हैं जिसके जरिए वे अपना केंद्र व राज्य सरकारों से काम करा लेते हैं लेकिन किसानों का कोई अखिल भारतीय फोरम नहीं है। कुछ अरसे से किसान मंच व जनमोर्चा उत्तर प्रदेश में किसान विकास परिषद की माँग कर रहा है जिससे किसान अपनी आवाज उठा सकें। जब मैं प्रधानमंत्री था तो मैंने राष्ट्रीय स्तर पर किसानों का एक ऐसा फोरम बनाया था। उत्तर प्रदेश विकास परिषद बनी है लेकिन उसके अन्दर उद्योगपतियों के अलावा न किसान, न बुनकर और न मजदूर हैं। क्या किसानों, मजदूरों और बुनकरों के बिना उत्तर प्रदेश के विकास की कल्पना की जा सकती है। किसान मंच व जनमोर्चा कुछ अर्से से किसान विकास परिषद की माँग कर रहा है। इस संबंध में किसान मंच ने कई पत्र मुख्यमंत्री को लिखे। मुलायम सिंह मुझसे मिलने दिल्ली आए थे तो मैंने इसकी माँग की थी। लेकिन अभी तक कोई प्रगति नहीं हुई है। किसान मंच व जनमोर्चा इस बात को लेकर मजबूती से संघर्ष करेगा। बुनकर देश में सही रूप से कच्चा माल नहीं पा रहे हैं, बिजली भी ठीक से नहीं मिल पा रही है और उनके सामान की सही ढंग से बिक्री भी नहीं हो पा रही है। इसका एक कारण तो जो चीन से सामान आयात हो रहा है उसके मुकाबले अपना माल वे नहीं बेच पा रहे हैं और पहले जो एक्साइज से छूट मिलती थी वह भी बंद कर दी गयी। केंद्र सरकार को राज्य सरकारों को बुलाकर नीतियों में संशोधन करना चाहिए।

गरीब जहाँ भी है उजाड़ा जा रहा है। बेकारी का शिकार होकर गाँव से शहर की ओर भागता है तो वहाँ उसकी झुग्गियों पर बुलडोजर चलता है। मैंने अपने जनचेतना मंच के साथियों के साथ बुलडोजरों के सामने खड़ा होकर यह नीति लागू करायी कि किसी झुग्गी वाले को नहीं हटाया जा सकता जब तक उसे वैकल्पिक जगह न मिल

जाये। अगर दिल्ली सरकार ने यह मान लिया तो उत्तर प्रदेश सरकार क्यों नहीं मान सकती और मैं केंद्र सरकार से माँग करता हूँ कि एक राष्ट्रीय नीति बनाकर तत्काल गरीबों को उजाड़ना बंद कराए।

हजारों साल से जाति व्यवस्था के कारण देश की बहुतायत जनता को अवसरों से वंचित रखा गया है जिससे देश की प्रतिभा कुंठित हुई। ऐसे वंचित वर्गों को अवसर दिलाने के लिए मैंने मंडल कमीशन लागू किया, इसे सुप्रीम कोर्ट ने स्वीकारा और हर दल इसका अनुसरण कर रहा है। लेकिन मंडल लागू होने के 15 साल बाद भी अति पिछड़ों को और मंडल के अन्दर जो मुसलमान वर्ग आया है उनको भी हिस्सा नहीं मिला। किसान मंच अति पिछड़े वर्गों व मुसलमान भाइयों, जो मंडल कमीशन के अन्दर हैं, उनकी आबादी के अनुसार उनको हक दिलाने के लिए संघर्ष करेगा। इसी के साथ पसमाँदा मुसलमान हैं और वही काम करते हैं जो हमारा दलित वर्ग करता है, उनको भी हक दिलाने के लिए किसान मंच व जनमोर्चा पहल करेगा। अभी अर्जुन सिंह ने लोकसभा के सर्वसम्मत प्रस्ताव के साथ उच्च शिक्षा में पिछड़े वर्ग का आरक्षण घोषित किया। उसमें किसान मंच और जनमोर्चा ने एक समन्वय रास्ता बताया है, जिसे केंद्रीय स्वास्थ्य मंत्री अम्बुमणि रामदास मुझसे मिलने आए तो मैंने उन्हें सुझाव दिया कि मेडिकल सीटें इसी साल दूनी कर दें, इस रास्ते से जनरल सीट एक भी कम नहीं होगी और पिछड़े वर्ग को 50 प्रतिशत हिस्सा भी मिल जायेगा। हाल में अर्जुन सिंह को जेल भेजने की बात उठायी गई और अगर उनको जेल भेजने की बात है तो मुझे सूली पर चढ़ाने की बात हो जायेगी। जब जनता दल को सत्ता मिली उस समय संसद में बाबा साहब का फोटो लगाने की घोषणा की गई थी और उनको भारत रत्न से विभूषित करके भारत रत्न की उपाधि की गरिमा बढ़ाई। नव बौद्धों को उनका अधिकार दिया गया। केंद्र सरकार ने देहात में एक हजार करोड़ रुपये खर्च करने की घोषणा की है। मैं पूछना चाहता हूँ कि इस एक हजार करोड़ में दलित भाइयों का कितना हिस्सा है। किसान मंच व जनमोर्चा माँग करता है कि दलितों का हिस्सा अलग घोषित किया जाये जो उन्हीं पर खर्च हो। इसी प्रकार केंद्र सरकार ने एक लाख करोड़ रुपये शहरों पर खर्च करने का फैसला किया है। किसान मंच और जनमोर्चा माँग करता है कि झुग्गी झोपड़ी की आबादी के अनुसार उनका हिस्सा अलग कर दिया जाए। दलित भाइयों की पिछड़ी जनगणना के बाद आबादी 22 से 25 फीसदी हो गई है। अभी हाल की जनगणना के आधार पर दलित भाइयों की 14 सीट लोकसभा में और बनती हैं। मैंने 14 लोकसभा सीट बढ़ाने के लिए सुप्रीम कोर्ट में पी.आई.एल. किया था। इसमें सरकार ने कहा कि इसे हम करने जा रहे हैं तो जज ने कहा कि सरकार जब करने जा रही है तो इस पी.आई.एल. की क्या आवश्यकता है और मैं भी मान गया। लेकिन केंद्र सरकार अपनी बात से पीछे हट गयी, सरकार को अपना वचन पूरा करना चाहिए।

मैं इस बात से बहुत चिंतित हूँ कि अमेरिका सारी दुनिया के मुसलमानों को

आतंकवादी छवि देना चाहता है। उस फंदे में हम लोगों को नहीं फँसना चाहिए। जहाँ तक आतंकवादियों का सवाल है, चाहे वह हिन्दू हो या मुसलमान, सख्ती से निबटना चाहिए, परन्तु हर एक को शक की निगाह से नहीं देखना चाहिए। साथ ही यह एहतियात रखना चाहिए कि किसी बेगुनाह पर जुल्म न हो।

देश के उच्च वर्ग में भी गरीब हैं और इन गरीबों को आरक्षण देने के लिए आजादी के बाद देश में पहली बार किसी राजनैतिक दल ने आवाज उठाई, वह जनता दल था। इससे पहले किसी राजनैतिक दल ने यह हिम्मत नहीं की थी। लेकिन इसके लिए संविधान संशोधन की आवश्यकता है और इसी वजह से अपने कार्यकाल में मैं इसे लागू नहीं कर सका। मैं चाहता हूँ कि सभी दल सर्वसम्मति बना संविधान संशोधन करें।

भाइयो, पिछड़े वर्ग के भाइयो, मुसलमान भाइयो, दलित भाइयो व गरीब भाइयो आपके समर्थन से कई लोगों ने राज पाया है। लेकिन मैंने तो आपके समर्थन में राज गँवाया है। यह भी सवाल उठाया गया है कि मैं यहाँ पर क्यों रैली कर रहा हूँ, मैं उत्तर प्रदेश में पैदा हुआ हूँ, यहाँ का अन्न खाकर बड़ा हुआ हूँ, यहीं पर काली तख्ती पर अक्षरबोध मिला है। मुख्यमंत्री के नाते आपकी सेवा की इसलिए यहाँ के लोगों के प्रति मेरा फर्ज है। उन पर कोई मुसीबत आएगी तो मैं अवश्य आऊँगा। अगर पॉवर स्टेशन के नाम पर किसानों की जमीन हड़प ली जायेगी और खलिहान, तालाब तथा चरागाह पूँजीपतियों व बिल्डरों को लगभग मुफ्त में दे दिया जायेगा, पावर स्टेशन निर्धारित समय में नहीं बनाया जायेगा तो मैं दादरी अवश्य जाऊँगा। लखनऊ से लेकर कानपुर तक किसानों की जमीन उनकी इच्छा के विरुद्ध एक्वायर की जायेगी तो वहाँ के किसानों के बीच अवश्य जाऊँगा। अगर गोमती की तलहटी में नियमों के विरुद्ध बिल्डरों को जमीन दी जायेगी तो मैं लखनऊ अवश्य आऊँगा। अगर बनारस व आगरा में विकास के नाम पर किसान से कौड़ियों के भाव जमीन लेकर धनाढ्यों के लिए बहुमंजिली इमारतें बनाने के लिए दी जायेंगी तो आगरा और बनारस जरूर जाऊँगा। इलाहाबाद व नैनी में एक शताब्दी से बसाये किसानों को बेदखल किया जायेगा तो मैं नैनी जरूर जाऊँगा। अगर दिल्ली में उत्तर प्रदेश की जमीन पर हजारों झुग्गियों पर बुलडोजर चलाया जायेगा तो उनकी मदद में जरूर खड़ा होऊँगा। इतना ही नहीं किसी भी शहर में झुग्गी झोपड़ी बिना वैकल्पिक जगह दिये हटायी जाती है तो मैं वहाँ जरूर जाऊँगा।

मुझसे कौन पूछ सकता है कि मैं यहाँ क्यों आता हूँ। मेरे माता–पिता की राख का यहीं की गंगा में प्रवाह हुआ है। मेरा और मेरी सन्तानों की भी राख का प्रवाह यहीं की गंगा में होगा। मुझे यहाँ आने से कौन रोक सकता है। लोग मेरी बीमारी का सवाल उठाते हैं। उनके जवाब में 'सूखे पेड़' पर एक कविता लिखी है, उसे सुनाना चाहता हूँ–

"कितना लबरेज क्यों न हो चमन,
नहीं हरा होगा अब यह तन

पर खड़ा रहूँ मैं अकेला,
मेरी सूखी जड़ों में अब भी है दम।''

लेकिन अब मैं अकेला कहाँ? मंच पर जो बैठे साथी और आप जो मेरे सामने बैठे हैं, हम सब मिलकर महान विजय की ओर चलेंगे।

(30 मई 2006 को लखनऊ में जनमोर्चा की 'घेरा डालो–डेरा डालो' रैली में भाषण)

× × ×

वी.पी. सिंह की ग्यारह कविताएँ

एक

मैं और वक्त
दोनों काफिले के आगे–आगे चले
चौराहे पर·
मैं एक ओर मुड़ा
बाकी वक्त के साथ आगे चले गए

दो

एक दिन मेरा नाम
मुझसे अलग जा खड़ा हुआ
जग ने पूछा–
''इन दोनों में तुम कौन हो?''
अपने नाम को ही सच बता
मैं अपने को नकार गया
तब से इस जग में
मैं
अपरिचित, गुमनाम हूँ।

तीन

उसने उसकी गली नहीं छोड़ी
अब भी वहीं चिपका है
फटे इश्तहार की तरह
अच्छा हुआ मैं पहले निकल आया
नहीं तो मेरा भी वही हाल होता

चार

जो एक्का भी न बन सके
और दुग्गी भी
मौका पड़ने पर बादशाह
और फिर गुलाम भी
वही है जोकर
यानी ''जो वक्त कहे सो कर''
इसलिए
सत्ता में भी ऐसा ही पत्ता
सबसे ज्यादा चलता है
गड्डी चाहे जितनी फेंटो
जोकर
सबके ऊपर हावी रहता है।

पाँच

क्या खोज रहा था,
भूल गया हूँ
इसलिए जो भी मिल जाता है
बटोर रहा हूँ
इस गठ्ठर को सर पर लादे
दुनिया को दिखा रहा हूँ
पर,
अपने हाथों इसे उतार नहीं पा रहा हूँ
माना तुम इसे उतरवा दोगे
पर तब
मैं खाली हाथ हो जाऊँगा।

छह

पैगाम तुम्हारा
और पता उनका
दोनों के बीच
मैं ही
फाड़ा जाऊँगा।

सात

कुरेदी हुई अनुभूतियों का
चक्रव्यूह हूँ
इसलिए
सुई की नोक से बजता हूँ
बिकाऊ हूँ
जो चाहे मुझे नचा ले
बजा ले
पर गीत एक ही गाता हूँ
वही
जो छाती पर कुरेदे हूँ।

आठ

अपनी ही पहचान बनाने में
जब सब अपनी जान लगाए हों
तो बताओ यहाँ कैसे
जान–पहचान हो

नौ

''मेरी पूजा तो होने लगी है
पर अब लोग वरदान माँगने लगे हैं।
बताओ किस हिम्मत से
इतनी जल्दी
मैं इन्सान से देवता बन जाऊँ''
''घबराओ नहीं,
मौन रहना
मौन रहना
हर दर्द पर मौन रहना
चुप्पा पत्थर ही आखिर
देवता बन जाता है''
बिचारा इन्सान तो
बीच में ही
चीख उठता है।

दस

कुर्सी के हाथ होते हैं
पैर और पीठ भी
पर
सर नहीं होता

यह सर आये कैसे ?
चिन्ता न करो
कुर्सी का 'अ–सर' इतना
कि 'सर' के पुजारी
घेरा डाल देते हैं
और 'सर' 'सर' के मंत्र जाप से
बैठने वाले का सर चढ़ा देते हैं

कुर्सी पर बैठने वाले के सर की
इस बलि से
कुर्सी का एक 'सर' उग आता है
सत्ता का एक गणेश पैदा हो जाता है
फिर कुर्सी का ही 'सर' बोलता है
बैठने वाला तो
कुर्सी के पेट में समा जाता है

ग्यारह

मेरा एक तरफ चमकदार है
उसमें चेहरों की चहल–पहल है
उसे दुनिया देखती है

दूसरी ओर
कोई नहीं
मैं भी नहीं
इसे मैं ही अकेले देखता हूँ।

(एक टुकड़ा धरती, एक टुकड़ा आकाश से साभार)

संदर्भ सामग्री

1. पुस्तक सूची

1. द लोनली प्राफेट–वी.पी. सिंह : ए पॉलिटिकल बायोग्राफी	सीमा मुस्तफा
2. वी.पी. सिंह–पोर्ट्रेट ऑफ ए लीडर	मदन गौर
3. जब मैं राष्ट्रपति था	रामास्वामी वेंकटरमन
4. थ्रू द कॉरिडोर ऑफ पॉवर	पी.सी. एलेक्जेंडर
5. ए कैबिनेट सेक्रेटरी लुक्स बैक	बी.जी. देशमुख
6. कश्मीर–समस्या और विश्लेषण	जगमोहन
7. ओपेन सीक्रेट्स	मलय कृष्ण धर
8. राजनीति का शतरंज : वी.पी. से पी.वी. तक	मधु लिमये
9. वी.पी. सिंह : द क्वेस्ट फॉर पॉवर	जनार्दन ठाकुर
10. द स्टेट ऐज सॅराड : वी.पी. सिंह, चंद्रशेखर एण्ड द रेस्ट	अरुण शौरी
11. स्वदेशी स्वराज ही क्यों?	देवदत्त
12. निशाने पर समय, समाज और राजनीति	संतोष भारतीय
13. मेरी संसदीय यात्रा (चार खण्ड) – अटल बिहारी वाजपेयी	संपादक : ना.मा. घटाटे
14. एक टुकड़ा धरती, एक टुकड़ा आकाश	वी.पी. सिंह
15. एवरी टाइम वेकअप, इट इज नाइट	वी.पी. सिंह
16. बोफोर्स–दि अनफिनिस्ड स्टोरी	स्टेट्समैन प्रकाशन
17. बोफोर्स : दि सेलिंग ऑफ नेशन	प्रशांत भूषण
18. रिकोलोनाइजेशन : गैट, द उरुग्वे राउंड एण्ड द थर्ड वर्ल्ड	चक्रवर्ती राघवन

19. खरा सत्य	एन.के. सिंह
20. अपराध और भ्रष्टाचार की राजनीति	एन.के. सिंह
21. आर्थिक वैश्वीकरण	भगवती प्रकाश शर्मा
22. चंद्रशेखर–रहबरी के सवाल : राजनीति के पैंतीस वर्षों की पड़ताल	रामबहादुर राय
23. रिफरेन्स हैण्डबुक, खण्ड – एक, आम चुनाव–1991	पी.आई.बी., भारत सरकार
24. काउंसिल आफ मिनिस्टर्स (1947–1989)	लोकसभा सचिवालय
25. सातवीं लोकसभा सदस्य परिचय	लोकसभा सचिवालय
26. दसवीं लोकसभा सदस्य परिचय	लोकसभा सचिवालय

2. रिपोर्ट

1. बोफोर्स पर संसदीय संयुक्त समिति की रिपोर्ट (1988)
2. राष्ट्रीय मोर्चा–चुनाव घोषणा पत्र (1989, लोकसभा चुनाव)
3. न्यायमूर्ति ठक्कर–नटराजन जाँच आयोग की रिपोर्ट (1987)
4. जैन आयोग की रिपोर्ट (1998)

3. दस्तावेज

(क) नेहरू स्मारक संग्रहालय एवं पुस्तकालय के मौखिक इतिहास विभाग की विश्वनाथ प्रताप सिंह के संस्मरण की रिकार्डिंग की प्रतिलिपि

(ख) 1. 15 अगस्त 1990 को लाल किले की प्राचीर से प्रधानमंत्री के रूप में भाषण (पी.आई.बी.)

2. 3 दिसंबर 1989 को प्रधानमंत्री के रूप में राष्ट्र के नाम संदेश (पी.आई.बी.)
3. राष्ट्रीय एकता परिषद में भाषण (पी.आई.बी.)
4. 9 अप्रैल 1990 को 'भारत' पर राष्ट्रीय सम्मेलन में भाषण (पी.आई.बी.)
5. टेक्स्ट ऑफ एक्शन प्लान – द हिन्दू, 2 जनवरी 1990

4. संसद में वी.पी. सिंह

(क) लोकसभा

1. आम बजट पर	10.6.1971
2. विज्ञान एवं तकनीकी मंत्रालय	14.4.1972

3.	पोखरन में आणविक विस्फोट	8.8.1974
4.	बौद्धिक पलायन	9.8.1974
5.	भारतीय उपमहाद्वीप : एक उन्मुक्त क्षेत्र	16.8.1974
6.	खेतिहर मजदूरों के वास्ते पी.एम.बी. कमीशन की रिपोर्ट	30.8.1974
7.	तेल उद्योग बिल	6.9.1974
8.	इन्कम टैक्ट बिल	7.9.1974
9.	वाणिज्य मंत्री के रूप में	22.4.1975
10.	जानवरों की चर्बी आयात	15.11.1983
11.	जानवरों की चर्बी आयात–निर्यात नीति	12.4.1984
12.	सामान्य माँग	16.4.1984
13.	सामान्य बजट–1985–86	16.3.1985
14.	पंजाब बजट–1985–86	19.3.1985
15.	आम बजट	25.3.1985
16.	भ्रष्टाचार	29.3.1985
17.	आयात–निर्यात नीति	12.4.1985
18.	भारतीय अर्थव्यवस्था और काला धन	23.7.1985
19.	सामान्य अनुदान	30.7.1985
20.	भारतीय अर्थव्यवस्था और काला धन	23.8.1985
21.	बीमार औद्योगिक इकाई	20.11.1985
22.	भारतीय अर्थव्यवस्था	3.12.1985
23.	बीमार उद्योग	9.12.1985
24.	वित्तीय नीति	19.12.1985
25.	बोफोर्स पर बयान	29.12.1989
25.	जम्मू और कश्मीर	13.3.1990
26.	धन्यवाद–प्रस्ताव	16.3.1990
27.	लोकसभा उपाध्यक्ष का चुनाव	19.3.1990
28.	नामीबिया की यात्रा पर बयान	10.4.1990
29.	मानव संसाधन विकास मंत्रालय : प्रधानमंत्री का हस्तक्षेप	19.4.1990
30.	मौलवी फारुख की हत्या	22.5.1990
31.	मेहम काण्ड पर प्रधानमंत्री	22.5.1990
32.	सार्वजनिक जीवन की पवित्रता एवं मूल्याधारित राजनीति	22.5.1990

33. अनुसूचित जाति एवं जनजाति आयोग को संवैधानिक दर्जा 29.5.1990
34. मंडल कमीशन की रिपोर्ट पर बयान 7.8.1990
35. मंडल कमीशन की रिपोर्ट पर स्पष्टीकरण 9.8.1990
36. श्री शिवराज पाटिल के लोकसभा अध्यक्ष बनने पर शुभकामना–संदेश 10.7.1991
37. स्व. राजीव गाँधी को श्रद्धाजंलि अर्पित करते हुए 11.7.1991
38. धन्यवाद–प्रस्ताव 18.7.1991
39. मल्लिकार्जुन को लोकसभा उपाध्यक्ष बनने पर शुभकामना–संदेश 13.8.1991
40. अनुसूचित जाति एवं जनजाति पर होने वाले अमानवीय व नृशंस व्यवहार पर 14.8.1991
41. अनुदान माँग 3.9.1991
42. विश्व मुद्राकोष एवं विश्व बैंक 25.2.1992
43. देश की अर्थव्यवस्था, विश्व मुद्रा कोष एवं विश्व बैंक 29.2.1992
44. धन्यवाद–प्रस्ताव 9.3.1992
45. आर्थिक उदारीकरण : देश पर धनपशुओं का कब्जा 17.3.1992
46. अयोध्या–प्रसंग 27.3.1992
47. राम जन्मभूमि–बाबरी मस्जिद विवाद 31.3.1992
48. बोफोर्स तोप : जाँच की लीपापोती 1.4.1992
49. विवादस्पद ढाँचा : सुरक्षा इंतजाम 13.7.1992
50. राम जन्मभूमि–बाबरी मस्जिद 29.7.1992
51. मण्डल आयोग 29.7.1992
52. केंद्रीय जाँच ब्यूरो के संयुक्त निदेशक श्री माधवन का त्यागपत्र 31.7.1992
53. हर्षद मेहता शेयर घोटाला काण्ड 3.8.1992
54. मण्डल आयोग : सरकार की आनाकानी 7.8.1992
55. हिदायतुल्ला के निधन पर श्रद्धांजलि 24.11.1992
56. भुगतान संतुलन 26.11.1992
57. गेहूँ निर्यात घोटाला काण्ड 26.11.1992
58. किसानों की बदहाली : डंकल का मसौदा 26.11.1992
59. आर्थिक, औद्योगिक व व्यापार–नीति के खिलाफ आंदोलन की धमकी 25.11.1992
60. अयोध्या–प्रसंग 3.12.1992

61. अविश्वास प्रस्ताव 21.12.1992
62. डंकल–प्रस्ताव 23.12.1992
63. अविश्वास प्रस्ताव 27.7.1993
64. मण्डल कमीशन : क्रीमी लेयर का मामला 5.8.1993

(ख) राज्यसभा

1. वनस्पति घी में गाय एवं सूअर की चर्बी मिलाने के संबंध में 16.11.1983
2. वाणिज्य मंत्रालय के प्रश्न 14.8.1984
3. श्रीमती गाँधी को सदन में श्रद्धांजलि 17.1.1985
4. राष्ट्रीय सुरक्षा 22.1.1985
5. श्रीमती नजमा हेपतुल्ला के उपसभापति बनने के उपरान्त बधाई–संदेश 25.1.1985
6. आम बजट 26.3.1985
7. आसमान छूते दाम : कमरतोड़ महँगाई 25.2.1986
8. आम बजट 18.3.1986
9. वित्त बिल 6.5.1986
10. कस्टम एवं एक्साइज ड्यूटी के सेटलमेंट पर वित्तमंत्री का वक्तव्य 1.8.1986
11. चुरहट लॉटरी कांड 22.8.1986
12. मौजूदा अर्थव्यवस्था (विश्वनाथ–अटल संवाद) 3.12.1986
13. प्रधानमंत्री राजीव गाँधी का बचाव 2.3.1987
14. चौधरी चरण सिंह को श्रद्धांजलि 27.7.1987
15. बोफोर्स–प्रसंग (विश्वनाथ प्रताप–नारायण दत्त संवाद) 7.12.1987
16. ठक्कर नटराजन रिपोर्ट : फेयर फैक्स ग्रुप का मामला 14.12.1987
17. पंजाब में आतंकियों से निपटने के लिए 15.3.1988

5. अखबार और पत्रिकाओं में वी.पी. सिंह

1. इंटरव्यू–वी.पी. शेखर गुप्त
2. इंटरव्यू–वी.पी. स्मृति कोपीकर
3. इंटरव्यू–वी.पी. रामबहादुर राय
4. इंटरव्यू–वी.पी. अरुण पाण्डेय
5. इंटरव्यू–वी.पी. अरुण पाण्डेय

6. सूचना अधिकार पर लेख	विश्वनाथ प्रताप सिंह
7. सामाजिक न्याय की राजनीति (लेख)	विश्वनाथ प्रताप सिंह
8. विश्वनाथ प्रताप सिंह की राजनीति में दूसरी पारी पर लेख	अरविन्द एन. दास
9. विश्वनाथ प्रताप सिंह की राजनीति में दूसरी पारी पर लेख	सुरेन्द्र मोहन
10. एक और राजनीतिक पुनर्जन्म	राजकिशोर
11. ठक्कर रिपोर्ट	ए.जी. नूरानी
12. पार्टियों की भरमार, मुद्दों का अकाल	उपेन्द्र वाजपेयी
13. एजेण्डा फार सरवाइवल	अमलेन्दु दास गुप्ता
14. किंग आफ हार्ड टाइम्स	एम.एल. कोतरो
15. गैंग ऑफ फोर रिग्रुप	स्टेट्समैन (संपादकीय)
16. वी.पी. के खास अफसर	भास्कर राय (इंडिया टुडे)
17. बेयांड द लखनऊ बेटल	हरीश खरे
18. प्रधानमंत्री दोहरे मापदंड अपना रहे हैं (वाजपेयी पर आरोप)	विश्वनाथ प्रताप सिंह
19. शोले और विश्वनाथ प्रताप सिंह	शास्त्री रामचन्द्रन
20. भ्रष्टाचार से कौन डरता है	राजकिशोर
21. सेन्ट किट्स : दोषी कौन	त्र्यम्बक शेखरी
22. सेन्ट किट्स	त्र्यम्बक शेखरी
23. डिजिंग रिस्पोंसब्लिटिस	हीरेन मुखर्जी
24. बहस का अब तक का सबसे घटिया स्तर	रामबहादुर राय
25. चक्कर चन्द्रस्वामी के	संझा जनसत्ता
26. लहरों का सौदागर	आलोक तोमर
27. चन्द्रस्वामी प्रकरण	दीनानाथ मिश्र
28. अमिताभ बच्चन	प्रमोद शुक्ल
29. वी.पी. के सवाल	भास्कर राय
30. मुस्लिमों के लिए रणनीतिक दृष्टिकोण	दैनिक जागरण
31. राष्ट्रीय सुरक्षा परिषद पर लेख	के.सुब्रह्मण्यन
32. जनता दल	हरीश खरे
33. जनता दल	सुरेन्द्र मोहन
34. झुग्गी झोपड़ी : वी.पी.	सुशील शर्मा
35. झुग्गी झोपड़ी : वी.पी.	नवभारत टाइम्स
36. झुग्गी झोपड़ी : वी.पी.	पंजाब केसरी

37. वी.पी. पर विश्लेषण — सरोज नागी
38. रोजगार गांरटी पर वी.पी. का बयान — दैनिक भास्कर
39. द मैन हू वुड बी किंग (हिन्दुस्तान टाइम्स की सितम्बर 6, 1987 की आवरण कथा) — कुँवर विजय सिंह
40. वी.पी. पर हिन्दुस्तान टाइम्स में 9 अगस्त 1987 का लेख — जनार्दन ठाकुर
41. राष्ट्रीय सहारा (हस्तक्षेप) – लोकसभा चुनाव पर विशेष–मार्च 1996
42. राष्ट्रीय सहारा (हस्तक्षेप) – लोकसभा चुनाव पर विशेष – जुलाई 1999
43. राष्ट्रीय सहारा (हस्तक्षेप) – राजनीतिक दलों पर टिप्पणी (17 मई 1997)
44. जनता दल टूटने के मायने (राष्ट्रीय सहारा–हस्तक्षेप) जुलाई 1999

(इन कतरनों की तारीख उपलब्ध नहीं है)

45. वी.पी. पेंटर के रूप में
46. क्या करेंगे चार पूर्व प्रधानमंत्री
47. चार पूर्व प्रधानमंत्रियों का वाजपेयी के नाम पत्र
48. वी.पी. सिंह के कार्यकाल में परमाणु विस्फोट का प्रस्ताव
49. वी.पी. सिंह और मध्य वर्ग का विद्रोह
50. शक्ति संतुलन डगमगाने से टूटा जनता दल
51. कल्याण सिंह द्वारा वी.पी. सिंह की आलोचना
52. जनता दल का बिखराव
53. यही स्वाभाविक भूमिका है जनता दल की
54. बोम्मई ने दोनों गुटों को वार्ता के लिए बुलाया
55. साक्षात्कार वी.पी. सिंह
56. राष्ट्रीय कार्यकारिणी की बैठक में दोनों पक्षों को बोम्मई ने बुलाया
57. खोदा पहाड़ निकली संचालन समिति
58. विश्वनाथ की झोली में कुर्सी
59. सामाजिक चाय की ताकतों में अब यादवी युद्ध
60. वी.पी. सिंह गुटविहीन हैं
61. जनता दल कैसे बना?
62. जनता दल में एक और विभाजन
63. जनता दल फिर विभाजित
64. जनता दल में एका की कोशिशों को झटका
65. समझौता कौन चाहता है?
66. कितनी नावों पर सवार होंगे वी.पी. सिंह

67. जनता के कार्यभार
68. बागी गुट अब नेता मान रहें हैं वी.पी. सिंह को
69. जनता दल–भाजपा तालमेल ही व्यावहारिक रास्ता
70. वी.पी. सिंह और अरुण नेहरू खुली मुहिम पर
71. पार्टी विभाजन पर शरद/शहाबुद्दीन का साक्षात्कार
72. जद के बिखराव के लिए वी.पी. सिंह जिम्मेदार
73. काँग्रेस से निष्कासन के बाद वी.पी. की असली परीक्षा
74. मंडल सामाजिक फासीवाद का दर्शन है
75. वी.पी. सिंह का समर्थन और लालू का संकट
76. जद के दोनों धड़ों को एक करने की कोशिशें शुरू
77. जद के दोनों धड़ों में रस्साकशी तेज हुई
78. क्यों टूटे सामाजिक न्याय के प्रहरी
79. नहीं सुधरे इसलिए टूट गये
80. इस बार पार्टियाँ नहीं जनता एकजुट है (वी.पी. से एक भेंटवार्ता)
81. जनता दल ने नेता चुना
82. जनता दल–विपक्षी एकता का विफल प्रयास
83. दल को फिर से एक करने की कोशिश
84. कप्तानी कब करेंगे विश्वनाथ प्रताप सिंह
85. वी.पी. सरकार का पतन, चन्द्रशेखर ने बनाई नई पार्टी
86. दलों को सुधारने के लिए आन्दोलन जरूरी
87. जो नहीं जानते वफा क्या है?
88. आपातकाल एक भूल–वी.पी. सिंह
89. बोफोर्स में क्वात्रोची स्वयं फँस गये
90. बोफोर्स की एक रहस्यमयी दास्तान (1,2,3 पेज)
91. वी.पी. सिंह ने जन्मदिवस मनाया
92. अयोध्या मामले पर एक कथा
93. साक्षात्कार
94. देश की राजनीति में मोड़ ला सकता–एनरान का मुद्दा
95. देश के फास्ट ब्रीडर रिएक्टर को खतरा

नवभारत टाइम्स (1987-1990) : विशेष संवाददाता रामबहादुर राय की रिपोर्ट

1. राष्ट्रपति संविधान की रक्षा करे या प्रधानमंत्री की सलाह माने

2. राजीव को प्रधानमंत्री बनाना गलत था : कमलापति त्रिपाठी
3. देवीलाल की नजर संभावनाओं पर
4. चुनाव (89) : पूर्वी उत्तर प्रदेश में हौसला बुलंद
5. काशी विद्वत परिषद काँग्रेस के लिए अपील नहीं करेगी
6. विश्वनाथ प्रताप सिंह की ओर गोलियाँ चलीं
7. वि.प्र. का दिल जीतने की कोशिश में बोम्मई व रेड्डी
8. वि.प्र. ने दंगापीड़ितों का दर्द सुना
9. असम यात्रा से वि.प्र. का प्रभाव बढ़ा
10. गलतबयानी करनेवाले प्रायश्चित करें–वि.प्र.
11. पड़ोसी देशों से रिश्ता सुधरे–वि.प्र.
12. व्यवस्था में बदलाव वि.प्र. का अगला कुरुक्षेत्र
13. वि.प्र. अब व्यवस्था में बदलाव की लड़ाई लड़ेंगे
14. प्रधानमंत्री रो पड़े
15. इस बार देवीलाल अकेले पड़े
16. तलवार की धार पर चल रहे हैं वि.प्र.
17. राष्ट्रीय मोर्चा सरकार कटघरे में खड़ी है
18. नये दल का दारोमदार वि.प्र. पर
19. राष्ट्रीय दल की संभावनाओं का रामधन ने खंडन किया
20. विश्वनाथ प्रताप सिंह नया राष्ट्रीय दल बना रहे हैं
21. तमिलनाडु में जनमोर्चा तीसरी ताकत
22. वि.प्र. सिंह की तमिलनाडु की राजनीति में शानदार दस्तक
23. वी.पी. सिंह साहसी नहीं–बसु
24. बर्खास्तगी की भनक थी
25. एकता के सवाल पर जनमोर्चा टूटने से बचा
26. विपक्ष प्राथमिकता तय करे
27. विपक्षी एकता के लिए देवीलाल का दस्तावेज
28. वि.प्र. को काँग्रेस से निकाला जाएगा
29. जनता पार्टी का राष्ट्रीय अधिवेशन, भाग–1
30. मतभेद हैं पर हल कर लिए जाएँगे–आरिफ
31. चार विपक्षी पार्टियों का नया दल
32. संयुक्त विपक्षी दल का गठन इसी महीने
33. वि.प्र. सिंह और देवीलाल को भाजपा की चुनौती
34. चुनाव प्रचार के लिए आरिफ इलाहाबाद क्यों नहीं गए
35. बहुगुणा नई पार्टी नहीं बना रहे

36. रामाराव अध्यक्ष पद के दावेदार हैं
37. सात विपक्षी दल मिलकर राष्ट्रीय मोर्चा बनाएँगे
38. चंद्रशेखर और बहुगुणा के बगैर एकता की देवीलाल की कसरत
39. टेलीफोन कांड पर हेगड़े का इस्तीफा
40. रामाराव राष्ट्रीय मोर्चा के अध्यक्ष, वि.प्र. संयोजक
41. चंद्रशेखर और बहुगुणा की अलग खिचड़ी
42. वि.प्र. सिंह सभी गुटों को संतुष्ट नहीं कर सके
43. केन्द्र सरकार के खिलाफ संघर्ष छिड़ेगा
44. जनता पार्टी को वि.प्र. सिंह का नेतृत्व मंजूर
45. जनमोर्चा की राजनीति आंदोलन में बदलेगी
46. वि.प्र. भी बातचीत में शामिल
47. चंद्रशेखर–हेगड़े वार्ता विफल
48. बेंगलूर सम्मेलन से जुड़े कुछ सवाल
49. जनता पार्टी टूटेगी : 22 को शक्ति परीक्षण
50. रामधन बनवाएँगे समाजवादी जनता दल
51. जनता दल के निर्माण की औपचारिकताएँ इसी मास
52. देवीलाल सरकार से क्षुब्ध हैं बहुगुणा
53. जनता दल का ढाँचा दिसंबर से पहले नहीं
54. विपक्ष का महाभारत एक साल बाद खत्म
55. जनता दल बना : वि.प्र. सिंह अध्यक्ष
56. नये दल की नीति तय, नाम पर विवाद
57. सजद के गठन में अभी रुकावटें
58. विपक्षी एकता पर देवरस को संदेह
59. जनमोर्चा सजद में शामिल होगा : वि.प्र. ने सिद्धांत बताए
60. इस बार पार्टियाँ नहीं जनता एकजुट है–वि.प्र.
61. अब चंद्रशेखर करेंगे विपक्षी एकता की पहल
62. जनमोर्चा राजनीतिक दिशा तय नहीं कर पाया है
63. पटना में विपक्ष की रैली एक शुरुआत
64. बहुगुणा–वाम लोकतांत्रिक मोर्चा बनाने की फिराक में
65. देवीलाल वि.प्र. का जिक्र नहीं कर रहे हैं
66. बहुगुणा निकाले जाएँगे–शरद यादव
67. रामधन जनता दल में नहीं जाएँगे

अंग्रेजी अखबारों से

1. Interview - 19/1/06 & 31/1/06 - Hindujas' charge against V.P. Singh
2. 18/1/95 - The Times of India - V.P. Singh alliance try in Maharastra
3. V.P. Singh refused party president
4. 4 Feb - V.P. Singh Impresses CPI Leaders ... attitude towards communalism
5. 19 March - V.P. Singh withdraw post
6. V.P. Singh Goes Backward
7. 28 January - Problems in JD-BJP poll talks
8. May 4 - We must unite to throw BJP out, Says V.P. Singh
9. Stop BJP at any cost, Says V.P. Singh
10. Interview - Gujarat waas the last straw : V.P. Singh
11. Why R.K. Hegde hates V.P. Singh
12. Black Money - Politics bond can be broken
13. BJP sore at alienation
14. Opp- divided on VP, but set on unity
15. Top Dal Posts for Hegde, Ajit Singh
16. Farewell to Ideals (Manda and Babri Masjid)
17. Janata Dal Split (Making a virtue of political fragmentation)
18. V.P. 'Will' blacklist Bofors
19. JD (A) agreeable to merger with Bommai faction.
20. Who's Afraid of V.P. Singh? (Fading out or Lying how?)
21. Janata in the Dal
22. Left - JD alliance chances bright
23. Arjun Singh bid to humble Vora failed (In Madhya Pradesh)
24. VP's bid to appease Ajit Singh
25. JD Leaders fail to resolve UP imparre
26. VP, Ajit talks with LD-A fail
    Solution to Janata Dal Crisis Soon
27. Devi Lal's stand on V.P. Singh
28. Pressure on Ajit to quit Janata Dal
    Two JD leaders quit party posts
29. UP-JD Package almost ready
30. MP Janata Dal rift over Drug by poll
31. Rajasthan JD MLAs yet to singh affidator
32. Seat adjustments with all opposition parties
    Cong (J) to merge in JD
33. V.P. Singh for probe into Fera violations
    V.P. Singh deries meeting Heshman
34. Questions V.P. Singh Most Answer (Moral Precepts / blissfully Ignorant)

35. U.P. As Battle Theater (Knetty Problems / RSS caders/Opposite side)
36. VP Singh's indecision annoys BJP
37. BJP to be single largest party predicts VP
38. EMS Namboodiripad : BJP Tie- Up Fatel for opposition - 1989 to 1
39. VP Singh former prime minister
40. VP Singh hails solidarity off south at WTO talks
41. Manmohan's Peace efforts laudable : Singh
42. VP Singh paints a new canvas of life
43. Bofors Archives : VP Singh
44. No threat from left : VP Singh
45. Foodgrains are being diverted and not going to the people who actually work, says VP Singh
46. Premier thoughts : VP Singh
47. VP Singh is back, waiting & watching
48. VP Singh Sets a poser
49. The politics of VP Singh
50. VP Singh to lend support to people's movements
51. VP told to act the boss
52. VP Singh to garner left support against U.S. nuke deal
53. Wish I'd stuck to painting, says VP Singh

इंडिया टुडे

अंग्रेजी

नवंबर द्वितीय 1980	विश्वनाथ प्रताप सिंह एमएलसी बने
सितंबर द्वितीय 1980	इंटरव्यू–वी.पी.
16 सितंबर 1980	पार्टी के लिए संघर्ष
जनवरी प्रथम 1981	वी.पी. सिंह पर टिप्पणी
अप्रैल प्रथम 1981	वी.पी. सरकार पर टिप्पणी
अक्टूबर द्वितीय 1981	मंत्रिमंडल फेरबदल
जनवरी द्वितीय 1982	विशेष रपट–डकैत समस्या
जनवरी द्वितीय 1982	इंटरव्यू–वी.पी.
अप्रैल प्रथम 1982	सी.एस.पी. सिंह की हत्या
जुलाई प्रथम 1982	वी.पी. सिंह का इस्तीफा
नवंबर द्वितीय 1983	वनस्पति घी में चर्बी विवाद
नवंबर द्वितीय 1983	वाणिज्यमंत्री वी.पी. सिंह का इंटरव्यू
अप्रैल द्वितीय 1985	वित्तमंत्री विश्वनाथ प्रताप सिंह से बातचीत
सितंबर प्रथम 1985	वित्तमंत्री वी.पी. पर रिपोर्ट

नवंबर द्वितीय 1985	इंटरव्यू–वित्तमंत्री वी.पी. सिंह
31 दिसंबर 1986	वित्तमंत्री का कार्य और एल.एम. थापर विवाद

हिन्दी

दिसंबर द्वितीय 1986	वित्तनीति–उम्मीदें धरी रह गईं
फरवरी प्रथम 1987	आवरण कथा–वीपी : राजनैतिक सजा और जनमत सर्वे
अप्रैल प्रथम 1987	और क्या करते? (फेयरफैक्स खुफिया जाँच का मामला)
अप्रैल द्वितीय 1987	आवरण कथा: राजनीति की शह और मात और वी.पी. का इंटरव्यू
मई द्वितीय 1987	वी.पी. : जनता दरबार में (राजनीति में सक्रियता के लिए दबाव)
अक्टूबर द्वितीय 1987	जनमोर्चा का जन्म : इंका की नकल नहीं
जनवरी द्वितीय 1988	दिल जीतने की लड़ाई (पूर्वी उप्र में वी.पी. की जनसभाएँ)
फरवरी द्वितीय 1988	आवरण कथा और सर्वे
मार्च द्वितीय 1988	आवरण कथा : पेचीदा व्यक्ति, उलझे विचार और इंटरव्यू
जून प्रथम 1988	परदे से हीरो नदारद (इलाहाबाद उपचुनाव)
जून द्वितीय 1988	आवरण कथा : राजा की अग्निपरीक्षा (इलाहाबाद उपचुनाव)
जुलाई प्रथम 1988	तमाम कोशिशें नाकाम हुईं (इलाहाबाद उपचुनाव)
अगस्त प्रथम 1988	आवरण कथा : विपक्षी गठजोड़–मगर कितनी पक्की डोर
अगस्त द्वितीय 1988	विपक्ष–बँधी मुठ्ठी लाख की
अक्टूबर प्रथम 1988	राष्ट्रीय मोर्चा : सात घोड़ों के रथ का कारवाँ
अक्टूबर द्वितीय 1988	विपक्षी एकता : औपचारिकता पूरी हुई
नवंबर द्वितीय 1988	बोफोर्स विवाद : फिर खोखले वादे
दिसंबर प्रथम 1988	आवरण कथा
दिसंबर द्वितीय 1988	जनता दल : नाम पर नाराजगी
अप्रैल द्वितीय 1989	बंद मुट्ठियों की बढ़ी ताकत
मई प्रथम 1989	अपने ही पैर कुल्हाड़ी
जुलाई प्रथम 1989	वी.पी. : दूरदर्शी हमले का निशाना
सितंबर प्रथम 1989	पन्नों पर प्रेतयुद्ध (कैरेबियाई द्वीप के बैंक में पैसा जमा कराने का आरोप)
सितंबर प्रथम 1989	जनता दल : टुकड़ियों में बँटे, टापुओं पर डटे
सितंबर द्वितीय 1989	वी.पी. सिंह : आक्रामक अभियान (उप्र में चुनाव प्रचार)
अक्टूबर द्वितीय 1989	वी.पी. सिंह : जनता में पैठने की जद्दोजहद

नवंबर प्रथम 1989	आवरण कथा–विपक्षी दल : मौका न चूकने का संकल्प और उत्साह
नवंबर प्रथम 1989	वी.पी. सिंह : सुरक्षित गढ़ में
नवंबर द्वितीय 1989	वी.पी. सिंह : सिर्फ इन्ही के चर्चे हैं
दिसंबर द्वितीय 1989	नये प्रधानमंत्री : आजाद हवा, आजाद खयाल
दिसंबर द्वितीय 1989	राष्ट्रीय मोर्चा–जद्दोजहद भरा परिवर्तन
जनवरी द्वितीय 1990	पार लगने की पहल (लुधियाना में सर्वदलीय रैली)
फरवरी प्रथम 1990	विधानसभा चुनाव
फरवरी द्वितीय1990	राजा की कसौटी
फरवरी द्वितीय 1990	सेंट किट्स साजिश का भंडाफोड़
मार्च प्रथम 1990	चुनाव विशेष
अप्रैल प्रथम 1990	नामीबिया–वी.पी. सिंह
जून प्रथम 1990	आवरण कथा और इंटरव्यू–जगमोहन को हटाने के फैसले पर
जुलाई प्रथम 1990	अरुण नेहरू–वी.पी.
जून प्रथम 1990	तिल का ताड़
जुलाई द्वितीय 1990	नेतृत्व की नाकामी
अप्रैल द्वितीय 1990	संपादकीय और रिपोर्ट–नया संकट, नयी चुनौती
मई प्रथम 1990	मंत्रिमंडल विस्तार–सबको खुश रखने की चतुराई
मार्च प्रथम 1991	फिर जूझने की तैयारी और इंटरव्यू
मार्च द्वितीय 1991	वी.पी. सिंह के भरोसे
अगस्त प्रथम 1991	इंटरव्यू
अगस्त द्वितीय 1991	अपना–अपना रोना
दिसंबर द्वितीय 1991	वी.पी. सिंह – बिखरता कारवाँ
अप्रैल प्रथम 1992	शुतुरमुर्गी रवैया (मतांतर, सुरेन्द्र प्रताप सिंह)
अगस्त द्वितीय 1992	जनता दल : एक और घातक झटका
सितंबर द्वितीय 1992	दक्षेस में विपक्षी नेताओं का सम्मेलन : हारे को हरिनाम
अक्टूबर द्वितीय 1992	इंटरव्यू : देश पर ऊँची जातियों के हिन्दुओं का वर्चस्व है
नवंबर प्रथम 1992	उत्तर प्रदेश : अपनी डफली अपना राग
दिसंबर प्रथम 1992	गेहूँ के बल सरकार हिलाने का हौसला
मई प्रथम 1994	गैट विरोधी आंदोलन : असंतोष और उलझन के बीज बोने की कोशिश
30 अप्रैल 1996	1989 के चुनाव, भाजपा व इंका के संदर्भ में विचार
20 जनवरी 1997	संसद और विधानसभाओं में सामाजिक समीकरण

16 जुलाई 1997	अस्वस्थता के समय लन्दन प्रवास और राजनीति में वापसी पर विचार
19–26 नवंबर 1997	वी.पी. सिंह पर गाँधी परिवार के प्रति लगाए गए आरोप
मई 1998	राजनीति में आने पर अफसोस
12 मई 1999	भारतीय चिकित्सा के बारे में विचार
12 अप्रैल 2000	दिल्ली में झुग्गी टूटने के विरोध में सक्रिय
13 सितंबर 2004	विकास के लिए दिए गए वक्तव्य

सेमीनार

अक्टूबर 1989	रामजन्मभूमि
मार्च 1990	लोकसभा इलेक्शन
अप्रैल 1990	लोकसभा इलेक्शन
नवंबर 1990	रेशनल मंडल
सितंबर 1991	इलेक्शन, गवर्नमेन्ट एण्ड अदर
दिसंबर 1991	वी.पी. गवर्नमेन्ट, कम्युनलिज्म
जनवरी 1992	काँग्रेस एण्ड वी.पी. सिंह
नवंबर 1992	कंपरीजन ऑफ इंटरनेशनल पॉलिसी, एक्स काँग्रेसमैन वी. पी. सिंह

अनुक्रमणिका

अंकटाड 133
अभय सिंह 28
अशरफ 310
अरुण सिंह 250
अरुण नेहरू 47, 64, 65, 66, 69, 70, 73, 105, 106, 121, 213, 247, 266, 299, 309, 310, 326
अयोध्या विवाद 347
अब्दुल सत्तार 208, 210
अटल बिहारी वाजपेयी 94, 138, 140, 189, 261, 294, 303, 305, 315, 319, 320, 321, 323, 367, 368
अंडमान निकोबार 198, 199
अंतरराष्ट्रीय मुद्रा कोष 142
अंतरराष्ट्रीय संधि और सांसद 153, 157
अकबर अहमद डम्पी 103
अकाली दल 388
अमर सिंह माथुर 29, 30
अमेठी 124, 125
अमेरिका 130, 134, 146, 199, 210, 372, 387
अमिताभ बच्चन 47, 70, 71, 99, 190, 200, 217, 249, 251
अजित सिंह 272, 298, 299, 304, 351
अजिताभ बच्चन 190, 200, 230, 234
अहमदाबाद 87
असम गण परिषद 271
अर्जुन सेनगुप्त 181
अर्जुन सिंह 116, 300
अजेय सिंह 28
अर्जेन्टीना 143, 148
अलय टायर्स 189
अली मियाँ 317, 318, 322
अपोलो अस्पताल 171
आयात–निर्यात नीति 174
ऑर्थर डंकल 142
आस्ट्रेलिया 375
आई.डी.बी.आई. 182
आइलैंड डेवलपमेंट 198
आर्थिक आरक्षण 305, 306
आबिद हुसैन 138, 181
आरिफ मोहम्मद खाँ 247, 309, 310
ऑपरेशन काली 184, 186
ऑपरेशन केतू 186
ऑपरेशन थिएटर 200, 201
आर. वेंकटारमन 169, 241, 324, 327, 329
आर.के. धवन 103, 105, 107, 111, 119, 326
आर.पी. गोयनका 188, 89

आचार्य राममूर्ति 263, 276
आतंकवाद 387
आजमगढ़ 99
आनन्द भवन 82
ओर्कैज 186
ओमप्रकाश चौटाला 294, 297, 304, 310, 311
ओपेन हाउस 177
औद्योगिक विकास परिषद (उत्तर प्रदेश) 376
इस्कार्ट 185
इन्द्र कुमार गुजराल 60, 210, 299, 314, 366
इटली 397
इंटरनेशनल कॉर्पोरेशन फाइनेंस 190
इंडिया टुडे 203
इकोनॉमिक ग्रुप 198
इमरजेंसी 80, 88, 89, 93
इन्दिरा काँग्रेस 81
इन्दिरा आवास योजना 180
इन्दिरा गाँधी 46, 52, 53, 59, 60, 61, 62, 63, 65, 66, 67, 68, 70, 78, 80, 81, 85, 87, 88, 89, 90, 91, 92, 93, 95, 99, 100, 103, 107, 111, 119, 131, 162, 165, 166, 174, 177, 233, 234, 235, 291, 326
इजराइल 137
इज्राइल 396
इनसाइड ट्रेडिंग 193
इलाहाबाद 27, 28, 29, 30, 47, 48, 52, 53, 54, 57, 58, 69, 71, 81, 87, 90, 94, 100, 101, 361
इलाहाबाद ब्वॉयज स्कूल 31
इलाहाबाद विश्वविद्यालय 30, 42, 43
इलाहाबाद हाई कोर्ट 87, 108
इलाहाबाद उपचुनाव 264
ईस्ट इंडिया कंपनी 157,
ईरान 396
उरुग्वे दौर 130, 139, 145
उत्तर प्रदेश 46, 62, 63, 65, 92, 103, 104, 370, 372, 379, 398, 399, 400, 403
उमाशंकर दीक्षित 51, 86, 87, 228
उदय प्रताप कॉलेज 30, 31, 32, 35, 36, 48, 83
उदारीकरण 173, 372, 374, 377, 386
ए.एस. फारुखी 337, 357
ए.एस. मल्होत्रा 337
ए.बी. वर्धन 357
ए.आई.ए.डी.एम.के. 328
एम्स 165
एम. करुणानिधि 343, 359
एम.जी.के. मेनन 337
एस. गुरुमूर्ति 193, 215
एस.एस. भटनागर 222
एस.एल. किर्लोस्कर 187
एस.पी. शुक्ल 131, 150
एस.सी. तलवार 187
एस.आर. बोम्मई 294, 297, 326, 328
एच.एम. पटेल 169
एच.डी. देवगौड़ा 314, 356, 366
एच.डी.डब्ल्यू. कंपनी 221, 222, 224, 289, 315
एच.बी.जी. पाइप लाइन 191
श्रीलंका 149
श्रीलंका (सैनिक वापसी) 209

कश्मीर 175, 387
कर्ण सिंह 92
कम्युनिस्ट पार्टी 41, 81, 369
कल्याण सिंह 77
कल्याण सिंह कालवी 326
कल्पनाथ राय 232, 245
कंस 182
कमलापति त्रिपाठी 51, 59, 62, 64, 84, 85, 90, 92, 100, 101, 255
कमलनाथ 200
कर्नल ब्राउन स्कूल, देहरादून 30
कर्नाटक 92, 137
कलकत्ता 160, 188
कर्पूरी ठाकुर 260, 308
काशी विद्वत परिषद 256
काशीनाथ मिश्र 37
कांशीराम 75
काँग्रेस 238, 239, 241
काँग्रेस सिन्डिकेट 81
काँग्रेस पार्टी 42, 45, 46, 47, 48, 49, 51, 55, 56, 59, 60, 61, 62, 63, 67, 71, 73, 76, 80, 85, 99, 165, 166, 176, 177, 360
काँग्रेस संसदीय दल 176
काँग्रेस नहीं छोड़ी 238
कॉरपोरेट सेक्टर 156, 175
कांडला पोर्ट 160
कोकाकोला 377
कोमडेसु 143
कानपुर 83, 137
कालीकट 370
कालूराम जी 30
कर्दम 108
केशवदेव मालवीय 82, 85
के. नटराजन 213
के.एन. मोदी 184
के.के. तिवारी 232, 245
के.पी. तिवारी 70, 71, 216
के.पी. उन्नीकृष्णन 266
के.सी. पंत 145
केदार साहनी 337
केरल 137
केदारनाथ 361
क्लिंटन 314
कृष्णकांत 317, 318
कृषि क्रांति 386
क्राफोर्ड बेली एण्ड कंपनी 187
किसान मंच 368, 369, 370, 374, 376
किर्लोस्कर 186, 187, 188
कीनिया 134
क्यूबा 148
क्वात्रोची 191, 290, 312
खुफिया एजेंसी 200
गढ़वाल 100
गैट 140, 141, 155
गोपाल विद्यालय 48, 49
गोरखपुर 375
गोआ 137
गोलमेज सम्मेलन 305
गुरुमूर्ति 215
गुंडूराव 112
गुजरात 87
गुलाम इसाक खान 143
घनश्याम सिंह 216
चन्द्रशेखर 93, 258, 297, 314, 318, 325, 326, 327, 328, 329, 334, 338, 366

चन्द्रशेखर प्रसाद सिंह 27, 31, 117, 362
चन्द्रभानु गुप्त 46, 57, 58, 59, 60, 61, 63
चन्द्रस्वामी 326, 400
चन्द्रबाबू नायडू 359
चन्द्रजीत यादव 93
चर्बी मिलावट 132, 158
चित्रकला 363, 364, 365
चिमनभाई पटेल 263, 297, 320, 328
चीन 143
चीन (सीमा) 209, 210
चाणक्य नीति 99, 194
चौधरी चरण सिंह 95, 99, 161, 167, 169, 183, 329
चुनाव फण्ड 228
चेन्नई 160, 271
छविराम 115, 116, 117
जय प्रकाश नारायण 33, 88, 93, 116, 291
जयकुमार पालित 245
जयपाल रेड्डी 294
जयेन्द्र सरस्वती 317, 318
जफर अली नकवी 243, 244, 254
जैन शुद्ध वनस्पति 162, 163
जैन हवाला 314
जर्मनी 187
जमींदारी उन्मूलन 41
जी–77 144
जी.एस.टी.पी. 131, 146, 152
जाँच आयोग 214, 15, 19
जापान 148
जावेद अहमद जारगेर 333
जॉर्ज फर्नांडीज 179, 352, 268, 316, 335, 336
जॉर्ज पंचम 34, 35
जसपाल सिंह 263
जसवंत सिंह 261, 320, 321, 336, 337
जद 177, 265, 267, 269, 273, 350
जवाहरलाल नेहरू 33, 41, 42, 45, 52, 54, 82, 138, 172, 177, 300
जे.पी.सी. 316
जनमोर्चा 178, 256, 391, 400, 401
जनसंघ 81
जनचेतना मंच 366, 368
जनता शासन 162
जनता पार्टी 98, 99
जनता दल संसदीय नेता पद का चुनाव 284, 285, 287
जनेश्वर मिश्र 78, 82, 84, 100
जगमोहन 334, 336, 367
जगपत दुबे 78, 79, 81, 83
जगजीवन राम 81, 86, 91
ज्योति बसु 292, 301, 357
ज्योतिष विद्या 362
टैक्स डिफाल्टर 196
टकसाल विभाग 199
टी.टी. कृष्णमाचारी 169
टी.के. मुखर्जी 187
टाटा 186, 189, 190
ठक्कर 213
डिस्कवरी ऑफ इंडिया 39
डब्ल्यू.टी.ओ. 130, 375, 392
डैया 27, 28, 29, 39, 40
डंकल प्रस्ताव 152, 153, 155
डी मंट्रोल 180
डी.पी. कपूर 181

डी.पी. चट्टोपाध्याय 89, 132, 133, 136
डी.सी.एम. 186
डायलिसिस 356
डॉ. रूबिया सईद 332
डॉ. फारुख अब्दुल्ला 334, 335
डॉ. मुरली मनोहर जोशी 318
डॉ. राबर्ट काइल 355
डॉ. रजनी कोठारी 263
डॉ. सुब्रमण्मय स्वामी 274
डॉ. जगन्नाथ 245, 269
डूंगरई मतदान केन्द्र 281
तेलुगु देशम 271
तीसरा मोर्चा 398, 404
तिंदवारी 126
थापर 186
थैचर सरकार 192, 193
दिल्ली 65, 66, 67, 83, 87, 103, 198 367, 371
दिनेश सिंह 72, 212, 213, 227
दिनेश गोस्वामी 298, 336
दोहा मंत्री स्तरीय सम्मेलन 155
देवकांत बरुआ 80, 87, 92
देवीलाल 245, 259, 260, 262, 285, 286, 294, 297, 298, 304, 309, 310, 311, 326, 336
देवगढ़ मदारिया 28
द्रमुक 272
धर्मवीर 103, 104, 120
धीरूभाई अंबानी 194, 195, 197
नंदमूरितारक रामाराव 260, 283, 320
नन्दिनी सत्पथी 91
नर्गिस 42
नरेन्द्र मोहन 234, 235
नॉर्थ कोरिया 132, 133
नॉर्थ ब्लॉक 166, 168
नारकोटिक्स बिल 181
नारायण दत्त तिवारी 66, 68, 89, 120, 206
नानी पालकीवाला 177
नागपुर 167
नुस्ली वाडिया 194, 215, 218
नेपाल 405
पडरौना 370
पंचायती राज 389
पंजाब 175, 388
परिवार नियोजन 92
पहला चुनाव 57
पी. शिवशंकर 144, 213,
पी.के. कौल 186
पी.सी. एलेक्जेंडर 69, 134, 165
पी.वी. नरसिंह राव 138, 152, 156, 175, 177, 290, 312, 314, 321
पाकिस्तान 149, 201, 209, 210, 330
पोखरन 79, 86, 363
पोलैण्ड में यूथ फेस्टिवल 41, 42, 47
पोद्दार 189
पालम हवाई अड्डा 69
पालनपुर 277
पवनहंस कॉर्पोरेशन 193
पुष्कर 182
पुंटाडेल इस्टेट 150, 152
पेट्रो केमिकल कॉम्पलैक्स 195
पेट्रियाट बिल 396
पनडुब्बी विवाद 221, 222, 230, 289, 315
पूँजीवाद 387
पूर्व प्रधानमंत्रीगण 365
प्रणव मुखर्जी 156, 169, 182, 235

प्रणव राय 173, 176
प्रधानमंत्री निवास 131
प्रभु चावला 159
प्रसिद्ध नारायण पाण्डेय 241
प्रौढ़ शिक्षा 198
प्रो. राजेन्द्र सिंह 322
प्रवर्तन निदेशालय 185, 186, 187, 197, 99
प्रतापगढ़ 86
फर्ग्यूसन कॉलेज, पुणे 30
फखरुद्दीन अली अहमद 81
फर्टिलाइजर प्रोजेक्ट 190
फतेहपुर 100, 281
फेयर फैक्स 199, 200, 212, 213, 215, 219, 221, 230
फेरा 186, 187, 189, 197
फूलपुर 53, 78, 79, 81, 84, 90
फिक्की 177
बत्रा 186
बंगाल 37
बलिया 73
बहादुरगंज 84
बी.बी. कुमार 187
बी.जी. देशमुख 308, 309, 311, 335, 338, 339
बी.बी.सी. 253
बीजू पटनायक 263, 274, 299
बाटा 186, 187
बांग्लादेश 149, 190
बाबरी मस्जिद कमेटी 317, 322, 324, 325
बाबा साहेब अम्बेडकर 293, 321, 395
बामपुर 49
ब्रिटेन 192
बोफोर्स सौदा विवाद 49, 229, 230, 289, 290, 291, 301, 312, 313
बाजारवादी अर्थव्यवस्था 177
बाल ठाकरे 278
बुक्र बॉण्ड 186
बेयरफुट डॉक्टर 198
बेंगलूर 265
बेकलाइट हाउस 186
बेलन नदी 38
बनारस 31, 32, 82, 100, 376
बूटा सिंह 49, 213, 223, 317
ब्राजील 143, 146
ब्रजपाल सिंह 246
ब्रह्मा 182
ब्रह्मदत्त 145, 211, 212, 219
भैरों सिंह शेखावत 292, 320, 321
भटिंडा 159
भाभा इंस्टीट्यूट 31
भारत छोड़ो आंदोलन 35
भारत रत्न 293
भोपाल त्रासदी 318, 319
भाजपा 62, 270, 389, 397, 404
भजनलाल 121
भजमन बेहरा 265
भूमंडलीकरण 173, 373
भूमि सुधार 386
भूरेलाल 124, 187, 188, 199, 218
भूदान आंदोलन 46, 48, 49
मधु लिमए 263
मधु दंडवते 244, 292, 308, 316, 398,
मंडल 289, 297, 298, 299, 300, 301, 302, 303, 305, 306, 307, 309, 323, 385

मंदिर 289, 315, 317, 319, 321, 323
मिस्र 146
मंगला प्रसाद 63
महाभारत 166
महात्मा गाँधी 33, 37, 39, 42, 392
महाराष्ट्र 372
महाराणा प्रताप 34
महासंघ 393, 394
मराकेस करार 158
माण्डा 27, 29, 36, 37, 38, 39, 50, 53
माधव सिंह सोलंकी 302, 314
माया त्यागी 122
मायावती 306
मार्क्स 37
माखनलाल फोतेदार 67, 120, 216, 227, 235
मारग्रेट अल्वा 357
मोहम्मद अल्ताफ बट्ट 333
मोहसिना किदवई 100, 120, 233
मोरक्को 143
मोरारजी देसाई 98, 167, 169, 183
मुख्तार अनीस 316
मुंबई 70, 160, 178, 198
मुंबई में भूख हड़ताल 352
मुस्लिम मजलिस 56
मुस्लिम लीग 328
मुरादाबाद 113, 114
मुचकुंद दुबे 150
मुगल गार्डन (राष्ट्रपति भवन) 239
मुलायम सिंह 76, 265, 268, 297, 306, 316, 324, 325, 347, 368, 369, 377, 400, 401
मुफ्ती मोहम्मद सईद 298, 308, 316, 332, 334, 335
मनमोहन सिंह 174, 197, 329, 330
मनौती–प्रार्थना 361
योजना आयोग के उपाध्यक्ष 174
यूगोस्लाविया 146
यू.पी.ए. 344, 402
यूरोपियन युनियन 148
यूरोप 199
यूरेनियम रिएक्टर 330
यूनुस सलीम 317, 318
रूस 41, 42
रिजर्व बैंक ऑफ इंडिया 193
रिलायंस 159, 186, 193, 194, 196, 200, 376, 377
रणमत सिंह 32, 36, 37, 92, 132
रघुनाथ झा 276
रथयात्रा 319, 320, 322, 323
रमापति तिवारी 85
रामनाथ गोयनका 215, 282
राष्ट्रीय मोर्चा 271, 282
राष्ट्रीय सरकार 283
राष्ट्रीयता 391
राष्ट्रपति भवन 87
राष्ट्रवादी काँग्रेस 398
रायबरेली 72, 82
राइट टू वर्क 292
राम 182
राम आधार पाण्डेय 84, 85
रामधन 53, 56, 247, 258
रामकृष्ण हेगड़े 235, 244, 260, 294, 298, 299
रामविलास पासवान 298, 308, 309, 346

रामनिवास मिर्धा 328
रामपाल सिंह 244
रामपजून पटेल 298
रामगोपाल सिंह 27, 28, 29
रावण 182
राज बब्बर 278, 370
राजस्थान 207, 279
राजकपूर 42
राजकोषीय नीति 176
राजर्षि 256
राजीव गाँधी 66, 69, 70, 72, 73, 112, 124, 125, 131, 139, 144, 145, 146, 165, 166, 167, 168, 173, 174, 174, 175, 176, 179, 184, 185, 188, 190, 197, 200, 201, 202, 204, 205, 207, 208, 211, 212, 213, 217, 220, 221, 222, 224, 229, 230, 231, 233, 234, 235, 238, 289, 291, 311, 312, 314, 318, 326, 327, 329, 336, 337, 338, 339, 351
राजीव गोस्वामी 303, 319
राजा रमन्ना 363
राजेन्द्र शेखर 315
राजेन्द्र त्रिपाठी 84
राजेन्द्र सिंह 82
राजनीति और कला 363
राजनीतिक संकट 324, 325, 326
राज्यसभा 43, 46, 50, 51, 78, 189
राजनारायण 87, 123, 128, 129, 198
राजग 79
रेडराज 188, 197
रेगिस्तान 201
रेवेन्यू इंटेलीजेंस 197, 219
रक्षा सौदों में बिचौलिया 223, 224, 225, 228
लल्ला बाबू 101
लखीमपुर खीरी 116
लखनऊ 60, 371, 401
लिप्टन 186
ललित मोहन थापर 186
लोकपति त्रिपाठी 106, 107
लोकपाल 314
लोकसभा 51
लोकसभा से विपक्ष का सामूहिक इस्तीफा 278
लोकदल 72, 101
लोकदल (अजित) 258
लाल बहादुर शास्त्री 40, 50
लालकृष्ण आडवाणी 270, 316, 317, 319, 320, 321, 322, 323, 358
लालू प्रसाद यादव 292, 320, 322, 350, 359
लेटर ऑफ एक्सचेंज 187
लेटर ऑफ क्रेडिट 195
वी.वी. गिरि 46, 59, 60, 65, 81
वीर बहादुर सिंह 64, 73, 103, 104, 105, 106, 120
वीरेन्द्र जे. शाह 263
विश्व बैंक 180
विश्व हिन्दू परिषद 290, 315, 316, 317, 318, 319, 322
विश्वजीत पृथ्वीजीत सिंह 217
विधायक निधि 109
विप्लवदास गुप्ता 337
विमल जालान 173, 176
विदेशी लुटेरे 130
विजय शंकर मिश्र 33, 35

विनोबा भावे 49, 50, 391
विनोद कुमार जैन 132
विनोद पाण्डेय 173, 184, 186, 197, 218, 308, 331
विद्याधर द्विवेदी 84
विद्याचरण शुक्ल 276, 328
विश्व व्यापार संगठन 153, 158, 375
वाममोर्चा 402
वोल्टाज 186, 187
वेस्टलैंड हेलीकॉप्टर 192
शिव शंकर सिंह 33
शिवमूर्ति सिंह 47
शिवराज पाटिल 353
शिवसेना 278
शिलांग 167
शंकर 182
शीला कौल 72
शरद यादव 125, 177, 298, 308
शास्त्री सेवा निकेतन 40, 62
शॉ वैलेस 189
शालिग्राम जायसवाल 56, 84, 85, 94, 216
शेयर होल्डर्स 196
शेर खान 333
स्टील्थ टेक्नॉलाजी 174
स्वराज पाल 185
स्वास्थ्य 352, 353
स्वालंबन 147, 154
स्वतंत्र पार्टी 81
स्नैम प्रोगोति 190
स्विटजरलैंड 200
स्विस एकाउंट 313
सभापति 201
सत्य के प्रयोग 33
सत्यप्रकाश मालवीय 309
सैफुद्दीन चौधरी 337
सैय्यद शहाबुद्दीन 274
संयुक्त मोर्चा 357
संसोपा 81, 82
संसद 132, 189
संसदीय सवाल 137
संतबख्श सिंह 27, 39, 41, 43, 54
संतोष भारतीय 244, 316
संजय सिंह 73, 103, 104, 105, 120, 242, 254
संजय गाँधी 47, 65, 66, 89, 93, 99, 103, 104, 105, 106, 108, 111, 234
संग्राम सिंह 51, 52
समाजवादी पार्टी 397
समाजवादी लाइन 176, 177
सी.ए.जी. 278
सी. सुब्रमण्यम 255
सी.पी.एन. सिंह 103, 105
सीता कुमारी 79, 171
सीताराम येचुरी 358
सीताराम केसरी 103
सांस्कृतिक राष्ट्रवाद 391
सांसद निधि 389
साइबेरिया 41
सामाजिक न्याय 79, 348, 386
सादिक अली 255
साउथ ब्लाक 87
सार्वजनिक उपक्रम 169, 170, 172, 181
सोमपाल 242, 244
सोमांश प्रकाश 244
सोमनाथ चटर्जी 219

सोनिया गाँधी 315, 344, 396, 403
सोराँव 51, 53, 55, 56, 78, 84, 85
सोसलिस्ट पार्टी 56, 58
सोनाली दास गुप्ता 397
सर्वोच्च न्यायलय के न्यायाधीश 306
सुन्दरलाल 86
सुबोधकांत 320
सुरेन्द्र सिंह 243, 244
सतपाल मलिक 310
सेंट किट्स 314
सेंट स्टीफन कालेज 259
सेंट मेरी कान्वेन्ट स्कूल 30
सेंट्रल हॉल 86
सेकुलरिज्म 394
सूरजकुंड 259
हैंडलूम सेक्टर 175
हंसराज भारद्वाज 214
हमीरपुर 101
हमीद शेख 333
हरियाणा भवन 280
हरित क्रांति 377
हरकिशन सिंह सुरजीत 294, 357
हुकुम देव नारायण 309
हेमवती नन्दन बहुगुणा 50, 51, 57, 62, 71, 74, 78,81, 83, 85, 91, 99, 100, 119, 120, 232, 259, 272
हेनरी किसिंजर 180
हिन्दुत्व 394, 405
हिरोशिमा 79
हृदय नारायण शुक्ल 369
त्रिभुवन नारायण सिंह 62
त्रिलोचन 83
ज्ञानी जैल सिंह 114, 119, 239

□□